国家社科基金
GUOJIA SHEKE JIJIN HOUQI ZIZHU XIANGMU
后期资助项目

唐代碑志文研究

A Study on Monumental Inscriptions of the Tang Dynasty

徐海容　著

中华书局
ZHONGHUA BOOK COMPANY

图书在版编目(CIP)数据

唐代碑志文研究/徐海容著. —北京:中华书局,2018.8
(国家社科基金后期资助项目)
ISBN 978-7-101-13028-7

Ⅰ.唐… Ⅱ.徐… Ⅲ.碑文-研究-中国-唐代 Ⅳ.K877.424

中国版本图书馆 CIP 数据核字(2018)第 000714 号

书　　名	唐代碑志文研究
著　　者	徐海容
丛 书 名	国家社科基金后期资助项目
责任编辑	齐浣心
出版发行	中华书局
	(北京市丰台区太平桥西里 38 号　100073)
	http://www.zhbc.com.cn
	E-mail:zhbc@ zhbc.com.cn
印　　刷	北京瑞古冠中印刷厂
版　　次	2018 年 8 月北京第 1 版
	2018 年 8 月北京第 1 次印刷
规　　格	开本/710×1000 毫米　1/16
	印张 33¾　插页 2　字数 520 千字
国际书号	ISBN 978-7-101-13028-7
定　　价	128.00 元

国家社科基金后期资助项目出版说明

后期资助项目是国家社科基金设立的一类重要项目，旨在鼓励广大社科研究者潜心治学，支持基础研究多出优秀成果。它是经过严格评审，从接近完成的科研成果中遴选立项的。为扩大后期资助项目的影响，更好地推动学术发展，促进成果转化，全国哲学社会科学工作办公室按照"统一设计、统一标识、统一版式、形成系列"的总体要求，组织出版国家社科基金后期资助项目成果。

全国哲学社会科学工作办公室

目　录

序

陈尚君

　　唐代碑志文研究,最近十五年成为海内外唐代文史研究的热点,每年发表的论著数以百计,非常可喜。无论从政治史、社会史、生活史、家庭史、军事史、民族史、文学史来说,都看到许多重大突破。我对此抱有浓厚的兴趣,不仅自己参与讨论,多做个案,对所有各方面的研究成绩,新发现的文本,也都购置和阅读,对因新见碑志记录而解决的历史悬案,更感到兴味无穷。我相信,随着新石刻的刊布,新课题的展开,这一热潮还会持续很长一段时间。我更希望,随着个案研究积累之丰富,应该有人出来作各方面专题的通论性的总结,从大端方面梳理源流,揭示变化,提供从文章作法、工艺制作、社会应用、形制流变等方面的系统总结,以便展示成就,归纳得失。这些工作,因为涉及面太广,专业性又很强,要做好非大手笔不办。若投入力量而气力不足,虽可能留下一些初学者的青涩和游移,但能开始做就堪称难得,草莱初拓,可以留待今后继续夯实提升。

　　中国与印度是相邻的两个大国,但在历史记录与文学想象方面,似乎有天壤之别。中国人从上古开始,就有纪时叙事的传统,在世为政行德的一切行为,都会考虑如何让后人了解宗仰。三不朽观念的形成,史学上的实录精神和扬善抑恶传统,加剧了这些记录。印度人似乎全无时间与存史的习惯,但他们享受人生,驰骋想象,也非中国人所及。玄奘到天竺取经,在中国已经中世了,但《大唐西域记》对印度的记录仍具不朽意义。印度传来释典对虚无世界的想象,也曾让中国人大吃一惊。在此不谈中印文化的差别,要说的是上述三不朽观念和实录传统,加上汉魏以来儒学占据思想界主导地位后,礼法社会和孝道节行的提倡,使丧葬礼仪成为社会和文化生活的重要方面,丧挽文学也成为中古文学的重要内容。从《文选》到《文苑英华》的分体选文,其中丧挽文学几乎占据三分之一左右。如果父母死在异乡,生为人子一生最大的责任,似乎就是让其灵柩迁归故土,体面落葬,个人的一切得失都可以在所不计。风习如此,社会付出多少代价,真无法统计。理解于此,便可以理解为何中古有那么多的诗文,始终无法排遣生死之间的思考与困惑,也可以理解中国文学在这样的氛围中形成自己的特色,取得壮盛的成就。

奢葬风气对社会的伤害,早就有人看到了。南朝禁止埋铭,今人当然可以抱怨因此而治南史无从获得批量的新文献,但在当时,确有纠风用重药的效应。南北一统,隋、唐两朝将北魏以来书石埋铭的习俗发扬光大。隋代虽立国不长,但至今所见隋墓志已逾千方。唐代更甚。《全唐文》千卷,收文20025篇,成书后至今200余年,可补文章已经超过两万,其中过半数是墓志。最近三四十年更是风起云涌,络绎不绝,我长期跟踪,仍有目不暇接的感受。

唐代碑志的大量出土,其个案研究今人做得太多,其一般研究意义应该不难理解。从中古文学史意义上,我觉得应该对一些重大问题进行有意义的探讨。有些话题前人谈得很多,其实并没有什么具体的意义。比如谀墓,有刘叉对韩愈之批评,但那是好朋友之间的调侃,当不得真的。碑志文章一般来说都是受委托而作,是按照丧家提供之行状所作之一生行事的叙述文字。就如同今之殡仪馆,亲朋好友聚集为死者送行,一般都只是颂德,绝不会有人不识相到硬要说他以前做过什么坏事,若有那叫砸场。你有话可以在别的场合说,追悼会不合适。往生者为大,也是同样意思。今人如此,我们何必苛求古人呢。

其次是碑志文中作者的书写空间与褒贬立场。从北魏迁洛到唐初中宗前大约二百年,碑志署作者名者数量很少,个别有极著名作者之署名。但从开、天以后,风气大变,署名文章多达十之七八,既表示作者对文章的负责,也有丧家希望借重作者名望,死者事迹可以得到世人足够的信任。宋人曾巩请求欧阳修为亡父撰碑,即称赞欧阳修“蓄道德而能文章”,作者之道德文章,是他所撰文章为世所重的前提条件。在丧家与作者之间,还有一层关系,即谁是最后的定稿者。传世与新出碑志中,已经有许多案例,揭示集本与石本的差异。一些论者都认为集本流传千年,历经传刻,错误很多,应以石本为正。对此我不太赞同。丧家提供行状请作者撰文,因葬期未定,或部分事实未明,作者撰文中有许多留白,让丧家最后填改,而作者后来无论自编或子孙门人代编,所据多应为作者之存稿。两者之间的差异,特别是涉及评价文字的差异,可据以分析在碑志制作过程中委托方与受委方认识的区别。欧阳修一生撰碑志无数，但为范仲淹与尹洙所撰碑志，则与两家发生公开的冲突，前者因写到范与政敌的和解，子孙否定，后者则埋怨对尹氏古文仅评价为"简古"，有失家人的期待，最后不欢而散。我相信，唐代类似的例子也会有很多，只是留下记录太少而已。

碑志是介于文、史之间的作品，对其成就或高下的评价，仅就任何一方来加以评说可能都有欠缺，必须将两方面的因素结合起来，甚至将志主一生事功与特定的历史时期结合起来，再考虑作者之立场及其与死者的亲疏关系，方能有合适的认识。如魏征为李密所撰墓志，存世文献所载与洛阳出土墓志差别很大，已有研究显示这与初唐二十年政治形势变化及魏征本人地位上升有关系。韩愈为许多达官写了碑志，对死者之评价与史家所载有很大不同，如董晋、韩弘之碑状都如此。其实韩曾为董晋幕掾，与韩弘都曾参与裴度之平定淮西，所载有亲历，也有家人所告，当然扬善饰恶也都有的，不必批评过甚。其实，唐人所称大手笔，主要是两种文章，一为王言，二为碑志。王言是为皇帝起草的文告，从人事任命到政策调整，要说清事由，明确是非，出以皇命，传遍国中，且常事出突然，成不逾时，写好确为不易。碑志也有类似情况，特别是地位崇高、评价有歧议之人物，既要写他的为人为政，立功齐家，还要顾及时忌，知道轻重缓急。我曾反复校补昭陵诸碑志，对初唐诸名家在涉及死者早年之曲折经历，在高祖、太宗时期剧烈政争中对各人事功之稳妥记录与揄扬，真感非大手笔不办，也深感此类文章，今人要完全理解古人之不易，要作出评骘，就更难，至少我是一直视为畏途的。

存世各名家碑志，依凭各家文集以及《文苑英华》《唐文粹》一类大型总集，保留下较多作品，这些作品当然也足代表那个时代的最高成就。从清季以来，由于大型工程、科学考古以及民间盗掘等途径，出土碑志数量极其巨大。如何看待这一批新见文献之价值，特别是从文学发展的立场上，如何来评价此批文本之意义，是唐代碑志研究的重大课题。我以为重点可以从以下诸端来展开研究。其一，唐人文体错综复杂，存留下来的文本都经过精英化的选择，虽然可以用优胜劣汰来加以解释，但很少有某一体的文章，没有经过选择，当年在全社会展开，由社会各种人等参与，各地域、各社会阶层的作品以原生态的面貌展示在我们面前，墓志可以说具有这一特点。我曾有过一不太精确的推测，唐代曾撰写埋铭的墓志，已经出土者之数量，大约已经达到全部总数的百分之十二到十五左右。今后还会有一些增加,其中很大一部分,可能永远也找不到了。其二,碑志的学术文化研究价值,将永远大于其本身的文学价值。碑志是一个人具体生命的记录,时风所趋,无论男女老幼,无分尊卑,无论事功有无,唐人似乎都觉得有必要将这段生命历程记录下来,以备陵谷之变。也就是说,当年埋铭的目的就是希望让后人能有所了解。由于正史或四部群书毕竟只能记录显要人物的经历,许多记载也不免经过反复改写或传刻而出现偏颇,其价值反不如当时记录之碑志来得可靠。同时,碑志是如此丰富而详尽地记录了那么多社会的不同人等,几乎是立体式地展开了唐代社会生活的万花筒,学者只要善于读书,善于从以颂赞为主的文本中,剥离表面的虚饰外衣,将出土文本与存世文献比较阅读,一定会发现宝山巍峨,无尽宝藏有待开发。其三,唐代之文风变化,即便名家叙述,也仅能见其大略。碑志是有绝对年代的文字,今人编录碑志也多循年编次,阅读感受较清楚。比如骈散变化,比如散行古文之普及与社会应用,都可以得到证明。

徐海容博士之本著,对以上各端都有很好的论列,略加阅读,深感他学养良好,论述平实,文风温厚,新见迭出。就本课题来说,已经尽了自己的责任。在这里,请原谅我没有用取得重大突破一类字眼,因为对一位醉心学术的年轻人来说,他今后的学术道路还很漫长,会不断地摸索前行,突破自己,开拓新的成就。这本曾是学位论文的新著中,我看到作者的心气和努力,也看到一些局促,即站在文学的立场展开论述,对史学的成就关注不够;对存世文献用力发掘,新见碑志还未能全面掌握;关注唐代碑志的来龙去脉和各名家之成就,个案之深度开掘还可以展开。我在这里看到一位优秀学者的起步,更希望作者有更进一步之前行。我自己带研究生的感受是,选题不要太小,希望一篇学位论文是一生学术大规划中起步的第一阶段,今后可以有更大的开拓空间。这是我寄望于海容博士的。

与海容博士不熟。开会见过,印象不深。因友人介绍,嘱我为序,公私多事,拖延许久。但海容博士没有催促,多次告我不急,让我感到了他的好脾气,当然也让我感到很惭愧。海容受教于南方,我不太有能力理解他的治学路数,只能谈一些粗浅的体会,请海容博士与读者谅察。

且此为序。

2018 年 3 月 3 日

碑石·生命·记忆

——序《唐代碑志文研究》

赵维江

  2017 年媒体有一条热炒的新闻:在今蒙古国杭爱山找到了汉军灭匈奴的纪功碑,即著名的《封燕然山铭》,作者是史学家班固,杭爱山就是汉时的燕然山。自从班固碑文名世后,"燕然勒功"也成了历代士人建功报国的梦想,如宋代范仲淹词曰:"浊酒一杯家万里,燕然未勒归无计。"虽然历经近两千年的风霜雨雪,这块石刻的字迹因石面严重风化而漫漶脱落,但许多字仍依稀可辨。正是这块摩崖石刻,向世人证实了这场曾改变了世界格局的战役的存在。可见,中国古人很早就有了"托金石之不朽,庶德音之长烛"(北魏《冯邕妻元氏墓志》)的意识。

  中国历史上碑志文十分发达,特别是汉代以降,一直繁盛不衰,尤其是墓志的写作,差不多成了历代文人一个重要的衣食来源。翻阅古人的别集,都少不了这一类的文字。在中国文化中,虽然古人设想了神鬼的世界,想象有灵魂的存在,但是在骨子里似乎并不大信,至少不全信。不然的话,为什么要树碑留名呢? 立碑实为备忘,如果灵魂不死,也就不存在忘记的问题了。而要将事功行状传之后人,必须借助于笔下的美文和坚固的载体,于是也就有了碑志文。碑志如此为人看重,实在是因为它关联着人的今世来生,生命短促,而人又总是期望不死,这就形成了中国人心中根深蒂固的"不朽"情结,这些都集中地凝聚在了碑志文上。

  在传统文化观念里,这一生命价值观以"三不朽"说最著名,《左传·襄公二十四年》载:"太上有立德,其次有立功,其次有立言,虽久不废,此之谓不朽。"其实"立德""立功""立言",都需要借"言"才能"虽久不废"。但此"言"则必须借助于某种介质才能传播于人间,流布于后世。在未有文字时,"言"的传播媒介主要是人的一张嘴,"三皇五帝"的功德得以流播,靠的就是一代又一代人的口耳相传。但人的记忆本身不像人的生理基因,无法一代代地遗传,随着时间的流逝和记忆主体的消亡,所记之事难免会淡忘失传，或变形失真。文字的产生，使记忆有了凝固的可能，不过前提是必须有某种可供书写的介质。历史上出现过的介质形态大概有：金石、甲骨、陶瓷、竹简、布帛、纸张、磁盘等，其中当以金石最为坚固，即使"陵谷迁易"，也不会朽烂。然"金"器（青铜器皿）虽坚，却昂贵难得且工艺复杂；而山石则自然生成，取之不竭，刻写也相对便易。于是，"庸器渐缺，故后代用碑，以石代金，同乎不朽"（《文心雕龙·诔碑》）。不过，刘勰"以石代金"之说令人生疑，对于古文字我没有研究，但总觉得顺序应该是先石后金。

我国现存最早的石刻文字，一般认为是战国时秦国的"石鼓文"和中山国的"监囿守丘刻石"，年代要晚于青铜器上的"金文"。不过，如果把摩崖也看成是碑刻的话，"石文"产生的年代应大大早于金文。在不知青铜器为何物的石器时代，人们就已经在山石上刻图示意了，如我国境内现已发现的宁夏贺兰山区的黑山岩画、四川九寨沟地区的"土伯御龙"岩画、云南沧源岩画、江苏连云港的将军崖岩画等。这些图画，笔划简单抽象，有很强的符号性，有着一定的叙事意义，实质上它担负的正是"文"的功能；后来的汉字便是由此演变而成的。

文字的创造应有两个主要目的：交流和记忆。而记忆则需要把信息长期储存起来，这就需要某种坚实的介质，在还没有铜器和陶器的时候，山石可算是世界上现成的"不朽"之物了。然而事实却是，目前我国发现最早的汉字形态是"甲骨文"，而不是"山石文"。在广州的古采石场莲花山上有一块山崖上刻有5000多个甲骨文字，但它是今人建造的一个旅游景观。这不禁让人困惑：已经懂得了在山崖上刻画表意的先民们，怎么会想不到在上面刻字记事呢？

事实上，从一些远古遗存来看，"石文"确实应该早于"金文"。衡山岣嵝峰上的禹王碑是否真实存在，至今仍是一件扑朔迷离的悬案。不过，两千年来文献典籍中的不断记载，恐非全是空穴来风，南宋人何致的发现和碑文拓片更是难证其伪。据何致的拓片看，碑文共77个字，形异奇诡，古奥难辨，状如蝌蚪，或为许慎《说文解字》所谓"虫书"。此碑是否为传说中的"禹碑"且不论，但碑上文字，古文字学家比较肯定地认为是秦统一前春秋战国时期南方楚地流行的文字。据报道，近年当地的一些新发现也倾向于证实拓片和禹碑的真实性。① 退一步讲，即使禹碑只是个"传说"，也无法否认上古时期这类石刻的存在。河南新郑具茨山被认为是"黄帝故里"，在这里近年人们陆续发现了 3000 多幅岩画，画面内容以抽象的符号、线条为主，极少有具象的内容，专家认定这些岩画属于早期石器时代文化，"跟人类早期文字可能有一些联系"②。福建华安县汰内乡汰溪仙字潭上有一段摩崖石刻，像画又像字，传说为仙人所篆。1935 年，广东岭南大学黄仲琴教授赴闽考察，认为是古代图象文字③。《人文杂志》1992 年第 5 期发表刘蕙孙论文《太伯奔吴与先吴史事试探》，认为"其中一些字的结构与造字的思想意识，颇接近甲骨文、金文"，并辨识出其中 12 字，据此推论这些岩画应为"周代吴国前期部落战争中的纪功刻石"。刘勰《文心雕龙·诔碑》云："碑者，埤也。上古帝皇，纪号封禅，树石埤岳，故曰碑也。周穆纪迹于弇山之石，亦古碑之意也。"可见，刘勰也意识到了碑铭产生时代之早，对于"周穆纪迹于弇山之石"他并不怀疑。其实褪去神话外衣，穆王纪石之事与禹王碑事一样是完全符合历史逻辑的。此外，在贵州、广西、新疆等地都发现有被认为是上古时期当地少数民族的"类文字"岩画。实际上，从人类文明史的发展来看，在古代希腊和古代埃及，早在公元前三四千年就已经出现了写有文字的石刻。在世界各民族早期的书写载体中，山石可以说是一个不约而同的选择。

　　其实，碑石本身与金器、甲骨一样只是承载文章的介体，正如宋代孙何《碑解》所说："碑非文章之名也，盖后人假以载其铭耳。"据文献记载，在被称为碑的特制的立石上写字是比较晚的事；碑志文作为一种文体成熟起来就更晚了，一般认为是在汉代。实质上早期摩崖已具有了碑的功能，上面的刻字自然应是碑文，只是它不可移动，如同今天电脑里的硬盘。可以说，碑文起源和萌生几乎是与我们民族文明的肇始相伴随的。先民们走出蛮荒，有了思想，意识到自身的存在和生命的有限，也就有了"记忆"的要求，死亡的恐惧让他们产生了"不朽"的愿望。而取自大自然的碑石正可帮助他们达成这一愿望。尽管后世的碑文有着记事、纪功和志墓等不同的社会功能，但从本质上讲，都是为了"备忘"，为了"永垂不朽"。数千年来，留存

① 《衡山禹碑：一桩探索了上千年的悬疑案》，《潇湘晨报》2012 年 5 月 8 日。

② 《几何图案何解：考古专家称具茨山岩画有望自成"中原岩画"体系》，《大河报》2004 年 3 月 13 日。

③ 《汰溪古文》，1935 年《岭南大学学报》第四卷第二期。

下来的形制不一的无数碑刻石铭，尽管碑主和立碑人身份各异，但它们共同的使命都是让短暂的生命化为永恒的记忆。这一块块碑刻，就是一块块历史记忆的碎片。

我这里之所以称碑志文是"历史记忆的碎片"，一是说它所记录的历史人物和事件是一个个孤立的个案个体；二是说它的记录只是历史客观真相的一部分，并非完整的记忆，甚至可能是不准确的记忆。这与碑志文的体制特征和撰碑人的写作态度有关。

古代文人似乎很看重碑文的撰写，这可能是因为写碑有诸多好处，既可炫才于时，又可随碑不朽，还能得些润笔，何乐而不为呢？据说一些知名文人的润笔相当可观，如唐朝的韩愈专为名公巨卿写碑铭，"一字之价，辇金如山"，杜牧撰一碑，可得采绢三百匹。一旦有了利益的驱动，就很难保证碑文的"纯贞"了，于是也就有了韩愈的"谀墓"之讥。从历史的角度讲，碑文的记忆原本带有一种"选择性"的特点。碑作为"铭器"，按刘勰的说法撰写时要"选言录行"。《礼记》称其文要"称扬其先祖之美"，那些"不美"之事自然就要隐去，"为尊者讳，为亲者讳，为贤者讳"是体制要求，但这并不意味着碑文不要求历史的真实性，刘勰谈到碑文写作时说："夫属碑之体，资乎史才。"什么是"史才"呢？《文心雕龙·史传》篇说："史之为任，乃弥纶一代，负海内之责，而赢是非之尤，秉笔荷担，莫此之劳。"作史必须有担当精神，敢于秉笔直书，对天下负责。班固在《汉书·司马迁传》中以《史记》为典范说："其文直，其事核，不虚美，不隐恶，故谓之实录。"作碑志虽然要"资乎史才"，但史家这种"实录"传统却是难以贯彻到底的。因为碑志要"述功咏德"，用今天的话叫弘扬"正能量"，所以"文直"不太符合碑体要求，"不隐恶"简直无法做到，但"事核"、"不虚美"则是必不可少的，这是碑志文不可突破的底线。不过，在人情和利益面前，守住这个底线也不太容易，后魏隐士赵逸曾抨击当时碑志文的"事妄"与"虚美"："生时中庸之人耳，及其死也，碑文墓志，莫不穷天地之大德，尽生民之能事。""所谓生为盗跖，死为夷齐；妄言伤正，华辞损实。"（见北魏杨衒之《洛阳伽蓝记》）在古代的碑志文中，这种"谀墓"并非是个别现象。

这样看来，作为历史记忆"储存"的碑文，其"记忆"并不全面，有时也不准确。因为它所记只是碑主光鲜的一面，只是其生前的盛德鸿懿，无法看到一个也有缺点、过错，甚至罪恶的完整的人。特别是那些帝王将相，无不是"为君共尧、舜连衡,为臣与伊、皋等迹",他们手上的血腥是完全看不到的。在这点上,碑文远不如史书来得真实。也难怪,古代那些至高无上的帝王,对于史官还总有几分畏惧,但从没有听说有谁害怕撰碑人。因为撰碑人一般都是由墓主家人嘱请,实为代言人。即使墓主生前恶贯满盈,其孝子贤孙也必寻其善而彰显之,否则似乎失去了其承继祖宗血脉的"合法性"。可见,了解一个人、一个时代、一个王朝,其自身的述说和评价固然重要,但万万不能把这些看得太认真,凡是自我作"史"的东西,可信度都要打些折扣。比如祖传的"家谱"之类,往往是不靠"谱"的。碑文也是一种自作之"史",虽然死者无法从墓中站起来挥毫自美,但文化和历史已为他准备好了代言人,还清楚他想说什么。

对于权势者来讲,最快意的事大概莫过于找人树碑扬名了,所以中国古代从不缺"御用文人"的位子;他们最不喜欢的,可能就是那些吃饭砸锅的"死磕"史家了,这也是"文字狱"及以言获罪者不绝如缕的原因所在吧。这些手上不干净的权势者,往往太相信手中的权力,以为让天下人"道路以目",他们的铭传诔碑就能成为信史。同时,他们又要用禁毁、囚絷、杀戮等手段,刻意遮掩那些暴行和丑闻,从而制造出一个民族的集体失忆。想想历史上那些悬案,确实很可怕的。比如秦始皇焚书坑儒到底烧了哪些书籍,杀了多少书生?明成祖朱棣"靖难之役"到底有无屠城之事?建文帝到底去了哪里?清雍正帝继位到底怎么回事?历史留下了多少这样记忆的空白,其真相由于统治者的屏蔽,早就从民族记忆中抹去了。

不过,这些权势者虽然能将一些历史的记忆成功抹去,但他们最终被历史钉在耻辱柱上的命运也是难以逃脱的,因为历史老人会像公正的法官那样,根据"零口供"进行判决。如秦始皇当年封禅泰山,刻石颂圣,其碑何其巍巍,其文何其煌煌,始皇帝自以为大秦帝国可传至"万万世"。具有讽刺意味的是,不仅秦朝二世而亡,其本人残暴血腥的声名也遗臭万年,到今天就连石碑上的字也被风雨剥蚀得只剩下了几个。值得注意的是,历史上还有一种"戒碑"。《开元天宝遗事》载,有一叫卢奂的官员,在他的辖区,"或有无良恶迹之人,必行严断,仍以所犯之罪刻石,立本人门首",人称"记恶碑"。类似的还有"戒贪碑""禁赌碑"等。今天南京日军大屠杀纪念碑,实际上也是这样一块"记恶碑"。这一类碑文是对一般碑文"功德"化选择的修正和补充。我相信,随着人类文明的发展和人民权利的扩大,权势者屏蔽历史记忆的机会必将越来越少,而其罪恶被刻上有形无形的"记恶碑"的可能性也会越来越大。

在现代批判的历史哲学看来,每一代人总是从自己时代的需要出发,并根据自己的知识结构、价值观念,根据历史教科书、历史知识、历史资料去认识过去的历史。因此,不可能真正认识到历史的客观真相。这一观点不无道理,况且我们常常面对的是经过人为"选择"的历史记忆。了解这一点,并不妨碍我们对历史真相的索求。对这些记忆"碎片"的拼接和对其缺失部分的追讨,仍然可以让我们更进一步地逼近"如其实际所是"的历史,发现历史的"真实性",从而对民族文化的存续和人类文明的进步,提供有价值的学术资源。从这个意义上讲,研究碑文这种选择性的历史记忆,也就有了它特殊的文化意义。

其实,对于文学研究的学者而言,碑志文除了其"意义"探讨的价值之外,基于文学本体的研究,自然是不容忽略的工作。碑铭之文与甲骨之文的功能不同。人们在甲骨上刻字主要是出于占卜的需要,是一种实际应用;而碑铭之文则主要是为了展示和记忆,又由于山石上书写文字的成本更高,容量更小,势必要求在内容和语言上做出更为精心的选择和锤炼,只有那些被认为值得留存的美好人事,才会用洗炼而优雅的语言去记录它,同时还要用富于美感的字体去刻写它。这也使得碑志文天然地具有了某种审美特质。《文心雕龙》称汉代蔡邕碑文:"其叙事也该而要,其缀采也雅而泽;清词转而不穷,巧义出而卓立。"蔡文为诔碑文的典范,一般碑文很难达到这样的水准,但这种美学品质则是基于碑文特殊功能的内在要求。中国传统文学具有一种杂文学的性质,早期的各种文学样式同时也都是社会生活中的实用文体,在实现其社会功用的同时也不同程度地具有审美效能。孔夫子曾谓"言而无文,行而不远",碑文以"不朽"为期约,自然对文采,即文学性有更高的要求。从这个意义上讲,碑铭文当是中国最早的叙事文学样式,也是最早的美文,后世的骈文与碑文或许就有直接的亲缘关系。古人对碑文的文学性看得很清楚,刘勰认为诔碑之文"盖诗人之则"(《文心雕龙·诔碑》),清人姚鼐也说:"碑志类者,其体本于诗。"(《古文辞类纂序》)。在被认为现存最早的文学总集《昭明文选》60卷中,收录与碑志文有关的"铭"、"诔"和"碑"体文章就有4卷。

无疑,碑志文构成了中国传统文学十分重要的一支,然而在现代学术体系中,碑志文多是作为史料为考古学、金石学和文献学所关注;而在古代文学研究的视阈里,它一直处于边缘地带。近年来情况有所改观,出现了一批相关的研究著述和学位论文。不过,与诗文词赋和小说戏曲的研究相比,碑志文研究总体上还是粗线条的、零散的。徐海容这部专著,作为这一学术领域重要的新成果,清晰而具体地揭示并描述了碑志文在中国历史上最为辉煌的时代——大唐王朝发展的面貌和轨迹,它的面世必将引起学术界对碑志文的进一步关注,从而推动这方面研究工作的深入开展。

作者这部著作是在其博士学位论文基础上修订而成的。海容是我教师生涯中所指导的第一位博士研究生。入学时已是广东一家高校的讲师,他本科毕业于海南大学,后考入中山大学攻读硕士学位,论文研究的是韩愈古文。海容乡籍陕西渭南。在中国,陕西是一个承载民族记忆尤为丰富的地方,特别是在唐代,留下了无数的文化瑰宝,多少脍炙人口的文学名篇都产生在这里。记得他曾讲,家乡的村边地头至今还可以看到不知是哪个朝代留下的残碣断碑。也许正是这块古老土地上深厚的文化遗存和氛围,作为一种或许是无意识的心理动因,启发他当初提出了唐代碑志文研究这一选题。看着眼前洋洋三十余万言的书稿,想到他当年孜孜矻矻,发愤著述的情景,感到很欣慰。海容性情朴直真淳,学术追求执着近痴,待人富悲悯之怀,见不幸则戚忧心伤,还有着一种陕西人特有的犟劲。在这部探讨唐人生命记忆的宏著中,我们看到了他对于唐人生命意识深刻的剖析和理解,同时也不难体察到他感性人生的温润情怀。海容毕业时,我曾赋小诗赠别,录于此来结束这篇义杂语漫的序文,也祝愿他未来的人生和学术,展现出更强大的生命活力。诗云:

> 人生路远且徐行,沧海有容游巨鲸。
>
> 关陕残碑铺井陌,琼崖骇浪启航程。
>
> 随鸥江岸观潮汐,潜梦大唐论死生。
>
> 迷眼桃花迎面笑,一枝簪发慰痴情。

2018 年元月于暨南园一叶庐

绪　论

第一节　碑志文的研究内容及价值

一、选题缘起

碑志文是我国古代一种重要文体,其发源于先秦,兴起于汉,此后历经演变,体例完备,应用广泛,在封建社会的政治文化生活中起着重要作用。刘勰《文心雕龙》专设《诔碑》一节,并将之归入"有韵之文",足见其重视程度。碑志文是刻在碑上的,碑是碑志文的载体。中国碑制从兴起到完备经过了相当的发展,自秦汉至唐宋元明清,封建王朝碑制政策各有不同,期间甚至几度禁碑废碑,但碑刻之风仍以多种形式绵延下来。立碑刻文,刊石铭功,树芳名,求不朽,遂成为中国社会固有的文化传统和民族习俗。在漫长的历史演进中,碑志文的功能走向完善,其分支更为繁富。按内容而言,碑志文通常分为记功碑文、记事碑文及墓碑文。其中仅墓碑文又可分为墓志铭、墓碣、墓表、神道碑、墓记、埋铭、藏志、塔铭、灵表等,名称虽然繁多,但内容一致,都叙写死者,就其一生进行总结,于人于事盖棺定论,抚慰死者亲朋,致礼仪之需,所以说墓碑文集悼念和安慰于一体,是连结生死最为紧密的文体,其兴起发展和中华民族的丧葬习俗、碑刻制度、书学篆刻工艺等密切相关,具有重要的历史学、金石学、民俗学、文化人类学研究价值。

碑志文写人记事追求真实可信,以史为据,具有传记文学的功能。刘勰《文心雕龙·诔碑》云:"属碑之体,资乎史才,其序则传,其文则铭。"[①]就撰写主体而言,碑志文的执笔者都是文人,而其描写对象也多是死者,文人创作碑志文的过程,就是对逝去生命的哀悼和探求、对历史事件的思考和

---

① 范文澜:《文心雕龙注》,人民文学出版社,1958年,第214页。以下所引刘勰之论,若无特别说明,均出自此书。

感悟的过程,展现着文人的才情个性和生活体会。就撰写客体而言,金无足赤、人无完人,碑志的描写对象不可避免有着这样那样的过错乃至劣迹,这给文人创作带来一定的难题。就写作范式而言,碑志文于人于事须进行记叙总结,评判论定,使已经远去的消逝的生命鲜活起来,彰显缅怀和哀悼之情,慎终追远,以满足丧葬礼俗的需要。因而碑志文具体写死者什么,又该如何写? 既要照顾到描写对象及其家属亲朋的情面,为死者讳,有所顾忌,以尽伤悼之意、哀荣之礼,又要做到真实可靠、客观全面地记述,以取信公众、传之后世,达到作文立碑而求不朽的目的。所以说碑志文尽管是由文人创作的,但往往又不是简单的文人个性化的行为,其成文涉及到社会评判、道德衡量、文化风气及人情礼俗等多方面的内容,其功能定位和文体特征受到历史发展和文学自身流变诸因素的影响,其创作体现着文人的写作技巧和名节品行,是最能彰显文人才情个性、生命感悟及社会认识的一种文体,具有重要的文体学研究价值。

碑志文与人类生命的存活、死亡,与历史现实、社会生活紧紧结合在一起,是时代文学的映射,其描写内容是对人生命运、事件经历的全面回顾和总结,对生命存在价值的认知和体会,对人类社会发展和生活演进的深度领悟和思考,其表述方式是多样的、变革的,其文化意蕴是厚重的、深沉的。一篇优秀的碑志文,具有强烈的现实应用性和审美的文学性。其写人记事,抒情说理,不管从何角度,都离不开对人类生命的哀悼、留恋和赞颂,都离不开对社会生活的思虑、回味和感悟,都离不开人们对生命本质的认识及对理想价值的追寻。而文学是人学,在漫长的历史演进中,碑志文的书写代代相传,多有流变,但不变的是碑志文作为中国古代散文的一个重要分支,总和文学发展的大潮相连,其创作体现着文人的文化心理及审美需求。当然,这期间因具体时代文化背景的不同,导致碑志文的文体特征和文学性也各有特色,就是同一时代,往往因为文人的才情个性、人生经历的不同,其碑志文也各有千秋,呈现出不同的精神风貌和文化内涵。就此而言,碑志文不仅具有文献学、社会学的研究价值,更重要的是,还具有文学方面的研究价值。

基于以上考虑,兹以碑志文为本书研究对象。鉴于唐代文章的地位及影响,很自然,这一研究对象便是唐代碑志文的发展演变,以下就本书的研究范围、研究意义、研究方法及内容做简要说明。

二、本书研究范围

碑志文,即刻在碑上的纪念文字,作为一类文章体式,其由来已久。如陆机《文赋》云:"碑披文以相质,诔缠绵而凄怆。铭博约而温润,箴顿挫而清壮。"①其后挚虞《文章流别论》、范晔《后汉书》都有对碑的文体分类及论述,刘勰《文心雕龙》阐释文体就设有《诔碑》一节,萧统《文选》也设有碑文、墓志两体。但至宋代,有学者针对碑作为文章体式的说法提出异议,如孙何《碑解》:"碑非文章之名也,盖后人假以载其铭耳。铭之不能尽者,复前之以序,而编录者通谓之文,斯失矣。陆机曰:碑披文而相质,则本末无据焉。"②清人纪昀则认为:"碑非文名,误始陆平原,孙何纠之,拔俗之识也。"③赵翼《陔余丛考》也说:"碑有序有铭,谓之碑文可也,碑铭可也,而直谓之碑则非也。"④近代刘师培承继这种说法,其《左庵文论》云:"树碑之风,汉始盛行,而东都尤盛,惟乃刻石之总名,而非文体之专称……盖凡刻石皆可谓之碑,而非文章之一体,与铭箴颂赞之类不同。惟以铭体居十之六七,故汉人或统称碑铭,碑则刻石,铭则文体也。"⑤

实际上,我国古代的碑有着铭器与文章体式的双重含义,当然这期间经历了一个过程。碑志文是刻在碑上的,碑是碑志文的书写载体,立碑刻文,以求不朽,是中国古代社会的文化心理和社会习俗。一般而言,失去文字书写,碑就可能失去其存在价值。但一种书写载体在演进过程中,因受特定社会文化背景和时代风气的影响,会突出某一方面的功能,并由此形成一种固定的形制,一种较为稳定的表达方式,这种方式常因其载体名称而得名,并为人们接受传扬。这种现象在古代文体发生中并不罕见,如石鼓文、甲骨文、钟鼎文、金文、檄文、诏令、札子、策论、乐词、判文等,而于碑志文表现尤为突出。故从《文赋》《文心雕龙》等以"碑"作为文体之名后,其说相沿已久,如明代文章学家吴讷《文章辨体序说》列"碑",而徐师曾《文体明辨序说》则列"碑文",其实都是论述碑志文体的,由此可见"碑"之含义深

---

① 于景祥、李贵银:《中国历代碑志文话》,辽海出版社,2009 年,第 201 页。

② 〔清〕徐乾学:《读礼通考》卷九八《丧具》,〔清〕纪昀等:《文渊阁四库全书》,台北商务印书馆,1986 年,第 114 册,第 358 页。

③ 詹锳:《文心雕龙义证》,上海古籍出版社,1989 年,第 447 页。

④ 〔清〕赵翼:《陔余丛考》卷三二,中华书局,2006 年,第 684 页。

⑤ 刘师培:《中古文学论著三种》,辽宁教育出版社,1997 年,第 165 页。

广。至于孙何、纪昀、赵翼等人之论,其绳以古义,就其一端,未免太过拘泥,实不足取。

中国古代的碑有多种功能和类别,其中用来记载历史事件,重在表彰人物功德的称作记功碑,如韩愈的《平淮西碑》,记叙唐朝为平定淮西等藩镇割据、维护王权一统而开展的一系列正义性战争,铺陈事件经过,重在歌颂宪宗皇帝及主帅裴度、将军李愬等人的丰功伟绩;用来记载历史事件,但不重铭功而重在记叙周详,以资史证及传扬后世,此类碑叫记事碑,如唐时《唐蕃会盟碑》,记载唐与吐蕃结盟的这一重大事件,将盟誓的具体经过及详细内容刻于碑上,以告诫子孙,代代遵守,昭示友好,万世相承;同样写人记事,但用作殡葬坟墓,以资纪念哀悼,这类碑称作墓碑。墓碑的分支很多,其中埋在坟茔里的称作墓志铭,树立于坟墓周边的有神道碑、墓碣等,描写对象都是死者,记叙其生平履历,才华贡献,以扬善隐恶,抒发缅怀和伤悼之情,如纪念李白的《赠左拾遗翰林学士李公新墓碑》、纪念柳宗元的《柳子厚墓志铭》、纪念范仲淹的《资政殿学士户部侍郎文正范公神道碑铭》等,都属于墓碑文。无论分类如何,碑志文都是因碑这一具体载体而得名的,如《平淮西碑》和《资政殿学士户部侍郎文正范公神道碑铭》,作为文化载体,属于刻石类铭器,前者由朝廷诏令刻立,后者由范仲淹家属刻制,均树之要津,以显扬不朽;作为文章,前者由韩愈书写,记功叙事,铭功彰美,后者由欧阳修书写,悼念亡友范仲淹,感慨深沉,情采飞扬。可见在中国古代社会,人们将碑既看作具体的书写载体,又以之指代文章名称。

在记功、记事、墓碑三类碑中,墓碑的应用范围最广,也最为多见。自古及今,封建社会文人创作最多的碑文也是墓碑文,如韩愈一生作碑文76篇,其中墓碑文占71篇。欧阳修作碑志文110篇,俱为墓碑文。因而中国古代的碑,多指墓碑和墓碑文。如刘熙《释名》云:"碑,被也。此本葬时所设也。于鹿卢,以绳被其上,引以下棺也。臣子追述君父之功美,以书其上,后人因焉。无故建于道陌之头,显见之处,名其文就,谓之碑也。"①刘勰《文心雕龙·诔碑》也云:"碑者,埤也。上古帝皇,纪号封禅,树石埤岳,故曰碑也。周穆纪迹于弇山之石,亦古碑之意也。又宗庙有碑,树之两楹,事止丽牲,未勒勋绩。而庸器渐缺,故后代用碑,以石代金,同乎不朽,自庙

---

① 　[清]毕沅等:《释名疏证补》卷六,中华书局,2008年,第218—219页。

徂坟,犹封墓也。自后汉以来,碑碣云起。"①二者所论,从起源到演变,从书写载体到文章体式,都针对墓碑而言,可见在当时人们的观念中,碑作为一种书写载体的含义虽仍存在,但同时也接受了碑或碑文对墓碑文的专门性指代。自晋代后,人们所言碑,也多指墓碑。

有鉴于此,本书的研究,碑志文主要指墓碑文,将范围限定于唐代,是因为唐代乃我国古代散文发展史上的重要阶段,其文化昌明,文人创作繁盛,成就突出。作为古典散文重要组成部分的碑志文,伴随着张说、苏颋、韩愈及柳宗元等大家的努力和文体革新运动的进展,在唐代历经变革,不断演进。有唐一代,碑志风气浓厚,碑志作家多,作品更多,兹据清人董诰编《全唐文》统计,共收录 3035 位作家的 20025 篇文章②,其中收录碑志文1573 篇,今人吴钢《全唐文补遗》(共九辑),根据出土资料,另收入唐碑志文 8000 多篇③。陈尚君《全唐文补编》则收入碑志文 674 篇。如此估算,存世全唐碑志文当在 1 万篇以上,数量远超过秦汉魏晋,这就为研究唐代碑志文提供了有力的文本依据。当然,更重要的是,唐代碑志文思想纯正,内容丰富,文采斐然,体例完备,功能定型及时代精神突出,具有鲜明的文体特征和文学审美情趣,其流传广泛,影响久远,成为后世碑志文的典范,研究价值不言而喻。

本书结合唐代的历史文化背景和作家创作心理,从文体流变规律入手,对唐代碑志文进行系统性比较研究。研讨其文体形态、时代特征和思想内容,就其艺术成就作出综合性分析总结,在此基础上探寻碑志作家的创作心态以及作品所体现的文人生命意识、价值观念,挖掘唐代碑志文所蕴藏的文化内涵,追溯碑志文同诗歌、传奇小说等文体生成、发展乃至相互演进的历史,并进一步揭示中国古代文体演变的规律,把握时代文学的性质、特征及文学演进的规律,借此引发学界对于唐代碑志文研究的足够重视。

此外,就碑志文发展而言,其源远流长,分支繁多,历朝历代对碑志文的文体分类也不尽相同,直至清人姚鼐《古文辞类纂》分文体十三类,其中

---

① 范文澜:《文心雕龙注》,第 214 页。

② 陈尚君:《全唐文补编·前言》,中华书局,2005 年,第 1 页。

③ 吴钢:《全唐文补遗》,三秦出版社,1994—2007 年,其中收录多为墓志铭,其中部分碑文内容简单,或仅有题名,而无实质行文,或有碑文而作者阙名。

碑志文体下含"碑、碑记、神道碑、碑阳、墓志铭、墓志、墓表、灵表、刻文、碣、铭、杂铭、杂志、墓版文、题名"十五类文章。姚鼐的文体分类繁简适度,多为后世取法,本书也以此为准,研究内容自然包括上述各类碑志文。

第二节　碑志文的研究思路及方法

本书的研究对象是唐代的碑志文,主要是墓碑文,其文体本身的特殊性,决定了研究的方法。

首先,任何一种文体的形成演变都有自己的规律,碑志文是因为中华民族的丧葬风俗而诞生的,所以早期的碑志文突出礼俗实用性,属于单纯的应用文体。后来由于诸多文人的参与撰写,其文学色彩被大大增强,特别是唐代的碑志文,因为多展现作者自身的心性和情感,往往才情飞扬,文笔优美,成为集应用性、文学性于一身的文体,在社会生活中发挥着重要作用。本书一方面采用文体学和文学的研究方法,在坚持文体自身相对独立性的基础上,对碑志文体的生成演变规律作深入探寻,研究唐代碑志文的文体特征和文学性,分析碑志文同诸如祭文、行状等其他类似文体之间的关系;一方面通过历史学、民俗学、文化心理学、接受美学等方法,探讨碑志文与社会文化的种种关联,深入研究唐代碑志文演变的时代动因,追溯碑志文体的演变与文化风气、时人生命价值观念、社会礼俗及政治环境之间的联系。本书将在这两方面研究的结合中,力求对碑志文体的特质、社会文化内涵、文体演变过程和时代精神有深刻的揭示和分析。

其次,碑志文是刻在石上的,自唐以后,碑制完备,书家众多,宋代更兴起金石学,诸如曾巩、欧阳修等都有专门的金石学著作问世。如此对于碑刻书法、碑志文的存在情况提供了丰富的文献资料,而史籍中对于碑制演变、碑志文的撰写也多有记载,相关作家文集中也多收录有碑志文。直至今天,我国还保存有大量的古代碑刻实物,典型如西安碑林博物馆等,这些都是研究碑志文的活证。所以本书的研究,还必须把文献研究与田野调查,特别是碑志文的实地考察与辑补收录结合起来,以资互相校雠印证。

此外,在研究中,还必须结合逻辑方法,把宏观研究与微观研究结合起来。既要有对碑志文体发展的整体论述,又要包含碑志作家的个案研究。同时注意纵横向的比较研究,既要把具体某个时段的作品研究放在整个碑志文的历史演变过程中加以考察,又要把某一时期的碑志文研究放在同时代的文学、文体演进中加以考察,对于作家个案研究也是如此。特别重要的是,还要把碑志文置于人的生命世界中,借此揭示文学、文体演变与人的生命意识、理想价值观念演变的关系,让碑志文的研究回归生命、生活、文学及文体本身。

第一章 碑志文发展及唐代碑志文创作概述

第一节 碑志文的功能嬗变及体式演进

一种文体的形成与演变,既有文体本身内在规律的驱动,又离不开社会文化背景的制约。碑志文自秦汉兴起,历经魏晋南北朝的演变,在漫长的发展过程中,受到诸多因素的影响。历朝不同的碑制政策,导致碑及碑志文体的分支繁富,名类众多,流变不断,而文论家们对于碑志文的概念界定及体性归类,也经历了一个由繁到简、由浅到深的过程。有关碑志文分类的历史,就是其作为独立文体被接受、认可的历史,也是一部中国文体在被辨析、定性过程中发展成熟的历史。

一、秦汉碑志的兴起与流变

碑者,悲也:碑志的观念之萌

碑志文作为我国古代的常用文体之一,源远流长。刘勰《文心雕龙》划分文体为诠赋、颂赞、祝盟、铭箴、哀吊、杂文、谐隐、史传、论说、诏策、檄移、章表、奏启、议对、书记等十多类,其专设《诔碑》一节,将其归入有韵之文,并就碑志文体的起源流变和发生发展作周密论述,足见重视。碑志文是刻在碑上的,碑是碑志文的书写载体,论及碑志文的起源流变,不能不说到中国碑制演变史。《说文》云:“碑,竖石也。”①《仪礼·公食大夫礼》:“士举鼎,去鼎于外次入,陈鼎于碑南,南面西上。”②“庶羞陈于碑内,庭实陈于碑外,牛羊豕陈于门内,西方东上。”③《仪礼·聘礼》中有多处关于古碑的记

---

① [汉]许慎:《说文解字》,中华书局,1963年,第194页。
② [清]阮元:《十三经注疏·仪礼注疏》,中华书局,2009年,第1080页。
③ [清]阮元:《十三经注疏·仪礼注疏》,中华书局,2009年,第1080页。

载，如"醯醢百瓮，夹碑，十以为列"①，"宾自碑内听命"，"宾降，无自碑内东面"②。《礼记·杂记》又云："宰夫北面于碑南，东上。"③这都说明我国早在先秦时期，就有了碑制。

早期碑有不同的种类和用途，材质上有石质和木质两种，分别用作宗庙建筑装饰和下葬工具，其上并无刻字。《礼记》载宫庙庠序中庭之碑，以石为之；下棺者之碑，以木为之。《仪礼·聘礼》："东面，北上；上当碑，南陈。"郑玄注："宫必有碑，所以识日景，引阴阳也。凡碑引物者，宗庙则丽牲焉，以取毛血。其材宫庙以石，窆用木。"④《礼记·祭义》载关于系牲畜于碑的礼仪："君牵牲……既入庙门，丽于碑。"注疏曰："丽，系也。碑在庙之中庭，所以为行礼之节，系牲于其上，因其便而用之也。"⑤

这时的碑多用于墓葬下棺，《礼记·丧大记》云："君葬用辁，四绰，二碑，御棺用羽葆。大夫葬用辁，二绰，二碑，御棺用茅。士葬用国车，二绰，无碑，比出宫，御棺用功布。"又云："凡封，用绰去碑负引。"郑玄注："又树碑于圹之前后，以绰碑间之鹿卢，挽棺而下之，此时棺下窆，使挽者皆击绰而绕腰，负引，舒纵之，备失脱也。用绰去碑者，谓纵下之时也。"⑥此外，还有一种"丰碑"，也用于下葬。先秦时奴隶主的墓穴深广，为避免下棺时棺椁的悬空摇荡，往往在墓坑四周树立几根木桩，桩头有孔或者凿纹，叫"穿"。下棺时，用绳索将棺椁的四端系结于桩上，缓缓入墓，这种木桩被称作"丰碑"。《礼记·檀弓》云："季康子之母死。……公肩假曰：'公室视丰碑，三家视恒楹。'"郑玄注："丰碑，凿大木为之，形如石碑，于椁前后四角树之，穿中，于间为鹿卢，下棺以绤绕。天子六绤四碑，前后各重鹿卢也……四植谓之恒，诸侯四绤二碑，碑如恒矣。大夫二绤二碑，士二绤无碑。"⑦可见，所谓"丰碑"，其原始形制是树立于墓穴边上的大木桩，用作牵引以便下棺。至于木桩的数量，当时也有严格规定，以示主人身份、地位、等级、官职的不同。随着时间推移，这些用于殡葬习俗的碑，作为一种实物，在殡葬结束

---

① 杨天宇：《仪礼译注》，上海古籍出版社，2004年，第237页。
② 杨天宇：《仪礼译注》，第248页。
③ ［清］孙希旦：《礼记集解》，中华书局，1989年，第1120页。
④ ［清］阮元：《十三经注疏·仪礼注疏》卷二一，世界书局，1945年，第1059页。
⑤ ［清］孙希旦：《礼记集解》，第1215—1216页。
⑥ ［清］孙希旦：《礼记集解》，第1187—1189页。
⑦ ［清］孙希旦：《礼记集解》，第281页。

后,被留在墓地,后人于其上顺手刻写一些文字,用作坟墓标识,抒发伤悲之情,碑志文的书写系统就此建立起来,也拉开了"碑者,悲也"的时代。

据以上记载可知,在我国先秦的春秋战国时期,碑作为实物就已经广泛存在,至于具体用途:其一是竖于宫廷之中,作为推断时间的仪器,用来"识日影,引阴阳";其二是立于宫庙大门之内,类似于后世的拴马桩等,用来拴系牲畜,以便就近宰杀以供祭祀之用;其三是立于宫室院庭之间,用作礼仪之具及墙屋装饰,类似于后代的照壁、屏风及华表等;最后则是树立于坟圹周围,类似于扎桩牵引,以作殡葬下棺之用。随着时间推移,第一种碑逐渐发展成为"日晷"、"圭臬"之类借助日影来记录时间的专门仪器。第二、三种碑,时人于其上顺便刻写一些关于宗庙事记的文字,这就演变为后来的记功、记事碑。而最后一种碑,殡葬结束后被留在墓地,时人也于其上顺势写一些寄托悲情的相关文字,作为冢墓的标识,这便形成后世的墓碑。正因为其最初是用来悬棺下墓的,所以直到东汉,墓碑上部仍凿有一个圆孔,称为"穿",并刻有数道阴纹贯通于"穿眼",尚存古制"引"之意。龚自珍云:"庙有碑,系牲牷也,刻文字,非古也;墓有碑,穿厥中而以为窆也,刻文字,非古也。"①赵翼《陔余丛考·碑表》载孙何语:"昔在颍中,尝见荀陈古碑,皆穴其上,若贯索为之者,以问起居郎张观,观曰:'汉去古未远,犹有丰碑之遗像。'"②王芑孙《碑版文广例》曰:"汉碑穿外有晕,其晕缭绕,或即自穿中出,或别从穿外起,尚存古制引绰之意。"③今人马衡也云:"汉碑之制,首多有穿,穿之外或有晕者,乃墓碑施辘轳之遗制。"④都对此作了说明,由此可见东汉墓碑与先秦下棺"碑"之联系。

早期的碑,其材料或石质,或木质,或置于宫庙,或树于墓侧,或用于计时、系牲,或用于引棺下葬。虽在设置处所、功能用途上相去甚远,但均为实用之工具。迨至后来,其材料全部以石代木,是因为石材较木材更为优质,特别是对墓碑而言,石质取代木质,更为坚固耐用,不易腐朽,满足人们标示坟墓、镌刻文字以感怀逝者、求恒久纪念的心愿。在漫长的岁月演进中,碑形成多种类别和风格,时至今日,仅题刻"某某人之墓"的普通墓碑,

① [清]龚自珍:《说碑》,《龚自珍全集》,上海人民出版社,1975年,第265页。
② [清]赵翼:《陔余丛考》卷三二,第681页。
③ 叶昌炽、柯昌泗:《语石·语石异同评》卷三,中华书局,1994年,第151页。
④ 马衡:《凡将斋金石丛稿·中国金石学概要》,中华书局,1977年,第69页。

也颇为常见。至于专为权宦豪富等立的墓碑,从碑到文,都求奢华宏美,极尽考究,这涉及到墓主的身份、地位、声名、履历、功德及家世等,是封建等级观念形成后的产物。

在碑出现之前,人们对殡葬对坟墓的认识,还停留在懵懂阶段。只有等社会文化发展到一定阶段,祭悼礼仪逐渐形成,人们的灵魂观念,特别是对于生死的认识达到一定程度之后,碑刻标识坟墓、抒发悲情的作用才被发现并重视,碑志文也由此兴起。汉代刘熙在《释名》中最先对碑志文的这一功能予以阐释,用以概括上古时期先民的碑志观念,其云:

> 碑,被也。此本葬时所设也。于鹿卢,以绳被其上,引以下棺也。臣子追述君父之功美,以书其上,后人因焉。无故建于道陌之头,显见之处,名其文就,谓之碑也。①

刘熙的说法,广为后人接受,自此以降,诸多文史学家对碑的认识都同于此,如唐代陆龟蒙《野庙碑》:

> 碑者,悲也。古者悬而窆,用木。后人书之以表其功德,因留之不忍去,碑之名由是而得。②

诸多文献资料的出土也印证着"碑者,悲也"的文化演进,这主要包括殡葬习俗与祭悼礼仪两个方面。

朱剑心《金石学》云:"冢墓之碑,始于后汉,其门生故吏为其府主刻石颂德,遍于郡邑,风气极盛。"③汉代后期,经济发达,财富积累达到一定水准,盛行厚葬之风,为碑的兴起提供有力的物质前提。汉代统治者推行孝悌治国之道,于官于民多立碑旌表,以实现"孝治天下"的文化需要。当时墓祀习俗繁盛,在儒家三不朽生命价值观的影响下,世人也普遍具有留名后世的心理,而树碑作志、表现悲祭之礼,成为抒发亲孝之情的最好证明。结合当时的碑文来看,坟墓、碑志不仅是死者肉体和灵魂的栖息之所,也是生者观念情感的寄托之处。汉人认为殡葬与吉凶祸福关联,在其看来,人死之后,灵魂仍旧存在,殡葬结束,坟墓既成,则灵魂可安。这种心理加深了汉人的生命感怀,影响到作家的碑文创作。如永元八年《孟孝琚碑》:"嗟

---

① ［清］毕沅等:《释名疏证补》卷六,第218—219页。
② ［唐］陆龟蒙《野庙碑》,［清］董诰:《全唐文》卷八〇一,中华书局,1983年,第8418页。
③ 朱剑心:《金石学》,文物出版社,1981年,第214页。

命何辜,独遭斯疾。中夜奄丧……忽然远游,将即幽都,归于电丘。"①乾封
元年《刘士恭朱书砖志》:"但愿亡者,驾驹仆使,□淹魂归,冢下移眠,冥冥
幽侧,长居泉下,永扇清风。寂寂孤坟,攸魂往托,呜呼哀哉,葬于斯墓。"②
元初四年《祀三公山碑》:"其灵尤神,处幽道艰,存之者难。卜择吉……以
宁其神。"③延熹元年《郎中郑固碑》:"奉我元兄,修孝罔极,魂而有灵,亦歆
斯勒。"④都借助碑志,抒发悲情,追求灵魂的安息。

殡葬习俗的演进促进祭悼礼仪的形成,墓碑在汉代建筑考究,形式完
善,已具备独特的哀祭和悼念功能,其分为三部分:底座(龟趺)、碑身、碑
头。龟趺表示土地及其载体;碑身主要刻凿亡者在世的生平功德,是人间
的象征;碑头多雕刻云龙或日月纹,是天界的象征。因此,墓碑表示天上、
人间、地下三界通连,代表着灵魂不死,哀礼不断,这就满足了人们殡葬及
祭悼所需,也助长了树碑之风的盛行,形成"碑者,悲也"的进一步延伸。

当殡葬活动成为一种传统之后,那些人类信仰的观念礼俗才被固定化
和制度化,碑志也逐渐拥有了体式和职能,这就使得坚持碑志活动成为必
要。汉代以来的文人对此有着深刻认识,蔡邕在《铭论》中,就对碑志的源
流、文体定位与写作功用有着相当阐释:"钟鼎礼乐之器,昭德纪功,以示子
孙,物不朽者,莫不朽于金石,故碑在宗庙两阶之间。近世以来,咸铭之于
碑,德非此族,不在铭典。"⑤在具体的碑志作品中,蔡邕于此也多有说明,
如《太尉杨秉碑》:"刊石树碑,表勒鸿勋,赞懿德,传亿年。"⑥再如汉代佚名
所作《景君碑》:"州里乡党,陨涕奉哀,故吏忉怛,歔欷低徊,四海冠盖,惊恸
伤怀。……著《甘棠》兮,刊石勒铭,□不亡兮。"⑦都从抒发哀情、记载悲思
的角度对碑的功能做了分析。此后刘勰《文心雕龙》专设《诔碑》一节,对秦
汉碑志的观念之源、体式流变及创作要求等作了系统论述:

　　碑者,埤也。上古帝皇,纪号封禅,树石埤岳,故曰碑也。周穆纪迹于
弇山之石,亦古碑之意也。又宗庙有碑,树之两楹,事止丽牲,未勒勋绩。

---

① 高文:《汉碑集释》,河南大学出版社,1997年,第15页。
② 吴钢:《全唐文补遗》第七辑,第275—276页。
③ 高文:《汉碑集释》,1997年,第32页。
④ 高文:《汉碑集释》,1997年,第220页。
⑤ 于景祥、李贵银:《中国历代碑志文话》,第198页。
⑥ [清]严可均:《全后汉文》卷七五,商务印书馆,1999年,第763页。
⑦ 高文:《汉碑集释》,第62页。

而庸器渐缺，故后代用碑，以石代金，同乎不朽，自庙徂坟，犹封墓也。自后汉以来，碑碣云起。才锋所断，莫高蔡邕。观杨赐之碑，骨鲠训典；陈郭二文，词无择言；周乎众碑，莫非清允。其叙事也该而要，其缀采也雅而泽；清词转而不穷，巧义出而卓立；察其为才，自然而至。孔融所创，有慕伯喈；张陈两文，辨给足采，亦其亚也。及孙绰为文，志在碑诔；温王郗庾，辞多枝杂；《桓彝》一篇，最为辨裁。

夫属碑之体，资乎史才，其序则传，其文则铭。标序盛德，必见清风之华；昭纪鸿懿，必见峻伟之烈：此碑之制也。夫碑实铭器，铭实碑文，因器立名，事先于诔。是以勒石赞勋者，入铭之域；树碑述已者，同诔之区焉。[①]

此段文字，记述了碑志的名称由来、观念源起及载体流变等，特别是对碑志"资乎史才"的写作准则提出说明，强调碑志记人载事以史为据的重要性。在论述碑文、诔文及铭文的关系时，刘勰指出三者之间的联系，强调"树碑述已"的文学传承。综合而言，蔡邕对碑志活动的阐释，印证了"碑者，悲也"乃人事活动的观念，而其后刘勰的论述，则可见将此种人事活动进一步政治化、历史化的思考，当我们比较这些碑志文献时，不仅要注意其思想内容的相承性，更需关注其观念的历史性演变。

以碑述悲，是有着古老渊源的一种历史传统。普通的明器、石刻、文字，一旦与祭奠、伤悼、感怀等具有代表性的人事活动紧密结合，就成为殡葬习俗的标志，伴随人类的前进，其沟通天人之变，关联生死之别，代代相承。当这种沟通和关联作为一种观念传统和文化礼仪固定化之后，又反过来促使人们为殡葬活动寻求某种相应的情理性，碑志文"以碑述悲"的写作观念，正是出于建构这种情理性的需求。

记功彰美：碑志的功能之本

在理清碑志文体的写作观念后，随之就是对其文体功能与写作主体的考察。结合当时的材料来看，碑志的诞生满足统治者弘扬政绩、好大喜功的心理。以碑记载功业、彰显美德，曾经是一种无比恢弘的历史认知和话语权力。

我国先秦时期就有刻石纪事铭功的做法，《墨子·鲁问》中就有"则书

---

① 范文澜：《文心雕龙注》，第 214—215 页。

之于竹帛,镂之于金石,以为铭于钟鼎,传遗后世子孙曰:'莫若吾多'"①的记述,《吕氏春秋·求人》说夏禹"功绩铭乎金石,著于盘盂",高诱注曰:"金,钟鼎也;石,丰碑也。"②《史记·秦始皇本纪》中也有"古之帝者……犹刻金石,以自为纪"③的记载。碑刻作为权力的象征,作为历史的见证,常常伴随着帝王的活动而展开。目前考古发现最早的有字刻石是春秋晚期秦公一号墓中石磬,上刻有大篆十六字。此外就是现藏于北京故宫博物院的战国石鼓,上刻四字籀文,记载周宣王游猎之事。秦始皇东巡也命李斯撰文,以刻石记功:"刻石之特立者谓之碣,天然者谓之摩崖。"④《文心雕龙·颂赞》云:"颂者,容也,所以美盛德而述形容也……秦政刻文,爰颂其德。"⑤汉代立碑之风兴起之后,时人纪事铭功,多改用碑刻,因此先秦的刻石也都统称为碑。吴讷《文章辨体序说》云:"秦汉以来,始谓刻石曰碑,其盖始于李斯峄山之刻耳。"⑥段玉裁《说文解字注》:"非石亦曰碑,假借之称也;秦人但曰刻石,不曰碑,后此凡刻石,皆曰碑矣。……凡刻石先立石,故知竖石者,碑之本义。"⑦叶昌炽《语石》:"凡刻石之文皆谓之碑,当是汉以后始。"⑧王筠《说文释例》也云:"古碑有三用:宫中之碑,识日景也;庙中之碑,以丽牲也;墓所之碑,以下棺也。秦之纪功德也,曰立石,曰刻石,其言曰碑者汉以后之语也。"可见刻石也属碑之类。故姚鼐编《古文辞类纂》时,列碑志类文体,所收录以李斯撰《泰山》《峄山》《之罘》《东观》《碣石》《会稽》六篇刻石文字为最早。可见,在文明的起始阶段,碑刻作为权力宣扬和政绩显现的最好方式,常常会被用于除殡葬之外的其他用途,如帝王的巡游,建筑的竣工等等,正如徐师曾《文体明辨序说·碑文》所云:"周穆纪迹于弇山之石,秦始刻铭于峄山之巅,此碑之所从始也。然考《士昏礼》:'入门当碑揖。'注云:'宫室有碑,以识日影、知早晚也。'《祭义》云:'牲入丽于碑。'注云:'古宗庙立碑系牲。'是知宫庙皆有碑,以为识影、系牲之用,后人因于

---

① 于景祥、李贵银:《中国历代碑志文话》,第196页。
② 陈奇猷:《吕氏春秋校释》,学林出版社,1984年,第1515—1522页。
③ [汉]司马迁:《史记》,中华书局,2005年,第45页。
④ 马衡:《凡将斋金石丛稿·中国金石学概要》,第67页。
⑤ 杨明照:《文心雕龙校注》,中华书局,1959年,第56—57页。
⑥ [明]吴讷、徐师曾:《文章辨体序说·文体明辨序说》,人民文学出版社,1962年,第52页。
⑦ [清]段玉裁:《说文解字注》,上海古籍出版社,1981年,第450页。
⑧ 叶昌炽、柯昌泗:《语石·语石异同评》,第151页。

其上纪功德,则碑之所从来远矣;而依仿刻铭,则自周、秦始耳。后汉以来,作者渐盛。"①

　　春秋战国之碑,本质就是肩负装饰、祭祀及计时等任务的重要工具。《仪礼·聘礼》中有多处关于古碑的记载,如"上当碑,南陈……醯醢百瓮,夹碑,十以为列"②,"宾自碑内听命"、"宾降,自碑内"③。《礼记·杂记》云:"宰夫北面于碑南,东上。"④此后,碑的用途逐渐分化,一部分用作宗庙记事,一部分用于殡葬,这就有了记功碑与墓碑之分。王兆芳《文体通释》:"碑者,竖石也。古宫庙庠序之庭碑,以石丽牲,识日影;封圹之丰碑,以木悬棺绋,汉以纪功德。一为墓碑,丰碑之变也;一为宫殿碑,一为庙碑,庭碑之变也;一为德政碑,庙碑、墓碑之变也。"⑤直到今天,我们仍能在出土的文献资料中,看到碑作为历史印证和时间秩序的存在。殆至汉代,时人建立起一套具有强烈的功利化的碑制礼仪,碑志记功彰美的功能被固定化,这成为碑文兴起的基础。如东汉顺帝永和二年(137),北匈奴南侵,敦煌太守裴岑率郡兵 3000 人前往进剿,大获全胜。当时西域人民为裴岑立《裴岑纪功碑》,其文曰:"惟汉永和二年八月,敦煌太守云中裴岑将郡兵三千人,诛呼衍王等,斩馘部众,克敌全师,除西域之灾,蠲四郡之害,边境乂安,振威到此,立海祠以表万世。"⑥随着殡葬风气的兴起,碑志记功彰美的功能更被进一步强化,此于墓碑尤为突出。欧阳修《集古录跋尾》云:"自后汉以来,门生故吏,多相与立碑颂德矣。"⑦赵明诚《金石录》也云:"自东汉以后,一时名卿贤士大夫,死而立碑,则门生故吏往往寓名其阴,盖欲附托以传不朽尔。"⑧当时甚至有为活人立碑颂德的作法:"自秦汉以降,生而有功德政事者,亦碑之。"⑨

　　考察碑志记功彰美写作功能的形成,还必须提到铭文。碑在由器物之

　　①　[明]吴讷、徐师曾:《文章辨体序说·文体明辨序说》,第 144 页。
　　②　杨天宇:《仪礼译注》,第 237 页。
　　③　杨天宇:《仪礼译注》,第 248 页。
　　④　[清]孙希旦:《礼记集解》,第 1120 页。
　　⑤　范文澜:《文心雕龙注》,第 223 页。
　　⑥　高文:《汉碑集释》,第 59 页。
　　⑦　[宋]欧阳修:《集古录》卷四《宋文帝神道碑》,[清]纪昀等:《文渊阁四库全书》,第 681 册,第 60 页。
　　⑧　金文明:《金石录校证》,广西师范大学出版社,2005 年,第 253 页。
　　⑨　[唐]陆龟蒙:《野庙碑》,[清]董诰:《全唐文》卷八〇一,第 8418 页。

用向载文之用的转变中,经历了一个相当长的过程,其中铭文对碑文的形成起着重要作用,两者有着至深的文体渊源。《礼记·祭统》云:"夫鼎有铭,铭者,自名也。自名以称扬其先祖之美,而明著之后世者也,为先祖者,莫不有美焉,莫不有恶焉,铭之义,称美不称恶,此孝子孝孙之心也,唯贤者能之。铭者,论撰其先祖之有德善、功烈、勋劳、庆赏声名,列于天下,而酌之祭器,自成其名焉,以祀其先祖者也。……夫铭者,壹称而上下皆得焉耳矣,是故君子之观于铭也,既美其所称,又美其所为。"[①]铭文重在铭功记事,于人"称美不称恶",这一创作准则为碑志文所汲取,如蔡邕《太傅胡广碑》就有"取言时计功之则,论集行迹,铭诸琬琰"[②]的句子,邯郸淳《鸿胪陈纪碑》也云:"乃与邦彦硕老,咨所以计功称伐、铭赞之义,遂树斯石,用监于后。"[③]都表明作碑文的目的是便于为墓主记功称美,这明显和铭文写法相同。其次碑志文在内容形式上对铭文也多有继承,碑志行文后半部分的赞颂之语,都称铭词,写作中称为"铭曰"云云,一般采用四言韵文的形式,并以此为常格[④]。如蔡邕《陈留东昏库上里社碑》:"刊铭金石,永思不忘。"[⑤]挚虞《文章流别论》云:"古有宗庙之碑,后世立碑于墓,显之衢路,其所载者铭辞也。"[⑥]刘勰《文心雕龙·诔碑》:"碑实铭器,铭实碑文。"[⑦]徐师曾《文体明辨序说》说碑文:"其为体有文,有铭,又或有序;而其铭或谓之辞,或谓之系,或谓之颂,要之皆铭也。"[⑧]都指出碑文同铭文的密切关系,甚至将碑文等同于铭文。此后时代发展,政治变迁,帝王的功德需要鸿文颂扬。相对于鼎铭之文,碑志文不仅镌刻快捷而且包容广大,其优越性步步体现,记功彰美的功能最终超过并取代了铭文。

此外,刻石作为早期碑的一类,也重在记功彰美,颂扬帝王功德,如《秦始皇东观刻石文》以"维二十九年,皇帝春游,览省远方"开头,点明时间,着力赞扬秦始皇的文治武功:"圣法初兴,清理疆内,外诛暴强。武威旁畅,振

---

①　[清]阮元:《十三经注疏》,中华书局,1980年,第1606页。

②　[清]严可均:《全后汉文》卷七六,第768页。

③　[清]严可均:《全三国文》卷二六,商务印书馆,1999年,第260页。

④　于景祥、李贵银:《中国历代碑志文话》,第12页。

⑤　[清]严可均:《全后汉文》卷七五,第758页。

⑥　[清]严可均:《全晋文》卷七七,中华书局,1987年,第821页。

⑦　范文澜:《文心雕龙注》,第214页。

⑧　[明]吴讷、徐师曾:《文章辨体序说·文体明辨序说》,第150页。

动四极,禽灭六王。阐并天下,灾害绝息,永偃戎兵。"①鲁迅云:"二十八年,始皇始东巡郡县,群臣乃相与诵其功德,刻于金石,以垂后世。其辞亦李斯所为,今尚有流传,质而能壮,实汉晋碑铭所从出也。"②秦代刻石文不仅为碑志体制的确立作出贡献,其"质而能壮"的美学风格也奠定碑文写作的文学特点,对碑志文文体规范的形成产生重要影响,正如范文澜云:"秦始皇巡行各地,命李斯写颂文,刻石纪功,开立碑碣的风气。"③

　　将政治宣教寓于碑刻,能加强王政的权威性,使得统治者便于显扬政绩、颂扬功德、掌握时代性话语权力。因此立碑刻石对于王权而言,具有极强的政治象征和意识形态构建意味,是统治者维护政权、制造舆论、掌控人民的一种手段。考察《仪礼》《礼记》《秦刻石》《汉碑集释》等上古碑刻实物及文本,我们可以看到碑刻在从知识观念到实体器物再到文本形式的形成过程中,对《周礼》等礼学文本有着直接的继承和说明。所以记功彰美促进树碑表墓之风的盛行,成为碑志兴起的功能之本,正所谓"刊石纪功,……懿明后,德义章。贡王庭,征鬼方"④。

颂德佑生:碑志的文体之源

　　秦汉以来,树碑风气渐开。从实物来看,出土的西汉河平三年(公元前26)《鹿孝禹碑》其形长方,首为半圆,"乃碑之滥觞"⑤。汉碑中,东汉碑多,西汉碑见少。个中原因,除西汉时因风气初开,兼之当时生产力低下,碑学不盛而刊刻较少外,其中更重要的原因,就是王莽篡位后"恶称汉德",将西汉所立之碑勒令拉倒,并将碑文铲除磨净,使其毁坏殆尽⑥。东汉碑刻之风盛行,这其中有着诸多社会政治经济文化的因素,祝嘉《书学史》描述东汉碑刻盛况云:"光武中兴,武功既盛,文章亦隆,书家辈出,百世宗仰,摩崖

　　①　吴孟复:《古文辞类纂评注》,安徽教育出版社,2004年,第1291页。
　　②　鲁迅:《汉文学史纲要》,《鲁迅全集》卷九,人民文学出版社,1987年,第382页。
　　③　范文澜:《中国通史简编》,人民出版社,1965年,第258页。
　　④　《曹全碑》,高文:《汉碑集释》,第474页。
　　⑤　马子云:《碑帖鉴定浅说》,紫禁城出版社,1986年,第1页。
　　⑥　1987年香港书谱出版社、广东人民出版社出版的梁披云《中国书法大辞典》附录郑明、黄简《中国书法史年表》:"汉初始元年,时有六书:古文、奇字、篆书、佐书、缪篆、鸟虫书,又新莽恶称汉德,凡所在有石刻者,皆令仆而磨之,不容略留,故西汉碑鲜有存在。"

碑碣几遍天下。"①马衡《凡将斋金石丛稿·中国金石学概要》认为:"刻碑之兴,当在汉季。"②据统计,《水经注》中记录有一百余座汉碑,《隶释》中收录汉碑 115 件。从现存汉碑来看,有明确纪年的东汉碑刻有一百六十余座,其中属于桓帝年间刻制的有 59 件,灵帝年间刻制的 76 件,占了绝大多数③。这些碑,多为墓碑,而且多为门生故吏为其师长所立。赵明诚《金石录》云:"自东汉以后,一时名卿贤士大夫,死而立碑,则门生故吏往往寓名其阴,盖欲附托以传不朽尔。"④汉代碑刻风气的兴盛带动了碑志文的兴盛,正如欧阳修《集古录跋尾》云:"然自后汉以来,门生故吏多相与立碑颂德矣。……至后汉以后始有碑文,欲求前汉时碑碣,卒不可得,是则冢墓碑自后汉以来始有也。"⑤范文澜也云:"东汉富贵人家或名士墓前,往往立碑若干块,用以颂扬墓中人的功德。"⑥至东汉末,碑刻不仅种类丰富,而且形制已趋完备,正如金其桢《中国碑文化》所云:"汉时碑定制。"⑦

　　汉代后期,经济发达,财富积累达到一定水准,盛行厚葬之风,为碑的兴起提供有力的物质前提。汉代统治者推行孝悌治国之道,于官于民多立碑旌表,以实现"孝治天下"的需要;当时墓祀习俗繁盛,在儒家三不朽生命价值观的影响下,世人也普遍具有留名后世的心理,特别是东汉后期,政坛动荡,皇帝昏庸,外戚与宦官的权力之争加剧,"皆剥割萌黎,竞恣奢欲。构害明贤,专树党类。其有更相援引,希附权强者,……所以海内嗟毒,志士穷栖,寇剧缘间,摇乱区夏"⑧,造成政坛动荡,士林中派别林立,在此情况下,碑志成为彼时有责任感和使命感的士人思想家主体精神的话语表征,树碑立铭已经不仅仅是父子君臣之谊的对于亡者的追悼,而且是政治立场及品藻操行的表露,是清流浊流分庭抗礼的体现,于是在士大夫阶层中激发起一种拯救天下的强烈的历史使命感与政治责任感,史籍载:

　　逮桓灵之间,主荒政缪,国命委于阉寺,士子羞与为伍,故匹夫抗愤,处

---

① 祝嘉:《书学史》,成都古籍书店,1984 年,第 18—19 页。

② 马衡:《凡将斋金石丛稿·中国金石学概要》,第 65 页。

③ 黄金明:《汉魏晋南北朝诔碑文研究》,人民文学出版社,2005 年,第 45 页。

④ 金文明:《金石录校证》,广西师范大学出版社,2005 年,第 253 页。

⑤ [宋]欧阳修:《欧阳修全集》卷一三七,中华书局,2001 年,第 2166 页。

⑥ 范文澜:《中国通史简编》,人民出版社,1965 年,第 258 页。

⑦ 金其桢:《中国碑文化·东汉碑的发展》,重庆出版社,2002 年,第 75 页。

⑧ [南朝]范晔:《后汉书》卷七八,中华书局,1965 年,第 2510 页。

士横议,遂乃激扬名声,互相题拂,品核公卿,裁量执政,婞直之风,于斯行矣。①

　　这说明在士林中形成一股强大的政治热情,这便是碑志大量产生的现实条件与强大动力。另外,东汉后期这种主荒政谬状态严重影响了朝廷对知识阶层和知识界控制的有效性,掌控权力的外戚和宦官主要精力都放在争权夺利互相倾轧上了。这样,从某种意义上说,东汉的士人思想都获得了相对意义上的自由言说的权利,于是,碑志作品大量出现。蔡邕碑文就多善善恶恶、悼亡安死、彰显是非、弘扬清廉正直的士风,如《太尉杨秉碑》写杨秉:"当官而行,不为义疚。疾是苛政,益固其守。厨无宿肉,器不镂雕。凤丧嫔俪,妾不擘御。可谓立身无过之地,正直清俭该备者矣,昔仲尼有垂三戒,而公克焉,故能匡朝尽直,献可去奸,忠俥前后,声塞宇宙。非黄中纯白,穷达一致,其恶能立功立事,敷闻于下,昭升于上,若兹巍巍者乎!……刊石树碑,表勒鸿勋,赞懿德,传亿年。"②《郭泰碑》:"于是树碑表墓,昭明景行,俾芳烈奋乎百世,令问显于无穷。"③《太尉李咸碑》:"'名莫隆于不朽,德莫盛于万世。铭勒显于钟鼎,清烈光于来裔。'刊石立碑,德载不泯。"④典型如《陈寔碑》写陈寔:

　　含元精之和,应期运之数。兼资九德,总修百行。于乡党,则恂恂焉,彬彬焉,善诱善导,仁而爱人,使夫少长,咸安怀之。……会遭党事,禁锢二十年。……铭勒表坟墓,俾后生之歌咏德音者,知丘封之存斯也。……以褒功述德,政之大经,是以作谥封墓,兴于《周礼》,卫鼎晋铭,其昭有实。……树碑镌石,垂世宠光。⑤

　　杨秉、郭泰、陈寔等高风亮节,堪称一代名士,后者更是党锢的受害者,蔡邕在碑文中对其深深悼念,大力颂扬其品德政绩,将之奉为清流的代表,旨在安慰和激励来者,护佑苍生,以端正士风,扭转整个社会政治风气。蔡邕的碑文都体现了这种"颂德佑生"的写作目的。

①　[南朝]范晔:《后汉书》卷六七,第 2185 页。
②　[清]严可均:《全后汉文》卷七五,第 763 页。
③　[清]严可均:《全后汉文》卷七五,第 765 页。
④　[清]严可均:《全后汉文》卷七七,第 772 页。
⑤　[清]严可均:《全后汉文》卷七八,第 781—782 页。

在唯美的诗赋开始兴盛的汉代，碑志担当其弘扬大道、针砭时弊的责任，这就显示出传统士大夫与新兴文人在身份和趣味上的内在冲突。传统士大夫以天下为己任，自认为是道德的承担者，有所言说，必定关乎国计民生，对诗词歌赋之类一般不屑为之，即使为之，亦心存鄙视。新兴文人则是士大夫阶层衍生出来的一种新的身份，既有传统士大夫身上那种强烈的政治干预意识，又有着表达个人闲情逸致的情趣，在他们的精神世界中，保留着一片超越或游离于社会政治之外的空间①。张衡、傅毅、班固、蔡邕及此后的建安七子都是这类人的代表，正如桓宽《世要论·序作》云：

夫著作书论者，乃欲阐弘大道，述明圣教，推演事义，尽极情类，记是贬非，以为法式。当时可行，后世可修。且古者富贵而名贱废灭，不可胜记，唯篇论偶傥之人，为不朽耳。夫奋名于百代之前，而流誉于千载之后，以其览之者益，闻之者有觉故也。岂徒转相放效，名作书论，浮辞谈说，而无损益哉？而世俗之人，不解作体，而务泛溢之言，不存有益之义，非也。故作者不尚其辞丽，而贵其存道也；不好其巧慧，而恶其伤义也。故夫小辩破道，狂简之徒，斐然成文，皆圣人之所疾矣。②

由此可见，碑志文体观念的成熟过程，可以理解为文士阶层参与政治、不断寻找新的言说方式，以表达日渐独立的精神世界的过程。黄金明《汉魏晋南北朝诔碑文研究》，也从厚葬之风与社会风气背景、东汉的陵寝制度与重墓祀的习俗、社会现实背景及碑石不易坏朽、便于传播的特性四方面予以详细论述③，其论甚当，不赘。

伴随着当时树碑风气的兴盛，碑志文的写作也日臻成熟，其体例也逐渐定型。从这时期的碑文来看，已经形成一些共同的创作倾向，具体表现在行文继承秦刻石以来碑文创作序铭结合、先后有致的体制特点，在序文中先介绍碑主的名讳、世系、祖业，再逐级叙写碑主的才华贡献、官阶履历及生平政绩贡献等，最后的铭文部分于之总结概括，并交代立碑表墓情况。出土的《酸枣令刘熊碑》《郎中郑固碑》《孔宙碑》等已经具有序铭两部分的

---

① 李春青：《汉代"论"体的演变及其文化意味》，《清华大学学报》（哲学社会科学版）2014 年第 2 期。

② ［清］严可均：《全上古三代秦汉三国六朝文》，中华书局，1958 年，第 1263 页。

③ 黄金明：《汉魏晋南北朝诔碑文研究》，第 35—47 页。

内容。这类先写人物名讳,再写履历功德,最后感叹命运生死的文体特征可以被统一称为"颂德佑生"。

作为后世碑志文体的雏形,汉碑这种结构特征表现为三种形态:其一为人,以人为叙述主体,标明时间,并以此为序,记载其生平经历;其二为事,事与事之间以时间为关联,体现出一定的承续性;其三为德,包括政绩、品性、节操、学问、才行等,碑文以此为模式,对碑主进行全方位叙写,歌颂功德,护佑生命。这在此后的碑志文体中均有所继承和变化,如《贾武仲妻马姜墓记》:

> 惟永平七年七月廿一日,汉左将军特进胶东侯第五子贾武仲卒,时年廿九。夫人马姜,伏波将军新息忠成侯之女,明德皇后之姊也。生四女,年廿三而贾君卒。夫人深守高节,劬荣历载,育成幼媛,光□祖先。遂升二女为显节园贵人,其次适鬲侯朱氏,其次适阳泉侯刘氏。朱紫缤纷,宠禄盈门,皆犹夫人。夫人以母仪之德,为宗族之覆。春秋七十三,延平元年七月四日薨。皇上悯悼……以礼殡,以九月十日葬于芒门旧茔。……子孙惧不能章明,故刻石纪。①

由《贾武仲妻马姜墓记》可见,碑志作家对人事活动的叙述,并非简单与时间、地点穿插排列,而是以时地为辅,以事件为主,突出墓主的德行业绩,抒发悼亡安死之情,这说明社会前进带来的种种变化,如灵魂不死观念、阶层分立、贫富对比等等,至少在汉人心目中,已经有所表露。高坟丰碑,华章宏文,这必须以经济的发展为前提,和碑刻本身并无关系。

在初期汉碑如《孟孝琚碑》《贾武仲妻马姜墓记》中,其"惟某年某月某日""嗟命""痛哉"之类短句,并未有"颂曰""铭曰"的护佑或祈求意味,只是一种单纯的描写记述,还停留在碑以述悲的观念上,未形成颂德佑生的深层意识。此后随着社会的演进、礼俗的变迁、文明的进化,碑志从抒发悲情进一步演变为对生命存在的阐释,对历史现实的思考,对未来的展望,在人类灵魂感知和命运认识方面更为细致深刻,这无疑是一种具备人性化的充满历史苍茫感的审美追求。后世的《郎中郑固碑》《汉故卫尉卿衡府君之碑》《河间相张平子碑》等对此有着直接继承,如《河间相张平子碑》:

---

① 高文:《汉碑集释》,第20页。

河间相张君，南阳西鄂人，讳衡，字平子。其先出自张老，为晋大夫，纳规赵武，而反其侈，书传美之。君天姿濬哲，敏而好学，如川之逝，不舍昼夜。是以道德漫流，文章云浮，数术穷天地，制作侔造化，瑰辞丽说，奇技伟艺，磊落焕炳，与神合契。然而体性温良，声气芬芳，仁爱笃密，与世无伤，可谓淑人君子者矣。初举孝廉，为尚书侍郎，迁太史令，实掌重黎历纪之度，亦能焯燿敦大，天明地德，光照有汉。迁公车司马令侍中，遂相河间。政以礼成，民是用思。遭命不永，暗忽迁徂。朝失良臣，民陨令君，天泯斯道，世丧斯文。凡百君子，靡不伤焉。乃铭斯表，以旌厥问。其辞曰：

于惟张君，资质懿丰，德茂材美，高明显融。焉所不学，亦何不师，盈科而逝，成章乃达。一物不知，实以为耻，闻一善言，不胜其喜。包罗品类，禀授无形，酌焉不竭，冲而复盈。廪廪其庶，壹壹其几，膺数命世，绍圣作师。苟华必实，令德惟恭，柔嘉伊则，孝友祗容。允出在兹，维帝念功，往才女谐，化洽民雍。愍天不吊，降此咎凶，哲人其萎，罔不时恫。纪于铭勒，永终誉兮，死而不朽，芳烈著兮。[①]

作于永和四年(139)的崔瑗《河间相张平子碑》，碑文开头介绍张衡的名讳、门第、世系，然后对其进行整体评价，就其天资才华、道德文章、术数制作和辞赋技艺等一一叙述，歌颂其"奇技伟艺，磊落焕炳"的功德业绩，又以"愍天不吊，降此咎凶"的句子，抒发对生命的伤悼和留恋之情，感叹"死而不朽，芳烈著兮"，借以激励士吏，指导其人生奋斗，可以说，通篇并非纯粹的观察记录文本，而是糅合思想上"灵魂不死"和文化上"功德不朽"两方面的内容，将古人对历史人物的观测统合为天人一体、天人感应之列，因此行文带有一定的叙事属性和论理色彩，最终为时地人事活动附加上相当的历史价值，具备民俗和礼祭的意味。这在其他汉碑中表现更为明显，如《济阴太守孟郁修尧庙碑》："令裕衍蔓，永流无穷。……子子孙孙，必蒙大圣休烈之福，以劝后进昌炽无极。"[②]《蜀郡属国辛通达李仲曾造桥碑》："萌兆赖祉。子子孙孙，百谷丰穰。内外靖安，……福沃后昆，万寿无疆，干禄亿年。"[③]《封丘令王元宾碑》："明允笃诚，小心祗翼。永言孝思，闺庭允敕。

---

① ［清］严可均：《全后汉文》卷四五，第 456 页。
② ［清］严可均：《全后汉文》卷一〇〇，第 1012 页。
③ ［清］严可均：《全后汉文》卷一〇〇，第 1008 页。

济济学徒,来宗来式。"①

　　既然颂德之目的是为了佑护生命,泽被后世,那么其作为古代生命观念的写定形态,就天然伴随着一种崇高感、神圣感和礼仪感,这就使得碑志文的写作与人类生命的存活死亡、与历史现实、社会生活紧紧结合在一起,慎终追远、颂德佑生,成为时代文学的映射。文人创作碑志文的过程,就是对逝去生命的哀悼和探求、对历史事件的思考和感悟的过程,展现着文人的才情个性和生活体会。到了汉末,承载这种生命观念的碑志文体终于获得一种较为成熟的形态,被赋予新的功能,进而大行其道。此时的碑志不仅种类丰富,而且形制已趋完备,方方面面已经定型。

传之不朽:碑志的文化之用

　　汉代以后,儒士们天人感应的学说逐渐兴起,生死观念得到很大发展,其中突出表现就是对于人生命运价值的解说,如前所述《河间相张平子碑》,颂德佑生,将墓主奉为时代典范,旨在激励士吏学习奋斗、效力王政建设,由此使得碑志的书写系统产生指导人生终极目标的意义。东汉时期,树碑之风更为盛行,碑志作为孝悌印证和时代政治的象征,日趋活跃兴旺。这一时期,中国碑文化蓬勃发展,值得一提的是,为什么时人没有更多采用当时已经成行的史传书写系统载人记事、颂德佑生、以传不朽,而是最终选择采用树碑立传的方法? 这里探讨几种可能的原因:

　　其一,碑刻以石质造就,载体坚固,而碑志文是刻于碑上的一种文字,借助于这一有力载体,可以万古保存,传之不朽;其二,碑志多立于高坟之前、要路之津,其形体高大,刻写繁富,装饰精美,具有相当的视觉冲击力,在外形上有一种沟通天人的威慑力和神秘感。使用碑志这一话语资源和文体形式,也就意味着与上古的生命观念和礼仪传统达成某种连接,意味着作家的话语地位得到提升;其三,碑志一旦刻录成文,或置于旷野阡陌之中,或置于庭宇广众之下,显扬易见,便于为人阅读和传诵,具有传播优势。借助碑志,可谓巧妙运用传播规律,制造更大舆论影响力。

　　而最后一点,与碑志的文体功能密不可分。《左传·襄公二十四年》曰:"太上有立德,其次有立功,其次有立言,虽久不废,此之谓不朽。若夫

---

① 　[清]严可均:《全后汉文》卷九九,第1004页。

保姓受氏，以守宗祊，世不绝祀，无国无之，禄之大者，不可谓不朽。"①这种三不朽价值观念与儒家思想有着内在的一致性，儒家讲究内圣外王，即通过自身道德修养的完善来求取外在的事功，如曾子《大学》所讲"大学之道在明明德，在亲民，在止于至善"②，便是对立德的最好诠释。自汉武帝罢黜百家、独尊儒术后，儒家思想进一步传播，司马迁便将三不朽的价值观作为自己的人生追求："迁闻君子所贵乎道者三，太上立德，其次立功，其次立言。"③三不朽价值观的最终落脚点是超越肉体生命，追求形而上的声名不朽，而墓碑承载的"追述君父之功美"④的文字，在东汉以后发展兴盛，逐渐形成自身的文体规范和职能，恰好顺应儒学的这一追求，由此使得人们将树碑表墓作为实现声名巍巍、传之不朽的主要途径，如蔡邕《铭论》所论"物不朽者，莫不朽于金石，故碑在宗庙两阶之间"⑤云云。至此，我们明白了碑志文体的根本功能，也看到文史学家使用碑志"以传不朽"的具体方法，即刘勰所谓碑志"标序盛德""昭纪鸿懿"之所在。正如林甸甸所论，只有具备完备的知识体系才能带来合法性的话语资源和历史传承，而合法的话语资源又导致固定的文体模式，使用这种特定的文体写作，就意味着掌握了崇高的话语权，从而为生命本身和历史事件赢得至高的言说地位⑥。

为充分发挥碑志"传之不朽"的作用，后世的碑志描写将人物活动提取归类，与王权建设、国家政治结合在一起，使得人物事件、活动经历、功德业绩等都印上鲜明的时代色彩，以资史鉴。这样一来，碑志行文就超出单纯的记载和铺叙，而是善善恶恶、记功彰美，对士人群体的思想活动产生教育和指导作用，也启迪君主以这种树立典范的方式整饬士人行为、规范吏民思想、促进时代建设。考察汉碑文本可知，其出现频率较高的词，是"忠""圣"等，这就意味着只有忠君报国，才是弘扬人生价值，实现自我理想的正路。时运交替，质文相移，碑志记事载事功能的不断扩充与嬗变，一方面来自文学规律自身的传承演进，一方面来自时代性的舆论教化与宣扬需要。当然，碑志所教化的对象，不是墓主本人，也不局限于君主自身，更多而言

---

① 杨伯峻：《春秋左传注》，中华书局，1990 年，第 1047 页。
② 王文锦：《大学中庸译注》，中华书局，2008 年，第 1 页。
③ ［汉］司马迁：《与挚伯陵书》，［清］严可均：《全汉文》卷二六，商务印书馆，1999 年，第 270 页。
④ ［清］毕沅等：《释名疏证补》卷六，第 219 页。
⑤ 于景祥、李贵银：《中国历代碑志文话》，第 198 页。
⑥ 林甸甸：《先秦月令文体研究》，《北京师范大学学报》（社会科学版）2014 年第 4 期。

是直接的阅读者和传播者,为此不妨再看一段碑文:

　　君讳固,字伯坚,著君元子也。含中和之淑质,履上仁(缺三字,)孝友著乎闺门,至行立乎乡党。初受业于欧阳,遂穷究于典籍,膺游、夏之文学,襄冉、季之政事。弱冠仕郡吏诸曹掾史、主簿、督邮、五官掾功曹,入则腹心,出则爪牙,忠以卫上,清以自修,犯颜謇谔,造膝诡辞,加以好成方类,推贤达善,逡遁退让,当世以此服之。邦后珍玮,以为储举,先屈计掾,奉我(缺)贡,清眇冠乎群彦,德能简乎圣心,延熹元年二月十九日,诏拜郎中,非其好也,以疾固辞。未满期限,从其本规,乃遘凶愍,年卅二,其四月廿四日遭命陨身,痛如之何! 先是君大男孟子,有杨乌之才,善性形于岐嶷(缺二字)见于垂髫,年七岁而夭,大君夫人所共哀也,故建(缺)共坟,配食斯擅,以慰考妣之心。琦瑶延以为至德不纪,则钟鼎奚铭,昔妣(缺二字)武弟述其兄综(缺四字)行于蓑陋,独曷敢忘,乃刊石以旌遗芳。其辞曰:

　　於惟郎中,实天生德。颐亲诲弟,虔恭竭力,教我义方,导我礼则。传宣孔业,作世模式。从政事上,忠以自勖。贡计王庭,华夏归服。帝用嘉之。显拜殊特,将从雅意。色斯自得,乃遭氛灾。陨命颠沛,家失所怙,国(缺)忠直,俯哭谁诉,叩啼焉告。嗟嗟孟子,苗而弗毓,奉我元兄,修孝罔极,魂而有灵,亦歆斯勒。①

　　在这里,我们看到作碑者对树碑目的作了充分说明:“独曷敢忘,乃刊石以旌遗芳。……教我义方,导我礼则。”与之相应的逻辑是假若不为之作碑立传,就会弃绝天地纲常的高度,导致人心离散,国政失控,于子孙后代无法交代。刘勰所云碑之“标序盛德,必见清风之华;昭纪鸿懿,必见峻伟之烈”②等,正是碑志文被制度化政治化的证明。

　　碑文创作主流一旦掌握在操控时代话语权的上层文人学士手中,其政治性的告敕和教化更为明显,徐师曾《文体明辨序说》说碑文“后汉以来,作者渐盛”③,据文献记载,当时上层文人如蔡邕、崔瑗、胡广、桓麟、孔融、马融、卢植、服虔、边韶、张升、张超、皇甫规、刘珍、潘勖、繁钦等人,都投身于碑文的写作。虽然这些人所撰写的碑文,多或失考,或不存。从所存作品

①　《郎中郑固碑》,[清]严可均:《全后汉文》卷九九,第999页。
②　范文澜:《文心雕龙注》,第214页。
③　[明]吴讷、徐师曾:《文章辨体序说·文体明辨序说》,第144页。

看,多能表现碑志的文学意味,行文称功颂德都遵守"天子令德,诸侯言时计功,大夫称伐"①的创作规范。比如蔡邕,其碑文写作中多贯穿颂德记功、传之不朽的政治说教意味,如《郭泰碑》:"于是树碑表墓,昭明景行,俾芳烈奋乎百世,令问显于无穷。"②《范丹碑》:"使诸儒参案典礼,作诔著谥,曰贞节先生,昭其功行,录记所履,著于耆旧,刊石树铭,光示来世。"③刘勰就以"骨鲠训典""词无择言""清词转而不穷,巧义出而卓立"④等语评论蔡邕碑志的这一文学特色。至此,碑志也完成了由用于殡葬述悲的实用之文到用于记人记事的史传之文,再到言志抒情的文学审美之文的基本转变。

一种文体的发展过程,绝不能与知识观念、形式功能割裂而单论,不能脱离具体的历史语境和时代需求。碑志文作为一种人类生死活动记录的文本,体现出一套自成体系的独特世界观价值观。究其知识观念的来源,可以追溯到秦汉或者更早的殡葬哀祭活动。从汉代起,碑志被吸收进史职体系,树碑立传,传之不朽,以文化的方式迅速传播,成为碑志文应用广泛的动力。其独特的文体形态,展现着古代灵魂知识与观念制度相互生成的关系。

碑志归根溯源,是叙述主体与客体的相互转化,导致其并不仅仅停留在知识文献的层面,而是成为一份具有明显宣传及教化功能的文本。因此,碑志文的写作是一个深具文化意义的过程,从中可以看出,秦汉以来人类生命观念的变迁及社会阶层的变动、文化礼俗的发展与文体演进的关系。

二、碑的衍生、分支及碑志文体观念辨析

自秦汉后,中华古碑伴随着历史发展而流变演进,其分类庞杂,覆盖众多,徐师曾《文体明辨序说·碑文》详列其目曰:"后汉以来,作者渐盛,故有山川之碑,有城池之碑,有宫室之碑,有桥道之碑,有坛井之碑,有神庙之碑,有家庙之碑,有古迹之碑,有风土之碑,有灾祥之碑,有功德之碑,有墓道之碑,有寺观之碑,有托物之碑,皆因庸器(彝鼎之类)渐缺而后为之,所

---

① 杨伯峻:《春秋左传注》,第 1047 页。
② [清]严可均:《全后汉文》卷七五,第 765 页。
③ [清]严可均:《全后汉文》卷七七,第 779 页。
④ 范文澜:《文心雕龙注》,第 214 页。

谓'以石代金,同乎不朽'者也。"①碑是碑志文的有力载体和传播工具,正如前面所说,早期人们所言之"碑",既指作为实物存在的碑,又指铭刻于碑上的文字,具有双重含义。因为中华民族丧葬文化盛行的原因,人们通常所言之碑,多指墓碑。宋人孙宗鉴《东皋杂录》云:"自周衰,及战国秦汉皆以碑悬棺,或以木,或以石。既葬,碑留圹中,不复出矣。其(后)稍稍书姓名爵里其上。(至)后汉遂作文字。"②说明墓碑文的由来。

碑和碑志文的关系密不可分,碑志之"志",是刻录、记载、叙写的意思,《汉语大词典》《辞海》解释"碑志",均释作"碑记",指刻在碑上的各类文字。关于碑的形制及碑志文的具体刻录位置,马衡《凡将斋金石丛稿·中国金石学概要》给予详细说明:

> 碑……用以刻辞,果始自何时? 曰,始于东汉之初,而盛于恒、灵之际,观宋以来之所著录者可知矣。汉碑之制,首多有穿,穿之外或有晕者,乃墓碑施鹿卢之遗制。其初盖因墓所引棺之碑而利用之,以述德纪事于其上,其后相习成风,碑遂为刻辞而设。故最初之碑,有穿有晕。题额刻于穿上晕间,偏左偏右,各因其势,不必皆在正中。碑文则刻于额下,偏于碑石,不皆布满。魏晋以后,穿晕渐废,额必居中,文必布满,皆其明证也。碑之正面谓之阳,反面谓之阴,左右谓之侧,首谓之额,座谓之趺。质朴者圭首而方趺,华美者螭首而龟趺,式至不一。……其刻辞之通例,则碑额为标题,碑阳为文,碑阴碑侧为题名。其变例,则有两面各刻一文者,有文长碑阳不能容而转刻于碑侧或碑阴者。③

中华文明浩浩荡荡,历经数千年的传承流变,中华古碑更是包容广阔,种类繁富,若按其施放场所之不同,大致可分为宫室庙宇之碑、山川形胜之碑和冢墓之碑等;按用途分,又可分为建筑碑、法令盟誓碑、墓碑等。其角度不同,分类自然也不同。本书注重从文学角度研究碑志,考虑到碑的刻写内容及性质,将碑分作记功碑、记事碑、墓碑三类,碑志文自然也可分为记功碑文、记事碑文、墓碑文。从内容上来讲,三者都写人记事,但侧重点各有不同。

---

① ［明］吴讷、徐师曾:《文章辨体序说·文体明辨序说》,第144页。
② ［明］陶宗仪:《说郛》卷四〇,［清］纪昀等:《文渊阁四库全书》,第878册,第214—215页。
③ 马衡:《凡将斋金石丛稿·中国金石学概要》,第69页。

记功碑叙写人物事件,重在张扬人物功德殊勋,如秦时的刻石,其文记载始皇东巡盛况,目的在于颂扬其文治武功。其他如汉班固《封燕然山铭》《高祖泗水亭碑铭》,唐韩愈《平淮西碑》《柳州罗池庙碑》,元结《大唐中兴颂碑》、宋人苏轼《潮州韩文公庙碑》等皆此类,都是借事而颂美铭功,写法上赞扬多于记叙。

记事碑和记功碑相类,但其以叙事为主,而以记功为辅,其不重铭功而重在周详记事,目的在于布告天下,昭示子孙,传扬后世,如唐时的《唐蕃会盟碑》(又称《甥舅和盟碑》)、《大秦景教流行中国碑》及宋代的《太祖誓碑》等。前者记述唐和吐蕃的会盟经过,详细记载会盟内容,追述历史上唐与吐蕃的友好往来;二者记载景教在唐代的传播经过,是研究唐代中外文化政治交流的重要历史文献;至于后者《太祖誓碑》则因记载宋太祖优待文人之事而闻名。一般说来,古代的碑记功记事往往联系在一起,故记功、记事碑两者之间并无严格的区别。

墓碑专为纪念死者而立,最为常见。墓碑文叙写死者生平,尽怀念之思,发伤悼之情,如韩愈《柳子厚墓志铭》《唐故相权公墓碑》,欧阳修《资政殿学士户部侍郎文正范公神道碑铭》,张羽《七姬权厝志》及张溥《五人墓碑记》等。墓碑文是碑志文的主流,中国古代作家作品中,所撰碑文也多为墓碑文。历朝因为碑制政策的不同,导致墓碑也多有演变,其林林总总,分支细密,名称不一,主要包括以下几种:

墓碣

碣是墓前用于标示墓主藏地的器具。《周礼·秋官·蜡氏》:"若有死于道路者,则令埋而置楬焉,书其日月焉。"[①]后世以石质代替木质墓楬,称为墓碣,并在其上刻写文辞,逐渐成为一类文章。徐师曾《文体明辨序说》云:"按潘尼作潘黄门碣,则碣之作自晋始也。"[②]实际汉时已经有碣制,《后汉书·窦宪传》载班固《封燕然山铭》曰"封神丘兮建隆碣",李贤注:"方者谓之碑,圆者谓之碣。"[③]碑、碣作用相同,实属一类。唐封演《封氏闻见

---

① [清]阮元:《十三经注疏·周礼注疏》,上海古籍出版社,1997年,第885页。
② [明]吴讷、徐师曾:《文章辨体序说·文体明辨序说》,第151页。
③ [南朝]范晔:《后汉书》卷二三,第817页。

记》:"碣亦碑之类也。"①隋唐以后,对碑碣的使用作了严格的等级划分。元代潘昂霄《金石例》曰:"五品以上立碑,螭首龟趺;二品以上高不得过一丈二尺,五品以上高不得过九尺,七品以上立碣,圭首方趺,上高四尺。"②徐师曾云:"唐碣制,方趺圆首,五品以下官用之,而近世复有高广之等,则其制益密矣。古者碑之与碣,本相通用,后世乃以官阶之故,而别其名,其实无大异也,其为文与碑相类,而有铭无铭,惟人所为,故其题有曰碣铭,有曰碣,有曰碣颂并序,皆碣体也。"③吴讷云:"墓碣,近世五品以下所用,文与碑同。"④可见碑、碣只是因形制差异而别名,但其行文风格因形制的差异也略有不同,元代陈绎曾《文说·明体法》认为"碑宜雄浑典雅,碣宜质实典雅"⑤。

墓表神道碑

在墓道上树立的石碑、石柱,称为墓表、华表,也叫神道表、神道碑或阡表。王芑孙《碑版文广例》卷九论述墓表与神道碑的关系:"墓表与神道碑异名同物,故墓表之有铭者亦多。"⑥作为坟墓的标识,神道碑属于墓碑之类。两者既很相似,又有一定区别。墓碑是墓冢的标志,而神道碑则主要标识墓道。至于为何叫神道,李贤注《后汉书·中山简王焉传》云:"墓前开道,建石柱以为标,谓之神道。"⑦徐师曾解释说:"晋宋间始称神道碑,盖堪舆家以东南为神道,碑立其地,因名焉。"⑧可见神道碑的产生与当时风水谶纬之学有关。相对而言,墓表文的使用较宽泛,"有官无官皆可用,非若碑碣之有等级限制也。以其树于神道,故又称神道表。……又取阡表、殡表、灵表,以附于篇,则溯流而穷源也。盖阡,墓道也,殡者,未葬之称,灵者,始死之称,自灵而殡,自殡而墓,自墓而阡也。近世用墓表,故以墓表括

---

① [唐]封演:《封氏闻见记》,[清]纪昀等:《文渊阁四库全书》,第862册,第445页。
② [清]纪昀等:《文渊阁四库全书》,第1482册,第294页。
③ [明]吴讷、徐师曾:《文章辨体序说·文体明辨序说》,151页。
④ [明]吴讷、徐师曾:《文章辨体序说·文体明辨序说》,第52页。
⑤ 王水照:《历代文话》,复旦大学出版社,2007年,第1340—1341页。
⑥ [清]王芑孙《碑版文广例》卷九,载[清]朱记荣:《金石全例外一种》,国家图书馆出版社,2008年,第583页。
⑦ [南朝]范晔:《后汉书》卷四二,第1550页。
⑧ [明]吴讷、徐师曾:《文章辨体序说·文体明辨序说》,第150页。

之。"①明清之际,华表和神道表则主要用于宫殿帝陵等重要建筑物前,起装饰作用,而不用于一般墓道。

墓志铭

墓志铭亦称"圹志"、"埋铭"或"葬志",是放在墓内载有死者生平传记的石刻。无论碑、墓表、墓碣还是神道碑,都是树立于墓外而供人瞻仰,唯独墓志铭是随棺椁一起埋入地下的,非等掘墓或陵谷变迁,后人无法相见。徐师曾说:"按志者,记也;铭者,名也。古之人有德善功烈可名于世,殁则后人为之铸器以铭,而俾传于无穷,若《蔡中郎集》所载《朱公叔鼎铭》是已。至汉,杜子夏始勒文埋墓侧,遂有墓志,后人因之。盖于葬时述其人世系、名字、爵里、行治、寿年、卒葬年月,与其子孙之大略,勒石加盖,埋于圹前三尺之地,以为异时陵谷变迁之防,而谓之志铭,其用意深远,而于古意无害也。"②又云:"葬者既为志,以藏诸幽,又为碑碣表以揭与外,皆孝子慈孙不忍蔽先德之心也。"③晋宋以后的文人,所作碑志文中,题名墓志铭的尤多。关于墓志铭的起源,有源于春秋、西汉、魏晋及南北朝者诸说④,今学界多集中于汉末魏晋时期之说,这主要和当时的政治风气有关。魏晋时期多次禁碑,自曹操始,就勒令禁碑。《宋书·礼志二》载:"汉以后,天下送死奢靡,多作石室石兽碑铭等物,建安十年,魏武帝以天下凋敝,下令不得厚葬,又禁立碑。"⑤曹丕篡汉后,未改禁令⑥。至晋时,大臣裴松之上表更请禁碑。《宋书·礼志二》引晋武帝咸宁四年禁断立碑诏曰:"此石兽碑表,既私褒美,兴长虚伪,伤财害人,莫大于此,一禁断之。其犯者虽会赦令,皆当毁坏。"⑦南朝齐梁亦循禁令,故碑甚少,见于后世《集古录》《金石录》者寥寥无几。禁碑制度的森严,导致人们不敢于墓前立碑,但时人总要表达对亡者的悼念,中华民族又具有极重亲情孝情的传统,况且自东汉以来,立碑追悼先人的风俗早已深入人心,不可能在短期内消除,于是人们转换形式,为

---

① [明]吴讷、徐师曾:《文章辨体序说·文体明辨序说》,第151页。
② [明]吴讷、徐师曾:《文章辨体序说·文体明辨序说》,第148—149页。
③ [明]吴讷、徐师曾:《文章辨体序说·文体明辨序说》,第150页。
④ 范文澜:《墓志铭考》,范文澜:《文心雕龙注》,第231页。
⑤ [南朝]沈约:《宋书》卷十五,中华书局,1974年,第407页。
⑥ 马子云:《碑帖鉴定浅说》,第63页。
⑦ [南朝]沈约:《宋书》卷十五,第407页。

方便起见,将碑文缩短,碑石逐渐由首圆下方的矩形改为正方形,随棺椁一起埋入墓中,这就产生了墓志铭。正如范文澜《中国通史》云:"东汉时立碑极滥,曹操下令不得厚葬,又禁立碑。晋武帝下诏废禁,自后墓志铭代碑文而兴起。"①

墓志铭初期有不同称呼,如"柩"、"墓"、"铭"等②。早期墓志铭和碑相同,为长方形。东晋时演变为方形,北魏以后渐成定制③,一般是由两块方形石板组成:上石叫志盖,下石称志底;前者刻有死者的姓氏、籍贯、官衔及生卒年月等,其文为散文,称为"志";后者刻有死者的生平事迹及功德,其文为韵文,称为"铭",多为对死者的赞颂和悼念之词。从这个意义上讲,墓志铭既是碑制名称也是文体名称。北魏时碑禁虽解除,碑与其他石刻较前代为多,但墓志铭仍继续发展,"形成碑、志并行之势"④。

殆至明清,人们对碑的认识逐渐统一。作为各类刻石及其文字的总称,碑的这一概念定性深入人心。叶昌炽总结说:"立碑之例,厥有四端:一曰述德:崇圣嘉贤,表忠旌孝,稚子石阙,鲜于里门,以逮郡邑长吏之德政碑是也;一曰铭功:东巡刻石,登岱勒崇,述圣纪功,中兴睿德,以逮边庭诸将之纪功碑是也;一曰纪事:灵台经始,斯干落成,自庙学营缮,以逮二氏之宫是也;一曰纂言:官私文书,古今格论,自朝廷涣号,以逮词人之作是也。"⑤这就清楚地论述了碑的起源和流变。历代统治者,鲜有不好大喜功的,自上而下,王朝记功纪事之碑代代相袭。而墓碑的兴起,则与风俗礼教有关。忠信与孝悌,是封建社会人们维持宗法制度和社会秩序的工具。百善孝为先,中华民族历来重视"尽善尽孝",忠义孝廉是统治者教育人民的标准。在极重亲情的古代中国,立墓碑作志便是对先祖最好的纪念方式,也体现着后人的孝悌之心,土葬礼俗又追求坟墓的标识装饰,墓碑因其本质上的实用性和外观上的艺术性,适应这一社会文化需要。其既便于纪念逝者,礼尽哀悼,又可装饰坟墓,显扬后世,因而广受欢迎,成为碑文化的主流,这也是碑刻在中国社会得以长期发展、绵延不断的原因。中国的碑文化是极

---

① 范文澜:《中国通史》第三编第四册,人民出版社,2004 年,第 384 页。

② 马子云:《碑帖鉴定浅说》,第 64 页;徐自强、吴梦麟:《中国的石刻与石窟》,商务印书馆,1996 年,第 71 页。

③ 马子云:《碑帖鉴定浅说》,第 65—66 页;徐自强、吴梦麟:《中国的石刻与石窟》,第 71—73 页。

④ 马子云:《碑帖鉴定浅说》,第 66 页。

⑤ [清]叶昌炽、柯昌泗:《语石·语石异同评》,第 180—181 页。

为发达的，"由莽莽碑林、浩瀚碑海构成的中国碑文化，经史子共存，佛道儒齐全，华洋古今，精华荟萃，宏富而绚丽，博大而精深。其历史之悠久，数量之众多，品种之繁茂，书法之高妙，镌刻之精湛，史料之珍贵，内涵之丰富，涉及之广泛，功能之多样，风貌之壮观，是世界上任何一个国家所不能比拟的"①。现今的西安碑林博物馆、洛阳千唐志斋墓志铭博物馆、苏州碑刻博物馆等，都因碑得名、名扬中外，其馆藏众多的碑刻实物，是中华民族宝贵的历史文化遗产。

三、碑志文的发展成型及相关问题

碑志的文体渊源

东汉时期，碑刻兴旺，碑志文的创作也进入繁盛期，刘勰用"后汉以来，碑碣云起"②来形容这一盛况。当然，这一盛况是自先秦以来中华碑文化长期酝酿演化的结果。碑志承载的"追述君父之功美"的文字，成为三不朽价值观的最终落脚点，顺应人们的普遍需要，逐渐形成自身的文体规范和职能，在东汉时期兴盛发展，由此使得人们将树碑表墓作为实现声名不朽的主要途径。所以，三不朽的价值观促进树碑表墓之风的盛行，进而促进碑文的产生与兴盛，客观而言，三不朽价值观可谓碑文兴盛的主要文化动因③。

从文体演变的自身因素说，碑志文的产生与铭文有着密切关系。

铭文是我国最古老的文体，姚华《论文后编》云："铭文最古，旧史所称，黄帝始作。"④我国早在商周时就有了铭文，如西周宣王时毛公鼎铭文已达497字，记载君王政治、祀典之事，叙写完整，格式谨严，体现出文体的成熟性。作为后起之文，碑文在发展过程中自然受到铭文的诸多影响。从写作体例而言，碑志文最初的写作体例与鼎铭文相同，每句四字，有韵，与《诗经》句式相同。秦时的石鼓文与石磬，其上刻的都是四字一句的韵文，如秦公一号墓中的石磬刻字铭文："天子匽喜，龚趄是嗣，高阳有灵，四方以鼎。"

---

① 金其桢：《中国碑文化》，第1页。
② 范文澜：《文心雕龙注》，第214页。
③ 于景祥、李贵银：《中国历代碑志文话》，第3—6页。
④ 黄金明：《汉魏晋南北朝诔碑文研究》，第420页。

这就是姚鼐所说的"碑志类者,其体本于诗,歌颂功德,其用施于金石"①。
早期的鼎铭文也是用来记功记事的,其创作遵循"称美不称恶"的原则。
《礼记·祭统》云:"夫鼎有铭,铭者,自名也。自名以称扬其先祖之美,而明
著之后世者也,为先祖者,莫不有美焉,莫不有恶焉,铭之义,称美不称恶,
此孝子孝孙之心也,唯贤者能之。铭者,论撰其先祖之有德善、功烈、勋劳、
庆赏、声名,列于天下,而酌之祭器,自成其名焉,以祀其先祖者也。……夫
铭者,壹称而上下皆得焉耳矣,是故君子之观于铭也,既美其所称,又美其
所为。"②这一创作原则对碑志文产生了重要影响。碑志文在继承铭文称
功颂德的文体职能的同时,也秉承铭文"称美不称恶"的写作要求。其次,
碑文继承"天子令德,诸侯计功,大夫称伐"的铭文创作等级规范,在称功颂
德时注重等级性。《左传·襄公十九年》载臧武仲之言曰:"夫铭,天子令
德,诸侯计功,大夫称伐。"③蔡邕《铭论》云:"春秋之论铭也,曰天子令德,
诸侯言时计功,大夫称伐。"④刘勰《文心雕龙·铭箴》也云:"盖臧武仲之论
铭也,曰:'天子令德,诸侯计功,大夫称伐。'"⑤可见铭文在称功颂德时,因
具体对象不同,其侧重点及用词遣句自然也不同,有着相应的等级划分。
此亦为碑志作家所承继,如蔡邕《太傅胡广碑》就有"取言时计功之则,论集
行迹,铭诸琬琰"⑥的句子,表明此碑写作遵循"诸侯言时计功"的创作法
则。此外,碑志文在体制形式上对铭文也多有继承。碑文后面的内容,都
称铭词,写作中称为"铭曰"云云,铭文一般采用四言韵文的形式,并以此为
常格⑦。蔡邕《陈留东昏库上里社碑》:"刊铭金石,永思不忘。"⑧徐师曾《文
体明辨序说·碑文》总结说:"其为体有文,有铭,又或有序;而其铭或谓之
辞,或谓之系,或谓之颂,要之皆铭也。"⑨

潘昂霄《金石例》云:"凡碑碣之制,始作之,本铭志之式,辞义之要,莫

---

① 《古文辞类纂·序目》,吴孟复:《古文辞类纂评注》,第 17 页。
② [清]阮元:《十三经注疏》,中华书局,1980 年,第 1606 页。
③ 杨伯峻:《春秋左传注》,第 1047 页。
④ 于景祥、李贵银:《中国历代碑志文话》,第 198 页。
⑤ 《文心雕龙·铭箴》,范文澜:《文心雕龙注》,第 193 页。
⑥ [清]严可均:《全后汉文》卷七六,第 768 页。
⑦ 于景祥、李贵银:《中国历代碑志文话》,第 12 页。
⑧ [清]严可均:《全后汉文》卷七五,第 758 页。
⑨ [明]吴讷、徐师曾:《文章辨体序说·文体明辨序说》,第 150 页。

不仿古以为准。"①碑志文在发展过程中,与铭文多有借鉴承继,可以说碑志文是从鼎铭文发展而来的。汉代作碑文而称铭、颂、记的情况时有发生,如班固所作《封燕然山铭》:"封山刻石,昭铭盛德。"②其实就是碑文。《汉碑集释》一书收录铭六篇、颂四篇、记二篇,其实也都是碑文。后因形制、质地、容量的原因,铭文记功彰美的功能逐渐被碑志文取代。秦刻石就详细记载了始皇东巡的经过,用大段文字歌颂其文治武功,琅琊台刻石文更多达五百二十多字,显然形制矮小的钟鼎铭器无法承载如此长文,更不用说铸刻于坚硬的金属比直接刻于石上费时费力。而时代发展,帝王的功德需要鸿文颂扬,碑志文不仅刻录快捷而且包容广大,其优越性便一步步体现出来,记事记功的功能逐渐超过并最终取代铭文(尽管如此,后世的一些文章学家仍碑铭不分,将碑志文归属于箴铭文类,后文将详述),这就是后来铭文减少的原因。刘勰《文心雕龙·铭箴》云:"朱穆之鼎,全成碑文。……斯文之兴,盛于三代。夏商二箴,余句颇存。"③郑樵《通志·金石略》云:"三代而上,惟勒鼎彝,秦人始大其制,而用石鼓;始皇欲详其文,而用丰碑。自秦迄今,惟用石刻。"④王兆芳《文体通释》:"碑者,竖石也。古宫庙庠序之庭碑,以石丽牲,识日景;封圹之丰碑,以木悬棺绋,汉以纪功德。一为墓碑,丰碑之变也;一为宫殿碑,一为庙碑,庭碑之变也;一为德政碑,庙碑墓碑之变也。皆为铭辞,所以代钟鼎也。"⑤后世出现的箴铭文也失去其原始的颂功记事作用,而改以警戒为主,发生了质的转变。

　　文体的生成有着自身的规律,一种新文体的产生并不是凭空进行的,几种文体之间的交叉渗透,是产生和发展新文体的基本途径。伴随着社会政治文化风气的进展,新文体只有在对现有文体的不断借鉴模仿、继承创新,只有不断对现有文体进行创造性转化,才有可能确定自身的地位。作为晚于铭文、诔文等的一种文体,碑由器物发展为文字载体,进而发展成为独立文体,期间不可避免与多种文体发生密切关系。除铭文外,诔文、颂文,还有汉赋、史传文等,都对碑志文体的形成起着重要影响,不赘⑥。

---

①　[清]纪昀等:《文渊阁四库全书》,第 1482 册,第 294 页。

②　[清]严可均:《全后汉文》卷二六,第 253 页。

③　范文澜:《文心雕龙注》,第 194 页。

④　[宋]郑樵:《通志》卷七三《金石略·金石序》,浙江古籍出版社,1988 年,第 841 页。

⑤　范文澜:《文心雕龙注》,第 223 页。

⑥　于景祥、李贵银:《中国历代碑志文话》,第 9—17 页。

李斯、蔡邕与碑志文体的成型

文体创作规范的形成是漫长的,往往要经过较长的时期,通过无数作家的创作实践,才能建立一种广为流传的模式,而其中个别作家的突出成就,通常使得这种创作模式得以确定,并被后世的作家们不断效仿,从而稳固成一种文体创作规范,碑志文也是如此。从先秦的古碑到东汉碑志文创作的繁盛及碑志文体规范的确立,这期中离不开历史文化的演进因素,更离不开诸多碑文作家的努力,而李斯、蔡邕无疑为其代表。

范文澜说:"秦始皇巡行各地,命李斯写颂文,刻石纪功,开立碑碣的风气。"①秦刻石现存 7 篇,皆为李斯所作,在内容上以称颂秦始皇功德为主,如《秦始皇东观刻石文》以"维二十九年,皇帝春游,览省远方"起始,点明时间,着力赞扬秦始皇的文治武功:"圣法初兴,清理疆内,外诛暴强。武威旁畅,振动四极,禽灭六王。阐并天下,灾害绝息,永偃戎兵。"②而《秦琅邪台刻石文》是其中唯一带序文的篇章,其曰:

维二十六年,皇帝作始。端平法度,万物之纪。以明人事,合同父子。圣智仁义,显白道理。东抚东土,以省卒士。事已大毕,乃临于海。皇帝之功,勤劳本事。上农除末,黔首是富。普天之下,抟心揖志。器械一量,同书文字。日月所照,舟舆所载。皆终其命,莫不得意。应时动事,是维皇帝。匡饬异俗,陵水经地。忧恤黔首,朝夕不懈。除疑定法,咸知所辟。方伯分职,诸治经易。举错必当,莫不如画。皇帝之明,临察四方。尊卑贵贱,不逾次行。奸邪不容,皆务贞良。细大尽力,莫敢怠荒。远迩辟隐,专务肃庄。端直敦忠,事业有常。皇帝之德,存定四极。诛乱除害,兴利致福。节事以时,诸产繁殖。黔首安宁,不用兵革。六亲相保,终无寇贼。欢欣奉教,尽知法式。六合之内,皇帝之土。西涉流沙,南尽北户。东有东海,北过大夏。人迹所至,无不臣者。功盖五帝,泽及牛马。莫不受德,各安其宇。维秦王兼有天下,立名为皇帝,乃抚东土,至于琅邪。列侯武城侯王离、列侯通武侯王贲、伦侯建成侯赵亥、伦侯昌武侯成、伦侯武信侯冯毋择、丞相隗状、丞相王绾、卿李斯、卿王戊、五大夫赵婴、五大夫杨樛从,与议

---

① 范文澜:《中国通史简编》,第 258 页。
② 吴孟复:《古文辞类纂评注》,第 1291 页。

于海上。曰："古之帝者，地不过千里，诸侯各守其封域，或朝或否，相侵暴乱，残伐不止，犹刻金石，以自为纪。古之五帝三王，知教不同，法度不明，假威鬼神，以欺远方，实不称名，故不久长。其身未殁，诸侯倍叛，法令不行。今皇帝并一海内，以为郡县，天下和平。昭明宗庙，体道行德，尊号大成。群臣相与诵皇帝功德，刻于金石，以为表经。"①

　　这篇碑文在体制上已经具备"序"的形式，尽管序文居于铭辞之后，但对碑文形成前序后铭的体制特点，有创始意义。姚鼐曰："周之时有石鼓刻文，秦刻石于巡狩所经过，汉人作碑文，又加以序。序之体，盖秦刻琅琊具之矣。"②指出秦《琅琊台刻石》对碑文体式建立的贡献。李斯的刻石文不仅为碑志文体制的确立作出贡献，其"质而能壮"的风格也奠定碑文写作的文学特点，对碑志文文体规范的形成产生重要影响，唐代韩愈《平淮西碑》，实际上也有《琅琊台刻石》的影子。

　　碑志文体例的独立与完备，成于东汉后期。如出土的《汉故卫尉卿衡府君之碑》《汉玄儒先生娄寿碑》已经具有序铭两部分的内容。而崔瑗《河间相张平子碑》，记述详尽，历叙其家世、才资及品德政绩，又叙其仕宦及丧葬情况，最后交待为其立碑表墓的原因。铭词部分用四言韵语的形式进行综合概括，高度评价张衡的一生，内容完整，条理清晰。班固的《封燕然山铭》也是前有序，后有铭，进一步发展秦《琅琊台刻石》的行文特点，称功颂德时遵守"天子令德，诸侯言时计功，大夫称伐"③的创作等级规范，对汉室宗亲、车骑将军窦宪的战功进行颂扬，写其军功卓著："执金吾耿秉，述职巡御，治兵于朔方。鹰扬之校，螭虎之士，爰该六师，暨南单于、东胡、乌桓、西戎氏羌，侯王君长之群，骁骑三万。元戎轻武，长毂四分，雷〔云〕辐蔽路，万有三千余乘。勒以八阵，莅以威神，玄甲耀日，朱旗绛天。遂凌高阙，下鸡鹿，经碛卤，绝大漠，斩温禺以衅鼓，血尸逐以染锷。然后四校横徂，星流彗扫，萧条万里，野无遗寇。于是域灭区殚，反斾而旋，考传验图，穷览其山川。遂逾涿邪，跨安侯，乘燕然，蹑冒顿之区落，焚老上之龙庭。将上以摅高、文之宿愤，光祖宗之玄灵；下以安固后嗣，恢拓境宇，振大汉之天声。兹

　　① 吴孟复：《古文辞类纂评注》，第 1287—1288 页。
　　② ［清］姚鼐：《古文辞类纂》，上海古籍出版社，1998 年，第 11 页。
　　③ 杨伯峻：《春秋左传注》，第 1047 页。

可谓一劳而永逸,暂费而永宁也。乃遂封山刊石,昭铭盛德。"①伴随着当时树碑风气的兴盛和诸多作家的努力,由秦至汉,碑志文的创作日臻成熟,其前有序后有铭的写作体制及规范也逐渐形成,这其中贡献最大者当属碑文名家蔡邕。

蔡邕具有明确的碑文观念,对碑文的文体职能与体制规范有着相当的认识,其《铭论》体现出蔡邕对碑的源流、文体定位与写作功用的认识。在具体的碑志作品中,蔡邕于此也多有说明,如《太尉杨秉碑》:"刊石树碑,表勒鸿勋,赞懿德,传亿年。"②《郭泰碑》:"于是树碑表墓,昭明景行,俾芳烈奋乎百世,令问显于无穷。"③《太尉李咸碑》:"名莫隆于不朽,德莫盛于万世。铭勒显于钟鼎,清烈光于来裔。刊石立碑,德载不泯。"④都指出碑文的文体职能在于宣扬死者声名,恢弘功德,追求不朽。在具体的创作方法上,蔡邕认为碑文的创造应遵循审慎态度,要合乎礼制,要有实录精神。《太尉乔玄碑阴》:"三孤故臣门人,相与述公言行,咨度礼则,文德铭于三鼎,武功勒于钲钺。官薄第次,事之实录,书于碑阴。"⑤就碑文的"实录"原则作了说明,强调碑文写作的严谨态度,其《太尉杨赐碑》再次重申这一观点:"纠合朋徒,稽诸典则,金以为匡弼之功,政事之实,诏策之文,则史臣志其详。若夫道术之美,授之方策,则是门人二三小子所特贯综,敢竭不才,撰录所审言于碑。"⑥再如《范丹碑》:"使诸儒参案典礼,作谥著谥,曰贞节先生,昭其功行,录记所履,著于耆旧,刊石树铭,光示来世。"⑦以自身写作的体会,表明作碑文不能率意而为,而要与碑主的门生弟子及故旧儒士,根据礼制共同商讨,据实书写,如此才能达到"求不朽"的目的。

蔡邕的碑文成就是最突出的,其不仅具有明确的碑文观念,还创作了大量优秀的碑志作品。王应麟《困学纪闻》云:"蔡邕文今存九十篇,而铭墓居其半,曰碑,曰铭,曰神诰,曰哀赞,其实一也。"⑧蔡邕碑文内容充实、结

---

①　[清]严可均:《全后汉文》卷二六,第253页。
②　[清]严可均:《全后汉文》卷七五,第763页。
③　[清]严可均:《全后汉文》卷七五,第765页。
④　[清]严可均:《全后汉文》卷七七,第772页。
⑤　[清]严可均:《全后汉文》卷七七,第775页。
⑥　[清]严可均:《全后汉文》卷七八,第784页。
⑦　[清]严可均:《全后汉文》卷七七,第779页。
⑧　[清]纪昀等:《文渊阁四库全书》,第858册,第828页。

构完整,在创作格局上,确立碑文前序后铭的文体特点,其中序文依次介绍碑主的名讳、世系、祖功、官阶履历、才华政绩及生前身后的丧葬情况等,铭文则对碑主进行综合评论,彰美表功。就语言形式而言,蔡邕善于化用儒家经典语句,使得碑文呈现出一种典雅肃穆的风格。写作中追求对仗骈俪之美,多采用四言韵语的形式,叙事简练,描写清新。整体行文以宣扬儒家忠孝思想为主,内容质朴,言辞典雅,纯正博雅,文采优美。如《太尉杨赐碑》写墓主家世:"公讳赐,字伯猷,弘农华阴人,姬姓之国有杨侯者,公其后也。"写其功德:

公讳赐,字伯猷,弘农华阴人,姬姓之国有杨侯者,公其后也。其在汉室,赤泉侯佐高,丞相翼宣,咸以盛德,光于前朝。祖司徒,考太尉,继迹宰司,咸有勋烈。

公承家崇轨,受天醇素,钦承奉媾,闲于伐柯。烈风虽变,不易其趣。文以典籍,寻道入奥,操清行朗,潜晦幽闲,不答州郡之命。辟大将军府,不得已而应之。迁陈仓令。公乃因是行退居庐。公车特征,以病辞。司徒举高第,拜侍中、越骑校尉。帝笃先业,将问故训。公以群公之举,进授尚书于禁中,迁少府、光禄勋。敬揆百事,莫不时序。庶尹知恤,闾阎推清。列作司空,地平天成,阴阳不忒。公遂身避,托疾告退。又以光禄大夫受命司徒,敬敷五品,宣洽人伦,燮和化理。股肱耳目之任,靡不克明。及至太尉,四时顺动,三光耀润,群生丰遂,太和交薄。三作六卿,五蹈三阶,受爵开国,应位特进。非盛德休功,假于天人,孰能该备宠荣,兼包令锡,如公之至者乎。

公体资明哲,长于知见,凡所辟选,升诸帝朝者,莫非瑰才逸秀,并参诸佐。惟我下流,二三小臣,秽损清风,愧于前人。乃纠合同僚,各述所审,纪公勋绩,刊石立铭,以慰永怀。

天降纯嘏,笃生柔嘉。俾胤祖考,光辅国家。三业在服,帝载用和。粤暨我公,允执丕贞。在栋伊隆,于鼎斯宁。德被宇宙,华夏以清。受兹介福,履祚孔成。为邑河渭,衮冕绂斑。以佐天子,祗事三灵。丕显伊德,万邦作程。爰铭爰赞,式昭懿声。①

---

① [清]严可均:《全后汉文》卷七八,第783页。

行文前志后铭,从墓主家世写至品行功德,记事颂功,体例严整。内容以铺叙墓主的官阶族谱为主,罗列勋功爵位,对墓主的才华贡献、官阶政绩等作逐层铺叙,赞扬墓主清正廉洁的一生,言辞方面也体现出典雅纯正、古朴工稳的风格。其余如《琅邪王傅蔡朗碑》《陈寔碑》《郭泰碑》《太傅胡广碑》等篇章,都此写法,在体例格式上呈现出稳定的形态。

身为东汉文坛领袖,蔡邕承前启后,大力写作碑志文,最终为碑文的创作树立了典范。魏晋南北朝、隋代以及唐代碑志作家作碑文,莫不以蔡邕为宗。刘勰《文心雕龙·诔碑》给予蔡邕碑文很高的评价。萧子显《南齐书·文学传论》云:"孙绰之碑,嗣伯喈之后。"[1]也以蔡邕为标准来评论孙绰,足见蔡邕碑文影响之深远,正如范文澜《墓志铭考》曰:"东汉则大行碑文,蔡邕为作者之首,后汉文苑诸人,率皆撰碑。"[2]

当然,因为时代的原因,蔡邕的碑志文因注重于墓主的歌功颂德而引发"谀墓"之说。《后汉书·郭太〔泰〕传》:"蔡邕……谓涿郡卢植曰:'吾为碑铭多矣,皆有惭德,唯郭有道无愧色耳。'"[3]顾炎武《日知录·作文润笔》云:"蔡伯喈集中,为时贵碑诔之作甚多,如胡广、陈寔各三碑,桥玄、杨赐、胡硕各二碑。至于袁满来年十五、胡根年七岁,皆为之作碑,自非利其润笔,不至为此。"[4]因此,要说墓碑文"谀墓"之弊,亦当自蔡邕起。

墓碑文的分支与别名

墓碑文是碑志文学的主体,林纾云:"神道也,阡表也,墓志也。累万盈千,无论何家文集,则皆有之。"[5]后世的墓碑文不断演化,导致名目繁多,分支细密,给其归属带来困难。明代徐师曾《文体明辨序说》就碑志文一体列出碑、墓碑、墓碣、墓表、墓志、墓记、埋铭七类名称。吴讷《文章辨体序说》更列举出碑文、碑阴文、墓志铭、墓碑文、墓碣文、墓表(阡表,殡表,灵表)六种分类,其论述墓碑文:"其或曰碑,或曰碑文,或曰墓碑,或曰神道碑,或曰神道碑文,或曰墓神道碑,或曰神道碑铭,或曰神道碑铭并序,或曰

---

①　[南朝]萧子显:《南齐书》卷五二,中华书局,1972 年,第 908 页。

②　范文澜:《文心雕龙注》,第 232 页。

③　[南朝]范晔:《后汉书》卷六八,第 2227 页。

④　[清]黄汝成:《日知录集释》卷十九,上海古籍出版社,2006 年,第 1108 页。

⑤　林纾:《选评古文辞类纂》卷八,浙江古籍出版社,1986 年,第 296 页。

碑颂,皆别题也。至于释老之葬,亦得立碑以僭拟乎品官,岂历代相沿崇尚异教而莫之禁与? 故或直曰碑,或曰碑铭,或曰塔碑铭并序,或曰碑铭并序,亦别题也。"①论述墓志铭则有二十多种名目:"至论其题:则有曰墓志铭,有志、有铭者,是也。曰墓志铭并序,有志、有铭、而又先有序者,是也。然云志铭而或有志无铭,或有铭无志者,则别体也。曰墓志,则有志而无铭。曰墓铭,则有铭而无志。然亦有单云志而却有铭,单云铭而却有志者,有题云志而却是铭,题云铭而却是志者,皆别体也。其未葬而权厝者曰权厝志,曰志某;殡后葬而再志者曰续志,曰后志。殁于他所而归葬者曰归祔志;葬于他所而后迁者曰迁祔志;刻于盖者曰盖石文;刻于砖者曰墓砖记,曰墓砖铭。书于木版者曰坟版文,曰墓版文;又有曰葬志,曰志文,曰坟记,曰圹志,曰圹铭,曰椁铭,曰埋铭,其在释氏,则有曰塔铭,曰塔记。凡二十题,或有志无志,或有铭无铭,皆志铭之别题也。"②清代姚鼐《古文辞类纂》碑志文体中则收录神道碑铭、墓碣铭、墓志铭、墓碑、墓铭、圹铭、墓志、墓表、阡表、圹志、葬志及厝志十二种悼念死者的文章。综合而言,自古关于墓碑文的分支别流众多,名称也繁杂不一,就其内容形式来说却无二致,皆为悼念亡人,刻石立碑记载其生平大略。考察其功能及文体特征,其实都可归于墓碑文类。

值得一提的是,埋于圹内的墓志铭与立于墓外的墓表、碑碣等,尽管都属墓碑文,但因碑石载体的形制大小不同,安放位置不同,其写作体例虽一致,在篇幅及用语方面就略有差异。吴讷《文章辨体序说》云:"凡碑碣表于外者,文则稍详;志铭埋于圹者,文则严谨。"③张相《古今文综》也云:"碑表立于墓上,文可赡详,墓志埋于圹中,体宜简要。"④其论皆当,不赘。

碑志文体归类史

碑志文分类的历史,也就是其作为独立文体被整合统一、接受认可的历史。虽然诞生较早,但碑志文为文章学家所定性归类却经历了一个漫长的过程。中国古代文体归类,主要采用"因文立体"的方法,即先有单篇文

---

① ［明］吴讷、徐师曾:《文章辨体序说·文体明辨序说》,第150页。
② ［明］吴讷、徐师曾:《文章辨体序说·文体明辨序说》,第149页。
③ ［明］吴讷、徐师曾:《文章辨体序说·文体明辨序说》,第53页。
④ 王水照:《历代文话》,第8834页。

章的创作,后有多篇文章因其文体功能或文体特征的相似性而合并归类,并为之命名①。徐师曾在谈到《文体明辨》一书的编纂方式时说:"是编所录,唯假文以辨体,非立体而选文,故所取容有未尽者。"②假文以辨体,即根据现有的大量文章,辨别体裁,以类相从;立体而选文,则是对文体进行抽象的分门别类,然后选录各种文体的代表性文章。就逻辑方法而言,前者运用的是归纳法,后者运用的是演绎法,两者都涉及到"因文立体"的文章归类问题。"因文立体"无疑是中国古代文体归类的传统方法。中国古代文体分类既然是通过此方法产生的,那么构成某一文类的基本前提便是应有体现出某些共同的、惯例化文体特征的一定数量作品的支撑③。所以具有文体相似性的作品必须达到一定数量,才可能归纳为一种文体类型,并为人们所认可。碑志作为一种文体的产生,同样遵循着这个规律。

刘师培云:"文章各体,至东汉而大备。汉魏之际,文家承其体式,故辨别文体,其说不淆。"④关于碑志文,汉代学者对其文体定位及写法要素,已经有了初步的认识,如蔡邕《铭论》认为碑由代替钟鼎昭德纪功之职能而来,是一种铭器,并未以之为文体之名。刘熙《释名》所论碑包括器物名称和文体名称两个方面。因《释名》本身是语言学著作,是从名物角度去解释"碑"的,所以于碑的文体功能并未深入论述。从蔡邕、刘熙的论述中也可以看出,作为一种新兴的文体,碑志文此时尚依附于铭文中,尚未取得独立的文体地位。

魏晋时文学进入自觉时代,文体分类也有了新的发展,曹丕的《典论·论文》列出八类文体并提出各自的写作要求"盖奏议宜雅,书论宜理,铭诔尚实,诗赋欲丽"⑤,此文体分类显然比《尚书》所分典、谟、训、诰、誓、命更为具体,可以看出,对于碑志文,曹丕将其纳入"铭诔"文体,认为其是述功纪悼的文章,体类特征重在纪实。西晋陆机《文赋》首次将碑文作为独立文体概念提出:"碑披文以相质,诔缠绵而凄怆,铭博约而温润,箴顿挫而清

---

① 郭英德:《中国古代文体学论稿》,北京大学出版社,2005 年,第 75 页。
② [明]吴讷、徐师曾:《文章辨体序说·文体明辨序说》,第 78 页。
③ 陶东风:《文体演变及其文化意味》,云南人民出版社,1994 年,第 51 页;童庆炳:《文体与文体的创造》,云南人民出版社,1995 年,第 110—118 页。
④ 刘师培:《中国中古文学史讲义》,上海古籍出版社,2000 年,第 20 页。
⑤ 韩格平:《魏晋全书》,吉林文史出版社,2006 年,第 111 页。

壮。"①陆机将碑文分作与诔、铭、箴不同的文体,给予碑文以独立的文体定位,认为碑文是表彰功德的,故必须借助于文辞的修饰,要以文助质,强调碑文形式美的体征。陆机的文体分类,显示出此时的碑志文发展已趋成熟,其作家众多,作品繁富,体征突出,足以引起文论家们的重视。自此碑志文体受到重视,其功能归类、概念界定也纳入文章学家的视野。西晋挚虞《文章流别论》将文体分类更加深化,其论碑云:"古有宗庙之碑,后世立碑于墓,显之衢路,其所载者铭辞也","夫古之铭至约,今之铭至繁,亦有由也。质文时异,论既论则之矣。且上古之铭,铭于宗庙之碑。蔡邕为杨公作碑,其文典正,末世之美者也"②。明确提出碑是铭刻文字的一种载体,赞扬蔡邕碑文写作的"典正"之美,这显然比陆机的论说更为具体。挚虞将碑文归属于铭类,又将墓碑单列一类,盖其时墓碑之作已凸显,有别于传统之铭③。

南朝刘宋是中国文学思想变迁的重要转折点,表现出鲜明的文学自觉意识和文体辨析观念。范晔《后汉书》共为 48 位传主著录作品著述情况,其中包括 44 种文体④,而在这 48 人中,有 14 人曾作有碑文,《后汉书》对于其作品著录次序,基本上是先诗、赋、碑、诔、颂、铭、赞、箴等"有韵之文",后再表、奏、论、议、令、教、策、书、记、檄、说等"无韵之笔",如无诗赋作品,则碑列在最前面,这一著录次序,反映出从汉末到刘宋,时人区分文笔的文体辨析观念、文体归类意识、文集编纂观念已趋明朗,也反映出碑志作为一种新兴文体在文学创作中的繁荣状况及重要地位。刘勰《文心雕龙》专门作出《诔碑》一节,详细地论述碑志文的起源流变,强调:"写实(又作远)追虚,碑诔以立。铭德慕(又作纂)行,文(又作光)采(又作彩)允集。观风似面,听辞如泣。石墨镌华,颓影岂忒(又作戠)。"⑤刘勰对碑文的发展流变作了

---

① 于景祥、李贵银:《中国历代碑志文话》,第 201 页。

② [清]严可均:《全晋文》卷七七,第 820 页。

③ 何如月:《汉碑文学研究》,商务印书馆,2010 年,第 81 页。

④ 郭英德:《中国古代文体学论稿》,北京大学出版社,2005 年。据其统计,这 44 种文体包括:诗、赋、碑(含碑文)、诔、颂、铭、赞、箴、答(含应讯、问)、吊、哀辞、祝文(含祷文、祠、荐)、注、章、表、奏(含奏事、上疏)、笺(含笺记)、记、论、议、教(含条教)、令、策(包含对策、策文)、书、文、檄、谒文、辩疑、诫述、志、说、书记说、官录说、自序、连珠、酒令、六言、七言、琴歌、别字、歌诗、嘲、遗令、杂文。

⑤ 范文澜:《文心雕龙注》,第 215 页。

详细的考订论证,对碑文在写作过程中与史传、诔文、铭文等互相借鉴、交叉影响的关系作了分析,表明碑既是一种铭器,也是因器得名的一种文体。其论精当而深刻。

萧统《文选》分文体三十九类,其中碑志文分作两类,列出碑文、墓志的文体概念。其中"碑文"类,既载蔡邕《郭有道碑文并序》等,亦载王简楼《头陀寺碑文》,实际上包括墓碑与庙碑二体。而"墓志"一类,仅收任彦升《刘先生夫人墓志铭》一篇。在"铭"文中,收录班固《封燕然山铭》、陆佐公《石阙铭》、张孟阳《剑阁铭》三篇碑文。《文选》为墓志别为一体开了先例,此后碑志文体的划分,都将碑文、墓志铭分离开来,并列两目,并逐渐标举详细,分支繁多。

北宋李昉编《文苑英华》,分文体三十八类,诸文体下面又以内容题材分为若干小类,将碑志文分作碑、志、墓表,碑文下又分为儒、道、释、德政、记功、隐居、孝善、遗爱、台、陵庙、祠堂、祠庙、象庙、神道十四类。姚铉《唐文粹》分文体二十三大类,"碑类"下按内容分成二十六种碑文,"铭类"则收录各类铭文,包括墓志铭等。其后吕祖谦《宋文鉴》分碑志文作"碑、墓志、墓表、神道碑"四类文体。元代苏天爵《元文类》则分作"碑文、墓志铭、墓碣、墓表、神道碑"五类。明代专门研究文体的著作《文章辨体》和《文体明辨》对文体名称更是不断扩充,前者收录诗文五十九类,分碑志文作"碑、墓碑、墓碣、墓表、墓志、墓记、埋铭"七类;后者分文体一百二十七类,碑志文类分作"碑文、碑阴文、墓志铭、墓碑文、墓碣文、墓表"六类。这样做固然列举详尽,划分细密,有利于辨别文体,但在一定程度上忽视了文章内容题材的本质,把本为同一文体的分作数体,把本为不同文体的又合为一体,导致文体分类日趋琐碎庞杂,实不足取。像墓表、神道碑、墓志铭等,实质都属墓碑文,只是名称差异,故不宜单独分类。吴讷自己也说:"墓志,则直述世系、岁月、名字、爵里,用防陵谷迁改。埋铭、墓记,则墓志异名。"[1]"其或曰碑,或曰碑文,或曰墓碑,或曰神道碑,或曰神道碑文,或曰墓神道碑,或曰神道碑铭,或曰神道碑铭并序,或曰碑颂,皆别题也。……或直曰碑,或曰碑铭,或曰塔碑铭并序,或曰碑铭并序,亦别题也。"论述墓志铭则有二十多

---

① ［明］吴讷、徐师曾:《文章辨体序说·文体明辨序说》,第52页。

种名目,也云:"皆志铭之别题也。"①可见简单以文章题目定性文体,只能导致文体分类走向繁复琐碎,难以做到优化整合,不是文体归类的科学有效方法。《四库全书总目》对此就批评说:"千条万绪,无复体例可求,所谓治丝而棼者欤!"②

此后文体分类渐趋简化,关于文章的功能定性不局限于名目别称,而侧重于其用途功能等。程敏政《明文衡》将文体分作四十一类,分碑志文作"碑、神道碑、墓碑、墓志、墓表、墓记、埋铭"七类,王世贞《艺苑卮言》将文体分为二十四类,史之变文门下设碑、碣类。清初储欣编《唐宋十大家类选》传志类下设碑志、铭、墓表三种文体。

值得一提的是,桐城派领袖姚鼐编《古文辞类纂》一书,将文章分作论辨、序跋、奏议、书说、赠序、诏令、传状、碑志、杂记、箴铭、颂赞、辞赋、哀祭十三类文体。该书的分类法采用"以实不以名"的原则,即依据文章的实际内容,而不是依据文章的题名,这实际上也是以文体形态为主的"类从"分类法。如论辨类包括题名为论、原、辨、对问、说等的文章,奏议类包括表、奏、疏、议、上书、封事、对策等文章,至于碑志类文章,则整合庙碑、墓碑、神道碑铭、墓志铭、墓碣铭、圹铭、圹志、墓表、阡表、权厝志、葬志等相关文章。姚鼐《古文辞类纂·序目》于之解释道:

> 碑志类者,其体本于《诗》,歌颂功德,其用施于金石。周之时,有石鼓刻文,秦刻石于巡狩所经过,汉人作碑文,又加以序。序之体,盖秦刻琅邪具之矣。……志者,识也,或立石墓上,或埋之圹中,古人皆曰志。为之铭者,所以识之之辞也。然恐人观之不详,故又为序。世或以石立墓上曰碑,曰表,埋乃曰志,及分志、铭二之,独呼前序曰志者,皆失其义。③

就文体分类而言,文体名称应该对应其行为方式及功能用途,而不应侧重其名目别称,以功能命名文体才是科学的分类方法。综上所述,姚鼐的文体划分较为科学,其优化整合,繁简有度,将本质上属于同一文体而名称不同的文章都归于一类文体,把本质不同但名称等相近相同的文章彻底分开,可谓文体分类史上的里程碑。特别是其在碑志文体的功能界定和整

---

① [明]吴讷、徐师曾:《文章辨体序说·文体明辨序说》,第149页。
② [清]纪昀:《钦定四库全书总目》卷一九二,中华书局,1997年,第2693页。
③ 吴孟复:《古文辞类纂评注》,第17页。

合规划上,固然也承继"因文立体"的传统,但一改前人庞杂琐碎的流弊,归纳与演绎结合,注重从本体和实质出发,按文章的内容题材用途功能等定性,将碑志文与箴铭文彻底分开,墓志铭、墓表、碑文、神道碑等本质相同的文章,全部纳入碑志文体,以简驭繁、系统概括,做到历史性的总结归纳、突破创新,其贡献不言而喻。钱基博评之曰:"此分文体为十三类,每类必溯其源而竟其流,以视《昭明文选》之分类碎琐、立名可笑者,为简当矣。"①姚仲实也云:"《文选》所分之类,颇嫌琐碎。……《古文辞类纂》出,辨别体裁,视前人为更精审。……分合出入之际,独厘然当于人心。"②

随着时间的推移,姚鼐的文体分类法更为后世接受和认可,碑志文和铭文不同,应具有独立文体的地位,这一观念也逐渐深入人心,日益稳固。吴曾祺编《涵芬楼古今文钞》,选上古至清光绪间文章近九千篇。分文体十三类,按照姚鼐的作法,将碑志文分作独立文体,下含"碑、碑记、神道碑、碑阳、墓志铭、墓志、墓表、灵表、刻文、碣、铭、杂铭、杂志、墓版文、题名"十五类文章,可以说是迄今为止收录碑志文类最为全面详尽的文集。今人曾枣庄主编煌煌三百六十卷《全宋文》,在其文体分类及编序上也秉承姚鼐的做法,分文体十五类,包括箴铭文和碑志文,碑志文体下涵盖墓志铭、墓碑、墓碣、神道碑等文章,可见姚鼐《古文辞类纂》的影响。综观碑志文分类的历史,其实也是中国文体观念及文体分类不断成熟发展的历史。

第二节 唐代碑志文发展概述

碑志文兴起于秦汉,成熟于唐。有唐一代,寿祚 297 年,是中国历史上影响深远的大一统王朝,其中从贞观之治到开元盛世,政治清明,经济繁荣,文化昌盛,礼制完备,立碑之风甚于前代。书学、金石学的兴起,中华民族丧葬风俗的兴盛,更导致碑志文的写作蔚为大观。唐王朝崇儒重丧,统治者也好润色鸿业,不仅没有类似于魏晋的禁碑制度,相反,封建统治者身体力行,大力倡导碑志。开明的文化风气和完善的碑刻制度,使得碑志文在唐代得到较大发展。

① 吴孟复:《古文辞类纂评注》,第 8 页。
② 吴孟复:《古文辞类纂评注》,第 8 页。

一、唐代碑志文的演进流程

唐代碑文发展的时限划分是一个首先要明确的问题,论及唐诗发展,前人多以初唐、盛唐、中唐及晚唐为分期,这也普遍为学界认可。实际上,纵观整个唐代文坛,散文、骈文、诗歌及传奇小说等文体的发展,可以说是并驾齐驱、互为作用的。有唐三百年间,碑志文绵延不衰,变革演进,其历经流变发展,也可以时段论之。今以学界关于唐诗的分段为例,将唐代碑志文分为初唐、盛唐、中唐、晚唐四个时期①。初唐碑志文盛行徐庾体骈俪文风,以虞世南、于志宁等宫廷文人为代表的碑志名家,行文以徐陵、庾信为宗,追求丽辞藻饰、排比用典,有着明显的前朝陈隋余绪,其后在王勃、杨炯、陈子昂等人的努力下,开始对传统的骈俪体碑志文进行革新。王、杨的碑志文内容充实、感情浓郁,语句也开始散化,其清新流丽、质实刚健,有着诸多创变之风。盛唐碑志文以张说、苏颋等为代表,行文追求叙事记功,其气势恢宏,笔力雄浑,字里行间透露出刚健明朗、宏阔大气、乐观进取、奋发有为的精神风貌,显示出泱泱大国的强盛气象。其他如颜真卿、李邕、张九龄、李白等,作碑文也铺陈排比、夸饰丰富,追求颂美铭功、润色鸿业,充满着对生命的礼赞,对英雄的讴歌,对时代的咏叹,呈现出雄奇壮丽、浩博大气、清新刚健、伟岸多姿的审美风尚。中唐以后,藩镇割据,宦官专政,儒学不振,佛道之说日甚,国家四分五裂,社会动荡此起彼伏。面对日益颓废的时局,韩愈、柳宗元等发动文学革新,以文学变革推动政治中兴,借之重振儒学、拯救时弊。这一时期的碑志作家,以韩柳为代表,包括白居易、元稹、刘禹锡、吕温等,其作品思想内容都注重宣传孔孟儒学思想,倡扬王政,反对藩镇割据,反对佛道乱政,描写清官政治,弘扬士人的名节品行,借以振奋士心,呼唤中兴,有着强烈的现实针对性。行文也不拘常例,体格多变,语句上更是改骈为散,多议论抒情,甚至以传奇小说笔法写作碑文,呈现出明显的散体古文特征,寄意深沉,感慨厚重,文体改革成就突出。晚唐以

---

① 谢无量《中国大文学史》卷六云:"大抵高祖武德元年以后百余年间谓之初唐,玄宗开元元年以后五十年间谓之盛唐,代宗大历元年以后八十年间,谓之中唐,宣宗大中元年以后,至于唐亡,谓之晚唐。"详见谢无量:《中国大文学史》卷六,中州古籍出版社,1992年,第2页。钱基博《中国文学史》及袁行霈《中国文学史》等都持相同观点。详见钱基博:《中国文学史》,上海古籍出版社,2011年,第240页;袁行霈:《中国文学史》第四编,高等教育出版社,1999年,第199—213页。

后,文体革新运动衰落,政局日趋不振,大势不可挽回,文人经受着更多的社会反差和心理转化,其对现实政治对人生理想普遍失去信心,更多转向对颓势之下历史变幻和个体命运的关注。杜牧、皮日休、罗隐的碑志文咏史怀古,感时伤今,生命情怀极为深沉苍凉,其中皮、罗的碑文形式多短小精悍,有着晚唐小品文的明显色彩。晚唐碑志作家少,作品少,碑志创作已经不复盛唐、中唐的盛况。在古文整体衰落的大势下,碑志文最终又重新走回骈俪化形式化的老路,像李德裕、李商隐、司空图等都多以骈体作碑文,其后徐铉、韩熙载等人的碑志作品也体现出明显的骈俪特征,影响着晚唐五代的文风。

二、唐代碑志文的典范选择与体例因革

作为一种应用性极强的文体,碑志文的写作,与时代社会风俗、政治文化风气密切相关。唐代的殡葬制度、丧葬风俗、人情礼仪等影响着碑志文的成文方式和思想内容。唐代文学体裁多样,类别丰富,诸如诗歌、散文、传奇小说等文体互动生发、影响制约,关系极为密切,特别是对外交流频繁,商品经济发达,文人商业意识空前活跃,这就使得碑志文的创作,在唐代出现一些新迹象,如部分碑志文存在着商品化的写作倾向和谀墓的流弊,在体例特征上也出现变化。

有唐一代,张说和韩愈对碑志文发展的体例定型功不可没。张说以其大手笔的才华和地位,为盛唐颂美体碑志文的创作建立范式。其碑文以骈俪为体,铺陈排比,铭功颂德,歌唱帝皇的文治武功,弘扬士子将士的丰功伟绩,塑造时代性群体英雄形象,称道其积极入世的奋斗精神,进而展现唐王朝君臣一心、共同致力国家建设的政治格局,颂美唐王朝如日中天、蒸蒸日上的大国之威。张说的碑文充满着清新刚健、雄奇壮丽、蓬勃进取、奋发有为、昂扬大气的审美风貌,篇幅浩博,气势恢宏,可谓盛唐气象、盛唐风骨,成为当时碑志文创作的范式。

迨至中唐,时代变化,政局衰微,韩愈发起文体革新,旨在挽救时弊,推动政治中兴。碑志文创作是韩愈发起文体革新运动的重要领域。陈衍《石遗室论文》卷四认为韩愈"最工碑版文字"①。韩愈一生著述颇丰,其中创

① 于景祥、李贵银:《中国历代碑志文话》,第705页。

作碑志文达 76 篇,约占韩文总数的四分之一,就篇目数量而言,位居全唐作家之首。韩愈的碑志文,承前启后,继往开来,其远承初唐王勃、杨炯、陈子昂等人倡导的文风变革,又近师陆贽、梁肃等古文家,以文体改革精神为主导,将碑志文创作与时代政治结合起来,弘扬儒道精神,反对藩镇割据,反对佛老学说,拥护王权一统,思辨说理,大发不平之鸣,凝聚士心,振奋王政,以期推动唐代中兴伟业的实现。在文体规范上,韩愈挑战传统、求新求变,冲破盛唐张说等颂美式台阁体碑志文的程式,以文学散文的笔法写作碑志文,其清新优美,灵动多姿,流畅自如,呈现出刚正弘毅、经世致用、奇崛险怪的精神风貌,成为文人写作碑志文的新范式,影响深远。宋代文人如欧阳修、王安石、苏轼、曾巩等,写作碑志文,就多取法韩愈。

三、唐代碑志文的价值取向和生命意识

唐代文人创作碑志文始终有着强烈的价值取向和浓厚的生命意识,体现出明显的思辨精神。自初唐起,文人便把建功立业、显身扬名视为人生的价值理想,这在其碑志文创作中多有体现。王勃、杨炯、陈子昂的碑志文,感叹个人的怀才不遇,渴望人生得志,呼唤美好时代的来临。盛唐张说、苏颋及张九龄等人的碑志文赞美君主、讴歌时政,展现积极入世的人生理想,抒写英雄人物或征战边塞或致力内政的种种功绩,旨在歌颂人尽其才、才尽其用的时代政治格局,推崇尽忠报国、奋斗不息的英雄主义精神,进而弘扬“立功、立德、立言”三不朽的人生价值观,鼓励时人奉献于王政大业。这种对于人生得意、功名富贵的渴望,对于家国一体、仁义道德的追求,影响到天下士人的文化心理和生命价值取向。中唐以后,虽盛世不再,但韩愈、元稹、白居易等人的碑志文仍流露出对于王朝中兴、时政重振的热情。其弘扬儒道精神,提倡仁政与民本政治,呼唤王朝一统,描写墓主的有为之政,借倡导经世致用的人生理想和奋斗精神而力挽时局。伴随着时代变化,这一时期的碑志文写人记事从对生命的礼赞逐渐转向抒发个体的伤悼之情、不平之鸣,如韩愈的碑志文就多寒士怀才不遇、英年早逝等不幸命运之悲叹,从对时代政治的热情逐渐转向对个体生命情感的关注,感慨世事沧桑,体会士人命运,具有相当的生命伤悼意识。迨至晚唐,虽政局衰朽,但杜牧、李德裕等人的碑志文仍不乏挽救危局、弘扬王政、振奋士心的思想,而皮日休、罗隐等人的碑志文,更通过咏史怀古,借古讽今,抒发个人

在社会动荡、时代变迁中的种种无奈感受,体现出衰世之下文人对于王政走向和历史风云的深沉认知,生命伤悼情怀和忧患意识尤为浓厚。

此外,结合诗歌、小说,特别是祭文、挽词、行状、诔文等其他文学作品可以看出,唐代碑志文中,文人对于死者的伤悼与怀念始终与对时代文化背景和人生价值命运的体会结合在一起,体现着文人强烈的政治情怀和生命意识。赫赫大唐,三百年风风雨雨,起伏变化,王朝历史的跌宕流转,社会政治的丰富多彩,文人命运的沧桑沉浮,都激发着士子对现实生活、人生历程、个体价值命运的诸多思考。伴随着这些思考,唐代碑志文传承变革、演进发展,呈现出丰富多彩的精神风貌。

第二章　唐代碑刻制度、碑志作家及碑文写作方式研究

第一节　唐代碑刻制度及碑刻艺术

一、唐代碑刻观念与碑刻制度的形成

　　唐时碑刻风气浓厚,除政治清明、经济繁荣为碑的产生提供丰厚的物质基础外,还和社会对碑志的认识有关。这一认识经历一个由浅到深、由表及里的过程。唐人重视碑刻,最初是因为其传统的礼仪功能,如唐初贞观三年颁布《虞世南等为战阵处寺刹写碑铭诏》,唐太宗为纪念在隋末战乱中殒命的死者,不仅为"殒身戎阵者,各建寺刹"①,又令虞世南、李百药等"为之碑铭,以纪功业"②。杜如晦去世后,唐太宗"追念勋旧,痛悼于怀"③,令虞世南撰碑文,抚慰杜如晦家属,表达伤悼之礼。唐高宗为功臣李勣亲作《大唐故司空太子太师上柱国赠太尉扬州大都督英贞武公李公碑》一文,也在于"恐枌邑之地,竟沦彩为雕戈,庶武昌之原,永传辉于翠玉"④的传统礼节。而臣民们普遍立碑作文更是因"虑陵谷之推移"⑤,为"譬东都之前,永识滕公之墓;潼亭之侧,长标太尉之坟"⑥,所以"勒徽烈于丰碑,树华表于神道"⑦,"式旌遗懿,乃勒铭云"⑧。这和秦汉魏晋以来人们对碑志的认

---

　　①　[唐]李世民:《唐太宗全集》,天津古籍出版社,2004 年,第 264 页。
　　②　[唐]李世民:《唐太宗全集》,第 266 页。
　　③　唐太宗:《令虞世南制杜如晦碑手敕》,[清]董诰:《全唐文》卷九,第 109 页。
　　④　唐高宗:《大唐故司空太子太师上柱国赠太尉扬州大都督英贞武公李公碑》,[清]董诰:《全唐文》卷一五,第 188 页。
　　⑤　[唐]魏征:《唐故邢国公李密墓志铭》,[清]董诰:《全唐文》卷一四一,第 1436 页。
　　⑥　[唐]于志宁:《南安懿公碑》,[清]董诰:《全唐文》卷一四五,第 1468 页。
　　⑦　[唐]于志宁:《唐故太子少保上柱国颍川定公碑》,[清]董诰:《全唐文》卷一四四,第 1460 页。
　　⑧　唐高宗:《大唐故司空太子太师上柱国赠太尉扬州大都督英贞武公李公碑》,[清]董诰:《全唐文》卷一五,第 188 页。

识一致。可见初唐时人重视碑刻,是基于其不仅能标识、装饰坟墓,还能表示抚慰、哀悼之情的传统功能,这正是奉行以礼治国的统治者所需要的,因此其将立碑刻志看作"古今常典",对前朝碑制政策多加沿袭。其倡导碑刻,弘扬礼制,往往在赏玩风景时也不忘"敬刊贞石,式旌真境"①,"顺访峒山"便"镌芳金石"②,常借碑刻而"相质披文,庶有裨于纪德"③,以示巡游之礼,彰显帝国之威。

伴随时代的进一步发展,唐人对碑刻的认识有了转变,特别是贞观之治后,这一转变日趋明朗,立碑不仅缘于传统的礼仪所需,更基于时代现实政治的需要,这在房玄龄《立碑议》中有着明确表达:

> 勒石纪号,垂裔后昆,美盛德之形容,阐后王之休烈,其义远矣。陛下声畅九垓,威横八极,灵祇不爱其宝,兆庶无得而称,但当赞述希夷,以摅臣下之志,其登封及禅,并肆觐之坛,并请刻颂立碑,显扬功业。④

房玄龄将碑刻的功能与帝王功业、江山社稷命运联系在一起,给予立碑作文以高度的重视,其对碑志功能的定性由传统的礼仪装饰扩展到深层次的王权政治所需,认识发生根本性的转变。迨至盛唐,这一认识更为深化,有功不铭,有美不宣,已经关系到臣子的职责和王道兴废。张九龄《请东北将吏刊石纪功德状》云:

> 伏以成功不宰,君人所以为量;有美不宣,臣子所以成罪:臣虽蒙瞽,安敢无言?既预闻始谋,又幸见成事,岂可使天功虚往,而日用不知?竹帛相传,复纪何事?请具状宣付史馆,垂示将来,仍请将吏等刊石勒颂,以纪功德。⑤

张九龄认为,借碑志以记事铭功,比简单的竹帛记事更显得礼遇隆重,也更易颂扬王权、流传不朽,起着诏告天下、显扬美政、威加海内、垂示将来的作用。其上敬天地,下启子孙,联通君臣,于帝国统治大有裨益。素为丧葬习俗所需的碑刻,受到如此重视,从礼仪装饰被强调到王政所需的高度,

---

① 唐高宗:《隆国寺碑铭》,[清]董诰:《全唐文》卷一五,第 180 页。
② 唐高宗:《玉华宫山铭》,[清]董诰:《全唐文》卷一五,第 178 页。
③ 唐高宗:《大唐纪功颂》,[清]董诰:《全唐文》卷一一,第 134 页。
④ [清]董诰:《全唐文》卷一三七,第 1387 页。
⑤ [清]董诰:《全唐文》卷二八八,第 2929 页。

可谓前所未有。

本是普通礼仪用具的碑刻,在唐代,被赋予厚重的时代政治功用和深远的历史人文精神,这就使得碑刻发展至此,在保持传统的礼俗功能之外,还有着更多的政治文化内涵。

对统治者来说,润色鸿业只是表象。更深刻的,还可以借碑刻彰显大国盛世的政治强权,将宣传王化与教育士民集为一体,笼络群臣,威慑民众,维护其统治的稳固性和连续性。唐代君主对此有着充分认识,与前代魏晋帝王的多次禁碑不同,唐代皇帝不仅没有实行禁碑的政策,反而鼓励碑刻,甚至亲写碑志文,代代相传,盛行不衰。其作品内容不外乎宣传奉天承运、君权神授,夸耀文治武功,歌颂盛世伟业,借以维护并强化帝唐的统治。如李世民一生亲撰诸多碑文,至今尚有《秦王告少林寺主教碑》《晋祠铭》《温泉铭》《圣教序》等传世,唐高宗作有《大唐纪功颂》《万年宫铭》《摄山栖霞寺明征君碑》《李勣碑》等,武则天作有《唐天后御制诗碑》《述圣记》《升仙太子碑》等,其余如唐睿宗《武士彟碑》《杨氏碑》《升中述志碑》《孔子庙堂碑额》《景龙观钟铭》,唐玄宗《纪泰山铭》《大慧禅师一行碑铭》《青城山常道观敕》《阙特勤碑》《石台孝经》《大唐金紫光禄大夫行侍中兼吏部尚书弘文馆学赠太师正平忠宪公裴公碑铭》等,或亲撰,或书丹,或题额,均体现出对碑志的重视。此后唐王朝虽王政不振,盛衰骤变,但德宗、宪宗等皇帝,仍沿袭前朝碑制,或亲作,或赐令,对碑志都多有鼓励,碑刻之风不减当年。可见唐代君王之好碑重碑之相因相承、源远流长,所以"在清以前,御碑最为兴盛的是唐代"①。

唐代君王对臣子常赐令立碑而铭其功勋,以示嘉奖勉励,振奋士心,维系君臣之义,加强大一统王朝政治。杜如晦死后,唐太宗就令虞世南撰杜如晦碑,以资纪念,《旧唐书·杜如晦传》云:"如晦以高孝基有知人之鉴,为其树神道碑以纪其德。"②而虞世南去世,唐太宗又命魏王李泰撰文致祭。《大唐故左仆射上柱国太尉梁文昭公碑》也载太宗在房玄龄去世后,"仍特降旨,许□墓碑"③,其后皇帝也循此惯例。如显庆三年尉迟恭死后,唐高

① 金其桢:《中国碑文化》,第330页。
② [五代]刘昫:《旧唐书》卷六六,中华书局,1975年,第2469页。
③ [清]董诰:《全唐文》卷一四九,第1516页。

宗诏敕为之立碑记功①。开元二年唐玄宗作《为安金藏于东岳西岳镌碑勒名制》，令"勒名金石"，彰显安金藏的功德②。裴光庭死后，唐玄宗诏令立碑褒葬，又命张九龄为之作碑文，其云："彼之行能，卿之述作，宛其鸿裁，因兹不朽耳。"③玄宗更多命张说、苏颋为王公大臣撰写碑文，"有诏掌文之官叙事，盛德之老铭功，将以宠宗臣，扬英烈"④。兴元元年唐德宗《于段秀实墓所立碑诏》云："官为立碑，以扬徽烈。……即兴褒赠。"⑤其《朝臣薨卒给俸料赙诏》则宣称："君臣之际，义莫重焉，每闻薨殂。深用恻悼。宜厚哀荣之礼，以申终始之恩。"⑥如此情况下的碑刻，早已超出传统的伤悼之礼，更多具有凝聚人心、激发士风、维护大统的政治原因。帝皇为臣子立碑，表彰功勋，不仅可以抚慰其家属，以显君恩，更重要的，还在于可以资教化朝野，垂范后世，陶育和勉励学人士子效仿先辈，努力王朝事业，报君恩，成不朽。所以当宪宗平定淮西军阀叛乱后，群臣即"请刻石纪功，明示天下，为将来法式"⑦，如此可谓唐王朝政治文化的一部分，类似于后世树立先进模范、典型人物之用意，其价值影响不言而喻。

　　唐代臣子也认为立碑是礼仪和时政所需，代表着王朝对其功绩才华的认可与肯定，是社会现实和个人发展的需要，故往往向皇帝提出立碑的要求，"丰碑乃立，盛业其铺"⑧。前所举房玄龄《立碑议》和张九龄《请东北将吏刊石纪功德状》即此例。而帝王从王政需要出发，对臣子之请也多加允诺。裴光庭死后，其子求请玄宗皇帝为之立碑，玄宗云："赠太师（裴）光庭，尝为重任，能徇忠节，忽随化往，空存遗事。其子屡陈诚到，请朕作碑。"⑨唐肃宗也云："慎徽盛典，润色大猷。能以懿文，用刊乐石。体含飞动，韵合

①　[唐]许敬宗：《唐并州都督鄂国公尉迟恭碑》，[清]董诰：《全唐文》卷一五二，第1554页。
②　唐玄宗：《为安金藏于东岳西岳镌碑勒名制》，李希泌：《唐大诏令集补编》，上海古籍出版社，2003年，第855页。
③　唐玄宗：《赐张九龄敕》，[清]董诰：《全唐文》卷三六，第393页。
④　[唐]张说：《故开府仪同三司上柱国赠扬州刺史大都督梁国文贞公（姚崇神道）碑（铭并序）奉敕撰》，熊飞：《张说集校注》卷十四，中华书局，2013年，第744页。
⑤　李希泌：《唐大诏令集补编》，第753页。
⑥　李希泌：《唐大诏令集补编》，第753页。
⑦　[唐]韩愈：《进撰平淮西碑文表》，于景祥、李贵银：《中国历代碑志文话》，第212页。
⑧　[唐]张说：《故开府仪同三司上柱国赠扬州刺史大都督梁国文贞公（姚崇神道）碑（铭并序）奉敕撰》，熊飞：《张说集校注》卷十四，第745页。
⑨　唐玄宗：《赐张九龄敕》，[清]董诰：《全唐文》卷三六，第393页。

铿锵，成不朽之立言。纪好生之上德。唱而必和，自古有之，情发于中，予嘉乃意。所请者依。"①迨至中晚唐，臣子求碑的风气愈加浓厚。唐文宗《赐李德裕立德政碑敕》就是应诸多将士之"恳请立碑，以铭（李德裕）德政"②要求而作，其《赐义成军节度使凉国公李听立德政碑敕》云："大将及三军官吏僧道耆寿百姓等，感卿惠政，咸请立碑。……刊石旌贤，庶谐朕意。"③《赐李听敕》又云："群黎三军，上请刊石，聿垂令问，以示后来。"④《赐段嶷敕》也此类⑤。唐敬宗也应将士所请为功臣屡屡下诏立碑，以示嘉奖⑥。

君臣一心，赐求结合，其对碑志的认识从礼俗装饰到政治需要，步步深化，愈加推重。帝王将碑刻看作抚慰臣子、激励士心、垂范后世的有力工具，臣子则将碑刻与个人荣耀、声誉、地位、身份联系在一起，将其看作肯定自我功绩、显扬才华的象征，借之光宗耀祖、激荡后世、永垂不朽，正如张九龄《大唐金紫光禄大夫行侍中兼吏部尚书宏（弘）文馆学士赠太师正平忠献（宪）公裴公碑铭》所道："丕承后命，纡天鉴而增华；敢迹前修，琢丰碑而不朽。"⑦杜甫《唐故德仪赠淑妃皇甫氏神道碑》也云："维山有麓，与碑不朽。维水有源，与词永久。"⑧如此就给予碑刻丰富的政治寓意和深厚的时代内涵，也导致唐代碑刻文化的蓬勃发展，无论官方民间、公家私人，都重视立碑作志，这其中表现最为突出的是墓碑文。

唐代的冢墓立碑之风颇为盛行，范传正《赠左拾遗翰林学士李公新墓碑》描述说："今士大夫之葬，必志于墓。有勋庸道德之家，兼树碑于道。"⑨而张说《唐故瀛州河间县丞崔君神道碑》所云："夫惟官不达者，身不登乎明堂；行不夸者，名不书乎史册。则韬光隐德之绪，俾后代将何述焉？夫铭景锺，称茂代，彼大夫之事；篆丰石，扬令名，此孝子之志。"⑩则从社会文化心

---

① 唐肃宗：《答颜真卿乞书天下放生池碑额批》，李希泌：《唐大诏令集补编》，第855页。
② ［清］董诰：《全唐文》卷七四，第775页。
③ ［清］董诰：《全唐文》卷七四，第773页。
④ ［清］董诰：《全唐文》卷七四，第773页。
⑤ ［清］董诰：《全唐文》卷七四，第775页。
⑥ 李希泌：《唐大诏令集补编》，第857页。
⑦ 熊飞：《张九龄集校注》卷一九，中华书局，2008年，第1004页。
⑧ ［清］董诰：《全唐文》卷三六〇，第3659页。
⑨ ［清］董诰：《全唐文》卷六一四，第6201页。
⑩ 熊飞：《张说集校注》卷一九，第925页。

理方面揭示出唐人热衷于树碑作志的原因。从出土资料来看,唐代墓碑数量远超前代,《全唐文》中收录碑文也大多为墓碑文。唐政府规定官员七品以上皆可立碑,这就为立碑提供法律依据(后文详叙)。中唐时甚至对碑文用字作了限制,叶昌炽《语石》云:"天宝三载,正月丙辰朔,改年为载。至肃宗嗣位之三年,二月丁未,始改至德二载为乾元元年。此后遂复称年矣。自天宝三载,迄至德二载,寰区石刻,一律皆书载字无作年者。以此见唐之声灵赫矣。虽经安史之乱,而民心未尝去也。故灵武践祚,不旋踵而中兴。"①可见即使在安史之乱后的衰世,统治者仍崇扬碑刻,其政策没有改变。唐代官吏士人好碑自不论,贫民百姓也不免此俗。如开元十二年《大唐故徐州丰县尉河间刘公墓志铭并序》所云:"况稚子满室,主丧能病,嫠妻哭昼,人哀未亡。魂兮有知,生死为恨矣。公其居□月,称家靡给。"②家贫至此,但依然不忘殡葬墓志。大历五年《唐前滑州白马县尉柳公夫人河东薛氏墓志》载墓主"家途壁立,多不备礼"③,如此困境下,仍刻有墓志,这都说明当时殡葬碑志盛行之至,贫亦不免。

除认识的深化外,厚葬风俗也影响到墓碑的进一步兴旺。唐代经济发达,凡殡葬多追求奢靡华美,富豪权贵为此竞相攀比,蔚然成风。贞观十七年唐太宗颁布《薄葬诏》云:"勋戚之家,多流遁于习俗,闾阎之内,或侈靡而伤风,以厚葬为奉终,以高坟为行孝。遂使衣衾棺椁极雕刻之华,灵輀明器穷金玉之饰,富者越法度以相尚。"④其后武则天《禁丧葬逾礼制》亦云:"丧葬礼仪,……富族豪家竞相逾滥,穷奢极侈。不遵典法。"⑤开元二年唐玄宗《诫厚葬敕》又云:"近代以来,共行奢靡,迭相仿效,浸成风俗。"⑥大历七年唐代宗《条流葬祭敕》更直言:"葬祭之仪,故有彝范。顷来或逾法度,侈费尤多。"⑦高层屡屡下诏,屡禁不止,可见唐代厚葬风俗历时之久、盛行之广。当时凡殡葬必用碑,两者紧密联系,最终墓碑的流行,促进厚葬风俗的兴盛,而后者反过来又加剧前者的发展。伴随着殡葬的愈加隆重,墓碑的

---

① 　叶昌炽、柯昌泗:《语石·语石异同评》,第 25 页。
② 　周绍良、赵超:《唐代墓志汇编续集》,上海古籍出版社,2001 年,第 497 页。
③ 　周绍良、赵超:《唐代墓志汇编续集》,第 701 页。
④ 　[清]董诰:《全唐文》卷七,第 83 页。
⑤ 　[清]董诰:《全唐文》卷九五,第 983 页。
⑥ 　[宋]宋敏求:《唐大诏令集》卷八〇,中华书局,2008 年,第 462 页。
⑦ 　[宋]宋敏求:《唐大诏令集》卷八〇,第 463 页。

制作也愈加考究，其运送也成为一个问题，针对葬礼中专门装载墓碑的志石车的行走秩序，政府规定"彻遣奠，灵车动，从者如常，鼓吹振作而行。六品以下无鼓吹。先灵车，后次方相车，六品以下魌头车也。次志石车，次大棺车，次辒车，志石与大棺若先设者，不入陈布之次"①。元和三年，有感于墓葬用器的奢靡，京兆尹郑元修"奏王公士庶丧葬节制"②。元和六年，政府对包括志石车在内的送葬用具进行整改简化，规定"文武官及庶人丧葬，三品以上，明器九十事。……辒辌石，任画云气。……五品以上，明器六十事。……减志石车"③。长庆三年，李德裕再上奏，"缘百姓厚葬，及于道途盛设祭奠。……抑此之由"④，建议抑制厚葬之风，简化送葬车具。而实际上，"是时厚葬之风成俗久矣，虽诏令颁下，事竟不行"⑤，碑志之风在厚葬风俗的影响下，自是愈演愈烈。

　　当然，唐人对墓葬立碑的重视，无论观念深化到何种程度，都离不开对墓碑作为殡葬用具的基本认识。魏征撰《唐故邢国公李密墓志铭》云："惧陵谷之推迁，勒斯铭于泉户。庶神游楚国，无惭项羽之臣；魂往齐都，不愧田横之客。"⑥贞观十四年《潘孝长墓志》："将恐天地长久，陵谷迁易。刊懋实于佳城，传不朽于金石。"⑦神龙元年张说撰《右豹韬卫大将军赠益州大都督汝阳公独孤公燕郡夫人李氏墓志铭》："夫计功伐，勒彝鼎，非妇人之事；撰德行，存国史，亦孝子之志。"⑧开元二十一年张九龄《大唐金紫光禄大夫行侍中兼吏部尚书宏文馆学士赠太师正平忠献公裴公碑铭》："丕承后命，纡天鉴而增华；敢迹前修，琢丰碑而不朽。"⑨天宝五年万年县尉严迥撰《杨惠墓志》："谓周极无报，惧迁陵谷，故谨而志之，此孝之终也。"⑩元和十三年《崔君夫人李氏墓志铭》："不凭片石，即悠悠百岁之后，孰知其处所

①　[唐]杜佑：《通典》卷一三九，中华书局，1988年，第723页。
②　[宋]王溥：《唐会要》卷三八，中华书局，1955年，第695页。
③　[宋]王溥：《唐会要》卷三八，第695页。
④　[宋]王溥：《唐会要》卷三八，第697页。
⑤　[宋]王溥：《唐会要》卷三八，第695页。
⑥　周绍良、赵超：《唐代墓志汇编续集》，第1页。
⑦　《北京图书馆藏中国历代石刻拓本汇编》第11册，中州古籍出版社，1989年，第91页。
⑧　[清]董诰：《全唐文》卷二三二，第2348页。
⑨　熊飞：《张九龄集校注》，第1005页。
⑩　吴钢：《全唐文补遗》第八辑，第50页。

焉?"①元和十四年《李弘亮墓志》:"虑桑海推变,后嗣无仰,愿志前烈,垂馨墓门。"②此后晚唐张元审《唐故李氏夫人墓志铭》:"尤恐桑田变改,年代不同,若不标于贞石,何可留于千载? 乃为志云。"③范朝《唐故武部常选韦府君墓志铭并序》:"恐筮短之龟长,惧陵迁而谷徙,式镌贞石,用纪芳猷。"④都表明刊立墓碑的原因在于标榜坟墓、求不朽,避免因陵谷变迁等造成的诸多不便。而会昌三年李鄂撰其兄《唐故贺州刺史李府君墓志铭并序》:"是吾之文,冀传于世不可也,然吾之文,信于吾兄,著于吾家。吾冀吾兄之道,不朽于吾家而传于吾子孙,则又宜文于铭也。"⑤则最为清楚地表明墓志铭能传于子孙的历史价值。这都说明,唐人树立墓碑,首先在于墓碑具有纪念死者、标识坟墓、传信后世的传统实用功能,这一功能符合社会丧葬文化的基本需要,是唐代树碑之风盛行的坚实基础,也是整个唐代碑志文普及与繁荣的原动力所在。

中华民族传统文化中素有人类阴阳两界、生死两极之说。对于长眠于地下的死者而言,墓碑巍巍,刻字累累,其述德佑生,伤悼缅怀,自然成为联通地下人间两界的有力工具。唐代墓碑盛行,殡葬礼仪也因之繁盛。有鉴于此,统治者对包括碑志在内的殡葬礼仪进行一系列调整和规定,这就导致唐代碑刻的制度化、程序化、完备化。

唐代首先对立碑的程序做了规范。政府规定,只有有政绩者才可立碑,立碑要逐层上报,经核准批复后才能立碑。《大唐六典》卷四《礼部郎中员外郎》云:"凡德政碑及生祠,皆取政绩可称,州为申省,省司勘覆定,奏闻,乃立焉。"⑥凡无政绩而私自立碑者则受到严惩,《唐律疏议》卷第十一《职制》:"诸在官长吏实无政迹辄立碑者,徒一年。……(疏)议曰:'在官长吏',谓内外百司长官以下,临统所部者。……谓立碑者徒一年上减,申请于上者杖一百上减。若官人不遣立碑,百姓自立及妄申请者,从'不应为重',科杖八十,其碑除毁。"⑦对于批复同意所立之碑,考虑到碑主的官阶、

---

①　吴钢:《全唐文补遗》第八辑,第 126 页。

②　周绍良、赵超:《唐代墓志汇编》,第 2037 页。

③　[唐]张元审:《唐故李氏夫人墓志》,[清]董诰:《全唐文》卷七六〇,第 7895 页。

④　[清]陆心源:《唐文拾遗》卷二一,[清]董诰:《全唐文》,第 10598 页。

⑤　吴钢:《全唐文补遗》第八辑,第 165 页。

⑥　刘俊文:《唐律疏议笺解》,中华书局,1996 年,第 847 页。

⑦　刘俊文:《唐律疏议笺解》,第 846 页。

职位及身份等,在碑之形制、种类及装饰方面也作了规定,等级界限明显。"丧葬令:五品以上听立碑,七品以上立碣。茔域之内,亦有石兽。"①可见官吏因品阶不同,其碑制大小不同,种类也不同。《唐会要》卷三十八《葬》云:"旧制:铭旌,三品以上长九尺,五品以上长八尺,六品以下七尺,皆书云某官封姓名之枢。……碑碣之制,五品以上立碑(螭首龟跌,上高不过九尺),七品以上立碑(圭首方跌,跌上不过四尺)。若隐沦道素,孝义著闻,虽不仕亦立碣。凡石人石兽之类,三品以上用六,五品以上用四。"②潘昂霄《金石例》曰:"五品以上立碑,螭首龟跌;二品以上高不得过一丈二尺,五品以上高不得过九尺,七品以上立碣,圭首方跌,上高四尺。"③徐师曾解释说:"唐碣制,方跌圆首,五品以下官用之。……古者碑之与碣,本相通用,后世乃以官阶之故,而别其名,其实无大异也。"④所以在唐代,墓主因官阶不同,其葬礼规格就不同,碑志之形体、种类等自然也有区别。唐人碑文对此亦多有记载,如刘禹锡《唐故朝议郎守尚书吏部侍郎上柱国赐紫金鱼袋赠司空奚公神道碑》:"有唐清臣尚书吏部侍郎奚公,贞元十五年十月甲子薨于位。诏赠礼部尚书。……于是门下生琢石纪德,……公既齐终,诏赠大宗伯,后以第三子在郎位被霈泽,再追褒至司空。故昔之葬仪用常伯,而今之碑制用三公云。"⑤柳宗元《唐故兵部郎中杨君墓碣》:"贞元十九年正月某日,守尚书兵部郎中杨君卒。某月日,葬于奉先县某原。既葬,其子侄洎家老,谋立石以表于墓。葬令曰:凡五品以上为碑,龟跌螭首;降五品为碣,方跌圆首,其高四尺。按郎中品第五,以其秩不克偕,降而从碣之制,其世系则纪于大墓。"⑥元稹《唐故开府仪同三司检校兵部尚书兼左骁卫上将军充大内皇城留守御史大夫上柱国南阳郡王赠某官碑文铭》:"南阳王姓张氏,讳奉国,本名子良,以某年月日薨于家。其子炭哭于其党曰:'唐制三品已上,殁既葬,碑于墓以文其行。我父当得碑。'"⑦俱可资证。

其次,对于碑的具体用料、选材、刻立及维护等,唐代也极为重视,设立

---

① [唐]长孙无忌:《唐律疏议》卷二七,中华书局,1983 年,第 517 页。

② [宋]王溥:《唐会要》卷三八,第 691 页。

③ [清]纪昀等:《文渊阁四库全书》,第 1482 册,第 294 页。

④ [明]吴讷、徐师曾:《文章辨体序说·文体明辨序说》,第 151 页。

⑤ [唐]刘禹锡:《刘禹锡集》卷二,中华书局,1990 年,第 29—31 页。

⑥ [唐]柳宗元:《柳宗元集》卷九,中华书局,1979 年,第 211 页。

⑦ [唐]元稹:《元稹集》卷五二,中华书局,1982 年,第 566—567 页。

专门的职官负责。《旧唐书》卷四二《百官志》："甄官署：令一人，……甄官令掌供琢石陶土之事。凡石磬碑碣、石人兽马、碾磴砖瓦、瓶缶之器、丧葬明器，皆供之。"①《新唐书》卷四八《百官志·甄官署》："令一人，从八品下；丞二人，正九品下，掌琢石、陶土之事，供石磬、人、兽、碑、柱、碾、磴、瓶、缶之器。敕葬则供明器。监作四人。"②可见当时朝廷对于碑石的供应，已经明确到专人专职专门机构掌管。唐代还明文规定禁止毁坏碑刻，否则以刑罚论处，《唐律疏议笺解》卷二七杂律"毁人碑碣石兽"条："诸毁人碑碣石兽者，徒一年，即毁人庙主者，加一等。其有用功修造之物，而故损毁者，计庸坐赃论。"③这就为碑刻的保护提供有力的法律保障。

再次，针对去世官员碑文书写，唐代也有着制度化的系列程序。《旧唐书·职官志》云："凡职事官薨卒，有赙赠、柳翣、碑碣，各有制度。"④在唐代，官吏去世后，家属若要为其立碑，须先以行状上考功，经考功郎中会同百官商讨议定后，才能确定碑文之内容，然后再告知丧家书碑。《新唐书》卷四六《百官志·吏部》："考功郎中、员外郎，各一人，掌文武百官功过、善恶之考法及其行状。若死而传于史官、谥于太常，则以其行状质其当不：其欲铭于碑者，则会百官议其宜述者以闻，报其家。"⑤对于碑文尤其是德政碑的书写不实，有着严厉的惩处："内外百司长官以下，临统所部者，未能导德齐礼，移风易俗，实无政迹，妄述己功，崇饰虚辞，讽谕所部，辄立碑颂者，徒一年。所部为其立碑颂者，为从坐。"⑥唐代还规定由专职官吏负责书写碑文，《旧唐书·百官志》："著作郎、佐郎掌修撰碑志、祝文、祭文，与佐郎分判局事也。"⑦《新唐书·百官志》所记同⑧。《大唐六典》卷十则作"著作郎掌修撰碑志、祝文、祭文，与佐郎分判局事"⑨。自代宗朝开始，翰林学士成为主要的承诏撰写碑志者。

作为墓碑的一类，墓志铭在唐代的应用极为普遍，比较而言，唐代的墓

①　[五代]刘昫：《旧唐书》卷四十四，第 1896 页。
②　[宋]欧阳修、宋祁：《新唐书》卷四八，中华书局，1975 年，第 1274 页。
③　刘俊文：《唐律疏议笺解》，第 1926 页。
④　[五代]刘昫：《旧唐书》卷四三，第 1830 页。
⑤　[宋]欧阳修、宋祁：《新唐书》卷四十六，第 1190 页。
⑥　刘俊文：《唐律疏议笺解》卷十一，第 846 页。
⑦　[五代]刘昫：《旧唐书》卷四三，第 1855 页。
⑧　[宋]欧阳修、宋祁：《新唐书》卷四七，第 1215 页。
⑨　[唐]李隆基：《大唐六典》卷十，三秦出版社，1991 年，第 223 页。

志铭不仅数量多,而且形体华美,就尺寸而言,普遍比隋代的有所增大。出土资料表明,初唐三品官员以上墓志达到边长 0.75 米以上,很多达到边长 0.86 米以上,官阶高者则更长,如显庆四年尉迟敬德墓志,边长达到 1.2 米。《唐会要》载开元二十九年玄宗敕云:"古之送终,所尚乎俭,其明器墓田等,令于旧数内递减,三品以上明器,先是九十事,请减至七十事。五品以上,先是七十事,请减至四十事。九品以上,先是四十事,请减至二十事。庶人先无文,请限十五事。"①敕文还对当时官吏墓田茔地大小作了调整,"其墓田,一品茔地先方九十步,今减至七十步,坟先高一丈八尺,减至一丈六尺;二品先方八十步,减至六十步,坟先高一丈六尺,减至一丈四尺"②,从唐玄宗宣布减少送葬的明器数量及墓茔用地,可见当时唐代殡葬礼仪等级制度之分明,由此也影响到墓碑的形制。从出土墓志的外形大小与墓主官阶品级分析,唐代一般三品以下的中下级官员多使用边长 0.45 至 0.6 米的墓志。三品以上官员的墓志边长在 0.8 米以上(唐尺 2 尺 6 寸),王子、公主及一、二品高官墓志边长则达 1 米(唐尺 3 尺 2 寸)以上③。

　　唐代虽对碑制有着严格规定,但随着时代发展,这一制度也多被打破。《语石》云:"柳子厚述唐时葬令云:凡五品以上为碑,龟趺螭首。降五品为碣,方趺圆首。此本唐六典,盖所述者时王之制也。然稽之唐碑,亦不尽符。如逸人窦居士未有爵位,以宦者之父,而李北海题其碑曰神道。潘尊师碑,巍然巨制,而题为碣。如此之类,未可枚举。"④中晚唐以后,藩镇割据日益严重,造成中央政府王权衰落,政令不畅,直接后果就是统一的礼仪制度被破坏,一些地方官员的墓志超越礼仪规定,走向宏大奢华。大中九年成德军节度使王元逵墓志,边长一米五多。咸通六年魏博军节度使何弘敬墓志,边长则近两米。这些墓志都制作精美,其宏美高大、豪奢华贵,已不能用通常的礼制规定去解释,是强权藩镇表现自己特殊地位的一种标志⑤。

---

① ［宋］王溥:《唐会要》卷三八,第 693 页。
② ［宋］王溥:《唐会要》卷三八,第 693 页。
③ 赵超:《中国古代墓志通论》,紫禁城出版社,2003 年,第 150 页。
④ 叶昌炽、柯昌泗:《语石·语石异同评》卷三,第 155 页。
⑤ 赵超:《中国古代墓志通论》,第 153 页。

二、唐代碑刻艺术的特点

唐时碑刻走向规范和统一，官方对碑的形制、用材、管理、书写及刊刻等作出严格的规定。唐代碑刻制度之完善，前所未有。伴随着唐代国力的强大和经济的发达，中国古代碑刻文化进入兴盛期。唐碑数量之多，种类之丰富，装饰之华丽，形体之高大，应用之完备，都是其他时代无可比肩的。赵超《中国古代石刻概论》云："唐代是中国封建社会的极盛时代，尤其是唐代前期，国力强盛文化发达，社会比较安定，成为我国石刻史上最辉煌的一个阶段。现存唐代石刻数量较多，达一万件以上，分布地域也很广泛，大部分省市，甚至中原地区的许多县都有唐代的石刻保存下来，这一时期的石刻形制丰富，制作手法也很成熟。……唐代的碑不仅形制庞大，雕刻精美，而且文词宏丽，书法高超。"①总体而言，唐代碑刻艺术呈现出如下特点：

首先，唐碑体型高大，装饰华美，数量繁多

据徐自强先生考证，唐碑碑身一般高 2 米，宽 1.4 米以上，在形体上超过前代。《华岳庙碑》，据传为唐玄宗祭祀"金天神"——西岳华山之神而诏令刻制，其碑高至十多米，俊美伟岸，堪称唐碑之最，可惜，因其毁坏而难睹其容。现存于嵩山的《嵩阳观纪圣德感应颂》，当属存世唐碑的最大者。该碑刻于唐玄宗天宝三年，李林甫撰文，徐浩书丹。其形体高大巍峨，通高 9 米，宽 3 米，厚 1 米多。碑身浮雕精美。碑首上有顶盖，刻云龙嵌珠，碑座有佛龛造像。碑额有裴向篆书"大唐嵩阳观纪圣德感应颂"11 个字，装饰精美。碑身徐浩书文，笔力遒劲，字体规整秀逸②。在造型上，唐碑头多有圆首，同时又吸收圭首碑的构型，碑头雕饰成蟠龙浮雕，相向两龙间缀以实珠。蟠龙下刻成圭形碑额，便于题额，造型精美，立体感很强。开元九年《李敬瑜墓志》所载"感平生之鸿懿，勒芳莸于凤篆"③，体现出唐人对碑刻审美追求的认识。叶昌炽《语石》云："汉碑多蟠螭，唐碑多蟠龙。蟠螭之形，有如犇马，四足驰骤，两龙中间或缀以珠，有云气缭绕之。（唐大历八年裴平书文宣王庙新门记，额有咸通题字。王兰泉云：题字处上锐，当锐处悬

---

① 赵超：《中国古代石刻概论》，文物出版社，1997 年，第 102 页。
② 徐自强、吴梦麟：《古代石刻通论》，紫禁城出版社，2003 年，第 107 页。
③ 《北京图书馆藏中国历代石刻拓本汇编》第 21 册，第 172 页。

一珠，二龙绕之。汉碑画龙形皆如马，四足犇驰，此碑与后世之蟠龙无异。碑刻二龙捧珠，始见于此。）亦有下连碑侧，与额为一。余所见全形如九成宫醴泉铭，唐之御制各碑，宋赵懿简碑，追琢工细，无与伦匹。嵩岳体元先生潘尊师碣尤奇伟。前人纪王忠嗣碑，侧刻水兽，奇异怪伟。（吴山夫金石存）嵩阳观圣德感应颂，顶盖云龙，下座刳丁甲之象，左右旁刻花纹，周铺俱范金彩。历岁久远，绝无损蚀。（说嵩）王兰泉纪爨龙颜碑，穿上蟠龙，穿左右日月，各径五寸。日中刻踆乌，月中刻蟾蜍，余所见宋龙昌期勅额亦如之。又纪唐孙师范书太师孔宣公碑，碑首形圆，左右刻二仙子，峩冠羽衣，骑鹤而行，左右相向。鹤含草如竹叶，周刻大花叶，以为唐画真迹。”①叶氏认为唐碑的数量繁多，冠绝一时，以墓志为例，其云：“宋墓志新旧出土者，视唐志不过十之一。元又不逮宋之半，佳刻绝少。”②徐自强等《古代石刻通论》指出：“受经济条件制约的碑刻，在唐代有了空前的发展。……数量巨大，珍品迭出，丰碑巨碣屡见，浩大的刻石工程，不断涌现。”③胡受奚、胡石青《中国历代石刻艺术》也云：“中国大型石刻艺术到隋唐时期可谓进入成熟与鼎盛时期。其以隋朝为始，以中唐前为极盛。造型风格上则以高宗与武则天的乾陵石刻表现得最为完整成熟，可谓将东方石刻艺术发展到了极致。”④唐碑形体的高大庄严，雕刻装饰的繁富华美，种类数量的丰富，是国力强大的标志，和发达的经济文化及润色鸿业、维护王权的时代政治需求有关。正因为唐碑这一特点，使得唐碑很容易与其他朝代的碑区分开来。当然，碑体的高大华美，也导致唐代碑文普遍篇幅宏大，描写多以繁富壮丽为要。

其次，类别上以墓碑和记功碑居多

唐代厚葬风气浓厚，凡殡葬必用碑，而好大喜功的风尚弥漫整个社会，时人立碑多记功彰美，这就使得唐碑中出现大量墓碑和记功碑。如太宗皇帝死后葬于昭陵，陪葬的功臣、将相、嫔妃和公主等共计有一百多人，每人墓前都竖立墓碑，其碑至今尚存四十余块，著名者有《李勣碑》，该碑刻于唐

① [清]叶昌炽、柯昌泗：《语石·语石异同评》卷三，第154页。
② [清]叶昌炽、柯昌泗：《语石·语石异同评》卷四，第229页。
③ 徐自强、吴梦麟：《古代石刻通论》，第58页。
④ 胡受奚、胡石青：《中国历代石刻艺术》，文物出版社，2009年，第8页。

高宗仪凤二年(677)，李治亲自撰文并书丹，歌颂名将李勣为建唐兴唐而树立的功勋。再如文明元年(684)修建乾陵时刻《述圣记》，武则天撰文，唐中宗书丹。行文骈四俪六，书法严谨整饬，总计五千五百余字，内容追述唐高宗之"圣德"，铺叙功业，夸耀时政，颂美明显。后来伴随着碑刻观念的深化和碑志风气的兴盛，从官方到民间，尤多重视表墓记功之碑，以致墓碑、功德碑蓬勃发展、多不胜数，可谓史无前例。清代孙星衍《寰宇访碑录》"可以说是迄今收录石刻种类最多的一种目录"[①]，其收录碑刻 7853 块，其中唐碑 1443 块，绝大多数都是墓碑和记功碑。江波《唐代墓志撰书人及相关文化问题研究》指出："唐代墓志在整体数量上远超前代，年均为隋代墓志数的 1.5 倍，客观上反映出唐代作为封建社会极盛阶段的特征。……经济的繁荣为墓志的存在提供了物质的基础，认识的变化为墓志的发展提供观念的基础。二者共同促进唐墓志的蓬勃发展。这一发展的必然结果是墓志由达官贵族专享而走向吏民化，一般的下层官吏、士民普遍拥有墓志。"[②]清代董诰编《全唐文》，收录唐人碑文中，也以墓碑文和记功碑文为多。

再之，唐代碑刻书法艺术繁盛

　　唐代不仅是我国历史上最为强大统一的封建国家，亦是文化光辉灿烂，书法艺术大放异彩的时期，故这一时期的碑刻书法艺术有着很高的成就，碑志书家辈出，流派众多，在我国书法史上可谓群星闪耀、百花盛开、绚烂无比的一个时代。叶昌炽《语石》论述隋唐碑志书法云："隋碑上承六代，下启三唐，由小篆八分趋于隶楷，至是而巧力兼至。神明变化，而不离于规矩。盖承险怪之后，渐入坦夷。而在整齐之中，仍饶浑古。古法未亡，精华已泄。唐欧、虞、褚、薛、徐、李、颜、柳诸家精诣，无不有之。欧、虞皆仕隋，其书至唐始烜赫。此诚古今书学一大关键也。"[③]唐代书法的发展与碑刻的繁荣紧密相关，碑刻的发展，为书法提供有力的书写载体，而书法的兴盛，使得碑刻在审美形式上更为考究精美，提高其礼制装饰功能和文化艺术价值。

---

　　①　金其桢:《中国碑文化》，第 14 页。
　　②　江波:《唐代墓志撰书人及相关文化问题研究》，博士学位论文，吉林大学历史系，2010年，第 178 页。
　　③　叶昌炽、柯昌泗:《语石·语石异同评》，第 20 页。

　　唐代帝王大多爱好书法，如唐太宗、高宗、睿宗、玄宗、肃宗、宣宗、窦后、武后和诸王等，都曾亲写碑文。李世民文韬武略，好爱书法，其身体力行，亲自写碑书丹，其《晋祠铭》，首开以行书入碑之先河。武则天一生钟情书法，立有多块名碑。76 岁高龄时，还效法唐太宗《晋祠铭》，操笔书丹于石，以飞白书题额，以草书撰碑，写下两千多字的《升仙太子碑》，不仅首开草书入碑之先河，也开妇女书碑之先河。唐玄宗李隆基提倡隶书，自己也写得一手优美的汉隶，一共写有三十多篇碑文，现存于世者，还有大约十件，《纪泰山铭》《石台孝经》《唐王仁皎碑》《庆唐观纪圣铭》等即为其手迹。其他如高宗、中宗等也亲书碑文，不胜枚举①。此外如孝宗李亨、代宗李豫、德宗李适也无不雅好书法。帝王的喜好和提倡，使得唐代碑刻盛行，书法艺术得到极大发展。撰碑者往往集书法家、文学家及政治家等于一身，碑志名家之多，可以说为历代之冠。褚遂良、虞世南、王知敬、欧阳询欧阳通父子、薛稷薛曜兄弟、颜真卿、李邕、蔡有邻、韩择木、梁升卿、徐浩、柳公权、沈传师、裴璘、唐玄度、刘禹锡等人，都因书法而名重一时，书丹诸多碑文，如褚遂良《唐梁文昭公房玄龄碑》《京师至德观法王孟法师碑铭并序》《雁塔圣教序》，欧阳询《九成宫醴泉铭》《徐州都督房彦谦碑》《皇甫诞碑》《温彦博碑》，欧阳通《大唐故翻经大德益州多宝寺道因法师碑》，李邕《大照禅师碑》《云麾将军李思训碑》《东林寺碑》《端州石室记》《卢正道碑》《岳麓寺碑》，颜真卿《有唐宋州官吏八关斋会报德记》《大唐中兴颂》《元结墓表》《大唐西京千福寺多宝佛塔感应碑文》《有唐茅山玄靖先生广陵李君碑铭并序》《东方朔画赞碑》《乞御书题天下放生池碑额表》《有唐故中大夫使持节寿州诸军事寿州刺史上柱国赠太保郭公庙碑铭》《颜氏家庙碑》《鲜于氏离堆记》，柳公权《玄秘塔碑》《李晟碑》《苻璘碑》《神策军碑》《冯宿碑》《魏公先庙碑》等。其他如怀素、李阳冰、史维则等人，也因碑志书法而闻名于世。

　　诸多书家的参与，使得唐碑书法流派纷呈，字体多样，变化繁复，显示出中华民族书法艺术的巨大魅力。唐碑楷、隶、草、行、篆诸体无所不包，就是同一字体，也因书家的不同而导致碑刻风貌不同，如褚遂良、颜真卿、柳公权等的碑志书法，同为楷体，但字如其人，风格不一、各臻其妙。柯昌泗论述唐代碑志书法云："窃以为石刻文字，至于唐可为极盛，后来所弗及也。

---

　　①　叶昌炽、柯昌泗：《语石·语石异同评》卷一，第 23—24 页。

试以高棅评诗、分初盛中晚之言,以律唐碑书法,亦颇相若。自武德、贞观以至中、睿,为初唐。欧褚诸人,胜于王无功、陈伯玉。是以书法之传,较诗为盛。开元、天宝为盛唐,北海擅名一时,后人难于学步,则李太白也。鲁公生于此时,以迄肃、代间,镕会古今,垂示模楷,为百世不祧之宗,则杜子美也。大历、贞元为中唐,院体初兴,与十才子之争以律鸣者相似。而沈传师、柳公绰诸人之揣摹古法,生年上及此时,颇似诗之韩柳。长庆以后为晚唐,诚悬之师法欧、颜,亦犹牧之、义山宗仰李杜也。"①

此外,唐碑所涉及内容之丰富广泛,涉及地域之辽阔,也是空前的,如唐碑中,有不少反映对外交流、宗教传播、商旅往来等内容,这都和当时唐代的政治形势、社会生活和综合国力相符合②。

唐代碑刻,由礼制装饰深入到政治需要,是中国封建王朝发展到强盛阶段的必然产物,映射着唐人的文化心理和政治诉求,唐代碑志文的创作,亦由此而展开。

第二节　唐代碑志作家研究

碑志文都是由文人书写的,唐代文人往往具有多方面的才能,文化心理也较为独特,伴随着历史演进,最终形成较为固定的碑志作家群体,时代特色鲜明,这就影响到碑志文的写作。

一、唐代碑志作家的身份变迁与碑志文的阶段特征

唐初贞观至开元前期,国力初定,修史风气浓厚,人们对碑的认识也以记事传世为基准,选拔撰碑人多偏重其史学才华。史官在当时被认为是撰写碑志文的合适人选,所以这一时期的碑文多由史官或具有史学修养的官吏等承担书写,如魏征、于志宁、李百药、岑文本、许敬宗、褚遂良、张说、张九龄等碑文名家,均有兼修国史的履历,史学功底浓厚。后期随着修史工作的完成,特别是唐王朝步入盛世,润色鸿业成为政治需要和社会风尚,这时碑志文多以铭功颂美为目的,其记事功能退居其次,玄宗天宝以后至代

---

① 叶昌炽、柯昌泗:《语石·语石异同评》卷一,第37页。
② 徐自强、吴梦麟:《古代石刻通论》,第57页。

宗期间,出现选拔撰碑文者由注重史官身份到兼取文词之士的倾向,如张说即自称"词人""掌文之官",开元七年奉诏撰《王仁皎碑》云:"词臣奉诏,作之铭曰。"开元九年奉诏撰《赠凉州都督上柱国太原郡开国公郭君碑奉敕撰》云:"有诏词人,为其碑志。"开元十年奉诏撰《故开府仪同三司上柱国赠扬州刺史大都督梁国公姚文贞公神道碑奉敕撰》云:"有诏掌文之官叙事,盛德之老铭功。"张说兼具史官与文士双重才能,其所撰碑文,以史笔秉正、文采优美而为世推崇。

在追求碑文的应时制景、铭功颂美上,文词之士显然比史官更为适合。伴随着时代文化思潮的发展和对碑志功能从记事转向颂美的进一步认识,朝廷选择碑志撰书人也逐渐看轻其史官身份,而偏重于文采风流的词臣学士。天宝间甚至有不涉修史之文词之士奉诏撰写碑志。天宝十一载《大唐赠南川县主墓志铭》署"太子侍读兼侍文章朝野大夫守太子谕德上柱国臣赵楚宾奉敕撰"①。赵楚宾两《唐书》无传,自署衔知其乃文学之士,非史家者流。此后碑志撰述人史官身份日益淡化,而文词之士逐渐增多。玄宗天宝至穆宗长庆之间,出现"外诏台席,内委翰林"的局面,而翰林学士撰写碑志文的数量整体上超过台席(宰相)。其时王室成员墓志基本上由翰林学士撰写,而诏撰大臣墓志则由宰相撰写。自敬宗以后,翰林学士承诏撰写碑志成为更普遍的现象。杜牧《唐故银青光禄大夫检校礼部尚书御史大夫充浙江两道都团练观察处置等使上柱国清河郡开国公食邑二千户赠吏部尚书崔公行状》中描写其时碑文撰写情形:

> 敬宗皇帝始即位,旁求师臣。今相国奇章公上言曰非公不可。遂以本官充翰林侍讲学士,命服金紫。旋拜中书舍人,仍兼旧职。侍帝郊天,加银青光禄大夫。高承简罢郑滑节度使,滑人叩阙,乞为承简树德政碑。内官进曰:"翰林故事,职由掌诏学士。"上曰:"承简功臣胤也,治吾咽喉地,克有善政,罢而请纪,入人深矣。吾以师臣之辞,且宠异焉。"居数月,魏博节度使史宪诚拜章为故帅田季安树神道碑,内官执请亦如前辞。上曰:"魏北燕、赵,南控成皋,天下形胜地也。吾以师臣之辞,且慰安焉。"居数月,陈许节度使王沛拜章乞为亡父树神道碑,内官执请如前辞。上曰:"许昌天下精兵处也。俗忠风厚,沛能抚之,吾视如臂。吾以师臣之辞,而彰其忠孝焉。"

---

① 周绍良、赵超:《唐代墓志汇编》,第 1678 页。

是三者皆御札命公，令刻其辞，恩礼亲重，无与为比。①

从内官三次进言，知其时官方立碑作志已形成由翰林掌诏学士撰文的惯例。

纵观唐代碑志作家，前期如魏征、于志宁、李百药、岑文本、许敬宗、褚遂良、张说、张九龄等人，都曾任职史官，有着编修史书的经历，以史才名世；而中后期的李白、王维、韩愈、柳宗元、白居易、元稹、刘禹锡、杜牧、李商隐等，则多任职翰林学士，以诗文闻名。从史官到学士，唐代碑志撰书人身份的变迁，说明唐人对碑志文的文体特征与功能定位有着阶段性的认识，由此也导致唐代碑志文创作过程中的种种变化。初唐碑文，因为多由史官书写，行文严谨质实，偏重于写人记事，用语遣字平和有度、引而不发，感情尤为凝练深沉，在体例格式上也多庄重严整之风，体现出史家之文的特色。而盛唐以后，由于诸多文词之士的参与，使得碑志文风貌焕然一新，其将碑志文的创作与颂美时代政治结合起来，在写人记事的基础上更注重议论抒情，讴歌时代，抒发豪情。王维、李白等人更将诗情融入碑文创作中，中唐韩愈甚至将碑志文当作弘扬政治中兴、推动文体改革的有力工具，其碑文大发不平之鸣，愤激时势，激荡士心，感慨议论，情感极为张扬，而语句修辞、体例格式方面更多创变，颇显清新流畅、生动别致之美，有着文士之文的典型特征。

二、唐代碑志作家的知识结构与碑志文的文体特征

有唐一代，文学艺术极为发达。科举取士，进士举率以文辞相试，使得文人往往诗文兼工，而温卷的风尚，也促进文人对传奇小说的喜好。唐代又重视修史，注重对文人史学功底的培养，诗歌、散文、传奇小说诸文体的兴旺发展，史学风气的浓厚，这都影响到文人的知识结构。此外，唐代疆域辽阔，政策宽松，意识形态上儒道释三位一体，并存消长，文人思想领域也兼容并蓄，多元化发展。其出世入世，参政执政，流学漫游，往往经历丰富，心境宽广，所以唐代的碑志作家往往集文学家、史学家、政治家等于一身，多才多艺，文化功底深厚，知识结构复杂。张说就具有综合性的才华，其科考入仕，曾参与修史，史学造诣精深；政治上多有作为，玄宗朝担任过宰相

---

① ［唐］杜牧：《樊川文集》卷十四，上海古籍出版社，1978 年，第 208 页。

之职,政绩卓著,可谓一代名相;又擅长诗文创作,成就突出,被誉为"大手笔"。再如韩愈,就文学才能而言,诗文兼工,也喜欢传奇小说,是公认的一代文豪,被誉为唐宋八大家之首;就史学才能而言,功底扎实,被选派承担《顺宗实录》的写作;就政治才华而言,其先后担任过吏部侍郎等要职,还亲身参与过平定藩镇叛乱的军事斗争,主政潮州等地方时更是政绩颇多,万民敬仰。其他如王勃、陈子昂、李白、王维、柳宗元、元稹、白居易、李德裕、杜牧、李商隐、司空图等,皆诗文擅长自不论,其或好佛道,或好漫游,或精通音律绘画,或好论战言兵、投身军旅,或任职地方,甚至参与王朝政治改革,其阅历丰富,知识宽博,政绩突出,生活感悟深刻,有着多方面的才华贡献,都属于复合型、应用型的人才。

唐代还重视书法教育,《唐六典·门下省》:"贞观元年,敕见任京官文武职事五品已上子有性爱学书及有书性者,听于(弘文)馆内学书,其法书内出,其年有二十四人入馆,敕虞世南,欧阳询教示楷法。"①《新唐书·选举志》:"唐制,国子监中国子学、太学和四门馆学生研读儒经之外,不论所修何经,皆须学书,日纸一幅。"②《唐六典》卷二十一还记载唐代国子监中设有"国子"博士和"书学"博士,专门教育、培养书法人才,主修《说文》《字林》《尔雅》等字书③,如此导致唐代书学兴旺,书法艺术发达,其中不少碑志文名家便是书法大家。诸如虞世南、褚遂良、欧阳询、颜真卿、柳公权等以书法名重天下,自不论。像李白、杜甫、韩愈、柳宗元、刘禹锡、张籍、杜牧等,也擅长书法。《语石》云:"书学至唐极盛,工书而湮没不称者,尚不知凡几"④,"刘梦得、柳子厚皆工书,为诗名所掩耳"⑤,"唐诗人兼工书法者,以刘禹锡为第一。李杜并称,李有安期生诗、隐静寺诗,而子美无片刻。今年夏,从故家得巴州石拓,有严武东岩诗,杜拾遗所书也。为之一喜。韩柳并称,赵德甫收柳碑颇多,骎骎与梦得并驾,而昌黎无片刻。世所传《白鹦鹉赋》,拳曲拥肿,直是明人笔耳。碑估李云从往山西拓碑,道出井陉,访得韩吏部题壁。与裴晋公一刻,同时同地,又为之一喜"⑥,"大历以后,张从申

　　① [唐]李林甫等:《唐六典》卷八,中华书局,1992年,第255页。
　　② [宋]欧阳修、宋祁:《新唐书》卷四四,第1160页。
　　③ [唐]李林甫等:《唐六典》卷二一,第559—562页。
　　④ 叶昌炽、柯昌泗:《语石·语石异同评》卷七,第448页。
　　⑤ 叶昌炽、柯昌泗:《语石·语石异同评》卷七,第446页。
　　⑥ 叶昌炽、柯昌泗:《语石·语石异同评》卷八,第484页。

书名藉甚,每书碑,李阳冰多为篆额。时人称为二绝"①。叶氏所论,印证了唐代碑志作家的书法成就。

　　丰富的知识结构,对唐人碑志文的创作多有影响。唐人碑志文好关心国事,议论时政,不少作家如张说、苏颋、张九龄、杜牧、白居易、李德裕等,本身就是著名的政治家,其好在碑文中推崇孔孟儒学精神,张扬自我政治见解,展现治国良策,这就使得其碑文呈现出一种磅礴大气、昂扬奋发、充实有力的特征。其说理论事环环相生、步步深入,颇显高屋建瓴、严密深刻之文风,现实针对性强烈,呈现出事功致用的倾向,特别是文体形态上志铭结合,写人记事详略得度,程序井然,而篇幅浩繁,结构谨严,遣词造句宏正典雅,行文激荡时政、张扬家国意识,颇显质实刚健之风。而像陈子昂、韩愈、柳宗元、李白、王维等,其碑志作品虽热心国事,讴歌王道,但在体例上更多变体之风,其文学性也更为突出。韩愈一生学识丰富,才思翩翩,其以议论、抒情及传奇小说手法作碑文,结构上有铭无志,或有志无铭,颇多变体之风,而王维、李白则以诗笔入文,谈玄说理,写景状物,其碑文更多具有诗情画意、风致神韵之美。中晚唐以后,士风不振,文人地位下降,更多漫游或贬谪生活,其经历丰富、见识广博,这对时代碑志文的创作风尚和文体特征多有影响。柳宗元的碑志文多有孤愤之思,刘禹锡的碑志文好阐发哲理思辨精神,白居易的碑志文展现练达洞明的生命之悟,而皮日休、罗隐等人的碑志文咏史怀古,忧思深广,其短小精悍,犀利深刻,更多小品文体征。深厚的知识积淀,多样的生活阅历,在作家文学创作中多有体现。唐代碑志文气势充沛、视野开阔,写人记事刚健有力、笔法多样,呈现出强烈的事功致用的价值取向,特别是文体形态尤多创变革新,既有谨严规范的传统正体碑文,又有灵动多姿的新式变体碑文,其体征不一,全因人因事而异,呈现出繁复多样的风貌。此外,唐代碑志文包容广阔、涵盖博大,涉及到政治、经济、军事、外交、宗教、哲学等方方面面的思想内容,庞杂浩繁而实用精神突出,这其中碑志作家自身的知识构成和文化素养也起着至关重要的作用。

三、唐代碑志作家的文化心理与碑志的主题思想

　　大唐帝国三百年,疆域博大,国力强盛,文化昌明,文人始终有着一种

---

① · 叶昌炽、柯昌泗:《语石·语石异同评》卷七,第445页。

盛世强族下大国之民的情怀,而科举取士,武力开边的政策,又使得文人功名心重,社会责任感强烈。在丰富多彩的社会生活熏染下,唐人的生命个性和文化心理更趋舒展张扬,外放激情。唐人的性格心理和宋人形成鲜明对比,如唐宋诗之别,这已为学界公认,不赘。

　　唐代优待文人,又因为碑刻风气浓厚,因而对碑志撰书人极为重视。自太宗皇帝起,往往将撰写碑文当做一项政治任务和礼遇,赋予重臣文士书写,如太宗朝的虞世南、上官仪、李百药等人,武则天时的李峤、崔融等人,都是名重一时的宰臣文士,一生备受恩宠。玄宗朝不仅礼遇碑志撰文者,对于碑志书丹者也恩泽有加。杜甫《送顾八分文学适洪吉州》诗云:"中郎石经后,八分盖憔悴。顾侯运炉锤,笔力破余地。昔在开元中,韩蔡同赑屃。玄宗妙其书,是以数子至,御札早流传,揄扬非造次。三人并入直,恩泽各不二。"①诗中的"顾"指顾诫奢,"韩"为韩择木,"蔡"为蔡有邻,他们都因善八分书法得到玄宗的赏遇,天宝年间皆曾入翰林院陪侍游艺。而唐代作家也将奉诏撰碑当做一项殊荣,多在碑志中记载此事。叶昌炽《语石》卷六:"唐人应制碑文,书撰皆称臣、称奉敕。如永兴《庙堂》,颜师古《等慈寺》,朱子奢《昭仁寺》之类是也。褚河南书《圣教序》称臣,以太宗御制也。张燕公撰《郎国碑》称臣,以玄宗御书也。唐时人主右文,燕许皆称大手笔。燕公撰《裴光庭碑》,明皇赐敕以褒之。即刻于碑之上方。词臣荣遇,千载一时已。"②这就导致碑文中多铭功纪美、歌颂太平盛世的描写,呈现出昂扬进取、刚健有为、豪壮乐观,呈现出泱泱大国的气象,也体现着文人深感生逢其时,才尽其用的文化心理,这在盛唐时表现尤为突出。

　　唐代虽然是一个大一统的朝代,强国盛世一时,但自安史之乱后,国运不畅,社会动荡起落,身为大国之民的文人,也经受了巨大的时代变化和心理反差,这在以韩愈、柳宗元为代表的中晚唐文人群体中表现明显。面对腐朽不堪、危机重重的时代政治格局,回想前朝持续一百多年的贞观之治、开元盛世,文人积极入世的进取精神与日益衰败的社会现实相碰撞,产生了力图中兴的强烈愿望,这就有了以复兴儒学为目的古文运动,产生了不平则鸣的文学。中晚唐国势虽每况愈下,文人们参与的种种政治改革也都

　　①　[清]彭定求等:《全唐诗》卷二二三,中华书局,1999 年,第 2380 页。
　　②　叶昌炽、柯昌泗:《语石·语石异同评》,第 401 页。

以失败告终，但王权持续了一百多年，期间政事兴废，江山飘摇，社会生活起伏变化，给文人提供了巨大的历史回味空间。夕阳晚唱，落日余晖，中晚唐文人们对于时代变迁，对于人生命运、历史现实的感悟自然比初唐、盛唐人们更为广阔深刻，这种时代性的心理情感，在其碑志文创作中亦多有反映。

唐代社会思想文化自由，儒道释三教并行。儒家思想是封建王朝的统治思想，唐代科举取士，注重士人对孔孟儒家经典的学习，树立以孔孟儒学为本的思想。但唐代对道家、佛家也多有提倡，统治者在以老子后代自居而奉道教为国教的同时，对佛教也多有爱好，如太宗、高宗之礼玄奘，武后之于神秀，明皇之于金刚智，肃宗之于神会、代宗之于不空，"佛教最有名之宗派均因之而兴起"①，上行下效，士庶风从。《唐会要》卷四七载贞观八年，太宗"谓长孙无忌曰：'在外百姓，大似信佛'"②。汤用彤云："隋唐佛教，因或可称为极盛时期也。"③中唐以后，儒学不振，佛老风行，从意识形态领域波及政治领域，影响到国计民生、王权大业，冲击着士人的文化思想，也波及到文学领域。此外，就灵魂观念而言，凶礼作为五礼之一，在唐代士人生活中具有极其重要的地位。而唐代鬼神故事也颇多，如《全唐诗》卷八六六即以"鬼"名卷，录相关故事及诗句。其他传奇小说及寓言故事中，也多神鬼灵异之描写，由此造成唐人对于灵魂观念的信奉，认为丧葬与吉凶祸福关联。在唐人看来，人死之后，灵魂仍旧存在，坟墓既成，则灵魂可安。这种心理加深了唐人的生命感怀，影响到作家的碑文创作。开元十七年《唐故朝散大夫行歙州休宁县令上柱国庞府君敬墓志铭》："庶天地长久，神祇获安。"④圣历元年《大周故朝散大夫行洛州陆浑县令韦府君墓志铭并序》："卜地有归，已宁神于夜室。"⑤可见，在唐人心目中，坟墓、碑志不仅是死者肉体和灵魂的栖息之所，也是生者观念情感的寄托之处。

有唐一代，碑志作家始终充满着大国之民的情怀，其推崇儒道、关心国事、张扬自我，对入仕参政有着积极的态度，这种文化心理在碑志文创作中

---

① 汤用彤：《隋唐佛教史稿》，中华书局，1982年，第1页。
② ［宋］王溥：《唐会要》卷四七，第836页。
③ 汤用彤：《隋唐佛教史稿》，第1—2页。
④ 周绍良、赵超：《唐代墓志汇编》，第1351页。
⑤ 周绍良、赵超：《唐代墓志汇编续集》，第360页。

多有表现。自初唐到晚唐,尽管时代政治风云变化,但弘扬孔孟儒道思想、倡导文学为现实政治服务的碑志文主题精神始终不变。初唐四杰、陈子昂感叹自我才华命运,改革文体,为盛世到来之前作种种准备;盛唐张说、苏颋发挥圣门、佐佑王化、颂美时世,歌唱建功立业的奋斗精神,彰显三不朽的人生理想;中唐韩愈、柳宗元、白居易等尊崇儒道思想,弘扬仁政民本的治国理念,反对佛老学说的祸乱士心,反对藩镇割据的危害王权,推动文体革新,呼吁政治中兴,推崇王道一统;晚唐皮日休、罗隐作碑文忧念时势、愤激世道,感慨人生。唐代碑志作家们始终以尊奉孔孟儒道思想为中心,关注现实政治,关注国计民生,关注士人命运走向及大一统政权建设的进程,这就奠定了唐代碑志文鲜明的主题思想和价值取向。

四、唐代碑志作家的群体归属、地域分布与碑志文的风格特征

唐以前的散文创作,以作家个体写作为主。虽然有诸如建安文学、竹林七贤等文人群体,但其创作以诗歌为主,且也不具备明确而自觉的群体意识。有唐一代,复古创新是文章发展的潮流,这一潮流是以文学流派和群体承传的方式推动并连续着的,这就形成唐代诸多的文学团体,如十八学士、初唐四杰、文章四友等。这些团体多围绕着文体改革和政治运动而展开活动,因为其持有相同的文论主张和审美情趣,创作上也具有一定的传承性和连续性,所以便具备明确而自觉的文体意识和群体精神。综合而言,唐代的文学团体主要有以下几种:一是座主门生群体型,即在科举取士过程中,试官提携后进,最终试官与考生形成师徒关系的群体,如独孤及之于梁肃、李华、令狐德棻等人,梁肃之于吕温,陆贽之于韩愈,韩愈之于李翱、皇甫湜、李汉、樊宗师等人;二是僚友群体型,多属于仕宦期间同僚幕友结成的文人团体,如李峤、苏味道、崔融、杜审言,李华、梁肃、令狐德棻,张说、苏颋、张九龄及元稹、白居易等;三是政治型文学团体,如柳宗元、刘禹锡、吕温、李德裕、郑覃、陈夷行、李绅、李回、李让夷,牛僧孺、李宗闵、李珏、杨嗣复、杨虞卿、白敏中、令狐绹、令狐楚、李商隐等。不同的文学群体,学术见解、理政实绩、才情个性自然不同,这在其碑志文创作中均有表现。

《新唐书·柳冲传》引柳冲论氏族说:"氏族者,古史官所记也。……过江则为'侨姓',王、谢、袁、萧为大;东南则为'吴姓',朱张、顾、陆为大;山东则为'郡姓',王、崔、卢、李、郑为大;关中亦号'郡姓',韦、裴、柳、薛、杨、杜

首之;代北则为'虏姓',元、长孙、宇文、于、陆、源、窦首之。"①时人苏冕编纂《唐会要》,其中卷三六《氏族》类首条也引述柳冲之论,可见唐人的门第家族观念比较强烈。今人李浩《唐代三大地域文学士族研究》对唐代文学士族进行分类,认为唐代文学士族由关中士族群体、胡姓士族群体、山东士族群体、江南士族群体四大群体构成,其中散文作家以山东士族为最多②。

兹以此为例,就唐代一些具有代表性的碑志作家的出身、族第进行表示:

关中士族群体	京兆韦氏	韦庄、韦应物
	京兆杜氏	杜审言、杜甫、杜佑、杜牧、杜颖
	弘农杨氏	杨炯、杨凭、杨凝、杨凌、杨虞卿、杨炎
	武功苏氏	苏绰、苏环、苏颋、苏晋、苏源
	河东柳氏	柳登、柳芳、柳冕、柳宗元、柳公绰、柳公权、柳玭
	河东裴氏	裴迪、裴度、裴铏
胡姓士族群体	洛阳元氏	元稹
	河西右族	令狐德棻、令狐楚、令狐绹
	太原白氏	白居易、白行简、白敏中
山东士族群体	清河崔氏	崔融、崔颢
	太原王氏	王绩、王勃、王维、王缙
	琅琊颜氏	颜真卿
江南士族群体	吴姓士族	陆贽、顾况
	虞姓士族	虞世基、虞世南
	杭州褚氏	褚亮、褚遂良
	杭州许氏	许敬宗

如表中所示,从数量而言,唐代碑志作家,出身关中士族群体为最多,其次为胡姓士族、山东士族,江南士族则居于末位。

关于唐代文人的地域分布,学界已有诸多研究成果。按资料统计,唐代文人的地域分布次序为:唐前期为山东、关中、江南,唐后期为山东、江南、关中。就散文作家而言,来自关中(关内与陇右)、山东(河南、河北、河东)北方地区的作家居多,江南地区(江淮道与淮南道)无论是唐代前期或者后期,其散文家的数量不仅少于北方的山东区域,就是比关中区域也少,

---

① ［宋］欧阳修、宋祁:《新唐书》卷一九九,第5676—5678页。

② 李浩:《唐代三大地域文学士族研究》,中华书局,2008年,第57—61页。

但在诗人一项中，则显示江南地区的传统优势，特别是后期的增幅更大①。

就文学的地域因素，中外多有论述，西方孟德斯鸠《论法的精神》首先提出地理环境对人情感气质具有制约作用，丹纳受其影响，在《艺术哲学》一书中以种族、环境、时代三要素解释艺术的性质和风格。中国文论家认为"人之心与天地、山川流通，发于声，见于辞，莫不系水土之风"②，刘永济更进一步阐发道："盖文学之事，固关乎时序，亦系乎方土，北方凝重，南方轻浮。影响所被，遂有此异，核而论之，北主于志，南主乎文；北近建安之风，南承太康之习。虽各有工拙，而大体固莫能外于此矣。"③

初唐盛行虞世南、褚遂良之骈体碑文，而虞、褚都属于江南余杭人，由南朝入仕，江南大地青山秀水，流丽明媚，虞、褚等文人赏玩风景，形之于文，风格绮艳华靡，带有明显的江南地域特色，也是南朝徐陵、庾信文风的延续。不过，随着长安作为全国政治文化中心的稳定发展，以虞、褚为代表的江南骈俪文风很快就为北方作家的质实刚健文风所改变。唐代的北方主要包括关中、山东两个地区。秦中自古帝王州④，有唐一代，关中的长安作为首都，是政治经济文化中心，也是文人集中活动的地方，关中本土作家如杨炯、白居易、杜牧、苏颋自不论，其他如王勃、张说、韩愈、柳宗元、元稹、李白、杜甫、王维等，虽非关中本土作家，但因生长地域邻近，又长期在长安地区游学、仕官，受到关中文化的影响颇深，其他南方作家，如张九龄、陆贽、顾况、罗隐等，也常在长安一带求学、仕宦，更多受到关中文化的影响。所以说唐时的文化，主要是以关中为中心的北方文化。北方关中文化，对唐代文风，特别是碑志文的创作影响最大（唐时刻碑立志也以长安地区最为兴盛），这其中地域因素起着重要作用。关中的山川地形、风土人情、历史传统、学术渊源等，构成其独有的地域文化，这一北方地域性的文化对唐代文学影响深远。比如散体古文是首先在北方发展的，罗根泽说："后来，首先反对六朝文学者，是隋朝的李谔及王通，而唐代的有名的古文家，除陈子昂外，又大半是北人，就中的元结、独孤及，不惟是北人，且是胡裔；所以古文实兴于北朝，实是以北朝的文学观打倒

---

① 李浩：《唐代三大地域文学士族研究》，第57—61页。
② ［宋］王应麟：《诗地理考序》，［宋］王应麟：《诗考·诗地理考》，中华书局，2011年，第179页。
③ 刘永济：《十四朝文学要略》，黑龙江人民出版社，1984年，第173页。
④ ［唐］杜甫：《秋兴八首》其六，［清］仇兆鳌：《杜诗详注》，中华书局，1979年，第1493页。

南朝的文学观的一种文学革命运动。"①罗先生认为唐代的古文运动继承的是北朝系统,是以北朝的文学观代替南方文学观,并以杨炯所作《王勃集序》为例,认为"唐初文学逐渐以北代南,即由杨炯所述,益知是历史事实了"②。其论虽不免绝对,但认为古文运动肇端于北朝,从地域文学角度认为古文运动的倡导者实践者多为北方人,自有见解。

　　唐代的碑志作家,大多都是北方人,其中有名者如韩愈、柳宗元分别属于山东地区的河北、河东人,魏征属于河北巨鹿人,王勃属于河东绛州(今山西),杨炯属于华阴人(关中陕西),李峤属于河北赵州人,崔融属于山东齐州人,张鹭属于河北深州人,张说属于河南洛阳人,苏颋属于京兆武功人,李华属于赵州人,萧颖士属于兰陵(今山东苍山人)。再如独孤及,洛阳人。元结,河南鲁山人。颜真卿,山东琅琊人。梁肃,河南嵩县人。权德舆,秦州略阳(今甘肃秦安县人)。杨炎,陕西凤翔人。杜牧、常衮,京兆人。李翱,陇西人。沈亚之,吴兴人。陆贽,嘉兴人(浙江)。刘禹锡,洛阳人。吕温,河东人(山西永济)。白居易,华州下邽(陕西)人。元稹,洛阳人。李商隐,怀州(河南人)。牛僧孺,甘肃灵台人。李德裕,赵郡人(河北)。其余如皇甫湜,睦州(浙江淳安)。沈亚之,吴兴人。陆贽,嘉兴人(浙江)。皮日休、陆龟蒙、罗隐则属于襄阳、苏州余杭人。就游学及仕宦经历来看,这些作家也主要集中在首都长安周围的北方关中地区。关中地域广博浩大,位置险要,形胜便利。司马迁《史记·货殖列传》云:"关中自汧、雍以东至河、华,膏壤沃野千里,自虞夏之贡以为上田。……天水、陇西、北地、上郡都与关中同俗。……然地亦穷险,唯京师要其道。故关中之地,于天下三分之一。"③杜佑《通典》:"夫临制万国,尤惜大势。秦川是天下之上腴,关中为海内之雄地。巨唐之命,本在于兹。"④缪希雍也说:"关中者,天下之脊,中原之龙首也。"⑤关中地区山川众多,平原广阔,沃野千里,自然人文环境极佳。其境内太白、华岳高大险峻、雄奇俏丽;黄河、渭河、泾河之宽广浩荡,川流不息,都颇具自然原动力之雄奇壮美。自秦汉起,关中就成为封建王

---

　　①　罗根泽:《中国文学批评史》,上海古籍出版社,1984 年,第 2 册,第 113—114 页。

　　②　罗根泽:《中国文学批评史》,第 2 册,第 120 页。

　　③　[汉]司马迁:《史记》卷一二九,第 2466—2467 页。

　　④　[唐]杜佑:《通典》卷一七四,第 4546 页。

　　⑤　[明]缪希雍:《葬经翼》,和文军:《人文地理与中华伟人》,天津人民出版社,1997 年,第
63 页。

朝建都的首选之地,成为全国的政治经济文化中心,留下诸多历史遗迹和文化积淀,如阿房宫、未央宫、兴庆宫、大明宫等建筑物巍峨宏大、壮美富丽;郑国渠、上林苑、细柳营、函谷关等名胜古迹厚朴沧桑,引人深思。就风土人情而言,关中之民"五方杂厝,风俗不纯"①,既有农耕定居民族,又有草原游牧民族,此等交融驳杂,使得其民风彪悍,固有豪放旷达、尚武好战之传统。这一切使得生活于关中地区的士民,具有为之震撼倾倒、又感自豪骄傲的情结。八水绕长安,秦岭雄关野,从艺术心理学角度看,关中的风土民俗、山川形胜、自然人文之美,还可产生一种让人耳濡目染、熏习陶化、内化于心的作用,不惟能使人胸襟开阔,性格豪放,同时使文学作品也充塞一股雄奇郁勃、刚健博大之气②。

诞生于关中大地上的学术——关学源远流长,致用精神是其核心,关学之士普遍有着淑世情怀与用世之心。《新唐书·柳冲传》云:"关中之人雄,故尚冠冕,其达可与也。"③宋代程颐评论关中学人说:"关中之士,语学而及政,论政而及礼乐兵刑之学,庶几善学者。"张载也讲:"学贵于有用。"④清人贺瑞麟有言:"关中之地,土厚水深,其人厚重质直,而其士风亦多尚气节而励廉耻,故有志圣贤之学者,大率以是为根本。"⑤陈寅恪先生从地缘政治学的角度对关中文化进行深入研究,提出"关陇集团"和"关中本位政策说",指出关陇文化"乃关陇区内保存之旧时汉族文化,以适应鲜卑六镇势力之环境,而产生之混合品"⑥,"李唐一族之所以崛兴,盖取塞外野蛮精悍之血,注入中原文化颓废之躯,旧染既除,新机重启,扩大恢张,遂能别创空前之世局"⑦。李浩认为,关中地域文化精神包括人文化成的礼乐精神、耕稼本业的重农精神、因尚武好战而敢于开拓冒进的冒险精神、经世致用的事功精神及学究天人的宇宙精神五个方面。就其文学趣味而言,关中文学表现为雄深雅健、系水土之风气、人文化成、五方错杂、高上气力的地域性特征,这其中最明显的是雄深雅健和高上气力。关中文学素有雅

---

① [汉]班固:《汉书》卷二八,中华书局,2007年,第307页。
② 李浩:《唐代关中士族与文学》,中国社会科学出版社,2003年,第38页。
③ [宋]欧阳修、宋祁:《新唐书》卷一九九,第5679页。
④ 《河南程氏粹言·论学》,[宋]程颢、程颐:《二程集》,中华书局,1981年,第1196页。
⑤ [清]贺瑞麟:《关学续编》,中华书局,1987年,第125页。
⑥ 陈寅恪:《隋唐制度渊源略论稿》,上海古籍出版社,1980年,第2页。
⑦ 陈寅恪:《金明馆丛稿二编》,上海古籍出版社,1980年,第303页。

好慷慨、悲歌雄壮的传统。从《秦风》《豳风》导夫先路,到汉代则将这一传统发扬光大,所谓"秦文雄奇,汉文醇厚"①,刘禹锡《唐故尚书礼部员外郎柳君集纪》就以"雄深雅健"评论司马迁之文②。关中民风又尚武崇力,在隋唐时表现更为明显。这种对力量的美学追求和对英雄人格的崇拜,与文学的雄深刚健互为表里,和谐一致,对唐代文学中崇尚风骨、追求恢弘大气、刚健有为的精神有着推波助澜的作用。而李唐王朝的定都关中,使得这一地域性的精神气质辐射扩散全国,最终成为唐代文学的总体特征③,正如霍然所云:"那推动唐代美学思潮发生发展,促成其波澜壮阔、汹涌澎湃的磅礴气势的原动力,亦即唐代美学思潮发源的根本点,与其含糊地说是在江南六朝柔弱绮靡的流风余韵,毋宁确切地说,乃是在于关中陇上一带的豪强劲旅般带有边塞烽火和大漠风沙气息的刚强、彪悍之中不无粗豪朴野味道的勇武雄壮的精神气质。"④

唐人碑文,从初期的王勃、杨炯到盛唐的张说、苏颋等,写人记事,议论抒情,其雄浑大气、恢弘刚健,思想内容上描写大国之治,抒发个人建功立业的豪情壮志,充满着开拓进取、昂扬奋发的时代精神,显示出昂扬豪迈、雄浑博雅、质实壮丽的美学风貌;及至中唐,虽盛世不再,但诸如韩愈、柳宗元、刘禹锡、元稹等人的碑文,讴歌中兴,激荡时势、振奋士心,文风刚健雄奇、深广宽厚、浩博大气、瑰丽多姿;晚唐李德裕、牛僧孺、杜牧等人的碑文,更尚武崇力,好论兵事,追求事功,体现出对时事政治的关注,其雄深高广、郁郁勃勃、生机毕现,不乏厚朴英武、劲健刚强之风。凡斯种种,写景辽阔壮美,抒情豪迈刚健,从中都可见关中地域文化的影响。正如章太炎先生所论诗歌、文章之骈散兴衰变迁,与时代地域之崇文尚武风气多有相关,其云:"文之变迁,不必依骈散为论,然综观尚武之世,作者多散文;尚文之世,作者多骈文。秦汉尚武,故为散文,骈句罕见。东汉崇儒术,渐有骈句。魏晋南朝,纯乎尚文,故骈俪盛行。唐代尚武,散体复兴。宋不尚武,故其文通行四六。"⑤其论虽不免简单,但能启人神智。

---

① ［清］刘熙载:《艺概》卷一《文概》,上海古籍出版社,1978 年,第 9 页。
② ［唐］刘禹锡:《刘禹锡集》卷一九,第 237 页。
③ 李浩:《唐代关中士族与文学》,第 8—48 页。
④ 霍然:《唐代美学思潮》,长春出版社,1997 年,第 8 页。
⑤ 章太炎:《国学讲演录》,华东师范大学出版社,1995 年,第 249—250 页。

第三节　唐代碑志文的写作方式

碑志文是一种应用性很强的文体，唐以前因碑刻政策不明确，甚至有王朝多次禁碑，导致碑志文的写作时断时续，混乱无序。唐代因为政治稳定，碑制规范，特别是经济发达、树碑之风盛行，社会需求旺盛，碑志文的写作呈现出有序性、多元性的态势。归纳起来，其书写方式有如下三种：

一、诏令性书写

作为政治生活的一部分，唐代君王常诏令文官撰写碑文，其代代相承，前后相因，如此使得奉诏书写碑文在唐代走向制度化、常规化。从资料来看，唐代的诏令书写碑文制度相当完备，如龙朔二年（662）《大唐故彭国太妃王氏墓志铭并序》所云："爰命有司，乃为铭曰"①，永淳元年（682）《大唐故光禄大夫行太常卿使持节熊津都督带方郡王扶余君墓志》云："司存有职，敢作铭云。"②天宝三载《契芬李中郎墓志》："庶事官给，著作司铭，遗芬是记，哀荣之礼，国典存焉。"③这说明当时已经建立专门的机构"有司"，负责殡葬的碑铭工作。至于具体写作，则规范到专人专职，《旧唐书·百官志》："著作郎、佐郎掌修撰碑志、祝文、祭文，与佐郎分判局事也。"④《新唐书·百官志》同⑤，《大唐六典》："著作郎掌修撰碑志、祝文、祭文，与佐郎分判局事。"⑥

唐代奉诏书写碑文的多是著作郎、史官，后则偏重文词之士。如《唐会要》卷四十八"唐兴寺"条载："贞观三年十二月一日诏，……可于建义以来交兵之处，为义士、凶徒、陨身戎阵者，各建寺刹。……仍命虞世南、李百药、褚遂良、颜师古、岑文本、许敬宗、朱子奢等为碑记，铭功业。破刘武周于汾州，立宏济寺，宗正卿、李百药为碑铭；破宋老生于吕州，立普济寺，著作郎许敬宗为碑铭；破宋金刚于晋州，立慈云寺，起居郎褚遂良为碑铭；破

---

① 周绍良、赵超：《唐代墓志汇编续集》，第 130 页。
② 周绍良、赵超：《唐代墓志汇编》，第 702 页。
③ 陈长安：《隋唐五代墓志汇编》第 10 册，天津古籍出版社，1991 年，第 92 页。
④ ［五代］刘昫：《旧唐书》卷四三，第 1855 页。
⑤ ［宋］欧阳修、宋祁：《新唐书》卷四七，第 1215 页。
⑥ ［唐］李隆基：《大唐六典》卷十，第 223 页。

王世充于邙山,立昭觉寺,著作郎虞世南为碑铭;破窦建德于氾水,立等慈寺,秘书监颜师古为碑铭。破刘黑闼于洺州,立昭福寺,中书侍郎岑文本为碑铭。"①开元廿四年张九龄撰《唐赠太师裴光庭碑》题"唐中书令集贤院学士张九龄奉诏撰",碑文亦云:"天子命我,颂德铭功。"②韩愈、段文昌也都因文士身份奉诏撰《平淮西碑》。白居易《大唐故贤妃京兆韦氏墓志铭》也是奉诏而作,"故葬之日,掌文之臣白居易得以无愧之词志于墓,而铭"③。杜牧奉诏撰《唐故江西观察使武阳公韦公遗爱碑》云:"聊大中三年正月二十日诏书,授史臣尚书司勋员外郎杜牧,曰:'汝为丹序而铭之,以美大其事。'"④诸如此类臣妃薨葬、军国大事、建筑巡游等,都成为帝王诏令文臣书碑的内容,如此也使得此类碑文呈现更多的政治色彩。

诏令性碑文出发点是满足王政需要。文臣奉君令而行笔,其应时制景,因势造文,写人记事代行王言,政治色彩浓厚,碑文思想内容宣教意识强烈,评价体系也多宏大性政治标准,结构上更是谨严工整,格式规范统一,四平八稳,在用语方面也有着严格要求。如此行文容易走向程式化、制度化的窠臼,千篇一律,体例固定,影响着文人个性化文采情性的发挥。盛唐碑志文颂美色彩浓厚,政治意识突出,就说明这一点。

二、请托性书写

唐代文人,基于种种托付请求,也常常书写碑文,以尽情义礼俗之需。如白居易《唐故虢州刺史赠礼部尚书崔公墓志铭》,就是应墓主生前遗嘱"留别乐天,请为墓志云尔"⑤之托而作,其《唐故武昌军节度处置等使正议大夫检校户部尚书鄂州刺史兼御史大夫赐紫金鱼袋赠尚书右仆射河南元公墓志铭》也是因好友元稹"将薨,以墓志文见托"⑥而作。其余如李翱《兵部侍郎赠工部尚书武公墓志铭》,杜牧《唐故宣州观察使御史大夫韦公墓志铭(并序)》亦如此。请托性撰文常发生在死者和撰碑文者互相了解、友情深厚、信任有加的基础上,鉴于此,墓主临终之前往往主动请托碑志,而被

---

① 〔宋〕王溥:《唐会要》卷四十八,第849页。
② 熊飞:《张九龄集校注》,第1005页。
③ 〔唐〕白居易:《白居易集》卷五,中华书局,1979年,第920页。
④ 〔唐〕杜牧:《樊川文集》卷七,第111页。
⑤ 〔唐〕白居易:《白居易集》卷七〇,第1471—1472页。
⑥ 〔唐〕白居易:《修香山寺记》,〔唐〕白居易:《白居易集》卷六八,第1441页。

请者感于交谊,也多应允作文。还有一种情况是死者生前未有嘱托,死后其亲朋为之求请书碑,如张九龄死后,其子就请唐玄宗撰碑①。白居易《唐故溧水县令太原白府君墓志铭(并序)》,为叔父白季康所作,是出于堂弟白敏中的求请:"时诸子尽殁,独敏中号泣襄事,托从祖兄居易,志于墓石。"②元稹《唐故开府仪同三司检校兵部尚书兼左骁卫上将军充大内皇城留守御史大夫上柱国南阳郡王赠某官碑文铭》是因死者之子的哭诉哀请:"我父当得碑,家且贫,无以买其文。卿大夫谁我肯哀者? ……予(元稹)故闻南阳王忠功,每义之,然其请。"③李翱《故河南府司录参军卢君墓志铭》写墓主死后,其子"叩头泣曰:'丈人尝与先子同官而游,宅居南北邻,敢请纪石'",于是"翱不得辞,乃据所见闻者镌其实,可推类以知凡所从事之贤"④。

请托性撰文是碑志撰文的另一常态。其请托对象多是死者的朋友、同僚、故旧等。因为这些人和死者有过交往,相互了解,便于书写,而受请者因敢于情义,也多欣然命笔,为之作碑文。这种心情在王勃《与契苾将军书》有着充分表达:"适得韦四郎书,具承大郎雅意,知欲以此公碑志,托之下走。夫抚今怀昔,理寄斯文,旌德叙功,事属知己。是以子期幽思,感叔夜之形言;伯喈雄藻,待林宗而无愧。下走虽不敏,幸托深期,此而不为,谁当为者。"⑤唐代墓葬文化发达,立碑风行。随着时代发展,对于碑文的请托对象,人们往往注重其名望、地位和文采,至于其和死者的交情友谊,反倒愈加看轻。在唐人看来,碑志撰述人的身份越高,文名越广,其撰文越能取信后世,流传不朽,也越表明死者的哀荣等级。对于丧家来说,请托名家撰志的意义不仅在于悼念逝者,更在于完成一个托名而不朽的程序。基于这种追求名人广告的心理效应,碑志文请托的对象多局限于著名文人、富豪之徒,甚至多以财帛求请碑文,而文人因种种因素,也多作此类碑文,如王勃因善写碑志文,求者盈门,获利丰裕。《唐才子传》云:"请(王勃)者甚多,金帛盈积,心织而衣,笔耕而食。"⑥李邕更因撰写碑志文而发财,《旧唐

① [唐]李隆基:《赐张九龄敕》,李希泌:《唐大诏令集补编》,第854页。

② [唐]白居易:《白居易集》卷七〇,第1471—1472页。

③ [唐]元稹:《元稹集》卷五二,第567页。

④ [清]董诰:《全唐文》卷六三九,第6456页。

⑤ 于景祥、李贵银:《中国历代碑志文话》,第212页。

⑥ 傅璇琮:《唐才子传校笺》,中华书局,1987—1995年,第32页。

书》本传云："邕早擅才名,尤长碑颂。……时议以为自古鬻文获财,未有如邕者。"①因财而请,因财而作,如此就导致求文者与撰文者之间复杂的利益关系,使得碑文书写出现功利性、商品化倾向,也引起文章体式的一些嬗变。

三、主动性书写

政治性诏令和请托性人情礼俗,都是一种文人不能回避的客观存在。在此情况下,文人书写碑文,多少有些不得已的因素,由此影响到碑志文的质量,引起有识之士的反感,这就出现不事他人、主动撰写碑文的情况。如载初元年《韦府君墓志铭》中墓主韦仁约之子韦承庆云:"承庆缅惟平昔,亲察义方,鄙流俗之浮诞,敦古人之息实。至若广綦文饰,虚演声芬.有一于斯,特乖先志。今欲勒此贞础,志彼幽蜓.题序德音。期于指实,不敢外烦洪笔,辄以俯竭愚心,荒喘穷迷,万不存一。"②其不屑于因请托他人作志而浮诞不实,文饰声芬的风气,为亡父主动撰写碑文。开元二十年《大唐故泗州司马叔苗善物墓志铭并序》署"侄卫州刺史延嗣撰"云:"夫碑志者,纪其德行,旌乎功业,俗多以文词藻饰,遂使道失其真。家叔状能,愿存实录。……勒石为铭。"③对其时碑志撰写因托事他人而文辞藻饰反失其真的做法予以批评,并主动撰其叔父墓志,以存实录。天宝十二载《唐故中散大夫荥阳郡长史崔府君夫人文水县君太原王氏墓志》为志主之子所撰,其云:"词不假人,贵传实录,忍哀纪事,岂曰言文。"④中晚唐以后,因富豪子弟多以钱财贿请文人作墓志,造成碑志文虚美谀墓,文风靡烂。而碑志文一旦失去真实性,也就失去存在价值。故此时碑志文的"直书"就显得尤为重要,个别文人甚至将主动撰文与请托撰文对立起来,强调碑志文书写的真实性,如咸通十一年《唐故光州刺史李府君博陵崔夫人墓志铭并序》,为墓主的侄男、乡贡进士李赡主动撰写,其云:"赡屠烈痛深,泣纪遗懿,备究直书,故不敢请词文士。"⑤

一般说来,主动性撰文的描写对象都是作者的亲朋师友、同僚至交等,

---

①　[五代]刘昫:《旧唐书》卷一九〇,第 5043 页。

②　陈长安:《隋唐五代墓志汇编》第 3 册,第 107 页。

③　周绍良、赵超:《唐代墓志汇编》,第 1401 页。

④　周绍良、赵超:《唐代墓志汇编》,第 1681 页。

⑤　周绍良、赵超:《唐代墓志汇编》,第 2447 页。

和作者有着非同寻常的密切关系。如陈子昂《有周居士文林郎陈公墓志铭》,墓主是自己的父亲陈元敬。白居易《唐故坊州郿城县尉陈府君夫人白氏墓志铭并序》墓主是其外祖母,对白居易有着哺育之恩。韩愈《柳子厚墓志铭》,墓主是好友柳宗元。欧阳修《泷冈阡表》,墓主是自己的父亲。也有墓主虽然和作者没有至亲至友的亲密关系,甚至没有任何交往,但作者出于对墓主才华人品等的敬仰,主动撰文,抒发仰慕怀念之情。如范传正为李白所作《赠左拾遗翰林学士李公新墓碑》,就是在李白去世五十多年后写成的。苏轼《潮州韩文公庙碑》,则是在韩愈死后二百余年写成。此外还有一种自撰性碑志文,写作对象是作者本人,如白居易《醉吟先生墓志铭》,杜牧《自撰墓铭》,韩昶《自为墓志铭并序》等。

　　较之于制度化的诏令性撰文和请托性撰文,主动性撰文因为出于作者本身的主观心理,兼之和书写对象有着非同寻常的密切关系,与之较为熟悉,因此写作中能排除外在的种种因素,避免各类客套话,多不拘一格,散漫自如,真情流露,个性化色彩明显,为文有着较强的文学性,在人生感思和生命价值的认识上,尤为深刻。如白居易《唐故坊州郿城县尉陈府君夫人白氏墓志铭并序》作文时“号慕慈德,敬撰铭志,泣血秉笔,言不成文”①,情感极为浓郁。韩愈《柳子厚墓志铭》,针对好友柳宗元一生的坎坷遭遇,感慨议论,情感愤激,大发不平之鸣,尽显作者的才情个性和生命价值思考。范传正《赠左拾遗翰林学士李公新墓碑》,通过抒写李白及其家属的遭遇,抒发自己对李白的敬仰崇拜之情,感慨人生短暂而岁月变迁、时光无情。至于白居易《醉吟先生墓志铭》、杜牧《自撰墓铭》,总结自我一生经历,借碑志文表达自己的生死观、价值观,个体精神突出,在情感流露和生命感怀上更为深厚真切。

　　清人吴曾祺《涵芬楼文谈·杂说》云:“志铭之作,将以取信于后,故不宜出于子孙之手,令人议其不实。”②其实唐人也有这种认识,兹从存世作品来看,唐人碑志多因诏令性书写和请托性书写而成文,墓主本人和撰文者之间都有着一定距离。就是在主动性书写的情况下,撰文者的写作对象也多限于其旧交故友而非至亲眷属。真正由墓主亲属撰写碑文的,只占极少数。

---

① 〔唐〕白居易:《白居易集》卷四二,第930页。
② 于景祥、李贵银:《中国历代碑志文话》,第699页。

第三章　陈隋遗响与文风初变

——初唐碑志文研究

自高祖武德元年（618）至玄宗开元初年为初唐时期，时间持续一百年左右。这一时期，唐代碑志文从浮艳柔丽、华靡婉媚开始走向古朴清新、刚健昂扬。大致说来，初唐前50年的碑志文，基本上是南朝形式主义文风的延续，李百药、上官仪、虞世南等人以骈俪体写作碑文，辞采华靡，内容浮泛，呈现出典型的陈隋唯美主义文风；后50年的碑志文，以魏征、王勃、卢照邻及陈子昂等人为代表，突破传统，倡导新变，追求质实刚健的风格，文体改革精神明显。王勃、陈子昂等人，以自己的理论和创作实践，为初唐碑志文的发展作出重要贡献。

第一节　初唐碑志文的时代特征

一、文宗徐庾、骈俪风行

唐帝国建立后，统治者文礼兴邦，对前朝文人多以留任。武德四年李世民"即王府开文学馆，召名儒十八人为学士，与议天下事"①，此十八人为朱子奢、李百药、吴子良、魏征、虞世南、杜如晦、房玄龄、于志宁、苏世长、薛收、褚亮、蔡允恭、姚思廉等。武德九年又建弘文馆，褚遂良为馆主，虞世南、褚亮、欧阳询、姚思廉、蔡允恭等兼充弘文馆学士。此举无疑加强了文化建设，由此也拉开唐代文学发展的大幕。就地域因素而言，太宗皇帝所诏诸学士皆为当时的著名文人，其中除魏征来自北方外，其他多来自南方，如为首的朱子奢、虞世南、褚亮等生长于南朝，历事梁陈数帝，后又事隋，从事文学创作多年，行文素以徐陵、庾信为宗，仕唐时已经六十多岁，著作等

---

① ［宋］欧阳修、宋祁：《新唐书》卷一九八，第5636页。

身,文名卓著,属于典型的江左名士①。江南地区文士素来人多势众、声名广博,在陈隋时即是文坛中坚,仕唐后又蒙重用,执掌文柄,"名振于前代,骋翰于新朝"②,自然也把前朝陈隋文风带入初唐文坛,而唐初因为天下初定,国力不振,文学发展还未形成气候,这就给前朝陈隋文风的盛行提供了空间。由于虞世南、朱子奢等人身份和才名的影响,团结、吸引并培养了一批追随者,如令狐德棻、于志宁、上官仪等人,活跃于初唐高祖、太宗、高宗之际,形成这一时期碑志文创作文宗徐庾、骈俪风行的格局。故谢无量《中国大文学史》云:"唐初文学,既承陈隋之遗风"③,"唐初文章,不脱陈隋旧习。"④

徐陵是宫体文人,是南朝的文坛领袖,《陈书》本传载其"业高名辈,文曰词宗"⑤。李昶《答徐陵书》称赞徐陵文章道:"丽藻星铺,雕文锦缛。风云景物,义尽缘情。经纶宪章,辞殚表奏。久以京师纸贵,天下家藏。调移齐右之音,韵改河西之俗。"⑥徐陵自己在《玉台新咏序》中,也提出"曾无参于雅颂,亦靡滥于风人"及"三台妙迹,龙伸蠖屈之书;五色花笺,河北胶东之纸。高楼红粉,仍定鱼鲁之文"⑦等文艺主张,体现出对唯美文风的追求,其碑文创作于此也多有体现。严可均《全陈文》辑录徐陵碑文 12 篇,皆以骈俪体写就,铺陈排比,用典、藻饰丰富,句式上以四六为主,对仗精工,韵律和谐,辞旨华靡绮艳。如《司空徐州刺史侯安都德政碑》述墓主的政绩:"乃授司空公南徐州刺史。于是镇之以清静,安之以惠和,望杏敦耕,瞻蒲劝穑。室歌千耦,家喜万钟,陌上成阴,桑中可咏。春鹉始啭,必具笼筐;秋蝉载吟,竞鸣机杼。或啸拜灵祝,躬瞻舞雩,去驾拥于风尘,还旌阻于飘沐。京坻岁积,非劳楚堰之泉。仓廪年丰,无用秦渠之水。虽复东过小县,夏雨逐其轻轮;南渡沧江,秋涛弭其张盖,固不得同年而语矣。"⑧再如《司

---

① 按陈寅恪先生观点,山东士人亦源于江南,兹归为一域。陈寅恪:《隋唐制度渊源略论稿》,中华书局,1977 年,第 1—2 页。

② 谢无量:《中国大文学史》卷六,第 229 页。

③ 谢无量:《中国大文学史》卷六,第 7 页。

④ 谢无量:《中国大文学史》卷六,第 29 页。

⑤ [唐]姚思廉:《陈书》卷二十,中华书局,1972 年,第 335 页。

⑥ [清]严可均:《全上古三代秦汉三国六朝文》,第 3913 页。

⑦ [清]严可均:《全齐文·全陈文》,商务印书馆,1999 年,第 378 页。

⑧ [清]严可均:《全齐文·全陈文》,第 385—386 页。

空章昭达墓志》写墓主的战功："公倾其产业……代邸方隆，搜荆楚之英才，资班输之妙略。百楼忽起，登云霄而俯临；万弩俱张，随雷霆而并震。扬兵于九天之上，决胜于千里之中。……若夫鸣蛇之洞，深谷隐于苍天，飞猿之岭，乔树参于云日。宜越艇而登峤，蒙燕犀而涉江。威武纷纭，震山风海。"①从记事到写景，纯以四六句行文，其裁对工整，典事纷繁，用大段文字颂扬墓主的文韬武略，类比典雅，夸饰丰富，用语更是绵丽多彩，可谓南朝骈俪体碑志文的代表作。

《陈书·徐陵传》云："自有陈创业，文檄军书及禅授诏策，皆陵所制，而《九锡》尤美。为一代文宗，亦不以此矜物，未尝诋呵作者。其于后进之徒，接引无倦。世祖、高宗之世，国家有大手笔，皆陵草之。其文颇变旧体，缉裁巧密。"②身为南朝的文坛领袖，徐陵权倾朝野，文名广博，其人又好"接引后进"③，这就导致其弟子众多，典型如虞世南，《旧唐书·虞世南传》云虞世南"善属文，常祖述徐陵，陵亦言世南得己之意"④，《新唐书·虞世南传》云其"文章婉缛，慕仆射徐陵，陵白以类己，由是有名"⑤。而褚亮"年十八，诣陈仆射徐陵，陵与商榷文章，深异之。陈后主闻而召见，使赋诗，江总及诸辞人在坐，莫不推善"⑥，其余如朱子奢、吴子良等，也和徐陵有着师承关系。

隋唐时南北文学合流，此时南方文人多是徐陵的学生弟子，为文崇尚骈俪自不论。北方文士则多宗庾信，而庾信原本就是南朝宫体文人，以创作骈文著称，其由南入北后，文风虽转入老成，多家国之恨，但文体形式仍以骈俪为要。就其碑志文而言，除了情感上的深沉浓郁外，形式上仍体现出鲜明的南方骈俪色彩，和徐陵的碑文有着一致性。《北史·文苑传序》云："徐陵、庾信，分路扬镳，其意浅而繁，其文匿而彩，词尚轻险，情多哀思。"⑦钱基博《中国文学史》论述徐陵说："为文瑰丽，世与庾信并称徐庾体。一时后进之士，竞相仿效，隐为一代文宗。而庾信后入周，以南人而雄

①　[清]严可均：《全齐文·全陈文》，第 383 页。
②　[唐]姚思廉：《陈书》卷二十，第 335 页。
③　[唐]姚思廉：《陈书》卷二十，第 335 页。
④　[五代]刘昫：《旧唐书》卷七二，第 2565 页。
⑤　[明]徐献忠：《唐诗品》，见《唐诗汇评》，浙江教育出版社，1995 年，第 25 页。
⑥　[五代]刘昫：《旧唐书》卷七二，第 2578 页。
⑦　[唐]李延寿：《北史》卷八三，中华书局，1974 年，第 2782 页。

视北方,启隋唐之四六,所系者尤匪细焉。"①谢无量《骈文指南》亦云徐庾"二子并为南北宗匠。文体亦相近,精协宫商,颇变旧体,往往声情并茂,辑裁巧适,盖至徐庾而后极骈俪之变矣"②。唐初广纳贤才,对诸多前朝文士留任重用,自然形成以徐庾弟子及再传弟子主导文坛的局面,使得宫体骈俪文风盛行一时,并未因南朝政权的覆亡而失势。所以从地域和历史传承来讲,初唐文坛骈俪文风的盛行代表着南朝唯美风潮的盛行。刘师培认为南朝之碑文不同于两汉者,正在于"辞采增华,篇幅增长"③。而唐初碑文重辞采、重铺陈、轻内容的创作倾向,更显示出刘师培所云南朝之特色。

初唐一百年间,就碑志文创作而言,早期的虞世南、朱子奢、于志宁、褚亮等自不论,就是后期的令狐德棻、上官仪等馆阁群臣所作碑文,也以骈俪为要,文风绮艳流丽,如令狐德棻《大唐故柱国燕国公于君碑铭并序》、于志宁《隋柱国左光禄大夫宏义明公皇甫府君碑》、上官仪《大唐故辅国大将军荆州都督虢国公张公墓志铭并序》等,都是典型的骈俪体碑志文。武则天时期的崔融、李峤等作碑文,应时制景,美饰政治,行文更是浮艳绮靡,如崔融《嵩山启母庙碑》、李峤《大周降禅碑》《宣州大云寺碑》《攀龙台碑》等,内容全在颂扬武则天的种种功绩政德,形式上四六成句,对仗精工,用典绵密,辞藻华糜,行文可谓彩丽竞繁。迨至后来,四杰、陈子昂等,虽大力追求文风的创新,但其作品仍有明显的骈俪痕迹,如王勃《梓州飞乌县白鹤寺碑》《梓州通泉县惠普寺碑》《唐故度支员外郎达奚公墓志》《归仁县主墓志》及杨炯《遂州长江县先圣孔子庙堂碑》《少室山少姨庙碑铭并序》《唐同州长史宇文公神道碑》《从弟去盈墓志铭》等,都是以骈体写就的。至于这一时期的统治者,如唐太宗、唐高宗、武则天等,作碑文也以骈俪为要。

初唐文坛盛行骈俪文风的原因是多方面的,除文人的地域构成及师承关系外,与文体自身的发展流变还有着根本的联系。长期以来,中国文学对于文章的外在体式一直追求审美的突显与张扬,而骈体文的产生顺应了这一追求,其发展更是源远流长。从先秦《诗经》的重章叠唱、反复咏叹,到《尚书》的谨严工整、典雅古奥,再到汉赋的铺陈排比、夸张凌厉,都影响着骈文的审美追求与文体特征。魏晋以后,文学进入自觉时代,文体分类意

---

①　钱基博:《中国文学史》,第208页。

②　谢无量:《谢无量文集》第七卷,中国人民大学出版社,2011年,第207页。

③　刘师培:《刘师培中古文学论集》,中国社会科学出版社,1997年,第172页。

识也更加明显。陆机、陆云、刘勰等人，强调文章辞采的华丽、句式的偶对和用典，提出文笔之分，这对骈文追求形式美的方向起着促进作用。齐梁时经过沈约等人的努力，在声律、藻饰、文辞方面又进一步作出审美要求。梁陈之际，徐陵、庾信在继承总结前辈作家的基础上，创作出诸多质优量丰的骈俪之文，使得骈文风靡一时，成为当时文坛的通用文体。至此经过近千年的演进，骈文厚积薄发，势不可挡，强化以唯美为时尚的我国文章外在体征的要求，最终发展成熟，地位稳固。而一种文体一旦成熟，其生命力是强劲的，必然风靡天下，要在文坛上占主导地位，不因江山易主、政权更迭而改变。所以自梁陈以后，当时各类文章皆以骈体文写就，延至隋唐，从朝廷的诏书文告、碑颂铭词、疏议奏表到民间的书信哀辞、赠序题跋等，也是如此。

初唐时期的碑志文大多是作家奉诏而作，可谓代行王言，对人对事带有浓厚的官方评价色彩。文人们是将碑志文当作应用性行政公文而非个性化散文去写的，这就要求体例格式需完整统一，行文需谨严庄重，遣词造句需尽礼仪之需，思想内容上更要平稳和衷，褒奖抚慰，有度有节，尽显政治宣教功能。而源于《尚书》的骈文，其文体典雅庄严，内容上代行王言，训育宣导，礼化万方，显然比古体散文更能满足这种需要，因此骈体成为文人写作碑志文的首选。中国的散体文固然与骈文同步发展，如先秦诸子的文章，可谓古体散文，但自秦汉至陈隋时期，骈文的发展一直处于强势地位，而散文发展则较为缓慢。这一时期的文章不仅碑志，就是其他文体如祭文、属文、制书、诰命乃至档案文告等应用文都多以骈体书写，创作骈文成为历史潮流和时代风尚。不仅文人们好作骈文，就是帝王，也不免于此，如一代英主唐太宗，对文章仍停留在"沈思翰藻谓之文"的程度①。贞观二十年，其敕修《晋书》完稿，唐太宗亲撰西晋文士陆机的传论，称赞陆机"文宏藻丽"，其文"叠意回舒，若重岩之积秀"，"一绪连文，则珠流璧合"②。名为颂陆，实际上可见唐太宗对唯美体骈俪文风的欣赏。唐太宗作文作诗也好效法徐庾体。宋人王应麟《困学纪闻》引郑毅夫语云："唐太宗功业雄卓，然所为文章纤靡浮丽，嫣然妇人小儿嬉笑之声，不与其功业称。甚矣，淫辞之

---

① 闻一多：《唐诗杂论》，上海古籍出版社，1998 年，第 3 页。
② ［唐］房玄龄等：《晋书》卷五四，中华书局，1999 年，第 984 页。

溺人也。神宗圣训亦云:'唐太宗英主,乃学庾信为文。'"①《唐会要》载唐太宗和虞世南艳诗相合之事,贞观七年九月二十三日,唐太宗对侍臣说,他曾戏作艳诗,"世南进表谏曰:'圣作虽工,体制非雅,上之所好,下必随之。此文一行,恐致风靡,轻薄成俗,非为国之利,赐令继和,辄申狂简,而今之后,更有斯文,继之以死,请不奉诏旨'"②。《新唐书·文艺传》云:"高祖、太宗,大难始夷,沿江左余风,绨句绘章,揣合低卬。"③《旧唐书·文苑传》也云:"文皇帝解戎衣而开学校,饰贲帛而礼儒生,门罗吐凤之才,人擅握蛇之价。靡不发言为论,下笔成文,足以纬俗经邦,岂止雕章缛句。韵谐金奏,词炳丹青,故贞观之风,同乎三代。高宗、天后,尤重详延。天子赋横汾之诗,臣下继柏梁之奏,巍巍济济,辉烁古今。"④此外,从高祖、太宗到高宗期间修成的八部史书《梁书》《陈书》《北齐书》《周书》《隋书》《南史》《北史》《晋书》,其书写多用华美的骈体文字,可见这一时期修史为文崇尚辞采、追求骈俪的倾向。刘知几为此批评《周书》:"文而不实,雅而无检,真迹甚寡,客气尤烦。"⑤批评《晋书》:"大唐修《晋书》,作者皆当代词人,远弃史、班,近宗徐、庾。夫以饰彼轻薄之句,而编为史籍之文,无异加粉黛于壮夫,服绮纨于高士者矣。"⑥在如此的大环境下,碑志文创作自然也以徐庾为宗、崇尚骈俪了。

二、儒学精神的兴起

唐代从建国之初,就崇扬孔孟儒学,像虞世南等得以留任,正在于其作为硕学鸿儒、贤臣名士的身份及影响。除包揽前朝文士外,统治者还诏令各地修建孔庙,将孔子尊崇为先圣先师,借以振兴儒学,实行仁政。《新唐书·儒学传》云:"高祖始受命,钼额夷荒,天下略定,即诏有司立周公、孔子庙于国学,四时祠。"又载太宗"贞观六年,诏罢周公祠,更以孔子为先圣,颜氏为先师,尽召天下惇师老德以为学官"⑦。高宗时,斯文寥落,儒官缺员,

① [宋]王应麟:《困学纪闻》卷十四,上海古籍出版社,2008年,第1590页。
② [宋]王溥:《唐会要》卷六五,1124页。
③ [宋]欧阳修、宋祁:《新唐书》卷二〇一,第5725页。
④ [五代]刘昫:《旧唐书》卷一九〇,第4982页。
⑤ [唐]刘知几:《史通》外篇《杂说》,上海古籍出版社,2008年,第367页。
⑥ [唐]刘知几:《史通》内篇《论赞》,第60页。
⑦ [宋]欧阳修、宋祁:《新唐书》卷一九八,第5635—5636页。

下诏补授博士助教①，乾封元年，又追尊孔子为太师，并自陈治道："宪章前王，规矩先圣，崇至公于海内，行大道于天下。遂得八表乂安，两仪交泰，功成化洽，礼盛乐和。"②后再封颜回为太子少师，曾子为太子少保。统治者崇儒尊孔、兴学修庙的政策代代相因，这无疑推动儒学的发展，也带动碑志文的创作。诸如虞世南《孔子庙堂碑》、崔行功《赠太师鲁国孔宣公碑》、王勃《益州夫子庙碑》、杨炯《遂州长江县先圣孔子庙堂碑》《大唐益州大都督府新都县学先圣庙堂碑文并序》等，都是这一背景下的产物，其内容不外乎抒写唐王朝恢弘儒学、倡扬孔孟之道的礼乐之政，歌颂其文治教化政策。

唐朝打破魏晋以来门阀取士的士族制度，通过科举取士笼络人才，端正社会风气，推动儒学发展，这也影响到碑志文的创作。唐高祖武德五年（622）就已开始科举制的明经。明经试的重要特点是要求应举者熟读并能背诵儒家经典及其注疏。《新唐书·选举志》："凡明经，先帖文，然后口试，经问大义十条，答时务策三道。"③三场考试中"帖文"和"口试"直接考察应试者对儒家经典注疏了解掌握的情况。唐高宗永隆二年，考功员外郎刘思立建议进士加试杂文（包括诗、赋、箴铭、颂等），至武则天时期，更是打击关中士族势力，开辟制科，建立以文章取士的制度，此后以诗赋取士遂成定制。科举取士进一步振兴孔孟儒学，特别是明经试及诗赋取士，统一人们的思想，改变士人的生存环境和人生志向，激发着文士们对诗赋创作的兴趣，引起整个社会对文士的尊重，对文学的爱好。这种重视诗文创作的一代文化风气的形成，对于诗歌和文赋等其他文学样式的发展有着明显的刺激和促进作用，这其中也包括碑志文④。前朝碑文，因为门阀取士的原因，于墓主多家世祖勋、门第出身方面的描写，如徐庾体碑文，便具此类特征。唐代科举制度的实施，使得文人们逐渐淡化对墓主家世背景的铺叙，更多的则是描写墓主好学上进、修齐治平的人生经历，重点突出墓主的个人奋斗精神，赞颂其在儒学方面的贡献，张扬其建功立业、致力于国家建设等多方面的政绩表现，这在李义府、上官仪、崔融、张鷟、李峤、王勃、杨炯、陈子昂、富嘉谟、吴少微、卢藏用、于知微、姚崇、宋璟等人的碑志作品中多有

---

① 唐高宗：《补授儒官诏》，[清]董诰：《全唐文》卷十一，第 141 页。

② 唐高宗：《赠孔子为太师诏》，[清]董诰：《全唐文》卷十二，第 151 页。

③ [宋]欧阳修、宋祁：《新唐书》卷四四，第 1161 页。

④ 乔象钟、陈铁民：《唐代文学史》上册，人民文学出版社，1995 年，第 29 页。

体现。

唐代虽尊崇儒教,以致"儒学之盛,古昔未之有也"①,但人们也容纳、信奉甚至尊崇佛道二教,胡三省注《资治通鉴》云:"老子姓李名耳,唐祖之,乾封元年,尊为玄元皇帝。"②唐代甚至对外来的景教、摩尼教、伊斯兰教等也不排斥。这一方面体现了唐人开明包容的文化思想,一方面也体现了统治者以儒家名教为本位,吸纳释、老二氏,使儒、佛、道共同为其王权专制政治服务的宗教政策。唐高祖《赐学官胄子诏》:"自古为政,莫不以学,则仁义礼智信五者俱备,故能为利博深。朕今欲敦本息末,崇尚儒宗,开后生之耳目,行先王之典训。而三教虽异,善归一揆,沙门事佛,灵宇相望;朝贤宗儒,辟雍顿废,王公以下,宁得不惭。朕今亲自观览,仍征集四方胄子,冀日就月将,并得成业,礼让既行,风教渐改。使期门介士,比屋可封;横经庠序,皆遵雅俗。诸王公子弟,并皆率先,自相劝励。"③很显然,这是要以儒家的仁、义、礼、智、信为宗本,使儒、道、释三教归一,为我所用,其后的历代统治者都沿袭这一政策。《新唐书·选举志》:"及太宗即位,益崇儒术。乃于门下别置弘文馆,又增置书、律学,进士加读经、史一部。十三年,东宫置崇文馆。自天下初定,增筑学舍至千二百区,虽七营飞骑,亦置生,遣博士为授经。四夷若高丽、百济、新罗、高昌、吐蕃,相继遣子弟入学,遂至八千余人。"④《资治通鉴》载太宗时文治盛况:"是时上大征天下名儒为学官,数幸国子监,使之讲论,学生能明一大经已上皆得补官。增筑学舍千二百间,增学生满二千二百六十员,自屯营飞骑,亦给博士,使授以经,有能通经者,听得贡举。于是四方学者云集京师,乃至高丽、百济、新罗、高昌、吐蕃诸酋长亦遣子弟请入国学,升讲筵者至八千余人。"⑤唐高宗即位后,更强调"以《六经》教人"⑥,"求明礼乐之士"⑦。并"颁孔颖达《五经正义》于天下,每年明经令依此考试"⑧,又曾"亲策试举人"⑨,驾至曲阜"幸孔子庙。追赠太

① [五代]刘昫:《旧唐书》卷一六九,第4941页。
② [宋]司马光:《资治通鉴》卷二百二《唐纪十八》,第6374页。
③ [清]董诰:《全唐文》卷三,第36页。
④ [宋]欧阳修、宋祁:《新唐书》卷四四,第1163页。
⑤ [宋]司马光:《资治通鉴》卷一九五《唐纪十一》,第6153页。
⑥ [宋]司马光:《资治通鉴》卷二百二《唐纪十八》,第6397页。
⑦ [宋]欧阳修、宋祁:《新唐书》卷三,第69页。
⑧ [五代]刘昫:《旧唐书》卷四,第71页。
⑨ [五代]刘昫:《旧唐书》卷四,第79页。

师,增修祠宇,以少牢致祭"①。《资治通鉴》载高宗上元元年:"天后上表,以为'国家圣绪,出自玄元皇帝,请令王公以下皆习老子,每岁明经,准《孝经》《论语》策试。'"高宗于此"诏书褒美,皆行之"②,其"至亳州,谒老君庙……上尊号曰'太上玄元皇帝'"③。此三教合流、崇儒为先的文化政策,也影响到碑志文的创作。如颜师古《等慈寺碑》、岑文本《京师至德观法王孟法师碑铭并序》、员半千《大唐宗圣观主银青光禄大夫天水尹尊师碑》《蜀州青城县令达奚君神道碑》、张鷟《沧州弓高县实性寺释迦像碑》、任知古《宁义寺经藏碑》、朱宝积《弥勒尊佛碑》、卢藏用《景星寺碑铭》、武三思《大周封祀坛碑》、朱子奢《昭仁寺碑铭并序》、李百药《化度寺故僧邕禅师舍利塔铭》、欧阳询《大唐宗圣观记》《西林寺碑》等,通过寺庙道观的修建及高僧名道的功绩,宣扬以儒为主、儒道释三教合一的思想,彰显帝唐的文治武功,歌颂其仁礼之政。这都说明初唐碑志文的创作,和儒学风气的兴盛紧密相关。

三、铭功颂美的写作思路

初唐碑志文的创作,出现明显的颂美倾向,这除了其本身的文体功能外,还和唐代大一统政权下人们的政治观念和文体意识有关。

隋唐结束南北朝以来的分裂局面,恢复大一统政权的权威性和皇权政治的基本体制。与此同时,统治者开始思考如何在政治观念和学术思想上,重新确立和认识君主专制下中央集权政治的合法性及其积极意义。因为隋朝运祚较短,这一任务是由唐人完成的。唐代建国之初,君臣就开始考虑王朝兴废的问题。这时候,自秦汉以来的盛世理想逐渐进入唐代君臣的视野。《贞观政要》载:

> 贞观九年,太宗谓公卿曰:"朕端拱无为,四夷咸服,岂朕一人之所致,实赖诸公之力耳。当思善始令终,永固鸿业,子子孙孙,递相辅翼,使丰功厚利施于来叶,令数百年后读我国史,鸿勋茂叶粲然可观。岂惟称隆周、炎汉及建武、永平故事而已哉?"④

---

① ［五代］刘昫:《旧唐书》卷四,第 90 页。
② ［宋］司马光:《资治通鉴》卷二百二《唐纪十八》,第 6374 页。
③ ［宋］司马光:《资治通鉴》卷二百一《唐纪十七》,第 6347 页。
④ ［唐］吴兢:《贞观政要》卷十,上海古籍出版社,1978 年,第 294 页。

　　唐太宗结束多年的战乱,其疆域博大,王权一统,人心思齐,如此和先朝商周、秦汉建国之初的社会历史状况相似。而秦汉之所以兴盛,原因之一就在于皇权政治至高无上的权威性。作为一代贤君,李世民思考如何实现周汉时期的盛世之治,保障大一统政权的稳固性和合法性,这就是"永固鸿业"的要求。而臣子显然也意识到这一点,为迎合帝王所好,臣子们除修史明经外,还提出立碑的要求,如房玄龄上《立碑议》所云"请刻颂立碑,显扬功业"①等。

　　碑志文素有记功彰美的传统,而房玄龄从现实政治的角度,将碑志与帝王鸿业、皇权政治等结合起来,认为立碑作志已经成为维护大一统政权、加强皇权合法性的有力工具,其认识具有强烈的实用性和功利性,代表着初唐文人对于碑志文体功能定位的普遍看法。纵观这一时期的作品,都将碑志文铭功颂美的传统功能与时代政治结合起来,借创作碑文而赞美帝皇仁政,歌颂王权至上。虞世南《孔子庙堂碑》:"况帝京赤县之中,天街黄道之侧,聿兴壮观,用崇明祀,宣文教于六学,阐皇风于千载。安可不赞述徽猷,被之雕篆?乃抗表陈奏,请勒贞碑,爰命庸虚,式扬茂实。"许敬宗《唐并州都督鄂国公尉迟恭碑》:"履孝扬名,克隆华阀,显亲穆誉,爰树丰碑,纪德卢山。"魏征《九成宫醴泉碑铭》:"但职在记言,属兹书事,不可使国之盛美,有遗典策。敢陈实录,爰勒斯铭。"崔融《唐故密亳二州刺史赠安州都督郑公碑》:"广祈时彦,奉赞徽音,乃建丰碑,式扬清德。"王勃《梓州通泉县惠普寺碑》:"咸以为弦歌小政,犹篆德而垂芳;钟鼎微荣,尚铭勋而作鉴。况乎神威自在,方传宰匠之功;岂可栋宇常存,不勒山河之赞?"可见在歌颂帝唐功业,弘扬王道之治时,文人们普遍选择了碑志文。

　　初唐时期,尽管国力初定,但凭着对历史的认识,对现实的思考,对未来的展望,甚至凭着自己的直觉,文人们普遍有一种周汉复兴、盛世到来的预感。借碑志之文,为盛世到来之前的理想政治作着种种礼赞和准备,故初唐碑志文普遍出现"显扬功业"的铭功颂美倾向。而初唐统治者大兴巡游、明堂、郊祀、封禅等礼乐制度,也推动碑志文这一发展倾向。《新唐书·礼乐志》云:"唐初,即用隋礼,至太宗时,中书令房玄龄、秘书监魏征,与礼官、学士等因隋之礼,增以天子上陵、朝庙、养老、大射、讲武、读时令、纳皇

---

① ［清］董诰:《全唐文》卷一三七,第1387页。

后、皇太子入学、太常行陵、合朔、陈兵太社等。为《吉礼》六十一篇,《宾礼》四篇,《军礼》二十篇,《嘉礼》四十二篇,《凶礼》十一篇,是为《贞观礼》。"①此后高宗武后时期,礼乐活动更全面铺开,其大兴土木,广修宫殿庙堂,进行狩猎、临幸、巡游、崇儒、尊佛、封禅、大射、宴饮等,各类浩大繁富的礼乐活动,成为帝王彰显功业、宣示国政的象征,也成为碑志文书写的主要内容。这一时期,不仅帝王亲写碑文,颂扬功业,群臣们也不甘落后,更借碑文以应时制景、润色鸿业,如虞世南《孔子庙堂碑》《大唐龙泉寺碑》、于志宁《大唐故太子右庶子银青光禄大夫国子祭酒上护军曲阜宪公孔公碑铭》、魏征《九成宫醴泉碑铭》、李峤《大周降禅碑》《宣州大云寺碑》《攀龙台碑》《洛州昭觉寺释迦牟尼佛金铜瑞像碑》、崔融《嵩山启母庙碑》等,其写人记事,虽然具体细节不同,但一般都是从现实的政治背景写起,写礼乐,写时事,写人物,写盛景,时隆道尊,显扬功业,赞美时政,追求内容的丰厚博雅和文字的华丽绮艳。卢照邻《乐府杂诗序》说当时诗文创作"言古兴者,多以西汉为宗,议今文者,或用东朝为美。落梅芳树,共体千篇,陇水巫山,殊名一意","云飞绮札,代郡接于苍梧,泉涌华篇,岷波连于碣石",目的在于"舞雩周道,知小雅之欢娱,击壤尧年,识太平之歌咏"②,可见时文铭功颂美意味的浓厚。

这种颂美的写作,不是统治者纯粹的个人好大喜功式标榜,也不是一群无聊文人对君王的谄媚奉承,而是在当时的社会形态下,人们对盛世感受和社会期许的一种表达方式。不仅供职于朝堂中的一批文章圣手和文才之士如此写作,如弘文馆学士、文章四友等人的碑铭文,就连仕途坎坷活跃于民间的初唐四杰、陈子昂等也不免为之所动,热衷于这种大型的颂美体碑文的写作,集中到对社会发展的审视、概括、批评,对历史的回味、品鉴、总结及对未来的展望、预测和歌颂中,写了不少这类题材的作品。王勃《益州夫子庙碑》:"帝车南指,遁七曜于中阶;华盖西临,藏五云于太甲","国家袭宇宙之淳精,据明灵之宝位。高祖武皇帝以黄旗问罪,杖金策以劳华夷;太宗文皇帝以朱翟承天,穆玉衡而正区宇。皇上宣祖宗之累洽,奉文武之重光,稽历数而坐明堂,陈礼容而谒太庙。八神齐飨,停旟太史之宫;

①　[宋]欧阳修、宋祁:《新唐书》卷十一,第308页。
②　李云逸:《卢照邻集校注》卷六,中华书局,1998年,第339—353页。

六辩同和,驻跸华胥之野"。颂扬唐王朝君权神授、王道政治的合法性和权威性。其《广州宝庄严寺舍利塔碑》《彭州九陇县龙怀寺碑》《梓州郪县灵瑞寺浮图碑》及卢照邻《益州至真观主黎君碑》、杨炯《梓州惠义寺重阁铭并序》《遂州长江县先圣孔子庙堂碑》《大唐益州大都督府新都县学先圣庙堂碑文并序》《少室山少姨庙碑铭并序》、陈子昂《窅冥君古坟记铭序》等,都是这类政治理念和社会期许的产物。文人们在对初唐大建宫室庙宇、弘扬礼乐的活动赞美歌颂的同时,其实是把自己来自下层社会、汲汲于投身盛世建设的愿望和热情夹杂其中。他们敏感地捕捉到盛世到来之前的气息,在碑志文中,热情讴歌唐兴以来的文治武功、政治礼乐。而礼乐文化本身的富丽宏博赋予文学创作的纷繁层次和深广境界,又改变着初唐碑志文的气势,影响着其创作倾向。所以推动礼乐政治发展的文化意识和时代责任感,成为文人创作碑铭赋颂的基本思路。文人们以唐朝帝王们积累的文治武功为基础,探索如何进一步发挥这些圣道政理的内涵。于是,憧憬上古帝皇的礼乐文明,歌颂隋废唐兴、天命佑唐及贞观之治、武周革命等,就成为这一时期碑志文的主要内容。而唐王朝开国之初,君主英明,群臣雄健,一切百废待兴,蒸蒸日上,更激励着文人的心灵,促使其投身于伟大时代的建设中去,如此之下,碑志文创作的颂美铭功就有更多的实际意义。

这一时期墓碑文的颂美倾向极为明显,作家们往往借写墓主的才华政绩而转向对时代的歌颂,墓主各类建功立业的奋斗精神,甚至捐躯勤王的志向都被夸大和深化,统一归结到王朝建设中去。李百药《洛州都督窦轨碑铭并序》《荆州都督刘瞻碑铭并序》《唐故都督徐州五州诸军事徐州刺史临淄定公房公碑》等,都表达盛世到来之前士吏激流勇进、各尽其才、投身王朝建设、成就个人功名的内容,其《夔州都督黄君汉碑铭》赞颂唐代人才济济:"大唐乘乾御历,奄宅区夏",写墓主"招辑忠勇,且观时变",歌颂其智勇双全、相机而动,投身于帝唐建国大业。褚亮《左屯卫大将军周孝范碑铭》写墓主:"出使北藩。宣扬国威,晓谕边俗,班奉四条之书,肃清万里之外。"其余如许敬宗《大唐故中书令高唐马公之碑》《唐并州都督鄂国公尉迟恭碑》《大唐故尚书右仆射特进开府仪同三司上柱国赠司徒并州都督卫景武公碑并序》,于志宁《大唐故太子右庶子银青光禄大夫国子祭酒上护军曲阜宪公孔公碑铭》《唐太傅盖公墓碑》《南安懿公碑》《太子少师中书令开府仪同三司并州都督上柱国固安昭公崔敦礼碑》《唐故太常卿上柱国汾阴献公薛府君碑》,魏征《唐故邢国公李密墓志铭》褚遂良《大唐故左仆射上柱国太尉梁文昭公碑》等,也都表达同样的思想内容。迨至后来的杨炯、陈子昂等,他们的作品中这一倾向甚至更强烈。杨炯《唐同州长史宇文公神道碑》《泸川都督王湛神道碑》《唐赠荆州刺史成公神道碑》《唐上骑都尉高君神道碑》《大周明威将军梁公神道碑》、陈子昂《唐故朝议大夫梓州长史杨府君碑铭》《梓州射洪县武东山故居士陈君碑》《汉州雒县令张君吏人颂德碑》等,赞颂墓主种种效命国家、致力王道政治的功德政绩,倡扬盛世到来之前的个人生逢其时、奋发图强、建功立业、献身国家建设的思想,字里行间洋溢着颂美时代的色彩。

初唐碑志文具有浓厚的颂美铭功的思想倾向,伴随着时代政治的变化,这一思想倾向被传承发扬下去,在随后的盛唐时代表现极为明显,成为当时碑志文写作的惯例。

四、时代期许与革新倾向

初唐文坛沿袭陈隋骈俪文风,华靡浮艳,柔而无骨,这和其蒸蒸日上的国力不相符合。时代呼唤刚健有为,清新质朴的文风,以抓住盛世到来之前的历史机遇,促进社会政治、经济及文化的大好发展,这引起有识之士的注意,文体改革也随之开始。实际上早在隋朝时期,李谔就曾给文帝上书,指斥当时的文坛“寻虚逐微,竞一韵之奇,争一字之巧,连篇累牍,不出月露之形,积案盈箱,唯是风云之状”,并且从政治上的得失出发,指出“故文笔日繁,其政日乱”,于是文帝下诏,要求“公私文翰,并宜实录”①,并把文表华艳的泗州刺史马幼之交付有司治罪。但炀帝上台后,以腐败享乐为能,推崇浮艳奢靡的文风,隋朝的文体改革就此夭折。从李唐立国到龙朔初载,江山虽变换,但文坛仍是文宗徐庾、骈俪盛行,此种唯美之形式主义文风不但没有止息,反倒愈演愈烈,以致出现社会发展和文坛风气极不适应的状况,正如杨炯《王勃集序》云:“尝以龙朔初载,文场变体,争构纤微,竞为雕刻,糅之金玉龙凤,乱之朱紫青黄,影带以徇其功,假对以称其美。骨气都尽,刚健不闻。”②鉴于此,改革陈隋以来的柔弱颓靡文风、开创文学创

---

① ［隋］李谔:《上书正文体》,［清］严可均:《全隋文·先唐文》,商务印书馆,1999 年,第 229 页。
② ［唐］卢照邻、杨炯《卢照邻集·杨炯集》卷三,中华书局,1980 年,第 36 页。

作的新局面已经成为时代呼声和政治需要。这一点,唐王朝的君臣都有所认识。

早在唐王朝建国的武德元年(618),唐高祖李渊发布《令陈直言诏》,其中就有对时文的批评:"表疏因循,尚多迂诞。……妄引哲王,深相佞媚,假托符瑞,极笔阿谀。乱语细书,动盈数纸,非直乖于体用,固亦失于事情。"①从提高行政效率上提出改革文风的要求,改革的主要内容是反浮华、重实录,这主要是针对骈俪文风而言的。唐太宗也曾对宰臣说:"自知者为难。如文人巧工,自谓己长,若使达者大匠,诋诃商略,则芜辞拙迹见矣。"②表现出其不以巧辞、芜辞为然的文学思想。贞观十一年(637),针对著作郎邓隆奏请编文集的要求,唐太宗说:"朕若制事出令,有益于人者,史则书之,足为不朽。若事不师古,乱政害物,虽有词藻,终贻后代笑,非所须也。只如梁武帝父子及陈后主、隋炀帝,亦大有文集,而所为多不法,宗社皆须臾倾覆。凡人主惟在德行,何必要事文章耶?"③这里谈了他对事功、德行与文章的看法,实际上也包含着对陈隋浮靡绮艳文风的反对。而臣子也从整饬思想和维护王朝统治的角度,开始了改革文风的努力。贞观二十二年(648),考功员外郎王师旦知贡举,进士张昌龄、王公瑾并有才俊,声振京邑,但以文辞华艳罢黜之,在回答唐太宗的质问时,王师旦说:"此辈诚有文章,然其体性轻薄,文章浮艳,必不成令器。臣若擢之,恐后生相效,有变陛下风雅","帝以为名言"④。将反对轻薄浮艳文风与王朝政治联系起来,给予文学高度的重视。作为贞观之治的能臣之一,魏征更注意文风问题,他在《群书治要序》里,提出文章要"昭德塞违,劝善惩恶",强调文章的社会政教作用,又借写前朝帝王"竞采浮艳之词,争驰迂诞之说,骋末学之传闻,饰雕虫之小技"⑤,表达自己对骈俪浮靡文风的反对。其后令狐德棻、李百药等文史学家在编撰史书中,都检讨文学发展规律,提出对文章的看法,对骈俪文风提出批评,如令狐德棻在《周书》卷四十一《王褒庾信传论》论述庾信之文说:"然则子山之文,发源于宋末,盛行于梁季。其体以淫放为本,其

---

① [清]董诰:《全唐文》卷一,第21页。
② [唐]吴兢:《上玄宗皇帝纳谏疏》,[清]董诰:《全唐文》卷二九八,第3026页。
③ [唐]吴兢:《贞观政要》卷七,第217页。
④ [宋]王溥:《唐会要》卷七六,第1379页。
⑤ [清]董诰:《全唐文》卷一四一,第1431页。

词以轻险为宗。故能诤目侈于红紫,荡心逾于郑、卫。"①可见初唐从帝皇到文臣,都反对华而不实的形式主义文风,他们从历史兴亡和政教得失的角度出发,对以徐庾为代表的南朝唯美骈俪文创作进行批评,强调文章的社会政治功能,在倡导文体改革方面,有着一致认识。

这一时期虽反对骈俪文风,但具体在创作实践上并无多大建树。欧阳修在《集古录跋尾》卷五《隋太平寺碑》中说:"南北文章至于陈、隋,其弊极矣。以唐太宗之致治,几乎三王之盛,独于文章不能少变其体。岂其积习之势,其来也远,非久而众胜之,则不可以骤革也?"②其《李靖碑》云:"唐初承陈、隋文章衰敝之时,作者务以浮巧为工,故多失其事实,不若史传为详。"③《唐德州长寿寺舍利碑》又云:"余屡叹文章至陈、隋,不胜其弊,而怪唐家能臻致治之盛,而不能遽革文弊,以谓积习成俗,难于骤变。"④说明当时变革文体的艰巨性。作为一种有着数百年历史、已经发展成熟的文体,骈俪文风靡天下、地位稳固,生命力极为强劲,要想改变文坛的这种骈俪化倾向绝非轻而易举之事,初唐碑志文的改革因而经过漫长的历程。魏征固然倡导文体改革,但其碑志文创作仍不出骈俪范畴,通篇以四六句行文,对仗精工,辞藻优美,尽管如此,其写人记事,信实质朴,直言无隐,言之有物,有着雄健光朗的思想倾向,语言上也洗削绮艳之词,褪却浮靡虚浮之态。再如于志宁、李百药、褚亮、褚遂良等人的部分碑志文,虽也以骈体书写,不免颂美之辞,但内容上颇具清新刚健之气,篇幅浩繁,气势博大,写人记事恢弘壮丽,雄浑刚健,和徐庾式虚浮华靡的骈体碑志文风有所不同。这都说明,即使在初唐的馆阁群臣中,碑志文的创作也悄然进行着变革。

真正从文体方面对碑志文进行明确改革的是王勃、杨炯、卢照邻等人。王勃不仅在《上吏部裴侍郎启》《平台秘略赞·艺文》《山亭思友人序》等文中表明自己反对骈俪的文体改革理论主张,还从实践上改革传统的碑志文,其不少碑志文如《益州夫子庙碑》《梓州郪县灵瑞寺浮图碑》等,内容刚健质实,情感浓郁而真切,气势恢宏壮美,词句上也突破传统的骈四俪六方式,改以掺杂散体句式行文,记叙与议论结合,凸显个体生命感思和价值情

---

① ［唐］令狐德棻:《周书》卷四一,中华书局,2000年,第505页。
② ［宋］欧阳修:《欧阳修全集》卷一三八,第2179页。
③ ［宋］欧阳修:《欧阳修全集》卷一三八,第2197页。
④ ［宋］欧阳修:《欧阳修全集》卷一三八,第2178页。

怀,文笔清新优美。其后杨炯也沿袭王勃的思想,推崇文体改革,反对骈俪文风的一统天下,其碑志文如《唐右将军魏哲神道碑》《从弟去盈墓志铭》《从弟去溢墓志铭》《从甥梁锜墓志铭》等,情感深邃,内容充实,语言上不为骈俪所拘,引入散句杂言行文,不事典故,不求藻饰,自由变化,体现出变骈俪文为散体文的倾向,给初唐碑志文的创作带来新活力。

　　迨至陈子昂,伴随着时代风潮和文学发展的规律,更是倡扬文体革新,其《修竹篇序》认为"文章道弊,五百年矣",倡导"汉魏风骨",指斥"彩丽竞繁"、"兴寄都绝"①的齐梁诗文。陈子昂不仅有理论建树,更从实践创作中提倡文体革新,反对骈文的统治地位。其碑志文写人记事,内容充实,体格刚健,气势充沛,敢于揭露时弊、评论时政,行文有着强烈的现实针对性,可谓有"风骨"、有"兴寄",情感沉郁,写实倾向明显。就形式而言,陈子昂的不少碑志文,如《率府录事孙君墓志铭》《堂弟孜墓志铭》《我府君有周居士文林郎陈公墓志铭》,已经呈现出明显的古体散文特征,突破骈俪体辞采所限,不事雕饰用典,词藻质朴平易,行文以散句带动骈句,骈散相间,更显灵活自如,流畅生动。陈子昂以散句创作碑志文,比王勃杨炯等人的碑志文也是一大进步。自陈子昂后,唐代碑志文以骈体书写的格局为之动摇,古体散文也得以迅猛发展。

第二节　虞世南、上官仪与馆阁体碑文创作

　　卢照邻《南阳公集序》云:"贞观年中,太宗外厌兵革,……内兴文事。虞(世南)、李(百药)、岑(文本)、许(敬宗)之俦以文章进,王(珪)、魏(征)、来(济)、褚(亮)之辈以材术显。咸能起自布衣,蔚为卿相,雍容侍从,朝夕献纳。我(唐王朝)之得人,于斯为盛。……变风变雅,立体不拘于一涂;既博既精,为学遍游于百氏。"②这就概括出初唐贞观年间文学创作的兴盛气象。谢无量《骈文指南》亦云:"唐兴,文士半为陈隋之遗彦,沿徐庾之旧体。太宗本好轻艳之文,首用瀛洲学士,参与密勿,纶诰之言,咸尚俪偶。尔后凤池专出纳之司,翰苑掌文章之柄,率以华缛典赡为高。"③以虞世南、李百

---

① [清]彭定求等:《全唐诗》卷八三,第895—896页。
② 李云逸:《卢照邻集校注》卷六,第324—325页。
③ 谢无量:《谢无量文集》第七卷,第213页。

药等为代表的南朝文人，留任帝唐，聚集在太宗皇帝的身边，执掌文柄，形成当时的文学中心，其崇尚的徐庾体骈俪文风，自然成为这个时期诗文创作的主流。

虞世南是徐陵的学生，《旧唐书·虞世南传》云其"善属文，常祖述徐陵，陵亦言世南得己之意"①，可见其为文深受徐陵影响。虞世南先后历官陈隋，复事窦建德。唐高祖武德四年（621），时已64岁的虞世南因秦王李世民破窦建德于虎牢，得以入唐，不久被召为文学馆学士。虞世南是著名的文学家和书法家，文才出众，尤以善写碑文著称，仕唐后身为馆阁群臣之魁首，颇得帝皇信任。初唐宫廷的碑文、帝后公卿的哀辞祭文等重要应用公文大多出自虞世南手笔。史载唐太宗出行时，"有司请载副书以从"，太宗答道："不须，虞世南在，此行秘书也。"②虞世南死后，唐太宗评价说："虞世南学综古今，行笃终始，至孝忠直，事多宏益。……可谥曰文懿。"③足见对其学问品行的满意。虞世南论文主张"博识雕文"，其作品讲究铺陈辞藻，排叠典故，追求"雕文绝世"、"网罗百家"④的效果。清人董诰编《全唐文》收录其文章三十多篇，收其碑志文一篇，从体制和风格上看，属于典型的南朝之文，华靡流丽、浮艳夸饰，体现出明显的骈俪风格。如《孔子庙堂碑》：

大唐运膺九五，基超七百，赫矣王猷，蒸哉景命，鸿名盛烈，无得称焉。皇帝钦明睿哲，参天两地，乃圣乃神，允文允武。……纳苍生于仁寿，致君道于尧舜。职兼三相，位总六戎，元珪乘石之尊，朱户渠门之锡。礼优往代，事逾恒典。于是在三眷命，兆庶乐推，克隆帝道，丕承鸿业。明玉镜以式九围，席萝图而御六辩。寅奉上元，肃恭清庙。宵衣晨（昃）食，视膳之礼无方；一日万几，问安之诚弥笃。孝治要道，于斯为大。⑤

再如其书丹的《大唐汝南公主墓志》：

公主讳□字□，陇西狄道人，皇帝之第三女也。天潢琉润，圆折浮夜光

①　［五代］刘昫：《旧唐书》卷七二，第2565页。
②　［唐］刘𫘪：《隋唐嘉话》，中华书局，1997年，第15页。
③　［唐］李世民：《虞世南改谥文懿敕》，《唐太宗全集》，第386页。
④　［唐］褚亮：《十八学士赞》，［清］董诰：《全唐文》卷一四七，第895页。
⑤　［清］董诰：《全唐文》卷一三八，第1404页。

之采；若木分晖，秾华照朝阳之色。故能聪颖外发，闲明内映。训范生知，尚观箴于女史；言容成则，犹习礼于公宫。至于怡色就养，佩帉晨省，敬爱兼极，左右无方。加以学殚绨素，艺兼肇袟，令问芳猷，仪型闺阃。①

写人记事纯以颂美为能，骈四俪六，堆砌辞藻，用典纷繁，追求句式的声律和偶对，文章形式虽美艳而内容不免空洞虚浮。身为文章耆老和三朝重臣，虞世南影响了初唐一代的文风。试看这一时期的碑志文：

李百药《洛州都督窦轨碑铭并序》：

公籍繁祉之资，禀英灵之祚，感白云而谐庶绩，受璜玉而秘兵铃。幼树风神，凤标名节，志尚宏远，独秀人伦。期管乐于老成，望韩彭于儿戏，轶云罗于沮泽，追电驾于当途。……苞湘纳汉，始涓浍于滥觞；蔽日干霄，尚崞峍于覆篑。气愤风云之际，情察天人之理，石立之祥斯兆，土崩之义有征。②

于志宁《唐故太子少保上柱国颍川定公碑》：

对风树而愈感，践霜露而增哀。时属金镜潜光，望夷有弑酷之祸；玉绳掩曜，成周致蒙尘之灾。于是四海混淆，九围板荡。我高祖乘时抚运，出震握图，膺五运之宝符，定九牧之神鼎。元冠紫绶，贲帛嘉于琳琅；裂土剖符，宠命属于翘楚。③

李百药、于志宁都是初唐著名的碑文家。其中李百药和虞世南经历相同，前半生在隋陈渡过，54 岁时由隋入唐，供职文苑 30 年，《全唐文》收录其 7 篇碑文。稍后的于志宁 31 岁时入仕，历经高祖、太宗、高宗三朝。《全唐文》收录其碑文 9 篇。李、于碑文和虞世南风格相同，通篇以四六句行文，对仗用典，声律偶对，极尽铺陈之能，其堆砌辞藻，描写精细绵丽，追求形式的唯美，写人一例虚赞溢美，代行王言，彰显官方之褒奖，极尽骈俪之能。此外，朱子奢、令狐德棻、魏征等人的碑志文也是此类风格，体现出馆阁群臣为文的宫体特色，这明显是南朝徐庾文风的延续。

虞世南自 64 岁仕唐至 80 岁去世，主持唐文坛十多年，影响和带动初唐文坛骈俪文风的兴起。此后上官仪、许敬宗等人主掌文坛，更将婉媚华

---

① ［清］董诰：《全唐文》卷九九四，第 10296 页。
② ［清］陆心源：《唐文拾遗》卷一四，［清］董诰：《全唐文》，第 10511 页。
③ ［清］董诰：《全唐文》卷一四四，第 1459 页。

丽的骈俪文风推向进一步发展。上官仪历事太宗、高宗、武后三朝,担任过皇家图书馆校正图籍、教授生徒的直学士及秘书少监、西台侍郎等职,恩宠一时,在文坛享有崇高的地位。上官仪归纳六朝以来诗文中的对仗方法,提出"六对"、"八对"之说,倡导文体的形式美,其作品也都以此见长,时称"上官体"。其文集三十卷所录皆骈文,所作碑志文绮错婉媚,精警工致,浮华奢靡。如《大唐故辅国大将军荆州都督虢国公张公墓志铭并序》写墓主张士贵:

　　公纳阴陆之金精,应文昌之宝纬。含百炼而凝质,绝千里而驰光;揭日月而傍照,怀风云而上耸。立言无玷,树德务滋,逸气掩于关中,神契通于坛上。扬名基孝,载深五起之规;约身由礼,克懋十伦之躅。熊掌之义,早殉于髫年;马革之诚,凤彰于卯岁。加以屈壮夫之节,尤缉睢涣之文;略非圣之书,方砺昆吾之宝。

　　…………

　　公英谋雅算,喻伏波之转规;决胜推锋,体常山之结阵。肃清嵪巂,系赖攸归。因统所部,镇于陕服,受相府司马刘文静节度。每陈东略之计,益见嗟赏。遂进下同轨,以置函州。……公投盖先登,挥戈横厉;屠城掔邑,涉血流肠。对武安而瓦落,俯秦坑而逵沸。……窦建德鸣镰氾水之东,王行本警柝武牢之上,于是料敌制变,箕张翼舒;鲁旗靡而俱奔,纪郜登而咸缒。[①]

　　从墓主的祖籍、人品写至军功政绩,层层铺叙,句式上骈四俪六,隔句作对,语言上藻饰丽辞、和谐声律。通过大量的排比和用典凸显人物一生的活动经历。行文体式工整平稳,在辞采的华美和气势的宏壮上颇为突出,比起徐庾骈俪唯美文风有过之而无不及。

　　受其影响,这一时期褚亮、褚遂良、欧阳询、颜师古、许敬宗等人的碑志文也是这类风格。褚亮《左屯卫大将军周孝范碑铭》:"公惟岳降生,含章秀出,湛机神而内融,肃墙宇以外峻。因心本孝之义,发自天资;率由立身之道,匪因傍习。……兵书军志,虽不学于孙吴;嘉谋远算,自追踪于卫霍。"以四六骈俪句行文,语句对仗工整,声律和谐,于类比用典方面尤为繁富,

---

①　吴钢:《全唐文补遗》第一辑,第40—41页。

先后通过与"孙吴"、"卫霍"、"盖延"及"王济"的对比,突出墓主的军事才能。其后许敬宗也因碑文而名重一时,其代表作《唐并州都督鄂国公尉迟恭碑》多达三千六百多字,写人记事,宏大壮美,夸饰铺陈,可谓初唐骈俪碑文的代表作,如写墓主尉迟恭的崛起:"惟公资和清粹,禀锐雷霆。勇冠六军,不失独夫之色;志澄四海,斯于万里之外。登范车而绎虑,抚陈室以栖情。苍璧内融,负青冥其非远;白珪外审,体黄裳而愈固。"叙事宏大,篇幅冗长,铺陈排比,夸饰用典,浩繁靡丽,藻饰丰富,体现出典型的骈俪特色。

武则天当政及玄宗开元前期,上官仪去世后,当时名家崔融、李峤等人的碑文,仍沿袭骈俪文风,刻意铭功颂美,如崔融《嵩山启母庙碑》《唐故密亳二州刺史赠安州都督郑公碑》、李峤《大周降禅碑》《宣州大云寺碑》《洛州昭觉寺释迦牟尼佛金铜瑞像碑》《攀龙台碑》等,抒写武则天及其宠臣的政绩,其歌功颂德,夸饰溢美,极尽唯美骈俪文风之能事。《旧唐书·崔融传》载:"圣历中,则天幸嵩岳,见融所撰《启母庙碑》,深加叹美,及封禅毕,乃命融撰朝觐碑文。"①《新唐书·李峤传》:"峤富才思,有所属缀,人多传讽。武后时,汜水获瑞石,峤为御史,上《皇符》一篇,为世讥薄。然其仕前与王勃、杨盈川接,中与崔融、苏味道齐名,晚诸人没,而为文章宿老,一时学者取法焉。"②可见其影响。

唐初文坛,不光文臣,就是帝王亲作碑文,也追求骈俪,如唐太宗李世民《秦王告少林寺主教碑》《晋祠铭》《温泉铭》《圣教序》、唐高宗《大唐纪功颂》《万年宫铭》《明征君碑》《李勣碑》、武则天《唐天后御制诗碑》《述圣记》《升仙太子碑》、唐中宗《褒卢正道敕》、唐睿宗《武士彠碑》《杨氏碑》《升中述志碑》《孔子庙堂碑额》《景龙观钟铭》、唐玄宗《纪泰山铭》《大慧禅师一行碑铭》《青城山常道观敕》《阙特勤碑》《石台孝经》《大唐金紫光禄大夫行侍中兼吏部尚书弘文馆学士赠太师正平忠宪公裴公碑铭》等,都以骈文写作,辞采华美,藻饰丰富,用典迭出,铺陈夸饰,展现着统治者的才情和好大喜功心理。

总而言之,初唐文坛的碑志文,盛行骈俪之体,内容上也多应制之作,其中虽不乏吟风弄月、赏心娱情之篇什,但更主要的内容是颂扬太平盛世

---

① ［五代］刘昫:《旧唐书》卷九四,第 2996 页。
② ［宋］欧阳修、宋祁:《新唐书》卷一二三,第 4371 页。

和帝王的功德。其艺术风格是典雅绮丽，雍容平和，有一种祥和大度的气派，显示出唐王朝兴旺发达的气象；缺点是藻饰雕琢、刻意求工求丽，使得行文缺乏自然风韵，偶对流于板滞，结构也程式化，作家个性风格模糊，千篇一律，整体上尚未摆脱齐梁骈文绮艳浮靡之习。正如明人陆时雍《诗镜总论》所说："调入初唐，时带六朝锦色。"①刘知几评论当时文风："爰泊中叶，文体大变，树理者多以诡妄为本，饰辞者务以淫丽为宗。……若马卿之《子虚》《上林》，扬雄之《甘泉》《羽猎》，班固《两都》，马融《广成》，喻过其体，词没其义，繁华而失实，流宕而忘返，无裨劝奖，有长奸诈"②，"华而不实，过莫大焉"③。

　　物极必反，文章形式毕竟是为内容服务的，所谓质胜文则史，文胜质则野，文质彬彬，然后君子。初唐文坛由于虞世南等承袭陈隋余绪，文宗徐庾，推行骈俪文体，使得碑志文沿着形式主义方向发展，唯美风行。而格式极度规范的同时亦趋于僵化，《旧唐书·文苑传》载"先是文士撰碑颂，皆以徐、庾为宗，气调渐劣"④，以致"铺排郡望，藻饰官阶，殆于以人为赋，更无质实之意"，"加以为文者竞相文饰，使文章之道，多见虚浮华靡，气格不振"⑤。如此就导致文章创作的种种弊端，影响到社会政治风气和文化思潮。钱基博《中国文学史》论述徐庾体碑文及其影响说："信以碑版之文擅名一代，然数篇之后，落调多同，用事多复，习见不鲜，遂成窠臼。不如赋之往往遒变，篇各有意。……信之在周也……王公碑志，咸相托焉。然多兴朝贵人，雍容揄扬。"⑥钱钟书《管锥编》亦批评庾信云："集中铭幽谀墓，居其太半，情文无自，应接未遑，造语谋篇，自相蹈袭，虽按其题，各人自具姓名，而观其文，通套莫分彼此。惟男之于女，扑朔迷离，文之于武，貂蝉兜牟，尚易辨别而已。斯如宋以后科举应酬文字所谓"活套"，固六朝及初唐碑志通患。"⑦伴随着时代发展和政治需要，骈俪文风的弊端日益突出，引起一批朝野文士的忧患，文体改革势在必行了。

①　丁福保：《历代诗话续编》，中华书局，1983年，第1411页。

②　[唐]刘知几：《史通》内篇《载文》，第90页。

③　[唐]刘知几：《史通》内篇《言语》，第109页。

④　[五代]刘昫：《旧唐书》卷一九〇，第5013页。

⑤　[清]章学诚：《文史通义》卷八，辽宁教育出版社，1998年，第29页。

⑥　钱基博：《中国文学史》，第214页。

⑦　钱钟书：《管锥编》，中华书局，1986年，第1527页。

第三节　文风初变:魏征、王勃、杨炯的碑文

中国的散文,从一开始便是重实用的,在表现形式上是散体,虽杂有骈句,而骈体并没有得到发展。随着文学与经、史、子、集的逐渐分离,它的抒情特质、辞采和声韵之美,也便不断被认识和有意识地发展。铺排描写,极尽刻画之能事,汉大赋开始显露出辞采的魅力。建安、正始间,通篇骈体开始出现,如应璩书信,辞采之外,加上偶句,带来一种节奏之美。此后,骈文和骈赋便都逐步走向成熟。偶句、辞采、用典和声韵,无疑给骈文带来一种纯文学技巧的追求,实用的意义退居次要地位,审美的意义突出来了。从这一点说,骈文的发展在中国文学散文的发展中意义是巨大的①。南朝徐庾及初唐文坛虞世南等人的骈体碑文,充满辞采和节奏之美,在中国散文的技巧和表现手法上的贡献是值得肯定的,它是文学独立成科的产物,反映着散文观念的变化。但是骈文发展过程中,由于其强调外在的美学特征,实用功能始终居于其次。特别是南朝盛行娱乐化文风,这一方面使得骈文由审美走向唯美,在文辞及写作技巧的形式上更进一步,一方面也忽视其实用功能,使得骈文的内容与现实脱节,描写浮泛虚华,使得文章成为纯形式技巧的东西,而这是违背儒家传统的诗教观的。所以陈子昂《修竹篇序》感叹"汉魏风骨","晋宋莫传","兴寄都绝","风雅不作"②。欧阳修《集古录跋尾·隋太平寺碑》云:"南北文章至于陈、隋,其弊极矣。"③其《唐卫国公李靖碑》又云:"唐初承陈、隋文章衰敝之时,作者务以浮巧为工,故多失其事实,不若史传为详。"④石介《上赵先生书》也说:"唐之初,承陈、隋剥乱之后,余人薄俗,尚染齐、梁流风,文体卑弱,气质丛脞,尤未足以鼓舞万物,声明六合。"⑤诸家所论,都指出陈隋骈俪文的弊端。

唐朝建立后,江山一统,文化融合,整个社会百废待兴,大国气象呼之欲出。时运交替,质文相遭。而徐庾之骈俪文风是王朝偏安一隅局促东南

---

① 罗宗强:《唐代古文运动的得与失》,《文史知识》1988 年第 4 期。
② [清]彭定求等:《全唐诗》卷八三,第 895—896 页。
③ [宋]欧阳修:《欧阳修全集》卷一三八,第 2179 页。
④ [宋]欧阳修:《欧阳修全集》卷一三八,第 2197 页。
⑤ [宋]石介:《徂徕石先生文集》卷十二,中华书局,1984 年,第 136 页。

的产物,其留恋风月,吟赏声色,在碑文中抒写个人的哀情悲思,内容狭窄,情感浅薄,表现手法单一,题材逼仄,视野偏狭,这显然和唐王朝的国力、气势不相适应。大一统政权的建立,需要的是和王朝政治相适应的昂扬奋发、磅礴大气、刚健有为的文风,虞世南、上官仪等的陈隋余响式创作,已经不符合社会发展潮流,与之相应,文体改革出现了。拉开初唐文体改革序幕的是来自朝野的魏征、王勃、陈子昂等人,上下互动,其从创作实践和理论上都推行文体变革,为初唐文坛吹来一阵清新而强劲的风。

一、魏征的碑文

魏征与虞世南都是前朝旧臣,由隋入唐。担任过秘书监等要职。但不同的是,魏征来自北方地域,为人耿直忠厚,正所谓文如其人,其为文有着北方文学雄浑刚健、质实致用的风格。在虞世南等南方文人写作唯美骈俪之文的同时,魏征就着眼于政教得失,反对骈体的虚浮文风,力主文坛改革,其《群书治要序》云:"近古皇王,时有撰述,并皆包括天地,牢笼群有,竞采浮艳之词,争驰迂诞之说,骋末学之传闻,饰雕虫之小技,流荡忘反,殊途同致。虽辩周万物,愈失司契之源,术总百端,弥乖得一之旨。"①可见魏征论文强调文章思想内容的深厚博大,反对单纯追求丽辞藻句的形式主义文风。魏征甚至将陈隋的骈俪淫靡文风与王朝命运等同起来,认为两者有着必然的因果关系,其云:"古人有言:亡国之主,多有才艺,考之梁、陈及隋,信非虚论。然则不崇教义之本,偏尚淫丽之文,徒长浇伪之风,无救乱亡之祸矣。"②在《陈书·张贵妃列传》中,他描述陈后主以文学纵乐的情形:"后主每引宾客对贵妃等游宴,则使诸贵人及女学士与狎客共赋新诗,互相赠答,采其尤艳丽者以为曲词,被以新声,选宫女有容色者以千百数,令习而哥〔歌〕之,分部迭进,持以相乐。"③将文风兴衰与帝王才艺爱好、江山寿祚等联系在一起,指出浮艳文风的危害。在《隋书·文学传序》中,他借评价两代文学,再次陈述这一观点:"梁自大同之后,雅道沦缺,渐乖典则,争驰新巧。简文,湘东,启其淫放,徐陵、庾信,分路扬镳。其意浅而繁,其文匿

_____

① 〔清〕董诰:《全唐文》卷一四一,第 1431 页。
② 〔唐〕姚思廉:《陈书》卷六,第 80 页。
③ 〔唐〕姚思廉:《陈书》卷七,第 89 页。

而彩，词尚轻险，情多哀思。格以延陵之听，盖亦亡国之音乎？"①认为徐庾之文，虚浮淫丽，背离雅道，轻薄哀艳，助长享乐之风，是亡国之音。身为历史学家、政治家，魏征深知前朝陈隋因崇尚骈俪文风带来的危害，他反对浮华淫丽、享乐唯美的形式主义骈俪文风，将其上升到帝王命运、王权兴亡的高度，认识较为深刻。魏征不仅看到文风的好坏与政权兴废的关系，也看到文风与地域水土的关系。身为北方文人，魏征对北方文学刚健有为的精神气质有着深刻体会，同时也肯定和欣赏南方文学清新流丽的审美追求，因此主张南北文学合流，各取其能，使文章内容的充实与形式的美相统一，为现实政治服务。其云：

> 江左宫商发越，贵于清绮，河朔词义贞刚，重乎气质。气质则理胜其词，清绮则文过其意。理深者便于时用，文华者宜于咏歌。此其南北词人得失之大较也。若能掇彼清音，简兹累句，各去所短，合其两长，则文质斌斌，尽善尽美矣。②

魏征力倡文体革新，并非要反对骈文，而是反对骈文偏执于文辞之美、忽视内容的质实刚健之流弊，主张文章内容与形式的统一。其碑志文虽不出骈俪范畴，但语句流畅生动，写人记事内容充实，气势凌厉，较之于虞世南等馆阁群臣的宫体碑文，少虚浮奢靡之笔，更显刚健清新、厚实有力。如《唐故邢国公李密墓志铭》开头："观乎天造草昧之初，有圣经纶之始，原鹿逐而犹走，瞻乌飞而未定，必有异人间出，命世挺生，负问鼎之雄图，郁拔山之壮气，控御英杰，鞭挞区宇，志逸风飙，势倾海岳，或一丸请封函谷，或八千以割鸿沟，夏殷资以兴亡，楚汉由其轻重，懋功隳乎既立，奇策败于垂成，仰龙门以摧鳞，望天池而坠翼，求之前载，岂代有其人者哉？"着眼于历史风云变幻，一番纵横捭阖、博古论今的抒写，为英雄人物的出现埋下伏笔，议论大气，叙写深厚，自有一番雄浑昂扬的声势。接下来写墓主李密的才华贡献：

> 公年甫弱冠，时人未许，景武一见风神，称其杰出，乃命诸子，从而友焉。并结以始终之期，申以死生之分。暨有隋二世，肆虐黔首，三象雾塞，

---

① ［唐］魏征：《隋书》卷七六，中华书局，1973 年，第 1730 页。

② ［唐］魏征：《隋书》卷七六，第 1730 页。

五岳尘飞。妖灾所臻,匪唯血落星陨;怨讟所动,宁止石言鬼哭。辙迹遍于天下,徭戍穷于海外。冤魂塞宇宙,白骨蔽原野。坟垄发掘,城郭邱墟,万里萧条,人烟断绝。公与楚公协契,共拯横流,未息溟海之波,几及昆冈之火。亡自道中,窜身草泽,奋臂大呼,群雄向起,豹变梁楚,凤翔巩洛,据敖庾而塞辗辕,登太行而临白马。①

描写战争场景,选取"三象雾塞"、"五岳尘飞"、"冤魂塞宇宙,白骨蔽原野"与"万里萧条,人烟断绝"等典型景象,惨烈萧杀,逼真可感,突显隋末战乱迭起、民不聊生的时代风云,为表现人物的崛起作了有力铺衬。写墓主的英姿勃发、刚健有为,更以细节取胜:"见机而作"、"交必一时之俊,谈必霸王之略"、"奋臂大呼,群雄向起"。写其文采,则铺陈排比。通篇综合运用多种艺术手法,跌宕起伏,生动传神,最终使得墓主雄才大略、功德赫赫的形象跃然纸上,也显示出魏征行文笔力之高超。清人孙梅赞之"神峰百炼,卓绝古今"②。

再如《九成宫醴泉碑铭》写掘地及泉的过程:"历览台观,闲步西城之阴,踌躇高阁之下,俯察厥土,微觉有润,因而以杖导之,有泉随而涌出,乃承以石槛,引为一渠。其清若镜,味甘如醴。南注丹霄之右,东流度于双阙。贯穿青琐,萦带紫房。激扬清波,涤荡瑕秽。可以导养正性,可以澂莹心神。鉴映群形,润生万物。同湛恩之不竭,将元泽之常流。"行文清新优美,声韵流动,写泉水的涌出可谓活灵活现,颇具特色。

魏征虽然提出文体改革主张,但其创作古文数量较少,难以在实践上推动文体改革。《全唐文》也仅收录其碑志文 3 篇,皆以骈俪体写就。高步瀛评价魏征的《十渐不克终疏》云:"虽用偶句,而词旨剀切,气势雄骏与六朝骈文俪黄妃白者迥然殊途。"③其碑文也有如是特色,但正因行文过于追求质朴,就缺乏应有的文采,同他自己标举的文质彬彬的审美标准相去甚远,所以魏征其人其文不足以扭转绮艳柔靡的骈俪文风,对初唐碑志文坛影响不大。其后真正大力创作碑志文的是王勃和杨炯。

---

① ［清］董诰:《全唐文》卷一四一,第 1435 页。
② ［清］孙梅:《四六丛话》卷十八,人民文学出版社,2010 年,第 372 页。
③ 高步瀛:《唐宋文举要》卷一,上海古籍出版社,1982 年,第 16 页。

二、王勃和杨炯的碑文

杨炯《王勃集序》云：

> 尝以龙朔初载，文场变体，争构纤微，竞为雕刻；糅之金玉龙凤，乱之朱紫青黄，影带以徇其功，假对以称其美。骨气都尽，刚健不闻，思革其弊，用光志业。薛令公朝右文宗，托末契而推一变。卢照邻人间才杰，览清规而辍九攻。知音与之矣，知己从之矣。于是鼓舞其心，发泄其用；八弦驰骋于思绪，万代出没于毫端，契将往而必融，防未来而先制，动摇文律，宫商有奔命之劳；沃荡词源，河海无息肩之地，以兹伟鉴，取其雄伯。壮而不虚，刚而能润，雕而不碎，按而弥坚，大则用之以时，小则施之有序，徒纵横以取势，非鼓怒以为资。长风一振，众萌自偃，遂使繁综浅术，无藩篱之固，纷绘小才，失金汤之险。积年绮碎，一朝清廓，翰苑豁如，词林增峻。反诸宏博，君之力焉；矫枉过正，文之权也。后进之士，翕然景慕。久倦樊笼，咸思自择。近则面受而心服，远则言发而响应。教之者逾于激电，传之者速于置邮。得其片言，而忽焉高视；假其一气，则邈矣孤骞。窃形骸者，既昭发于枢机；吸精微者，亦潜附于声律。虽雅才之变例，诚壮思之雄宗也。……乾坤日月张其文，山河鬼神走其思，长句以增其滞，客气以广其灵，已逾江南之风，渐成河朔之制。[①]

这段文字虽然是在描述王勃一人的革旧布新之功，但实际上也连带着卢照邻等三人。尽管王勃、杨炯、卢照邻、骆宾王四人的创作成就不尽相同，但在变革唐初的绮靡浮艳文风上都有不容忽视的作用。四杰的贡献在于，感受到盛唐社会到来之前的种种变化，首先从文学领域发起变革，为唐代强盛时代的到来作准备，这是比一般作家更为敏锐和进步的地方。

王勃被奉为初唐四杰之首，以诗文知名，其强调文学的政治教化作用，以绮靡文风将导致国家危亡来耸动视听，在《上吏部裴侍郎启》中，王勃表明自己的文论主张：

> 夫文章之道，自古称难。圣人以开物成务，君子以立言见志。遗雅背训，孟子不为，劝百讽一，扬雄所耻。……自微言既绝，斯文不振。屈、宋导

---

① ［唐］卢照邻、杨炯：《卢照邻集·杨炯集》卷三，第36—37页。

浇源于前,枚、马张淫风于后,谈人主者,以宫室园囿为雄,叙名流者,以沈酗骄奢为达。故魏文用之而中国衰,宋武贵之而江东乱。虽沈、谢争鹜,适先兆齐、梁之危,徐、庾并驰,不能止周、陈之祸。于是识其道者,卷舌而不言,明其弊者,拂衣而径逝,《潜夫》《昌言》之论,作之而有逆于时,周公、孔氏之教,存之而不行于代。天下之文,靡不坏矣。[①]

王勃以孟子和扬雄为例,倡导文章的实用功能,指出沈约、谢灵运及徐陵庾信等唯美文风对国家社会的危害,认为文章应倡明周公孔氏之教,有益于政治,反对华而不实的虚浮之作。在《山亭思友人序》中,王勃说:

文章可以经纬天地,器局可以畜泄江河。……至若开辟翰苑,扫荡文场,得宫商之正律,受山川之杰气,虽陆平原、曹子建足可以车载斗量;谢灵运、潘安仁足可以膝行肘步。思飞情逸,风云坐宅于笔端,兴洽神清,日月自安于调下云尔。[②]

在《平台秘略赞·艺文》中,王勃又指出文章应该"气陵云汉,字挟风霜"[③]。可见,王勃论文主张内容的充实有力,强调文学的现实政治功能,对梁陈的骈俪体形式主义文风提出诸多批评,认为文章要有内在的风骨和气势,这是比魏征论文深刻的地方。

王勃一生颇多受请作碑文,但传世不多,清人董诰编《全唐文》收录其10篇碑志文,清人蒋清翊《王子安集注》收录其11篇碑志文。王勃碑文多是为佛寺庙堂所写,如总章二年(669)游历梓州时所作《梓州飞乌县白鹤寺碑》《梓州通泉县惠普寺碑》《梓州郪县灵瑞寺浮图碑》《梓州元武县福会寺碑》《梓州郪县兜率寺浮图碑》,都是应寺庙所请而作;其传世的墓碑文则有《唐故度支员外郎达奚公墓志》《归仁县主墓志》《唐故河东处士卫某夫人贺拔氏墓志》等。其碑志作品虽不出骈俪之体,但行文内容刚健充实、语句清新优美,情感浓郁而真切,气势恢宏壮美,文人个性色彩突出,已多革新之变,呈现出和虞世南等宫体碑文截然不同的风貌。

如《梓州飞乌县白鹤寺碑》写寺庙之美:

三十二相,临玉座以相辉;八十四仪,拥金山而圆立。层甍四合,烁奔

①　[清]蒋清翊:《王子安集注》,上海古籍出版社,1995年,第129—131页。
②　[清]蒋清翊:《王子安集注》,第273—274页。
③　[清]蒋清翊:《王子安集注》,第428页。

电于丹楹；复殿三休，络浮烟于翠幌。因高积磴，疑迁倒景之台；架险连荣，似立迎风之观。雕檐竞注，萦雾道以龙回；绣桷争飞，僄云衢而凤矫。①

由远到近，视听互衬，层层铺开，视野开阔而明朗，情调轻快而愉悦，谋篇布局跌宕起伏，文采情辞灵动飞扬，时空不断变幻，塑造出一个天上人间的美妙境界，诗情画意，自在其中。其余如《梓州郪县兜率寺浮图碑》："林泉纠合之势，山川表里之制，抽紫岩而四绝，叠丹峰而万变。连溪拒壑，所以控引太虚；蒸云驾雨，所以荡泄元气。涪江千仞，波潮将旭日争光；都城百雉，甍栋与晴霞共色。信造化之奇模，尽登临之妙境。元房雾转，抗金枢于桂岊之前；绀殿星开，栖玉刹于梅林之下。岩花落沼，近拂天衣；涧叶低阴，斜笼宝座；宵汀鹤警，乘鼓吹而齐鸣；晓峡猿清，挟霜钟而赴节。"《梓州通泉县惠普寺碑》："西驰峭崿，山连白雉之郊；东赴长川，江走黄牛之峡。崇墉却峙之势，庭衢四会；胜里九曲之分，闾阎万积。危冠祛服，参差轩盖之前；露渚风畦，隐轸亭皋之望。是惟仙境，实启香城；焕若神明，恍同化出。"写山寺河流、地势天象，落笔悠远苍茫而恢宏大气，高下远近，类比铺陈，逐层宕开，通过从声色光影不同角度的描绘，映衬对比，突出山寺的伟岸高峻、神秘幽美。其思维跳跃，时空转换，行文才情飞扬、诗笔清新，意境深邃而博大，读之如身临其境。再如《广州宝庄严寺舍利塔碑》写宝塔的灵光映射："道可以知归，物縣其显会。是岁也，忽于此塔，重睹神光，玉林照灼，金山具足。倏来忽往，类奔电之含云；吐焰流精。若繁星之转汉。倾都共仰，溢郭周窥，士女几乎数里，光景动乎七重。实孟冬之日也。观夫至道不私，瑞生必由乎乐国；庆基有会，福至必依于善人。自非化足动微，教非饰迹，何以发真如之盛契，壮实相之辉华。"虽用骈俪之句，但描写不事虚浮，不落窠臼，而是由景及人，娓娓道来，秩序井然，最终通过一系列的排比和反衬，写出宝塔灵光返照而群情涌动的场景，极具动感之美。

除了写景，王勃碑文在写人记事方面也颇显清新刚健之风。《益州夫子庙碑》是王勃在彭州时应九陇县令、好友柳太易所请而作的碑文，当时朝廷诏令全国营造修葺孔子庙，能受邀为孔庙撰碑，是一种殊荣，包含着对撰文者文采品行的肯定与彰扬。王勃为此特别用心，其构筑谋篇，铺叙布局，都精工细致。全文从圣人之大业、圣人之至象、圣人之降迹、圣人之成务、

---

① ［清］蒋清翊：《王子安集注》，第 479—481 页。

圣人之救时、圣人之立教等十个方面写起,赞扬孔子的巍巍盛德,并就此展开进一步论述,颂扬帝唐尊孔崇儒的英明政策及各级官吏的贤能方正:

> 旷怀足以御物,长策足以服人。重泉之惠训大行,单父之讴谣遂远。犹为夏弦春诵,俗化之枢机。西序东胶,政刑之根本。上祗朝宪,下奉藩维。爰搜复庙之仪,载阐重檐之制。三门四表,焕矣惟新;上哲宗师,肃焉如在。将使圆冠方领,再行邹鲁之风;锐气英声,一变賨渝之俗。于是侍郎幽思,摛凤藻于环林;丞相高材,排龙姿于璧沼。遗荣处士,开帘诠孝弟之机;颂德贤臣,持节听中和之乐。其为政也可久,其为志也可大。方欲变化台极,仪刑万宇,岂徒偃仰听事,风教一同而已哉?①

通篇结构工整,铺写宏大,叙议结合,开合自由。语言上也改变了单纯四六骈俪句行文的方式,参杂以散体句,排比与反诘兼用,突破骈句僵化刻板之弊,流畅灵活,颇显气势之凌厉。笔力质实刚健,颇显雄浑古雅之美。杨炯《王勃集序》评论王勃:"每有一文,海内惊瞻。所制《九陇县孔子庙堂碑文》,宏伟绝人,稀代为宝,正平之作,不能夺也。"②

王勃的碑文情感浓郁,体现出文人个性化的生命感怀和价值思考,这也是较之于馆阁群臣碑文更为进步的地方,如《益州夫子庙碑》的结尾,王勃借对孔子的崇敬之情抒发自我怀才不遇之叹:

> 勃幼乏逸才,少有奇志。虚舟独泛,乘学海之波澜;直辔高驱,践词场之阃阈。观质文之否泰众矣,考圣贤之去就多矣。自生人以来,未有如夫子者也。嗟乎!今古代绝,江湖路远。恨不得亲承妙旨,摄齐于游夏之间;躬奉德音,攘袂于天人之际。抚身名而永悼,瞻栋宇而长怀。呜呼哀哉!③

此种情感在其他碑文更多有表露:

> 弟子家嗣太丘,忝闻门之薄宦;地连滩涣,窃藻绘之余工。爰托下才,用旌高躅。岂知仲宣旅泊,方衔深井之悲;长卿罢归,空负陵云之气。④

> ——《广州宝庄严寺舍利塔碑》

---

① 〔清〕蒋清翊:《王子安集注》,第455—457页。
② 〔唐〕卢照邻、杨炯:《卢照邻集·杨炯集》卷三,第36页。
③ 〔清〕蒋清翊:《王子安集注》,第457页。
④ 〔清〕蒋清翊:《王子安集注》,第542页。

且勃旅游岷徼,漂泊涪乡,年暮一穷,时灰七变。王阳西上,方惊敛辔之心;王粲南征,实动登楼之思。我之怀矣![1]

——《梓州郪县灵瑞寺浮图碑》

在碑文中表达文人个性化的情怀和生命价值观,展现自我的伤悼意识和悲悯感思,王勃可谓初唐第一人,这和他对文章的认识有关。在《秋日游莲池序》一文中,王勃云:"志之所之,用清文而销积恨。我之怀矣,能无情乎?"[2]认为文章是情志所在,足以销恨,而怀才不遇、命运多舛的个性经历更使其为文为人颇多抑郁忧恨之情。碑者,悲也,这种浓厚的文人个性化感情色彩,增强碑文的文学性,扩大碑志文的功能和影响,使得唐代碑文由宫体应制文进一步走向民间走向大众社会,成为一种应用广泛、内涵丰富、表现多样的实用新文体。

王勃传世的墓碑文无几,如《唐故度支员外郎达奚公墓志》《归仁县主墓志》《唐故河东处士卫某夫人贺拔氏墓志》等,皆受人所请而作,记录死者的生平事迹,就其品行功绩进行例行的夸饰赞美,多属应酬为文,价值不高。

王勃的碑志文虽以骈体书写,但语句清新,情感真切,气势充沛,较之与宫体碑文,已显革新之风,可谓"气陵云汉,字挟风雷"[3],"得宫商之正律,受山川之杰气"[4]。《新唐书·王勃传》云:"勃与杨炯、卢照邻、骆宾王皆以文章齐名,天下称'王、杨、卢、骆'四杰。炯尝曰:'吾愧在卢前,耻居王后。'议者谓然。"[5]可见王勃的才气文名及影响。作为初唐杰出的作家,王勃在碑志文中追求宏大的声势和浓烈的感情,抒发个性生命情怀,为文坛清除骈俪浮艳文风、改革碑志文体作出了贡献。

杨炯也善写碑志文,《全唐文》收录其25篇碑志文,在初唐碑志作家中,算得上多产。初唐四杰中,杨炯的仕途最好,其少年得志,10岁便举神童,高宗时担任弘文馆学士,武则天时与崔融等同为崇文馆学士,一生多历官,活动中心也在帝都长安,不像王勃、骆宾王等怀才不遇,长期流

---

① [清]蒋清翊:《王子安集注》,第550页。
② [清]蒋清翊:《王子安集注》,第194页。
③ [清]蒋清翊:《王子安集注·平台秘略赞·艺文》,第428页。
④ [清]蒋清翊:《王子安集注·山亭思友人序》,第274页。
⑤ [宋]欧阳修、宋祁:《新唐书》卷二〇一,第5741页。

落。杨炯仕途顺利，长年供职帝胄，这造成其性格傲岸张狂的一面，唐初张鷟所写《朝野佥载》云："唐衢州盈川县令杨炯，词学优长，恃才简倨，不容于时。每见朝官，目为'麒麟楦'许怨。人问其故，杨曰：'今铺乐假弄麒麟者，刻画头角，修饰皮毛，覆之驴上，巡场而走，及脱皮褐，还是驴马。无德而衣朱紫者，与驴覆麟皮何别矣！'"①宋之问《祭杨盈川文》也说杨炯："惟子坚刚，气陵秋霜。行不苟合，言不苟忘。"②可见杨炯为人恃才倨傲，放荡不羁，颇有刚直不阿之风。正所谓文如其人，这在其诸多作品中都有反映。

和王勃一样，杨炯反对文坛上的绮靡文风，他在《王勃集序》中反对因单纯追求形式技巧而脱离现实、粉饰太平的创作倾向，主张文章的"风骨""刚健"之美，这些主张都表现于其碑志文创作中。

杨炯碑志文可分为两类，一类是写给佛寺庙堂的，如《梓州惠义寺重阁铭并序》《遂州长江县先圣孔子庙堂碑》《大唐益州大都督府新都县学先圣庙堂碑文并序》《少室山少姨庙碑铭并序》等；一类是写给亲朋故旧的，如《唐同州长史宇文公神道碑》《唐恒州刺史建昌公王公神道碑》《泸川都督王湛神道碑》《唐赠荆州刺史成公神道碑》《唐上骑都尉高君神道碑》《唐昭武校尉曹君神道碑》《原州百泉县令李君神道碑》《大周明威将军梁公神道碑》《从弟去盈墓志铭》《从弟去溢墓志铭》《从甥梁锜墓志铭》《隰州县令李公墓志铭》《杜袁州墓志铭》《李怀州墓志铭》等。

在写给寺庙的碑文中，杨炯学习王勃，追求恢弘的气势和浓烈的感情，纪德颂圣，铺叙丰富，渲染浩繁，篇幅宏大，富夸饰铺陈之辞，行文都多达两千字以上，如《大唐益州大都督府新都县学先圣庙堂碑文并序》《遂州长江县先圣孔子庙堂碑》。这两篇碑文思想内容与结构形式都基本相同，前面引经据典、广采博议，颂扬孔子的高贵品质和学识功绩，继而颂扬唐王朝顺天应人、尊孔重教的功勋，接着颂扬修建孔庙的地方官员，最后以四字句的铭文进行总结。通篇以弘扬孔子美德和儒家教义为中心，将孔子、皇帝、官员等逐一歌颂。内容虽了无新意，但就文辞而言，和一般颂美的程式化碑文又不同。其行文气势恢宏、文采飞动，隶事用

① ［宋］李昉：《太平广记》卷二六五，中华书局，1961年，第2072页。
② ［清］董诰：《全唐文》卷二四一，第2440页。

典可谓清新刚健,表达手法上则力求纵横交错,跌宕有致。至于《少室山少姨庙碑铭并序》和《梓州惠义寺重阁铭并序》,前者借题发挥,浩浩荡荡,对少姨庙祀主即传说中夏禹妻子涂山氏之妹进行抒写,歌颂其惠泽黎民、慈爱天下的功绩,议论抒情,开合自如;后者则以写景取胜,前半部分描写重阁所在地长平山的山形走势,后半部分写重阁建成后的景象。文辞虽不免雕饰,但也清丽雅致,给人以美的享受:

> 援飞茎,陟峭崿。削成千仞,壁立万寻;俯观大道,仅如枣叶;下望须弥,裁同芥子。飞流滴沥而成响,乔树璀璨而垂荣。玉堂石室,千门相似;大殿珠毫,十方皆现。……金火合舍于垂珠,日月相望于衔璧。璇墀银砌,平接太阶;玉户金扉,俯临闾阎。曳红日,舒丹霞。丰隆为雷,砰铿訇于轩槛;列缺为电,翕曶霍于庭除。寒暑隔阂于墙垣,虹霓回带于廊庑。仰之不极,目炫炫而丧精;登之无阶,心遑遑而失度。[1]

写山形,写地势,通过一系列的动词叠用,如"援"、"陟"、"削"、"观"、"望"、"曳"、"舒"等,再通过选取典型的意象,如"飞流"、"乔树"、"金火"、"玉户"、"红日"、"丹霞"等,使得画面色彩缤纷、灵动十足。而比喻、排比、对比及拟人手法的运用,使得景物自上而下,由远及近,层层铺开,更使描写颇具立体的延伸感,通篇用笔恢弘博大而又细腻逼真,凸显惠义寺重阁高峻绮丽、美不胜收的景色,语句流畅自如,叙写细致生动,美景美文,令人赏心悦目。

杨炯的墓碑文,如《泸川都督王湛神道碑》《唐同州长史宇文公神道碑》《唐赠荆州刺史成公神道碑》《唐上骑都尉高君神道碑》《唐昭武校尉曹君神道碑》等,多受人所托,应制为文,虽不免溢美谀墓,带有模式化程式化的倾向,但也有些许篇幅清新自然,记人不落俗套,描写精工,细节逼真,内容充实,刚健有力,显示出作者的文采。如咸亨元年(670)所作《唐右将军魏哲神道碑》,写边塞之景:

> 长榆历历,烽火犹惊;高柳依依,边风尚急。关山夜月,遂为胡虏之秋;西北浮云,翻作穹庐之景。

写战场之残酷:

---

① 　[唐]卢照邻、杨炯:《卢照邻集·杨炯集》卷五,第72—73页。

　　陈兵玉塞，按节金徽。学常山之蛇，拟丽谯之鹤。钟鼓嘈喷，上闻于天；旌旗缤纷，下蟠于地。伏尸百万，因瀚海而藏舟；辟地数千，即燕山而筑观。武臣雄略，气慴(慑)西零；神将宏图，威加北狄。

　　写墓主魏哲的治兵之道：

　　每建旗推毂，三令五申；躬擐甲胄，亲当矢石。军井未建，如临盗水之源。军灶未炊，似对嗟来之食。由是南驰北走，东讨西伐，运之无旁，按之无下。载筐宫里，遥登将军之阶；阁飞汉边，独践中军之位。虽龙泉匿字，薰歇光沉；而鳞阁飞名，天长地久。①

　　其借景写人，写夜月，写烽火，写边风，写关山，通过惊、急、陈、伏、辟、驰、走、讨、征等一系列的动词，将景物拟人化灵动化，以典型的边关之景衬托出战斗的紧急惨烈。通过描写主帅种种临危不惧、指挥若定、亲自迎战等典型细节，塑造出一位不畏艰险、治军有道、奋发进取、军功卓著的墓主形象，行文颇具雄浑大气、刚猛强劲之美。其余如仪凤四年为弟、甥所作《从弟去盈墓志铭》《从弟去溢墓志铭》《从甥梁锜墓志铭》等，墓主都是二十多岁即夭折，虽无丰功伟绩，但血亲情深，杨炯感念他们英年早逝，内心涌动着巨大的悲痛，便为他们主动撰写墓志铭，以寄托哀思。文中真情流露，感人至深，特别是在赞扬墓主道德文章的同时，进一步深化至对人类性命无常、生死倏忽、轮回变化的感叹，充满着对现实世界的恐惧与无奈，其生命感思浓厚而悠远：

　　山河郁郁，松柏苍苍。骨肉闭兮归后土，魂魄游兮思故乡。三荆摇落，五都悲凉。痛门户之无主，悼人琴之两亡。呜乎哀哉！……子之丧也，良可悲夫！瞻望不及，伫立以泣。唯见黄埃，心肠以摧。踯躅兮徘徊，呜乎兮哀哉！长夜漫漫何时旦？魂兮魂兮归去来。②

——《从弟去盈墓志铭》

　　嗟乎！阴阳为道，大道无亭毒之心；祸福唯人，圣人有抑扬之教。智焉而毙，仁焉而终。今也则亡，叹颜回之短命；死而可作，冀随会之同归。文不在兹乎。天之将丧也。以某年某月某日，终于某所。越仪凤四年十月二

---

①　［唐］卢照邻、杨炯：《卢照邻集·杨炯集》卷八，第124页。
②　［唐］卢照邻、杨炯：《卢照邻集·杨炯集》卷九，第152页。

日，归葬于华阴之某原。林野弥望，关山寥廓。樵童牧竖，孟尝君之池台；一去千年，丁令威之城郭。悲缠于鲁卫，痛深于花萼。姜肱没齿，无因共被之欢；钟毓生年，非复同车之乐。呜乎哀哉！①

——《从弟去溢墓志铭》

在《从甥梁锜墓志铭》中，杨炯更将这种哀情推向深入，梁锜是正当奉命出使、效力国家的时候去世的，距离去盈之死只有三个月。甥亡外地，弟死京师。短期内接连的亲属夭亡，对正在郁郁寡欢自己身世的杨炯来说，是巨大的打击，其作文的悲凉心境可想而知：

方当奉词出使，万里行封，受命忘身，三军拜将，岂期年岁朝露，浮生过隙？汉逸人之雅操，命也如何？鲁司寇之知言，苗而不秀。呜乎哀哉！望吾子者，空怀倚闾之叹；嗟余弟者，独有亡琴之悲。从日月于龟谋，考图书于马鬣。越以仪凤三年春二月某日甲子，葬于某所。悲夫！吾见其进，由来孔、李之家，吾谓之甥，实曰何、刘之族，阳元既没，瞻旧宅而无成；康伯不存，对玄言而谁与。②

此篇碑文将甥亡弟死联系在一起，以长怀幼，感怀墓主的壮志未酬身先死，抒发自我的孤独与惶恐之情。寿年不永、岁月朝露，面对这种人生命运，杨炯内心充满恐惧，其悲痛而又无可奈何，在伤悼别人的同时，也伤悼自我，这是一种永恒而博大的人生情感。

《全唐文》收录有卢照邻2篇碑志文，至于骆宾王则未见碑文传世。卢照邻存世的碑志文《益州至真观主黎君碑》《郑太子碑铭》，都为道士而作，形式上以骈俪为文，内容不外乎宣传道义，其文虽多清丽之笔，但在情感和气势上稍逊王、杨。

陆时雍《诗镜总论》评论四杰之诗说："王勃高华，杨炯雄厚，照邻清藻，宾王坦易，子安（王勃）其最杰乎？"③此论也可用诸四杰之文。总体而言，王勃、杨炯、卢照邻的碑志文不出骈俪体裁，没有彻底脱尽"六朝锦色"，时有华靡之态，但其在理论和创作中反对绮艳虚浮文风，追求浓郁的感情和宏大的气势，代表着一种新的美学追求。其价值在于"捕捉住了强大的盛

---

① ［唐］卢照邻、杨炯：《卢照邻集·杨炯集》卷九，第154页。
② ［唐］卢照邻、杨炯：《卢照邻集·杨炯集》卷九，第157页。
③ 丁福保：《历代诗话续编》，第1411页。

唐社会将要要求文学反映出来的那种精神风貌的特质,把初唐政治家提出的文质并重的一般原则,变为具体可感的美学要求"①,由此使得初唐碑志文走出虞世南、上官仪的陈隋余响,从狭窄浮华的宫廷体格中挣脱出来,转向广阔的社会。在文章的气势和意境上,由纤弱向博大转变;在思想内容上,则从华靡虚无转为壮大质实,可谓碑志文风由初唐徐庾之南朝余音转向盛唐以张说、苏颋为代表的时代强音的过渡。刘麟生总结初唐、盛唐文风时说张说、苏颋:"其文雍容华贵,与其所处之时代适相称。四杰承六朝之风,以流丽相尚,燕许处太平之世,以凝重见长,而后唐文始趋于博大昌明之域,作风时代之反映,不益信欤?"②点明两者的联系。

清人谭献云:"碑志之文,以徐为正,庾为变,孝穆骨胜,子山情胜。"③徐陵之碑文重在辞采,其典雅而有骨力,侧重于述德;而庾信之碑文以情胜,侧重于抒发家国之思及身世之悲。基于时代的原因,王勃、杨炯、卢照邻作文固然沿袭前朝骈俪之风,但其思想内容已大为改观,和传统骈俪化碑文不同。从地域上讲,三人都来自北方,他们碑志文写景苍凉厚重,雄浑博大,情感浓郁深邃,更多体现着庾信的文风。"庾信文章老更成,凌云健笔意纵横。"④,庾信晚年,因为长期流落北地,浮沉飘零,家国之恨弥切,文风也为之一变。四杰在写景抒情上追求昂扬博大、豪壮刚健之气势,情思深厚,明显受到庾信后期文风的影响,但其最终又超越庾信、徐陵,使得初唐碑志文由柔弱淫放转为昂扬壮大,由绮靡哀艳转为刚健质实,呈现出不同的风貌。王世贞在《艺苑卮言》卷四中说四杰之诗文:"词旨华靡,固沿陈、隋之遗,翩翩意象,老境超然胜之。"⑤洪迈《容斋随笔·四笔》也云:"王勃等四子之文,皆精切有本原。其用骈俪作记序碑碣,盖一时体格如此,而后来颇议之。杜诗云'王、杨、卢、骆当时体,轻薄为文哂未休,尔曹身与名俱灭,不废江河万古流'。正谓此耳。身名俱灭,以责轻薄子。江河万古流,指四子也。"⑥可见四杰变革唐初华靡文风的功绩是不可磨灭的。此后陈子昂等人正是沿着四杰开辟的道路前进,最终扫除陈隋余响,迎来唐代

---

① 罗宗强:《隋唐五代文学思想史》,中华书局,1999年,第49页。
② 刘麟生:《中国骈文史》,东方出版社,1996年,第65页。
③ 〔清〕李兆洛:《骈体文钞》,商务印书馆,1937年,第446页。
④ 〔唐〕杜甫:《戏为六绝句》,〔清〕彭定求等:《全唐诗》卷二二七,第2454页。
⑤ 〔明〕王世贞:《艺苑卮言》,凤凰出版社,2009年,第52页。
⑥ 〔宋〕洪迈:《容斋随笔》,中华书局,2005年,第688页。

碑志文创作的繁荣局面。

第四节　风骨兴寄:陈子昂碑志文的革新精神

提及唐代诗文变革,多自四杰开始。四杰在为唐文学繁荣到来所作的主要理论贡献,是在自己创作新追求的基础上,提出了在文学作品中表现浓郁感情与壮大声势的主张①。但综合而言,追求新的审美情趣的四杰,尽管一再声明反对骈俪绮艳文风,但理论主张并不明确、成熟。实际上都未能摆脱绮艳骈俪文风的影响,他们在碑志文创作上更是如此。整体而言,四杰的碑志文,虽然不乏情感浓郁、声势豪壮之作,也多清新之笔,但时运所限,仍是以徐庾之体作碑志文为主,语句骈四俪六,偶对精工,夸饰铺陈,不出骈俪窠臼,在距离文学散文的发展方向上,相去甚远。就文体改革而言,没有实际的更大的建树。如洪迈《容斋随笔·四笔》卷五评云:"王勃等四子之文,皆精切有本原。其用骈俪作记序碑碣,盖一时体格如此。"②对碑志文从理论和创作实践上发起真正变革的,是其后的陈子昂。

陈子昂不仅是一位杰出的诗人,也是著名的文学家,卢藏用《陈子昂别传》称其"尤善属文。雅有相如子云之风骨"③。柳宗元《杨评事文集后序》云:"文有二道:辞令褒贬,本乎著述者也;导扬讽喻,本乎比兴者也。……虽古文雅之盛世,不能并肩而生。唐兴以来,称是选而不作者,梓植陈拾遗。"④传世陈文共一百一十多篇,清人董诰编《全唐文》收录其20篇碑志文。

从年龄上讲,陈子昂小王勃、杨炯十余岁,属于初唐后期的作家,从时间上讲,他与盛唐社会的到来最为接近,能深切体会到新旧时代转换中的种种变化。较之于四杰,陈子昂对盛唐社会即将到来的感受更为敏锐和直接,这就使得其改革文体有了深厚的社会文化基础。针对初唐文坛持续百年之久的浮艳骈俪风气,陈子昂在《修竹篇序》里,提出诗文革新的主张:

---

① 罗宗强:《隋唐五代文学思想史》,第47页。

② [宋]洪迈:《容斋随笔》,第688页。

③ [清]董诰:《全唐文》卷二三八,第2412页。

④ [唐]柳宗元:《杨评事文集后序》,[唐]柳宗元:《柳河东集》卷二一,上海古籍出版社,1993年,第203页。

"文章道弊，五百年矣，汉魏风骨，晋宋莫传，然而文献有可征者。仆尝暇时观齐梁间诗，彩丽竞繁，而兴寄都绝，每以永叹。思古人，常恐逶迤（一作逦迤）颓靡，风雅不作，以耿耿也。一昨于解三处。见明公《咏孤桐篇》，骨气端翔，音情顿挫，光英（一作映）朗练，有金石声。遂用洗心饰视，发挥幽郁。不图正始之音，复睹于兹；可使建安作者，相视而笑。"①其倡导"汉魏风骨"，指斥"彩丽竞繁""兴寄都绝"的"齐梁间诗"，这和王勃《上吏部裴侍郎启》、杨炯《王子安集序》中标榜的"骨气"、"刚健"、"雅"、"颂"、"风骚"之说一致，体现出对四杰文论思想的继承。与四杰不同的是，陈子昂崇尚"风雅"，也肯定汉魏的建安"风骨"，把二者统一起来，使革除文坛积弊与抒发人生意气归结到一起，完成四杰没有完成的任务。他从理论和实践上力倡诗文革新，最终推动了唐代文学思潮的演进。

陈子昂的文学思想，也体现在其碑志文创作中。他能跳脱骈体束缚，不事虚浮，不雕琢字句，写人记事质实准确，劲健有力，特别是敢于揭露时弊，论刺政治，行文有着强烈的现实针对性，可谓有"风骨"，有"兴寄"，写实倾向明显。就形式而言，他以古体散文写作碑志文，行文以散句带动骈句，骈散相间，更显灵活自如，流畅生动，这和六朝以来彩丽竞繁的骈俪文风大不相同，比王勃杨炯等人的碑志文是一大进步，可谓对碑志文体的革新。陈子昂碑志文的革新之功主要表现在如下几个方面：

一、写人记事引入史家笔法，直面时世，扩大碑志文的题材内容

陈子昂的碑文，以史传笔法写人记事，其描写真实详尽，叙述客观公正，秉笔直录，内容质实，风格雄健，赞述精当，有着更多秦汉史传古文的风貌，特别是气势充沛，骨气端翔，现实功用性强烈，"风雅"、"兴寄"精神突出。如《唐故朝议大夫梓州长史杨府君碑铭》写墓主杨越的政绩，从其倡明儒家礼制说起，以具体事实为证，写墓主为官的施行仁义，崇儒兴教，以礼佑国，亲民美政，颇具古君子之风："少而冲巍，苦节真素，礼非玉帛，室有琴书。……始解褐，授石州方山县令。……布大信于獯戎，示折冲于衽席，威名震曜，乃升闻也。有敕征授宪台监察御史，绣衣始拜，珥笔升朝，台阁以之生风，豪贵由其敛手。"以生动的笔墨，塑造出一位忠正爱民、立志为国、可为百官表率的模范士吏形象。行文不说空话，不事虚浮妄赞，和初唐雕

章缛句、追求颂美、粉饰太平的骈体碑志文形成鲜明对比。再如《唐故循州司马申国公高君墓志》记载墓主的军功：

> 永隆二年，有盗攻南海，广州边鄙被其灾，皇帝哀洛越之人罹其凶害，以公名家之子，才足理戎，乃命专征，且令招慰。公奉天子威令，以喻越人，越人来苏，日有千计。公乃惟南蛮不讨之日久矣，国有大命，将布远方，欲巡御象林，观兵海裔。彼苍不吊，天我良图，因追寇至广州。①

写墓主针对边患，不辞劳苦，出师远征，力尽剿灭，最终平定南粤匪盗的叛乱，保境安民，维护国家统一，其大义凛然、军功赫赫，尽显大国之臣的英姿神采。全文内容充实，人物形象饱满逼真。作者笔下的这些墓主，奋发有为，刚毅宏正，无疑是时代的呼唤，是社会的需要，是盛唐社会到来之前的必然产物。

陈子昂的碑志文不仅描写王道政治，还敢于直面现实，讽刺时弊，抨击社会黑暗，表现人民的苦难。他不回避问题，反对美饰太平、雕琢为文，这是在思想内容上比四杰更为进步的地方。如《临邛县令封君遗爱碑》写时弊："夫蜀都天府之国，金城铁冶，而俗以财雄；弋猎田池，而士多豪侈。此邦之政，旧难其人。"《九陇县独孤丞遗爱碑》写官场的不公："夫官不必贵，政惟其才，独孤丞上迫宰君，下杂群尉，文墨教令，不专在躬，然力行务仁，推诚爱物，讴吟者不歌其宰，颂议者必归于丞，岂欺也哉？"针砭时政，为怀才不遇、饱受压抑的下等官吏鸣不平。《汉州雒县令张君吏人颂德碑》写当时吏治污浊："刺史眘贪而苛，县令威施而忍，奸宄因衅，群行敚攘，哀哉氓黎，颠在荼毒。"进而感叹："昔者苛政未作。封境保安，兹都冲要，衿带全蜀，百濮兼错，万裔之泉，宝利珍货，尽四海矣。迨残猛聿至，蟊贼内讧，始于硕鼠之侵，终屠饿狼之喙，杼轴既尽，郛邑殆空。悲夫！仲尼云：'苛政虐于猛虎。'岂猛虎而已哉？"再写暴政给人民造成的危害："初官户在版图者万有五千余家，历政侵残，逃者过半。岁月永久，庐井湮芜，蟫蛸在堂，蟋蟀空叹。"其真切犀利，苍凉愤慨，作者的一切爱憎，尽在不言中。

碑志文自东汉蔡邕起，形成固定的写作体例，即内容上以颂美为主，于人于事扬善隐恶。陈子昂在碑志文中，不虚美，不隐恶，直接描写当时官场

---

① ［清］董诰：《全唐文》卷二一五，第2179页。

的腐败,展现苛政的危害,揭露唐代社会的黑暗腐朽。以可贵的史家"实录"笔法书写碑文,揭露批判,不虚美,不隐恶,表现自我对于时局的不满,表现人民的苦难,扩大了碑志文的题材内容,从铭赞颂美转向记事抒情,行文广阔深厚,充实有力,现实针对性强烈。较之于其他作家,陈子昂的碑文更多体现出刘勰《文心雕龙·诔碑》所云"资乎史才"的特点。

二、行文气势充沛,豪壮刚健,洋溢着昂扬进取的时代精神

卢藏用《陈子昂别传》说陈子昂"工为文","其立言措意,在王霸大略而已"[①]。陈子昂《与韦五虚己书》也说自己"欲揭闻见,抗衡当代之士"[②]。基于此,陈子昂的碑志文写人记事不落俗套,其酌古论今,辨析事理,以强烈的儒家精神评价人物,陟罚臧否,明辨是非,字里行间寄托着自我的政治理想和人生信念。文风铺张凌厉、宏丽壮伟,颇显豪爽俊快、明朗洒脱、酣畅淋漓之美,如《梓州射洪县武东山故居士陈君碑》《唐故朝议大夫梓州长史杨府君碑铭》《汉州雒县令张君吏人颂德碑》等,篇幅都很长,借写墓主的德行仁政而指陈时政,议论抒情,阐发一己之怀,充满着昂扬奋发之气。

《临邛县令封君遗爱碑》写墓主在担任临邛县令时的政绩,从其治理陋风弊政写起,通过连续的排比反问句,记叙墓主一系列的惠民作为,赞扬其施政有方、恩泽黎民的功绩。其描写议论,铺张类比,文气刚健充沛,情感激越浩荡,特别是其中以孔孟"民本"、"仁政"思想衡量人物,品评墓主,体现出陈子昂对孔孟儒学的推崇和对清官政治的赞赏。《汉州雒县令张君吏人颂德碑》篇幅甚长,从"公亲循宁慰,赡理其业。于是小大悦赞,远近承风,四封诸通,一朝景附。夫负妻戴子,荷蓑提笠,首尾郊郭者,凡七千余家,熙乎若鸿雁之得春也"开始,历叙墓主张知古为政之劳苦,褒扬其爱民之治,赞颂其忠贞为国、不畏艰险、刚健有为的一生。事皆征实,语无浮泛,气势磅礴,议论精严。可谓初唐时期碑文冠冕之作,同时姚崇、宋璟、崔融等作皆不逮也[③]。其他如《唐故朝议大夫梓州长史杨府君碑铭》《唐故循州司马申国公高君墓志》《唐水衡监丞李府君墓志铭》等,亦此类。

李俊认为王勃提出天人之际的政治理念,而陈子昂则用元气和元化理

---

①　[清]董诰:《全唐文》卷二三八,第2413页。

②　[清]董诰:《全唐文》卷二一四,第2162页。

③　钟树梁:《陈子昂在我国历史上的地位》,《陈子昂研究论集》,中国文联出版公司,1989年,第6页。

论从更高处把历史与现实、天道与政治兴衰等问题予以彻底归纳，算是盛世精神的主动探索者和承担者，所以陈子昂的个人奋斗精神比王勃等更为强烈，更加具有以道自任的使命感和焦虑①。罗宗强也说陈子昂"建功立业的愿望比四杰表现得要强烈的多"②。纵观初唐作家，唯陈子昂的碑志文倍显明快光朗、浩博大气之美。其记人写事，言志抒情，在颂扬墓主政绩的背后，实际上隐藏着自我强烈的用世济世之志和对帝唐朝政执着的关心，也寄托了奋发有为、力图实现王道政治的宏愿。

如《我府君有周居士文林郎陈公墓志铭》写其父陈元敬的告诫：

尝宴坐谓其嗣子子昂曰：'吾幽观大运，贤圣生有萌芽，时发乃茂，不可以智力图也。气同万里而合，不同造膝而悖，古之合者，百无一焉。呜呼！昔尧与舜合，舜与禹合，天下得之四百余年；汤与伊尹合，天下归之五百年；文王与太公合，天下顺之四百年。幽、厉板荡，天纪乱也，贤圣不相逢；老聃、仲尼，沦溺涸世，不能自昌：故有国者享年不永，弥四百余年。战国如糜，至于赤龙。赤龙之兴四百年，天纪复乱，夷胡奔突，贤圣沦亡，至于今四百年矣，天意其将周复乎？於戏！吾老矣，汝其志之。'③

情感浓郁，意蕴深厚，借其父之口，肯定武则天的雄才大略，暗含大丈夫相时而动、识时务者为俊杰的积极有为思想。陈贻焮在《陈子昂的人品与政治倾向》一文中，于此有详细解释，自不赘④。

三、语言句式上突破骈辞丽藻，散文化明显，文笔生动流畅，清新优美

就文体形式而言，陈子昂的不少碑志文记人叙事，不事典故，不尚浮靡，避免传统碑文骈四俪六、繁文缛节、堆砌辞藻的弊病，特别是骈句和散句交错运用，甚至更多采用散句行文，更显质朴清新、明白晓畅，在语言形式上呈现出散体化的倾向，比之传统骈俪碑志文也是一大改观。

如《堂弟孜墓志铭》写堂弟的才性经历：

君幼孤，天资雄植，英秀独迈，性严简而尚倜傥之奇，爱廉贞而不拘介独之操。始通诗礼，略观史传，即怀轨物之标，希旷代之业。故言不宿诺，

---

① 李俊：《初盛唐时期的盛世理想与文学》，中国社会科学出版社，2008 年，第 157 页。
② 罗宗强：《隋唐五代文学思想史》，第 53 页。
③ ［清］董诰：《全唐文》卷二一六，第 2187 页。
④ 《陈子昂研究论集》，第 56—62 页。

行不苟从，率身克己，服道崇德，闺门穆穆如也，乡党恂恂如也。至乃雄以济义，勇以存仁，贞以立事，毅以守节，独断于心，每若由己，实为时辈所高，而莫敢与伦也。是以乡里长幼，望风而靡，邦国贤豪，闻名而悦服。①

《我府君有周居士文林郎陈公墓志铭》写墓主的胆识学问：

公河目海口，燕颔虎头，性英雄而志尚元默，群书秘学，无所不览。年弱冠，早为州闾所服，耆老童幼，见之若大宾。二十二乡贡明经擢第，拜文林郎。属忧艰不仕，潜道育德穆其清风，邦人驯致，如众鸟之从凤也。时有决讼，不取州郡之命，而信公之言。四方豪杰，望风景附，朝廷闻名。或以君为西南大豪，不知深慈恭懿、敬让以得也，州将县长，时或陈议。②

通篇以平实的叙述为主，行文简洁练达、浅切流畅，描写真实具体，不虚美，不谀墓。写其体貌则粗笔白描，写其行事言语则细笔勾勒，综合以排比、比喻、反衬、对比的手法，从不同角度表现人物才华个性和品德功绩。语言形式上突破传统骈文四六句的束缚，以散句为主，三言、四言、五言、六言、七言错杂结合，灵活运用，当行便行，当止便止。文势也随着感情的变化而起伏，升降变异，错落有致，辞句匀称而疏朗协调，如此抑扬顿挫、铿锵畅朗，不仅具有音节的美感，也使得写人记事更为流畅生动，体现出散文化的倾向。高步瀛《唐宋文举要》赞其"俊伟倜傥，韩公先导"③。

再如《馆陶郭公姬薛氏墓志铭》写友妻之美：

姬人幼有玉色，发于秾华，若彩云朝升，微月宵映也，故家人美之。少号仙子，闻嬴台有孔雀、凤凰之事，瑶情悦之。年十五，大将军薨，遂翦发出家，将学金仙之道，而见宝手菩萨。静心六年，青莲不至，乃谣曰：'化云心兮思淑真，洞寂灭兮不见人。瑶草芳兮思蓝蓝，将柰何兮青春？'遂返初服，而归我郭公。郭公豪荡而好奇者也，杂佩以迎之，宝瑟以友之，其相得如青鸟翡翠之婉娈矣。④

语言骈散结合、长短不一，甚至以民谣入文，文笔清新流畅，优美生动，

---

①　[清]董诰：《全唐文》卷二一六，第 2185 页。
②　[清]董诰：《全唐文》卷二一六，第 2187 页。
③　于景祥、李贵银：《中国历代碑志文话》，第 839 页。
④　[清]董诰：《全唐文》卷二一六，第 2186 页。

此种效果显然骈俪文难以企及。

　　四、表现手法灵活多样，情感浓郁博大、刚强有力

　　与前辈作家相比，陈子昂扩大碑志文的题材领域和表现力，丰富其思想内容，特别是在体例上一改传统碑文以叙写家世祖勋起始的俗套，因情因事而行文设体，表现手法也更为多样，这就增强了碑志文的文学性，使其由应用性行政公文向着抒情性文学散文的方向发展。这方面最突出的是《率府录事孙君墓志铭》，全文抒写下层官吏的不幸，自由舒展，酣畅淋漓，突破一般墓志首先铺叙墓志籍贯家世的体例，起始直接一句："呜呼！君讳虔礼字过庭，有唐之不遇人也。"通过感叹墓主孙过庭困顿偃塞的一生，奠定全文的感情基调，凄凉沉重，痛彻心扉。接着进一步描写墓主的人品才学、操行命运：

　　幼尚孝悌，不及学文；长而闻道，不及从事。得禄值凶孽之灾，四十见君，遭谗慝之议，忠信实显，而代不能明；仁义实勤，而物莫之贵。埋厄贫病，契阔良时，养心恬然，不染物累，独考性命之理，庶几天人之际，将期老而有述，死且不朽，宠荣之事，于我何有哉？志竟不遂，遇暴疾卒于洛阳植业里之客舍，时年若干。呜呼天道，岂欺也哉？而已知卒不与，其遂能无恸乎？铭曰："嗟嗟孙生，人见尔迹，不知尔灵。天竟不遂子愿兮，今用无成。呜呼苍天！吾欲诉夫幽明。"①

　　行文构思精妙，剪裁得当，文字简洁而情感浓郁。叙述议论，铺排反诘，对墓主的不幸命运进行思考，就生命的存在价值进行追问。其思虑深沉，感慨苍凉而雄厚，由墓主一人之不幸推及普天之下所有寒士之不幸，探寻天道与人道之间的关系，情感浓郁博大，具有较强的思维延伸空间。再如《昭夷子赵氏碣颂》，针对墓主赵贞固耿直不阿的性格特点，一变传统碑文记生平赞德行的常规，直接以议论抒情行文，为墓主的遭遇鸣不平，为天下寒士疾呼，包含着作者对封建社会压抑人才的愤懑之情。卢藏用《右拾遗陈子昂文集序》评曰："《昭夷之碣》，则议论之当也。"②

　　王勃、杨炯的碑志文也多感叹人生、多不平之鸣，但相比而言，王杨只是感悟人生、体认生活哲理，对人生的命运思考有一种怀才不遇、郁郁寡

　　① ［清］董诰：《全唐文》卷二一六，第2181页。
　　② ［清］董诰：《全唐文》卷二三八，第2402页。

欢、无可奈何的哀叹,有着一种生不逢时、无能为力的悲伤心境。陈子昂于此感悟体认中虽也不免哀怨,但更有一种不甘沉沦、不甘寂寞、自强图新的乐观和豪壮之气。其慷慨悲歌,独立苍茫望辽阔,有一种呼唤美好时代到来的张力,蕴含着壮大的声魄和力量,充满着时代赋予他的强大的自信心。其生命之叹、思虑之情不失望、不消沉、不伤感,不愁苦,反而更为壮大浓郁、洒脱轻盈、乐观明朗,和四杰明显不同。

初唐后期,魏征、四杰、陈子昂等,都敏锐地感觉到唐帝国建立后,中国社会走向强盛时代的气势如虹、锐不可当。面对这种历史的必然潮流,文人们纷纷从文风上予以变革,以使其能与政治生活相适应,使得文学为政治服务,为伟大时代的到来作准备。四杰和陈子昂等,都在努力开拓碑志文的题材领域,深化其思想内容,丰富其表现手法,使其摆脱徐庾体狭窄逼仄、浮艳浅薄的弊病,朝着刚健博大、质实强劲的方向发展。但无论从文论思想还是创作实践上看,还是陈子昂的贡献最大,古今对陈子昂的文体改革也多有好评。陈子昂的好友卢藏用在《右拾遗陈子昂文集序》云:“道丧五百岁而得陈君,……崛起江汉,虎视函夏,卓立千古,横制颓波。天下翕然质文一变。”①杜甫在《陈拾遗故宅》中称赞陈子昂“有才继骚雅,哲匠不比肩,公生扬马后,名与日月悬”,“终古立忠义,感遇有遗篇”②。宋人刘克庄也说:“唐初王、杨、沈、宋擅名,然不脱齐梁之体。独陈拾遗首唱高雅冲淡之音,一扫六代之纤弱,趋于黄初、建安矣。”③明代张颐《陈伯玉文集序》则评论陈子昂:“首唱平淡清雅之音,袭骚雅之风,力排雕镂凡近之气,其学博,其才高,其音节冲和,其辞旨幽远,超轶前古,尽扫六朝弊习。”④

陈子昂的碑志文,气势凌厉,情感浓郁,充满刚健清新、昂扬进取之美,在体式上则以古体散文笔法行文,开启碑志文散文化的征程,标志着唐代古文的崛起。可以说,陈子昂推动了唐代古文的恢复与兴起,此后的文体革新也是沿着陈子昂开创的路子发展下去。岑仲勉《隋唐史》云:

①　[清]董诰:《全唐文》卷二三八,第 2402 页。
②　[清]仇兆鳌:《杜诗详注》,第 375 页。
③　彭庆生:《陈子昂诗注》附录(诸家评论),四川人民出版社,1981 年,第 325 页。
④　彭庆生:《陈子昂诗注》附录(诸家评论),第 329 页。

"然大致能恢复古代散文之格局,唐文起八代之衰,断推子昂为第一。"①钟树梁也云:"唐代文章变骈体为散体,制颓波而尚朴质,革浮侈而宗风雅,从内容和形式言,起衰靡而倡雅正之功,断推陈子昂为首。"②中国散体古文最早可追述至秦汉的诸子散文、历史散文,其后伴随着文学自觉时代的到来,文章以追求形式技巧的唯美为宗,骈俪兴起,而古文衰落。唐代南北文学合流,政治清明,文章不仅追求形式技巧,更注重内容的现实应用性,如此使得古文重新勃发。唐代古文的发展,有两种倾向:在文学体裁方面,反对四六骈文,追求散体语句的写作,以夺取文学阵地;在思想内容方面,则以儒学反对佛老,以夺取思想阵地,弘扬儒家的刚健有为、积极用世之思想。陈子昂所生活的时代,恰是唐代由初唐走向强盛的前奏。从贞观之治、武周革命到开元盛世,君王们崇儒兴学,奋发进取,国家蒸蒸日上,日益富强。时代呼唤着士人积极投身政治,也呼唤着质实致用、清新刚健的文风。陈子昂顺应这一历史潮流,以散体古文写作碑志文,推动文体改革,特别是借碑志文而弘扬儒学、振兴士风政治,为盛世的到来作先锋之呐喊,贡献大矣。唐人李华在《扬州功曹萧颖士文集序》中说:"君谓……近日陈拾遗子昂文体最正。"③其余如独孤及《检校尚书吏部员外郎赵郡李公中集序》:"陈子昂以雅易郑,学者浸而向方。"④梁肃《补阙李君前集序》:"广汉陈子昂以风雅革浮侈。"⑤李舟《独孤常州集序》:"广汉陈子昂,独溯颓波,以趣清源,自兹作者,稍稍而出。"⑥都对陈子昂的文风予以肯定与赞赏。韩愈在《荐士》诗中也说:"国朝盛文章,子昂始高蹈,勃兴得李杜,万类困陵暴。"⑦迨至宋代,陈子昂的贡献被进一步发现,晁公武《郡斋读书志》云:"唐兴,文章承徐、庾之风,天下祖尚,子昂始变雅正。"⑧员兴宗《九华集》卷九《陈子昂、韩退之策》云:"不知者以退之倡古

---

① 岑仲勉:《隋唐史》,河北教育出版社,2000年,第173页。

② 钟树梁:《陈子昂在我国历史上的地位》,《陈子昂研究论集》,第2页。

③ 〔清〕董诰:《全唐文》卷三一五,第3198页。

④ 〔清〕董诰:《全唐文》卷三八八,第3946页。

⑤ 〔清〕董诰:《全唐文》卷五一八,第5261页。

⑥ 〔清〕董诰:《全唐文》卷四四三,第4520页。

⑦ 〔唐〕韩愈:《韩昌黎全集》卷二,中国书店,1994年,第40页。

⑧ 彭庆生:《陈子昂诗注》附录(诸家评论),第322页。

文于唐,知者以为无陈而无以为之也。"①将陈子昂推为唐代文学复振风雅
的第一人。再如姚铉《唐文粹·卷首》云:"有唐三百年,用文治天下。陈子
昂起于庸蜀,始振风雅。"②欧阳修、宋祁《新唐书·陈子昂传》所论:"唐兴,
文章承徐、庾余风,天下祖尚,子昂始变雅正。"③也给予陈子昂极高的评价。

---

①　彭庆生:《陈子昂诗注》附录(诸家评论),第 322 页。
②　彭庆生:《陈子昂诗注》附录(诸家评论),第 320 页。
③　[宋]欧阳修、宋祁:《新唐书》卷一〇七,第 4078 页。

第四章　盛世华章与时代强音

——盛唐碑志文研究

盛唐大致从唐玄宗开元年间到唐代宗大历初年,时间持续约五六十年,这是唐代文学发展的第二个时期。这一时期,碑志文由形式华美之应制文走向展现文人个性才情、理想抱负的经世之文,其应用广泛、写者众多,从帝王将相到一般的文人雅士,都涉猎于碑志文的创作。盛唐碑志作家多,碑志作品多,名家名篇辈出,如张说、苏颋、张九龄、姚崇、宋璟、韩休、李华、元结、独孤及、李邕、颜真卿、李白、杜甫、王维等,他们中有政治家、古文家、书法家、诗人等,身份不一才名不同,但都创作有相当数量的碑志文,传世甚广。盛唐碑志文虽仍以颂美为主题,但事功致用精神强烈。作家们描写帝国的文治武功、繁荣兴旺,赞美大唐的明君贤臣、盛世伟业,行文刚健充实,笔力浑厚强劲,气格恢宏博大。文中显露出国家生机勃勃、蒸蒸日上的政治格局及士人积极入世、努力进取、昂扬奋发、豪迈自信的思想风貌,是时代社会生活的真实反映,是文坛盛唐气象、盛唐风骨的显现,可谓盛世之华章、时代之强音。

第一节　盛唐碑志文的时代特征

一、颂美主题的强化

玄宗开元时期,唐王朝历经一百多年的积累,出现自贞观之治以来良好的发展局面,其政治清明,国力强大,经济发达,社会繁荣稳定,史称开元盛世。杜甫《忆昔·其二》描述当时社会盛况:"忆昔开元全盛日,小邑犹藏万家室。稻米流脂粟米白,公私仓廪俱丰实。"[①]元结《问进士·其三》亦云:"开元天宝之中,耕者益力,四海之内,高山绝壑,耒耜亦满,人家粮储,

---

① ［清］仇兆鳌:《杜诗详注》,第459页。

皆及数岁,太仓委积,陈腐不可校量。"①物质生活的充实富裕,促进社会环境的和谐有序。郑綮《开天传信记》载:"开元初,上励精理道,铲革讹弊,不六七年,天下大治,河清海晏,物殷俗阜。安西诸国,悉平为郡县。自开远门西行,亘地万余里,入河隍之赋税。左右藏库,财物山积,不可胜较。四方丰稔,百姓殷富,管户一千余万,米一斗三四文,丁壮之人,不识兵器。路不拾遗,行者不囊粮。其〔奇〕瑞叠应,重译麇至,人情欣欣然,感登岱告成之事。"②从上述描述看出,从贞观之治到开元之治,相同处都在于国家安定团结,社会和谐有序,人民生活富裕、安居乐业,和平盛世可谓已至。然而,社会富裕安康只是表象,盛世能否真正实现,还要看维系和建设这一盛世的政治体制本身是否先进。

从中国传统政治体系来说,唐朝的建立意味着皇权专制再次成为封建大一统政治的建构核心。这种体制的主要特征是君主专政、权力高度集中、办事效率高,缺点在于因人而治,限制国民的创造性和主动性,极易酿成暴政,秦皇汉武的统治就说明这一点,所以唐兴隋亡,新瓶装旧酒,只是政权更替,而非根本体制的转变。但初唐君臣采取一系列以改革开放为核心的措施,使得这种体制走向完善。首先在中央层面改进三省六部制,特设政事堂,以合议问政,并收互相监督之效。这种三省制下的政事堂制度最为接近儒家"圣君贤相"互相制衡的政治理想,西方直到十七世纪才兴起的三权分立学说,唐代早在一千多年前就已运用于中国的政治体制改革,这就说明贞观王朝政治体制的先进及文明程度之高;其次,地方上实行郡县两级制,振兴纲纪,废除冗官弊政,又行府兵制、均田制、租庸调制、常平仓制等新政,改进行政效率,夯实统治基础。特别值得一提的是,初唐革新魏晋以来的人事机制,重修《氏族志》,以功臣代世胄,以科举制代门阀制,广开平民高仕的机会。此外,在处理对外交往及民族关系上,又持开明开放的态度。唐太宗认为"自古帝王虽平定中夏,不能服戎、狄。……自古皆贵中华,贱夷、狄,朕独爱之如一,故其种落皆依朕如父母"③,强调"所有部

①　[清]董诰:《全唐文》卷三八〇,中华书局,1983 年,第 3860 页。

②　[唐]郑綮:《开天传信记》,[五代]王仁裕等:《开元天宝遗事十种》,上海古籍出版社,1985 年,第 50 页。

③　[宋]司马光:《资治通鉴》卷一九八《唐纪十四》,第 6247 页。

落,爱之如子,与我百姓不异"①。以致长安、洛阳一带胡风流行。这种治国方略一直延续到玄宗开元年间,从政事堂制到中书门下制,从均田制到检田括户制,从府兵制到募兵制,这种与时俱进、日久弥新的先进体制,保障了帝唐社会盛世建设的前进不移。期间尽管经历了宫廷政变、权力斗争甚至冲突弑杀等波折,但改革开放的基本建制始终未变,没有因政变和权力更迭而倒退到僵化保守的老路,唐朝也很快能医治好创伤,走上良性发展的大道,最终出现良好的发展局面:"官吏多自清谨。制驭王公、妃主之家,大姓豪猾之伍,皆畏威屏迹,无敢侵欺细人。商旅野次,无复盗贼,囹圄常空,马牛布野,外户不闭。又频致丰稔,米斗三四钱,行旅自京师至于岭表,自山东至于沧海,皆不赍粮,取给于路。又山东村落,行客经过者,必厚加供待,或发时有赠遗。此皆古昔未有也。"②此时的唐代比肩乃至超越秦汉,臻于盛世。从贞观、永徽之治到武周革新再到开元之治,帝唐盛世建设能持续百年之久而非昙花一现,原因就在于以改革开放为中心的体制建设。此后的元和中兴、会昌中兴、大中之治也得益于这一先进体制的延续。无论政治、经济、军事、外交,还是文化,唐朝都居于世界最前列,达到中国历史的真正盛世,这是和诸如汉武、建隆、康乾等盛世不同的地方。

　　盛世的出现,为文学的描写内容提供了广阔的生活场景和政治经济基础,也激发了文人的时代自豪感。这一时期的碑志作家,往往集文儒与政治家于一身,在才性地位上有着显著变化,像张说、姚崇、宋璟、苏颋、张九龄、韩休等均出身科举,学尊孔孟,深受重用,具有浓厚的王道理想和过人的理政才能,这和初唐四杰、陈子昂等沉沦下僚、怀才不遇、终生寒士的状况截然不同。李白《古风·其一》:"群才属休明,乘运共跃鳞。文质相炳焕,众星罗秋旻。"③《古风·十八》:"新人非旧人,年年桥上游。鸡鸣海色动,谒帝罗公侯。月落西上阳,余辉半城楼。衣冠照云日,朝下散皇州。鞍马如飞龙,黄金络马头。行人借辟易,志气横嵩丘。入门上高堂,列鼎错珍馐。"④《金门答苏秀才》:"巨海纳百川,麟阁多才贤。献书入金阙,酌醴奉

---

① [唐]李世民:《赐薛延陀玺书》,《唐太宗全集》,第438页。
② [唐]吴兢:《贞观政要》卷一,第15页。
③ 瞿蜕园、朱金城:《李白集校注》卷二,上海古籍出版社,1980年,第91页。
④ 瞿蜕园、朱金城:《李白集校注》卷二,第126页。

琼筵。"①都是对此时文人的准确描绘。

以张说为代表的一批儒士文臣,成为盛世再造的中坚力量。帝皇尊儒崇士,重用贤才,君臣关系"势若舟楫相得,当洪流而鼓迅风,崇朝万里,不足怪也"②,这一时期的文学,也更多关注现实社会的盛况和民间性的盛世感受。文人发挥儒学政治教化的功效,把盛世的面貌转变为社会性的民间性的风俗之美和富足之感。这其中最明显的就是对于文章,特别是碑志文文体功能的认识转变,如张说《齐黄门侍郎卢思道碑》中对文章要"吟咏性情,纪述事业,润色王道,发挥圣门"③的定位,符合社会发展潮流和时代政治所需,是对儒家文学政教功能说的倡扬。

盛唐文人从文学和王道盛世的关系出发,倡导雅正宏美的文学,而盛世文学的崇高价值和理想风范,也必须借助王道盛世的政治格局去创作,这就使得颂美成为这一时期碑志文的时代要求。《旧唐书·文苑传序》在论唐代文学时说:"爰及我朝,挺生贤俊,文皇帝解戎衣而开学校,饰贲帛而礼儒生,门罗吐凤之才,人擅握蛇之价。靡不发言为论,下笔成文,足以纬俗经邦,岂止雕章缛句。韵谐金奏,词炳丹青,故贞观之风,同乎三代。高宗、天后,尤重详延,天子赋横汾之诗,臣下继柏梁之奏,巍巍济济,辉烁古今。如燕、许之润色王言,吴、陆之铺扬鸿业,元稹、刘蕡之对策,王维、杜甫之雕虫,并非肄业使然,自是天机秀绝。"④这一时期的碑志作家以宰相集团和集贤殿学士为核心,包罗一大批文人雅士、才子名流,可谓群星璀璨,形成相当壮大的群体势力,这就赋予盛唐政治极为强势的人才资源,也成为文人感受盛世、铭功颂美的重要因素。王湾《秋夜寓直即事怀赠萧令公裴侍郎兼通简南省诸友人》:"圣主万年兴,贤臣数载升。……三杰贤更穆,百僚欢且兢。"⑤储光羲《贻刘高士别》:"壮哉丽百常,美矣崇两观。俯视趋朝客,簪珮何璀璨。"⑥都借助诗歌表达盛世感怀中的颂美之情。伴随着时代政治的需求、文人的盛世心理感受及文体自身的发展流变,文学润色鸿业的传统功能在盛唐被进一步延伸和扩展,成为时代文学的思想主题。就

① ［清］彭定求等:《全唐诗》卷一七八,第1814页。
② ［唐］吕温:《张荆州画赞并序》,［清］董诰:《全唐文》卷六二九,第6350页。
③ ［唐］张说:《齐黄门侍郎卢思道碑》,熊飞:《张说集校注》卷二五,第1196页。
④ ［五代］刘昫:《旧唐书》卷一九〇,第4982页。
⑤ ［清］彭定求等:《全唐诗》卷一一五,第1172页。
⑥ ［清］彭定求等:《全唐诗》卷一三八,第1402页。

碑志文体而言,其自初唐起出现的颂美铭功的倾向更被深化和加强,成为盛唐碑志文的典型特征。宋之问《为文武百寮等请造神武颂碑表》云:"臣某等闻行至公者,莫先于发挥茂实;垂不朽者,不若于刊纪鸿名。伏惟应天神圣皇帝陛下一德披图,五精乘运,先天地而利用,依鬼神以制法,无思不服,有感必通。……陛下寝有道之丰碑,臣等享无功之厚载,亭育虽广,何所自容?且天惠不可以阙书,神功不可以久寂,臣等请各减所俸,以勒殊休,庶同子来,成之匪日。无任光开垂裕之至。"①其认为"天惠不可以阙书,神功不可以久寂",所以要"发挥茂实"、"刊纪鸿名",为王朝"垂不朽"之需,为修建碑刻而宁愿请减俸禄,可见其愿望之强烈,这也说明当时碑志铭功颂美风气的盛行。颂美成为时代社会的需要,成为文学发展的必然,成为文人的自发行为。

颂美主题的抒发首先表现为通过时代生活场景的描写,赞颂明君圣主、贤臣良将的文治武功,表达作家的人生豪情和乐观心理,如张说《大唐开元十三年陇右监牧颂德碑》,通过描写玄宗皇帝登临大宝以来的种种祥瑞之景,特别是通过与周秦汉魏以来历史的对比,描写帝唐马匹名目众多、神骏纷呈的壮观气象,借以赞颂其马政的繁荣兴旺,字里行间透露出物质财富积累雄厚的盛世豪情。文中用大段篇幅描写原野震动、万马齐奔、声震天宇及烟尘一色的壮观景色,铺陈排比,夸饰张扬,明显带有文学散文的性质,这在以记事为主的碑志文中是少见的。其余如张说《唐陈州龙兴寺碑》《拨川郡王碑奉敕撰》、苏颋《唐长安西明寺塔碑》、李华《杭州开元寺新塔碑》、杨晋《大唐开元十三年岁次乙丑六月癸丑朔二日甲寅赵州象城县光业寺碑》、颜真卿《唐故通议大夫行薛王友柱国赠秘书少监国子祭酒太子少保颜君碑铭》《银青光禄大夫海濮饶房睦台六州刺史上柱国汲郡开国公康使君神道碑铭》《和政公主神道碑》及李邕《国清寺碑并序》《大相国寺碑》《左羽林大将军臧公神道碑》等,都充满着此类展现盛唐海清河晏、百姓殷富、兵强马壮、四方归附、富丽堂皇、繁荣兴旺的宏大场景的描写,抒发文人"遇非常之时,决希代之策"②的豪情,颂美铭功精神强烈。其次表现为对时代政治人物,特别是墓主经历贡献、才性功绩的描绘,借之颂美时世,铭

---

① 　[清]董诰:《全唐文》卷二四〇,第 2432 页。

② 　[唐]张说:《和戎篇送桓侍郎序》,熊飞:《张说集校注》卷二八,第 1355 页。

功君臣,激扬盛世之治。这一时期的碑志文多夸饰军功,炫耀武力,歌颂唐王朝武力开边及对外战争的胜利,宣扬其大国雄风,颂美圣君盛世、贤臣良将的伟大时代,如李乂《大唐故特进中书令博陵郡王赠幽州刺史崔公墓志铭并序》、刘升《大唐故左金吾将军魏公墓志铭并序》、张嘉贞《故荆州大都督府长史上柱国乐安县开国伯孙公之碑》、贺知章《大唐故中散大夫尚书比部郎中郑公墓志铭》、李白《天长节度使鄂州刺史韦公德政碑并序》、李邕《唐故云麾将军右武卫大将军赠秦州都督彭国公谥曰昭公李府君神道碑并序》、颜真卿《唐故通议大夫行薛王友柱国赠秘书少监国子祭酒太子少保颜君碑铭》《大将军上柱国清河郡开国公赠开府仪同三司兼夏州都督康公神道碑铭》、姚崇《大唐故兖州都督于府君碑铭》、徐浩《唐故赠工部尚书张公墓志铭并序》等,在夸耀墓主军功的同时,更不忘叙写墓主的文采及政治才能,宣扬文治教化,歌颂唐王朝诗文取士、以礼治国、文化昌明发达的气象,凸显墓主的文采个性及功德政绩。

"自则天久视之后,中宗景龙之际,十数年间……每豫游宫观,行幸河山,白云起而帝歌,翠华飞而臣赋。雅颂之盛,与三代同风"①,盛唐文人,对时代普遍有着满足感和自豪感,这从对君王的描写中可以看出来。这一时期的碑志作品,提及帝唐君主,多以神武、英明、圣主等词形容,如"盛唐篡历,天下文明。……神皇临驭区宇"②,"神皇玉册受天,金坛拜洛,顿纲而鹤书下,辟门而群龙至"③,"有唐神龙元年龙集丁巳,应天神龙皇帝出乎震御乎乾也。粤若我高祖拨乱反正,受天明命;太宗震远怀荒,立人纪纲;高宗见天之则,爱人之力:故我祖宗之耿光,天人之交际矣。功侔于天,靡弗覆矣;道济于人,靡弗育矣"④。张说《中书令逍遥公墓志铭》公开宣称:"圣朝知其周慎忠肃,简易循良,是以绸缪两禁,重叠千里","明主封立帝之谋,表高臣之志也。"房琯《龙兴寺碑序》更认为"此宇宙我高祖创集之,我烈祖润色之,则天皇后中微之,孝和皇帝再兴之"⑤。其余李邕《郑州大云寺

---

① [唐]张说:《唐昭容上官氏文集序》,[清]董诰:《全唐文》卷二二五,第2275页。
② [唐]范履冰:《大唐故纳言上轻车都尉博昌县开国男韦府君(仁约)墓志铭》,吴钢:《全唐文补遗》第二辑,第7页。
③ [唐]张说:《大唐中散大夫行淄州司马郑府君神道碑》,熊飞:《张说集校注》卷一八,第908页。
④ [唐]苏颋:《陕州龙兴寺碑》,[清]董诰:《全唐文》卷二五七,第2598页。
⑤ [清]董诰:《全唐文》卷三三二,第3369页。

碑》《兖州曲阜县孔子庙碑并序》《大照禅师塔铭》、张说《元城府左果毅赠郎将葛公碑》《赠太尉裴公神道碑》《大唐中散大夫行淄州司马郑府君神道碑》、苏颋《唐长安西明寺塔碑》《陕州龙兴寺碑》等,内容都是宣传帝唐君权神授、江山巍巍、王政浩荡。而颜真卿《抚州临川县井山华姑仙坛碑铭》《有唐茅山玄靖先生广陵李君碑铭并序》《晋紫虚元君领上真司命南岳夫人魏夫人仙坛碑铭》、李白《虞城县令李公去思颂碑并序》《唐汉东紫阳先生碑铭》、李邕《大唐泗州临淮县普光王寺碑》《五台山清凉寺碑》等碑文则写祥瑞之景,写奇异之事,写浩大繁华之社会场面,表达士人适逢盛世的感慨和兴奋,洋溢着对时代的歌颂与赞美。

　　盛唐时代的作家,多不是生活的旁观者,而是积极参与者,立志效命明君圣主、服务苍生社稷才是其毕生的誓愿。张九龄宣称:"致君尧舜,齐衡管乐,行之在我,何必古人。"①李白则抱着"申管、晏之谈,谋帝王之术,奋其智能,愿为辅弼,使寰区大定,海县清一"②的愿望,杜甫更是要"致君尧舜上,再使风俗淳"③。这一时期的文人普遍具有强烈的入世之心,乐观自信,傲岸狂放,热衷于仕途经济。在碑志文中,往往借颂美墓主的文采政绩,赞颂时代赞颂明君,进而表达自己深层次的从政入世愿望。张说《唐故瀛州河间县丞崔君神道碑》将这种心理表现得淋漓尽致:"永惟官不达者,身不登乎明堂;行不夸者,名不书乎史册。则韬光隐德之绪,俾后代将何述焉?夫铭景钟,称茂伐,彼大夫之事;篆丰石,扬令名,此孝子之志。"其《齐黄门侍郎卢思道碑》,写墓主:"禀天灵杰,承家令轨,清明虚受,磊落标奇,言不诡随,行不苟合,游必英俊,门无尘杂。至于求已励学,探道睹奥,思若泉涌,文若春华,精微入虚无,变化合飞动,斯固非学徒竭才仰钻之所逮也。"再如写姚崇的《故开府仪同三司上柱国赠扬州刺史大都督梁国公姚文贞公神道碑奉敕撰》姚崇身为一代贤相,其政绩卓著,深得唐玄宗信任,才能勋功可谓张说之上。张说与之政见不同,二人之间矛盾重重,但碑文仍对姚崇赞美有加,将其奉为吏之表率、士之楷模、国之重器,不因人废事,这

────────

① 徐浩:《唐尚书右丞相中书令张公神道碑》,[清]董诰:《全唐文》卷四四〇,第4491页。

② [唐]李白:《代寿山答孟少府移文书》,[唐]李白:《李太白全集》卷二六,中华书局,1977年,第1225页。

③ [唐]杜甫:《奉赠韦左丞丈二十二韵》,[清]杨伦:《杜诗镜铨》卷一,上海古籍出版社,1962年,第25页。

实际上映射着张说自我的政治理想和仕宦准则，体现着其人生价值和政绩观念。所以盛唐文人的心理是外放而非内敛的，自信乐观，张扬个性，显露才华，渴望能为时关注、才尽其用，以展现其宏图壮志。这时期的碑文写贤臣写良将，写其才华功德，大都寄托着作家们自身的人生理想和奋斗情怀，这在中下层文人的作品中表现尤为强烈。

就文体形式而言，颂美式碑文常常宏大繁富，篇幅甚巨。如张说、苏颋的碑志文，一般都在两千多字，张说碑文如《赠太尉裴公神道碑》等，多达三千多字。其余如阎伯玙《大唐故中散大夫行荥阳郡长史上柱国赏鱼袋清河崔府君墓志铭并序》、韦述《韦济墓志铭并序》、王洌《唐故开府仪同三司行左监门卫大将军知内侍省事上柱国弘农郡开国公食邑三千户赠扬州大都督杨府君志廉墓志铭》及李邕、颜真卿的不少碑文，通篇按部就班，铺叙履历，赞扬墓主之品行才能与功德政绩，字数繁多，更显篇幅浩大。此类颂美体碑文铺陈排比，夸饰渲染，气势凌厉，展现繁荣兴盛之景，充满着明朗豪壮、乐观大气之美，笔调严正雄厚，程式完整统一，然也因体例的规范有余而显得灵动不足。

二、祥瑞描写的兴盛

唐人碑志，热衷于描写祥瑞，凸显盛世之治，这是一个值得关注的文化现象。祥瑞，史籍中称之为符瑞、瑞应、嘉瑞及福应等，其内容所指为各类自然及超自然景观的出现，如珍禽异兽、奇花香草、河清海晏、云蒸霞蔚等。祥瑞崇拜是以万物有灵观念为基础的自然崇拜意识的进一步继承和发展，中国文化素有天人感应的思想传统，在古人眼中，祥瑞的显现往往和人世政治联系在一起。史载黄帝轩辕氏"五十年秋七月庚申，凤鸟至，帝祭于洛水"①，所以从一定意义上讲，祥瑞能实现天道对人间政治善恶的评价，也能主宰人间社会兴衰存亡的规律，被人们认作是天人之间进行意义传达的最佳符号表现形式。在崇尚谶纬之学的古人心中，天地人之间有着密切的联系，董仲舒《春秋繁露·阴阳义》云："天地之常……以类合之，天人一也。……与天同者大治，与天异者大乱，故为人主之道，莫明于在身之与天

---

① ［清］朱右曾：《古本竹书纪年辑校》，辽宁教育出版社，1997年，第40页。

同者而用之。"①而祥瑞的出现,则被认为昭示着上天对现实政治的良好评价,是太平盛世的征兆。何休解诂《春秋公羊传·成公八年》时说:"德合天者称帝;《河》《洛》受瑞可放。仁义合者称王,符瑞应,天下归往。"②司马迁《史记·封禅书》云:"自古受命帝王,曷尝不封禅?盖有无其应而用事者矣,未有睹符瑞见而不臻乎泰山者也。"③班固也宣称:"天下有道,则河出图,洛出书。"④这都体现出汉人对祥瑞的尊崇与膜拜。

　　在中国封建社会的历史长河中,祥瑞一直都是为国家政治服务的工具。对于以天子自居的帝王而言,祥瑞为其提供神圣化的依据。在科学不甚发达的古代,人们对天地自然有着普遍的敬畏之心,用代表天意的祥瑞去神化皇权承继、王政君威,如此极易为百姓接受,达到统治目的,所以祥瑞政治成为帝王们惯用的招数。古代中国,朝代更迭频仍,为证明一个新王朝诞生的合理性与神圣性,往往各种具有革新意味的祥瑞便不期而至(这其中也包括各种人为的祥瑞),迎合着王权的建立与发展。当然,在王朝统治过程中,祥瑞还是炫耀帝皇功绩乃至粉饰太平的工具,其美化乃至神化着封建大一统政权的天命神授,促进王朝政治生活的稳定与繁荣,进而震慑士民、凝聚人心、维护君主专制统治,所以"古今圣王不绝,则其符瑞亦宜累属"⑤。唐人对此有着深刻的认识。自初唐起,统治者便对祥瑞表现出极大的兴趣和政治依赖,而臣子也将祥瑞看成王朝统治的必需,这在盛唐时表现更为突出。《唐律疏议》卷二十五《诈伪律》引陆贾语称:"瑞者,宝也,信。天以宝为信,应人之德,故曰瑞。……祥谓休征。"⑥意思是天与人是一体的,天能干预人事,人的行为也能感应上天,自然界的祥瑞和灾异预示着天对人的赏罚,和人世间的政治联系在一起。玄宗时官修的《唐六典》则进一步对祥瑞从法令礼制上予以分类规定,并将之纳入官吏职责。《唐六典》载:"凡祥瑞应见,皆辨其物名。若大瑞,大瑞谓景星、庆云、黄星真人、河精、麟、凤、鸾、比翼鸟、同心鸟、永乐鸟、富贵、吉利、神龟、龙、驺虞、白泽、神马、龙马、泽马、白马赤髦、白马朱鬣之类,周匝、角瑞、獬豸、比肩

---

① 苏舆:《春秋繁露义证》卷一二,中华书局,1992年,第341页。
② 李学勤:《春秋公羊传注疏》,北京大学出版社,1999年,第386页。
③ [汉]司马迁:《史记》卷二八,第164页。
④ [汉]班固:《汉书》卷七五《眭两夏侯京翼李传》,中华书局,1962年,第3189页。
⑤ 黄晖:《论衡校释》卷二〇《须颂》,中华书局,1990年,第856页。
⑥ 刘俊文:《唐律疏议笺解》,第1741页。

兽、六足兽、兹白、腾黄、驹騄、白象、一角兽、天鹿、鳌封、酋耳、豹犬、露犬、玄珪、明珠、玉英、山称万岁、庆山、山车、象车、乌车、根车、金车、朱草、屈轶、蓂荚、平露、莲莆、蒿柱、金牛、玉马、玉猛兽、玉瓮、神鼎、银瓮、丹甑、醴泉、浪井、河水清、江河水五色、海水不扬波之类,皆为大瑞。上瑞,谓三角兽、白狼、赤黑、赤熊、赤狡、赤兔、九尾狐、白狐、玄狐、白鹿、白獐、白兕、玄鹤、赤乌、青乌、三足乌、赤燕、赤雀、比目鱼、甘露、庙生祥木、福草、礼草、萍实、大贝、白玉赤文、紫玉、玉羊、玉龟、玉牟、玉英、玉璜、黄银、金藤、珊瑚钩、骇鸡犀、戴通璧、玉琉璃、鸡趣璧之类,皆为上瑞。中瑞,谓白鸠、白乌、苍乌、白泽、白雉、雉白首、翠鸟、黄鹄、小鸟生大鸟、朱雁、五色雁、白雀、赤狐、黄黑、青燕、玄貉、赤豹、白兔、九真奇兽、充黄出谷、泽谷生白玉、琅玕景、碧石润色、地出珠、陵出黑丹、威绥、延喜、福井、紫脱常生、宾连阔达、善茅、草木长生,如此之类,并为中瑞。下瑞,谓秬秠、嘉禾、芝草、华苹、人参生、竹实满、椒桂合生、木连理、嘉木、戴角麀鹿、驳鹿、神雀、冠雀、黑雉之类为下瑞。皆有等差。若大瑞,随即表奏,文武百僚诣阙奉贺。其他并年终员外郎具表以闻,有司告庙,百僚诣阙奉贺。其鸟兽之类有生获者,各随其性而放之原野。其有不可获者,若木连理之类,所在案验非虚,具图画上。"①唐政府从对祥瑞的发现、鉴别到上报呈献及应对策略,都有着严格的规定,可见其重视程度。姚崇《请宣示豫州鼎铭符瑞奏》云:"圣人启运,休兆必彰,故化马为龙,预流谣颂,秀为天子,早著冥符",又说:"臣等今见薛谦光所献东都鼎铭,大圣天后所制,其文云:'上元降祉,方建隆基。豫州处天下之中,所以远包四海。'铭文独圣后所制,固必先感二仪,灵庆昭彰,旷绝今古。臣等忝陪近侍,喜万常情,请宣付史官,并颁示内外。"②从士人角度出发,将祥瑞和彰显皇朝鸿运、盛世灵应及维护大一统政权的长治久安联系在一起,倍加推崇。帝唐君臣一心,将祥瑞上升到国家政治的高度,给予其前所未有的重视,这就导致唐朝祥瑞政治的发达。受此影响,唐代也诞生了发达的祥瑞文化,就文学而言,出现大量描写祥瑞出现、颂扬盛世之治的诗文。

　　和表、奏、书、颂等文体不同的是,碑志文因为碑刻的载体作用,其写者

①　［唐］李林甫等:《唐六典》卷四,第114—115页。
②　［清］董诰:《全唐文》卷二〇六,第2080页。

甚多,受众巨大,传播空间广,流传时间恒久,成为文人宣扬祥瑞政治的首选。这一时期的碑志作家多在碑文中叙写符瑞,如各类奇人奇事、珍禽异兽、名花大木、灵草祥云、山河胜景等,借之表达盛世感受,如张说《赠太尉裴公神道碑》《赠户部尚书河东公杨君神道碑》、李白《唐汉东紫阳先生碑铭》、颜真卿《有唐开府仪同三司行尚书右丞相上柱国赠太尉广平文贞公宋公神道碑铭》、徐峤《大唐故金仙长公主神道碑铭并序》及王利贞《郭君墓志》等。文人们不仅在具体的礼仪场景描写中渲染王朝感天动地、和谐绚丽的嘉祥气氛,更多的则是在表现民间生活的风物之美,特别是在佛寺道观的福地圣域中描写祥瑞之景,颂扬盛世之治。这在李邕、颜真卿、李白、王维等为佛寺道观、高僧名士所作诸多碑文中表现尤为突出,如李邕《唐东京福唐观邓天师碣》写天师:"其所至也,神兵降于坛上,庆云集于山下,元鹤徘徊于霄汉,丹芝郁馥于原野。"①颜真卿《有唐茅山元靖先生广陵李君碑铭并序》写墓主精诚勤善,以致"其年夏六月,前生灵芝之所,又产三百余茎。煌煌秀异,人所莫睹","别建斋院。立心诚肃,是夜仙坛林间,遍生甘露。因以上闻,特诏嘉异"②。王维《大唐大安国寺故大德净觉师塔铭》写禅师修行:"山神献果,天女散花。澹尔宴安,曾无喜惧,先有涧泉枯柏,至是布叶跳波。东魏神泉,应焚香而忽涌,北天众果,候飞锡而还生。"而戴璇的《大唐圣祖元元皇帝灵应碑》更是将天人感应、祥瑞呈现的盛世之象推向高潮:

> 皇上受图享国,盖三十戴,功侔天地,孝诚祖考。其高明也,布星辰以有伦;其博厚也,振河海而不泄。至于揖群后,叙彝伦,陶铸尧舜,湔溉轩顼者,乃皇上之余事也。尝端居宣室,缅怀至道,惟德动天,梦启灵应。忽恍有物,希夷元通,实元祖之明命,锡无疆之宝历。乃潜志元象,遵诰旁求,……号周史之经台,枕秦山之幽谷。肇居尹喜,集法侣为道门。后遇皇唐,易楼观为宗圣。药井尚渫,仟轶仍存,卜胜宗元,此为俶落。飞泉喷石,重林阒景,苔藓地偏以恒深,烟云昼晴而不散。睟容挺出,赫然有光,焕白虹于玉座,纫紫气于仙境。泊遘睿览,宛符梦寐。嘻!盖圣人有以见天下之赜,而拟诸形容;圣人有以见天下之动,而观其会通者,可举之一隅矣。

---

① ［清］董诰:《全唐文》卷二六五,第2694页。
② ［清］董诰:《全唐文》卷三四〇,第3446页。

其始迨也,焚芝术,辟荤膻,寂历无声,挚踞有则。初靡荔席,次登灵坛,徐肩彩杠,少息华馆。清籁飕飗于草树,天雪氛氲于崖谷。及路转莽苍,风顺崆峒,云鹤翙以导舆,群仟扈而成列。逮地迩天菀,阘辖国门,蜕旌凤箫,风驰海合,绛节羽盖,波属雾委。①

　　结尾表明这篇碑志文的写作目的:"于是盩屋宰李嗣琳,同荷湛恩,以备能事,博询墨客,以赞皇道。时户部郎中沛国刘同昇,才清起草,誉美郎官之列;文慕上林,能扬天子之事。共遵大雅,以掞其辞,奉为颂。"②颂美之意明显。其余如刘同升《大唐圣祖玄元皇帝灵应碑颂》、姚崇《大唐故兖州都督于府君碑铭》、孙义龙《大唐开业寺石佛堂碑》、洪子舆《唐故朝散大夫行洋州长史李府君(正本)墓志铭并序》、姜晞《大唐故吏部尚书姜府君之碑》、李乂《大唐大慈恩寺法师基公碑》、袁允《安邑县报国寺故开法大德泛舟禅师塔铭并序》也是同样的思想内容。碑文所记这些祥瑞故事,包括各种自然及超自然的景象及神灵、神迹、法物和仪式的显灵等等,与时代政治局势、文化政策和社会状况息息相关,可以看成是一种特殊的政治神话。在碑志作家笔下,不仅珍禽猛兽、灵芝鲜花、清泉和风、彩虹祥云,就连芭蕉、松柏、石头、苔藓等普通物象的生长变化,都具有强烈的祥瑞象征意味。这说明在盛唐政治文化的作用下,日常物品也被赋予展现历史兴衰、王朝强弱的价值内涵,并成为文人们抒情言志、颂美时事的题材,这种通过日常生活中普通事物来反观时代政治辉煌场景、展现大国美好风情的写作方式也为后世文学所借鉴。

三、清新刚健、宏大壮丽的审美追求

　　以张说、苏颋等为代表的盛唐文人,继承王勃、陈子昂等前辈作家的创作思想,推动文体改革,提倡文章的"风骨"与"壮丽"之美,反对虚浮不实之文风。其碑志文从理论主张与创作实践两方面都与盛唐时代生活、政治背景紧密结合,叙写充实,描绘繁富,思想内容深厚浩博,焕发出昂扬进取、乐观向上、豪壮激越的精神风貌,充满着明快豪迈、磅礴大气、慷慨悲壮的感情色彩,整体呈现出清新刚健、宏大壮丽的行文风格。可以说,初唐四杰和

---

①　[清]董诰:《全唐文》卷三二九,第 3338 页。
②　[清]董诰:《全唐文》卷三二九,第 3339 页。

陈子昂等人追求和向往的"气陵云汉,字挟风霜"①、"骨气端翔,音情顿挫,光英(一作映)朗练"②的理想文学,在盛唐文人中实现了。张说等追求风骨,并得到风骨,这就是文学史上所讲的盛唐气象,盛唐风骨。

　　前面讲过,碑志文,特别是墓碑文,往往因颂美过度而导致谀墓之弊。而盛唐时期的碑志文,虽也以颂美铭功为主题,但纵观这一时期的作品,内容充实有力,文风质朴刚健,其写人记事,所颂之美,所铭之功,多有事可依,有据可资,没有一般碑文因颂美铭功而随意捏造事实、空浮行文、妄赞虚美的流弊。这和文人对碑志的文体认识有关。宋璟《请停广州立遗爱碑奏》:"臣伏见韶州奏事云,广州与臣立遗爱颂。但碑所以颂德纪功,披文相质,臣在郡日,课无所称,纵恭宣政理,幸免罪戾,一介俗吏,何足书能?滥承恩私,见在枢密,以臣光宠,成彼诏谀。欲革此风,望自臣始,请敕广府即停。"③其主张作碑文的文质并重,反对因颂美而行文的形式主义文风。这一时期的作家在反对虚浮奢靡的不实文风,提倡雄健昂扬的文章风骨之美上有着共同的心理,如李白《宣州谢朓楼饯别校书叔云》所言:"蓬莱文章建安骨,中间小谢又清发。"④《古风·其一》又云:"文质相炳焕,众星罗秋旻。"⑤岑参在《送魏升卿(一作叔虹)擢第归东都因怀魏校书陆浑乔潭》中赞扬魏升卿兄弟的文章:"雄词健笔皆若飞"⑥,在《敬酬杜华淇上见赠兼呈熊曜》中赞扬杜华的诗有风骨:"得君江湖诗,骨气凌谢公。"⑦王维在《别綦毋潜》中赞扬綦毋潜的诗:"盛得江左风,弥工建安体。"⑧这其中最为明显的就是张说。《新唐书·文艺传》云:"玄宗好经术,群臣稍厌雕琢,索理致,崇雅黜浮,气益雄浑,则燕许擅其宗。"⑨张说特别推崇建安风骨,反对华而不实的形式主义文风。《大唐新语》云:"许景先之文,有如丰肌腻体,虽秾华可爱,而乏风骨。"⑩批评许景先的文章缺乏风骨。在《洛州张司马集序》

①　[清]蒋清翊:《王子安集注》,第428页。

②　[清]彭定求等:《全唐诗》卷八三,第893页。

③　[清]董诰:《全唐文》卷二〇七,第2092页。

④　[唐]李白:《李太白全集》卷一八,第861页。

⑤　瞿蜕园、朱金城:《李白集校注》卷二,第91页。

⑥　[清]彭定求等:《全唐诗》卷一九九,第2066页。

⑦　[清]彭定求等:《全唐诗》卷一九八,第2036页。

⑧　[清]彭定求等:《全唐诗》卷一二五,第1245页。

⑨　[宋]欧阳修、宋祁:《新唐书》卷二〇一,第5725页。

⑩　[唐]刘肃:《大唐新语》卷八《文章》,中华书局,1984年,第130页。

中,张说又赞扬张希元的文章"逸势标起,奇情新拔"、"天然壮丽"①,可见,主张为文的清新刚健、自然壮丽是张说为文的审美追求。这其实是对建安风骨的进一步传承,也是初唐王勃、陈子昂的风骨论顺乎自然的发展结果。

当然,建安文人表现的风骨,在感情的浓烈与壮大之外,还带有悲凉凄清伤感的情绪。而盛唐文人追求的风骨,可谓"壮思雄飞"②,只有强烈的巨大的感情的力,只有激昂慷慨、壮大明朗的美。盛唐时期的碑志文,无论写战争军事、写人物经历,其对乡关的眷恋,对战争的畏惧,对人生苦短的感伤与无奈,都为建功立业的强烈愿望所代替,信心代替感慨,壮大代替悲凉,离愁别绪让位于建功立业、显扬功名以成就人生价值的慷慨高歌。所以其写牺牲,写边愁,写思乡,写治乱,境界都是壮大辽阔而非哀怨抑郁。刘勰《文心雕龙》所论风骨,指文章应生机蓬勃,充满力量,感情充沛浓郁,义理周密严谨,富于感染力、鼓动力和说服力,要求一种内在的力量的美,其中风指强烈的感情的感染力、鼓动力,骨则是义理的逻辑、说服力③。盛唐文人对于风骨的追求,为文章的特征所决定,具体表现就是在作品中追求高昂明朗的感情基调,雄浑壮大的气势力量和慷慨激昂、悲壮博大的心理感受和生活场景。其在碑志文中所体现出来的这种风骨之美,更与刘勰所言风骨含义相近。

盛唐时期的文人们生逢盛世,倍感人尽其才、才尽其用,多具有"大鹏一日同风起,抟(扶)摇直上九万里"④的人生豪情。其碑志作品,与时代政治格局、社会生活场景紧密结合,虽多歌颂太平盛世,但抛弃堆砌辞藻、虚浮粉饰的流弊,行文感情不颓废,不消沉,不纤弱,不矫揉造作,无论写景写人,还是叙事记功,都有一种昂扬乐观、明快豪迈的情思和情怀,充满着博大壮丽、刚健遒劲、清新英朗之美,正如袁行霈所云:"唐代士人对人生普遍持一种积极、进取的态度。……由于国力强大,唐代士人有着更为恢宏的胸怀气度、抱负与强烈的进取精神。他们中的不少人,自信与狂傲,往往集于一身。……这种积极进取的精神反映到文学上来,便是文学中的昂扬情

---

① 　[清]董诰:《全唐文》卷二二五,第 2275—2276 页。
② 　[唐]韩休:《唐金紫光禄大夫礼部尚书上柱国赠尚书右丞相许国文宪公苏颋文集序》,[清]董诰:《全唐文》卷二九五,第 2987 页。
③ 　罗宗强:《隋唐五代文学思想史》,第 81 页。
④ 　[唐]李白:《上李邕》,[唐]李白:《李太白全集》卷九,第 512 页。

调。"①这种情调在碑志文也多有体现,其抒写最多的,便是理想和抱负。申管晏之谈,谋帝王之术,或决策于庭堂,或立功于边塞,或治乱于江湖,或修学于郊野,在盛唐作家的心中,充满着欣逢盛世、时不我待、天生我材必有用的情怀。积极入世,建立功业,攫取荣华富贵,实现人生三不朽的政治理想和终极价值,这才是他们为人处世的根本目的,也才最足以抒发他们的襟抱,表现他们的气概。几乎每一位盛唐文人,都在碑志文中表现这种襟抱与气概。

贺知章《大唐故银青光禄大夫行大理少卿上柱国渤海县开国(公)封公〔祯〕墓志铭并序》写墓主:"公禀灵秀出,含章挺生,志怀骨鲠,雅杖名节。探马郑之奥迹,早敦章句,钦于张之高风,有德法理。"②韩休《赠邠州刺史韦公神道碑》写墓主:"公淳辉秉灵,鸿芬锡祉,合英秀发,扬光炯曜。其少也,则珪璜自然,克有成器;其长也,则礼乐攸在,光其大名。……所谓乐只君子,邦家之晖者也。"③张九龄《大唐紫光禄大夫行侍中兼吏部尚书弘文馆学士赠太师正平忠宪公裴公碑铭》写墓主:"虽远大是图,而近识莫悟。学探帝载,何事小名? 业综人伦,岂矜一善?"④梁肃《侍御史摄御史中丞赠尚书户部侍郎李公墓志铭》写墓主:"公天姿俊迈,少负英气,……时海内和平,士有不由文学而进,谈者所耻。公以盛名冠甲科,群辈仰之,如鸿鹄轩在霄际矣。"⑤都描写墓主少年英雄,大志在胸,以江山社稷为己任,怀文治武功之谋略,其奋进努力,勤于王政,终成大器,这实际上寄托着作者本人的理想和愿望! 而贺知章《唐故朝议大夫给事中上柱国戴府君墓志铭并序》中的墓主戴令言,无疑是这方面的代表人物:

年十四而容体魁岸,性颇侠烈,每自称曰:"吾不能为小人儒。"好投壶、挽强、击刺,虽江乡耆宿郭解、季心之徒,咸敬惮焉。十五,首读两汉,遂慷慨慕古,手不释卷。未盈五旬,咸诵于口。十七,便历览群籍,尤好异书。至于算历卜筮,无所不晓。味老庄道流,蓄长往之愿,不屑尘物。州乡初以

①　袁行霈:《中国文学史》第二卷第四编,第201页。
②　吴钢:《全唐文补遗》第四辑,第16页。
③　[清]董诰:《全唐文》卷二九五,第2990页。
④　[清]董诰:《全唐文》卷二九一,第2956页。
⑤　[清]董诰:《全唐文》卷五二○,第5289页。

孝秀相屈，府君傲然，便曰："大丈夫非降玄纁不能诣京师，岂复碌碌从时辈也！"①

最能代表盛唐文人这种理想和抱负的，还是张说和苏颋，如张说《赠户部尚书河东公杨君神道碑》写墓主的文治武功："公台辅积庆，禀清明之识；河岳会灵，资磊落之气。体刚毅深于城府，蕴规略长于襟带。戏为军阵，敌国之势幼成；请学兵书，长城之望早集。"《唐故夏州都督太原王公神道碑》写墓主："公雄姿沈毅，凛难犯之色；虚怀信厚，坦招纳之量；识略精断，达应变之权；神守密静，坚不夺之节。孝友内兆于免怀，忠敬外灼于既冠。加以思参造化，诚合鬼神，文其诗书，武其韬略：推此才也，以从政焉，求无匮矣。"苏颋《扬州大都督长史王公神道碑》写墓主："公八岁工词赋，十五读典坟，十八历涉代史，十九初游太学，二十外甲科。三倾五城，一日千里，阶选部，册天门，出九流之先，当万夫之特。"《中书令逍遥公墓志铭》写墓主："惟公德行、言语、文学、政事，四者实总而兼之；事亲养志而能争，居丧过哀而顾礼：此又善中之善者也。善人，天之经也，国之宝也。"在张说苏颋的笔下，墓主都生逢盛世，身手不凡，其文韬武略，刚正勇猛，深怀报国壮志，奋发有为，精忠报国，可谓一代贤士、国之重器，其人其事，体现出中华民族"天行健，君子以自强不息。地势坤，君子以厚德载物"的文化精神。

此外，立功边塞，是盛唐士人成就功业的另一重要途径。文人在碑志文中，借描写墓主的军功战绩，抒写唐王朝武力开边的国威，也留下气势豪壮、感情激昂的歌唱。张说《赠凉州都督上柱国太原郡开国公郭君碑奉敕撰》《拨川郡王碑奉敕撰》、苏颋《御史大夫赠右丞相程行谋神道碑》《右仆射太子少师唐璿神道碑》等，写边塞风光之雄奇壮伟、奇异多变，写军旅生活之艰辛劳苦，写战斗场面之惨烈紧张。在文人的笔下，帝唐国力的强盛带给将士们高度的自信和乐观情怀，将帅们智勇双全、指挥若定；士卒们则大义凛然，勇往直前；将士一心，壮怀激烈，在战斗进程中往往化腐朽为神奇，化艰辛为平夷，险中出奇，苦中有乐，最终力克顽敌，大获全胜。行文思想高昂、明朗、开阔、豪壮，描写热烈、酣畅、恢弘、大气，充满着慷慨豪迈、刚健有为、恢弘壮丽的美学风格。

盛唐碑文，虽也多用骈体，但已全无初唐骈俪体碑志文固有之雕琢字

---

① 吴钢：《全唐文补遗》第七辑，第33页。

句、藻饰辞藻、用典繁富晦涩之病，其叙写大气，感情激越豪壮，主题刚健有力，内容充实饱满，语句清新质朴，为历代文论者赞许。在这里，纤弱、细腻、感伤、颓废、娇柔的文风是与之无缘的。碑文中写大国之臣，富豪放飘逸之美；写盛世明君，尽风云际会之智；最终塑造出诸多个人英雄、时代英雄形象，有着浓厚而强烈的英雄主义情节，这种情节是导致盛唐碑文清新刚健、壮丽宏大这一审美追求的关键。宁为百夫长，胜作一书生。盛唐文人普遍渴望建功立业，渴望现实富贵，渴望光宗耀祖，为扬名后世，往往不惜以身相许，走军功捷径。其乐观昂扬，蓬勃进取，自豪自信，正如张说《赠吏部尚书萧公神道碑》所云："垂裕立训，克家扬名，遗爱至矣，慎终备矣。"这种内在的人格追求和英雄理想，影响着盛唐碑文感情力量的雄浑豪壮、气势格调的磅礴昂扬、思想内容的清新刚健和壮丽宏大。

四、文体革新与演进的一体化有序化

盛唐社会物质财富的繁荣兴旺、精神生活的丰富多样，给文学提供了广阔的描写空间，而骈文因为结构章法的千篇一律、语言形式的四六对句，特别是辞采的丽藻用典等局限，使得其描写多流于浮泛空洞、华靡虚美，情思也显绮艳淫丽，这种不足在表现广博浩大的社会生活方面反映明显。伴随着时代发展，骈俪文体越来越难以适应唐代蒸蒸日上、繁荣昌盛的社会政治文化需要。自初唐王勃、陈子昂起，就对当时文坛盛行的骈俪文风进行改革，这其中王勃推动碑志文走向表现个性化的真情实感，而杨炯、陈子昂的不少碑志文，则出现明显的散化倾向。盛唐碑志文的创作承上启下，碑志作家无论来自官方还是民间，在追求文风的革新方面是一致的，这就形成一个强有力的群体，辈辈相承，文体改革精神贯穿始终，由此使得盛唐碑志文的革新与演进，呈现出一体化有序化的特点。先是张说、苏颋等，从理论到实践，都一扫陈隋初唐以来骈体碑文的柔弱华靡之气，以恢宏壮丽、刚健雄浑的新型文风，确立盛唐碑志文的写作范式，使得碑志文冲破传统形式主义文风所限，向着更能自由广阔地反映现实生活的方向发展，这就影响到张九龄、颜真卿、李邕等人的碑文创作。此后李白、王维以及萧颖士、李华、贾至、独孤及、元结、梁肃等人，在文体革新的理论和实践探索中继续迈进。在碑志文创作中，以诗为文，以情为文，写人记事注重细节的刻画，语言形式上更是骈散结合，步步散化，追求流畅自如、清新流丽的行文

风格。盛唐碑志文体的改革是卓有成效的,从根本上扭转了陈隋以来徐庾体骈俪碑文的影响,形成一种刚健质实、清新壮丽、恢宏大气的新文风,这为韩柳文体革新运动的展开,作了充分的准备。

玄宗开元时期,是唐代盛世形成的标志。李隆基当政后,文治武功、勤于政事,特别是重用文儒,逐步革除高宗武后以来的政治流弊,实行清明稳定的统治政策,使得社会安康,百姓和乐,国家也向着繁荣昌盛的方向进一步前进。《大唐新语》卷一《匡赞》载裴耀卿入库观书后赞美说:"圣上好文,书籍之盛事,自古未有,朝宰充使,学徒云集,观象设教,尽在是矣。"①帝皇以礼治国,崇文尊儒,唐代的政治文化风气自上而下,都在开元年间发生变化。

初唐碑志文沿袭六朝遗风,虽经王勃、陈子昂等不断努力,但仍不出骈俪窠臼,不少碑志文存在着堆砌辞藻、浮靡为文的倾向。盛唐时朝廷以诗赋文辞取士,倡导切合现实政治的实用文风,文坛追求天然壮丽、清新刚健的审美潮流,都影响到碑志文的创作。这种创作上的追求,首先在理论上反映出来,如张说《洛州张司马集序》中推崇清新刚健的文风,其《唐故凉州长史元君石柱铭并序》为元仁惠作传,用"灵台云秀,绳墨之宰无施;雅韵天成,金石之师何力"②来称赞元氏的才气,体现出其崇尚天然浑成的心性,又在《素盘盂铭并序》称赞韦嗣立所赠盘盂"素而不饰","匪丹匪漆,惟真惟素","实是天然,贻我朋故"③。王维作文也追求清新优美、自然生动。清人厉鹗评王维文"华整超逸"④,李绂说王维"文亦娟丽"⑤,李阳冰《唐李翰林草堂集序》:"卢黄门云:陈拾遗横制颓波,天下质文,翕然一变,至今朝诗体,尚有梁陈宫掖之风,至公大变,扫地并尽。"⑥李白感叹:"大雅久不作","自从建安来,绮丽不足珍"⑦,"清水出芙蓉,天然去雕饰"⑧,"雕虫丧天

---

① 何正平:《大唐新语译注》,广西师范大学出版社,1998 年,第 32 页。

② 熊飞:《张说集校注》卷二〇,第 986 页。

③ [清]董诰:《全唐文》卷二二六,第 2281 页。

④ [清]赵殿成:《王右丞集笺注》卷末附录五《序文九则》,上海古籍出版社,1961 年,第 565 页。

⑤ [清]赵殿成:《王右丞集笺注》附录五《序文九则》,第 565 页。

⑥ [清]董诰:《全唐文》卷四三七,第 4460 页。

⑦ [唐]李白:《古风》第一,[唐]李白:《李太白全集》卷二,第 87 页。

⑧ [唐]李白:《经乱离后天恩流夜郎忆旧游书赠江夏韦太守良宰》,[唐]李白:《李太白全集》卷十一,第 574 页。

真。……《大雅》思文王,颂声久崩沦"①。这种反对骈俪形式文风,倡导文章的天然浑成、素朴壮丽之美,就是盛唐文人的普遍追求。

这种追求反映在文体形态方面,就是文章骈体与散体的发展方向上。当时碑志文作为应用文体,和制书、诏令等官方文告一样,多以骈文写就。但散文的发展之势不可阻挡,这一时期的碑志文作家一扫六朝骈俪碑志文的虚浮华靡之风,追求平易质朴、晓畅明快的写作风格,特别是在行文语句上引入散句行文,骈散结合,更显记人写事的自由流畅、博大壮丽,在文体改革上作出贡献。张说、苏颋身为宫廷文人,是公认的朝廷大手笔,以骈文名于世,其碑志文辞藻华美,铺陈排比,不出骈俪体式,但在思想内容上追求兴寄风骨,为伟大时代而颂美铭功,行文充实有力,雄浑大气,截然不同于六朝虚浮华靡之作。特别是创作后期,张说的不少碑文甚至以散体写作,更多的是骈散句结合,如《唐西台舍人赠泗州刺史徐府君碑》:"初公幼而殊异,八岁工文,太宗闻其聪明,召试词赋,锡以佩刀金鞘,称曰神童。及中年,高宗嘉其道优,悉命皇子受业,讦谟帝采,许以国钧,故公备更潞、沛、豫诸王侍读,上之在周邸也。"《元城府左果毅赠郎将葛公碑》:"公生而开朗,长而英拔,非因马、郑之学,动合《礼经》,不待孙、吴之书,暗同《兵法》。有拳勇,尚气概,顾盼棱华,风神都爽。"《周故通道馆学士张府君墓志铭》写墓主:"性倜傥,尚气节,能引弓六钧,命中百步,车服出入,拟于封君,州里颇患之。君乃励操强学。不出门者十余年,探道睹奥,郁为渊薮,周武帝闻之,征为通道馆学士。"写墓主军功,写政绩,其叙事宏大,行文语言不事雕琢,骈散句互相结合,甚至多用口语式散句,娓娓道来,显得明白晓畅而质朴无华,这种效果是骈俪文难以比拟的,说明当时碑志文散体化的趋势已见明朗。

当然,散体语言以平易质朴见长,但平易质朴,并不一定就具有自然的美,只有当平易的语言表现出浓烈壮大的感情,表现出宏丽厚重的气势时,才会有自然的美,如王维《大唐故临汝郡太守赠秘书监京兆韦公神道碑铭》:

逆贼安禄山,吠尧之犬,驱彼六骡;凭武之狐,犹咸百兽。藉天子之宠,称天子之官,征天子之兵,逆天子之命。始反幽蓟,稍逼温洛,云诛君侧,尚惑人心。列郡无备,百司安堵,变折冲为贼矣,兼法令而盗之。将逃者已落

---

① ［唐］李白:《古风》第三五,［唐］李白:《李太白全集》卷二,第 133 页。

彀中,谢病者先之死地。密布罗网,遥施陷阱,举足便跌,奋飞即挂。智不能自谋,勇无所致力。贼使其骑,劫之以兵,署之以职,以挈为质,遣吏挟行。公溃其腹心,候其间隙,义覆元恶,以雪大耻。呜呼!上京既骇,法驾大迁。天地不仁,谷洛方斗,凿齿入国,磨牙食人。①

　　写安史之乱的时局之紧张与士人之表现,在对比映衬中凸显人物性格。无论环境如何险恶,形势如何危急,墓主都临危不惧,大义凛然,对叛军予以坚决痛击,誓不与其为伍,体现出崇高的气节和斗争精神。显然,写人记事,扬善惩恶,对墓主的生平表现,都经过一番提纯,提纯之后,于质朴平易中显现出博大壮丽来,其感情的浓烈壮大,文气的清新自然,尽在不言中。所以说盛唐碑志文重视颂美铭功,追求风骨和兴寄,情感浓烈而昂扬,气势恢宏壮大,所表现的不是一种错彩镂金、七宝楼台之美,而是一种清水芙蓉、自然天成、质朴无华、清新生动、宏丽厚实之美。

　　诸如此类,经过艺术提炼而语言清新自然、质朴生动的作品,在唐人碑志文中比比皆是,如张九龄《故辰州泸溪令赵公碣铭并序》、王光庭《唐银青光禄大夫驸马都尉上柱国汾阴郡开国公赠兖州都督薛君(儆)墓志铭并序》、李华《韩国公张仁愿庙碑铭并序》、李白《武昌宰韩君去思颂碑》、梁肃《越州长史李公墓志铭》等,都多此类描写。而岑参的《唐博陵郡安喜县令岑府君墓铭》《果毅张先集墓铭》则短小精悍,生动别致,更具诗笔之美。

　　盛唐文人尽管个人风格有所差异,但在追求清新自然、素朴质实之文风上,却是一致的。特别是天宝以后,包括碑志文体在内的文章,由骈入散已成不可阻挡之势,这就为韩愈柳宗元发动古文运动创造了条件。这一时期的碑志作家作碑文骈散结合,甚至通篇以散体作碑文,比张说苏颋更进一步,如颜真卿《汉太中大夫东方先生墓碑》:"先生取诸斯而不弃,安于斯而不迁,别自有说焉。爰想当时丰草长林,树影溪光。墓门宽广,彩璧辉煌。"②梁肃《越州长史李公墓志铭》写墓主保境安民:"永泰末,妖贼杀郡将以叛,其帅败亡,贼党诈服。公以单骑往安其民,一旦收隐慝三十人,杀之以徇。三衢之人,道路相庆,人到于今称之。无何,有比部之拜,乃兼越州长史。"独孤及《唐故睢阳太守赠秘书监李公神道碑铭(并序)》写墓主:"七

----

① [清]赵殿成:《王右丞集笺注》卷二三,第426—427页。
② 吴钢:《全唐文补遗》第六辑,第13页。

岁受《孝经》,至《丧亲》章,捧书孺慕,哀哽不食,邻伍长幼,为之涕泗。既冠,遭太夫人弃孝养,苴貌茹毒,泣血无声者三年。自是孝称乡党,名冠宗室。"李华《元鲁山墓碣铭并序》写墓主:"及应府贡,如京师,不忍离亲,躬负安舆,往复千里。以才行第一,进士登科。丁艰,声动于心。既过苴枲,刺血画佛像、写经,以不赀之身,申罔极之报,食无盐酪、居无爪翦者三年。"再如贾至《陕州铸牛碑颂》:"夫能利于物,帝之念;择善而为,臣之忠。是以我国家咸秩无文,发天使以祀;我明牧谋始有作,招墨客以颂。颂者,诵也、容也。诵令德,昭厥异,穆如清风。"而李白和王维更将诗人的激情和意绪注入写作中,使碑文既具有诗的特点,又不失文的本色,形成盛唐时期特有的"诗人之文"。纵观这一时期的碑志文,散体化写作已是大势所趋,作家以杂言散句行文,去除骈俪体四六对句、丽藻用典之束缚,更显自由流畅,清新优美,体现出明显的秦汉古文特色,是时代文体改革的映现。

从张说、苏颋到李华、萧颖士,盛唐文人代代相承,张扬儒学思想,倡导王道政治,从理论和实践上都反对骈文的华而不实,推动文体改革,使得盛唐碑志文在文体特征和总体风貌上焕然一新,其人其文,都适应时代对于文学的要求,为后来韩愈、柳宗元等人推动中唐文体革新作了铺垫。

第二节　颂音传雅　壮思雄飞:苏颋的碑文

——兼论富吴体碑文

一、苏颋的碑文

开元盛世之文,以张说和苏颋所作最具代表性,两人都位高爵显,具有非凡的文学成就,被誉为燕许大手笔,"以辅相之重,擅述作之才,佐佑王化,粉泽典章,骈称燕许。"①《全唐文》收录苏颋碑志13篇,数量次于其所作制、敕、表三体后而居其四。

就创作时间及活动经历而言,苏颋长张说7岁,早在武则天执政时,就中举进士,官拜中书舍人,参与各类朝廷公文的写作。《新唐书·苏颋传》引述李峤的话称赞苏颋"思若涌泉,吾所不及"②,可见其文采之高,所以

---

① 钱基博:《中国文学史》,第270页。
② [宋]欧阳修、宋祁:《新唐书》卷一二五,第4400页。

"自景龙后,(苏颋)与张说以文章显,称望略等,故时号'燕许大手笔'。帝爱其文,曰:'卿所为诏令,别录副本,署臣某撰,朕当留中。'后遂为故事"①。

　　相对于张说,苏颋虽然没有完整的表达其文学理论和创作思想的文章,但从其诗文创作来看,明显带有崇尚典雅的倾向,其文论主张也散见于一些篇章中,如《唐紫微侍郎赠黄门监李乂神道碑》说墓主:"德为范,言为师,行为则,事为程",随后称赞其"所著文集,……经纶密致,犹乐箫韶工黼黻也。至于心凝风味,神嬉景华,奕棋不孤,弦酌相伴。乐然有地,贵岂在人"!《扬州大都督长史王公神道碑》称赞墓主之父"文秀儒雅",墓主本人则"八岁工词赋,十五读典坟,十八历涉代史,十九初游太学",赞扬其对儒家经典的学习。《赠礼部尚书褚公神道碑》中,称赞褚无量为人"儒有斯文,帝王者师。探幽典坟,赞道雍熙。其德弥芬,其谟益祗",为文"盈不可数,大抵以义约,以文见"。《司农卿刘公神道碑》推崇质文合一、诗礼并重的君子之风。在《刑部尚书韦抗神道碑》中,苏颋又感叹"愧不得绝妙好辞,披文而相质",提倡文章内容与形式的统一,批文相质,文质彬彬。在《奉和圣制答张说出雀鼠谷》中,苏颋更明确提出文章要"作颂音传雅,观文色动台"②,宣扬"德重周王问,歌轻汉后传。宸游铺令典,睿思起芳年"③,"功役隐不见,颂声存复扬"④。倡导能为现实政治服务的雅颂之声,显现出其对文学与现实政治关系的重视。由此可见,苏颋的文学主张是以宣扬儒家礼乐政治为中心,重视士人对儒家经典的学习,提倡文学为现实政治服务,主张文章要发扬风雅精神;在文质关系方面,则两相并重,重视文章内容与形式的统一,反对重文轻质和重质轻文的不良写作倾向;在文章的情感气势方面,则追求昂扬雄伟、宏大壮丽、明朗大气的文风,这在其创作实践中多有反映。

　　《全唐文》收录苏颋碑志文中,建筑记功碑文 3 篇,墓碑文 10 篇,就其思想内容而言,都充斥着歌颂盛世、张扬伟业的倾向,排比铺陈,夸饰功绩,叙述帝唐的繁华富强及士子的豪情壮志,情感昂扬博大、雄壮豪健、蓬勃进取,体现出盛世之文的典型特征。《唐长安西明寺塔碑》写西明寺的修建,

　　① ［宋］欧阳修、宋祁:《新唐书》卷一二五,第 4402 页。
　　② ［清］彭定求等:《全唐诗》卷七四,第 807 页。
　　③ ［唐］苏颋:《奉和圣制登太行山中言志应制》,［清］彭定求等:《全唐诗》卷七四,第 808 页。
　　④ ［唐］苏颋:《敬和崔尚书大明朝堂雨后望终南山见示之作》,［清］彭定求等:《全唐诗》卷七四,第 812 页。

行文一开始就歌颂帝唐的君权神授："赫矣帝唐，发于天光，鸿勋铺亿载，盛业冠三代，钦明濬哲，以至高宗天皇，绍元命而导要道也。"其他如《陕州龙兴寺碑》《唐河南龙门天竺寺碑》也是借寺庙的修建以颂美时世，铭功皇朝。前者从皇帝的圣明英武写到官吏的忠正能干，凸显王朝圣主贤臣、齐心王政的大好发展局面，后者则颂扬"维皇建极，与天比崇，教设而风靡，化行而日用"，展现国家政通人和，文化昌明、经济发达、祥瑞叠现的盛世图景。凡斯种种，通过写建筑场面的热闹宏大，写寺庙的精美壮丽，凸显帝唐国力的强大和社会生活的繁荣，宣传天命帝唐、王政巍峨，为唐王朝大一统政权的合理性作舆论上的宣传，进而推动时代政治的进一步发展。

在墓碑文中，这一写作倾向就更为明显。按写作对象而分，苏颋墓碑文所涉墓主均是显要人物，多为奉诏而写，如《右仆射太子少师唐璿神道碑》《赠礼部尚书褚公神道碑》《御史大夫赠右丞相程行谋神道碑》《刑部尚书韦抗神道碑》《扬州大都督长史王公神道碑》《唐故赠太子少保管国公武府君（嗣宗）墓志铭》《大唐故怀州刺史赠特进耿国公武府君墓志铭并序》等，这些墓主们都才华过人，志向高远，奋发有为，勤政爱国，充满蓬勃进取的精神。《唐紫微侍郎赠黄门监李乂神道碑》写墓主李乂少年才俊："公幼而闵凶，弱不好弄，十一从学，极奥研几；十二属词，含商咀征。中书令薛元超谓人曰：'此子必负海内盛名。'十九郡举茂才策第，考功郎刘思立一见又如之。"写其人生得志、效力国家："无何，加朝散大夫，迁……中书舍人。立义起草，司言挥翰，盖闲练而芳蔚也。遂长兼昭文馆学士，云龙待问，天马成歌。群士跃鳞，系公称旨。"赞其文采风流："所著文集，成六十卷，五言之妙，一变乎时。流便清婉，经纶密致，犹乐箫韶工黼黻也。至于心凝风味，神嬉景华，奕棋不孤，弦酌相伴。"《司农卿刘公神道碑》写墓主胸怀大志，好学上进："纯洁浩素。直专静密，外象威严，内含光耀，弗诵于非圣，弗言于非法，虽迹系芜室，而心游坦涂：始有远大之誉矣。"歌颂其"以温良恭俭之德，知进退存亡之机，然后指青门之路，美贤于疏广；登洪波之台，长立于周舍"的人格精神。《扬州大都督长史王公神道碑》，从墓主"公八岁工词赋"写起，凸显其才华横溢、奋发有为、备受重用的一生，展现其"爰事英主，皇皇我神武，金期宝臣，籍我公辅。及挥纶翰，秉刀尺，宜其尹天下，登宰衡，虽克扬其休，而不践厥位"的人生光辉历程。其他如《唐故司农寺主薄崔君日新墓志铭并序》《大唐故怀州刺史赠特进耿国公武府君（懿宗）墓志铭并序》《唐故赠太子少保管国公武府君（嗣宗）墓志铭并序》等，墓主也是此类人物。

　　韩休《唐金紫光禄大夫礼部尚书上柱国赠尚书右丞相许国文宪公苏颋文集序》中评价苏颋的文章说："（苏颋）佥议允归，制命敕书，皆出自公手，笔不停缀，思无所让。……爽律与云天并高，繁章与霞月俱亮。故能虚明独照，壮思雄飞。"①《唐语林》卷二也说："张燕公文逸而学奥，苏许公文似古，学少简而密。"②都指出苏颋文章的特征。总体而言，苏颋作碑志还不出骈俪体式，以颂美铭功为要，但其突破骈体文丽藻用典、虚浮空泛之流弊，往往根据墓主的才能个性行文，通过具体的细节描写塑造人物，展现人物的生平经历及才华政绩，再辅以议论点评，加强行文的情感气势，其碑文写景记事、抒情言志颇具昂扬大气、质实刚健之美，可谓"壮思雄飞"，如《司农卿刘公神道碑》开头即大发议论："君子之质，则有文也；君子之备，则有武也。蕴其材而正直是与，行其道而刚柔迭用，经德所以不回，称诗为之立礼。硕大之教，闻于四海；人爵之美，奋于百代。受天之祐，不其然欤！"就盛世之下对人的全面发展展开论述，通过"金门之宾，就以强学，玳席之士，来而好问"的细节描写凸显墓主的学问声誉，通过"缩板以载之，置筵以度之，三旬以成之，百物以备之。独任于公，不愆厥旨，非博而稽其礼，省而精其事，则曷能臻于此乎？戎羯之纵暴也，易之梯冲，颇亡其楼堞；魏之桑梓，尤固于藩篱：令公驰传检校魏州刺史以威之。寇平召之，犹领本职，复加将作大匠"等事件凸显墓主在内政外交、文治武功方面的贡献，展示其"外象威严，内含光耀"的君子之风。《赠礼部尚书褚公神道碑》在铺叙墓主褚无量郡望、仕历、著述的基础上，重点以两件事彰显其在王朝文化建设方面的贡献。一是玄宗即位之初入宫为侍读事："载启载沃，百氏之言满中禁；日尊日事，五更之礼存上庠。……寻与中令范阳张说、侍郎武功苏颋、黄门郎赵郡李义等开讲序于披垣。悉上其昌言嘉谟，可体要经远者。"二是墓主开元初整理典章文献之事："上复以旧章散落，群籍湮坠，张购令，据逸文，补其缺，删其谬，敕公于都乾元殿、京丽正殿总而成之。上帝之璧，先王之府，委坟素，流笔墨，可涤元览而照清光耶。"短短几句，塑造出一个学识丰富、

---

① ［清］董诰：《全唐文》卷二九五，第2987页。
② 周勋初：《唐语林校证》上册，中华书局，1987年，第171页。

勤于职守的文儒形象。再如《刑部尚书韦抗神道碑》，写墓主韦抗为官一任、造福于民的德政："公至，革乎弊，顺乎美，暑往寒来，人不知用。风雨时顺，物果遂宜。"随后又用"雷泽之庶，河滨之阜，声沦燠休，颂被和乐"的比喻褒美其在安州等地的勋绩，碑尾总结点评韦抗德业："讲信修睦，自求诸已。爵之以官，其直如矢。秉之以宪，其清若水。"凸显墓主忠贞报国、施政有方的人生经历。

在涉及战争描写的碑文中，苏颋更注意典型细节和场景的展现，借此塑造人物形象，张扬情感气势，行文更显磅礴大气、明朗豪迈，体现出盛唐文学的时代特征，如《右仆射太子少师唐璿神道碑》叙写墓主军功："公训钲镯完甲兵以御之。房见积尸之凶，我悬斩级之赏，遁则忘草，在而蒙棘，他他籍籍，不可胜云。"《御史大夫赠右丞相程行谋神道碑》赞扬墓主文韬武略："拉二竖于威弧之张；神羊既立，挫三思于止戈之武：固亦霜驱隼劲，露落鹏摧。"《刑部尚书韦抗神道碑》写墓主："迁御史大夫持节朔方军大总管，择副宰，御元帅，廷诤已决，庙谋先假，挫贪人于败类，追桀虏于奔亡：公之绩也。"其他如《高安长公主神道碑》写景致："落月过半，秋阳浸微。清节凝兮朔风断，丹旐列兮秋云飞。望槐里而西驰，去获园而北顾。视牵牛兮像设，过饮龙兮径度。"《凉国长公主神道碑》写公主："清扬神洁，妙指心闲，犹白雪之词，冥通则应，类青溪之曲。"亦颇具文采之美。诸如此类，在苏颋笔下，墓主们大都胸有大志，好学上进，往往感时报国，奋发有为，忠勇刚正而政绩不凡；帝皇则是应天承命、雄才大略，政治清明而威加海内。如此明君贤臣齐心协力，天时地利、政通人和，王朝建设可谓蒸蒸日上，士人们更是深感欣逢盛世，其昂扬奋发、刚健有为，充满着建功立业的豪情壮志，最终积极投身仕途经济，致力于国家建设和个人成才的时代大潮。苏颋这种显示盛世之下人的全面发展、弘扬个人奋斗精神的创作思想，使得其碑志文气势恢宏辽阔、情感激越豪迈，字里行间，流露出盛世文人的豪壮心态和蓬勃进取精神，流露出浓厚而强烈的英雄主义情节，流露出乐观自信、奋发有为、生机勃勃、成功在望的时代政治理想。可以说，苏颋和张说一起，在碑志文领域展现着盛唐气象、盛唐风骨。

苏颋的碑文严谨质实、古朴醇雅，体例上有"志"有"铭"，志铭结合，在内容形式上，因其注重颂美，注重藻饰用典，有着浓厚的骈俪文风。其中铺叙墓主的家世门第、才华政绩、军功勋爵等，都有条不紊，一一道来，如此千篇一律行文,造成程式化的撰写风格。较之张说碑文,苏颋碑文台阁之气更重,语句上虽也有散化倾向,却不如张说流畅自如,因此在创作成就上逊于张说。正如钱基博所论:"今诵颋所传诗文,动无虚散,颇乖秀逸,远不如说之倜傥卓荦,风力遒矫;又喜用古事,弥见拘束。……以视说之词采华茂,风流调达,亦何异于跛鳖之与骐骥哉。"①

　　尽管如此,苏颋的碑志文无论感情气势的刚健昂扬,还是思想内容的博大雄浑,都是初唐文人难以比拟的。这也显示出苏颋在矫正徐庾体骈俪碑文弊端方面的努力。回观盛唐当世的评价,苏颋文章的这一风格特色也已得到时人认可,韩休《唐金紫光禄大夫礼部尚书上柱国赠尚书右丞相许国文宪公苏颋文集序》评苏颋为文:"发挥造化之微,鼓动江山之气。"②钱基博《中国文学史》也认为苏颋之文"辞不脱于俪偶,而六朝浮藻,湔洗尽矣"③。另外,从语言形式上看,苏颋部分碑文也由骈入散,骈散结合,已具备散文化特征,如《司农卿刘公神道碑》《唐河南龙门天竺寺碑》《赠礼部尚书褚公神道碑》《陕州龙兴寺碑》等,语句简明精短,明白自然、流畅自由,和传统骈四俪六的繁缛句式截然不同,其《右仆射太子太师唐璿神道碑》《高安长公主神道碑》《唐紫微侍郎赠黄门监李乂神道碑》更是"篇章赡肆"④。总体而言,苏颋文学创作成就虽不如张说,但在文坛的贡献却不容忽视,其和张说一起,对盛唐文学的繁荣,对骈文、散文的文体变革都起着重要的作用。学界论述唐代文体变革,多以苏张并论,如南宋魏了翁云:"使文章之变非燕、许诸人为之先,则一韩愈岂能以一发挽千钧哉!"⑤近人高步瀛《唐宋文举要》也云:"唐初文体,沿六朝之习,虽以太宗之雄才,亦学庾子山为文,此一时风气使然,殊不关政治污隆。欧阳永叔讥其不能革五代之余习,郑毅夫讥其文纤浮靡丽,不与其功业相称,皆书生之见,实亦囿于风气而为此言耳。当时最著者为四杰,其小品独存齐、梁韵味,而鸿篇巨制,则务恢而张之。虽闳博瑰丽,震铄一时,其弊也或流于重腿,或溺于泛滥,亦学者所当择也。安成同其风,巨山继其武,及燕、许以气格为主,而风气一变。于是渐

①　钱基博:《中国文学史》,第271页。
②　[清]董诰:《全唐文》卷二九五,第2987页。
③　钱基博:《中国文学史》,第271页。
④　钱基博:《中国文学史》,第271页。
⑤　[宋]魏了翁:《重校鹤山先生大全文集》卷一百一,宋集珍本丛刊第77册,线装书局,2004年,第656页。

厌齐、梁,而崇汉、魏矣。"①都体现出对苏颋、张说文体改革之功的重视。

二、富吴体碑文

值得一提的是,稍早于苏张的吴少微、富嘉谟于文体也多有改革,时称富吴体,又称吴富体。《旧唐书》云:"富嘉谟,雍州武功人也,举进士,长安中,累转晋阳尉,与新安吴少微友善,同官。先是,文士撰碑颂,皆以徐、庾为宗,气调渐劣。嘉谟与少微属词,皆以经典为本,时人钦慕之,文体一变,称为'富吴体'。嘉谟作《双龙泉颂》《千蠋谷颂》,少微撰《崇福寺钟铭》,词最高雅,作者推重。……嘉谟与少微在晋阳,魏郡谷倚为太原主簿,皆以文词著名,时人谓之'北京三杰'。"②《新唐书》云:"天下文章尚徐、庾,浮俚不竞,独嘉谟、少微本经术,雅厚雄迈,人争慕之,号'吴富体'。"③宋计有功《唐诗纪事》卷六"富嘉谟"、罗愿《新安志》卷六《叙先达》对二人记载亦同于新旧《唐书》④,胡可先认为"富吴体"流行于武后时期⑤。

唐初文坛盛行以徐庾为宗的骈俪文风,以致"竞为浮华,遂成风俗"⑥,到武则天时期可谓"气调渐劣"⑦,甚至蔓延到开元年间。而富吴二人作碑文力求摆脱徐庾骈俪文体的流弊,其内容上以经典为本,文辞高雅,文风雄迈浑厚,不同于当时流行的徐庾式骈体文,在文体上已呈现出创新的倾向。开元中张说与徐坚论近世文章,把"富吴体"与当时著名文士的文章进行比较,认为"李峤、崔融、薛稷、宋之问之文如良金美玉,无施不可。富嘉谟如孤峰绝岸,壁立万仞,浓云郁兴,震雷俱发,诚可畏也,若施于廊庙,骇矣!阎朝隐如丽服靓妆,燕歌赵舞,观者忘疲,若类之《风》《雅》,则罪人矣"⑧。可见富吴体与当时文坛盛行的绮艳流丽的形式主义文风不同,更多体现着一种雄浑壮丽、刚健厚朴的风貌。有学者指出"富吴体"是中唐古文运动最早出现的新式散文体,在创作实践上是古文运动的渊源。谈到古文运动的渊源不能不说到

---

① 高步瀛:《唐宋文举要》卷一,第 1133 页。

② [五代]刘昫:《旧唐书》卷一九〇,第 5013 页。

③ [宋]欧阳修、宋祁:《新唐书》卷二〇二,第 5752 页。

④ [宋]计有功:《唐诗纪事》,上海古籍出版社,1987 年,第 81 页;《宋元方志丛刊》第八册,中华书局,1990 年,第 7679 页。

⑤ 胡可先:《唐代重大历史事件与文学研究》,浙江大学出版社,2007 年,第 93 页。

⑥ [唐]令狐德棻:《周书》卷二三,第 391 页。

⑦ [五代]刘昫:《旧唐书》卷一九〇,第 5013 页。

⑧ [唐]刘肃:《大唐新语》卷八《文章》,第 130 页。

"富吴体"①,胡可先《唐代重大历史事件与文学研究》于此更有着详细论证②。

富吴体的代表作主要指《旧唐书》所载"嘉谟作《双龙泉颂》《千蝎谷颂》,少微撰《崇福寺钟铭》"③这三篇文章,如今只存吴少微《唐北京崇福寺铜钟铭并序》一篇。此外唐代出土墓志中有一篇富吴共同撰写的《崔公墓志》,这一墓志是了解富吴体弥足珍贵的文史资料,从文本来看,其行文已改六朝徐庾的华艳夸饰,叙事写人典重而质实④,句式已趋散化,语言清新质朴,灵活生动,在创作倾向上体现出刚健有力、雄健豪壮的审美追求,这也是"富吴体"的典型特征。

富吴二人在文章创作,特别是碑志文体的创作方面虽已有革新,但惜之作品传世稀少,无法深入论证。但由此可见在初盛唐之交的这一阶段,文体的变革创新并非孤立、个别的现象,而是一个系统渐进的过程,这其中既有时代风气的影响,又有文体自身流变的作用。富吴之后,苏颋和张说顺应时代文学的发展要求,合力推动文体变革,创作出大量刚健充实、恢弘壮丽的新体碑志文,二人以其大手笔的才华地位与文学成就,最终使得盛唐碑志文坛的整体面貌发生实质性改变,也推动着有唐一代文风的总体变革,成为方家所论唐文三变过程中承上启下的重要一环⑤。

第三节　高气方直终乎雅颂

——李邕、颜真卿的碑志文

一、李邕的碑文

盛唐文人中,李邕亦擅长碑志文的写作,《旧唐书·李邕传》云:"邕能

①　康玉庆、靳生禾:《唐代"富吴体"与北都晋阳》,《大同大学学报》(社会科学版)1998年第2期,第58页。

②　胡可先:《唐代重大历史事件与文学研究》,第92—101页。

③　[五代]刘昫:《旧唐书》卷一九〇,第5013页。

④　戴伟华:《出土墓志与唐代文学研究》,《唐代文学研究丛稿》,台湾学生书局,1999年,第4页。

⑤　[宋]欧阳修、宋祁《新唐书·文艺传》:"唐有天下三百年,文章无虑三变。高祖、太宗,大难始夷,沿江左余风,绤句绘章,揣合低卬,故王、杨为之伯。玄宗好经术,群臣稍厌雕琢,索理致,崇雅黜浮,气益雄浑,则燕、许擅其宗。是时,唐兴已百年,诸儒争自名家。大历、贞元间,美才辈出。……于是韩愈倡之,柳宗元、李翱、皇甫湜等和之,排逐百家,法度森严,抵轹晋、魏,上轧汉、周,唐之文完然为一王法,此其极也。"[宋]欧阳修、宋祁:《新唐书》卷二〇一,第5725页。

文养士。"①《新唐书·李邕传》载"峤为内史,与监察御史张廷珪荐邕文高气方直","邕之文,于碑颂是所长,人奉金帛请其文,前后所受巨万计。邕虽诎不进,而文名天下,时称李北海"②,可见其文名之广。时人杜甫《八哀诗·赠秘书监江夏李公邕》描写李邕碑文创作盛况说:"忆昔李公存,词林有根底。声华当健笔,洒落富清制。风流散金石,追琢山岳锐。情穷造化理,学贯天人际。干谒走其门,碑版照四裔。名满深望还,森然起凡例。"③李邕不仅是碑志文名家,还是著名的书法家,他所作碑志几乎都是亲自书丹,以便刻石,甚至还有他亲自镌刻的说法,其传世碑志书法作品有《叶有道碑》《端州石室记》《麓山寺碑阴》《东林寺碑》《秦望山法华寺碑》《云麾将军李思训碑》《云麾将军李秀碑》等。

　　《全唐文》收录李邕29篇碑志文,按写作对象分,李邕的碑文可分为三类:一类是寺庙记功碑,用来记载寺庙的修建装饰,如《国清寺碑并序》《秦望山法华寺碑》《兖州曲阜县孔子庙碑并序》《楚州淮阴县婆罗树碑》《郑州大云寺碑》《岳麓寺碑》《莆山灵岩寺碑铭并序》《大唐泗州临淮县普光王寺碑》《嵩岳寺碑》《大相国寺碑》《海州大云寺禅院碑》《东林寺碑》《五台山清凉寺碑》等;一类是写给高僧名士的塔铭、碑碣等,如《大照禅师塔铭》《叶有道碑》《逸人窦居士神道碑》《唐东京福唐观邓天师碣》等;一类是墓碑文,用来歌颂权宦显要的生平功绩,如《大唐赠歙州刺史叶公神道碑》《赠安州都督王仁忠神道碑》《长安县尉赠陇州刺史王府君神道碑》《唐赠太子少保刘知柔神道碑》《中大夫上柱国鄂州刺史卢府君神道碑》《桂府长史程府君神道碑》《唐故云麾将军右武卫大将军赠秦州都督彭国公谥曰昭公李府君神道碑并序》《左羽林大将军臧公神道碑》《羽林大将军臧公墓志铭》《云麾将军碑》等。就成文方式而言,李邕碑文多为酬请而作,这和张说苏颋的奉诏书写不同。《旧唐书》本传云:"邕早擅长才名,尤长碑颂。虽贬职在外,中朝衣冠及天下寺观,多赍持金帛,往求其文。前后所制,凡数百首,受纳馈遗,亦至巨万。"④由此可见,李邕碑文创作的商品化动因。

　　李邕的碑文紧承张说、苏颋,以颂美时代为要,在思想内容上描写丰富

----

① [五代]刘昫:《旧唐书》卷一九〇,第5042页。
② [宋]欧阳修、宋祁:《新唐书》卷二〇二,第5757页。
③ [清]仇兆鳌:《杜诗详注》,第549页。
④ [五代]刘昫:《旧唐书》卷一九〇,第5043页。

繁荣的社会生活,充满着对盛世伟业的赞叹,对帝唐国力强大、人心思齐、蓬勃发展的政治格局的歌咏,行文刚健昂扬、情感豪迈,可谓"高气方直"。这首先表现为对皇权承继有序、君主神武英明的描写,如《兖州曲阜县孔子庙碑并序》描写唐代开国以来帝皇英明、文治武功、国家昌盛的社会面貌:"我国家儒教浃宇,文思庚天,伸吏曹以追尊,建礼官而崇祀,侯褒圣于人爵,尸奠享于国庠。是用大起学流,锡类孝行,敦悦施于万国,光覆弥于允宗。"再如《郑州大云寺碑》:"粤我高祖神尧皇帝俟时登庸,从观兴感,再驾尚轫,五转欲承。……洎我高宗天皇大帝缵祖匡业,继明德辉,万流澄瀛,八风叶律,齐致功于化造。……丁厥则天皇太后奉遗托孤,与权改物,母仪霸迹,阐政神器,追惟乾荫,永动皇情,明启度门,宣游觉路,乃降绣像一铺,广也。"历叙唐代统治者的功绩,罗列种种颂词,从推行儒教、修建孔庙说到尊礼崇佛,对唐王朝的历代君主进行直接赞美褒扬。行文语言华美流丽,藻饰丰富,感情热烈高亢,气势磅礴有力,颂美之意明显。其余如《大照禅师塔铭》《大相国寺碑》等,也是此类内容。

其次,李邕善于在碑文中铺排场景、罗列阵势,借此展现盛唐物质与精神生活的丰富多彩,以颂美时代,抒发文人的豪情壮志。《大唐泗州临淮县普光王寺碑》写礼佛的场面,其铺陈排比,藻饰渲染,通过对僧侣迎接中宗皇帝御题寺名的描写,表现黎民对统治者的热爱敬颂之情:

舍利之塔,七宝齐山;净土之堂,三光夺景:于制造也,未缀于手;猗德名也,已闻于天。中宗孝和皇帝远降纶诰,特加礼数,延入别殿,近益重元。德水五瓶,霶濡紫极,甘露一斗,福润苍生。乃请寺名,仍依佛号,中宗皇帝以照言犯讳,光字从权。亲睹御书,宠题宝额,垂露落于天上,飞翰传于国中。其来也。广内庆齐;其至也,连城欢迓。扇凭笔贵,独属右军;寺为额高,更因天子。每名晨大众,瞻礼嬉游,上升门台,直视川墅。峦阜嶒嶙而屏合,淮水逶迤而带长,邑屋助其雄,商旅增其大:兹为胜也,曷以加焉![①]

当唐中宗的御笔题额来临时,万民欢呼,山色辉映,祥瑞呈现,李邕通过一系列对比映衬、夸饰渲染的手法,展现场景的浩大隆重,热闹繁华,凸显百姓对统治者的拥戴之情。其余如《灵岩寺碑颂并序》《五台山清凉寺

---

① ［清］董诰:《全唐文》卷二六三,第 2673 页。

碑》《唐故白马寺主翻译惠沼神塔碑》等也充满此类描写。

再之,李邕碑文在展现墓主的生平经历时,着重对其才华、品行、功德及政绩等多加赞颂揄扬,通过描写士人的发展成才,歌颂时代的伟大与繁荣。《桂府长史程府君神道碑》写墓主的爱民政治:"历城门郎、长社、武进、朝邑、曲沃、好畤、云阳宰六县,皆代工开化,顺时布和,慎简里胥,周省条薄。其清水鉴,其坦砥平,从心术以外形,随手妙以旁发:人乐新政,俗劝古风。"《左羽林大将军臧公神道碑》写墓主臧怀亮雄才大略,好学上进:"公濬发卓荦,雄举倜傥,风雨之气,凛凛出徒;金玉之声,锵锵激物。问家以广孝,形国以尽忠,朋执义之,昆弟友之:虽文忠老成,而壮武特立","公自任边事,每读兵书,山川之形,不劳聚米,战阵之势,有以成图。骤施交贤,博闻求已,习明以至用,宏略以壮猷。"《羽林大将军臧公墓志铭》又写其运筹帷幄之中、决胜千里之外的军事才能:"至若设奇兵,剿勃敌,智出人境,事扬天声,经之三边,倏忽四纪,举无遗策,动有成功,虽李牧十年,武侯五月,罔足以议。及乎屯禁旅,直严更,遏周墙之祸萌,增铁障之安国,又何加焉?"通篇赞颂臧怀亮的勇武制胜,赫赫战功。其他《大唐赠歙州刺史叶公神道碑》《唐故云麾将军右武卫大将军赠秦州都督彭国公谥曰昭公李府君神道碑并序》《赠安州都督王仁忠神道碑》《唐赠太子少保刘知柔神道碑》《逸人窦居士神道碑》《叶有道碑》《唐东京福唐观邓天师碣》等,或叙写墓主的美政军功,或叙写墓主的才性法力,其夸饰渲染,藻饰流丽,明快热烈,赞美国力强盛、帝皇英明、臣民忠勇的时代风貌;赞美英杰济济、人才辈出、才尽其能的社会政治;赞美和乐繁荣、幸福安康、兴旺发达的人民生活,都充满着对盛唐社会的热爱与歌颂。

值得一提的是,李邕的碑文还多借奇异祥瑞之景,展开对盛唐的讴歌。祥瑞是盛世理想中不可缺少的天地神灵赞尚佑护的象征。唐代的政治颂美性诗文,对山川风物和花月云露等物品的咏叹与描摹,都以符瑞的感受来点化物色的暗喻内涵①。至玄宗开元中后期,这一感受被充分发挥,此在李邕碑文中表现突出,如《东林寺碑》写仙境缥缈:"缭垣云连,厦屋天耸,如来之室,宛化出于林间;帝释之幢,忽飞来于空外。至若奥宇冬燠,高台夏清,玉水文阶而碧池,瑶林藻庭而朱实。琉璃之地,月照灼而徘徊;旃檀

----

① 李俊:《初盛唐时期的盛世理想与文学》,第168页。

之龛,吹芬芳而祕醇。"《唐东京福唐观邓天师碣》写神灵降临:"其所至也,神兵降于坛上,庆云集于山下,元鹤徘徊于霄汉,丹芝郁馥于原野。"再如《秦望山法华寺碑》写寺庙之美:"神钟警夜,保贤圣之天居;祥鸟肃宾,迓轩盖之云集。忍辱灵草,捃萋萋于小茎;伛偻异花,攀灼灼于乔干。故得人天回首,江海因声,芭蕉过雷,倏焉滋茂;葵藿随日,至矣勤诚。"《长安县尉赠陇州刺史王府君神道碑》写墓主奉孝:"三年庐墓,泣变青柏,祥臻素乌。野老明征,邦牧表异。"诸如此类,以自然之景附会人事政治,其写云彩、写碧水、写瑶林、写丹芝灵鹤、写异花异景,可谓奇人奇事,闪烁着浪漫瑰丽、变幻迷离的神秘光彩。其实这里的景象正是展示自然之美的盛世祥瑞,云山雾海,香气缭绕;朗月鲜花,灵芝盛开;丹鹤云集,山青水秀;群鹿密集,氤氲芬芳,这种生生不息的自然律动,这种奇幻美丽的社会美景,一切的一切,气象高远,旨义无穷,充满着一往无前、神秘美丽的希望与憧憬。这些自然性的盛朝盛景,最终成为文人引以为豪、感怀不已的时代话语,为颂美盛世提供了有力的现实依据和想象空间。

就体例而言,李邕的碑文往往在正文开始之前,多有一番议论追述,以引出对墓主家世、门第、祖功、勋爵的叙述,这也体现出唐人的门第观念。可见唐代即使科举取士以力革门阀制度之弊,但士族观念在一定程度上仍存在,也影响着人们的思想。《左羽林大将军臧公神道碑》:"夫兵者天之威,将者人之命,非武功不足以遏虐,非智勍不足以视师。故四朝简才,三边受略,百姓拉之如朽,五变转之若丸,横大漠而左回,出高阙而右去,狄虏怀柔以纳质,匈奴辟易以破胆,数骑深侦,解鞍却敌,入阵周迥,摇扇坐谋。矧乃大谁羽林,离卫宸极,蓄志坚石,誓心渥丹,捧日廓于九霄,戴天旋于四盂。千年圣主,幸而逢之,一代勋臣,鲜哉稀矣!"再如《长安县尉赠陇州刺史王府君神道碑》:"邕闻才不必用,庆有必锺,尽滞或牵于时,首正终会于古。故志气也。不谋于食,而谋于道;生禄也,不在其身,即在其子。始终备致,后起追褒。谋翼孔彰,前循迈种,互体相发,他日同时。哀荣大来,幽明通感,长河一曲,所以端其浚源;高山四成,所以极其层阜。粤未可测已!"《唐赠太子少保刘知柔神道碑》:"邕闻古之常铨,今之大宝,或籍地因势,或经德自身,或礼乐国工。或词学时秀,或贵盛终吉,或等祀老成,或广孝闻家,或纳忠刑国:有一于是,则百斯庆,书于牒,大其闻。矧乃总集高曾,备致昆弟,悉数以周称,同原而合流,息女择于贤夫,允子训于良冶,首止光宠,出入震耀,若此表里者矣。"都是在开篇的议论抒情之后,才叙写墓主的名讳、籍贯,就其门第出身、祖功勋爵等一一铺开,全面展现墓主的一生。其下笔有力,起始便纵横捭阖,从气势上奠定全文的感情基调,为后文赞美墓主的军功仁政等埋下伏笔。整体篇幅浩繁,包容广阔,多以颂美式骈俪句行文,议论抒情、罗列排比,铺陈渲染而藻饰辞藻,用典繁富而意境雄浑,字里行间充满着对盛世的赞美,凸显华丽威严,宏大雄健之美。这也是自张说、苏颋以来盛唐碑志文的通行写法。

当然,李邕因追求颂美,行文内容丰富、篇幅冗长,于人于事的描写好铺陈排比、渲染罗列、夸饰炫耀,因此不免言过其实、溢美甚巨,造成行文的浮华虚泛、空而不当,故郭预衡认为李邕虽擅长碑志创作,但也指出其文章"最足称者,不是当时负名的碑颂诸作,而是敢于直言的文章"①。尽管如此,李邕的碑文也不乏优秀之作,其部分作品文笔优美,自胜一筹。如《国清寺碑并序》写国清寺:"借天仙往还,神秀表里,静漠漠而山远,密微微而谷深,自然罗浮迁移,既因风雨;育王制造,载役鬼神。落落然列星陈于九天,昭昭然飞霞夹于二曜,松间豁达,祥云飞和雅之音;桥路透迤,德水照澄清之色:伫立者神夺,散心者目明:所以信士永言,至人驰想,不远万里,有以一临。"以诗笔为文,使得行文颇具诗意之美。《五台山清凉寺碑》写清凉寺:"壮矣丽矣,高矣博矣,靡可得而详矣。赫奕奕而烛地,萃巍巍而翊天,寒暑隔阂于檐楣,雷风击薄于轩牖。星楼月殿,凭林跨谷;香窟花堂,枕峰卧岭。尊颜有睟,像设无声,观之者发惠而兴敬,居之者应如而合道。天花覆地,积雪交辉,梵响乘虚,远山相答。珍木灵草,仰施而纷荣;神钟异香,降祥而闻听。凄风烈烈,谁辨冬春? 奔溜潺潺,不知晨暮。"综合运用排比、拟人、通感、对比等手法,将清凉寺的空灵清雅写得引人入胜,语言上更是锤炼字句,特别是连绵词的叠用,颇显朗朗上口、素朴清新之美。再如《左羽林大将军臧公神道碑》写战争场面:"会六州九胡,浩凶阶乱,仓卒起于怀袖,杂沓混于宾主,虏接塞联,马肥弓劲,其骇人也。公分于二蕃,制于散地,持必攻之郡,计必死之凶,上奇兵以四征,保危堞以内备。虽诸军合势,而殊效特高,……自顷牧胡残孽,留匿傍山,或求食卧敝攘,或逃死啸聚,猖狂三窟,澶漫数州,关陇震惊,道路危阻。"铺垫对比,层层递进,以敌军的来

<hr />

① 郭预衡:《中国散文史》(中册),上海古籍出版社,2000年,第106页。

势凶猛衬托出大战到来之前的悲壮惨烈气氛,以环境的艰辛凶险衬托出战争进行过程中的残酷悲壮场景。行文骈散结合,长句短句灵活运用,不事藻饰用典,语言质朴清新而厚实有力,通过危急激烈的战斗场景,凸显墓主临危不惧、指挥若定、奋勇抗战的大将风度。就此而言,李邕的碑文,也具有相当的文学审美价值。

二、颜真卿的碑文

有唐一代的书法大家中,除李邕外,颜真卿也以碑志文的撰写出名,《新唐书》本传说颜真卿:"博学,工辞章。"①今所流传《颜鲁公文集》中,就有大量的奏表状疏、碑志书序及诗赋等文学作品,其文往往因事而发,情致深厚,气势刚正,故《钦定四库全书总目》有"大节炳著史册,而文章典博庄重,亦称其为人"②的评价。岑仲勉在《隋唐史》中更将颜真卿与李华、萧颖士、独孤及、贾至等并列为"大致能恢复古代散文之格局,唐文起八代之衰"③的陈子昂的后继者,可见对其文章创作成就的推崇。

颜真卿为文,推重元结,尤其推重孙逖。他和李华、萧颖士都为古文家孙逖选拔,为文也多受孙逖影响。在《尚书刑部侍郎赠尚书右仆射孙逖文公集序》中,颜真卿提出自己的文学见解:"古之为文者,所以导达心志,发挥性灵,本乎咏歌,终乎雅颂。帝庸作而君臣动色,王泽竭而风化不行。政之兴衰,实系于此。然而文胜质,则绣其鞶帨,而血流漂杵;质胜文,则野于礼乐,而木讷不华。历代相因,莫能适中。故诗人之赋丽以则,词人之赋丽以淫,此其效也。汉魏已还,雅道微缺;梁陈斯降,宫体聿兴。既驰骋于末流,遂受嗤于后学。"又接着赞扬孙逖"学穷百氏,不好非圣之书;文统三变,特深稽古之道",可谓"人文之宗师,国风之哲匠者矣"④。颜真卿看到文学和政治兴衰的关系,重视文学的政教功能,主张作文要发挥性灵,弘扬儒道精神,倡导雅颂之声,强调文质统一,反对淫丽浮艳的宫体文风,这和陈子昂、张说等人的文体改革精神是一脉相承的。

《全唐文》收录颜真卿碑志文39篇,与李邕一样,其大多为高僧名士和

---

① 〔宋〕欧阳修、宋祁:《新唐书》卷一五三,第4854页。
② 〔清〕纪昀:《钦定四库全书总目》卷一四九,第2000页。
③ 岑仲勉:《隋唐史》,河北教育出版社,2000年,第173页。
④ 〔清〕董诰:《全唐文》卷三三七,第3416页。

王公显宦所作。但从年龄上讲,颜真卿要小李邕将近 20 岁,因为生活年代的关系,颜真卿的碑志文更多反映出安史之乱前后、唐王朝由盛转衰这一时期的社会生活与士人思想,总体而言,仍不出颂美范畴,充满着感怀盛世、追忆繁华、激荡士心的内容,其中尤多符瑞描写,借此突显天人感应之盛世胜景,如《有唐茅山元靖先生广陵李君碑铭并序》:"其年夏六月,前生灵芝之所,又产三百余茎。煌煌秀异,人所莫睹","别建斋院。立心诚肃,是夜仙坛林间,遍生甘露。因以上闻,特诏嘉异"。《晋侍中右光禄大夫本州大中正西平靖侯颜公大宗碑》:"公乃绝弃人事,躬亲侍养,足不出户者十有三年。次嫂樊氏失明,须犀蛇胆,寻求不得。忽有青衣童子持囊授公,乃蛇胆也。寻出户,化成青鸟飞去。"其他如《抚州临川县井山华姑仙坛碑铭》《浪迹先生玄真子张志和碑铭》《晋紫虚元君领上真司命南岳夫人魏夫人仙坛碑铭》《有唐开府仪同三司行尚书右丞相上柱国赠太尉广平文贞公宋公神道碑铭》及《和政公主神道碑》,亦多此类描写。其传奇浪漫,迷幻瑰丽,不仅反映出盛唐时代佛道思想的流行,也反映出颜真卿通过祥瑞吉庆、灵异传奇之事附会政治、征兆人事、歌颂太平盛世之用意。

　　《银青光禄大夫海濮饶房睦台六州刺史上柱国汲郡开国公康使君神道碑铭》《唐故通议大夫行薛王友柱国赠秘书少监国子祭酒太子少保颜君碑铭》《朝议大夫守华洲刺史上柱国赠秘书监颜君神道碑铭》等文中,墓主都是王公显宦、名士良臣。颜真卿通过大段的文字,铺排陈设,对比罗列,从墓主的祖业功勋写起,夸耀其家族门第的兴旺,歌颂墓主的一系列才华政绩,列举繁富,书写广博,特别是多处引用帝皇评语赞美墓主,凸显盛世之下士人的名节品行和韬略功德。行文沉雄古穆,豪迈大气,充满着进取精神和爱国热情。如《特进行左金吾卫大将军上柱国清河郡开国公赠开府仪同三司兼夏州都督康公神道碑铭》行文起始即云:"竭诚奉主之谓忠,率义忘躬之谓勇,忠勇不犯,则名登于明堂。子仕教忠之谓义,战阵能勇之谓孝,孝慈有裕,则道存乎方册。"然后写墓主的一系列军功,彰显其忠勇报国的精神。《唐故开府仪同三司太尉兼侍中河南副元帅都督河南淮南淮西荆南山南东道五节度行营事东都留守上柱国赠太保临淮武穆王李公神道碑铭》写墓主治国安邦之文韬武略:"体浑元之正性,秉宏毅之高躅。天予纯嘏,生知礼度,谟谋炳邃,默识冲深。杰出经武之才,郁为兴王之佐。故能东征北伐,厌难康屯,挺草昧不世之功,允苍生具瞻之望。社稷威宝,公之谓欤!"随即通过大段的描写铺叙墓主的军功政绩,场景恢弘,细节突出。《唐故右武卫将军赠工部尚书上柱国上蔡县开国侯臧公神道碑铭》写墓主臧怀恪奉命和戎:"尝以百五十骑,遇突厥斩啜八部落十万余众于狼头山,杀其数百人。引身据高,环马御外,虏矢如雨,公徒且歼,遽而绐之曰:'我为臧怀恪,敕令和汝,何得与我拒战?'"墓主临危不惧、沉着迎战,其大国之将的风度,可见一斑。颜真卿此类碑志文,往往篇幅宏大,气势雄壮,文笔质朴有力,颂美盛唐国力强大、士心振奋、英雄辈出的社会政治生活,充满着意气风发、刚健有为、锐意进取的时代精神,情感昂扬而雄健,这和张说、李邕等人碑文的思想内容一致。

颜真卿一生为人正直,志行高洁,他在碑志文中更注意弘扬士人的品格气节,对其政治表现、节行是非极为重视。安史之乱爆发后,王权衰落,朝政混乱,地方叛军一度甚嚣尘上。颜真卿深感时局危急、士风不振,其作碑志文以倡扬忠君爱国的儒道精神为中心,对墓主的作为无论弘扬还是贬斥,均以是否反对藩镇叛乱、拥护王权一统为衡量标准,行文重点表现墓主在剿灭军阀叛乱方面的军功政绩,颂扬墓主忠贞爱国、拥护王政、力克顽敌、奋不顾身的高风亮节。如《朝请大夫行江陵少尹兼侍御史荆南行军司马上柱国颜君神道碑铭》写颜允臧大义凛然,不畏强敌,刚猛善战,镇压匪乱:"清渠之衄也,贼兵四合,矢下如雨,君挺剑跃马奔之,得出至武功。知县、御史及吏人无敢住足,君徐坐,示暇于大逵,然后少有至者,因令具顿,以候今上,上大惊喜,引之同食。"《摄常山郡太守卫尉卿兼御史中丞赠太子太保谥忠节京兆颜公神道碑铭》写墓主颜杲卿在国家危难时刻立场鲜明,坚决反对安禄山的叛乱,维护王权一统,忠勇刚贞,宁死不屈:"春正月,贼使平卢兵马使史思明寇诸郡。思明既来攻,六日城平,粮井皆竭,遂为贼所陷,男季明、外甥卢逖皆遇害。遂以公、履谦至东京,禄山让公曰:'我擢汝为太守,何负于汝? 而乃反乎?'公曰:'吾代受国恩,官职皆天子所与。汝叨受恩宠,乃敢悖逆。吾宁负汝! 岂负本朝乎? 臊羯胡狗,何不速杀我?'乃系公于天津桥南柱,令割肉以自啖。公诟詈不已,遂钩以断舌,问更敢尔否。公犹盛气含胡以应之,还被支解而终,观者痛心焉。"其情景可谓悲壮沉痛,惨烈刚强,通过墓主之死这一典型细节的描写,最终塑造出一个激昂大义、蹈死不顾、满身忠烈的儒将形象。再如《唐故开府仪同三司太尉兼侍中河南副元帅都督河南淮南淮西荆南山南东道五节度行营事东都留守上柱国赠太保临淮武穆王李公神道碑铭》,通篇描述墓主忠勇报国、力战叛军的斗争精神,就其以身许国、征战沙场、视死如归的英雄气概多加描述,慷慨悲壮,感人至深:

> 杲卿、履谦为史思明所陷,战士死者跆藉于潭沱之上。公亲以衣袂拂去其口上沙尘,因恸哭以祭之,分遣恤其家属,城中莫不感激一心。史思明正围饶阳,驰来拒战,公屡摧陷之。诏拜公兼御史大夫,俾今尚书令汾阳王郭公子仪悉朔方之众,与公合势,南收赵郡,又败之于沙河。夏六月,战于嘉山,大败之,斩获万计。思明露发跣足,奔于博陵,穷蹙无计,归节于禄山。禄山大恐,逆徒几溃。
>
> ……
>
> 史思明既有河北之地,与蔡希德悉众来攻,累月不克而退。公自贼逼城,于东南角张帐次居止,竟不省视妻子,每过府门,未尝回顾。是后决遣事务,信宿方归。
>
> ……
>
> 因追都知兵马使御史大夫仆固怀恩,怀恩中夜驰赴,鱼贯而前,再宿遄至,秋毫不敢犯。公趣河而东,及滑州,闻史思明已过河,遂迎强旅以至东京。移牒留守及官吏等,悉皆回避,公独与麾下趣河阳桥城。贼先锋已下倒悬坂,公至石桥,命秉烛徐行,一夜方达,贼望之不敢近。思明来至城下,请见公。公于城上谓之曰:"我三代无葬地,一身必以死国家之患。尔为逆虏,我为王臣,义不两全。我若不死于汝手,汝必死于我手。"将士闻之,无不激励。
>
> ……
>
> 思明以河南之众,顿于河阳南城之南。南北夹攻,表里受敌。公设奇分锐,袭其虚而大破赞军,临阵擒其大将徐璜玉,杀获略尽,赞仅以身免,收军资器械,不可胜数,思明心悸气索,烟火不举者三日,官军大振。初,公以为战者危事,胜负难必,每临阵,尝贮伏突于靴中,义不受辱。至是登城,西向拜舞,因歔欷不自胜,三军见之,无不泪下。[①]

行文通过颜杲卿、袁履谦等人的战死及士卒的尸体相陈衬托战争的危急与残酷,在此强敌相逼、生死咫尺的险峻时刻,墓主从容镇定,临危不惧,

---

[①]　[清]董诰:《全唐文》卷三四二,第 3470—3471 页。

坚决抵抗安禄山、史思明的叛军，其大智大勇，沉着应战，奇迹般扭转战争走势，"屡摧陷之"，使得叛军"几溃"。写其屡战屡胜，凸显墓主军事指挥艺术的高超；写其因守城而过府门不入，不省视妻子，凸显其忠勇国家、公而忘私的高尚情怀；写其义斥史思明，盟誓城垣，写其出奇制胜，大败叛军，临战前必"贮伏突于靴中，义不受辱"，凸显其忠勇刚直、大义凛然、淡定生死、捐躯国难的崇高气节。行文以散化的语言，通过一系列的细节描写，塑造出一个忠烈刚直、英勇顽强、义薄云天的时代英雄形象。其他如《大将军上柱国清河郡开国公赠开府仪同三司兼夏州都督康公神道碑铭》《游击将军左领军卫大将军兼商州刺史五关防御使上柱国欧阳使君神道碑铭》《正议大夫行国子司业上柱国金乡县开国男颜府君神道碑铭》《唐故容州都督兼御史中丞本管经略使元君表墓碑铭》《有唐开府仪同三司行尚书右丞相上柱国赠太尉广平文贞公宋公神道碑铭》等，墓主也都是此类英雄人物。颜真卿在书写他们人品节行、军功政绩时，不作虚笔溢美，以具体事实为据，逐一道来，展现墓主的感人事迹，特别注重在激烈的战争冲突中体现墓主忠勇报国、坚贞不屈的英雄形象，情感激昂慷慨，笔势雄健豪迈，语言质朴平实。当然，所谓文如其人，碑文在赞颂墓主高风亮节的同时，其实也体现着颜真卿本人的人生理想和道德追求。

颜真卿的碑文思想刚正、内容丰富、篇幅浩大，特别是气势刚猛、情感奔放，叙述议论颇见纵横捭阖、磅礴大气之美，有着盛唐张说式颂美铭功体碑志文的典型特征，如《朝议大夫赠梁州都督上柱国徐府君神道碑铭》《中散大夫京兆尹汉阳郡太守赠太子少保鲜于公神道碑铭》《和政公主神道碑》都两千多字，《有唐开府仪同三司行尚书右丞相上柱国赠太尉广平文贞公宋公神道碑铭》则多达三千六百多字。其行文刚健充沛，壮丽恢弘，特别是描写安史之乱中士人的行为表现时，爱憎分明、感情激越、文笔凌厉，体现着颜真卿忠臣烈士的人格精神。就语言形式而言，颜真卿的碑志文，亦多骈散结合，甚至以散句行文，如《大将军上柱国清河郡开国公赠开府仪同三司兼夏州都督康公神道碑铭》写墓主之子英俊的战绩："英俊瞪视眈眈，姿气雄果，发劲矢，持大枪，嶷然万众之中，左右驰突，无不辟易而退。尝随太尉讨思明于河阳，贼骁骑万余，于中阐城索斗将，莫敢应者。英俊挺身奔击之，应枪落者二十余人。英俊被枪刺颊，贯喉而出，摆首而去之，犹杀二人而还，太尉壮焉，遂以从父兄子妻之。故天下之言勇者，以殁野波、英俊兄弟为称首。"语句长短变化,自由灵活,记述逼真,塑造人物传神生动,其大将风采跃然纸上。其他如《唐故开府仪同三司太尉兼侍中河南副元帅都督河南淮南淮西荆南山南东道五节度行营事东都留守上柱国赠太保临淮武穆王李公神道碑铭》《摄常山郡太守卫尉卿兼御史中丞赠太子太保谥忠节京兆颜公神道碑铭》《朝请大夫行江陵少尹兼侍御史荆南行军司马上柱国颜君神道碑铭》《唐故右武卫将军赠工部尚书上柱国上蔡县开国侯臧公神道碑铭》等,也都具有这方面的特点。

　　基于时代的原因,颜真卿的部分碑文也体现出盛唐社会转型期士人思想的变化,如写元结的《唐故容州都督兼御史中丞本管经略使元君表墓碑铭》感慨墓主的怀才不遇:"然以君之才之德之美,竟不得专政方面,登翼泰阶,而感激者不能不为之太息也。"《朝请大夫行江陵少尹兼侍御史荆南行军司马上柱国颜君神道碑铭》感叹:"君……信可谓朝之正人、儒之君子。未申殿邦之用,遽赏入冥之恨。知与不知,孰不嗟悼?真卿衅深祜薄,门祚衰陵,同生之人,零落皆尽。唯形与影,相视不足,岂图不造,永诀于斯!长号立铭,泣尽继血。"由墓主个人的不幸遭遇联想到自己的命运,抒发个体的生命感怀,深沉苍凉、悲凄厚重。安史之乱后,盛世不再,大国日落,时局可谓日益颓废,在此情况下,文人们对时代政治、社会人生有了新的认识,更多地开始思考自我的命运价值。颜真卿通过对墓主人生怀才不遇、英年早逝的身世之叹,抒发自我对于时局的不满与无奈,这体现出盛唐后期碑志文在颂美铭功的同时,也多抒发文人的个性情怀。唐代碑志文之功能定位由此也发生变化,由政治礼制所需的行政公文,向着表现文人个性情怀的文学散文的方向迈进。

第四节　高雅宏博诗情翩翩

——张九龄、王维、李白、杜甫的碑志文

　　盛唐一批以诗知名的文人,也投身碑志文的写作,如与李邕同庚的张九龄,在碑志文方面就多有擅长,郭预衡云:"开元盛世之文,继燕许之后,张九龄和李邕,都以碑颂之文著称。"①此外,还有王维、李白、杜甫等,都作

---

① 　郭预衡:《中国散文史》(中册),第 102 页。

有不少碑文,兹一并论之。从年岁上讲,这四人中,张九龄年龄最大,长李白、王维 13 岁,他去世 15 年后,爆发安史之乱。李白与王维同庚,且年寿相同,均在安史之乱结束的前两年去世。其后的杜甫则小张九龄 24 岁,小李白、王维 11 岁,对于安史之乱前后唐代社会的起伏变化有着深刻的感受。诗人为文,虽不免诗情流淌,风姿翩翩,但不同的生活经历,也使得这四人的碑志文在思想内容上各有不同。

一、张九龄的碑文

张九龄生活于盛唐玄宗开元前期,玄宗《赐张九龄敕》云:"朝廷词伯,故以属卿。彼之行能,卿之述作,宛其鸿裁,因兹不朽耳。"[①]可见其地位影响。从师承关系上讲,张九龄小张说 11 岁,是张说的学生,在科考及仕途上都深受张说的提拔培养,其论学为文也体现出明显的张说式高雅典正的盛唐文学的特征。唐玄宗曾对侍臣说:"张九龄文章,自有唐名公皆弗如也。朕终身师之,不得其一二。此人真文场之元帅也。"[②]纪昀《钦定四库全书总目》也说张九龄"文章高雅,亦不在燕许诸人下","文笔宏博典实,有垂绅正笏气象"[③]。

《全唐文》收录张九龄碑志文 19 篇,其气味深厚、情词兼美、博大闲雅、光朗大气,体现出盛世文学的风貌,如在《大唐金紫光禄大夫行侍中兼吏部尚书弘文馆学士赠太师正平忠宪公裴公碑铭》《大唐赠使持节泾州诸军事泾州刺史牛公碑铭并序》《大唐故光禄大夫右散骑常侍集贤院学士赠太子少保东海徐文公神道碑铭》《吕府君碑铭并序》《故太仆卿上柱国华容县男王府君墓志铭并序》《故许州长史赵公墓志铭》《故辰州泸溪令赵公碣铭并序》《故河南少尹窦府君墓碑铭并序》等文中,张九龄以浓墨重彩的笔法,展现盛唐时代群体性英雄人物的形象。行文气势恢宏壮丽,感情浓厚强烈,颂美铭功,讴歌盛世,字里行间洋溢着昂扬进取、乐观向上的精神风貌。所写墓主都是文韬武略、才华横溢、施政有为、功绩赫赫的贤臣良将,他们建功立业、壮志得酬,人生得意,一切可谓适逢其时,人尽其才,才尽其用,此

---

①　［唐］李隆基:《赐张九龄敕》,［清］董诰:《全唐文》卷三六,第 393 页。

②　［五代］王仁裕:《开元天宝遗事·文帅》,［五代］五仁裕等:《开元天宝遗事十种》,第 97—98 页。

③　［清］纪昀:《钦定四库全书总目》卷一四九,第 6347 页。

尤以写张说的《故开府仪同三司行尚书左丞相燕国公赠太师张公墓志铭》一文为突出。张说对张九龄有举荐提携之功，张九龄感念恩师，在碑文开始，他不按惯例叙述墓主的家世门第，而是直接将张说逝世的消息诏告天下，庄重肃穆，厚重深沉，以此奠定全文的感情基调，显示其悼怀恩师的哀痛之心："大唐有天下一百十三年，开元十有八载，龙集庚午，冬十二月戊申，开府仪同三司行尚书左丞相燕国公薨于位，享年六十四。呜呼哀哉！"接着追述张说一生的才华品性、官阶政绩，行文罗列丰富、有条不紊，博大雅正而又义理昭然。写其忠勇有为："公义有忘身之勇，忠为社稷之卫，文武可宪之政，公侯作杆之勋，皆已昭昭于天文，虽与日月争光可矣"；写其功德赫赫、位极人臣："公时大知名，拔乎其萃者也。起家太子校书，迄于左丞相，官政四十有一，而人臣之位极矣"，"尚书国之理本，公悉更之；中书朝之枢密，公亟掌之。休声与偕，升降数四，守正而见逐者一，遇坎而左迁者二，其余总戎于外，为国作藩，所平除者，惟幽并秉节铖而已。至若三登左右丞相，三作中书令，唐兴已来，朝右莫比"；写其治国方略："其于经理世务，杂以军国，决事如流，应物如响，纷纶辐辏，其犹指掌"；写其政教文化："及夫先圣微旨，稽古未传，缺文必补，坠礼咸甄，与经籍为笙簧，于朝廷为粉泽，固不可详而载也"；写其学识文采："始公之从事，实以懿文，而风雅陵夷，已数百年矣。时多吏议，摈落文人，庸引雕虫，沮我胜气，丘明有耻，子云不为，乃未知宗匠所作，王霸尽在。及公大用，激昂后来，天将以公为木铎矣，斯文岂丧"，最后感叹："而今也则亡。呜呼！克生以辅时，而臣道不究；致用以利物，而人将安仰？上抚床以念往，下辍相而哀至，复见之于公焉！"表达唐代上自帝皇、下至臣民对张说去世的惋惜和伤悼之情。

张九龄身为一代贤相，具有强烈的是非观念和忧患意识，其碑文不因歌颂太平盛世去粉饰时事，而是秉笔直书，无所讳避，特别对唐王朝盛世表象之下的腐败问题有着记录和剖析，这体现出张九龄强烈的政治评判体系和历史发展眼光。如《大唐故光禄大夫右散骑常侍集贤院学士赠太子少保东海徐文公神道碑铭》直书唐王朝的乱自上起："太平公主内秉国权，……命公至第，拒而不行，恶夫佞也。"将批判的矛头指向王朝的统治者。又通过写墓主"见炎莫附，思患预防，信达人也"，赞扬其刚正不阿、忠贞贤良的品节。《故辰州泸溪令赵公碣铭并序》则通过墓主清正廉明、力戒贪腐的行为暴露唐王朝内部的吏治腐败问题："时县宰败类，公止之不可，虽尽同官之心，且急下人之病，义形于色，彼用我雠。此贪而无亲，难与心竞；公刚亦不吐，乃迈力争。迄用上闻，因而坐免。"凸显墓主的刚猛正直、坦荡磊落、忠贞不屈，这实质也是张九龄自身的人格写照。

《新唐书·裴光庭传》载裴光庭死后，玄宗"诏中书令张九龄文其碑"[①]，身为"朝廷词伯"[②]，张九龄一生或奉诏或受请，所作碑文甚多，思想弘正刚健，内容充实有力，文笔高雅蕴藉，在品评人物、弘扬是非观念方面，有着政治家和文学家的深厚眼光，由此使得其文显现出一种谦谦君子的淳厚儒风。《故果州长史李公碑铭并序》写墓主李仁瞻："禀灵中和，履道元吉。以学则探其奥旨，见圣人之心；以行则践其嘉言，合君子之度。"《大唐故光禄大夫右散骑常侍集贤院学士赠太子少保东海徐文公神道碑铭》写墓主学问："公遂刻勉，诣心精微，磅礴九流，激昂三变"，写其从政："公既赞相谟，犹从容讽议，大钟必谏，温树不言，启沃尽规，实致君于尧舜；死生有命，空比德于老彭。"《大唐赠使持节泾州诸军事泾州刺史牛公碑铭并序》写墓主："或劝之仕，但笑而不言。飞鸿冥冥，胡可量也？"《唐赠庆王友东平吕府君碑铭(并序)》写墓主："是以名利众之所欲也，公则澹泊之；德义人之所鲜也，亦克蹈籍之：如此而神不劳，福不流，未之有也。"《故瀛州司户参军李府君碑铭(并序)》写墓主："懿列无忝，雅有风度，体和而韵，缛之以丝；性婉而文，受之以采。故好学不倦，而坟典必精；虑善以动，而规矩皆中。悉心存乎道义，余力见终文章，人以美谈，日闻休誉。"其余如《故太仆卿上柱国华容县男王府君墓志铭并序》《故韶州司马韦府君墓志铭》《故安南副都护毕公墓志铭》等，墓主也都是此类温良恭俭、礼义节行的文儒式人物，张九龄写其好学上进，写其忠孝家国、宽厚待人，都逐层深入，娓娓道来，行文颇具厚朴雅正之美。

就文体特征而言，张九龄的碑文虽也追求偶对骈俪之句，但用语不事藻饰雕琢，平易流畅，特别是语句字数已突破四六藩篱，长短变化，行止自如，显现出散化的倾向。如此行文，除时代文学发展的潮流外，和张九龄的文学主张也是分不开的。张九龄主张文章以质实为美，反对华而不实的文风，他赞同陈子昂提倡"兴寄"和"风骨"、反对齐梁文风的主张，认为改革文

---

① ［宋］欧阳修、宋祁：《新唐书》卷一〇八，第4090—4091页。
② 唐玄宗：《赐张九龄敕》，［清］董诰：《全唐文》卷三六，第393页。

风的关键是要"去华务实"①。在《故安南副都护毕公墓志铭》《故韶州司马韦府君墓志铭》中,张九龄赞扬毕、韦二人"文非务华"、"学不为辩,每抑其华"②。在《故许州长史赵公墓志铭》中,提出"修辞以达其道,则质文相半"③的文学主张,《答陈拾遗赠竹簪》诗又云:"幽素宜相重,雕华岂所任。"④张九龄还讨论"风骨"、"以形传神"等问题,如《鹰鹘图赞序》:"虽未极其天姿,有以见其风骨。"⑤《宋使君写真图赞并序》:"意得神传,笔精形似。"⑥如此同张说等人的观点一致,都明确表达崇尚朴实刚健,反对浮华绮艳,追求文章风骨之美的思想理论。

但整体而言,张九龄的碑文逊于张说。张说云:"张九龄之文,有如轻缣素练,虽济时适用,而窘于边幅。"⑦意即张九龄文章缺少富艳的藻饰,虽朴素实用雅正平淡,但又显得拘谨放不开,缺少宏放气势,因而文采不足。张说为人不拘小节,无畏众议,其碑文大开大合,才情纵横,颇具昂扬大气、纵横流畅、壮丽雄奇之美。而张九龄的为人处世,以认真严谨矜持为要,反映在文章上,虽以工整规范、不尚虚饰见长,但行文质木少变,体例严谨,篇幅简短,情感更是内敛深沉,在整体的气象格局上颇见不足。钱基博《中国文学史》认为张九龄之文"大抵稳称有余,雄丽不足,而文尤窘边幅"⑧,陈铁民也云:"张九龄的碑铭墓志数量虽多,绝大多数作品未能描述生动的事件和塑造人物形象,文字呆板干涩,其成就远不如张说。"⑨张九龄的贡献,主要在于诗歌,清人王士禛《古诗选》凡例云:"夺魏晋之风骨,变梁陈之俳优,陈伯玉之力最大,曲江公继之,太白又继之。"从诗歌发展角度,揭示张九龄在盛唐初期文学革新中的历史地位和功绩。柳宗元《杨评事文集后序》亦云:"燕文贞以著述之余,攻比兴而莫能极;张曲江以比兴之隙,穷著

---

① ［唐］张九龄:《集贤殿书院奉敕送学士张说上赐燕序》,熊飞:《张九龄集校注》卷一六,第872页。

② 熊飞:《张九龄集校注》卷一八,第988页。

③ 熊飞:《张九龄集校注》卷一八,第984页。

④ ［清］彭定求等:《全唐诗》卷四八,第586页。

⑤ 熊飞:《张九龄集校注》卷一七,第910页。

⑥ 熊飞:《张九龄集校注》卷一七,第918页。

⑦ ［唐］刘肃:《大唐新语》卷八《文章》,第130页。

⑧ 钱基博:《中国文学史》,第278页。

⑨ 乔象钟、陈铁民:《唐代文学史》,第274页。

述而不克备。"①认为张说文胜于诗,张九龄诗胜于文,可谓中肯之论。

二、王维的碑文

《全唐文》收录王维 13 篇碑志文,其中多为官吏及贵妇所作,在思想内容上不免颂美,讴歌"明主所以尽心,忠臣所以尽力"②的盛唐时代,如《故右豹韬卫长史赐丹州刺史任君神道碑》《魏郡太守河北采访处置使上党苗公德政碑》《大唐吴兴郡别驾前荆州大都督府长史山南东道采访使京兆尹韩公墓志铭》《故任城县尉裴府君墓志铭》等,通篇以骈俪行文,铺叙罗列,排比铺陈,在称颂墓主的文采品性、政绩功德的同时,穿插着"明主"、"圣朝"等字眼,借之歌颂李唐王朝的臻于至治,有着明显的张说苏颋式颂美体碑志文的特征,他对墓主本人的描写,更是展现盛世之下人才的全面发展。《故右豹韬卫长史赐丹州刺史任君神道碑》写墓主:"忠孝自得,禀乎天姿,诗礼辅成,润以庭训。文含四始,雕虫之技附庸;武有七德,啼猿之术居外。"《裴仆射济州遗爱碑》写墓主:"语而能文,有识便知。为儿则量过黄发,未仕而心在苍生。"《京兆尹张公德政碑》则直接宣称:"云从龙,风从虎,气应也;圣人作,贤人辅,德同也。君臣同德,天地通气,以康九有,以遂万类。惟皇御极二十载,光格四表,至于海隅日出,越小大邦,蛮貊师长,罔不钦于成宪,以承天休。"情感激荡,气势博大,用笔如行云流水,势不可遏,体现出王维的时代豪情和诗人之风。

但不同的是,王维生活于盛唐后期,亲历了安史之乱,其碑志文在颂美之余,还对安史之乱前后唐代社会强盛表象下的种种弊端进行了揭露和讽刺,这显示出一个士人的爱国之心和忧患意识,也使得其碑文具有强烈的现实针对性和批判精神。《大唐故临汝郡太守赠秘书监京兆韦公神道碑铭》表面赞扬墓主不畏艰险,奋勇抗击安禄山叛军的义行,实则对唐王朝是非不分、枉屈忠良、致使墓主积愤而死的政策进行怨刺。碑文起始便议论纵横:"坑七族而不顾,赴五鼎而如归,狗千载之名,轻一朝之命,烈士之勇也。隐身流涕,狱急不见,南冠而絷,逊词以免,北风忽起,刎颈送君,智士之勇也。"由此引发对墓主的赞誉,然后写他在身陷囹圄的情况下奋勇抗击

---

①　[唐]柳宗元:《柳河东集》卷二一,第 204 页。
②　[唐]王维:《故右豹韬卫长史赐丹州刺史任君神道碑》,[清]赵殿成:《王右丞集笺注》卷二三,第 421 页。

安禄山叛军:"贼使其骑,劫之以兵,署之以职,以孥为质,遣吏挟行。公溃其腹心,候其间隙,义覆元恶,以雪大耻。"写其怀才不遇、忠而被斥:"天子避其用亲,奸臣恶其异己。"再写唐王朝吏治腐败、纲纪不振,以致叛乱爆发后"百司安堵,变折冲为贼矣,兼法令而盗之","君子为投槛之猨,小臣若丧家之狗"。将批判的矛头直指唐王朝统治阶层的内部,讽刺斥责,鞭挞批判,可谓深刻犀利。王维对墓主韦斌身陷叛军、不甘屈服,但最终却被唐王朝遗弃的悲惨下场有着感同身受的切肤之痛,故此篇碑文感情激越,文气忧愤,其沉痛苍凉,慷慨悲壮,非简单颂美之文可比。

在《裴仆射济州遗爱碑》中,则通过赞扬裴耀卿断狱"必原情以定罪,不阿意以侮法"、为政"务材训农,通商惠工,敬教劝学,授方任能"的种种功绩,借题发挥,直刺唐王朝内部的腐败,揭露权贵们营私舞弊、贪赃枉法的丑恶行径:"天朝中贵,持权用事,厚为之礼,则生我羽毛;小不如意,则成是贝锦。"《京兆尹张公德政碑》通过赞颂张去奢任京兆尹时"布慈惠之政"的功绩,从侧面暴露盛唐社会后期朝政不振、治安混乱的社会现实,就统治阶层内部的腐败混乱进行批判和暴露,从而引发人们对于安史之乱爆发原因的深层次思索。而在《故任城县尉裴府君墓志铭》等碑文中,王维也流露出浓厚的生命悲情意识和伤悼情怀,体现出士人在衰世到来之前心理的复杂变化和对时代社会的历史性体认。

在写法上,王维碑文注意从人物的生平经历中选择典型的事迹,作生动细致的描述,以突出人物的主要个性和品格,进而凸显自我的爱憎之情。《京兆尹张公德政碑》写墓主力惩地痞,其坚决果断,雷厉风行:"日者栎阳男子,闾里为豪,借客报仇,聚人为盗。或白日手刃,或黄尘袖椎。政宽则以身先诸偷,操急则以事中长吏。贰过不已,万计自脱。公命吏缚之,立死铃下,于是人入阇室,若遇大宾焉。"《工部杨尚书夫人赠太原郡夫人京兆王氏墓志铭》写墓主病重时亲属奉孝的感人场面:"厥初寝疾,弥旷旬时,驸马上人,柴毁骨立。挥泪尝药,身不解衣;泣血持经,手不释卷。昼夜忏悔,非止六时;身命供养,宁唯七宝? 御医继踵,中使重迹。"再如《大唐吴兴郡别驾前荆州大都督府长史山南东道采访使京兆尹韩公墓志铭》《魏郡太守河北采访处置使上党苗公德政碑》《沂阳郡太守王公夫人安喜县君成氏墓志铭》等,也都通过细节描写凸显人物品性,其文虽不出骈俪体征,但叙写不失流畅生动,写人记事颇具精工逼真之美。

　　王维是诗人，也是画家，他对人物的肖像和行动、对色彩景致、对时空转换、对社会生活的观察体味等，自有别人难以比拟的精细与敏感。付诸于文，其描写文笔跌宕，意境逼真，场面时而博大，时而细致，情态生动，画意毕现，诗情盎然。《大唐故临汝郡太守赠秘书监京兆韦公神道碑铭》中，写叛乱爆发，帝皇出逃，君臣狼狈之状：

　　上京既骇，法驾大迁。天地不仁，谷洛方斗，凿齿入国，磨牙食人。君子为投槛之猿，小臣若丧家之狗。伪疾将遁，以猜见囚，勺饮不入者一旬，秽溺不离者十月。白刃临者四至，赤棒守者五人，刀环筑口，戟枝叉颈，缚送贼庭。实赖天幸，上帝不降罪疾，逆贼恫瘝在身，无暇戮人，自忧为厉。

　　再写自己被安禄山叛军拘囚于洛阳时，同墓主韦斌患难相济的情景："公哀予微节，私予以诚。推食饭我，致馆休我。毕今日欢，泣数行下。示予佩玦，斫手长吁。座客更衣，附耳而语，指其心曰：'积愤攻中，流痛成疾。恨不见戮专车之骨，枭枕鼓之头，焚骸四衢，然脐三日！见子而死，知予此心！'"连续通过韦斌痛泣、示玦、斫手、长吁、附耳而语等细节描写，表现出其愤慨的感情和刚烈的性格，悲壮激昂，可歌可泣。《裴仆射济州遗爱碑》中，写裴耀卿治水之功，先写黄河决堤后"洪水滔天"，形势危急："高岸萃以云断，平郊豁其地裂。喷薄雷吼，冲融天回。"继而写墓主"御衣假寐，对案辍食"的勤政精神，再写其不顾艰险实地考察决堤情况，研究对策、周密部署："公急人之虞，分帝之忧，御衣假寐，对案辍食，不候驾而星迈，不入门而雨行。议堤防也，至则平板干，具糇粮，揆形略趾，量功命日。"最后写其登上大堤，指挥军民搏击狂涛，堵截决口，其爱民如子、与民为先："千夫毕饭，始就饮食；一人未息，不归蘧庐。"当时，朝廷调令已下，但墓主因治水紧急，置调令而不顾，"率负薪而益勤，亲执扑而弥励"，待到堤成后才"发书示之"，济州百姓"皆舍畚攀辕，废歌成泣，泪而济袂"。行文通过一系列的场面、动作等描写，把治水过程表现得紧张曲折，波澜迭出，成功地塑造了一位清正廉洁、爱民如子、英勇果断、政绩卓著的贤吏形象，整体宛若一幅历史风情画卷，从水害之广到墓主的勤政爱民、奋力治水，再到百姓的泪别，其巨细结合，包容丰富、描摹传神，尽显画笔诗情之流畅自如、逼真灵动。

　　王维好佛，其碑文有相当篇章为和尚高僧所写，如《大荐福寺大德道光禅师塔铭》《六祖能禅师碑铭》《大唐大安国寺故大德净觉师塔铭》等，此组作品因宣传佛法无边,凸显浪漫神奇灵异之事,描写也更多表现出诗情画意之美,如《大唐大安国寺故大德净觉师塔铭》写高僧居所:"猛虎舐足,毒蛇熏体,山神献果,天女散花。澹尔宴安,曾无喜惧,先有涧泉枯柏,至是布叶跳波。东魏神泉,应焚香而忽涌,北天众果,候飞锡而还生。禅枝必复之征,法水再兴之象。"通过瑞兽云集、泉水涌动、花果缤纷等景象组合,展示出一幅佛光普照、人神共庆、众妙齐全的画图,其声色光影,粗细皆备,美丽奇幻,令人赞叹。再如《六祖能禅师碑铭》写六祖圆寂:"俄而异香满室,白虹属地,饭食讫而敷坐,沐浴毕而更衣。弹指不留,水流灯焰,金身永谢,薪尽火灭。山崩川竭,鸟哭猿啼。"也具有这方面的特色。

王维碑文多以骈体写作,但因时代文风的影响,其行文语言上骈散相间,既保持骈文对偶齐整、音韵协调的特长,又具有散文语言清新流畅的优点,整体文风华丽整饬而又潇洒飘逸,特别是因其以诗为文,以画为文,更使得其碑志文诗情画意、优美娟丽,呈现出与一般碑文截然不同的特点。时人苑咸在《酬王维》一诗中说王维"为文已变当时体"①,清人厉鹗评王维文"华整超逸"②,李绂说王维"文亦娟丽"③,自有道理。孙梅《四六丛话》云:"右丞之文,高华典贵,一如其诗。仰承燕公,后接柳州,为一大家。"④都指出王维文章的风格特色及在文体发展方面的贡献。

三、李白、杜甫的碑文

李白是诗人,但也以文章知名,其文雄壮豪迈、气势强劲,有着明显的盛世之文的特色。李阳冰《唐李翰林草堂集序》评价李白:"不读非圣之书,耻为郑卫之作,故其言多似天仙之辞。所为著述,言多讽兴,自三代以来,《风》《骚》之后,驰驱屈、宋,鞭挞扬、马,千载独步,惟公一人。……唯公文章,横被六合,可谓力敌造化欤!"⑤唐代诗人齐己《读李白集》说:"镠金铿玉千余篇,脍吞炙嚼人口传。须知一一丈夫气,不是绮罗儿女言。"⑥方孝

---

① 〔清〕彭定求等:《全唐诗》卷一二九,第1316页。
② 〔清〕赵殿成:《王右丞集笺注》卷末附录五《序文九则》,第562页。
③ 〔清〕赵殿成:《王右丞集笺注》附录五《序文九则》,第565页。
④ 〔清〕孙梅:《四六丛话》卷三二,第640页。
⑤ 〔清〕董诰:《全唐文》卷四三七,第4460页。
⑥ 〔清〕彭定求等:《全唐诗》卷八四七,第9650页。

孺《李太白赞》则说："斯文之雄,实以气充。"①都对李白的文风作了高度的评价。

《全唐文》收录李白碑志文 5 篇,篇目不多,但其文纵横捭阖、起伏跌宕,感情浓烈壮阔,气格昂扬刚健,文风明朗大气,瑰伟华丽,可谓雄壮豪迈、强劲有力。写法上更是行云流水,以诗意之笔发盛世之歌唱,颇显灵动飞扬、洒脱自由,在辞采和气势上,较之张说碑文的谨严质实、华美厚重,别有风格。《天长节度使鄂州刺史韦公德政碑并序》从"我高祖创业,太宗成之,三后继统,王猷如一"起始,写至"开元中兴,力倍造化,功包天地",排比铺陈、抒情议论,历叙有唐以来天子圣明、士吏贤良,其君臣一心、文治武功、功绩赫赫,最终开辟出"太阳重轮,合耀并出,宇宙翕变,草木增荣"的盛世气象。行文起承转合,有序有度,在思想内容方面倍显雄健辽阔、壮丽大气、昂扬奋发之美。其他如《溧阳濑水贞义女碑铭》《虞城县令李公去思颂碑并序》等,也通过此类明君盛世、王道乐土、贤吏良民的描写,展现出一幅政通人和、蒸蒸日上、臻于至治的升平之景,歌颂盛唐国力强盛、文化昌明、政治清明、经济发达的大国风采。虽不免铭功颂美,但行文乐观豪壮、磅礴大气,体现出盛唐时代士人对仕途政治的普遍热情,充满着应时而动、积极入世、奋发有为、进取创业的政治思想。其文风洒脱磊落、气势轩昂、生机勃勃,展示出李白狂放不羁的诗人性格。

就内容体例而言,李白碑文,往往不重视罗列墓主的门第祖功、学识官阶,而注重对其具体政绩品性的描述,这和李白鄙视门第观念、不事科举的务实思想有关。其行文语言句式上则突破四六式骈俪词句的拘束,以散句写人记事,文辞流丽自由,流畅生动。《虞城县令李公去思颂碑并序》在简书墓主家世后,直接写其保境安民、仁义忠贞的一系列政绩:"先时邑中有聚党横猾者,实惟二耿之族,几百家焉。公训为纯人,易其里曰大忠正之里。北境黎丘之古鬼焉,或醉父以刃其子,自公到职,蔑闻为灾。官宅旧井,水清而味苦,公下车尝之,莞尔而笑曰:'既苦且清,足以符吾志也。'遂汲用不改,变为甘泉。"《天长节度使鄂州刺史韦公德政碑并序》也不叙家世背景,而着重写墓主不拘艰险、拥护王政的行为表现,凸显其反对叛乱、坚贞不屈的气节:"利剑承喉以胁从,壮心坚守而不动。"至于写墓主为治绝水

---

①　[唐]李白:《李太白全集》卷三三,第 1510 页。

患而昼夜操劳,特别是其面对城隍而发威,更具英雄个性:"公乃抗辞正色,言于城隍曰:'若一日雨不歇,吾当伐乔木,焚清祠。'精心感动,其应如响。"此段描写可谓石破天惊、英雄之笔。通过墓主为治水而训命城隍,最终成功杜绝水患的叙述,歌颂其"慎厥职,康乃人,减兵归农,除害息暴"的爱民政绩,赞美其以人为本、务实奋进、无所畏惧、敢作敢为的斗争精神,体现着盛唐时人对神鬼幽冥的质疑和否定。这种士民由对天命自然的敬畏、膜拜及顺服变为蔑视、挑战和征服的思想行为,从侧面反映大唐帝国四夷臣服、国威远震、民心振奋的景况,是盛唐时代士人豪壮乐观、洒脱大气的精神面貌的体现。当然也是李白自身价值观念和思想体系的写照。人的思想行为离不开时代环境的影响,盛唐士人敢于挑战自然、蔑视神灵,和其内心的强大豪壮、自信乐观相关,而这一切都建立在盛唐国力强大、意识多元、思想自由的社会政治文化大环境基础之上。

明人陆时雍说:"青莲居士,文中常有诗意;韩昌黎伯,诗中常有文情。知其所长在此。"①《四六法海》也评云:"太白文萧散流利,乃诗之余。"作为一位伟大的诗人,李白行文多诗意,以诗入文,文如其人;诗情画意,飘逸俊秀;清新流丽,刚健昂扬,其碑志文无论内容还是辞采,都具豪放飘逸、雄奇清丽的诗意之美,达到"文质相炳焕,众星罗秋旻"②。这不仅是张说,就是同为诗人的张九龄等也难以媲美。李白《天长节度使鄂州刺史韦公德政碑并序》写欢娱之景:"蔺子跳剑,迭跃流星之辉;都卢寻橦,倒挂浮云之影。百川绕郡,落天镜于江城;四山入牖,照山空之海色。献觞醉于晚景,舞袖纷于广庭。"《虞城县令李公去思颂碑并序》写墓主品节:"惟公志气塞乎天地,德音发乎声容。缟乎若寒崖之霜,湛乎若清川之月,弹恶雪善,速若箭飞。"铭文则一咏三叹,绵延悠长:"激扬之水兮,白石有凿。李公之来兮,雪虞人之恶。厥德孔昭,折狱既清。五教大行,殷云雷之声。既父其父,又子其子。春之以风,化成草靡。乃影我冈,乃雨我田。阳无骄僭,四载有年。人戴公之贤,犹百里之天。弃余往矣,茫如坠川。"其文清丽雅正,凝练简朴而情思毕现,诗意隽永。

李白碑文亦写奇幻浪漫之事,借此表达他对神仙道化思想的推崇。

---

① 丁福保:《历代诗话续编》,第1421页。
② [唐]李白:《古风》第一,[唐]李白:《李太白全集》卷二,第87页。

《虞城县令李公去思颂碑并序》写墓主的才能突出、理政过人，乃至"其干能之声，大振乎齐、赵矣。时名卿巡按，陵有黄赤气上冲太微，散为庆云数十处，盖精诚动天地也如此"。《唐汉东紫阳先生碑铭》写墓主的相貌："挺列仙明拔之英姿，明堂平白，长耳广颡，挥手振骨，百关有声，殊毛秀采，居然逸异。"写其羽化："目若有睹，泊然而化，天香引道，尸轻空衣。及本郡太守裴公以幡华郊迎，举郭雷动。……开颜如生。观者日万，群议骇俗。"可谓传奇诡谲，神秘莫测。对墓主一生的身世命运、生死离合，李白产生深沉的感叹："元命乎？遭命乎？余长息三日，憯于变化之理。"显示出唐人对个体生命价值与宇宙物理的思考，对自然变化、人世轮回、生命规律的追问。类似思想也体现在李白《春夜宴从弟桃花园序》一文中。其清新旷达，不仅有纵横之气，更有狂放之态。

此外，李白的碑文多一反常规，在碑文中写入自己的名字，以表明作文来由，如《天长节度使鄂州刺史韦公德政碑并序》："白观乐入楚，闻韶在齐，采诸行谣，遂作颂曰。"《武昌宰韩君去思颂碑》："白采谣刻石，而作颂曰。"《唐汉东紫阳先生碑铭》："有乡僧贞倩，雅仗才气，请余为铭。余与紫阳神交，饱餐素论，十得其九。"这种写法可谓有唐以来第一人，与李白不拘小节、豪放洒脱、敢于创新的个性心理有关，影响到后世韩愈等人的碑志文创作。

《全唐文》收录杜甫碑文3篇，其《唐故德仪赠淑妃皇甫氏神道碑》写于开元二十三年，在叙写墓主贵为后妃、备受恩宠的同时，不忘赞美时代政治："粤若襁褓，体如冰雪，气象受于天和，诗礼传乎胎教。故列我开元神武之嫔御者，岂易其容止法度哉？今上昔在春宫之日，诏诘良家女，择视可否，充备淑哲。太妃以内秉纯一，外资沈静，明珠在蚌，水月鲜白，美玉处石，崖岸津润，结襦而金印相辉，同辇而翠旗交影。由是恩加婉顺，品列德仪。虽掖庭三千，爵秩十四，掩六宫以取俊，超群女以见贤，岂渥泽之不流，曾是不敢以露才扬已，卑以自牧而已。夫如是，言足以厚人伦、化风俗，弥缝坤载之失，夹辅元亨之求。"写墓主之死，更是文笔优美、诗情流淌："望景向夕，澄华微阴，风惊碧树，雾重青岑。"再写自己受托作碑文的经过："甫忝郑庄之宾客，游窦主之园林，以白头之嵇、阮，岂独步于崔、蔡？而野老何知，斯文见托；公子泛爱，壮心未已。"流露出杜甫青年时期为文的雄勃之姿，铭文更显轻盈流丽，诗笔翩翩："汉曲回月，高堂丽星。惊涛汹汹，过雨冥冥。洗涤苍翠,诞生娉婷。……小苑春深,离宫夜逼。花间度月,同辇未归。池畔临风,焚香不息。呜呼变化,惠好终极。"其余碑志行文则多用散句,语言质朴,记人写事场面逼真,细节传神,体现出散体碑文特色,如《唐故范阳太君卢氏墓志》写墓主之死:"孤子登,号如婴儿,视无人色。且左右仆妾,泪斯役之贱,皆蓬首灰心,呜呼流涕,宁或一哀所感,片善不忘而已哉?"烘托映衬,以散体语句行文,凸显场面之凄惨悲伤,取得骈俪文难以媲美的效果。

和王维、李白等不同的是,杜甫碑文更多自我酸寒之叹,如《唐故万年县君京兆杜氏墓碑》是杜甫写给其姑母的,从墓主相夫教子写起,娓娓道来,赞扬墓主杜氏"以阴教为己任,执妇道而纯一,与礼法而始终"的人格品行,写其死葬时亲属对语:"有兄子曰:'甫,制服于斯,纪德于斯,刻石于斯。'或曰:'岂孝童之犹子欤? 奚孝义之勤若此?'甫泣而对曰:'非敢当是也,亦为报也。'甫昔卧病于我诸姑,姑之子又病间,女巫至,曰:'处楹之东南隅者吉。'姑遂易子之地以安我,我是用存,而姑之子卒,后乃知之于走使。甫常有说于人,客将出涕感者久之,相与定谥曰义。君子以为鲁义姑者,遇暴客于郊,抱其所携,弃其所抱,以割私爱,县君有焉。是以举兹一隅,昭彼百行,铭而不韵,盖情至无文。"以个人亲身经历追叙墓主之仁爱贤惠,充满着杜甫对于童年坎坷经历的凄惨回忆,对于慈爱的姑母不幸离世的深切怀念,特别是关于墓主宁愿牺牲己子、力救杜甫之命的描述,叙事凝练,情节动人,追悼也甚为悲凉沉郁,其连续四次呼告"呜呼"、"呜呼哀哉",哀痛啼泣,重章叠唱,最终将情思推向高潮,感人至深。

第五节　时代与文风丕变背景下的古文碑志
——李华、独孤及、梁肃、权德舆的碑志文

唐玄宗天宝以后,盛世不再,王朝衰落,伴随着时代风气与文体自身的演变,自初唐以来的散体古文日渐兴盛,发展迅猛,备受文人重视,诸多作家开始开始投入散体古文的写作,由骈而散已成文章发展不可阻挡之势。李华、贾至以秦汉古文为圭臬,创作出包括碑志文在内的各类古体散文,古朴雅正、简洁真切、不事华藻,于平易中寄寓感慨,苍凉厚重,精警动人。独孤及和他的学生梁肃、高参、崔元翰等,也追求文风的复古,此后权德舆、柳

冕等都加入这一行列,影响所及,使得古体散文日益兴盛,几欲占领文坛之统治地位,而骈文日渐衰落,就连当时朝廷通行的奏议章表等传统骈俪体应用文,也开始采用散体书写,此以陆贽的散体奏议文最具有代表性。散体古文在文坛的广泛应用,使得散体取代骈体,成为当时文体发展与改革的必然潮流。但总体而言,这时的散体文似还不具备与骈文一争高下的实力,主要原因在于缺乏艺术上的独创性,大都是对先秦两汉文体文风的模仿,语言和表现方法显得陈旧,生气不足而因袭有余。清人赵翼云:“是愈之先早有以古文名家者。今独孤及文集尚行于世,已变骈体为散文,其胜处有先秦、西汉之遗风,但未自开生面耳。”①指的便是这种情况。这一时期的碑志文,虽多以散体写就,其思想内容也宣扬儒道精神,推崇古学,有着明显散体古文的特征,正如《旧唐书》韩愈本传所论:“大历、贞元之间,文字多尚古学,效扬雄、董仲舒之述作,而独孤及、梁肃最称渊奥,儒林推重。”②但就具体创作来看,整体成就并不高,这从李华、独孤及等人的作品就可以看出。

李华、独孤及、梁肃、权德舆都是当时的古文名家,作有数量不少的散体碑志文。《全唐文》收录李华碑文 20 篇,独孤及 37 篇,梁肃 20 篇,权德舆 24 篇。当然,从年岁上讲,安史之乱爆发时,李华 40 岁,独孤及 40 岁,而梁肃时仅 2 岁,权德舆则在安史之乱后 4 年才出生,所以就年代而言,梁肃、权德舆明显属于中唐文人,但因为这几个作家有着师承关系,文风相近,为方便起见,兹一概论之。

就文论思想而言,这一时期的作家多强调文章与道德教化的关系,如李华云:“文章本乎作者,而哀乐系乎时。本乎作者,六经之志也;系乎时者,乐文武而哀幽厉也。立身扬名,有国有家,化人成俗,安危存亡。于是乎观之,宣于志者曰言,饰而成之曰文。有德之文信,无德之文诈。”③他在《扬州功曹萧颖士文集序》中推崇贾谊的文章:“六经之后,有屈原、宋玉,文甚雄壮,而不能经。厥后有贾谊,文词最正,近于理体。”认为“枚乘、司马相如,亦瑰丽才士,然而不近风雅”,又说道:“扬雄用意颇深,班彪识理,张衡宏旷,曹植丰赡,王粲超逸,嵇康标举,此外皆金相玉质,所尚或殊,不能备

---

①　王树民:《廿二史札记校证》卷二〇,中华书局,1984 年,第 442 页。

②　[五代]刘昫:《旧唐书》卷一六〇,第 4195 页。

③　[唐]李华:《赠礼部尚书清河孝公崔沔集序》,[清]董诰:《全唐文》卷三一五,第 3196 页。

举。"接着肯定陈子昂的文体改革，认为"近日陈拾遗子昂文体最正"①。独孤及主张文章要"以五经为泉源"②，认为"粲于歌颂，畅于事业，文之著也。君子修其词，立其诚，生以比兴宏道，殁以述作垂裕，此之谓不朽"，又赞扬萧立的文章："故夫子之文章，深其致，婉其旨，直而不野，丽而不艳。"③柳冕则认为"淫丽形似之文，皆亡国哀思之音也"④，强调文学与儒学合一："文章者，本于教化，发于情性。本于教化，尧舜之道也；发于情性，圣人之言也"，"文章风俗，其弊一也。变之之术，在教其心。……经术尊则教化美，教化美则文章盛，文章盛则王道兴"⑤。梁肃在《常州刺史独孤及集后序》中赞扬独孤及的《陈留郡文宣王庙碑》《福州都督府新学碑铭》等文章"述圣道以扬儒风"⑥。元结等人更强调文学的讽时刺世功能，感叹："近世作者，更相沿袭，拘限声病，喜尚形似，且以流易为辞，不知丧于雅正。"⑦认为文章应能"极帝王理乱之道，系古人规讽之流"⑧，"必欲劝之忠孝，诱以仁惠，急于公直，守其节分"⑨。这也导致其碑志文创作在思想内容上由铭功颂美、粉饰盛世转向直面现实、指陈时弊，宣扬孔孟儒学精神，倡导文学的政教功能，说教意味明显，复古倾向强烈，更多体现出秦汉古文的风格。

一、李华的碑文

《旧唐书·李华传》云："华文体温丽，少宏杰之气。"⑩李华是盛唐后期、中唐早期著名的古文家，以《吊古战场文》出名，其才气纵横，碑文也名动一时。《新唐书·李华传》云："（李华）不甚著书，惟天下士大夫家传、墓版及州县碑颂，时时赍金帛往请，乃强为应。"⑪《全唐文》收录其碑志文20

---

① ［清］董诰：《全唐文》卷三一五，第3198页。

② ［唐］独孤及：《检校尚书吏部员外郎赵郡李公中集序》，［清］董诰：《全唐文》卷三八八，第3946页。

③ ［唐］独孤及：《唐故殿中侍御史赠考功郎中萧府君文章集录序》，［清］董诰：《全唐文》卷三八八，第3941页。

④ ［唐］柳冕：《与滑州卢大夫论文书》，［清］董诰：《全唐文》卷五二七，第5356页。

⑤ ［唐］柳冕：《谢杜相公论房杜二相书》，［清］董诰：《全唐文》卷五二七，第5354—5355页。

⑥ ［清］董诰：《全唐文》卷五一八，第5260页。

⑦ ［唐］元结：《箧中集序》，［清］董诰：《全唐文》卷三八一，第3873页。

⑧ ［唐］元结：《二风诗论》，［清］董诰：《全唐文》卷三八二，第3877页。

⑨ ［唐］元结：《文编序》，［清］董诰：《全唐文》卷三八一，第3872页。

⑩ ［五代］刘昫：《旧唐书》卷一九〇，第5047页。

⑪ ［宋］欧阳修、宋祁：《新唐书》卷二三〇，第5776页。

篇，多为士吏显宦及寺庙僧侣而作。文辞古朴平白，用语质实简练，少骈词俪句，多以散句行文，抒写自由，感情强烈，好议论说理，虽在篇幅上"少宏杰之气"①，但记人论事深刻沉郁，情感激荡，如写李白的《故翰林学士李君墓志铭》：

> 呜呼！姑孰东南，青山北址，有唐高士李白之墓。呜呼哀哉！夫仁以安物，公其懋焉；义以济难，公其志焉；识以辩理，公其博焉；文以宣志，公其懿焉。宜其上为王师，下为伯友。年六十有二，不偶，赋《临终歌》而卒。悲夫！圣以立德，贤以立言，道以恒世，言以经俗，虽曰死矣，吾不谓其亡之也。有子曰伯禽、天然，长能持，幼能辩，数梯公之德，必将大其名也已矣。铭曰：立德谓圣，立言谓贤。嗟君之道，奇于人而侔于天。哀哉！②

文虽精短，但内涵丰富，感慨深沉，体例上也和一般的颂美式碑文不同，不按惯例叙写墓主的家世履历等，而直接以"呜呼"的抒情句开始，感叹呼告，苍凉沉痛，全在感怀人生，愤慨时事。通篇行文以感慨李白的个性才华、抒发生命之悲情为主题，议论抒情，不作赘语，而情感深厚、语言古朴，思虑沉郁，体现出安史之乱以后士人深沉的生命感悟。

写权皋的《著作郎赠秘书少监权君墓表》，虽行文简练、篇幅短小，然意蕴无穷。行文开始，于墓主的家世履历一概略过，直叙其人生经历和个性贡献，对其英年早逝的不幸表示沉痛哀悼："君有大节不可夺，大名不可掩，大才不可及，大行不可名。天与之仁，不与之年，哀哉！"作者由此联想到一系列亲朋好友的去世："自开元天宝以来，高名下位，华方疾，不能备举，然所忆者，曰河南元君德秀，元终十年而南阳张君有略，张没二年而君夭。元之志如其道德，张之行如其经术，君之才如其声望。人伦其瘁乎！"对生命的脆弱感到莫名的恐惧与无奈，在感叹权皋"忠于而国，孝于而家。洁而不滓，瑜而不瑕"的节操品行的同时，又由个人的不幸联想到国家的不幸、时代的不幸："仁胡不寿，为善者何？君不幸耶？时不幸耶？"表明其忧念时势的深厚情怀。再如《元鲁山墓碣铭并序》，从墓主元德秀死后贫至难以下葬写起，"呜呼！堂内有篇简巾褐，枕履琴杖，箪瓢而已。堂下有接宾之位，孤甥受学之室。过是而往，无以送终。"感慨其清白贫穷的君子之风，体现出

---

① ［五代］刘昫：《旧唐书》卷一九〇，第 5047 页。
② ［清］董诰：《全唐文》卷三二一，第 3250 页。

作者对于生命本质和个体价值的感悟。其他如《太子少师崔公墓志铭》《扬州司马李公墓志铭》《唐丞相故太保赠太师韩国公苗公墓志铭》《庆王府司马徐府君碑》《唐赠太子少师崔公神道碑》《韩国公张仁愿庙碑铭并序》等都是此例。在追述墓主功德政绩的同时，感慨深沉，幽思苍凉，引发人们对盛世景象的无限思考与留恋，对人生命运、历史轮回的无限思考。

李华经历了安史之乱，曾身陷长安，被迫受伪职，京城收复后，被贬为杭州司功参军，故对于安史之乱给社会人生带来的灾难伤害有着深刻的感受。在《扬州功曹萧颖士文集序》中，李华认为"六经之后，……有贾谊，文词最正，近于理体"①，可见他对贾谊文风的推崇，而其碑志文中浓厚的生命哀情意识及伤悼情怀，也多少体现着贾谊文章的特色。

二、独孤及的碑文

相对于李华碑文的感慨深沉，情感浓郁，独孤及的碑文则更显示出古朴雅正的风格。《全唐文》收录其碑志文 37 篇，褒贬时弊，陟罚臧否，思想内容上更胜李华一筹。梁肃《朝散大夫使持节常州诸军事守常州刺史赐紫金鱼袋独孤公行状》记载当时擅誉文坛的李华、苏源明"并称公（独孤及）为词宗，由是翰林风动，名振天下"②，可见独孤及在文坛的声望和地位。

独孤及作文好议论时政、于人于世多告诫训导之语，在辞采上以质实为要，反对华而不实的文风。梁肃《祭独孤常州文》引独孤及之语："文章可以假道，道德可以长保；华而不实，君子所丑。"③崔祐甫《故常州刺史独孤公神道碑铭并序》也评论独孤及说："公之文章，大抵以立宪诫世，褒贤遏恶为用。故议论最长。其或列于碑颂，流于歌咏，峻如嵩华，盛如江河，清如秋风过物，邈不可逮。"④所以好宣传儒家教义，长于议论说教，诫世意味强烈，可谓独孤及文章的特征。这在其碑志文创作中也多有体现，如《唐故朝议大夫申王府司马上柱国赠太常卿韦公神道碑铭（并序）》写墓主："性忠廉无邪，温直好礼，用诚明博厚，祗若祖考之训。虽颠沛不违仁，非得之不苟求，言足以成事而济众，默足以居易而慎独。"《唐故睢阳太守赠秘书监李公

<hr>

① ［清］董诰：《全唐文》卷三一五，第 3198 页。
② ［清］董诰：《全唐文》卷五二二，第 5303 页。
③ ［清］董诰：《全唐文》卷五二二，第 5306 页。
④ ［清］董诰：《全唐文》卷四〇九，第 4196 页。

神道碑铭（并序）》赞扬墓主："以德礼示法度，以诛赏禁淫愿，宣明教化，饬行率先，使刺绣倚市者，悉返耕织。于是贪者廉，善者劝，海滨之俗，变至邹鲁。"进而列举墓主诸子的历官勋爵，张扬其家族荣光，并由此总结道："以言以立，皆公之教训也。"借以劝勉世人，告诫后学以墓主为榜样，修身治家，立功建业，训导之意明显。《唐故朝议大夫高平郡别驾权公神道碑铭（并序）》写墓主："公攘臂其间，以仁义为己任，片言只字，动为学者所法，时辈荣之。而居家清方，惟德礼是仗。润身饬吏，不过经术，不矫持操以游媚贵幸，行威作福者忌之，由是官徙而阶不迁。"《唐故秘书监赠礼部尚书姚公墓志铭》写墓主："资忠体和，惟道是居，正身奉上，中立不倚。恐惧戒慎，形于隐微，故遭值倾否，出入夷险，而未尝有悔。名与身偕，德善是依，明哲以保故也。"《唐故朝散大夫颍川郡长史赠秘书监河南独孤公灵表》写墓主"会权臣恶直，斥去不附己者，贬公庐州长史"，"尝以直忤吏部侍郎李林甫。是时林甫当国，常欲骋憾于我，而五府三署，每有高选，群公皆昌言，称公全才，且各以臧文窃位自引，由是得免于咎"。诸如此类，都通过描写墓主的官阶政绩等，宣扬为官为人之道，训谕告诫色彩浓厚。其余如《唐故特进太子少保郑国李公墓志铭》《唐故衢州司士参军李府君墓志铭》《唐故朝散大夫中书舍人秘书少监顿邱李公墓志》《唐故大理寺少卿兼侍御史河南独孤府君墓志铭》《唐故正议大夫右散骑常侍赠礼部尚书李公墓志铭》《唐故秘书监赠礼部尚书姚公墓志铭》《唐故尚书库部郎中荥阳郑公墓志铭》《唐故商州录事参军郑府君墓志铭》等，也充满着这方面的描写。通过罗列墓主的勋爵政绩、学识家风等，议论抒情，表达作者"立宪诫世，褒贤遏恶"[1]的思想，行文字里行间，或劝学，或劝作人，或劝为政，或劝治家，勉励训导，说教精神强烈。

　　独孤及自述作碑文要实录，其《唐故给事中赠吏部侍郎萧公墓志铭》云："余欲塞其（墓主）孝思之诚，故录其实，以志其大节，不欲华其文也。"《唐故银青光禄大夫太子左庶子严公墓志铭》也说自己写墓主是"采其实录，刻石示后，盖欲报罔极者之志也"，然碑志文毕竟不同于史传，独孤及对墓主的因"实录"而"不欲华其文"，导致其行文缺乏有机组合，写人记事流于平铺直叙，没有进一步的提炼概括。整体宛若墓主生平经历的流水账式

---

[1]　［唐］崔祐甫：《故常州刺史独孤公神道碑铭并序》，［清］董诰：《全唐文》卷四〇九，第 4196 页。

记录,特别是因注重说教诫勉,使得文章感情贫乏,训导口吻明显,语言质木古板而繁缛平白,气势薄弱,缺乏生动流丽之美,这就导致其碑志作品文学性的不足。《钦定四库全书总目·毗陵集提要》引述权德舆《谥议》、皇甫湜《谕业》及王士祯《香祖笔记》所论说独孤及文章"皆粹然儒者之言,非徒以词采为胜"①。郭预衡《中国散文史》称独孤及"文之可称者并不很多"②,范文澜《中国通史》谈论独孤及也说"学术上并无特殊之处",并且认为"独孤及古文成就是中平无奇的"③。方家所论,自有道理。

三、梁肃的碑文

李华、独孤及之后,在文坛上继续文体改革、大力书写散体古文的是梁肃、权德舆等人。从年岁上讲,梁肃小李华 38 岁,而权德舆则小李华 44 岁、小梁肃 6 岁。这几人虽生活于不同的时代,但为文有着师承关系。相对于李华、独孤及等见证了唐王朝的盛世繁华,梁肃、权德舆则亲身经历了其衰落残败,对中唐以来的种种政治经济危机有着切肤感受,对儒学不振、士风不古的社会现实有着清醒认识。其身体力行,大力书写切合实用的古体散文,倡扬儒道精神,统一士人思想,以资振奋衰朽腐败的社会政治格局,呼唤唐王朝中兴伟业的到来。身为著名的古文家,梁、权二人主张发挥文学的政教功能,提倡经世致用的文风,以文学复兴推动政治复兴,可谓上承陈子昂、张说、李华的文学变革,下启韩愈、柳宗元的古文运动,于文体改革方面功不可没。

《全唐文》收录梁肃 20 篇碑志文,俱以散体古文形式写就,除少部分写给和尚道士外,大部分都是写给官宦的。梁肃是独孤及的弟子,行文受到独孤及的影响,以儒家思想为要,主张为文要弘扬政教功能。其《常州刺史独孤及集后序》云:"初,公视肃以友,肃仰公犹师","故道德仁义,非文不明,礼乐刑政,非文不立"④。在《补阙李君前集序》一文中,梁肃认为"文之作,上所以发扬道德,正性命之纪;次所以财成典礼,厚人伦之义;又其次所以昭显义类,立天下之中",赞扬"贾生、马迁、刘向、班固,其文博厚,出于王

---

① 　[清]纪昀:《钦定四库全书总目》卷一五〇,第 2003 页。
② 　郭预衡:《中国散文史》(中册),第 128 页。
③ 　范文澜:《中国通史》第三编第二册,第 716 页。
④ 　[清]董诰:《全唐文》卷五一八,第 5261 页。

风者也"，而"枚叔、相如、扬雄、张衡，其文雄富，出于霸涂者也"。在总结诸多作家的优劣后，梁肃总结道："故文本于道，失道则博之以气，气不足则饰之以辞，盖道能兼气，气能兼辞，辞不当则文斯败矣。"接着又称道李翰的文章："故其作，叙治乱则明白坦荡，纡余〔徐〕条畅，端如贯珠之可观也；陈道义则游泳性情，探微豁冥，涣乎春冰之将泮也；广劝戒则得失相维，吉凶相追，焯乎元龟之在前也；颂功美则温直显融，协于大中，穆如清风之中人也。"①可见梁肃论文的中心是宣扬孔孟的儒道思想，重视文学为现实政治服务的功能，推崇贾谊、司马迁、扬雄、司马相如等人，赞赏其文章的"博厚""雄富"，倡导秦汉古体文风，这在其碑志文创作中多有体现。

梁肃生活于安史之乱爆发后，见证了时代动荡下唐王朝的种种变化，对乱世之下士吏的品行表现、民生疾苦有着亲身体会，其碑志文也多反映着这一时期的内容，常借叙写墓主的种种才华政绩，特别是在诸如奸臣当道、军阀叛乱、时局动荡等大是大非面前的表现，彰显墓主的节操品行，也表达自我弘扬儒家道义、反对叛乱、拥护王权的济世之心和行文目的。《越州长史李公墓志铭》写墓主镇压叛乱、诛灭反贼的英勇之举："永泰末，妖贼杀郡将以叛，其帅败亡，贼党诈服。公以单骑往安其民，一旦收隐慝三十人，杀之以徇。三衢之人，道路相庆，人到于今称之。"《冠军大将军检校左卫将军开国男安定梁公墓志铭》写墓主文韬武略、忠贞为国："性严简直方，不苟合于时，博物涉史书，览历代成就山川地形攻守奇正之术。"《侍御史摄御史中丞赠尚书户部侍郎李公墓志铭》写墓主刚正不阿、忠而被贬："时宰相李林甫当国怙权，稍锄去异己者。公外不附离，内不慑惮，竟为所阴中，贬莱阳丞。"特别是写其不畏强暴、忠勇有为、坚决抗击叛军："河北首乱，公胁在围中，危冠正词，诮让元恶。势迫难夺，望重见容，朝廷雅知公忠，迁侍御史，充封常清幽州行军司马。隔于凶盗，诏不下达。公与张休、独孤问俗密结壮侠，志图博浪之举。间遣表章，请固河潼之守，帝用深叹。吾谋未行，会房将能人性元浩拥师河上，公诡请劳抚，因以大义谕之。能亦知复，翻然向顺，裂贼左臂，繄公之力。"再通过墓主"委身蹈难非节，违乱归政非公，叨恩受禄非义。儡俛从政，吾何以安"的自述，表现其谦虚宽仁、不居功自傲的崇高气节和非凡政绩。其余如《给事中刘公墓志铭》《房正字墓志

---

① 　[唐]梁肃：《补阙李君前集序》，[清]董诰：《全唐文》卷五一八，第5261页。

铭》《明州刺史李公墓志铭》《越州长史李公墓志铭》《陇西李君墓志》，都通过描写墓主的学问品德、军功政绩等，赞美其忠君爱国、刚正有为的人格精神，借此弘扬儒家教义，呼唤王政一统，以统一士心，振奋时局，行文政教意识强烈。

崔恭在《唐右补阙梁肃文集序》说梁肃："公之习尚，敦古风，阅传记，硁硁然以此导引于人，以为其常。……故论赞碑颂，能言贤者之事，不能言小人之称。"①梁肃作碑志文，是把叙写墓主的个人行为与弘扬时代道德仁义、礼乐刑政、治乱兴衰及人伦义理联系在一起的，这同李华、独孤及等人的思想一致。事实上，经过安史之乱的社会动荡，又亲历过人生的漂流辗转，这一时期的文人，作碑文都反映出深沉的伤时忧国之心。但梁肃的文章，和其师独孤及相比，虽都平易畅达，但在内容上更为精工，文采方面也更胜一筹，写人记事裁剪有度，感情真切，如《陇西李君墓志》：

君讳修，姓李氏，陇西成纪人，凉武昭王元盛之后。曾祖如顺，皇朝太子洗马，生大父元恭。开元中，以文学政事历大理卿，判尚书吏部侍郎。侍郎生烈考讷，官至太府寺丞。君承家休绪，少有令闻。孝敬仁顺，宏毅贞亮；非礼不言，见善必行。行有余力，则覃思六经，揭厉百氏。是故淳秀之气，播为文章，发于事业。难于进，易于退，道不苟行，位不虚受。常州刺史独孤公及之临舒城，闻而悦之，辟为从事府，迁于常州，君亦至焉。独孤公文德为天下望，君入则从容讨论，出则勤虑政事。议者以君建大名，致厚位，必自此始。不幸短命，享年若干，以大历十二年春三月甲子，寝疾而没焉。呜呼！天与之才，天与之器，不与之寿，不与之位，天何言哉！君娶范阳卢诏女，一子越在襁褓，哭泣无主。其仲兄武进尉迅，衔天伦之哀，谋及卜筮，以是月既望，抱其孤送君之丧，权窆于正勤佛寺之北原。时不利，不克反葬故也，友人安定梁肃，纪其终始德善著于石，俾来者有以知君子之墓云。②

写墓主的道德学问、品阶文章，前半部分记述其文采风流，学识丰富，名重一时；后半部分感叹其寿夭短暂，壮志难酬，就其才华横溢却贫寒终生的不幸命运深表同情，痛惜叹惋，力透纸背。特别是文末，针对墓主一生怀

---

① ［清］董诰：《全唐文》卷四八〇，第4904页。
② ［清］董诰：《全唐文》卷五二一，第5297页。

才不遇、沉沦下僚、困顿穷厄的生存困境发出质问："天与之才，天与之器，不与之寿，不与之位，天何言哉！"苍凉厚重，悲愤难抑，体现出梁肃对于时局不幸大背景下士人生命存在价值的疑惑与思考，忧患意识强烈。

梁肃的碑文大部分属于发扬儒家道德、补救时弊之文，即崔恭所谓"儒林之纲纪"[①]，其感情深厚，语言流丽，"在同代作家中，是比较突出的"[②]。但除忧愤时事、感念人生之外，梁肃的部分碑文也流露出"晦德避难"、"辞意夷泰"的避世思想，如《汉高士严君钓台碑》写严光"当哀平之后，天地既闭，先生韬其光，隐而不见"，"如云出于山，游于天，复归于无间，不可得而累也。则激清风，耸高节，以遗后世"，进而感叹："夫贤哲之道，一动一静。动而用者，功济乎当世，静而不用者，化光于无穷。"《梁高士碣》写梁鸿："君得天元纯，诞其生知。囊括道妙，而游于世。遭汉微阙，浇风偭物。君以为道不可徇时，故安节以高蹈。高蹈不可以激俗，故登邙以作歌。作歌不可以遗患，故适越以遐遁。遐遁不可以不粒，故寄食于杵臼。……斯可谓高世之遗民矣！"并进一步阐发："原夫天之运也，曰明与晦；人之道也，曰否与泰，达人知否与晦之不可为也，故耦而耕，狂而歌，凿坯以逃，荷蓧以游。而晦德避难，不成乎名。"再如《郑州新郑县尉安定皇甫君墓志铭》写墓主："性恬旷，不甚以禄仕为意，避乱至江南，以坟籍自娱。"《恒州真定县尉独孤君墓志铭》写墓主："非其所好，弃官不之。晚节尚黄老，慕禅味，橐籥心怀，梦幻生死。端居一室，澹如也。"如此在《台州隋故智者大师修禅道场碑铭》《越州开元寺律和尚塔碑铭》等为高士名僧写的碑文中表现更为明显，但梁肃避世却不想出世。离乱之年的生活经历，使得梁肃对生命本质有着清醒的认识，他反对佛道迷信的蛊惑人心、致人死亡，这从其《神仙传论》一文可以看出，不赘。

四、权德舆的碑文

李华、梁肃诸人，虽因古文名重当时，但因其仕宦短暂、官爵寒微，影响自然有限。如李华、独孤及，虽曾"狎主时盟，为词林鬼龙"，而官"止于尚书郎、二千石"，梁肃和崔元翰，虽曾"司密命，裁赞书"，而位"不越于谏曹计

---

① ［明］崔恭：《唐右补阙梁肃文集序》，［清］董诰：《全唐文》卷四八○，第4903页。
② 郭预衡：《中国散文史》（中册），第148页。

部"，可谓"自天宝以还，操文柄而爵位不称者"①。其后的权德舆因当过宰相，官位至圣，操持文柄甚久，其文章影响力自然超过李华诸人，正如《旧唐书》本传所云："德舆自贞元至元和三十年间，……于述作特盛。六经百氏，游泳渐渍，其文雅正而弘博，王侯将相洎当时名人薨殁，以铭纪为请者什八九，时人以为宗匠焉。"②

　　权德舆在《唐银青光禄大夫守中书侍郎同中书门下平章事赠太傅常山文贞公崔祐甫文集序》中谈自己对于政事文章的看法说："以为君子消长之道，值乎其时，而文亦随之。得其时，则章明事业，以宣利泽；不得其时，则放言寄意，以抒志气。"③在《醉说》一文中，他主张为文"尚气尚理，有简有通"④，谈到具体的作文方法。《全唐文》共收录其碑志文24篇，多为写给显宦权贵的神道碑及遗爱碑铭等。就其内容形式来看，在取材、构思、语言等方面都呈现出较高的艺术性，可以说"尚气尚理"是权德舆碑志文的主要内容，而有简有通则是其具体写法。

　　《朝散大夫使持节都督容州诸军事守容州刺史兼侍御史充本管经略招讨制置等使谯县开国男赐紫金鱼袋戴公墓志铭》中，墓主是当时诗坛名家戴叔伦，权德舆行文一反传统墓志铭藻饰官阶的通例，以早中终三个时期的不同经历安排章法结构，选取最能表现墓主才华个性的细节去描写墓主，凸显人物的品格，详略得当，叙述墓主才华云："以文学政事，见称萧门。文丰菁华，而长于比兴。粲为采章，铿如珩璜，鼓钟于宫"，简明扼要，几笔带过。而在描写墓主功德业绩时，更是裁剪有度、详略有致。如表现墓主临危不惧的个性，特选取其中途遇劫、激昂大义的经历，描摹详尽，细节传神。"劫迫使臣曰：'归我金币，可以纾死'，公山立不挠，勇生于仁。端其词气，强于师旅。暴叛感知，乞盟于公。黎明，率其徒西向拜泣。"以散句行文，短短几句，墓主沉稳刚强、智勇能辨的风度跃然纸上，行文气势充沛而义理昭然。再如《唐故义武军节度使营田易定等州观察处置使开府仪同三司检校司空同中书门下平章事范阳郡王赠太师贞武张公遗爱碑》写墓主张孝忠一生勇武，忠于朝廷，在平叛田承嗣、朱滔之乱时奋不顾身、屡立奇功：

---

①　[唐]权德舆：《兵部郎中杨君集序》，[清]董诰：《全唐文》卷四八九，第4997页。

②　[五代]刘昫：《旧唐书》卷一四八，第4005页。

③　[清]董诰：《全唐文》卷四九三，第5031页。

④　[清]董诰：《全唐文》卷四九三，第5052页。

"岂求生以害仁,将蹈难以明义",赞扬其拥护王政、反对叛乱的高贵品格,其中尤以表现好友生离死别的情节最为感人:"初,公与宝臣,感慨于少年之场,周旋于多难之际,迎导善气,切劘良规,若骖有靳,如热斯濯,异时自代,前定于公。且曰:'舆师之心,勋力之冠也。'俄而寝疾,喑不能言,犹以手指北,瞠然注目。"一代良臣,精诚爱国,忧患操劳,可谓死不瞑目。此文以四字句书写,骈散结合,沉雄古穆,颇显尚书体古文宏大严谨的风格。其他如《大唐四镇北庭行军兼泾原等州节度度支营田等使开府仪同三司检校尚书右仆射使侍节泾州诸军事泾州刺史兼御史大夫上柱国南川郡王刘公记功碑铭》《大唐湖南都团练观察处置等使朝散大夫检校左散骑常侍持节都督潭州诸军事兼潭州刺史御史中丞骑尉赐紫金鱼袋李公遗爱碑铭》《唐故江南西道都团练观察处置等使中散大夫使持节都督洪州诸军事守洪州刺史兼御史中丞骑都尉赐紫金鱼袋赠左散骑常侍崔公神道碑铭并序》等都是此类写法,崇尚气理,详略结合,通过描写墓主努力王政、尽心国家的学识政绩和才德品性,表彰其勤政爱民、忠贞国事、拥护王政、不惧强权的崇高气节,重在善善恶恶,阐明为官为士的风范义理,行文有着明显的政教针对性。

权德舆一生位高爵显,执掌文柄,身为朝廷重臣,其有着强烈的淑世情怀,为文注重舆论导向作用,以实现"章明事业,以宣利泽"[①]的主张。因为生活年代的关系,权德舆亲眼见证了安史之乱后唐王朝的种种动荡变迁,对离乱之际的士人操行表现有着深刻体会。为此,描写墓主多选取能表现其气节品德的行为,重点就其在安史之乱的表现进行叙述,彰显是非观念,呼唤王权一统,对墓主反对叛乱的种种高德懿行进行表彰褒奖,进而弘扬儒学义理和王道政治,借之激荡士心、垂范后世。《唐故右神策护军中尉右街功德使开府仪同三司守右武卫大将军知内侍省事上柱国乐安县开国公内侍省少监致仕赠扬州大都督府孙公神道碑铭》写墓主保境安民,屡立奇功,对阴谋叛乱的土匪军阀坚决歼灭:"初,公以大历中奉使交、广,裔夷啬祸,有梁氏寻氏聚为寇攘,公与守臣决策,潜师尽殪,南服以清,厥猷茂焉","俄而希烈干纪,……受中旨,合兵符,取桂岭湘川之众,益汉阳夏口之镇,

---

①　[唐]权德舆:《唐银青光禄大夫守中书侍郎同中书门下平章事赠太傅常山文贞公崔祐甫文集序》,[清]董诰:《全唐文》卷四九三,第5031页。

以当剧贼，且护成师。收应山，援安陆，凡鄂之成绩，公有助焉”。《故正议大夫守门下侍郎同中书门下平章事成纪县开国男赐紫金鱼袋赠太子太傅贞宪赵公神道碑铭》写墓主尽忠报国、勤政爱民：“公恤隐布和，仁而爱人，舆师知训，善吏乐职。行之三年，教化明备，底贡有艺，赋政不烦”，“有博大之度，无怨欲之私”。《故朔方河中晋绛邠宁庆等州兵马副元帅河中绛邠节度度支营田观察处置等使元从奉天定难功臣开府仪同三司检校司徒兼中书令河中尹上柱国咸宁郡王赠太师忠武浑公神道碑铭》描写墓主刚直忠正，一生为国家和平而不遗余力，奋勇作战、屡立奇功：“奋寡击众，鼓行无前，歼夷溃溺，如建瓴水。中坚席胜，又复于咸阳；长毂启行，既门于延秋。会西平王以东诸侯之师，清宫献捷。公乃抑其贾勇，须彼成功，窒士心之克伐，息兵火之气焰。然后穷追，斩级寇孽以平，备法从于清跸，捧大明于黄道”，“始从朔方之师战黑山，次从陇右之师摧石堡，又尝西出临洮，夺昆夷之善地，而为之壁垒。北绝大漠，破猃狁之坚甲，而焚其庐帐，又从汾阳王临淮王计反虏于山东。南攻赞皇，北取真定，射其突将李立节，贯于左肩，毙之。又五迁至太常卿，皆以功次，其间开地于河曲，以静九蕃；宣威于陕西，乃定三川。凡王师之所以克获都邑，元老之所以发扬蹈厉，公必居其先偏，而当其勍剧。”赞扬其作战勇猛而谦逊宽厚、不居功自傲的高风亮节。其他如《唐故宣武军节度副大使知节度事管内支度营田汴宋亳颍等州观察处置等使金紫光禄大夫检校尚书左仆射同中书门下平章事陇西郡开国公赠太傅董公神道碑铭》《唐故中书侍郎同中书门下平章事太子宾客赠户部尚书齐成公神道碑铭》《尚书度支郎中赠尚书左仆射正平节公裴公神道碑铭》《故太子右庶子集贤院学士赠左散骑常侍王公神道碑铭》等，墓主也都是此类人物。权德舆于其爱憎分明、立场坚定、反对叛乱、忠勇报国的思想行为多加描写，记功彰美，褒扬嘉勉，借墓主的人格学问、品行功德以资垂范，树立典型，引导时代政治文化风尚，一方面表现自我强烈的淑世之心，一方面为凝聚士子民心，彰明王道政治，弘扬孔孟儒学，进而振兴安史之乱后陷于重重危机中的李唐王朝。这一写法具有普遍性，在时人梁肃、柳冕及其后的韩愈、柳宗元等人的碑志作品中表现更为明显。

就文体特征而言，权德舆的碑志文更接近于尚书体古文。其多以四字句记叙墓主功业战绩，汩汩滔滔，厚重浩大，逐一列举其人其事，可谓有条不紊、不厌其烦。行文气势宏伟，篇幅宏大，豪壮厚实，严谨工整，凸显官方应用公文色彩,整体风格表现为温润弘博、流畅自然。这和权德舆多年贵为宰卨、常奉敕撰写碑文的原因有关,也和墓主自身的资历、地位有关。权德舆的碑志文中,墓主多是达官显宦、朝廷重臣,考虑到其勋功政绩,特别是权德舆本身作为朝廷文宗奉敕撰碑文,代行王言需遵行礼制,行文自然以表功纪美为先,凸显官方褒奖张扬、宣教诫勉之意。因而权德舆的碑文严谨宏大,平稳雅正,政教色彩突出,体现出强烈的传统应用性行政公文的体征。但其严谨宏大有余,灵动变化不足,失之于篇篇相似、缺乏创新。纵观其24篇碑志作品,都前志后铭,体例相同,写人记事从墓主家世履历到功业勋爵,再到家庭成员个人生活等,巨细皆备,平铺直叙,在书写顺序、谋篇结构方面有着一致性。写法上也都夹叙夹议,平和有度,语言更是平稳古板、质木无华,所以读其文多有规范完备、面面俱到、似曾相识、千篇一律之感。皇甫湜《谕业》云:"权文公之文,如朱门大第,而气势宏敞,廊庑廪厩,户牖悉周。然而不能有新规胜概,令人竦观。"①可谓确评。

独孤及《检校尚书吏部员外郎赵郡李公中集序》云:"帝唐以文德敷祐于下,民被王风,俗稍丕变。至则天太后时,陈子昂以雅易郑,学者浸而响方。天宝中,公与兰陵萧茂挺、长乐贾幼几勃焉复起,振中古之风,以宏文德,公之作本乎王道,大抵以五经为泉源,抒情性以托讽,然后有歌咏。美教化,献箴谏,然后有赋颂。悬权衡以辩天下公是非,然后有论议。至若记序、编录、铭鼎、刻石之作,必采其行事以正褒贬,非夫子之旨不书。故风雅之指归,刑政之本根,忠孝之大伦,皆见于词。于时文士驰骛,飙扇波委,二十年间,学者稍厌《折杨》《皇荂》,而窥《咸池》之音者什五六,识者谓之文章中兴。"②其回顾自初唐以来文风的变化,指出萧颖士、贾至、李华等在倡导文体复古和革新上所起的重要作用。作为唐代著名的古文家,李华、萧颖士等人继承陈子昂等人的文体革新呼声,适应时代对于文学的要求,推行儒学思想,倡导文体复古,反对骈文的华而不实,坚持以散文笔法创作碑志文,为盛唐碑志文摆脱骈俪文体的影响、走向更为流畅自由的散文体式廓清道路,可谓韩愈、柳宗元文体革新的先驱。

就创作实践而言,李华、梁肃、萧颖士等人以秦汉散体古文体式写作碑

①　[清]董诰:《全唐文》卷六八七,第7035页。
②　[清]董诰:《全唐文》卷三八八,第3946页。

志文,比四杰、陈子昂等人是一大进步。从初唐四杰到陈子昂,虽然倡导文体改革,呼唤文风的质实刚健,但其文章体例仍以骈俪为要,隶事用典,藻饰辞藻,行文中语句虽有有散化倾向,但整体上仍以四六句为主,偶对丽辞,属于典型的骈俪文风。及至张说,虽在文章的情感气势上多有改进,但就文章体式而言,苏颋、张说作碑文仍以骈俪为体征,铺陈排比,罗列渲染,最终确立以颂美铭功为要的新式骈俪体碑文在盛唐文坛上的统治地位,其行文语言也只是在骈辞俪句基础上的偶尔散化,显现出高贵典雅、华美壮丽、彩丽竞繁的风格。而李华等人,则完全抛弃骈俪文风,全以秦汉散体古文体式写作碑志文。其碑志文思想内容上不事美饰时政,不事歌舞升平,不事夸饰张扬,直面现实政治中的种种危机,倡导儒道精神,彰显是非观念,展现安史之乱中士子人心的诸多变化,旨在善善恶恶,端正士风,振兴王政。字句则长短自由、不拘偶对,具体根据行文需要而灵活变化,语言质朴简易、平白如话,不事藻饰、不事典故,最终开启出不同于张说、苏颋体式碑志文发展的新道路,促进散体碑志文的进一步形成和确立。李华、梁肃等人的文体改革适合盛唐、中唐之交的社会政治现实和时代文风的发展,成为中唐文体革新运动的有力前奏。

　　从李华、萧颖士到独孤及、梁肃,再到权德舆等,虽然围绕文体文风的改革进行了反复的理论探讨,也将这种改革主张付诸于创作实践。但是他们那些一味强调政治教化而忽视作品文学性的态度,显然是偏颇的。他们的理论主张缺乏实践意义,带着空言明道的性质,因而不可能给文学创作带来与现实紧密结合的鲜活的生命力,所以其碑志文成就普遍不高。其行文语言虽追求散体,不事藻饰用典,但语多平白而缺少灵动变化,体例上平铺直叙,千篇一律,政治说教意味强烈,写人记事流于空泛呆板,缺乏典型的细节描写和情景刻画,在情感气势方面还没有明朗大气、劲健雄浑的蕴涵,整体而言其文采不足,距离文学散文的审美特征还有一定距离。然而,作为四杰、陈子昂及苏颋、张说与韩愈、柳宗元之间文体改革运动的过渡,李华、萧颖士等人提出的宗经复古、以道领文、充实文章内容而反对浮靡文风的主张及古文创作实践,在当时具有积极意义,其承上启下,对韩愈柳宗元等人的古文运动可谓发挥着先锋军的作用。梁肃《补阙李君前集序》云:"唐有天下几二百载,而文章三变:初则广汉陈子昂以风雅革浮侈,次则燕国张公说以宏茂广波澜,天宝已还,则李员外、萧功曹、贾常侍、独孤常州比肩而出,故其道益炽。"①《钦定四库全书总目》引述王士禛《香祖笔记》之论后又云:"考唐自贞观以后,文士皆沿六朝之体。经开元、天宝,诗格大变,而文格犹袭旧规。元结与及始奋起涮除,萧颖士、李华左右之,其后韩、柳继起,唐之古文,遂蔚然极盛。斫雕为朴,数子实居首功。"②都对李华、萧颖士、独孤及等人的文学创作做了高度评价。也许是受到这些古文家们改革文体文风的影响,宝应二年(763),杨绾和贾至都提出废诗赋、去帖经而重义旨的科举改革主张。建中元年(780),令狐峘知贡举,制策和对策开始用散体。自此以后,历年策问,皆趋向散体文。这说明文体的改革已为朝野所普遍接受,散体文已经开始取代骈体文,成为时代需要的实用文体,其进一步发展和完成,只待韩愈、柳宗元等人的最后努力了。

---

① ［清］董诰:《全唐文》卷五一八,第 5261 页,
② ［清］纪昀:《饮定四库全书总目》卷一五〇,第 2003 页。

第五章　王政中兴与文体改革

——中唐碑志文研究

唐代宗广德元年(763)安史之乱平息,此后,唐王朝盛世不再,逐渐没落,直至灭亡。本章论述的是从代宗至文宗、武宗统治时期的碑志文发展,这一时期,文学史上称为中唐。安史之乱对于中唐文学,无论是内容体裁,还是文学思想上,都具有重大的影响。赵翼《廿二史札记》云:"安禄山以节度使起兵,几覆天下,及安、史既平,武夫战将以功起行阵,为侯王者,皆除节度使,大者连州十数,小者犹兼三四,所属文武官,悉自置署,未尝请命于朝,力大势盛,遂成尾大不掉之势。或父死子握其兵而不肯代,或取舍由于士卒,往往自择将吏,号为留后,以邀命于朝,天子力不能制,则含羞忍耻,因而抚之,姑息愈甚,方镇愈骄。"①正如所论,安史之乱虽已平息,但由此所导致的后遗症如藩镇林立、军阀混战及宦官专政等,使得中唐政局动荡、王权衰微、士心离散,这些社会危机日益突出,影响着唐王朝的发展,成为唐王朝中兴之梦的累累羁绊,这其中最严重的就是藩镇割据。《新唐书》云:"安、史乱天下,至肃宗大难略平。君臣皆幸安,故瓜分河北地,付授叛将,护养孽萌,以成祸根,乱人乘之,遂擅署吏,以赋税自私,不朝献于廷。"②岑仲勉也云:"肃、代昏暗,辅弼无谋,安史虽死,而安史之乱却未定,于是形成晚唐藩镇之祸。"③具有严重离心独立倾向的藩镇割据和宦官专政、朋党之争联系起来,成为中晚唐时期的政治痼疾。在思想文化领域,儒学已经失去传统的主导性统治地位,佛道学说甚嚣尘上,以致儒道释三教鼎立,相互抗衡。儒学愈不振,王政愈衰微,意识形态的多元化、混乱化,冲击着士人的思想,危及到唐王朝的统治。中唐虽然矛盾重重,日趋衰落,但其中短暂的宪宗中兴,又在一定程度上影响着王朝政局,可谓给予中唐社会一剂强心针,刺激着文人的心灵,也影响着文学的发展。因而中唐社会

---

① 王树民:《廿二史札记校证》,第 430 页。
② [宋]欧阳修、宋祁:《新唐书》卷二一〇,第 5921 页。
③ 岑仲勉:《隋唐史》,高等教育出版社,1957 年,第 263 页。

一方面由于经济文化的发展而显得丰富多彩,一方面又由于种种矛盾的激化而变得问题重重。文士们带着对于盛唐的追忆和留恋,对每况愈下的社会现实深表不满,想力挽狂澜,振兴唐朝,然而在冷酷的社会现实中却往往碰壁,抱负难以实现。人生之路充满坎坷,心中自然郁积着诸多不吐不快的情愫。传统的文学观念又使他们认为诗文应该用于美刺讽谏,用于揭露时弊、陈述政见,乃至教化人民,移风易俗等。所以世乱多故,通过诗歌宣泄浓重的哀思,通过文章记录深沉的理性思考,陈述匡时救弊的良方,成为这一时期文学发展的潮流和文人心中的普遍诉求。

　　由通经致用到改革现实,是这一时期碑志文创作的目的。早在肃宗、德宗朝,李泌、陆贽等人的整顿纲纪,杨炎、刘晏等人的财政税法改革已肇其端绪,永贞元年,以王叔文为首,柳宗元、刘禹锡、吕温等为中坚的一批进步士人,发起一场旨在打击宦官集团的政治革新运动,实施一系列改革措施,使贞元弊政廓然一清,“自天宝以至贞元,少有及此者”①。这场运动虽然很快以失败告终,但其致力于中兴的内在精神,却直接影响到此后唐王朝的政治发展方向。唐宪宗即位后,锐意改革朝政,其减免赋税、精简冗官,在一定范围内抑制了宦官的权势,最突出的便是倾全力解决藩镇问题,其“以法度整肃诸侯”②,经过较长的战争,平定西川、夏绥、镇海、淮西等处的叛乱,迫使成德、卢龙诸藩相继归顺朝廷。“当此之时,唐之威令,几于复振。”③这一切既有力地促使唐王朝走向中兴,也极大地鼓舞了民心士气。可以说,经世致用的需要激发了唐人的中兴愿望,促成了儒学的复兴,也促成了政治军事文化方面等一系列改革。林庚论述安史之乱对中唐文学的影响说:“中国的封建社会也因此开始走下坡路。而这些又都只有在安史之乱平定后才能为人们所逐渐认识。因而在大历年间,当时人们的心中还仍然怀着中兴的希望。大历十才子等人的诗集被命名为《中兴间气集》,正表明这一时期人们的普遍的心情。而元和年间,宪宗即位之初,又被视为中兴之主。面对着种种的社会问题,出于对时代中兴的渴望,于是,在文学方面便出现元白的讽喻诗和韩愈的古文运动。而这也是正统文学最后一

---

① 　[清]王鸣盛:《十七史商榷》卷七四,吴文治:《柳宗元资料汇编》,中华书局,1964 年,第 448 页。

② 　[五代]刘昫:《旧唐书》卷一四七,第 3974 页。

③ 　[宋]欧阳修、宋祁:《新唐书》卷七,第 219 页。

次放射光彩了。"①

　　这一时期,韩愈、柳宗元等发起古文运动,其主张恢复古道,维护儒学的统治地位,借以振兴中唐政治,挽救时弊。韩柳倡扬文以明道,在实践创作中反对骈文,大力写作散体古文,其文学主张带有明显的实用主义倾向,当时文人多卷入其中,如吕温、刘禹锡、李观,特别是韩门弟子李翱、皇甫湜、樊宗师等人,以及白居易、元稹等,都受其影响,写出不少具有强烈现实主义精神的散体碑志文。此外,中唐传奇小说等发展兴盛,也影响到包括碑志文在内的各类文章的创作,像韩愈就喜欢以传奇小说手法创作碑志文,这就大大增加了碑志文的文学性。所以这一时期,碑志文坛的显著变化就是以韩愈作品为代表的散体碑志文程式的确立。

第一节　　中唐碑志文的时代特征

一、歌唱中兴、经世致用的写作思路

　　中唐政局虽远不能和盛唐相比,但由于实行两税法等比较开放宽松的内外政策,社会生产力得到一定恢复,特别是宪宗上台后整顿藩镇,一度出现中兴局面。时代在给予众多文士希望与振奋的同时,也给予其沉重的责任心和使命感,这一时期发生的两大文学运动,古文运动和新乐府运动,虽着力的具体方向不同,其规模、持续时间和发生的影响等也不同,但究其实质,都旨在挽救时弊,整顿文风,体现出强烈的现实主义创作倾向,反映了站在时代前列的作家们以文学为利器,全身心投入中兴梦想的努力。韩愈在《上宰相书》中表明自己以"读书著文歌颂尧舜之道"②为业,柳宗元也表示自己"唯以中正信义为志,以兴尧舜孔子之道,利安元元为务"③,这和盛唐张说对碑文"润色王道、发挥圣门"④的解说一致。中唐文人对文学的政教功能有着充分认识,其呼唤中兴,对王朝的再度繁荣充满渴望,其碑志文遂多有颂美之作,借歌颂时政而表现文人士子对盛唐气象的留恋,对中唐

---

①　林庚:《唐诗综论》,人民文学出版社,1987年,第147页。
②　马其昶:《韩昌黎文集校注》,上海古籍出版社,1987年,第155页。
③　[唐]柳宗元:《寄许京兆孟容书》,[唐]柳宗元:《柳河东集》卷二五,第231页。
④　[唐]张说:《齐黄门侍郎卢思道碑》,熊飞:《张说集校注》卷二五,第1196页。

承前启后、稳定发展的历史使命的肯定与崇扬,如元结《大唐中兴颂》所云:
"天将昌唐,翳睨我皇,匹马北方。独立一呼,千麾万旟,戎卒前驱。我师其
东,储皇抚戎,荡攘群凶。复服指期,曾不逾时,有国无之。事有至难,宗庙
再安,二圣重欢。地辟天开,蠲除妖灾,瑞庆大来。……盛德之兴,山高日
升,万福是膺。"所以和谐融洽的君臣关系,繁荣发达的政治经济格局,强盛
威猛的对外战争,刚健有为、奋勇报国的士吏风气都成为这一时期碑文作
家叙写和歌颂的内容。裴度《唐故太尉兼中书令西平郡王赠太师李公神道
碑铭》一文,赞美名将李晟的武功军政,充满着对时势造英雄、英雄适逢明
主、才尽其用、功德圆满的描写,歌颂君臣一心、励精图治的理想社会。常
衮《故四镇北庭行营节度使扶风郡王赠司徒马公神道碑铭》写墓主一生忠
勇抗战,反对叛乱的军功,赞扬其为国之乱而"乐死不乐生"的献身精神;
《御史大夫王公墓志铭》通过赞美墓主的文韬武略,治国才华,歌颂王朝的
气象:"俾我巍巍之朝,四海雄富,丕变于今,公之力焉。"杨炎的诸多碑文更
是豪壮有力,气势磅礴,篇幅浩繁,颇有盛唐张说的风采。其余徐浩《唐尚
书右丞相中书令张公神道碑》,郑云逵《唐故剑州长史赠太仆少卿汝州刺史
陇西李公神道碑铭并序》《唐故虢州刺史王府君神道碑铭并序》,吕元膺《骠
骑大将军论弓神道碑铭并序》,王叔简《唐故正议大夫渤海吴府君墓志铭并
序》,贾瞻《唐故幽州节度押衙银青光禄大夫检校太子宾客兼监察御史太原
王公墓志铭并序》,卢虔《御史中丞晋州刺史高公神道碑》,元载《故相国杜
鸿渐神道碑》,张式《大唐故银青光禄大夫彭王傅上柱国会稽郡开国公赠太
子少师东海徐公神道碑铭》,韦贯之《南平郡王高崇文神道碑》等碑文,也都
通过墓主一生的才华贡献、军功淑德,歌颂其为国尽忠、保境安民的人格精
神,描绘出一幅君圣臣贤、国运昌盛的理想政治及理想的君臣关系图,行文
篇幅浩繁,包容丰富,抒写壮阔大气,颂美倾向明显。韩愈、柳宗元、元稹、
白居易等所作碑文,也多从文学与王道政治的角度,展现波澜壮阔、雅正宏
美的时代场景,颂美王政、讴歌中兴。而封演《魏州开元寺新建三门楼碑》,
萧森《京兆府美原县永仙观碑文》,韦稔《涿州新置文宣王庙碑》等,则从寺
庙修建等角度,描写帝皇的大兴土木、整饬寺庙,附会以祥瑞之象,颂美中
兴之政。

中唐碑志作品以贞元、元和年间颂美特征最为明显,创作也较旺盛。
这一时期的碑志文以典雅富丽、宏壮刚健见长,字里行间表现出文人处身

治世的豪情,对皇德的歌颂较为直露。裴度《蜀丞相诸葛武侯祠堂碑铭》由古及今,通过描写诸葛亮的才华业绩,展现对于人才、对于中唐重兴的渴望,其中不忘对元和政治的赞美:"元和二年冬十月,圣上以西南奥区,寇乱余孽,罢甿未息,污俗未清,辍我股肱,为之父母。乃诏相国临淮公,由秉钧之重,乘推毂之寄。戎轩乃降,藩服乃理。将明帝道,陬落绥怀;溥畅仁风,间阎滋殖,府中无留事,宇下无弃才,人知向方,我有余地。则诸葛公在昔之治,与相国当今之政,异代而同尘矣。"以今昔对比,回忆联想的笔法,颂扬中宗即位以来励精图治、重用贤臣、文治武功、安乐清明的太平景象,借颂美时事,呼唤人才再降,渴望盛唐气象的再现。而吕温《三受降城碑铭》通过对名将张仁愿智勇双全、纳降外敌的描述,赞美其为国尽忠、屡立奇功的高贵品格,行文包容广阔,记叙丰富,从周秦的边境不安写至盛唐中宗皇帝的英明决策,再到中唐的戢兵和亲,歌颂有唐以来的国威,"三受降城,皇唐之胜势者也",重点颂美中唐时政:"今天子诞敷文教,茂育群生,戢兵和亲,北狄右衽。"其中描写张仁愿为抵御外敌而筑城治兵,尤为壮美富丽:

　　于是留及瓜之戍,斩奸命之卒,六旬雷动,三城岳立,以拂云祠为中城,东西相去各四百里,过朝那而北辟,斥堠迭望,几二千所,损费亿计,减兵万人,分形以据,同力而守。东极于海,西穷于天,纳阴山于寸眸,拳大漠于一掌。惊尘飞而烽火耀,孤雁起而刁斗鸣,涉河而南,门用晏闲。①

　　行文时空一体,场面宏大,气势恢宏,从筑城耗费的巨大的人力物力财力写到后期的边塞安宁,以具体的数字列举和典型场景的刻画,凸显张仁愿的御敌有方、治军有道。特别是对于地势环境的描写,下笔宽广有力,其铺陈排比,视野辽阔,渲染丰富,意境博大而深远。文风刚健明朗,雄浑壮丽,充满着豪壮激越之气,体现中唐文人对于王朝中兴、国威重振的自信和理想,有着盛唐张说体碑文恢弘辽阔、刚健大气、昂扬奋发的特征。其余如韩愈《平淮西碑》等,更如此。

　　中唐文人对于王道盛世的政治理念和想象,有着清醒认识。在萧颖士看来,夏商周三代都是不完美的,战国及秦,更遑论及,其《为陈正卿进〈续尚书〉表》云:"所谓帝道复兴于汉家,数百年中,而宪章具举。"唐代尽管经

---

① ［清］董诰:《全唐文》卷六三〇,第 6353 页。

历安史之乱,但帝道恒昌,国运复兴,"臣闻乾道运行,否终则泰,上帝有以辅文明之哲后,表光宅之休期,必将乘丧乱之极,继驱除之运。……而圣朝以作,此天意一也。不然,何秦、隋二叶而亡也若彼,唐汉一家之盛也如此?"①以汉代重整帝道于周秦之后类比唐王朝重张帝道于南北分裂之余。萧颖士相信,按照乾道运行大乱之后有大治的规律,经过安史之乱,祸福转化,唐王朝会出现否极泰来的大好局面,"正朔"、"天意"都将复兴于"圣朝",都支持着"唐汉一家之盛"。韩愈在《进撰平淮西碑文表》也说:"窃惟自古神圣之君,既立殊功异德卓绝之迹,必有奇能博辩之士,为时而生,持简操笔,从而写之,各有品章条贯,然后帝王之美,巍巍煌煌,充满天地。其载于书则尧舜二《典》,夏之《禹贡》,殷之《盘庚》,周之《五诰》。于《诗》,则《玄鸟》《长发》,归美殷宗;《清庙》《臣工》,小大二《雅》,周王是歌。"②明确表示自己作《平淮西碑》就是要歌颂帝王之美,具体歌颂宪宗皇帝的"殊功异德卓绝之迹",并在《尚书》《诗经》这些儒家经典中寻找创作依据,其目的是发挥文学的政治功能,借颂美时代而凝聚人心,改进士风,进而为唐王朝从大乱到大治的繁荣发展服务。

为充分发挥碑志文的颂美功能,体现出王朝的承平治乱和必然中兴的气象,文人们积极向前朝张说等人学习,学习其碑志文气势恢宏豪迈、感情浓郁壮烈的风格。柳宗元《唐故中散大夫检校国子祭酒兼安南都护御史中丞充安南本管经略招讨处置等使上柱国武城县开国男食邑三百户张公墓志铭并序》篇幅宏大,叙事详尽,其铺陈排比,罗列丰富,于墓主军功勋爵等多加描写,赞美其刚健有为、忠勇报国的奋斗精神,歌颂"我唐流泽,光于有截"、"皇帝中兴,武城授钺"的美政。吕温《唐故金紫光禄大夫检校兵部尚书使持节都督秦州诸军事兼秦州刺史御史大夫充保义军节度陇西经略军等使上柱国彭城郡开国公食邑二千户赠尚书右仆射中山刘公神道碑铭》行文气势恢宏豪壮,写墓主文韬武略,用大段篇幅描写墓主的用兵有方,制胜千里,歌颂将士"各捐躯而唯恐后死,未见敌而争为前登"的献身精神和乐观气概。其中描写唐代军威广被、蛮夷降服的情景媲美盛唐张说《唐故夏州都督太原王公神道碑》等碑文,都渲染唐朝行王道而天下治、扬军威而四

---

① ［清］董诰:《全唐文》卷三二二,第 3267 页。

② 马其昶:《韩昌黎文集校注》,第 607 页。

夷服的大国气度，歌颂将士忠君爱国、刚健有为、奋不顾身的战斗豪情和牺牲精神。其余如韩愈《魏博节度观察使沂国公先庙碑铭》，常衮《华州刺史李公墓志铭》《叔父故礼部员外郎墓志铭》及刘禹锡《唐故邠宁庆等州节度观察处置使朝散大夫检校户尚书兼御史大夫赐紫金鱼袋赠右仆射史公神道碑》等，亦充满着唐代中兴以来国威重振的描写，在思想内容、风格体例上都沿袭了张说颂美体碑文的规范，行文光朗大气、雄厚刚健、厚朴有力，有着盛唐碑志文蓬勃进取、昂扬向上的精神风貌。

　　文学是人学，相对于盛唐文人的欣逢盛世，中唐文人虽然生活在一个危机四伏、忧患重重的时代，但其政治热情、人生理想和奋斗精神丝毫不亚于盛唐文人，这在韩愈《答崔立之书》中表现明显：

　　方今天下风俗尚有未及于古者，边境尚有被甲执兵者，主上不得怡而宰相以为忧。仆虽不贤，亦且潜究其得失，致之乎吾相，荐之乎吾君，上希卿大夫之位，下犹取一障而乘之。若都不可得，犹将耕于宽闲之野，钓于寂寞之滨，求国家之遗事，考贤人哲士之终始，作唐之一经，垂之于无穷，诛奸谀于既死，发潜德之幽光，二者将必有一可。[①]

　　在理论上把文学参与政治干预现实的功能推向新的高度，体现碑志作家深沉真挚的淑世情怀和致用之心，这可以看作是当时文人渴望积极入世的人生态度和政治理想的最好表白。正是在这样的思想指导下，中唐以来的文学，包括碑志文，颂美铭功，彰显帝唐圣君贤臣的丰功伟绩，崇扬蓬勃进取、昂扬奋发的时代精神，感化士吏，凝聚人心，歌唱皇权，充满着强烈的振兴时政的愿望，有着盛唐气象的流风余韵。

二、儒学复兴、政治改革影响碑志创作

　　唐代社会儒道释三教并行，并未像汉代那样"独尊儒术"。从理论上讲，三教都是可以为王朝统治服务的，但相比之下，孔孟儒学更为重要，其培养、激发君民的社会责任感和忧患意识，有利于封建王朝的大一统政治。对于儒学的这一作用，唐人有着深刻认识，如大宦官仇士良为把持朝政，曾告诉其党羽控制皇帝的秘诀：

―――――――――――

① 马其昶:《韩昌黎文集校注》,第 168 页。

天子不可令闲,常宜以奢靡娱其耳目,使日新月盛,无暇更及他事,则吾辈可以得志。慎勿使之读书,亲近儒生,彼见前代兴亡,心知忧惧,则吾辈疏斥矣。①

连宦官都知道儒学对于重振朝纲、排斥奸邪的重要性,文臣士子自不赘。特别是安史之乱后,唐代社会一蹶不振,日益腐朽,整个社会已处于一种表面稳定实则动荡不安的危险状态:"天宝以来,宦官浸盛。……自是参掌机密,夺百司权。上下弥缝,共为不法。大则构扇藩镇,倾危国家;小则卖官鬻狱,蠹害朝政。"②而此后佛老之说又甚为盛行,愚弄君民,离散人心,败坏王政,引发诸如藩镇割据、宦官专权、民贫政乱、吏治日坏及士风浮薄等一系列社会危机。面对如此险峻的局面,士人们感到重振儒学的重要性,怀着强烈的忧患意识,慨然奋起,思欲变革,以期王朝中兴。元稹"心体悸震,若不可活,思欲发之久矣"③,韩愈更是"大贤事业异,远抱非俗观。报国心皎洁,念时涕汍澜"④。为推动儒学复兴,振兴朝政,韩愈、柳宗元承前启后,发动文体革新运动,《旧唐书·韩愈传》说:"大历、贞元之间,文字多尚古学,效扬雄、董仲舒之述作,而独孤及、梁肃最称渊奥,儒林推重。愈从其徒游,锐意钻仰,欲自振于一代。"⑤在韩愈看来,当时最大的现实危难乃是藩镇割据和佛老蕃滋,前者导致中央皇权的极大削弱;后者作为儒家思想的对立面,以紫乱朱,使得人心不古,同时寺庙广占良田,僧徒不纳赋税,严重影响国家的财政收入,因而都在扫荡之列。因而其主张继承弘扬孔孟之道,以儒家"道统"思想规范统摄士吏的思想行为,"使其道由愈而粗传,虽灭死万万无恨"⑥。在《原道》中韩愈解释君臣之道:"是故君者,出令者也。臣者,行君之令而致之民者也。民者,出粟米麻丝、作器皿、通货财,以事其上者也。"⑦可见韩愈之"道",不仅强调社会功能,为政治教化服务,而且强调经济效益,为富国利民服务。这种功利观的宗旨是维护李唐王朝在政治、经济、思想文化方面的统治秩序,进而推动朝政改革,促成中兴大

① [宋]司马光:《资治通鉴》卷二四七《唐纪六三》,第 7985 页。

② [宋]司马光:《资治通鉴》卷二六三《唐纪七九》,第 8594 页。

③ [唐]元稹:《叙诗寄乐天书》,[唐]元稹:《元稹集》卷三〇,第 351 页。

④ [唐]韩愈:《龊龊》,[清]彭定求等:《全唐诗》卷三三七,第 3789 页。

⑤ [五代]刘昫:《旧唐书》卷一五九,第 4195 页。

⑥ [唐]韩愈:《与孟尚书书》,马其昶:《韩昌黎文集校注》,第 211 页。

⑦ [唐]韩愈:《原道》,马其昶:《韩昌黎文集校注》,第 16 页。

业的实现。对于文章,韩愈更重视其政治教化功能,主张用"道"来充实
"文"的内容,使文章成为参预现实政治的有力工具,"然愈之所志于古者,
不惟其辞之好,好其道焉耳"①。柳宗元也倡导"文以明道",认为"以辅时
及物为道","然而辅时及物之道,不可陈于今,则宜垂于后"②,"圣人之言,
期以明道,学者务求诸道而遗其辞。……道假辞而明,辞假书而传,要之,
之道而已耳;道之及,及乎物而已耳"③。其《送徐从事北游序》更宣称:"得
位而以《诗》《礼》《春秋》之道施于事,及于物,思不负孔子之笔舌。能如是,
然后可以为儒。儒可以说读为哉?"④韩柳主张继承弘扬孔孟之道,以儒家
"道统"思想规范统摄士吏的思想行为,目的都在于"适于时,救其弊"⑤,振
兴儒学,以解救现实政治的种种危机。这一时期,文人治学论文都主张明
道、宗经、致用,体现出强烈的事功倾向。顾况公开宣称:"夫道可不遇,文
复何昌?"⑥李华在《赠礼部尚书清河孝公崔沔集序》中感叹:"偃商殁而孔
伋、孟轲作,盖六经之遗也。"⑦韩愈、柳宗元周围的张籍、李翱、李汉、皇甫
湜、樊宗师、侯喜等,为文也都以实用为要。《旧唐书·柳宗元传》云:"江岭
间为进士者,不远数千里皆随宗元师法,凡经其门,必为名士。著述之盛,
名动于时。"⑧吕温在《与族兄皋请学〈春秋〉书》中便明言:"所曰《春秋》者,
非战争攻伐之事,聘享盟会之仪也。必可以尊天子、讨诸侯、正华夷、绳贼
乱者,某愿学焉!"⑨倡导通经以致用,其后白居易的诗文理论也以实用为
务。其《与元九书》说:"自登朝来,年齿渐长,阅事渐多,每与人言,多询时
务;每读书史,多求理道,始知文章合为时而著,歌诗合为事而作。"⑩在《新
乐府并序》中又云:"总而言之,为君、为臣、为民、为物、为事而作,不为文而
作也。"⑪

---

① ［唐］韩愈:《答李秀才书》,马其昶:《韩昌黎文集校注》,第176页。
② ［唐］柳宗元:《答吴武陵论〈非国语〉书》,［唐］柳宗元:《柳河东集》卷三一,第284页。
③ ［唐］柳宗元:《报崔黯秀才论为文书》,［唐］柳宗元:《柳河东集》卷三二,第308页。
④ ［唐］柳宗元:《送徐从事北游序》,［唐］柳宗元:《柳河东集》卷二五,第231页。
⑤ ［唐］柳宗元:《进士策问》,［唐］柳宗元:《柳河东集》卷一五,第144页。
⑥ ［唐］顾况:《衢州开元观碑》,［清］董诰:《全唐文》卷五三〇,第5377页。
⑦ ［清］董诰:《全唐文》卷三一五,第3196页。
⑧ ［五代］刘昫:《旧唐书》卷一六〇,第4214页。
⑨ ［唐］吕温:《与族兄皋请学〈春秋〉书》,［清］董诰:《全唐文》卷六二七,第6332页。
⑩ ［唐］白居易:《与元九书》,［唐］白居易:《白居易集》卷四五,第962页。
⑪ ［唐］白居易:《新乐府并序》,［唐］白居易:《白居易集》卷三,第52页。

中唐文人主张弘扬儒学的经义道统，强调文章的政教功能，维护君臣之义、维护王道政治，体现出强烈的事功倾向和用世之志。正如罗宗强所云："天宝后期，唐社会的衰败迹象已萌，部分士人，开始从理想回到现实中来，文学思想也就随之慢慢开始了转变。唐代社会开始了它由盛转衰的转折时期，文学思想也开始了由盛唐的更倾向于理想、更倾向于抒情，向着中唐的更倾向于功利、更倾向于写实转变，开始了这一转变过程中间的一个转折期。作为这个转折期的开始，是重功利的文学观的提出和写实倾向的出现，如李华、萧颖士以至后来的独孤及、梁肃的重功利的散文主张，杜甫、元结和《箧中集》诗派为代表的诗歌创作的写实倾向和理论上的兴寄说。正因为这是一个转折期，所以既有新的倾向出现，同时又承接盛唐。"①基于时代的原因，文章"经国之大业，不朽之盛事"的作用在中唐表现最为强烈，这其中最突出的就是碑志文。碑志文成为文人参与现实政治、弘扬儒学道统、挽救时弊、推动王政振兴的有力工具。这一时期文人们创作了大量碑志文，其思想内容多在于振兴儒学，宣传道统，弘扬王道政治，体现出高涨的政治热情和强烈的济世精神。主要表现在以下几个方面：

反对军阀叛乱，反对藩镇割据，维护国家一统

这方面最突出的是韩愈，其有近 20 篇碑志文写到安史之乱前后藩镇割据的问题，墓主无论功臣还是平民，都坚决反对军阀割据叛乱，拥护王权统一，功德赫赫，气节昭然，如《平淮西碑》《银青禄大夫守左散骑常侍致仕上柱国襄阳郡王平阳路公神道碑铭》《曹成王碑》《唐朝散大夫赠司勋员外郎孔君墓志铭》《凤翔陇州节度使李公墓志铭》《清边郡王杨燕奇碑文》《唐故司徒兼侍中中书令赠太尉许国公神道碑铭》等。其次是柳宗元，他的《唐故特进赠开府仪同三司扬州大都督南府君睢阳庙碑》写扬州大都督南霁云在安禄山叛乱中与张巡、许远等将领共守睢阳，牵制叛军的丰功伟绩，《安南都护张公志并序》写安南都护使张舟奉命带兵平定文单一带的叛乱。此外，白居易的《唐故湖州长城县令赠户部侍郎博陵崔府君神道碑铭》歌颂墓主面对军阀叛乱，奋起抗击，忠勇有为，坚决拥护国家统一的种种功绩；《唐赠尚书工部侍郎吴郡张公神道碑铭》《故滁州刺史赠刑部尚书荥阳郑公墓

---

① 罗宗强：《隋唐五代文学思想史》，第 4 页。

志铭》亦此类,对墓主墓主临危不惧,坚决镇压叛逆的军功进行歌颂。元稹的《故中书令赠太尉沂国公墓志铭》写墓主坚决反对拥兵自重、以拥护朝廷为业的忠贞之举。其他如裴度《唐故太尉兼中书令西平郡王赠太师李公神道碑铭》,符载《贺州刺史武府君墓志铭》,崔郾《唐义成军节度郑滑颍等州观察处置等使金紫光禄大夫检校尚书右仆射使持节滑州诸军事兼滑州刺史御史大夫上柱国袭封密国公食邑三千户高公德政碑并序》,元载《朔方河东河西陇右节度使御史大夫赠兵部尚书太子太师清源公王府君神道碑铭》,裴抗《魏博节度使田公神道碑》,令狐楚《大唐故朔方灵盐等军州节度副大使知节度事管内支度营田观察处置押蕃落等使银青光禄大夫检校刑部尚书兼灵州大都督府长史御史大夫安定郡王赠尚书左仆射李公神道碑铭》,庚承宣《魏博节度使田布碑》,牛僧孺《崔相国群家庙碑》《昭义军节度使辛公神道碑》,以及常衮、穆员的诸多碑文,也都充满着这方面的内容描写,通过对墓主反对叛乱、维护王政统一的军功战绩的记叙歌颂,表现文人自身的理想信念。

宣传仁政与民本思想,描写墓主的爱民政治

仁政与民本,可谓孔孟儒学的核心,中唐文人对此有着深刻认识,在碑志文中大力倡扬这一思想。韩愈《衢州徐偃王庙碑》《河南少尹裴君墓志铭》《曹成王碑》《江西观察使韦公墓志铭》《柳子厚墓志铭》等,都以仁政与民本作为衡量墓主士吏贤能与否的标准,对墓主的爱民政治、仁政之举多加抒写,以资显扬。白居易《淮南节度使检校尚书右仆射赵郡李公家庙碑铭并序》写墓主为官汴州时,推行仁政、治理洪灾、惩办豪强奸邪的种种惠民之举。其《唐故虢州刺史赠礼部尚书崔公墓志铭并序》从蠲免苛捐杂税、整饬水利设施、打击地痞流氓、整顿贸易及推行文治教化等诸方面,描写墓主的种种保境安民之举。而元稹《有唐赠太子少保崔公墓志铭》、刘禹锡《高陵令刘君遗爱碑》等通过反对贪官侵占民田的行为,表达对儒学民本思想的肯定。员半千《蜀州青城县令达奚君神道碑》写墓主担任县令时,“下车布政,推诚待物,举义壮忠,贬恶除盗”。李阳冰《龚丘县令庚公德政碑颂并序》写墓主为民兴利,“省刑罚,纾力役,辟土田,宣慈务宽,训俭示德”,可谓“润作时雨,和为春风”。其余如李罕《唐检校右散骑常侍容州刺史李公去思碑并序》,宋申锡《义成军节度郑滑颍等州观察处置等使金紫光禄大夫

检校司徒使持节滑州诸军事兼滑州刺史御史大夫上柱国陇西开国公食邑一千八百户李公德政碑并序》，吴弘简《大唐故朝议朗行慈州长史赐绯鱼袋陇西李府君墓志铭并序》，以及李翱、范传正、吕温、李观等人的碑文，也都充满着这方面的内容，写清官政治，写廉吏之仁，心系苍生，感慨时事，体现出浓厚的平民意识和人道关怀。中唐的碑志文体现着对人类生存命运的关切，特别是对贫寒士吏、普通百姓生活境遇的关怀。不仅关注过去，还关注现在和未来。这种珍视人、关爱人、尊重人，以史为鉴，以人为本的人文情怀和人道思想，都基于作者对孔孟儒学的继承发扬和对现实生活中清官政治的推崇。

提倡尊孔，反对佛老之学

中唐文人在碑志文中，也通过推崇孔子的历史地位与现实作用，以弘扬儒学，推动王政中兴。柳宗元《道州文宣王庙碑》记叙重修文宣王庙（孔庙）工程的经过，并借此对孔子的思想赞扬和阐发，表示对朝廷尊崇儒学的肯定。孔孟儒学和佛老之学是对立的，这在中唐时期表现尤为突出。唐代皇帝之礼佛好道，在唐宪宗时达到高潮，许多士人卿大夫参与其中，而佛老之徒与民争地、扩建庙观的行为，更激起广大百姓的反对，中唐佛老之学的兴盛已经影响到整个社会风气和士人思想，影响到唐代中兴大业的实现和封建大一统政权的稳固。韩愈《河南少尹李公墓志铭》《唐故江南西道观察使中大夫洪州刺史兼御史中丞上柱国赐紫金鱼袋赠左散骑常侍太原王公神道碑铭》就对佛老之徒逃避现实、消极遁世的行为进行指斥，赞赏墓主强令僧道还俗，促使其投身现实，从事生产劳动。而《唐故太学博士李君墓志铭》则通过描写八个士大夫因迷信佛老、梦想长生、吞服丹药而死的可悲结局，揭露佛老虚妄学说对士子生命的危害。柳宗元《唐故朝散大夫永州刺史崔公墓志》《唐故邕州刺史李公墓志铭》也有这方面的描写。当时文人多热衷于为佛观寺庙作碑文，借以宣传佛老思想。不少士人甚至因笃信佛老而逃避现实、消隐于世，由此也引起一些有识之士的反感，他们在碑文中弘扬儒家的人生哲学，反对佛老学说的消极遁世思想。吕温在《唐故金紫光禄大夫检校兵部尚书使持节都督秦州诸军事兼秦州刺史御史大夫充保义军节度陇西经略军等使上柱国彭城郡开国公食邑二千户赠尚书右仆射中山刘公神道碑铭》直接宣称："功业见乎礼义之门，将帅出乎《诗》《书》之府。"符载《尚书比部郎中萧府君墓志铭》赞扬墓主之父萧颖士"以《诗》《书》《礼》《乐》、皇帝王霸之术为己任"。元稹为杜甫作的碑志文《唐故工部员外郎杜君墓系铭》则对杜甫一生好学儒家典籍、以苍生社稷为念的忧国爱民意识作了高度评价,对其文学成就作了由衷赞美。其余如林蕴《睦州刺史二府君神道碑》,郭捐之《唐故中散大夫守卫尉卿上柱国赐紫金鱼袋赠左散骑常侍魏郡柏公(元封)墓志铭》,宇文邈《唐故银青光禄大夫尚书兵部侍郎寿春郡开国公黎公墓志铭并序》,吕温《唐故通议大夫使持节都督潭州诸军事守潭州刺史兼御史中丞充湖南都团练观察处置等使东平吕府君渭墓志铭并序》,及郑宗经《唐故正议大夫试怀州别驾赐紫金鱼袋赠户部尚书渤海高府君墓志铭并序》,也都赞扬墓主以儒家经典为本、好学上进、积极入世、致力于国家建设的奋斗精神,展现作者对孔孟儒学精神的推崇,对佛老出世思想的反对。这种用意在皇甫湜《陶母碑》一文中表达得甚为明白,其云:

> 陶侃母得古正之道,发人伦之本。将示教于天下。谓朴散俗坏。乐溃礼缺。有子不教,不至于道。若失大训。不可登于伟望。乃求师傅。延英茂。终日迫于用。不欲子却客。俄而车盖载止。饩馈并竭。苟失其人,子将不进。计画始成。确然独断。谓发可弃。训不可失。……上恐不足以显恭,下未可谓训子。顾其母激忿填膺。寸晷是学。不迫于至。以超圣人之域。焕乎贤者之业。且礼信仁义。君子之事。妇人何得而知。盖世道大丧,其俗已乱。故妇人贤者。得以行其事。千古之下,厥行独明。当时为人之父,为人之母,睹斯行,闻斯举。得不激厉乎?苟天下皆如陶母之志。则天下皆陶之子也。盖人谓子幼而蒙稚,不致精训。致悖大道。乱人纪,良可惜哉![1]

通过陶侃之母断发劝学的故事,说明学习儒家经典、安邦治国的重要性。作者肯定陶母教育陶侃从小学习儒家之道,指出学习儒家经典是士人成才的必经之路,赞扬陶母"得古正之道,发人伦之本",强调"礼信仁义。君子之事"。文中数次出现"世道大丧,其俗已乱"、"悖大道。乱人纪"的字眼,实际上隐含着对中唐社会佛老盛行、儒学不振、礼崩乐坏、士心离乱的

---

① 　陈尚君:《全唐文补编》,第846—847页。

不良社会风气的批评和担忧,最后感叹"苟天下皆如陶母之志。则天下皆陶之子也",更借古喻今,进一步表达对中唐社会士人弃儒学而习佛道的反对。通篇借陶母教子的故事,提倡学习儒道,借以扭转士心,改变社会风气,振奋士人思想,推动王政改革和建设。

综上所述,中唐碑志文济世热情的高涨与振兴儒学的思潮密不可分。对于复兴儒学,中唐儒士不仅要求恢复因战乱而遭到破坏的纲常秩序和政治格局,而且还希望把这种伦常建立在人的心性本体上,以儒家而不是佛道思想来规范人们的思想情感与价值取向,其儒家"道统"思想即反映了这种努力。这一时期的碑志文创作都和振兴儒学有关,有着强烈的实用主义倾向、淑世情怀和政治精神,正如姚铉《唐文粹·序》所论:"惟韩吏部超卓群流,独高邃古,以二帝三王为根本,以六经四教为宗师,凭凌轥轹,首倡古文。遏横流于昏垫,辟正道于夷坦。于是柳子厚、李元宾、李翱、皇甫湜,又从而和之,则我先圣孔子之道,炳焉悬诸日月,故论者以退之之文可继杨、孟,斯得之矣。至于贾常侍至、李补阙翰、元容州结、独孤常州,及吕衡州温、梁补阙肃、权文公德舆、刘宾客禹锡、白尚书居易、元江夏稹、皆文之雄杰者欤。世谓贞元、元和之间,辞人咳唾,皆成珠玉,岂诬也哉!"①

三、碑志文的古文化与新式散体碑志文的最终确立

有唐一代,碑志文体的改革始终介于骈体、散体之间。这一方面固然缘于时代政治背景和社会生活的触发,另一方面也与文章发展的内部规律密切相关。骈文发端于先秦,形成于魏晋,盛行于南北朝,此后一直延续不衰。自东汉蔡邕起,包括碑志文在内的各类应用文,皆以骈体书写,影响深远。骈文重视对偶、声律、用典和辞采,追求形式的审美,较之于古朴简练的古体散文,其合乎时代审美风潮,无疑是一种进步,这在南朝表现最为突出。延至隋唐,骈文成为当时普遍的文章样式。当时的章、奏、表、启、书多用骈体书写,碑志文更是如此。但时运交替,质文相移,发展到后来,骈文的弊端也随之而生,追求声律对偶的精工和骈四俪六固定句型的使用,特别是用典惟求其繁,雕琢字句,藻饰辞采,追求奢华绮艳,这一切都影响到文章思想内容的表达。华美的形式成为表达思想、反映现实的障碍,使得

---

① [宋]姚铉:《唐文粹·序》,吴文治:《柳宗元资料汇编》,第23页。

文章最终流于虚浮空泛,影响到其实用功能的发挥。自初唐起,王勃、杨炯、陈子昂就反对骈俪文风,提倡内容充实、刚健有为的汉魏"风骨",其碑志文也努力向这方面靠拢。盛唐以后,张说、苏颋等人的碑志文虽不出骈俪体裁,但句式逐渐散化,在思想内容上追求清新刚健、壮丽浩大、昂扬奋发的情感气势,努力使碑志文和时代政治生活结合起来,创造出碑志文领域的盛唐气象。天宝中期以后,元结、李华、萧颖士和继之而起的独孤及、梁肃、柳冕、权德舆等人,或友朋游从,或师生相继,以复古宗经相号召,倡导文体改革,对此有着系统的理论主张和创作实践,在奠定文体革新的理论基础和古文写作实践方面都大大前进一步。这首先表现为对六朝骈俪文风的反对,如独孤及批评当时骈文忽视内容、片面讲究辞藻格律的绮靡文风:"有饰其辞而遗其意者,则润色愈工,其实愈衰。及其大坏也,俪偶章句,使枝对叶比,以八病四声为梏挚,拳拳守之如奉法令。"①其次在内容上以儒家经典为榜样,提出文章要宣扬儒家思想,发挥社会教化作用。如萧颖士说自己:"经术之外,略不婴心。"②崔元翰在《右补阙翰林学士梁君墓志》中说梁肃:"傲遗乎万物,贯极乎六籍,旁罗乎百氏,考太史公之实录,又考老庄道家之言,皆睹其奥而观其妙。立德玩词以为文,其所论载讽咏,法于春秋,协于谟训,大雅之疏达而信,颂之宽静形焉。博约而深厚,优游而广大,其三占之遗。"柳冕更认为"文章本于教化"③。再之在文体改革上,提倡写作古文,用以代替骈文。在碑志文领域,更是反对骈俪浮靡之风,推行散体古文。李华、梁肃、权德舆等人的碑志文都已经变骈俪为散体,其文虽有骈句,但已全然不是骈体风格,有着明显的秦汉文体特征,古朴质实,平易简略,变革精神强烈,特别是元结,为文力求革新,"唐文不待昌黎变之,元结已变之"④。不过,总体而言,这些文体革新的先驱,理论上过分强调儒家的经典,道学气很浓,对文章的艺术性有所忽略,写作实践上还没有完全摆脱骈俪习气,自身才能也不高,导致实践创作收获不大,散体碑文还未完全推行开来,骈俪体在碑志文领域还处于主导性统治地位。但无论如

---

① 〔唐〕独孤及:《检校尚书吏部员外郎赵郡李公中集序》,〔清〕董诰:《全唐文》卷三八八,第3945—3946页。

② 〔唐〕萧颖士:《赠韦司业书》,〔清〕董诰:《全唐文》卷三二三,第3277页。

③ 〔唐〕柳冕:《与徐给事论文书》,〔清〕董诰:《全唐文》卷五二七,第5356页。

④ 〔明〕王文禄:《文脉·杂论》,吴文治:《柳宗元资料汇编》,第252页。

何,这些人的努力,为后来散体古文的繁荣兴旺作了积极开拓和准备。

中唐宝应二年(763),杨绾和贾至都提出废诗赋、去帖经而重义旨的科举改革主张。建中元年(780),朝廷试贤良方正、能直言极谏科策问,制策和对策开始用散体写就,而在此之前的一百五十余年间,于今可见之策问全为骈体。策问文体的由骈到散说明当时文体的改革自下而上,已经涉及到朝廷严肃的科举文风。而散体文也已为朝野共同接受,并开始在文坛广泛流行,有着取代骈体文统治地位的发展趋势。这种发展已经是一种必然现象,散文的兴盛、骈体的衰落,既成事实。这一年知贡举者令狐峘,他现存两篇文章皆以散体写成,其中就有《光禄大夫太子太师上柱国鲁郡开国公颜真卿墓志铭》一文①。自此以后,历年策问,皆散体多而骈体少,与之相应,散体古文发展势头锐不可当,碑志等文体也大举以散体写作。在此基础上,韩愈、柳宗元承前启后,顺应历史潮流和文体发展方向,发动古文运动,提倡“文以明道”,“气盛言宜”,“沉潜乎训义,反复乎句读,砻磨乎事业,而奋发乎文章”②,主张文章的思想内容同现实政治紧密联系,以挽救时弊,使得文章更好为时政服务。在文体观念上,韩柳突破魏晋以来关于文章的文笔之分,其大量使用“古文”、“文章”之类词语,将经书、史传及碑、铭、奏议、论说等一切有韵无韵之文包罗在内,在写作实践中赋予这些应用文体以文学的特质,“二公者,实乃站于纯文学之立场,求取融化后起诗赋纯文学之情趣风神以纳于短篇散文之中,而使短篇散文亦得侵入纯文学之阃域而确占一席之地”③。就碑志文而言,韩柳改革文体,复古创新,突破传统的骈俪体碑文的窠臼,以散文手法写作碑志文,增强其艺术性和现实性,清新优美,寄意厚重,影响深远,使得碑志文向着文学性的审美散文方向发展。其后皇甫湜、李翱、元稹、白居易等创作碑志文,无不受其影响,最终使得散体取代骈体,成为当时碑志文写作的通例,唐代文体革新也取得阶段性的胜利。究其原因,固然在于以韩柳为代表的作家,能顺应社会发展大趋势和文体改革总潮流,但更离不开韩柳自身文采地位的影响。所以古文革新运动取得成功,散体文代替骈文成为碑志书写的通例,可谓势在必行、水到渠成、时机成熟了。当时歌颂宪宗平淮西的碑文,韩愈之文以散

---

①　罗宗强:《隋唐五代文学思想史》,第187—188页。
②　[唐]韩愈:《上兵部李侍郎书》,马其昶:《韩昌黎文集校注》,第142页。
③　钱穆:《杂论唐代古文运动》,香港《新亚学报》1957年第3卷第1期。

体写成,尽管遭受了政治风波,但受到时人赞誉,也最终广为流传,成为千古雄文。而段文昌奉诏也写《平淮西碑》,其文以骈俪体写就,虽也歌功颂德,却最终为世不崇,被历史湮灭。这也说明文坛对于碑文散体、骈体的取舍。

从纯粹骈俪到骈散结合,再到纯粹的文学散文去写作,唐代碑志文发展至中唐韩柳等人之手,可谓集大成。清人刘开《与阮芸台宫保论文书》云:"退之起八代之衰,非尽扫八代而去之也,但取其精而汰其粗,化其腐而出其奇。其实八代之美,退之未尝不备有也。"①以此评论韩愈碑志文的继承创新之功。以韩柳、元白等为代表的碑志作家,身体力行,发起文体改革,最终使得散体碑文创作成为当时碑志文领域的主流,确立了散体碑文在碑志文坛的统治性支配性地位,使得碑志文由传统的礼制性应用文体向着审美性、抒情性文学散文的方向发展,其功不可没。中唐碑志文在思想内容还是文体形态上,都和盛唐张说式颂美铭功体碑文有着较大不同,从恢弘大气、雄健昂扬而走向深沉苍凉、慷慨激愤,从夸饰时事、美化政局走向直面危机,讽喻时世,有着更多的忧患意识,具体而言,散体碑志文成于中唐,其表现如下:

碑志文抒情议论成分的加强

传统碑志文在记叙的基础上,追求于人于事的记功彰美,而迨至中唐,世乱多故,不仅需要诗歌来宣泄浓重的哀思,也需要文章来记录深沉的理性思考,陈述匡时救弊的良方。这一时期的政论文特别发达,如陆贽、戴叔伦、刘长卿、韦应物等善写政论文,其后的韩愈、柳宗元、刘禹锡等也以政论文出名,这都影响到碑志文的写作。文人在记叙的基础上,议论抒情,将浓郁的情感注入碑志创作中,这就强化了作品的抒情特征和艺术魅力,把碑志文提高到真正的文学境地,增强其艺术感染力,使得以颂美铭功为主的传统碑文成为抒发不平之鸣的新型文学散文。李观《项籍碑铭并序》,对项羽不肯过江东自刎而死的结局,大发感慨议论,驳斥其认为天命不可违的愚见,通过正反对比的方法,论证项羽自杀的不值和民心的重要。再如韩愈《柳子厚墓志铭》,叙写柳宗元的人品才学及仕宦经历,其中虽不乏对其

---

① ［清］刘开:《与阮芸台宫保论文书》,吴文治:《柳宗元资料汇编》,第716页。

政绩的赞美,但更多的还是通过柳宗元连续怀才不遇、贬死他乡的坎坷命运,议论抒情,发不平之鸣。而其《殿中少监马君墓志》通篇叙写友谊交情,抒发人生无常、生死轮回、岁月无情的生命感怀之情。柳宗元《亡姊前京兆府参军裴君夫人墓志》则通过对亡姊的回忆,表达其哀悼之情,沉痛苍凉。白居易《唐故通议大夫和州刺史吴郡张公神道碑铭并序》通过墓主正道直行,反而横遭陷害的不幸命运,感慨议论,对腐朽黑暗的封建官场发出愤懑之情,对不公平的社会现实提出深沉的控诉,感慨深沉,情感蕴藉,具有强烈的文学性。

句式上多以散句行文,灵活自由、清新流丽

前朝碑文,多骈散结合,以骈俪句为主。中唐则纯以散句写作碑文,抛弃骈俪之句追求声律对仗的流弊,其记人写事不隶事用典,不藻饰词语,遣词造句长短变化,行止不定,在文辞上更显自由流畅、清新优美。韩愈在《南阳樊绍述墓志铭》中力倡"去陈言",强调"文从字顺",追求"推陈出新"、"含英咀华",其碑志文语言准确、生动、凝练、独创,时而运用或长或短的句式造成一气直下的浑灏气势,时而兼收前人语言和时下词语,熔铸成精警独到、别具一格的新词。这一时期的碑志文既有前朝碑文的遗风,又有时代的特点,如韩愈《平淮西碑》,颂美色彩浓厚,有着盛唐碑志文的流风余韵。但写人记事不作夸饰渲染,一切叙述褒奖都以翔实准确的客观事实为据,其行文语句也突破传统的四六骈俪句,以四字骈句和散句结合,记功彰美,抒写时政,更显厚朴稳重,雅正庄严。柳宗元也力主博采众长而自铸伟词,在写作时"抑之欲其奥,扬之欲其明,疏之欲其通,廉之欲其节,激而发之欲其清,固而存之欲其重"[①],白居易元稹等也强调诗文语言的古朴通俗,反对四六骈俪句的雕琢之风。这一时期的碑志作品多以散句写作,长短不一,灵活多变,易于记人写事,抒情说理,增强碑文的文学性和艺术魅力。颜真卿《唐故开府仪同三司太尉兼侍中河南副元帅都督河南淮南淮西荆南山南东道五节度行营事东都留守上柱国赠太保临淮武穆王李公神道碑铭》写墓主:"公年六岁,尝抚鹿而游,蓟公视而诲之曰:'儿勿更尔。'公振手而起,遂绝不为童戏。未冠,以将门子工于骑射,能读《左氏春秋》,兼该

---

①　[唐]柳宗元:《答韦中立论师道书》,[唐]柳宗元:《柳河东集》卷三二,第304页。

太史公、班固之学。"以散句行文,描写优美生动,可谓这方面的代表。其他如韩愈《河中府法曹张君墓碣铭》《正议大夫尚书左丞孔公墓志铭》《试大理评事王君墓志铭》,以及柳宗元、白居易、元稹、穆员、吕温、欧阳詹、邵说、范传正的诸多碑文,也体现了散句碑志文的清新之美。而韩门弟子李翱、皇甫湜、沈亚之等,在追求碑文语言的散体化方面,更为明显,其作品也都反映了这一特点。

求新求变,写法多样

　　中唐散体碑志文写法多样,求变创新,这和盛唐颂美体骈俪碑文的谨严工整形成鲜明对比,典型如韩愈以文学散文的笔法作碑文,不仅构思方法变化多端,还善于通过比喻、排比、细节描写来丰富文章的形象性和感染力,在无法与有法之间,创立一种与传统碑志文判然有别的新体散文规范和秩序。《河中府法曹张君墓碣铭》开篇云:"有女奴抱婴儿来,致其主夫人之语曰:'妾,张圆之妻刘也。'"《考功员外卢君墓铭》开篇:"愈之宗兄故起居舍人,君以道德文学状一世,其友四人,其一……"这种写法,与先叙墓主姓名籍贯谱系的碑志惯例截然不同,突破常规,直接交待作铭由来,可谓碑志文写作体例的新变。不但如此,韩愈还以传奇小说化笔法写作碑文,细节传神,人物生动,如《国子助教河东薛君墓志铭》写墓主的武艺高强,以射箭夺冠的小说化细节描写,突出其"气高"、"务出于奇"和"不同俗"的性格特征。《试大理评事王君墓志铭》叙写墓主骗婚经过,极形象生动,充满戏剧色彩。此后李翱、孟郊、皇甫湜、樊宗师等人作碑文也步其后尘,求新求变,其余如元稹、白居易、裴度等作碑文,在体例格式、书写顺序上也多有变通,其作品更多呈现出文学散文的文体特征。这一时期的文人,从经世致用角度出发对待文学,而不是重复过去的老路,其"依托着政治图变氛围,贯穿着文学革新精神。……正是因此,透过作为唐代文学史上继开元盛世之后的再度繁荣的表面,元和文学显然以一种最为突出的创变个性显示自身的特质及其与开元文学的差异。"①宋人高似孙《纬略》卷三《古人文章》:"韩愈雄深雅健,柳宗元卓伟精致。(崔)元干用思精致,元结行文古雅,白

---

① 许总:《唐诗史》,江苏教育出版社,1995 年,第 175 页。

居易文章精切。"①指出元和文人作品的不同风格特点。

四、忧患意识的强化与生命情节的张扬

唐朝自建立至玄宗时期，因为国家的空前统一，南北融合，形成大国一体化的思想，一切均有兼容并包的气魄。其国力强盛，对外交流频繁。可谓煌煌大国，万方来贺。而安史之乱后，国内王权衰落，危机四伏，社会矛盾层出不穷，对外交流也受到极大的限制。因而唐代文人的情感也从豪壮放达走向含蓄内敛，唐代文学的反映领域也逐渐缩小。安史之乱后，中唐社会表现在士人群体上的一个最重要的方面就是士风的变化。时人贾至说："四人之业，士最关于风化，近代趋仕，靡然同风。致使禄山一呼，而四海震荡，思明再乱，而十年不复。向使礼让之道弘，仁义之风著，则忠臣孝子比屋可封，逆节不得而萌也，人心不得而摇也。"②一些文人，经历过开元天宝盛世，从盛世走向衰世，多有忧念时事、感怀战乱之心和补救时弊之志，如韩愈、柳宗元、元稹等；更有文人面对战乱，感到理想破灭、盛世不再，以消极的心态对待现实，陷入到对以往生活的回忆中去，在创作上转向落寞低沉，如梁肃、白居易、穆员晚期的一些碑文，都流露出这种思想。陈寅恪论证安史之乱与古文运动时说："古文运动之初起，由于萧颖士、李华、独孤及之倡导与梁肃之发扬。此诸公者，皆身经天宝之离乱，而流寓于南土，其发思古之情，怀拨乱之旨，乃安史变叛刺激之反应也。"③故此时的碑志文从国运民生转向对人类生命个体的关注，充满着忧患时事、感怀人生的思想，对历史轮回、时代变迁有了更多的理性认识，对人的生老病死、命运沉浮也有着深厚的客观思考和现实体认。韩愈《柳子厚墓志铭》感怀柳宗元怀才不遇、英年早逝的一生，对其不幸命运深表同情，也对柳宗元因急躁冒进、参与政治改革、最终贬死他乡的悲惨结局表示惋惜，忧念时局，感怀人事，隐含着对王叔文政治改革的不满，体现着强烈的人性关怀精神。其他如《女挐圹铭》《乳母墓铭》《贞曜先生墓志铭》《河中府法曹张君墓碣铭》《唐故河南府王屋县尉毕君墓志铭》《太原府参军苗君墓志铭》，忧患人生、

---

① 　[清]高似孙：《纬略》卷三《古人文章》，吴文治：《古典文学研究资料汇编·柳宗元卷》，中华书局，1964 年，第 138 页。
② 　[唐]贾至：《议杨绾条奏贡举疏》，[清]董诰：《全唐文》卷三六八，第 3735 页。
③ 　陈寅恪：《元白诗笺证稿》，上海古籍出版社，1978 年，第 145 页。

感怀命运的意识也都比较明显。

中唐文人具有忧患时事、力图振兴的精神,但后来面对变幻莫测的政治纷争和无可挽回的颓败局势,许多文人在出仕入仕的问题上感到困惑,特别是后期政治改革运动此起彼伏,恶劣的朝政之争使文人饱尝颠沛流离、打压贬谪之苦。对个体命运的关注就更为强烈。刘禹锡《唐故宣歙池等州都团练观察处置使宣州刺史兼御史中丞赠左散骑常侍王公神道碑》写正直之士的惨遭陷害:"会宋丞相坐狷直,为飞语所陷,抱不测之罪。大寮进言无益,公率谏官数辈,日晏伏阁上,为不时开便殿。公于旅进中,独感激雪涕居多。由是上怒稍懈,得从轻比。公终以言责为忧,求为虢州刺史。"针对墓主的一生,发出"大凡以智谋而进者,有时而衰;以朴厚而知者,无迹而固"的感慨议论,悲愤怨怒,愤激人生,溢于言表。戴正伦《唐故朝散大夫魏州贵乡县令卢公墓志铭并序》感叹墓主:"蕴宏才而位不列公卿,秉忠节而时遭艰否。闻知者咸为悼心。哀哉!"梁匡尧《唐故朝请朗行抚王府功曹参军平原郡俱府君海墓志铭并序》感叹墓主:"久怀匡辅之诚,不展当权之用,悲矣夫,悬车之岁,寝疾辞官。"郑绅《唐故乡贡进士范阳卢府君墓志》写墓主:"命蹇于时,才颙于连。"都表现着这方面的内容。

这一时期碑志作家还通过抒写前朝历史人物的命运表现世事无常、历史轮回、人生沧桑的感慨,如李观《大夫种铭并序》感叹文种"知吴之可以取,知越之可以强,而不知身之进退存亡,沉吟踟蹰,以至于非辜。哀哉!"对文种贪恋富贵、未能急流勇退的行事方式提出批评。其余如《周苛碑并序》《赵壹碑》《故人墓志》也抒发咏史怀古之幽思,体现出李华行文由人及己、感时伤世、多穷愁抑郁之叹的特色。再如范传正《赠左拾遗翰林学士李公新墓碑》:

骐骥筋力成,意在万里外。历块一蹶,毙于空谷。唯余骏骨,价重千金。大鹏羽翼张,势欲摩穹昊。天风不来,海波不起。塌翅别岛,空留大名。人亦有之,故左拾遗翰林学士李公之谓矣。

公名白,字太白,其先陇西成纪人。绝嗣之家,难求谱牒。公之孙女搜于箧箧中,得公之亡子伯禽手疏十数行,纸坏字缺,不能详备。约而计之,凉武昭王九代孙也。隋末多难,一房被窜于碎叶,流离散落,隐易姓名。故自国朝已来,漏于属籍。神龙初,潜还广汉。因侨为郡人。父客,以逋其邑,遂以客为名。高卧云林,不求禄仕。公之生也,先府君指天枝以复姓,先夫人梦长庚而告祥，名之与字，咸所取象。受五行之刚气，叔夜心高；挺三蜀之雄才，相如文逸。瑰奇宏廓，拔俗无类。少以侠自任，而门多长者车。常欲一鸣惊人，一飞冲天，彼渐陆迁乔，皆不能也。由是慷慨自负，不拘常调，器度宏大，声闻于天。

天宝初，召见于金銮殿，元宗明皇帝降辇步迎，如见园、绮，论当世务，草答蕃书，辩如悬河，笔不停缀。元宗嘉之，以宝床方丈，赐食于前，御手和羹，德音褒美。褐衣恩遇，前无比俦。遂直翰林，专掌密命。将处司言之任，多陪侍从之游。他日，泛白莲池，公不在宴。皇欢既洽，召公作序。时公已被酒于翰苑中，仍命高将军扶以登舟，优宠如是。布衣之遇，前所未闻。公自量疏远之怀，难久于密侍，候间上疏，请还旧山。元宗甚爱其才，或虑乘醉出入省中，不能不言温室树，恐掇后患，惜而遂之。

公以为千钧之弩，一发不中，则当摧撞折牙，而永息机用，安能效碌碌者苏而复上哉！脱屣轩冕，释羁鞿镳，因肆情性，大放于宇宙间。饮酒非嗜其酣乐，取其昏以自豪；作诗非事于文律，取其吟以自适。好神仙非慕其轻举，将以不可求之事求之。其意欲耗壮心，遣余年也。在长安时，秘书监贺知章号公为谪仙人。吟公《乌栖曲》云：“此诗可以哭鬼神矣。”时人又以公及贺监、汝阳王、崔宗之、裴周南等八人为酒中八仙。朝列赋谪仙歌百余首。俄属戎马生郊，远身海上，往来于斗牛之分，优游没身。偶乘扁舟，一日千里；或遇胜境，终年不移。时长江远山，一泉一石，无往而不自得也。晚岁度牛渚矶，至姑熟，悦谢家青山，有终焉之志。盘桓庇居，竟卒于此。其生也，圣朝之高士；其死也，当涂之旅人。

代宗之初，搜罗俊逸，拜公左拾遗。制下于彤庭，礼降于元壤。生不及禄，殁而称官，呜呼命欤！

传正共生唐代，甲子相悬，常于先大夫文字中，见与公有浔阳夜宴诗，则知与公有通家之旧。早于人间得公遗篇逸句，吟咏在口。无何，叨蒙恩奖，廉问宣、池。按图得公之坟墓，在当涂邑。因令禁樵采，备洒扫，访公之子孙，将申慰荐。凡三四年，乃获孙女二人，一为陈云之室，一乃刘劝之妻，皆编户甿也。因召至郡庭相见，与语，衣服村落，形容朴野，而进退闲雅，应对详谛，且祖德如在，儒风宛然。问其所以，则曰：“父伯禽，以贞元八年不禄而卒，有兄一人，出游一十二年，不知所在。父存无官，父殁为民，有兄不相保，为天下之穷人。无桑以自蚕，非不知机杼；无田以自力，非不知稼穑。

况妇人不任,布裙粝食,何所仰给? 俪于农夫,救死而已。久不敢闻于县官,惧辱祖考。乡闾逼迫,忍耻来告。"言讫泪下,余亦对之泫然。因云:"先祖志在青山,遗言宅兆,顷属多故,殡于龙山东麓,地近而非本意。坟高三尺,日益摧圮,力所不及,知如之何。"闻之悯然,将遂其请。因当涂令诸葛纵会计在州,得谕其事。纵亦好事者,学为歌诗,乐闻其语。便道还县,躬相地形,卜新宅于青山之阳,以元和十二年正月二十三日,迁神于此。遂公之志也。西去旧坟六里,南抵驿路三百步。北倚谢公山,即青山也。天宝十二载敕改名焉。因告二女,将改适于士族。皆曰:"夫妻之道命也,亦分也。在孤穷既失身于下俚,仗威力乃求援于他门。生纵偷安,死何面目见大父于地下? 欲败其类,所不忍闻。"余亦嘉之,不夺其志,复井税免徭役而已。今士大夫之葬,必志于墓,有勋庸道德之家,兼树碑于道。余才术贫虚,不能两致。今作新墓铭,辄刊二石,一置于泉扃,一表于道路。亦岘首汉川之义也。庶芳声之不泯焉。文集二十卷,或得之于时之文士,或得之于公之宗族,编缉断简,以行于代。铭曰:

嵩岳降神,是生辅臣。蓬莱谲真,斯为逸人。晋有七贤,唐称八仙。应彼星象,惟公一焉。晦以麹糵,畅于文篇。万象奔走乎笔端,万虑泯灭乎樽前。卧必酒瓮,行惟酒船。吟风咏(咏)月,席地幕天。但贵乎适其所适,不知夫所以然而然。至今尚疑其醉在千日,宁审乎寿终百年。谢家山兮公之墓。异代诗流同此路。旧坟卑庳风雨侵。新宅爽垲松柏林。故乡万里且无嗣,二女从民永于此。猗欤琢石为二碑,一藏幽隧一临歧。岸深谷高变化时,一存一毁名不亏。

行文通过描写李白一生的才华贡献,感怀其"生不及禄,殁而称官"的不幸命运,特别是通过作者找寻李白后裔的叙述,表现历史运转、时代变迁下人的命运沉浮,体现岁月无情、人生无常的感慨,也体现着作者自身怀才不遇、流离漂泊的生命感怀。穆员《河南府洛阳县主簿郑君墓志铭》针对人类社会生老病死的苍凉与无奈,发出深沉的喟叹:"人生盛衰如朝夕,可叹繁华与凋落。高门冠盖者如云,一旦吊宾何寂寞。"元稹《唐故工部员外郎杜君墓系铭》写杜甫诗笔瑰伟,但一生贫寒,死后四十年,灵柩才由其孙护送返乡安葬,通过杜甫一生的经历命运,感慨时事变迁、时光无情、生命短暂,通篇以时代动荡下人的生死丧葬,表现元稹苍凉深邃的生命意识和人性关怀。其他如白居易《唐赠尚书工部侍郎吴郡张公神道碑铭》《唐故溧水

县令太原白府君墓志铭》,欧阳詹《有唐故朝议郎行鄂州司仓参军杨公墓志
铭》《大唐故辅国大将军兼左骁卫将军御史中丞马公墓志铭》,刘常《唐故赠
户部郎中太原王君士林墓志铭并序》,郑肃《大唐殇子郑行者墓志》等,亦如
此。白居易还为自己写了《醉吟先生墓志铭》,超然物外,达观生死,表现面
对衰世,如同面对死亡的恬淡从容、心如止水的心理感受。李翱《唐故福建
等州都团练观察处置等使兼御史中丞赠右散骑常侍独孤公墓志铭》、李观
《故人墓志》,在对人生命运生老病死的认识上,也有着和《醉吟先生墓志
铭》相同的认识。而崔元翰《右补阙翰林学士梁君墓志》则将人生的这种无
奈感受表现得更为明显,其文曰:

　　呜呼! 君之寓于江南,年十六而先府君殁,事祖母以至孝闻。在羁旅
之中,当离乱之际,贞固而未尝忘于道,廉让而未尝亏于义。年十八,赵郡
李遐叔、河南独孤至之始见其文,称其美;由是大名彰于海内,四方之诸侯
洎使者之至郡,更遣招辟而宾礼之。其升于朝,无激讦以直己,无逶迤以曲
从,不争逐以务进,不比周以为党。退则澹然而居于一室,傲遗乎万物,贯
极乎六籍,旁罗乎百氏,考太史公之实录,又考老庄道家之言,皆睹其奥而
观其妙。立德玩词以为文,其所论载讽咏,法于春秋,协于谟训,大雅之疏
达而信,颂之宽静形焉。博约而深厚,优游而广大,其三占之遗。有《文集》
三十卷,为学者之师式。尝著《释氏止观统例》,几乎《易》之系辞矣。前后
五岁,职必更于清显,擢必首于俊造。殁之日,位未及于褒赠之典,然而天
子憭恒悼痛,恩有加焉。假之以寿,则将有器使之寄,柄用之重;是直屈于
短天而无命,非不遇也。挚友博陵崔元翰哀之,乃为铭于墓门,识其邱陇。
铭曰:“懿文德,垂典则。以藻身,又华国。命之短,哀何极。”①

　　在生老病死、社会动乱面前,人无论贵贱,都是命运共同体。中唐文人
生活在动荡不安的岁月,因避乱、仕宦及贬谪等带来的漂泊不定,对乱世文
人怀才不遇有志难酬的处境有着亲身体会,因此其文章主题取向集中在个
体的命运上,注重时代变迁的大背景下人类个体命运的变化,感叹战乱流
离,自伤穷困潦倒,厌倦宦游漂泊。这种丧失了政治理想、浪漫豪气和生命
激情而走向消沉的生活态度使他们不再像盛唐文人那样以生命主体为中

---

　　① ［清］董诰:《全唐文》卷五二三,第 5322—5323 页。

心,以一种主观的态度把握客观世界,而是用一种较客观较现实,同时也是较冷漠的眼光静观世事的沧桑变化和君恩人情的翻云覆雨,同时也开始冷静而理性地内省自我。这样,中唐碑志文的世界就从广阔的社会生活转向个人生活,从宏大的政治叙事转向精细的自我观照,人类的生老病死、离散聚合、宦游流离、怀才不遇、避乱遭贬等都被纳入碑志文的写作中,文人们以敏锐的艺术感受,捕捉动乱年代人们的心理活动和生命意识,深刻展现这一时期士人的社会心态和沉浮命运,因而其作品具有浓郁的人性关怀,人情味浓烈。这一时期,不少碑志作家,如柳宗元、梁肃、李华等,为不少高僧名道写作碑志文,就反映了这一思想倾向。

第二节　柳宗元、刘禹锡、吕温的碑志文

一、柳宗元的碑文

与韩愈相比,柳宗元的人生遭遇更为坎坷。柳宗元深受儒家思想教育,自小就有成就伟业的思想,其《答贡士元公瑾论仕进书》云:"始仆之志学也,甚自尊大,颇慕古之大有为者。"①贞元九年(793)柳宗元考中进士后授集贤殿正字,只有21岁,可谓年少得志。贞元二十一年其参与永贞革新的时候,也只有32岁,但自永贞革新失败后就一蹶不振,被一贬再贬,及至46岁时贫死于柳州。其文章之成就,主要得力于贬斥之时。《全唐文》收录其碑志文71篇,也大多作于这个时候。特定的生活阅历,使得柳宗元对于历史现实有着更深刻的认识和体会,其文章的深度也就由此而来。韩愈在《柳子厚墓志铭》里说柳宗元之文"深博无涯矣",刘禹锡也说其文"雄深雅健,似司马子长"②,柳宗元行文的这一特点在其碑志文创作中多有反映。

柳宗元碑志文的雄深博大,首先表现为对孔孟儒道的传承上。柳宗元为文,和韩愈相同,以传承儒道、挽救时弊为己任,其将尊孔与时代政治结合起来,倡导明道致用,以振兴政治,成就个人理想,实现王朝中兴,所以柳宗元之道有着更为强烈的现实针对性和时代精神,这对其雄深雅健文风的

---

① 〔唐〕柳宗元:《答贡士元公瑾论仕进书》,〔唐〕柳宗元:《柳河东集》卷三二,第308页。
② 〔唐〕刘禹锡:《唐故柳州刺史柳君集》,《刘禹锡集》卷一九,第237页。

形成有着重要影响。在《答韦中立论师道书》一文中,柳宗元说:"文者以明道","不苟为炳炳烺烺,务采色,夸声音而以为能也","本之《书》以求其质,本之《诗》以求其恒,本之《礼》以求其宜,本之《春秋》以求其断,本之《易》以求其动,此吾所以取道之原也"①。在《报崔黯秀才论为文书》中,又云:"圣人之言,期以明道,学者务求诸道而遗其辞。辞之传于世者,必由于书。道假辞而明,辞假书而传,要之,之道而已耳。"②可见柳宗元倡导更注重文章内容上的"明道",而不以辞为工。至于道的具体内涵和功用,柳宗元说:"以辅时及物为道","施于事,及于物"③,自述"学道以来,日思砭针攻熨,卒不能去"④。在《寄许京兆孟容书》中,柳宗元认为士人要"以兴尧舜孔子之道,利安元元为务"⑤。又在《答吴武陵论〈非国语〉书》中说自己"仆之为文久矣,然心少之",不想"以是取名誉",而要"施之事实,以辅时及物为道"⑥。在《报袁君陈秀才避师名书》一文,柳宗元又对学道提出具体要求:"文以行为本,在先诚其中。其外者当先读六经,次《论语》、孟轲书,皆经言;《左氏》《国语》、庄周、屈原之辞,稍采取之;谷梁子、太史公甚峻洁,可以出入;余书俟文成异日讨也。其归在不出孔子,此其古人贤士所懔懔者。求孔子之道,不于异书。秀才志于道,慎勿怪、勿杂、勿务速显。道苟成,则崇然尔,久则蔚然尔。"⑦所以说"明道"是柳宗元文章创作的核心和灵魂。无论是身为朝官,抑或是被贬出朝,柳宗元始终没有放弃文以明道的主张,在《答周君巢书》中,他表明"仕虽未达,无忘生人之患"⑧,可见其提倡孔孟儒道,关键在于拯救时弊,推进王朝建设,实现自己的政治理想。

在《箕子碑》一文中,柳宗元通过抒写箕子的仁政爱民之举,赞扬箕子为黎民利益而"时诎而伸,卒为世模"的高贵品质,碑文开头便云:"凡大人之道有三:一曰正蒙难,二曰法授圣,三曰化及民。殷有仁人曰箕子,实具兹道,以立于世。故孔子述六经之旨,尤殷勤焉。"由此生发,逐层赞扬箕子

①　［唐］柳宗元:《答韦中立论师道书》,［唐］柳宗元:《柳河东集》卷三二,第304页。
②　［唐］柳宗元:《报崔黯秀才论为文书》,［唐］柳宗元:《柳河东集》卷三二,第308页。
③　［唐］柳宗元:《送徐从事北游序》,［唐］柳宗元:《柳河东集》卷二五,第231页。
④　［唐］柳宗元:《报崔黯秀才论为文书》,［唐］柳宗元:《柳河东集》卷三二,第308页。
⑤　［唐］柳宗元:《寄许京兆孟容书》,［唐］柳宗元:《柳河东集》卷三〇,第267页。
⑥　［唐］柳宗元:《答吴武陵论〈非国语〉书》,［唐］柳宗元:《柳河东集》卷三一,第284页。
⑦　［唐］柳宗元:《报袁君陈秀才避师名书》,［唐］柳宗元:《柳河东集》卷三二,第307页。
⑧　［唐］柳宗元:《答周君巢书》,［唐］柳宗元:《柳河东集》卷三一,第290页。

履行"大人之道"的崇高精神和仁义惠民之举,行文条理清晰,纵横古今,从商纣之"大道悖乱"说到箕子到朝鲜后的种种德政,议论说理,具有历史的纵深感和现实针对性,体现出柳宗元"吏为民役"[1]的儒家民本思想。宋人黄震《黄氏日钞》谓:"子厚发明箕子之道,善矣!"[2]林纾亦云:"《箕子》一碑,立意壮阔。……能写出箕子不得已之苦心,作无如何之屈节,方见得是正蒙难,方见得是箕子之明夷,辱于囚奴,实有待也。不惟史眼如炬,而且知圣功深,是一篇醇正坚实,千古不灭之文字。"[3]元和九年柳宗元贬谪永州时作《道州文宣王庙碑》,记叙道州刺史薛伯高重修孔庙的经过,赞扬薛伯高尊孔崇儒、施行文治教化的政绩。碑文写孔庙修成之后:"庙舍峻整,阶序廊大,讲肄之位,师儒之室。立廪以周食,圃畦以毓蔬。权其子母,赢且不竭。由是邑里之秀民,感道怀和,更来门下,咸愿服儒衣冠,由公训程。公摄衣登席,亲释经旨,丕谕本统。父庆其子,长励其幼,化用兴行,人无争讼。"借庙宇的壮美,特别是人们争先恐后、纷至沓来、学习儒家经典的盛况,表现作者本人对儒学思想的推崇。元和十年被贬柳州后,柳宗元又作《柳州文宣王新修庙碑》,其文开头便云:"仲尼之道,与王化远迩。"以崇仰孔子儒学为基调,奠定全文的主题思想,然后逐一道来,强调"学者道尧、舜、孔子,如取诸左右,执经书,引仁义,旋辟唯诺","然后知唐之德大以遐,孔氏之道尊而明",以崇仰孔子儒学思想为中心而行文。在墓碑文中,柳宗元更多借助墓主的文采学问来传扬儒道,彰显儒学于人的文治教化功能。如《亡友故秘书省校书郎独孤君墓碣》赞扬墓主云:"独孤君之道和而纯,其用端而明,内之为孝,外之为仁,默而智,言而信。其穷也不忧,其乐也不淫。读书推孔子之道,必求诸其中。其为文深而厚,尤慕古雅,善赋颂,其要咸归于道。"《先侍御史府君神道表》写墓主柳镇:"先君之道,得《诗》之群,《书》之政,《易》之直方大,《春秋》之惩劝,以植于内而文于外,垂声当时。"《唐故给事中皇太子侍读陆文通先生墓表》写墓主:"盖讲道者二十年,书而志之者又十余年,其事大备,为《春秋集注》十篇、《辩疑》七篇、《微指》二篇。明章大中,发露公器。其道以生人为主,以尧、舜为的。"从墓主的人品德行写到学问著作,这实际上和三不朽的思想一致,体现出柳宗元对孔

---

① 〔唐〕柳宗元:《送薛存义序》,〔唐〕柳宗元:《柳河东集》卷二三,第214页。

② 吴文治:《柳宗元资料汇编》,第163页。

③ 于景祥、李贵银:《中国历代碑志文话》,第684—685页。

孟儒学的传承发扬。

柳宗元是中唐古文大家，与韩愈一道发起文体革新，目的也在于弘扬儒道、整顿士风、改革政治，实现其以文学变革推动王朝中兴的理想。宋人张敦颐云："唐初文章，尚有江左余习。至元和间，始粹然返于正者，韩、柳之力也。"①柳宗元的碑志文以儒道精神衡量士人，不仅注重其学问思想，更注重其具体的个性人格、是非观念、品节操行、政治表现等，注重"道"的实际践行，这就使得其碑志文创作有着明显的文体革新精神。《唐故特进赠开府仪同三司扬州大都督南府君睢阳庙碑》是柳宗元应墓主南霁云之子南承嗣而请写的一篇碑志文，和韩愈《张中丞传后叙》有异曲同工之妙。碑文叙写扬州大都督南霁云在安禄山叛乱中与张巡、许远等将领共守睢阳，牵制叛军的一系列战功，赞扬其坚决维护国家统一、反对藩镇叛乱的政治立场。其中描写南霁云乞救贺兰进明失败，断指明志以及城陷后坚强不屈、慷慨赴死的情形，极为生动传神：

诸侯环顾而莫救，国命阻绝而无归。以有尽之疲人，敌无已之强寇。公乃跃马溃围，驰出万众，抵贺兰进明乞师。进明乃张乐侑食，以好聘待之。公曰："敝邑父子相食，而君辱以燕礼，独何心欤？"乃自啮其指曰："唉此足矣！"遂恸哭而返，即死孤城。首碎秦庭，终懵《无衣》之赋；身离楚野，徒伤带剑之辞。至德二年十月，城陷遇害。

行文通过语言、行动等一系列细节描写，在激烈的环境冲突中，以互相对比映衬的方法，展现人物的性格。语言冷峻但笔锋锐利，寥寥几笔，微言大义，南霁云的忠贞刚烈、勇猛顽强，贺兰进明的自私狭隘、见死不救，尽在笔端。字里行间虽感情内敛，叙写冷静客观，但褒贬分明，鞭笞有力。英雄人物断指明志，以死抗争，悲壮惨烈，义薄云天；奸诈小人的卑鄙无耻、自私自利，都通过平静的叙述予以对比彰显，令人感怀叹惋。章士钊《柳文指要》卷五引陈仁锡语云"此篇似摸（摹）燕许，在柳文中又是一格，而峭郁之意自见"②。

不但如此，柳宗元还借题发挥，由表及里，对当时战况人事作了深入分析，显示出柳宗元作为政治家的远见卓识：

① 吴文治：《柳宗元资料汇编》，第 128 页。
② 章士钊：《柳文指要》，中华书局，1971 年，第 240 页。

於戏！睢阳之事，不唯以能死为勇，善守为功。所以出奇以耻敌，立僵（一作僅）以怒寇，俾其专力于东南，而去备于西北，力专则坚城必陷，备去则天讨可行。是故即城陷之辰，为克敌之日。世徒知力保于江、淮，而不知力靖乎丑虏。论者或未之思欤。①

行文在赞扬南霁云的同时，也赞扬张巡、许远等一批忠贞之士的功绩，写其拥护王权一统，坚决反对叛乱，最终忠勇抗敌、为国捐躯的感人经历，塑造了一批时代性群体英雄的形象，借以彰显儒家忠善之道，振奋士心，垂范社会，整顿中唐吏治风气，推进王政一统及中兴大业的完成。

柳宗元自述"凡为文，以神志为主"②，这个神志可以理解为儒道思想的传扬，其墓碑文着力描写墓主忠贞爱国、清正为民等一系列政绩，实现其"辅时及物"③的政治理想。《故岭南盐铁院李侍御墓志》赞扬墓主在协助朝廷平叛藩镇时，镇守后方，忠于职守，为朝廷提供财政支持，最终取得藩镇战争的胜利："五年间，兵征卒戍，籴行千里，凡进用，唯财赋为难。君以试大理评事佐荆南两税使，督天下诸侯之半，调食饶给，车击舟连。"《唐故兵部郎中杨君墓碣》写墓主为人正直，居官不畏惧权贵，不以权谋私："革正封邑，申明嫡媵，事连权右，斥退勿惮。直声彰闻，仍参选部，以驳群吏。奸臣席势，威福自己。他人求附离而不可得者，公则却之。私以胥史求署，一皆罢遣。曰：'吾不以三尺法为己利害。'"赞扬其仁政爱民之举："孤老抚安，强猾戮死。垦凿硗卤，芟艾榛荒，作爱田，以赡人食。浚决潢污，筑复堤防，为落渠以定水祸。理不半岁，利垂千祀。"从墓主的惩治豪强、整治农耕、兴修水利写起，隐含着对墓主爱民政治的肯定。《唐故朝散大夫永州刺史崔公墓志》写墓主在永州任上，反对神鬼之说的愚弄百姓，其移风易俗，整饬社会风气，仁政利民：

惟是南楚，风浮俗鬼，户为胥徒，家有襃裎。大者虐鳏孤以盗邦赋，驱愚蒙以神讹言。悖于政经，莫有禁御。公于是修整部吏，黜侵凌牟渔者数百人，以付信于下，而征贡用集；擒戮妖师，毁薰蒿淫昏者千余室，以举正群枉，而田间克和。宽以容物，直以率下。邦人方安其理，缙绅犹郁其望。

---

① ［唐］柳宗元：《柳河东集》卷五，第 56 页。
② ［唐］柳宗元：《与杨京兆凭书》，［唐］柳宗元：《柳河东集》卷三〇，第 270 页。
③ ［唐］柳宗元：《答吴武陵论〈非国语〉书》，［唐］柳宗元：《柳河东集》卷二五，第 231 页。

在《先侍御史府君神道表》中,柳宗元赞扬墓主的不畏豪强,誓死抗争、为民请命,反对地方官员滥杀无辜的暴行:"晋之守,故将也,少文而悍,酗嗜杀戮,吏莫敢与之争。先君独抗以理,无辜将死,常以身扞笞箠,拒不受命。守大怒,投几折簮,而无以夺焉。"写其清正执法,抑制奸邪,整顿朝纲:"后数年,登朝为真,会宰相与宪府比周,诬陷正士,以校私仇。有击登闻鼓以闻于上,上命先君总三司以听理,至则平反之。为相者不敢恃威以济欲,为长者不敢怀私以请间,群冤获宥,邪党侧目,封章密献,归命天子,遂莫敢言。"《国子司业阳城遗爱碣》赞扬阳城在国子司业任上教化后学的业绩,写其德行:"守节贞固,患难不能迁其心;怡性坦厚,荣位不足动其神。"《故御史周君碣》抒写监察御史周子谅为国事忠勇直谏的品质。《唐相国房公德铭之阴》写房琯为人刚正不阿、理政干练严明的功德。《安南都护张公志并序》写安南都护使张舟奉命带兵平定文单、环王、乌蛮的叛乱,赞扬其为稳定唐朝西南边陲维护国家统一所作的贡献。《邕州刺史李公志并序》写李位为人宽厚仁惠,57岁时还领兵出征,死后家财仅"赤帛五匹",赞扬其爱国情操和清廉的官风。其他如《唐故尚书户部郎中魏府君墓志》《唐丞相太尉房公德铭》《故处士裴君墓志》等,都表达同样的思想内容,彰显着柳宗元对墓主奉行儒家仁政民本思想,在拥护国家一统、反对藩镇叛乱及历官有方、造福百姓等方面的肯定和赞扬,寄托着柳宗元的政治理想和人格精神。

和韩愈的道统不同的是,柳宗元虽推崇儒学,倡扬孔孟之道,但不排斥佛老,相反,还借写碑志文来宣扬儒道释三教合流的思想,正所谓"韩、柳并称而道不同,韩作《师说》,而柳不肯为师;韩辟佛,而柳谓佛与圣人合"[①]。柳宗元自述"吾自幼好佛,求其道,积三十年"[②],其碑文中有11篇是写给高僧名士的,如《曹溪第六祖赐谥大鉴禅师碑》《南岳弥陀和尚碑》《龙安海禅师碑》《南岳云峰寺和尚碑》《南岳大明寺律和尚碑》等,涉及的有大鉴禅师慧能、南岳弥陀和尚、岳州法剑和尚、龙安海洋禅师等,这些都是柳宗元在遭贬后认识的朋友。苏轼曾说:"子厚南迁,始究佛法;作曹溪、南岳诸碑,绝妙古今。"[③]柳宗元遭贬之后,其境遇坎坷、心情苦闷,在认识龙兴寺主持僧般舟等人之后,为高僧的不辞劳苦、修行终生、普度众生的行为感动,对

---

① [宋]王应麟:《困学纪闻》卷十七,吴文治:《柳宗元资料汇编》,第171页。
② [唐]柳宗元:《送巽上人赴中丞叔父召序》,[唐]柳宗元:《柳河东集》卷二五,第235页。
③ [宋]苏轼:《书柳子厚大鉴禅师碑后》,《柳河东全集》卷六,中国书店,1991年,第64页。

佛教的超脱出世思想也有了深刻体会,并逐渐将其作为自己人生的寄托,为此写下一系列碑文,赞扬高僧以仁爱之心传世救世的品德,体现着柳宗元对佛教的支持以及他为儒释统合所作的努力。如《曹溪第六祖赐谥大鉴禅师碑》《南岳云峰寺和尚碑》,都借高僧的个人魅力展现佛法的神秘浩大,体现了柳宗元对佛法的尊重。在《南岳大明寺律和尚碑》中,柳宗元更借机宣传儒佛二道的统合,其碑文开始便云:"儒以礼立仁义,无之则坏;佛以律持定慧,去之则丧。是故离礼于仁义者,不可与言儒;异律于定慧者,不可与言佛。"在柳宗元看来,崇儒与尊佛并不矛盾,二者互为依存相互统合,都可为封建政治服务。可见柳宗元倡扬"明道",其"道"既本于儒家经典,也有取于佛老之学,这是一种新的儒学观点。不同于六朝的内圣外圣、义均理一,也不同于当时的三教论衡,而是从解除生人之患出发,有所取舍,有所创造,是一种新的儒学思想,达到一个新的高度和深度。可见,比起韩愈《原道》的激进式排斥佛老,柳宗元更为理性和客观。但柳宗元虽好佛,也反对佛老极端思想对人的危害。柳宗元的碑志文多出于人情所需,为僧友所写,行文多写僧人之生平,对佛教教义经旨则不予提及,与王维碑志文中大力弘扬佛法的写法不同。此外,柳宗元在碑志文中,还对佛老之徒的祸乱社会残害生命的行为予以揭露,如《唐故朝散大夫永州刺史崔公墓志》写妖师惑众,败坏社会风俗,以致墓主"擒戮妖师,毁熏蒿淫昏者千余室,以举正群枉,而田间克和"。《唐故邕州刺史李公墓志铭》直言墓主因迷信道术而乱食丹药而死:"尝合汞、流黄、丹砂为紫丹,能入火不动,以为神,服之且十年。然卒以是病,暴下赤黑,数日薨。"借墓主之可悲结局以警戒世人,暴露佛老学说的危害。这也体现柳宗元对待佛老学说的两面性,其好之而又不迷之的深刻理智,可见一斑。

　　韩愈、柳宗元是唐代古文运动的领袖,其文学见解、政治理想接近,特别是韩愈身为一代文宗,以文闻名于世,长柳宗元5岁,两人友情笃厚,这也使得柳宗元为文,在一定程度上受其影响,碑志文尤为如此。韩愈的碑志文好议论抒情,体例格式灵活多变,乃至以散体笔法写作碑志文,柳宗元的某些碑志文也取法韩愈。如《龙安海禅师碑》开头议论佛法的流传:"佛之生也,远中国仅二万里;其没也,距今兹仅二千载。故传道益微,而言禅最病。拘则泥乎物,诞则离乎真,真离而诞益胜。故今之空愚失惑纵傲自我者,皆诬禅以乱其教,冒于嚣昏,放于淫荒。"议论抒情,感慨说理,对不肖之徒的惑乱佛教提出批评。《唐故岭南经略副使御史马君墓志》开头写墓主差人请铭，再写墓主历官时序，而将其名讳家世等则放于文末。《故连州员外司马凌君权厝志》也是以墓主的临终遗言起始行文，突破常规墓志以名讳家世开始的惯例。《潞州兵曹柳君墓志》通篇则以墓主乞铭之辞行文。诸如此类，突破传统碑志的惯例，任意安排行文结构内容，在体例格式上多有创变，都和韩愈碑志文写法相同。最明显的是《故御史周君碣》一改传统碑志文以叙人写事为主的惯例，通篇议论抒情，激昂大义，赞扬墓主不事谄谀、忠贞敢言的品格，隐含着对帝皇昏庸、奸臣当道、忠臣屈死的不满，抒发柳宗元愤懑时事、抑郁不平之情：

> 有唐贞臣汝南周氏，讳某字某。以谏死，葬于某。贞元十二年，柳宗元立碣于其墓左。在天宝年，有以谄谀至相位，贤臣放退。公为御史，抗言以白其事，得死于墀下，史臣书之。公死，而佞者始畏公议。於虖！古之不得其死者众矣。若公之死，志匡王国，气震奸佞，动获其所，斯盖得其死者欤！公之德之才，洽于传闻，卒以不试，而独申其节，犹能奋百代之上，以为世轨者也。第令生于定、哀之间，则孔子不曰“未见刚者”；出于秦、楚之后，则汉祖不曰“安得猛士”。而存不及兴王之用，没不遭圣人之叹，诚立志者之所悼也。故为之铭。铭曰：“忠为美，道是履。谏而死，佞者止。史之志，石以纪，为臣轨兮。”[1]

碑文起始，不叙墓主的生平履历官阶家世，而是简单交待墓主的死因，然后围绕墓主之死大加生发，其纵横古今，感慨时事，议论士风，认为墓主不惧权贵、直言进谏，虽死犹荣：“公之死，志匡王国，气震奸佞，动获其所，斯盖得其死者欤！”赞扬墓主“奋百代之上，以为世轨”的人格精神，为墓主的遭遇鸣不平，深厚悲壮，情感浓郁，读之令人不胜叹惋。

此外，柳宗元为亲属所作《亡姊前京兆府参军裴君夫人墓志》《先侍御史府君神道表》《先太夫人河东县太君归祔志》《亡妻弘农杨氏志》等，因情行文，悲痛呼号，字字血泪，喷涌连绵，主观性情感张扬而直露，写作也颇多取法韩愈。

明人贝琼说：“战国以来，孟轲扬雄氏发挥大道，以左右《六经》。然雄

---

① ［唐］柳宗元：《柳河东集》卷九，第82页。

之去孟轲,其纯已不及矣。降于六朝之浮华,不论也。昌黎韩子倡于唐,而河东柳氏次之。……韩之奇,柳之峻,……各有其体,以成一家之言。"①蒋之翘《读柳集叙说》引廖道南之语曰:"三代之后无文人,六经之后无文法,非文之难也,文载乎道之难也。世之称唐大家者。必曰韩、柳。以今观之,高山大川,雄峙奔泷,虽不见其震亏湮塞,而其秀挺回纡,不可尽藏,韩之文也;巍岩绝湍,峭奇环曲,使人暇眺留睨,而其灵氛怪气,固克笼罩,柳之文也。又如平原旷野,大将指麾,天衡地冲,自有纪律,其韩之变乎? 闲道斜谷,惊飙掣电,不可方物,其柳之变乎?"②茅坤《唐宋八大家文钞·论例》也说:"吞吐骋顿,若千里之驹,而走赤电,鞭疾风,常者山立,怪者霆击,韩愈之文也。巉岩侧岈,若游峻壑削壁,而谷风凄雨四至者,柳宗元之文也。"③又认为柳文"其深醇浑雄或不如昌黎,而其劲悍沉寥,抑亦千年以来旷音也"④,"柳醇正不如韩,而气格雄绝,亦韩所不及。吾尝谓韩文如大将指挥,堂堂正正,而分合变化,不可端倪;柳则偏裨锐师,骁勇突击,囊沙背水,出奇制胜,而刁斗仍自森严。韩如五岳四渎,奠乾坤而涵万类;柳则峨眉天姥,孤峰矗云,飞流喷雪,虽无生物之功,自视宇宙洞天福地。其并称千古,岂虚也哉!"⑤王世贞《读书后》卷三《书柳文后》云:"柳子才秀于韩而气不及,金石之文亦峭丽,与韩相争长。"⑥清人陶元藻《泊鸥山房集》卷十一《与蔡芳三论韩柳文优劣书》也云:"昌黎以善纵见长,河东以能炼取胜。昌黎之博大,故非河东能及;河东之谨严,亦岂昌黎所得为?"⑦可见韩柳的碑志文虽都是在古文运动的背景下写作的,有着诸多共性,但因人生经历、个性思想的差异,两人的文章又有各自的特点。韩愈为文,气势恢宏,行文洋洋洒洒,雄奇瑰伟,纵横捭阖,奔放激荡,奇崛劲健,感情直露,汩汩滔滔,一泻千里,显示出一种雄壮阳刚之美。而柳宗元行文则沉郁凝练,峭拔峻洁,凄清苍凉,具有一种幽美冷峻和诗情骚韵的情调。李涂《文章精义》:"韩如

---

①　[明]贝琼:《清江贝先生文集》卷二八《唐宋六家文衡序》,吴文治:《柳宗元资料汇编》,第207页。

②　吴文治:《柳宗元资料汇编》,第742页。

③　[明]茅坤:《唐宋八大家文钞》,上海古籍出版社,1993年,第15页。

④　于景祥、李贵银:《中国历代碑志文话》,第374页。

⑤　吴文治:《柳宗元资料汇编》,第246页。

⑥　于景祥、李贵银:《中国历代碑志文话》,第391页。

⑦　纪宝成:《清代诗文集汇编》(341),上海古籍出版社,2010年,第141页。

海,柳如泉"①,魏禧《魏叔子日录》卷二《杂说》:"退之如崇山大海,孕育灵怪;子厚如幽岩怪壑,鸟叫猿啼。"②范泰恒《燕川集》卷十二《书柳文》:"昌黎文如名山大川,柳州则幽篁曲涧也。"③都形象说明了韩柳文章风格的不同特点。

柳宗元的碑志文,除弘扬道统之外,还有着更多的愤世嫉俗、针砭时弊、怨刺世事的思想,可谓孤愤,这和韩愈的文风不同。宋人敖陶孙《臞翁诗评》云:"柳子厚如高秋独眺,霁晚孤吹。"④柳宗元孤愤思想的形成和其政治遭遇、仕宦经历及人生命运有关。相比于韩愈、刘禹锡等,柳宗元人生颇多不幸,其耿介刚直,个性突出,为时不容,特别是参与王叔文政改失败,遭贬江湖,加深了柳宗元的孤愤之思,贯穿其生命的始终。柳宗元的碑志文也多借墓主的遭遇,发一己之孤愤,寄托着对时局对人事对人生命运的控诉,讽喻怨刺,抑郁愤懑,意蕴深沉而苍凉。《处士段弘古墓志》写墓主一系列人生失意后,着重写其临死前的遭遇:"途过桂,桂守旧知君,拒不为礼。君愤怒,发病,不肯治,曰:'平生见大人,未尝相下。今穷于此,年加老,接接无所容入也,益困于俗笑,吾安用生为? 埋道旁耳!'居六月,死逆旅中。"通过人物独特的言语行动,刻画其耿直不屈的性格,反映其窘困不幸的命运,从而使一个愤世嫉俗、抑郁而死的士子形象凸显在人们面前,隐含着柳宗元本人对封建社会压抑人才的强烈不满和对时局的无限忧愤。再如《先侍御史府君神道表》在追述其先父的一系列忠告之后,引申至自身的政治遭遇:"呜呼! 宗元不谨先君之教,以陷大祸,幸而缓于死。既不克成先君之宠赠,又无以宁太夫人之饮食,天殛荐酷,名在刑书。不得手开玄堂以奉安祔,罪恶益大,世无所容。尚顾嗣续,不敢即死。支缀气息,以严邦刑。"看似追悔,实则愤懑抑郁,深沉内敛,映射着对时局的怨愤和对命运的抗争,讥讽怨恨,自责自嘲,行文凄清孤愤,读之不胜叹惋。这方面最突出的是《志从父弟宗直殡》:

从父弟宗直,生刚健好气,自字曰正夫。闻人善,立以为己师;闻(人)恶,若己仇;见佞色诏笑者,不忍与坐语。善操觚牍,得师法甚备。融液屈

---

① ［宋］陈骙、李涂:《文则·文章精义》,人民文学出版社,1960 年,第 62 页。
② 纪宝成:《清代诗文集汇编》(92),第 718 页。
③ 纪宝成:《清代诗文集汇编》(337),第 462 页。
④ 吴文治:《柳宗元资料汇编》,第 246 页。

折,奇峭博丽,知之者以为工。作文辞淡泊尚古,谨声律,切事类。撰《汉书》文章为四十卷,歌谣言议,纤悉备具,连累贯统,好文者以为工。读书不废,昼夜以专,故得上气病。胪胀奔逆,每作,害寝食,难俯仰。时少间,又执业以兴,呻痛咏言,杂莫能知。

兄宗元得谤于朝,力能累兄弟为进士。凡业成十一年,年三十三不举。艺益工,病益牢。元和十年,宗元始得召为柳州刺史。七月,南来从予。道加疟寒,数日良已。又从谒雨雷塘神所,还戏灵泉上,洋洋而(也),归卧至旦,呼之无闻,就视,形神离矣。呜呼! 天实折余之形,残余之生,使是子也能无成! 是月二十四日,出殡城西北若干尺,死七日矣。俟吾归与之俱,志其殡。①

行文从墓主的正直耿介的性格说起,写其怀才不遇、累举不中而最终客死柳州的坎坷命运,结尾将墓主的一切不幸,都归结到自身所累,其痛苦孤愤,难以诉说,体现着对封建社会一人不幸、株连全族政策的不满。字里行间,充斥着柳宗元的愤懑苦痛、抑郁不平之气,而一句“俟吾归,与之俱”,更透露出其看破世事、冷寂岁月、达观死亡的生命意识,幽冷凄清,孤高超脱,有着《江雪》的诗境。其余如《唐故万年令裴府君墓碣》《故襄阳丞赵君墓志》《故连州员外司马凌君权厝志》等,写世事沧桑,写时局忧患,写人生窘困,孤愤痛苦之情,溢于言表。

韩愈为人“发言真率,无所畏避”②,其散文多尽性而作,态度鲜明,感情浓烈炽热,表达方式往往是直露的、爆发式的,一泄无余,充满着一种沛然莫之能御的气势,正如柳宗元所论“猖狂恣睢,肆意有所作”③。柳宗元的碑志文同样富于感情,甚至多愤激,但行文往往追求含蓄、深婉、内敛,具有很强的讽喻性和象征暗示色彩。此外,韩愈之文尚奇务新,灵动活泼,不受羁勒,想人之未想,发人之所未发,为柳文所不备。柳文之长在于构思细密,用笔精严,行文构局严密,环环相扣,叙写精当,论证周密。朱熹云:“韩退之议论正,规模阔大,然不如柳子厚较精密。”④高似孙《纬略》卷三《古人

①　[唐]柳宗元:《柳宗元集》卷一二,第117—118页。
②　[五代]刘昫:《旧唐书》卷一六〇,第4195页。
③　[唐]柳宗元:《答韦珩示韩愈相推以文墨事书》,[唐]柳宗元:《柳河东集》卷三二,第307页。
④　吴文治:《柳宗元资料汇编》,第527页。

文章》也说:"韩愈雄深雅健,柳宗元卓伟精致。"①其余如吕本中《童蒙诗训·韩柳文》:"韩退之文浑大广远难窥测;柳子厚文分明见规模次第。"②刘熙载《艺概》:"昌黎之文如水,柳州之文如山,浩乎沛然,旷如奥如。"③都指出韩柳文章不同的风格特点。刘师培《文章源始》更是从地域文化角度分析韩柳文风格的形成原因:"昌黎崛起北陲,易偶为奇,语重句奇,闳中肆外,其魄力之雄,直追秦、汉;虽模拟之习未除,然起衰之功不可没也。习之、持正、可之,咸奉韩文为圭臬,古质浑雄,唐代罕伦。子厚与昌黎齐名,然栖身湘、粤,偶有所作,咸则《庄》《骚》,谓非土地使然与?"④

　　柳宗元一生经历过诸多宦海风波,有着相当的政治敏感性,故行文格外谨慎,其自云:"故吾每为文章,未尝敢以轻心掉之,惧其剽而不留也;未尝敢以怠心易之,惧其弛而不严也;未尝敢以昏气出之,惧其昧没而杂也;未尝敢以矜气作之,惧其偃蹇而骄也。"⑤这就形成其深婉雅致、周密精谨的文风。《亡友故秘书省校书郎独孤君墓碣》从墓主的文采个性说起,以此类推,层层递进,将墓主与颜回的命运作比较,就其怀才不遇、英年早逝发感慨,论证环环相扣,步步深入,行文次序周密,说理深沉:"昔孔子之世,有颜回者,能得于孔子,后之仰其贤者,譬之如日月而莫有议者焉。呜呼!独孤君之明且仁,如遭孔子,是有两颜氏也。今之世有知其然者乎?知之者其信于天下乎?使夫人也夭而不嗣,世之惑者,犹曰尚有天道。嘻乎甚邪!"《故连州员外司马凌君权厝志》中的墓主凌准,一生才华横溢,文韬武略,政绩颇多,特别是"泚泾之乱,以谋画佐元戎,常有大功",然命运坎坷,为奸佞所害,终因参加永贞革新而贬死连州。作为其同僚和好友,柳宗元和凌准因参与政变而同在元和元年被贬,作此碑文时,柳宗元还居于永州贬所,其于凌准的不幸可谓有着切肤之痛,本可借题发挥,感慨议论,讥讽权奸,指斥时政,大鸣不平,但此文凝练含蓄,内敛深沉,看不出作者对于时政的态度,特别是关于墓主参与政变的具体描写,洗练洁净,峭拔精简,构思极为周密:

---

① ［宋］高似孙:《纬略》卷三《古人文章》,吴文治:《柳宗元资料汇编》,第138页。
② ［宋］吕本中:《童蒙诗训·韩柳文》,吴文治:《柳宗元资料汇编》,第79页。
③ 吴文治:《柳宗元资料汇编》,第527页。
④ 吴文治:《柳宗元资料汇编》,第614页。
⑤ ［唐］柳宗元:《答韦中立论师道书》,［唐］柳宗元:《柳河东集》卷三二,第304页。

德宗崩，逑臣议秘三日乃下遗诏，君独抗危词，以语同列王俍，画其不可者十六七，乃以旦日发丧，六师万姓安其分。遂入为尚书郎，仍以文章侍从，由本官参度支，调发出纳，奸吏衰止。以连累出和州，降连州。居母丧，不得归，而二弟继死。不食，哭泣，遂丧其明以没。盖君之行事如此，其报应如此。夫人高氏，在越。孤四人，南仲、殷仲在夫人所，未至。执友河东柳宗元哀君有道。而不明白于天下，离愍逢尤夭其生，且又同过，故哭以为志，其辞哀焉。①

通篇精简深婉，讽喻暗喻，于人于事只叙不议、引而不发，虽不多言，但其实借墓主的遭遇隐含着对时政的不满，也含蓄地表达作者对永贞革新事业的肯定和不悔的决心，愤懑怨怒、抑郁不平之气自在言外。正如范仲淹《述梦诗序》云："刘（禹锡）与柳宗元、吕温诸人，坐王叔文党，贬废不用。览数君子述作，而礼意精密，涉道非浅。"②

再如《故秘书郎姜君墓志》中的墓主姜莺，虽贵为唐玄宗的外孙，一出生就赐六品之官，但此后不被重用，年老中风，"手足奇右，可用，不能就官"，最终客死桂州，命运凄惨。柳宗元在描写墓主不幸命运的同时，感叹："与夫拳拳恐悸，蒙诒负义，得之拘拘，荣不盖愧，以终其身而不能止者，不犹优乎！"字里行间也隐含着自我沦落不遇的身世之感，其深婉含蓄，雅致凝练，尽在笔端。

就语言形式而言，韩柳碑志文虽都以散体书写，但韩愈碑志文语言灵活多变、生动流畅，富有独创性和新鲜感，也深具整齐错落之美，而柳宗元碑志文语句峻洁古奥，多精简之语句，无赘语空泛之笔，其许多篇章更是炼字炼句，惜墨如金，追求奇峭瘦硬、短促有力、峭拔简劲的风格，可谓精悍凝练，斩绝洁净，更显峻洁精工之美。和韩愈相比，柳宗元的碑志文篇幅都不长，一般只有几百字，少数篇目如《道州文宣王庙碑》《唐故特进赠开府仪同三司扬州大都督南府君睢阳庙碑》多也不过千余字。但言简意赅，话短情长，内容极为丰富深刻。在字句上，虽也模拟韩愈，多用奇字，如欧阳修《永州万石亭寄知永州王顾》所云："天于生子厚，禀予独艰哉。……山穷与水

---

① ［唐］柳宗元：《柳河东集》卷十，第98—99页。
② 吴文治：《柳宗元资料汇编》，第30页。

险,下上极沿洄。故其于文章,出语多崔嵬。"①罗大经《鹤林玉露》:"韩柳犹用奇字重字。"林纾《韩柳文研究法》也说柳宗元的部分碑文"制局,乃大奇","造语怪特古郁,制局尤奇","铭词神似昌黎,有是奇事,自有是奇文也。凡事之愈猥琐者,行文须愈庄重,此《史》《汉》之秘诀,韩柳可谓得之矣"②。但柳宗元其文喜用短句,多停顿,节奏急促,语气斩绝,这和韩愈长短兼用的句式不同,故柳宗元之文读之更见简劲刻削、峭拔廉悍之美,如《饶娥碑》:"饶娥,饶人,饶姓娥名,世渔鄱水。娥为室女,渊懿靖专,虽小家,未尝出游。治绤葛,供女事循整,乡闾敬式。娥父醉渔,风卒起,不能舟,遂以溺死。求尸不得。娥闻父死,走哭水上,三日不食,耳鼻流血,气尽伏死。明日尸出,鼋鱼鼍蛟浮死万数,塞川下流。鄱旁小民,悲感怨号,以为神奇。县人乡人,会钱具仪,葬娥鄱水,西横道上。追思不足,相与作石,以诏后世。"再如《小侄女子墓砖记》:"字为雅,氏为柳。生甲申,死已丑。日十二,月在九。是日葬,东岗首。生而惠,命则夭。始也无,今何有?质之微,当速朽。铭兹瓦,期永久。"遣词造句洗练精工,多以短句成文,显得紧凑有力,明快刚劲,颇具古文色彩。宋人黄霖《黄氏日钞》说柳宗元文集:"卷十一志碣诔,皆老作,……皆事覈文古,杰然者也。"③刘熙载《艺概》云:"柳文如奇峰异嶂,层见叠出。"④林纾《韩柳文研究法·韩文研究法》云:"柳州敕峭,每于短句见长技,用字为人人意中所有,用意乃为人人笔下所无。昌黎则长短皆宜。"⑤陈衍《石遗室论文》:"柳之不易及者有数端:出笔遣词,无丝毫俗气,一也;结构成自己面目,二也;天资高,识见颇不犹人,三也;根据具,言人所不敢言,四也;记诵优,用字不从抄撮涂抹来,五也。"⑥都指出柳宗元文章的语言特色。

柳宗元自云:"参之谷梁氏以厉其气,参之《孟》《荀》以畅其支,参之《庄》《老》以肆其端,参之《国语》以博其趣,参之《离骚》以致其幽,参之太史公以著其洁:此吾所以旁推交通,而以为之文也。"⑦其《报袁君陈秀才避师

① 吴文治:《柳宗元资料汇编》,第34页。
② 于景祥、李贵银:《中国历代碑志文话》,第686—687页。
③ 吴文治:《柳宗元资料汇编》,第164页。
④ 吴文治:《柳宗元资料汇编》,第526页。
⑤ [清]林纾:《韩柳文研究法》,吴文治:《柳宗元资料汇编》,第573页。
⑥ [清]陈衍:《石遗室论文》卷四,吴文治:《柳宗元资料汇编》,第556—557页。
⑦ [唐]柳宗元:《答韦中立书》,[唐]柳宗元:《柳河东集》卷三二,第304页。

名书》认为"谷梁子、太史公甚峻洁"①，由此可见柳宗元对"峻洁"文风的推崇。在《答杜温夫书》中，柳宗元进一步解释其文章之"洁"云："吾虽少为文，不能自雕斫，引笔行墨，快意累累，意尽便止，亦何所师法。"②柳宗元也以行文简古峻洁而自负，其《送独孤申叔侍亲往河东序》云："生至于晋，出吾斯文于笔砚之伍，其有评我太简者，慎勿以知文许之。"可见所谓峻洁，除包含内容剪裁的精当及风格洗练简约之外，在语言上要求就是不拖沓，不含糊，无赘语，无泛笔，言约事丰，干脆简劲。就其碑志文创作来看，确实具有这一特点，所以康有为《广义舟双辑》云："自唐后，碑刻罕见俦匹，虽博大变化，不逮完白，而专精之至，亦拔戟成队。此犹史迁之与班固，昌黎之与柳州，一以奇变称能，一以摹古擅绝，亦未易遽为优劣。"③将之与韩愈碑文相提并论，给予高度的评价。再如黄震《黄氏日钞》称赞柳宗元文章"峻洁精奇"④，方孝孺《白鹿子文集序》说柳宗元之文"精奇雄健"⑤，王世贞《读书后》卷三《书柳文后》言其为文"峭拔紧洁"⑥。方苞《方望溪先生全集·集外文补遗》亦云："子厚以洁称太史，非独辞无芜累也。明于义法而所载之事不杂，故其气体为最洁也"，"子厚文笔古隽"⑦。方东树《仪卫轩文集》卷七《答友人书》谓："夫子厚所称太史之洁，乃指行文笔力斩绝处，此最文家精深之诣，非寻常之所领解。"⑧都对柳宗元文风的"峻洁"特色作了肯定。

　　韩愈、柳宗元将史传散文和传奇小说的写法融入碑志文体的写作，以其鲜明的人物形象、强烈的抒情色彩、完整的故事情节及个性化的语言，丰富碑志文的思想内容，使碑志文的创作进入一个新的阶段，其文学价值、审美情感和政教功能都得到很大的提高。柳宗元的碑志文议论丰富，感情淋漓，特别是因个人遭遇，出言多孤愤，讥讽意味强烈，具有鲜明的艺术特色。但总体说来，柳宗元的碑志文成就不如韩愈。身为古文大家，柳宗元所长在于山水游记及寓言，于碑志文则因缺少创变而略输文采，特别是其部分

① ［唐］柳宗元：《报袁君陈秀才避师名书》，［唐］柳宗元：《柳河东集》卷三二，第306页。
② ［唐］柳宗元：《答杜温夫书》，［唐］柳宗元：《柳河东集》卷三二，第310页。
③ 于景祥、李贵银：《中国历代碑志文话》，第710页。
④ 吴文治：《柳宗元资料汇编》，第168页。
⑤ 吴文治：《柳宗元资料汇编》，第214页。
⑥ ［明］王世贞：《读书后》卷三《书柳文后》，吴文治：《柳宗元资料汇编》，第256页。
⑦ 吴文治：《柳宗元资料汇编》，第380页。
⑧ 《晚清四部丛刊》（第五辑），台中文听阁图书有限公司，2011年，第309—310页。

碑文还以古旧僵化的骈俪体书写,这和韩愈纯以散体作碑文灵动多变的状况形成鲜明对比,李涂所云"退之墓志,篇篇不同,盖相题而施设也。子厚墓志,千篇一律"①,指出韩柳碑志文的不同特点。朱熹云:"学柳文也得,但会衰了人文字","柳文亦自高古,但不甚醇正"②,"柳文局促"③,甚至认为"文之最难晓者,无如柳子厚"④。但瑕不掩瑜,身为古文运动的重要领袖,柳宗元和韩愈一起,承前启后,顺应时代文学发展潮流,提出具体的文体改革主张,并付诸实践,创作出一批优秀的碑志散文。其融会先秦两汉散体文和六朝骈文、散体文的长处,学古变古,推陈出新,在文体上"以单行易排偶,由奥趋显,由简入繁,由骈俪相偶之词,易为长短相生之体"⑤,打破骈俪束缚,创作出活泼自由、平顺通畅的新体古文,完成自初唐以来陈子昂、张说、萧颖士、梁肃等人没有完成的任务。柳宗元的碑志文因为"明道"而内容充实,现实针对性强,写人记事生动活泼,气势充沛、感情浓郁,行文流畅自然而文采飞扬,体现出思想性和艺术性和谐统一的特点。这与初唐重形式、轻内容、浮靡纤弱的骈俪体碑志文和中唐萧颖士、独孤及等质木式"宗经""明道"的碑志文相比,是一大进步,可以说,柳宗元在协助韩愈发动古文运动、特别是确立散体碑志文在文坛的统治地位方面,功不可没,正因为韩柳共同的作用,唐代古文运动至此取得阶段性的胜利。正如宋人张敦颐所云:"唐初文章,尚有江左余习。至元和间,始粹然返于正者,韩、柳之力也。"⑥

二、刘禹锡、吕温的碑文

刘禹锡和柳宗元同龄,作为柳宗元的同党和挚友,刘禹锡22岁中进士,23岁登宏辞科,24岁登吏部取士科,29岁入仕,虽少年得志,但也屡遭磨难,因参与永贞革新而多次遭贬,和柳宗元有着相同的性格命运、政治遭遇和人生经历,这对其文章风格的形成有着重要影响。《旧唐书·刘禹锡传》说:"贞元、大和之间,以文学耸动缙绅之伍者,宗元、禹锡而已。其巧丽

---

① [宋]陈骙、李涂:《文则·文章精义》,第71页。
② [宋]黎靖德:《朱子语类》卷一三九《论文上》,吴文治:《柳宗元资料汇编》,第121页。
③ [宋]黎靖德:《朱子语类》卷一三九《论文上》,吴文治:《柳宗元资料汇编》,第122页。
④ [宋]黎靖德:《朱子语类》卷一三九《论文上》,吴文治:《柳宗元资料汇编》,第123页。
⑤ 钱基博:《中国文学史》,第238页。
⑥ 吴文治:《柳宗元资料汇编》,第128页。

渊博，属辞比事，诚一代之宏才。如俾之咏歌帝载，黼藻王言，足以平揖古贤，气吞时辈。"①和韩柳一样，刘禹锡论文也以"道"为先，其《唐故相国李公集纪》云："天以正气付伟人，必饰之使光耀于世。粹和絪缊积于中，铿锵发越形乎文。文之细大视道之行止。故得其位者，文非空言，咸系于吁谟宥密，庸可不纪？"②认为行"道"要"致君及物"，"道不加益，焉用是空文为"③？可见其论道注重实用功能。在《唐故尚书礼部员外郎柳君集纪》中，刘禹锡又具体谈到文学与时政的关系，其云："八音与政通，而文章与时高下。三代之文，至战国而病，涉秦汉复起。汉之文，至列国而病，唐兴复起。夫政庞而土裂，三光五岳之气分，大音不完，故必混一而后大振。"④在入仕前写给权德舆的信中又说："乃今道未施于人，所蓄者志。见志之具，匪文谓何？是用頍頍恳恳于其间，思有所寓。非笃好其章句，泥溺于浮华。时态众尚，病未能也，故拙于用誉。直绳朗鉴，乐所趋也，故锐于求益。"⑤具体谈到道和志的关系。针对骈文"笃好其章句，泥溺于浮华"的弊端，刘禹锡明确提出文章应该"见志之具"，这个"志"就是在"大中之道"指导下"致君及物"，实行政治改革之"志"，后来又一再强调"文章之用"⑥，主张文章要"有为而为之"⑦，为现实政治服务。此外，针对当时古文运动发展过程中的不良倾向，刘禹锡在《答道州薛郎中论书仪书》中说："窃观今之人，于文章无不慕古，甚者或失于野；于书疏独陋古而汩于浮。二者同出于言而背驰，非不能尽如古也，盖为古文者得名声，为今书者无悔吝。"⑧体现出其反对为文因沽名钓誉而一味学古的思想，这都接近于韩柳的文论主张。

　　《全唐文》收录刘禹锡碑志文 13 篇，大多为官宦名士所写，虽不乏应酬之作，如《唐故监察御史赠尚书右仆射王公神道碑》《故朝散大夫检校尚书吏部郎中兼御史中丞赐紫金鱼袋清河县开国男赠太师崔公神道碑》等，但综合而言，刘禹锡的碑文都以实现弘扬"儒道"为中心，其内容丰富，包含广

---

① 　［五代］刘昫：《旧唐书》卷一六〇，第 4215 页。
② 　［唐］刘禹锡：《唐故相国李公集纪》，［唐］刘禹锡：《刘禹锡集》卷一九，第 224 页。
③ 　［唐］刘禹锡：《刘氏集略说》，［唐］刘禹锡：《刘禹锡集》卷二〇，第 251 页。
④ 　［唐］刘禹锡：《刘禹锡集》卷一九，第 236 页。
⑤ 　［唐］刘禹锡：《献权舍人书》，［唐］刘禹锡：《刘禹锡集》卷十，第 121 页。
⑥ 　［唐］刘禹锡：《唐故相国赠司空令狐公集纪》，［唐］刘禹锡：《刘禹锡集》卷一九，第 232 页。
⑦ 　［唐］刘禹锡：《唐故衡州刺史吕君集纪》，［唐］刘禹锡：《刘禹锡集》卷一九，第 235 页。
⑧ 　［唐］刘禹锡：《刘禹锡集》卷十，第 133 页。

阔,善善恶恶、褒贬分明、抑扬有力,是非观念强烈,现实针对性突出,体现出刘禹锡本人的政治理念和作人标准,如《唐故朝议郎守尚书吏部侍郎上柱国赐紫金鱼袋赠司空奚公神道碑》赞美墓主慧眼识才,善于为国举贤:"视其所举,则在西省荐权丞相,由右史掌训辞;在中铨表杨仆射,由地曹郎综吏部。二公后为天下伟人。"写墓主的清正廉洁、于人不落井下石,磊然有君子之风:"时主计臣延龄以险刻贵幸,而与京兆尹相恶,以危事中之,尹坐谴,已又逮系其吏峻绳之。事下司寇,主奏议者欲文致而甘心焉。公侃然持平,挫彼岳岳。君子闻之,善其知道不私。刑曹既清,以余刃兼领选事。"《唐故福建等州都团练观察处置使福州刺史兼御史中丞赠左散骑常侍薛公神道碑》写墓主施政有方:"每发粟溯河北行,涉戎落,以馈缘边诸军及乘障者,虽河塞迥远,必克期如合符,一岁中,省费万计。"其"迁福建都团练观察使。闽有负海之饶,其民悍而俗鬼,居洞砦、家桴筏者,与华言不通。公兼戎索以治之,五州民咸悦"。《唐故邠宁庆等州节度观察处置使朝散大夫检校户部尚书兼御史大夫赐紫金鱼袋赠右仆射史公神道碑》叙写墓主的忠孝为国,歌颂其在镇压军阀叛乱中的一系列军功:"公承君父之命,乃捐其躯,一举而下平原,压沧垒。由是加工部尚书。及王师凯旋,上表愿一识承明庐,诏允之。"《唐故宣歙池等州都团练观察处置使宣州刺史兼御史中丞赠左散骑常侍王公神道碑》写墓主先祖传承儒道的精神:"隋朝诸儒,唯通能明王道,隐居白牛溪,游其门皆天下俊杰,著书行于世。"写墓主本人的忠勇直谏:"公率谏官数辈,日晏伏阁,上为不时开便殿。"评价其为官为人:"率身以俭而素风存,任人以诚而群务举,遇中贵以礼而故态革。内洁其志,下尽其忠,外无以挠其理。"可谓士吏之表率。诸如此类,刘禹锡对墓主的好学上进、忠贞爱国、仁政爱民之举都大力颂扬,显示其为文的政治目的和现实理想。

　　刘禹锡用世之心强烈,其碑志文不虚美时事,对中唐社会的种种弊端不回避,不隐瞒,秉笔直书,在暴露与讽刺的力度上,不逊于韩柳,甚至比柳宗元的曲笔更具力度。《唐故宣歙池等州都团练观察处置使宣州刺史兼御史中丞赠左散骑常侍王公神道碑》在赞美墓主"言外颇含道气"的同时,不忘写帝皇昏庸、正直之士的惨遭陷害:"会宋丞相坐狷直,为飞语所陷,抱不测之罪。……公于旅进中独感激雪涕居多。由是上怒稍懈,得从轻比。公终以言责为忧,求为虢州刺史。"针对墓主的一生,发出"大凡以智谋而进者,有时而衰;以朴厚而知者,无迹而固"的议论,感慨朝堂多变、人心险恶。《高陵令刘君遗爱碑》在描写墓主兴修水利、振兴农耕的仁政之外,又不忘描写当时权奸霸田害民、官吏推诿扯皮的政治现状:"地力既移,地征如初。人或赴诉,泣迎尹马。而上泾之腴皆权幸家,荣势足以破理,诉者复得罪。繇是咋舌不敢言,吞冤含忍,家视孙子。"直刺中唐吏治败坏、百姓受苦的社会风气。通过墓主为民造福,反身遭陷害的不幸遭遇,感慨为官的不易:"吞恨六十年,明府雪之。摘奸犯豪,卒就施为。呜呼! 成功之难也如是。"这实际上是刘禹锡自身的感受,是流露个人怨愤的一种表述。欧阳修《薛简肃公文集序》云:"君子之学,或施之事业,或见于文章,而常患于难兼也。盖遭时之士,功烈显于朝廷,名誉光于竹帛,故其常视文章为末事,而又有不暇与不能者焉。至于失志之人,穷居隐约,苦心危虑而极于静思,与其有所感激发愤,惟无所施于世者,皆一寓之文辞,故曰穷者之言易工也。如唐之刘、柳无称于事业,而姚、宋不见于文。"①指出刘禹锡、柳宗元为文的愤激之源。

　　刘禹锡的碑志文推崇儒学"道统"精神,但不辟佛,这和韩愈不同。刘禹锡的碑文更流露出儒佛一体的思想,这在其《唐故衡岳律大师湘潭唐兴寺俨公碑》《袁州萍乡县杨岐山故广禅师碑》《曹溪六祖大鉴禅师第二碑并序》等碑文中,都有所表现。慧能死后,柳宗元为慧能作碑文,刘禹锡再复作第二碑文,即《曹溪六祖大鉴禅师第二碑(并序)》一文,其铭文曰:"至人之生,无有种类。同人者形,出人者智。蠢蠢南裔,降生杰异。父乾母坤,独肖元气。一言顿悟,不践初地。"刘禹锡在这里试图用儒家的元气说来阐述佛教禅宗的创始人慧能之学说,其要点在于顿悟见性,一念悟时,众生是佛。在《袁州萍乡县杨岐山故广禅师碑》中,刘禹锡更宣扬儒佛一体的育化精神:"然则儒以中道御群生,罕言性命,故世衰而寖息;佛以大悲救诸苦,广启因业,故劫浊而益尊。自白马东来,而人知像教;佛衣始传,而人知心法。"认为儒佛可以互补互用,为封建统治服务,这和柳宗元的思想更为接近。

　　就写法而言,刘禹锡的碑志文,以散体写就,其语言平白、句式长短不一,论说倾向强烈,具有强烈的个性色彩。《钦定四库全书总目》评论刘禹

---

　　①　吴文治:《柳宗元资料汇编》,第34页。

锡说：“盖其人品与柳宗元同。其古文则恣肆博辨，于昌黎、柳州之外，自为轨辙。”①刘禹锡自视甚高，其《祭韩吏部文》云：“子长在笔，予长在论。”②韩愈碑志文虽也多议论，但重在抒情，以发不平之鸣，而刘禹锡之论不仅在于论证时事政治，还在于论证天人关系，辩驳物象事理，具有哲学思辨精神，启人心智。《绝编生墓表》中，墓主本为一寒士，终生好《易》学，刘禹锡行文借儒生之口，对《易》学进行阐释论证，联系到历史风云、天人之变，其设问反诘，层层铺开，就《易》学的博大精深多加辨析，得出“自然之理，不知其然，虽欲强名，措说无地”的结论，文末感叹：“噫！国有太学，学有馆以延颛门。若生者，苦形役志，如是其颛也。茹经于腹，湮灭粪壤，辟水汤汤，不闻其声，摧藏仆邃，与山木同朽，岂地远然耶？彼文甲綷毛、剽筋寿革、岭峤之华实，炎溟之蜃虾，飞苞驿筐，所至而贵，夫岂迩也哉？悦者众故也。”通篇议论行文，可谓就《易》学探究人事物理，体现出强烈的思辨色彩和哲学深度。

《全唐文》收录吕温碑志文 6 篇，吕温和刘禹锡、柳宗元同为朝中好友，也同为王叔文政治革新集团的重要成员，不同的是“二王八司马事件”对二人的影响，吕温因奉使吐蕃而幸免遭贬，但此后不久就英年早逝，可谓志不得行，功不得施。柳宗元《祭吕衡州温文》说吕温“尧、舜之道，至大以简；仲尼之文，至幽以默。千载纷争，或失或得。倬乎吾兄，独取其直”③，刘禹锡《唐故衡州刺史吕君集序》说吕温“始以文学振三川，三川守以为贡士之冠。名声西驰，速如羽檄，长安中诸生咸避其锋。两科连中，芒刃愈出”④，都对吕温其人其文作了较高评价。吕温出身名门，祖父吕延之、父亲吕渭官至节度使和礼部侍郎，外祖父柳识、外祖叔柳浑皆为诗人，有盛名。吕温曾从陆贽学《春秋》，从梁肃学文章，醉心儒学，有志于世。在《送薛大信归临晋序》中，吕温说：“吾闻贤者志其大者。文为道之饰，道为文之本。专其饰则道丧，反其本则文存。且使不存，又何伤矣。”⑤可见其为文重视儒道的阐发，反对形式主义文风，谈史论政，颇具仕进热情。

---

①　［清］纪昀：《钦定四库全书总目》卷一五〇，第 2010 页。

②　［唐］刘禹锡：《祭韩吏部文》，［唐］刘禹锡：《刘禹锡集》卷四〇，第 605 页。

③　［唐］柳宗元：《柳河东集》卷四〇，第 363 页。

④　［唐］刘禹锡：《刘禹锡集》卷一九，第 234 页。

⑤　［清］董诰：《全唐文》卷六二八，第 6334 页。

　　吕温碑文以弘扬儒道精神为主,颇多雄博昂扬之气。《三受降城碑铭》通过追忆名将张仁愿的武功,感叹"今天子诞敷文教,茂育群生,戢兵和亲,北狄右衽。然而《军志》有'受降如敌',大《易》有'安不忘危',崇墉言言,其可弛柝"? 主张"宜镇以元老,授之庙胜,俾述旧职,而恢遗功。外勤抚绥,内谨经略,使其来不敢仰视,去不敢反顾,永詟猛气,无生祸心,耸威驯恩,禽息荒外。安固万代,术何加焉"。再如《唐故金紫光禄大夫检校兵部尚书使持节都督秦州诸军事兼秦州刺史御史大夫充保义军节度陇西经略军等使上柱国彭城郡开国公食邑二千户赠尚书右仆射中山刘公神道碑铭》墓主是中唐名将刘澭,吕温在碑文开头便写道:"武有七德,以先九伐,圣王所以经邦也。战有六器,以先五兵,贤侯所以述职也。然德威并运,仁勇相宣,功业见乎礼义之门,将帅出乎《诗》《书》之府。若有览古成败,与时行藏,道惟忠贞,权利变化,兵机生于尽性,师律本乎修身,饰怒之鈇钺有归,当仁之疆场不让,考诸名实,何代无人。"写墓主文武双全,好学上进:"幼挺奇节,长有雄姿,森武库之锋芒,错文昌之光色,悦《礼》之别,惇《诗》之和,观《易》象之元,得《春秋》之正,申商之法,撮实而除苛,孙吴之书,取权而去诈。行有余力,则遣词比兴,多中于雅音;材之旁通,则骑射剑击,皆穷其妙用。真所谓多能博识,允武允文者也。"随之对其军功政绩展开颂扬:

　　砥砺壮节,激昂雄图。而地狭一同,众才十旅,逼介塞垣之下,崎岖山谷之间。因深为隍,即险增垒,翦蓬伐木,以立营署,凿石垦草,以开屯田。俸禄不入于私家,子弟必从于公役,缣缃之寻尺,咸在军装,金铁之镏铢,尽归兵器,无歌僮舞女之玩,而讲训为娱,绝良鹰异犬之求,而骁果是务。加以推诚待下,爱士如身,视疾临丧,舆厮必至,字孤养老,骨肉何先。遂令千夫一心,积感恩奋,各捐躯而唯恐后死,未见敌而争为前登。公曰:"众知吾深,其可用也。"于是驰使阙下,请牧隍中,出自凶门,入于死地,衽席过兵之处,咽喉制敌之冲,威怀启闭之方,耕战疾徐之节,莫不封章定计,裂素成图。德宗览之,废食兴叹。属戎渠悔祸,朝议许盟,至诚达而允孚,全策知而未用。失机缓寇,虽负于雄心,违命有功,且非其雅志。尔乃慎固封守,掩抑岁时,祢狩蒐苗,以寓军政,拔拒投石,以摅士愤。枥马待骋,夜风起而长鸣,匣剑有灵,秋气来而自动,感物兴慨,可胜言哉。然而十五年间,烽燧无警,数千里内,兵防倚重,志虽不获,赖则有余,篆迹图形,我无愧色。况又敦尚儒学,慕亲贤才,其妻子食淡,而宾膳丰珍,居室安卑,而后馆华峻,风声所及,日月继至。观夫危冠大带,杂于介胄之间,春咏(咏)夏弦,不改胶庠之乐,光名四达,固有由焉。

此碑文写于元和三年(808),时值吕温回朝,任户部员外郎、吏部司封、刑部郎中等职。面对宪宗即位后励精图治、重用贤才的政治格局,面对朝廷改善财政、剿灭藩镇的中兴曙光,吕温行文借对墓主的赞颂,字里行间流露出对人才的渴望,对国家振兴的信心,其富丽壮美,刚健昂扬,雄浑大气,不乏盛唐张说碑志的风范。再如《大唐故纪国大长公主墓志铭》写墓主:"生知信顺,长习《诗》《礼》,士女之行,有闻必践。"《故河中节度使检校司空平章事杜公夫人李氏墓志铭》写墓主:"言契《诗》教,动归礼防。"也体现出吕温推崇儒学、渴望中唐王政中兴的思想。《广陵陈先生墓表》表写乡贤"孝慈仁信,不学不仕",感叹其"行不学之道,据不仕之贵,负不称之名"的君子之风,情感蕴藉,文笔优美生动,也有一定可读性。

第三节　白居易、元稹的碑志文

一、白居易的碑文

白居易、元稹生活于贞元元和年间,都能诗善文。从年龄上说,韩愈生于 768 卒于 824 年,柳宗元生于 773 卒于 819 年,而白居易生于 772 年,卒于 846 年,比韩愈小 4 岁,比柳宗元还大 1 岁。元稹则小白居易 7 岁。当韩柳等发动文体革新时,元白与其同一步调,却又自成一格。《旧唐书·白居易传附论》说:"国初开文馆,高宗礼茂才,……若品调律度,扬榷古今,贤不肖皆赏其文,未如元、白之盛也。昔建安才子,始定霸于曹、刘;永明辞宗,先让功于沈、谢。元和主盟,微之、乐天而已。"[①]宋代谢采伯《密斋日记》也云:"唐之文风,大振于贞元、元和之时,韩柳倡其端,刘白继其轨。"陈寅恪更认为"当时致力古文。而思有所变革者,并不限于昌黎一派。元白二公,亦当日主张复古之健者。不过宗尚稍不同,影响亦因之有别,后来遂淹没不显耳"[②],都说明元白的文学贡献。

① [五代]刘昫:《旧唐书》卷一六六,第 4360 页。
② 陈寅恪:《读莺莺传》,《元白诗笺证稿》,三联书店,2001 年,第 117 页。

　　《全唐文》收录白居易碑志文 25 篇,顾学颉校点《白居易集》收录白居易碑志文 26 篇①。从内容上看,除少数奉诏应制之作,如《唐故会王墓志铭》《大唐故贤妃京兆韦氏墓志铭》等外,大多是写给亲朋好友的墓志和神道碑文等。如写给其外祖母的《唐故坊州郿城县尉陈府君夫人白氏墓志铭》,写给其祖父的《唐故溧水县令太原白府君墓志铭》,写给其堂弟的《唐太原白氏之殇墓志铭》,写给元稹的《唐故武昌军节度处置等使正议大夫检校户部尚书鄂州刺史兼御史大夫赐紫金鱼袋赠尚书右仆射河南元公墓志铭》,写给吴丹的《故饶州刺史吴府君神道碑铭》等,都是主动撰写或因请而作,其行文真情流露,文采飞扬,有着相当的艺术性。

　　白居易有着强烈的经世致用思想,对当时中唐儒学不振、社会混乱的社会现实有着亲身感受,其主张加强文章的政教功能,借以拯救时弊,如《策林》十五《忠敬质文损益》推崇《春秋》之学,认为"忠本于人,人道以善教人,忠之至也",提倡"稍益质而损文,渐尚忠而救僿,斟酌于教,经纬其人。使瞻前而道继三王,顾后而光垂万荣"②。在《晋谥恭世子议》中,又对"尚忠"的具体政治含义进行发挥,旨在阐发君臣大义,发扬《春秋》公羊学的尊王思想③。《与元九书》自云"志在兼济,行在独善,奉而始终之则为道",提倡"文章合为时而著,歌诗合为事而作"④,这都体现出白居易以儒家经典为本、重视文学政教功能的文学观。针对中唐碑志文多阿谀之词的风气,白居易在《策林》六十八《议文章、碑碣、词赋》中,提出鲜明的文体改革主张:"则为文者,必当尚质抑淫,著诚去伪,小疵小弊,荡然无遗矣。则何虑乎皇家之文章,不与三代同风者欤?"⑤可见其反对浮华淫丽、推崇质朴信实的文风,这和韩柳的创作思想十分接近。

　　身处中唐多种社会问题迸发并进一步繁衍的时期,白居易深切感受到安史之乱后藩镇林立、军阀混战、宦官专政对中唐社会政治的重重危害,感受到兵荒马乱、王权不振、世风日下所带来的颠沛之苦,这就造成其对离乱之际士人的名节品行、政治表现的深刻认识和历史体会。白居易的碑志文

----

① ［唐］白居易:《白居易集》,根据宋绍兴刻七十一卷本《白氏长庆集》整理,《白氏长庆集》为白居易生前编订。

② ［唐］白居易:《白居易集》卷六二,第 1302 页。

③ 谢思炜:《白居易集综论》,中国社会科学出版社,1997 年,第 214 页。

④ ［唐］白居易:《与元九书》,［唐］白居易:《白居易集》卷四五,第 962 页。

⑤ ［唐］白居易:《白居易集》卷六五,第 1369 页。

歌颂忠臣烈士、痛斥藩镇叛乱,描写唐王朝在评定战乱中的一系列胜利,体现出强烈的爱国意识和救世情怀,如《唐故湖州长城县令赠户部侍郎博陵崔府君神道碑铭》写墓主忠君爱国,安史之乱时,其不畏强暴、奋起抗击、坚决维护王权一统:"时天宝末,盗起燕蓟,毒流梁宋,屠城杀吏,如火燎原,单父之民,将坠涂炭。公感激奋发,仗顺兴兵,挫败贼徒,保全乡县,拳勇之徒,归之如云。方欲纠合貔虎,驱诛蛇豕,京观群盗,金汤一方。"赞扬墓主在剿灭叛军、捍卫国家利益方面所做的贡献。《淮南节度使检校尚书右仆射赵郡李公家庙碑铭》中,墓主虽为一文士,但忠贞刚烈、铁骨铮铮,对强匪的威逼利诱宁死不屈,决不与之同流合污,体现出崇高的气节:"宪宗嗣统三年,李锜盗据京口,公居无锡。会擢第东归,锜闻公名,署职引用。初询以谋画,结舌不对,次强以章檄,绝笔不书,诱之以厚利不从,迫之以淫刑不动,将戮辱者数四,就幽囚者七旬,诚贯神明,有死无二,言名节者,以为准程。"《唐赠尚书工部侍郎吴郡张公神道碑铭》中,墓主宁愿困居深山,也不为安禄山叛军的高官厚禄所动:"属安禄山陷覆洛京,以伪职淫刑胁劫士庶,公与同官范阳卢巽潜遁于陆浑山,食木实饮泉水者二年,讫不为逆命所污。"《故滁州刺史赠刑部尚书荥阳郑公墓志铭》中,写墓主忠勇有为,遇事果断,其不计个人安危,危急时刻以国家大义为重,措施得力,组织有方,在保境安民、镇压叛逆方面颇有政绩:"时安禄山始乱,传檄郡邑,邑民孙俊、邓犀伽殴市人劫廪藏以应。公时已去秩,因奋呼,率僚吏子弟急击之,杀俊、犀伽,尽歼其党,繇是一邑用宁。"其德高望重,威震一方,可谓不战而屈人之兵,乃至"威惠旧著,比至部,而苍山贼帅李浩与其徒五千来降,繇是三郡底定"。诸如此类,对于墓主在反对叛乱、抗击叛逆、维护王政一统方面的贡献,白居易都予以着重书写,表彰显扬,以示为官为士之表率,体现出忠臣直士"虽天地不求仁于刍狗,而畎浍思委润于沧溟"[①]的使命意识和用世情怀,这种渴望王朝中兴、重振大国之威的使命意识,既是白居易个人理想的体现,又是中唐所有有识之士如韩愈、柳宗元、刘禹锡等祈盼王权重振、盛世再现的时代文化心理的体现。

　　人文精神的实质就是对生命的关怀,对人的生存环境、生存状况的关注。白居易碑志文的人文精神是鲜明的。除弘扬士人名节,表彰墓主在反

---

①　[唐]白居易:《白居易集》卷六二,第1290页。

对藩镇叛乱、维护国家统一一方面的贡献外,其碑志文还弘扬儒家的民本仁政思想,描写清官政治,体现出其强烈的人文精神和民本理念,也反映王朝中兴背景下朝野对良臣贤士的呼唤。《唐赠尚书工部侍郎吴郡张公神道碑铭》写墓主在战乱之年不忘安民政治:"时睢阳当大兵后,野无草,里无人,公抚之,一年襁负至,二年污莱辟,三年衣食足。及解印去,县民相率泣而饯之,君子以为知政。"《唐故虢州刺史赠礼部尚书崔公墓志铭》从多方面书写墓主的为官有方,造福于民:

> 公既至密,密民之冻馁者赈恤之,疾疫者救疗之,骴骼未殡者命葬藏之,男女过时者趣嫁娶之,三月而政立,二年而化行,密人悦之,发于谣咏。换歙州刺史,其政如密。先是歙民畜马牛而生驹犊者,官书其数,吏缘为奸。公既下车,尽焚其籍,孳息贸易,一无所问。先是歙民居山险而输税米者,担负跋涉,勤苦不支。公许其计斛纳缗,贱入贵出,官且获利,人皆忘劳,农人便之,归如流水。……俄改湖州刺史,政如密、歙,加之以聚羡财而代逋租,则人不困,谨茶法以防黠吏,则人不苦,修堤塘以防旱岁,则人不饥,罢氓赖之,如依父母。

再如《淮南节度使检校尚书右仆射赵郡李公家庙碑铭》赞扬墓主治理汴州时"刑赏信惠,合以为用",乃至"抚之五年,人俗归厚,至于捍大患,御大灾,却飞蝗,遏暴水,致岁于丰稔,免人于垫溺"。其离职时万人相送,场面十分感人:"诏下之日,出次于外,军门不击柝,里巷无犬吠,从容五日,按节而东。百姓三军,挈壶浆,捧箪醪,遮道攀饯者,动以万辈,皆呜咽流涕,如婴儿之别慈母焉。"墓主身为朝廷命官,其敢作敢为,尽职尽责,力行爱民之政,最终深得民心,备受爱戴,官民关系如此和乐融洽,可谓臻于至治。郡县治,天下安,白居易为之感叹不已:"盛矣哉!大丈夫生于世也,以忠贞奉乎君,以义利惠乎人,以黻冕贵乎身,以宗庙显乎亲,以孝敬交乎神,宜其荷百禄,辅一德,为有唐之宗臣者欤!"将墓主的嘉德善行上升到士人生存价值和王朝政治需要的高度,予以高度赞扬。自古官吏为政的得体与失宜、高明与低下,直接关系着民生的甘苦与民心向背,关系到国家的长治久安与飘摇动荡,这在中唐以后表现得尤为突出。善为政者,自然因势利导,以权富民,为国解忧。拙于政事者,则以权谋私,渎职慢政,与民争利,祸国殃民。白居易关注百姓的苦难,在碑志文中对墓主种种爱民政治的描写,其实就是对善为政者的称道和肯定,渗透着白居易对中兴背景下士吏为官之道、为政之道的思考,也体现着封建人治社会里民众对于贤吏清官的呼唤和需要。

白居易的碑志文不仅关注百姓的苦难,歌颂清官政治。还揭露中唐官场的种种弊端,对压抑人才、冤屈贤良的社会现状进行讽喻,如《唐故通议大夫和州刺史吴郡张公神道碑铭》写墓主因正直能干而遭陷害:"时李知柔为本道采访使,素不快公之明直,密疏诬奏,以附下为名。遂贬苏州别驾,老幼攀泣而遮道者数百人,信宿方得去。"直言奸佞之姓名,以示对受害者的同情和支持,体现出白居易强烈的爱憎精神和是非观念。

和柳宗元、刘禹锡一样,白居易虽推崇儒家思想,但不辟佛,其碑志文如《苏州重元寺法华院石壁经碑文》《西京兴善寺传法堂碑铭》《唐东都奉国寺禅德大师照公塔铭》《唐抚州景云寺故律大德上宏和尚石塔碑铭》《大唐泗洲开元寺临坛律德徐泗濠三州僧正明远大师塔碑铭》等,或写高僧生平,或写寺院建筑,其中不免宣传佛法,阐发佛教旨意。体现出白居易思想中好佛求隐、独善其身的一面。

较之于韩愈、刘禹锡、柳宗元、元稹等,白居易寿祚最长,其以 75 岁的高龄,先后任职京城与周至、苏杭等多地,历经代宗、德宗、顺宗、宪宗、穆宗、敬宗、文宗、武宗八朝天子,见惯宦海风波,阅历丰富,人生沧桑,对社会生活有着深刻的感受,这在碑志文中也多有反映,其感慨历史时事、人生命运之流转变化,无常有常,尽显平和闲淡、深沉练达之风,如《唐故通议大夫和州刺史吴郡张公神道碑铭》针对墓主的才华命运,白居易感慨抒情:"噫!公生天地间,八十有三年,可谓寿矣! 其间当明皇帝驭天下四十有五年,可谓时矣! 有其才,得其寿,逢其时,然职不过陪臣,秩仅至郡守,凡所贮蓄,郁而不舒,呜呼,其命也夫!"又写道:"其后必有达者。故公之子大理评事諴,以节行闻于时,公之孙户部侍郎平叔以才位光于国。报施之道,信昭昭矣! 不在其身,则在子孙,相去几何哉?"在惋惜墓主一生怀才不遇的同时,又借墓主子孙的官运昌隆、家业荣耀说明人生变化、历史发展的不可逆转性,感慨世事沧桑、富贵轮回。《唐赠尚书工部侍郎吴郡张公神道碑铭》借墓主的因诗成谶,感慨人生命运的不可琢磨:"才如是,命如是,呜呼哀哉!公常自负其才不后于人,自疑其命不偶于世,及将去砀山而反伊川也,顿驾搦管,沈叹久之,因赋《咏怀诗》云:'论成方辩命,赋罢即归田。'竟如是言,终于衡茅之下,君子以为知命。"《唐故溧水县令太原白府君墓志铭》感慨墓主:"才不偶时,道屈于位,而徒劳于州县,竟不致于青云,命矣夫! 哀哉!"《唐扬州仓曹参军王府君墓志铭》写墓主:"才为时生,道为命屈,名虽闻于天子,位不过于陪臣,郁郁然殁而不展其用者,命矣夫!"随之对人生的存在价值、终极意义更发出深沉的思考:"呜呼! 夫懋言行,蓄事业,俾道积于躬者,在人也;践大官,赞元化,俾功加于民者,由命也。有其人,无其命,虽圣与贤,无可奈何。"结尾更进一步感慨天人关系,认为人生处于轮回变化中,社会有着内在的运转规律,其曰:"古人云:'有明德大智者,若不当世,其后必有余庆。'今其将在后嗣乎? 不然,何乃德行、政事、文学之具美,聚乎公之三子乎? 天其或者殆将肥王氏之家,大王氏之门,以甚明报施之道者也。"议论抒情,有着相当的历史纵深感和人生体悟意识。

即使对于死亡这样重大的人生问题,白居易也有着淡定从容、客观理性的认识。在《唐故虢州刺史赠礼部尚书崔公墓志铭》中,其写墓主之死:"公之将终也,遗诫诸子,其书大略云:'吾年六十六,不为无寿;官至三品,不为不达。死生定分,何足过哀?'"体现出对墓主达观生死、洞明世事的人生观的肯定。在自撰的《醉吟先生墓志铭》中,白居易写道:

先生姓白,名居易,字乐天,其先太原人也,秦将武安君起之后。高祖讳志善,尚衣奉御;曾祖讳温,检校都官郎中。王父讳锽,侍御史河南府巩县令。先大父讳季庚,朝奉大夫襄州别驾大理少卿,累赠刑部尚书右仆射;先太夫人陈氏,赠颍川郡太夫人;妻杨氏,弘农郡君;兄幼文,皇浮梁县主簿;弟行简,皇尚书膳部郎中;一女,适监察御史谈宏谟;三侄,长曰味道,卢州巢县丞,次曰景回,淄州司兵参军,次曰晦之,举进士;乐天无子,以侄孙阿新为之后。乐天幼好学,长工文,累进士、拔萃、制策三科,始自校书郎,终以少傅致仕,前后历官二十任,食禄四十年。外以儒行修其身,中以释教治其心,旁以山水风月、歌诗琴酒乐其志。前后著《文集》七十卷,合三千七百二十首,传于家;又著《事类集要》三十部,合一千一百三十门,时人目为《白氏六帖》,行于世。凡平生所慕、所感、所得、所丧、所经、所逼、所通,一事一物已上,布在文集中,开卷而尽可知也,故不备书。大历六年正月二十日,生于郑州新郑县东郭宅,以会昌六年月日,终于东都履道里私第,春秋七十有五。以某年月日葬于华州下邽县临津里北原,祔侍御、仆射二先茔也。启手足之夕,语其妻与侄曰:"吾之幸也,寿过七十,官至二品,有名于世,无益于人,褒优之礼,宜自贬损。我殁,当敛以衣一袭,送以车一乘,无用卤薄葬,无以血食祭,无请太常谥,无建神道碑。但于墓前立一石,刻吾《醉吟先生传》一本可矣。"语讫命笔,自铭其墓云:"乐天乐天,生天地中,七十有五年。其生也浮云然,其死也委蜕然。来何因,去何缘。吾性不动,吾行屡迁。已焉已焉,吾安往而不可,又何足厌恋乎其间?"

体现出超然物外、直面生死的生命意识和价值情怀,这说明白居易对物质世界、人生存在的认识有着朴素的唯物主义哲学思辨精神。最能体现白居易碑志文人生情怀与历史感思的,当属《唐故武昌军节度处置等使正议大夫检校户部尚书鄂州刺史兼御史大夫赐紫金鱼袋赠尚书右仆射河南元公墓志铭》一文。对于元稹复杂的一生,史书如此记载:

元稹,字微之,河南人。后魏昭成皇帝,稹十代祖也。兵部尚书、昌平公岩,六代祖也。曾祖延景,岐州参军。祖悱,南顿丞。父宽,比部郎中、舒王府长史,以稹贵,赠左仆射。稹八岁丧父。其母郑夫人,贤明妇人也,家贫,为稹自授书,教之书学。稹九岁能属文。十五两经擢第。二十四调判入第四等,授秘书省校书郎。二十八应制举才识兼茂、明于体用科,登第者十八人,稹为第一,元和元年四月也。制下,除右拾遗。稹性锋锐,见事风生。既居谏垣,不欲碌碌自滞,事无不言,即日上疏论谏职。又以前时王叔文、王伾以猥亵待诏,蒙幸太子,永贞之际,大挠朝政。是以训导太子宫官,宜选正人。乃献《教本书》。……宪宗览之甚悦。又论西北边事,皆朝政之大者。宪宗召对,问方略。为执政所忌,出为河南县尉。丁母忧,服除,拜监察御史。

四年,奉使东蜀,劾奏故剑南东川节度使严砺违制擅赋,又籍没涂山甫等吏民八十八户田宅一百一十一、奴婢二十七人、草千五百束、钱七千贯。时砺已死,七州刺史皆责罚。稹虽举职,而执政有与砺厚者恶之。使还,令分务东台。浙西观察使韩皋封杖决湖州安吉令孙澥,四日内死。徐州监军使孟升卒,节度使王绍传送升丧柩还京,给券乘驿,仍于邮舍安丧柩。稹并劾奏以法。河南尹房式为不法事,稹欲追摄,擅令停务。既飞表闻奏,罚式一月俸,仍召稹还京。宿敷水驿,内官刘士元后至,争厅。士元怒,排其户,稹袜而走厅后。士元追之,后以箠击稹伤面。执政以稹少年后辈,务作威福,贬为江陵府士曹参军。

稹聪警绝人，年少有才名，与太原白居易友善。工为诗，善状咏风态物色，当时言诗者，称元、白焉。自衣冠士子，至闾阎下俚，悉传讽之，号为"元和体"。既以俊爽不容于朝，流放荆蛮者仅十年。俄而白居易亦贬江州司马，稹量移通州司马。虽通、江悬邈，而二人来往赠答。凡所为诗，有自三十、五十韵乃至百韵者。江南人士，传道讽诵，流闻阙下，里巷相传，为之纸贵。观其流离放逐之意，靡不凄惋。

......

穆宗皇帝在东宫，有妃嫔左右尝诵稹歌诗以为乐曲者，知稹所为，尝称其善，宫中呼为元才子。荆南监军崔潭峻甚礼接稹，不以掾吏遇之，常征其诗什讽诵之。长庆初，潭峻归朝，出稹《连昌宫辞》等百余篇奏御。穆宗大悦，问稹安在。对曰："今为南宫散郎。"即日转祠部郎中、知制诰。朝廷以书命不由相府，甚鄙之。然辞诰所出，夐然与古为侔，遂盛传于代，由是极承恩顾。尝为《长庆宫辞》数十百篇，京师竞相传唱。居无何，召入翰林，为中书舍人、承旨学士。中人以潭峻之故，争与稹交，而知枢密魏弘简尤与稹相善，穆宗愈深知重。河东节度使裴度三上疏，言稹与弘简为刎颈之交，谋乱朝政，言甚激讦。穆宗顾中外人情，乃罢稹内职，授工部侍郎。上恩顾未衰。长庆二年，拜平章事。诏下之日，朝野无不轻笑之。

时王廷凑、朱克融连兵围牛元翼于深州，朝廷俱赦其罪，赐节钺，令罢兵，俱不奉诏。稹以天子非次拔擢，欲有所立以报上。有和王傅于方者，故司空頔之子，干进于稹。言有奇士王昭、王友明二人，尝客于燕、赵间，颇与贼党通熟，可以反间而出元翼。仍自以家财资其行，仍赂兵吏部令史为出告身二十通，以便宜给赐，稹皆然之。有李赏者，知于方之谋，以稹与裴度有隙，乃告度云："于方为稹所使，欲结客王昭等刺度。"度隐而不发。及神策军中尉奏于方之事，乃诏三司使韩皋等讯鞫，而害裴事无验，而前事尽露。遂俱罢稹、度平章事，乃出稹为同州刺史，度守仆射。谏官上疏，言责度太重，稹太轻。上心怜稹，止削长春宫使。

......

太和初，就加检校礼部尚书。三年九月，入为尚书左丞。振举纪纲，出郎官颇乖公议者七人。然以稹素无检操，人情不厌服。会宰相王播仓卒而卒，稹大为路歧，经营相位。四年正月，检校户部尚书，兼鄂州刺史、御史大夫、武昌军节度使。五年七月二十二日暴疾，一日而卒于镇，时年五十三，赠尚书右仆射。有子曰道护，时年三岁。稹仲兄司农少卿积，营护丧事。所著诗赋、诏册、铭诔、论议等杂文一百卷，号曰《元氏长庆集》。又著古今刑政书三百卷，号《类集》，并行于代。

……

稹文友与白居易最善。后进之士，最重庞严，言其文体类己，保荐之。①

——《旧唐书·元稹传》

稹，字微之，河南人。九岁工属文，十五擢明经，书判入等，补校书郎。元和初，对策第一，拜左拾遗。数上书言利害，当路恶之。出为河南尉。后拜监察御史，按狱东川。还次敷水驿，中人仇士良夜至，稹不让邸，仇怒，击稹败面。宰相以稹年少轻威，失宪臣体，贬江陵士曹参军，李绛等论其枉。元和末，召拜膳部员外郎。稹诗变体，往往宫中乐色皆诵之，呼为才子。然缀属虽广，乐府专其警策也。妆为江陵，与监军崔潭峻善。长庆中，崔进其歌诗数十百篇，帝大悦，问今安在，曰："为南宫散郎。"擢祠部郎中、知制诰，俄迁中书舍人、翰林承旨，后拜同中书门下平章事初以瑕衅，举动浮薄，朝野杂笑，未几罢。然素无检，望轻，不为公议所右。除武昌节度使，卒。在越时，辟窦巩。巩工诗，日酬和，故镜湖、秦望之奇益传，时号"兰亭绝唱"。微之与白乐天最密，虽骨肉未至，爱慕之情。可欺金石，千里神交，若合符契，唱和之多，无逾二公者。有《元氏长庆集》一百卷及《小集》十卷，今传。

夫松柏饱风霜，而后胜梁栋之任，人必劳饿空乏，而后无充诎之态。誉早必气锐，气锐则志骄，志骄则敛怨。先达者未足喜，晚成者或可贺。况庆吊相望于门闾，不可测哉。人评元诗，如李龟年说天宝遗事，貌悴而神不伤。况尤物移人，侈俗迁性，足见其举止裴薄丰茸，仍且不容胜己，至登庸成忝，贻笑于多士，其来尚矣。不矜细行，终累大德。岂不闻言行君子之枢机，荣辱之主邪？古人不耻能治而无位，耻有位而不能治也。②

——《唐才子传》卷六"元稹"

而白居易《唐故武昌军节度处置等使正议大夫检校户部尚书鄂州刺史兼御史大夫赐紫金鱼袋赠尚书右仆射河南元公墓志铭》这样写道：

公讳稹，字微之，河南人。六代祖岩，隋兵部尚书，封平昌公。五代祖

---

① ［五代］刘昫：《旧唐书》卷一六六，第4327—4339页。

② ［元］辛文房：《唐才子传》卷六，古典文学出版社，1957年，第94页。

宏,隋北平太守。高祖义端,魏州刺史。曾祖延景,岐州参军。祖讳俳,南顿县丞,赠兵部员外郎。考讳宽,比部郎中、舒王府长史,赠尚书右仆射。妣荥阳郑氏,追封陈留郡太夫人。公即仆射府君第四子,后魏昭成皇帝十五代孙也。

公受天地粹灵,生而岐然,孩而巍然。九岁能属文,十五,明经及第,二十四,调判入四等,署秘省校书,二十八,应制策,入三等,拜左拾遗。即日献《教本书》,数月间,上封事六七,宪宗召对,言及时政,执政者疑忌,出公为河南尉。丁陈留太夫人忧,哀毁过礼,杖不能起。服除之明日,授监察御史。使于蜀,按任敬仲狱,得情。又劾奏东川帅违诏条过籍税,又奏平涂山甫等八十八家冤事,名动三川,三川人慕之,其后多以公姓字名其子。朝廷病东诸侯不奉法,东御史府不治事,命公分台而董之。时有河南尉离局从军职,尹不能止;监察使死,其枢乘传入邮,邮吏不敢诘。内园司械系人逾年,台府不得知。飞龙使匿赵氏亡命奴为养子,主不敢言。浙右帅封杖决安吉令至死,子不敢诉。凡此数十事,或奏、或劾、或移,岁余皆举正之。内外权宠臣无奈何,咸不快意。会河南尹有不如法事,公引故事,奏而摄之甚急。先是不快者,乘其便,相噪喉,坐公专达作威,黜为江陵士曹掾。居四年,徙通州司马。又四年,移虢州长史。

长庆初,穆宗嗣位,旧闻公名,以膳部员外郎征用。既至,转祠部郎中,赐绯鱼袋,知制诰。制诰,王言也,近代相沿,多失于巧俗。自公下笔,俗一变至于雅,三变至于典谟,时谓得人。上嘉之,数召与语,知其有辅弼才,擢授中书舍人,赐紫金鱼袋,翰林学士承旨。寻拜工部侍郎,旋守本官同中书门下平章事。公既得位,方将行己志,答君知。无何,有憸人以飞语构同位,诏下按验,无状。上知其诬,全大体,与同位两罢之,出为同州刺史。始至,急吏缓民,省事节用,岁收羡财千万,以补亡户逋租,其余因弊制事,赡上利下者甚多。二年,改御史大夫、浙东观察使,将去同,同之耆幼鳏独泣恋如别慈父母,遮道不可通,送诏使导呵挥鞭,有见血者,路辟而后得行。先是,明州岁进海物,其淡蚶,非礼之味,尤速坏,课其程日驰,数百里。公至越,未下车,趋奏罢,自越抵京师,邮夫获息肩者万计,道路歌舞之。明年,辨沃瘠,察贫富,均劳逸,以定税籍,越人便之,无流庸,无逋赋。又明年,命吏课七郡人,冬筑陂塘,春贮雨水,夏溉旱苗,农人赖之,(无凶年),无饿殍。在越八载,政成课高。上知之,就加礼部尚书,降玺书慰谕,以示旌宠,又以尚书左丞征还。旋政户部尚书、鄂岳节度使。在鄂三载,其政如越。大和五年七月二十二日,遇暴疾,一日薨于位,春秋五十三。上闻之轸悼,不视朝。赠尚书左仆射,加赙赠焉。前夫人京兆韦氏,懿淑有闻,无禄早世。生一女曰保子,适校书郎韦绚。今夫人河东裴氏,贤明知礼,有辅佐君子之劳,封河东郡君。生三女,曰小迎,未笄;道卫、道扶,龆龀。一子曰道护,三岁。仲兄司农少卿积,侄御史台主簿某等,衔哀襄事,裴夫人、韦氏长女洎诸孤幼等,号护厮婴。以六年七月十二日,附葬于咸阳县奉贤乡洪渎原,从先宅兆也。

公著文一百卷,题为《元氏长庆集》,又集古今刑政之书三百卷,号《类集》,并行于代。公凡为文,无不臻极。尤工诗,在翰林时,穆宗前后索诗数百篇,命左右讽咏,宫中呼为“元才子”。自六宫、两都、八方至南蛮、东夷国,皆写传之。每一章一句出,无胫而走,疾于珠玉。又观其述作编纂之旨,岂止于文章刀笔哉?实有心在于安人活国,致君尧舜,致身伊皋耳。抑天不与耶?将人不幸耶?予尝悲公始以直躬律人,勤而行之,则坎壈而不偶,谪瘴乡凡十年,发斑白而归来;次以权道济世,变而通之,又龃龉而不安,居相位仅三月,席不暖而罢去。通介进退,卒不获心。是以法理之用,止于举一职,不布于庶官;仁义之泽,止于惠一方,不周于四海。故公之心不足也。逢时与不逢时同,得位与不得位同,富贵与浮云同。何者?时行而道未行,身遇而心不遇也!执友居易,独知其心,以泣濡翰,书铭于墓。曰:

呜呼微之!年过知命,不谓之夭。位兼将相,不谓之少。然未康吾民,未尽吾道;在公之心,则为不了。嗟乎哉!道广而俗隘,时矣夫!心长而运短,命矣夫!呜呼微之!已矣夫![①]

此文写于唐文宗大和六年(832),距离元稹之死已经一年有余,时白居易60岁。碑文从元稹的名讳、籍贯、家世祖业写起,志铭结合,内容丰富,历叙其一生的成就功业。白居易和元稹少年好友,朝中同僚,一生情深意笃,交谊久远。白居易《修香山寺记》云:“噫,予早与故元相国微之,定交于生死之间,冥心于因果之际。去年秋,微之将薨,以墓志文见托。”[②]叙写两

---

①　[唐]白居易:《白居易集》卷七〇,第1466—1469页。

②　[唐]白居易:《修香山寺记》,[唐]白居易:《白居易集》卷六八,第1441页。

人友谊的深厚，也交代这篇碑志文的由来。回顾好友一生的不幸遭遇和复杂性格，白居易深感悲痛惋惜，作此文时不免伤情怀旧、百感交集，情思悠远。但细品其文，与《新唐书》《唐才子传》比较，白居易所作墓志铭，叙述客观真实、书写冷静平和，墓主不拔高不溢美，就事论事，言之有据，在情感方面是理性而内敛的，体现出白居易行文质朴厚实、平易蕴藉的典型特点。

元稹少年才俊、文采飞扬，白居易尽管伤痛惋惜，情难自已，但碑志行文叙述有礼有节，平和淡定，于墓主不作溢美阿谀之辞，言之有据，真实可信，如写其"九岁能属文"，"凡为文，无不臻极，尤工诗。……宫中呼为'元才子'"等，都和史传记载一致。《旧唐书·元稹传》："稹八岁丧父，其母郑夫人，贤明妇人也。家贫，为稹自授书，教之书学。稹九岁能属文。"①《元稹集》卷三零《叙诗寄乐天书》亦自述："稹九岁学赋诗，长者往往惊其可教。"②《新唐书·元稹传》载："稹尤长于诗，与居易名相埒，天下传讽，号"元和体"，往往播乐府，穆宗在东宫，妃嫔近习皆诵之，宫中呼元才子。"③由此可见白居易做碑文的严谨信实态度。在描写元稹急躁冒进、好论时政的性格时，又以"数月间上封事六七"、"又劾奏"、"又奏"、"或奏或劾或移，岁余皆举正之。内外权宠臣无奈何，咸不快意"、"奏而摄之甚急"这样的句子表现，精当凝练、准确真切④，可谓微言大义、引而不发。

元稹一生最大的不幸，在于志行不一，从早年的勇斗宦官到晚年为求相位而附逆权宦，大起大落，为时所讥。《新唐书·元稹传》云："稹始言事峭直，欲以立名；中见斥废十年，信道不坚，乃丧所守。附宦贵得宰相，居位才三月罢。晚弥沮丧，加廉节不饰云。"⑤《新唐书·裴度传》："时元稹显结宦官魏弘简求执政。"⑥《旧唐书·裴度传》："时翰林学士元稹，交结内官，求为宰相，与知枢密魏弘简为刎颈之交。"⑦《旧唐书·元稹传》说"知枢密

①　［五代］刘昫：《旧唐书》卷一六六，第4327页。

②　元稹：《叙诗寄乐天书》，［唐］元稹《元稹集》卷三〇，第351页。

③　［宋］欧阳修、宋祁《新唐书》卷一七四，第5228页。

④　《旧唐书·元稹传》："稹性锋锐，见事风生。既居谏垣，不欲碌碌自滞，事无不言。"［五代］刘昫：《旧唐书》卷一六六，第4327页。

⑤　［宋］欧阳修、宋祁《新唐书》卷一七四，第5229页。

⑥　［宋］欧阳修、宋祁《新唐书》卷一七三，第5213页。

⑦　［五代］刘昫：《旧唐书》卷七〇，第4421页。

魏弘简尤与稹相善"①,以致元稹拜相"诏下之日,朝野无不轻笑之"②,但白居易评价元稹,没有简单地以事论事,被民愤和社会舆论误导,而是联系元稹一生的人格理想、才情个性及仕宦经历去看这件事,更显深刻细致,充满理性的思辨色彩。在文章开始,白居易着重书写元稹因热心朝政、直言纳谏而屡遭权宦陷害的坎坷命运,为后文描写元稹性格的转变埋下伏笔。随后书写元稹在出仕同州、越州时的爱民之治,表现元稹的才华和政绩,体现出其苟利国家而不计个人得失的高贵品质。直至文末点明元稹"实有心在于安人活国,致君尧舜,致身伊皋耳"的宏大政治理想和奋斗精神,感叹:"抑天不与耶?将人不幸耶!"进而抒写"悲公始以直躬律人,勤而行之,则坎壈而不偶,……次以权道济世,变而通之,又龃龉而不安,居相位仅三月,席不暖而罢去",其赞颂、怨刺、惋惜、伤感、同情、谅解,感情的苍凉复杂、深婉厚重,溢于言表。也含蓄地解释元稹附逆权宦、谋求相位的复杂社会背景和深层个性心理。

在白居易看来,元稹能从坚决地反对宦官到与之妥协,只是变通权宜之计,和其品行人格无关,目的是为掌握权力,实现"致君尧舜"的政治理想,挽救中唐时弊。行文层层推理,步步为营,逻辑分明,论理透彻,可谓水到渠成,令人信服。一句"又龃龉而不安",微言大义,意蕴无穷,凸显好友元稹在附逆宦官后的痛苦心理。白居易写元稹,不是简单地以政治是非名节表现论断之,而是从人性的高度,凸显人物在现实困境下的复杂性格和矛盾行为,给读者以无限人性的启迪和历史的思考。特别是结尾感叹元稹"通介进退,卒不获心",对其充满坎坷和悲剧色彩的一生,给予深切的理解和同情。白居易在文中写到"执友居易,独知其心",其能如此看待元稹一生的性格变化、命运沉浮,的确可谓知心。其感慨元稹:"时行而道未行,逢时与不逢时同,得位与不得位同,富贵与浮云同。身遇而心不遇也。"这也是在感慨自我,白居易60年的人生积累和生命感悟,至此予以全部阐发和释放,从屈原、李白,到杜甫、元稹及白居易,中国古代的知识分子纵有千般"安人活国,致君尧舜,致身伊皋"的大志,但最终都是"时行而道未行,身遇而心不遇也",以失败告终,所以白居易此论,深婉多情、雄浑博大,慷慨悲

---

① 〔五代〕刘昫:《旧唐书》卷一六六,第4333页。
② 〔五代〕刘昫:《旧唐书》卷一六六,第4334页。

壮,可谓道出封建社会万千士子仁人的心声,其力量和影响是巨大的!

白居易除为元稹作墓志铭外,还有诗歌《哭微之三首》,重在书写自我悲情、伤悼元稹的文采,其云:"八月凉风吹白幕,寝门廊下哭微之。妻孥朋友来相吊,唯道皇天无所知! 文章卓荦生无敌,风骨英灵殁有神。哭送咸阳北原上,可能随例作灰尘! 今在岂有相逢日? 未死应无暂忘时。从此三篇收泪后,终身无复更吟诗。"①在《祭微之文》中又写道:"呜呼微之! 贞元季年,始定交分,行止通塞,靡所不同,金石胶漆,未足为喻,死生契阔者三十载,歌诗唱和者九百章,播于人间,今不复叙。至于爵禄患难之际,瘴疬忧思之间,誓心同归,交感非一,布在文翰,今不重云。……呜呼微之! 始以诗交,终以诗诀,弦笔两绝,其今日乎? 呜呼微之! 三界之间,谁不生死,四海之内,谁无交朋? 然以我尔之身,为终天之别,既往者已矣,未死者如何? 呜呼微之! 六十衰翁,灰心血泪,引酒再奠,抚棺一呼。"②其感情沉痛,大有万念俱灰、痛不欲生、与之俱逝之感。比较而言,还是其为元稹作的《唐故武昌军节度处置等使正议大夫检校户部尚书鄂州刺史兼御史大夫赐紫金鱼袋赠尚书右仆射河南元公墓志铭》更胜一筹,全文共一千五百多字,其广阔丰富,充实深厚,写人记事质朴生动,抒情议论深厚有力,特别是剖析人性细致入微,文辞简练平易,体现出白居易高超的写作技巧。钱基博《中国文学史》说:"白居易文则学《尚书》,学《左传》,学陶潜,铺张排比,而出以坦迤,不为钩棘,掉臂游行,纡徐委备;此亦所以为白氏之文也。"③可谓确评。

二、元稹的碑文

《全唐文》录元稹碑志文13篇。就其思想内容而言,和韩柳刘白之作一致,都倡扬儒学拥护王道,体现出强烈的济时用世精神,在文体形态上体现出明显的散体特征,如《唐故越州刺史兼御史中丞浙江东道观察等使赠左散骑常侍河东薛公神道碑文铭》借墓主的遭遇揭露藩镇割据的危害,斥责中唐宦官专政奸佞当道的时弊:"时贞元中,宠重方镇,方镇喜自用,不用

---

① 〔唐〕白居易:《哭微之三首》,〔唐〕白居易:《白居易集》卷二七、外集卷上,第622页、第1524页。

② 〔唐〕白居易:《祭微之文》,〔唐〕白居易:《白居易集》卷六九,第1456页。

③ 钱基博:《中国文学史》,第381页。

朝廷法。公在郡用朝廷法，不用冕所自用者，冕恶之。先是宦者薛盈珍潜马总为泉州别驾，冕谕公陷总，总无罪，公不忍陷，冕怒，并囚之。值冕病，俱得脱，公由总以义闻。"文中对奸佞小人直言其名，忠奸对比、扬善惩恶，元稹的政治勇气可见一斑。《故中书令赠太尉沂国公墓志铭》写墓主不为权力所动，大义凛然，以拥护王道一统、反对藩镇自立为己任，其面对属下的拥戴，头脑清醒，坚决维护王权："魏帅季安卒，子怀谏始十余岁，恶辈树之，不累月，魏法大坏。一旦万众相叫噪，皆曰'田中丞当为帅'，公曰：'叱叱止止。'众曰：'何谓也？'公曰：'尔辈牵制孺子犹一累，吾焉能受？尔辈即欲受吾使，用我乎？'皆曰：'诺。'公曰：'孺子之家敢有辱者死，擅杀人者死，掠财者死，天子未命敢有言吾麾节者死，讫吾世敢有不从吾忠孝者死，汝辈可乎？'皆曰'可。'"歌颂墓主的正道直行、忠贞爱国之举，对墓主的不拥兵自重、不割据一方的品行进行高度赞誉。《有唐赠太子少保崔公墓志铭》写墓主秉公执法，对贪赃枉法、鱼肉乡里的贪官污吏、土豪劣绅坚决惩处，"主转运留务于江陵"时，"乃取一大吏，劾其赃，其余渺小不法者牒按之，所莅皆震竦"。写其任职湖南，"使兼御史中丞潭州刺史，破坏豪黠，除去冗费。岁中，廪藏皆羡溢"，赞扬墓主敢作敢为、抑制豪强、惠利国家、造福于民的一系列政绩。

元稹作碑文，在崇扬儒道、叙写士人名节品行的同时，也思绪飞扬，流露出浓厚的主观感情，个性化色彩浓厚。如《唐故越州刺史兼御史中丞浙江东道观察等使赠左散骑常侍河东薛公神道碑文铭》写墓主施行仁政、为民谋利而备受百姓爱戴的事迹，特别是其清正廉洁，不聚私财："公始以隐者心为吏，不尚约束，不求名誉，人人便安，尤恶苛杂。为郡时，有善归之所部县；为镇时，有善归之所部郡。是以在郡、在镇时，无灼灼可惊者，既去人思。……性诚厚温重，然而欢爱亲戚，及为大官，远近多归之，衣食婚嫁之外无余财。一旦尽所有分遗亲戚曰：'吾病矣，尔辈各为归去资。'"行文中贯穿着元稹个人的生命感思和理政观念，写墓主之死则更为动情："公为河南令，余以御史理东台，自是熟公之所为，又尝与公季弟放为南北曹侍郎，公殁矣，非我传信，孰当传焉？"在铺叙交情友谊的同时，对于墓主的凶信，通过"非我传信，孰当传焉"的反诘，更显元稹当仁不让、舍我其谁的交友之道和人生情怀。《唐故使持节万州诸军事万州刺史赐绯鱼袋刘君墓志铭》则直言："君所善元稹为宰相，朝谓君曰：'君将展矣。'亟荐之，稹竟不能用。"借叙写墓主而转向自我,为自己的官运不畅鸣不平。结尾针对墓主的怀才不遇更是感叹:"予为监察御史时,始与君更相许与为将相,予果为相,而不能毫发加于君,非命也,予罪也。抑不能专善善恶恶之柄耶? 不然,何二世死忠之家,既生如是之杰,而卒不能成就之? 呜呼!"由人及己,慨叹官场风云,人生苍凉,个性化抒情色彩鲜明。《唐故中大夫赠工部尚书李公墓志铭》中写墓主"始校秘书时,与同省郎白居易、元稹定死生分",至其死,"稹与白哭泣不自胜。且相谓曰:'构直常自言,在江陵时无衣食,赖伯兄造焦劳营,为纵两弟游学。不数年,与仲兄逊举进士,并世为公卿,而伯兄先构直没。今构直复不以疾闻于许,一旦发其丧,其兄何如哉!'"通过元白对于墓主丧事的商量,凸显友谊的可贵。如此在碑志文中,大段穿插自我的经历,感慨抒情,议论深沉,可谓元稹碑志文的特色,体现出其行文注重个体感受的一面。再如其为亲属写的《唐故朝议郎侍御史内供奉盐铁转运河阴留后河南元君墓志铭》《夏阳县令陆翰妻河南元氏墓志铭》,开头用大段的篇幅夸耀其祖业门第,如此写法在中唐碑志文中不多见,但由此可以推究元稹复杂的心理。唐代尽管科举取士,大力选拔寒门才子,但士族观念仍很流行,士人的政治前途在一定程度上还受其门第出身、祖业勋爵的影响,"苟士大夫之仕宦不得为清望官,婚姻苟不结高门第,则其政治地位,社会阶级,即因之而低降沦落。……可知当时人品地位,实以仕宦婚姻二事为评定之标准。唐代政治社会虽不同于前代,但终不免受此种风气之影响。故婚仕之际,仍为士大夫一生成败得失之所关也。"①元稹在碑文中铺陈排比其祖功家世,由此可见其强烈的功名之心和仕进情怀,这从其个人婚配中也可以看出。陈寅恪先生在《元白诗笺证稿》中说:"微之年十五以明经擢第,而其后复举制科者,乃改正其由明经出身之途径,正如其弃寒族之双文,而婚高门之韦氏。于仕于婚,皆不惮改辙,以增高其政治社会之地位者也。"②其论甚当,不赘。

《新唐书·元稹传》说元稹知制诰时"变诏书体,务纯厚明切,盛传一时"③,这主要是针对元稹制诰文的贡献而言。实际上,在碑志文方面,元稹亦多加改革,不仅行文内容上明白晓畅,通达事理,不假虚饰,颇具古文

---

① 陈寅恪:《元白诗笺证稿》第四章《艳诗及悼亡诗》,三联书店,2001年,第86—87页。
② 陈寅恪:《元白诗笺证稿》第四章《艳诗及悼亡诗》,三联书店,2001年,第88页。
③ [宋]欧阳修、宋祁:《新唐书》卷一七四,第5228页。

气息,可谓"文章言语,与三代同风"①,而且结构体例上也多有变通,如《唐故开府仪同三司检校兵部尚书兼左骁卫上将军充大内皇城留守御史大夫上柱国南阳郡王赠某官碑文铭》通篇以墓主之子的哭诉为文,记叙墓主南阳王一生的才华功绩及死后的凄凉贫窘。《唐故使持节万州诸军事万州刺史赐绯鱼袋刘君墓志铭》不叙墓主家世,以"哭泣受妻子宾友吊,又哭泣退叙事"为开始交待志文的由来,然后逐层展开叙述墓主一生的贫寒,体例安排都颇似韩愈《襄阳卢丞墓志铭》《唐河中府法曹张君墓碣铭》等文。这方面表现突出的是为杜甫作的《唐故工部员外郎杜君墓系铭》:

予读诗至杜子美,而知古人之才有所总萃焉。始尧舜时,君臣以赓歌相和,是后诗人继作,历夏殷周千余年,仲尼缉拾选练,取其干预教化之尤者三百篇,其余无闻焉。骚人作而怨愤之态繁,然犹去风雅日近,尚相比拟。秦汉以还,采诗之官既废,天下俗谣民讴、歌颂讽赋、曲度嬉戏之词,亦随时间作。逮至汉武赋《柏梁诗》,而七言之体具,苏子卿、李少卿之徒,尤工为五言,虽句读、文律各异,雅、郑之音亦杂,而词意简远,指事言情,自非有为而为,则文不妄作。建安之后,天下文士,遭罹兵战,曹氏父子鞍马间为文,往往横槊赋诗,故其道文壮节,抑扬怨哀,悲离之作,尤极于古,晋世风概稍存。宋、齐之间,教失根本,士以简慢、歙习、舒徐相尚,文章以风容、色泽、放旷、精清为高,盖吟写性灵流连光景之文也,意义、格力无取焉。陵迟至于梁、陈,淫艳、刻饰、佻巧、小碎之词剧,又宋、齐之所不取也。唐兴,学官大振,历世之文,能者互出,而又沈宋之流,研练精切,稳顺声势,谓之为律诗。由是而后,文体之变极焉,然而好古者遗近,务华者去实,效齐、梁则不逮于晋、魏,工乐府则力屈于五言,律切则骨格不存,闲暇则纤秾莫备。至于子美,盖所谓上薄风骚,下该沈宋,言夺苏李,气吞曹刘,掩颜谢之孤高,杂徐庾之流丽,尽得古今之体势,而兼昔人之所独专矣。使仲尼考锻其旨要,尚不知贵其多乎哉;苟以为能所不能,无可无不可,则诗人以来,未有如子美者。时山东人李白,亦以奇文取称,时人谓之"李杜"。予观其壮浪纵恣,摆去拘束,模写物象,及乐府歌诗,诚亦差肩于子美矣。至若铺陈终始,排比声韵,大或千言,次犹数百,词气豪迈,而风调清深,属对律切,而脱

① 　[唐]白居易:《元稹除中书舍人翰林学士赐紫金鱼袋制》,[唐]白居易:《白居易集》卷五〇,第 1048 页。

弃凡近，则李尚不能历其藩翰，况堂奥乎？

予尝欲条析其文，体别相附，与来者为之准。特病懒未就，适子美之孙嗣业，启子美之枢，襄祔事于偃师，途次于荆楚，雅知予爱言其大父之为文，拜予为志，辞不可绝。予因系其官阀，而铭其卒葬云。系曰：

晋当阳成侯姓杜氏，下十世而生依艺，今家于巩。依艺生审言，善诗，官至膳部员外郎。审言生闲，闲生甫。闲为奉天令。甫字子美，天宝中献《三大礼赋》，明皇奇之，命宰相试文，文善，授率府曹。属京师乱，步谒行在，拜左拾遗。岁余，以直言，失官，出为华州司功。寻迁京兆功曹。剑南节度使严武拔为工部员外，参谋军事。旋又弃去，扁舟下荆、楚间，竟以寓卒，旋殡岳阳，享年五十九。夫人宏农杨氏女，父曰司农少卿怡，四十九年而终。嗣子曰宗武，病不克葬，殁命其子嗣业。嗣业以家贫无以给丧，收拾乞丐，焦劳昼夜，去子美殁后余四十年，然后卒先人之志，亦足为难矣。铭曰：

维元和之癸巳，粤某月某日之佳辰，合窆我杜子美于首阳之山前。呜呼！千岁而下，曰此文先生之古坟。[1]

《新唐书》这样记载杜甫的一生：

甫，字子美，少贫不自振，客吴越、齐赵间。李邕奇其材，先往见之。举进士不中第，困长安。天宝十三载，玄宗朝献太清宫，飨庙及郊，甫奏赋三篇。帝奇之，使待制集贤院，命宰相试文章，擢河西尉，不拜，改右卫率府胄曹参军。数上赋颂，因高自称道，且言："先臣恕、预以来，承儒守官十一世，迨审言，以文章显中宗时。臣赖绪业，自七岁属辞，且四十年，然衣不盖体，常寄食于人，窃恐转死沟壑，伏惟天子哀怜之。若令执先臣故事，拔泥涂之久辱，则臣之述作虽不足鼓吹《六经》，至沈郁顿挫，随时敏给，扬雄、枚皋可企及也。有臣如此，陛下其忍弃之？"会禄山乱，天子入蜀，甫避走三川。肃宗立，自鄜州羸服欲奔行在，为贼所得。至德二年，亡走凤翔上谒，拜右拾遗。与房琯为布衣交，琯时败陈涛斜，又以客董廷兰，罢宰相。甫上疏言："罪细，不宜免大臣。"帝怒，诏三司亲问。宰相张镐曰："甫若抵罪，绝言者路。"帝乃解。甫谢，且称："琯宰相子，少自树立为醇儒，有大臣体，时论许

---

① ［清］董诰：《全唐文》卷六五四，第6649—6650页。

琯才堪公辅,陛下果委而相之。观其深念主忧,义形于色,然性失于简。酷嗜鼓琴,廷兰托琯门下,贫疾昏老,依倚为非,琯爱惜人情,一至玷污。臣叹其功名未就,志气挫衄,觊陛下弃细录大,所以冒死称述,涉近讦激,违忤圣心。陛下赦臣百死,再赐骸骨,天下之幸,非臣独蒙。"然帝自是不甚省录。时所在寇夺,甫家寓鄜,弥年艰窭,孺弱至饿死,因许甫自往省视。从还京师,出为华州司功参军。关辅饥,辄弃官去,客秦州,负薪采橡栗自给。流落剑南,结庐成都西郭。召补京兆功曹参军,不至。会严武节度剑南东、西川,往依焉。武再帅剑南,表为参谋,检校工部员外郎。武以世旧,待甫甚善,亲入其家。甫见之,或时不巾,而性褊躁傲诞,尝醉登武床,瞪视曰:"严挺之乃有此儿!"武亦暴猛,外若不为忤,中衔之。一日欲杀甫及梓州刺史章彝,集吏于门。武将出,冠钩于帘三,左右白其母,奔救得止,独杀彝。武卒,崔旰等乱,甫往来梓、夔间。

大历中,出瞿唐,下江陵,溯沅、湘以登衡山,因客耒阳。游岳祠,大水遽至,涉旬不得食,县令具舟迎之,乃得还。令尝馈牛炙白酒,大醉,一昔卒,年五十九。

甫旷放不自检,好论天下大事,高而不切。少与李白齐名,时号"李杜"。尝从白及高适过汴州,酒酣登吹台,慷慨怀古,人莫测也。数尝寇乱,挺节无所污,为歌诗,伤时桡弱,情不忘君,人怜其忠云。[①]

辛文房《唐才子传》这样记述杜甫:

甫,字子美,京兆人。审言生闲,闲生甫。甫少贫不自振,客吴越、齐赵间。李邕奇其材,先往见之。举进士不中第,困长安。天宝十载,玄宗朝献太清宫,飨庙及郊,甫奏赋三篇,帝奇之,使待诏集贤院,命宰相试文章。擢河西尉,不拜,改右卫率府胄曹参军。数上赋颂,高自称道,且言:"先臣恕、预以来,承儒守官十一世,迨审言以文章显。臣赖绪业,自七岁属辞,且四十年,然衣不盖体,常寄食于人,窃恐转死沟壑,伏惟天子哀怜之。若令执先臣故事,拔泥涂久辱,则臣之述作,虽不足鼓吹六经,先鸣数子,至沉郁顿挫,随时敏给,扬雄、枚皋,可企及也。有臣如此,陛下其忍弃之!"会禄山乱,天子入蜀,甫避走三川。肃宗立,自鄜州羸服欲奔行在,为贼所得。至

① 〔宋〕欧阳修、宋祁:《新唐书》卷二〇一,第5736—5738页。

德二年,亡走凤翔,上谒,拜左拾遗。与房琯为布衣交,琯时败兵,又以琴客董廷兰之故罢相,甫上疏言:"罪细,不宜免大臣。"帝怒,诏三司亲问。宰相张镐曰:"甫若抵罪,绝言者路。"帝解,不复问。时所在寇夺,甫家寓鄜,弥年艰窭,孺弱至饿死,因许甫自往省视。从还京师,出为华州司功参军。关辅饥,辄弃官去。客秦州,负薪拾橡栗自给。流落剑南,营草堂成都西郭浣花溪。召补京兆功曹参军,不至。会严武节度剑南西川,往依焉。武再帅剑南,表为参谋,检校工部员外郎。武以世旧,待甫甚善,亲诣其家。甫见之,或时不巾,而性褊躁傲诞,常醉登武床,瞪视曰:"严挺之乃有此儿!"武中衔之。一日,欲杀甫,集吏于门,武将出,冠钩于帘者三,左右走报其母,力救得止。崔旰等乱,甫往来梓、夔间。大历中,出瞿塘,溯沅、湘以登衡山。因客耒阳,游岳祠,大水暴至,涉旬不得食,县令具舟迎之,乃得还,为设牛炙白酒,大醉,一昔卒,年五十九。甫放旷不自检,好论天下大事,高而不切也。与李白齐名,时号"李杜"。①

三者比较,虽都为传记文学,而元稹的《唐故工部员外郎杜君墓系铭》写作更为个性化,兹详细考论如下:

写作时间及缘由

元稹的《唐故工部员外郎杜君墓系铭》,写于中唐宪宗元和八年(813),目的是为纪念诗人杜甫。关于这篇铭文的来历,元稹在文中写到自己久仰杜甫之诗,居江陵时"适子美之孙嗣业,启子美之枢,襄祔事于偃师,途次于荆楚,雅知予爱言其大父之为文,拜予为志,辞不可绝。予因系其官阀而铭其卒葬云"②,可见此文为受请而作,具体请托人为杜甫之孙杜嗣业,而受请人为元稹。

嗣业其人,据《旧唐书·杜甫传》载杜甫"子宗武,流落湖、湘而卒。元和中,宗武子嗣业,自耒阳迁甫之枢,归葬于偃师县西北首阳山之前"③,乾隆三十五年庚寅版《京兆杜氏宗谱》云:"嗣业娶余氏,生子二:长曰筵,次曰策。杜策,字昌华,官迁南康府君,江右杜氏始祖也。"至于求志之事,乾隆

---

① 傅璇琮:《唐才子传校笺》,第395—396页。
② [唐]元稹:《元稹集》卷五六,第601页。
③ [五代]刘昫:《旧唐书》卷一九〇,第5055页。

三十五年庚寅版《京兆杜氏宗谱》录杜君陈撰《重修杜氏谱牒源流发挥》载唐宪宗元和八年,嗣业"受父命,去甫殁余四十年启甫之柩,襄祔事于偃师,途次,子荆乞言,元稹征之为志",明万历三十二年甲辰版江右《杜氏宗谱》所载亦同。

元和八年,元稹正遭贬江陵,此时距杜甫去世已经四十多年。从年龄上讲,杜甫大元稹六十七岁,杜甫死后的第九年,元稹才出生,二人生前并无任何交往。而依碑志文的撰写常规,作文者一般应和墓主有过交往,互相了解和熟悉,这样才方便书写,正如王勃《与契苾将军书》所言:"知欲以此公碑志,托之下走。夫抚今怀昔,理寄斯文,旌德叙功,事属知己。是以子期幽思,感叔夜之形言;伯喈雄藻,待林宗而无愧。下走虽不敏,幸托深期,此而不为,谁当为者。"①如写元稹本人的《唐故武昌军节度处置等使正议大夫检校户部尚书鄂州刺史兼御史大夫赐紫金鱼袋赠尚书右仆射河南元公墓志铭》,就是因为其"将薨,以墓志文见托"②于好友白居易而作。而柳宗元的《柳子厚墓志铭》,是好友韩愈所作,而范仲淹的《资政殿学士户部侍郎文正范公神道碑铭》,也是托付好友欧阳修而作。而杜甫的铭文,为何要托付元稹呢?

杜甫一生颠沛流离,死后多年不得归葬巩义故里。直到宪宗元和八年,其孙嗣业才得以将其灵柩迁至河南偃师杜氏祖坟。在迁移的途中,行经荆楚大地,此时文人元稹正遭贬为江陵府士参军。按照惯例,古人归葬,总要立碑作铭,唐代碑刻盛行,碑志文也随之兴起,其"士大夫之葬必志于墓,有勋庸道德之家,兼树碑于道"③。从文体角度而言,碑志文本为葬时所设,具有悼亡死者,安慰家属的功能,写法上记功彰美,扬善隐恶,于死者和其亲朋来说,可谓备极哀荣,故"大凡孝子慈孙欲彰显其先世名德,……以求名公巨卿之作"④。唐代许多作家都被人求铭,初唐王勃因善写碑志文,求者盈门,《唐才子传》言其"请者甚多"⑤,《旧唐书》本传载李邕"早擅才名,尤长碑颂。虽贬职在外,中朝衣冠及天下寺观,多……往求其文"⑥,

---

① 于景祥、李贵银:《中国历代碑志文话》,第212页。
② [唐]白居易:《修香山寺记》,[唐]白居易:《白居易集》卷六八,第1441页。
③ [清]陈鸿墀:《全唐文纪事》,第755页。
④ [清]钱咏:《履园丛话》卷三,台北文海出版社,1981年,第82页。
⑤ 傅璇琮:《唐才子传校笺》,第32页。
⑥ [五代]刘昫:《旧唐书》卷一九〇,第5043页。

韩愈文名广博，一生受请作碑志文甚多，《唐才子传》云："时韩碑铭独唱，润笔之货盈缶。"[①]而杜甫一生虽穷困潦倒，但也担任过工部检校工部员外郎之职，生前颇有地位而文名广博。按照惯例，为之作志者自然也应有一定的身份和文名，如此才以显哀荣，慰子孙之心，这就是铭文中所述"予因系其官阀，而铭其卒葬云"，当然，"系其官阀"并非元稹作文的根本原因。

元和八年的元稹，在文坛上已颇有盛名。其"十五擢明经，判入等，补校书郎。元和元年举制科，对策第一，拜右拾遗"[②]。《旧唐书》云："稹聪警绝人，年少有才名，与太原白居易友善。工为诗，善状咏风态物色，当时言诗者称元、白焉。自衣冠士子，至闾阎下俚，悉传讽之，号为'元和体'。"[③]白居易《余思未尽加为六韵重寄微之》亦赞扬元稹诗文："海内声华并在身，箧中文字绝无伦。……制从长庆辞高古，诗到元和体变新。"[④]而元稹对杜甫素为推崇，在《叙诗寄乐天书》中，元稹回顾总结学诗经历说："稹九岁学赋诗，长者往往惊其可教。年十五六，粗识声病。……又久之，得杜甫诗数百首，爱其浩荡津涯，处处臻到，始病沈、宋之不存寄兴，而讶子昂之未暇旁备矣。"[⑤]在《乐府古题序》中，同样表达了对杜甫的敬慕：

自《风》《雅》至于乐流，莫非讽兴当时之事，以贻后代之人，沿袭古题。……刺美见事，犹有诗人引古以讽之义焉。曹、刘、沈、鲍之徒，时得如此，亦复稀少。近代唯诗人杜甫《悲陈陶》《哀江头》《兵车》《丽人》等，凡所歌行，率皆即事名篇，无复倚傍。予少时与友人乐天、李公垂辈，谓是为当，遂不复拟赋古题。[⑥]

由此可见，元稹自年少起，喜学杜诗，推崇杜甫，对杜甫怀有深厚的感情，广为人知，其蛰居江陵时文名广播，"予始与乐天同校秘书之名，多以诗章相赠答。会予遣掾江陵，乐天犹在翰林，寄予百韵律诗及杂体，前后数十章。是后，各佐江、通，复相酬寄。巴蜀、江楚间泊长安中少年，递相仿效，竞作新词，自谓为'元和诗'。"[⑦]嗣业扶柩途径江陵，文名、地缘兼之情感优

①　傅璇琮：《唐才子传校笺》，第 280 页。
②　[宋]欧阳修、宋祁：《新唐书》卷一七四，第 5223 页。
③　[五代]刘昫：《旧唐书》卷一六六，第 4331 页。
④　[唐]白居易：《白居易集》卷二三，第 503 页。
⑤　[唐]元稹：《元稹集》卷三〇，第 351—352 页。
⑥　[唐]元稹：《元稹集》卷二三，第 255 页。
⑦　[唐]元稹：《白氏长庆集序》，[唐]元稹：《元稹集》卷五一，第 554—555 页。

势,自然使得元稹成为嗣业求铭的不二人选。对于元稹来说,能为自己喜爱的大诗人杜甫作铭,也是一件好事,一来可以纪念这位自己仰慕已久的诗人,二来借此论诗,抒发自我的文学见解,为和白居易发起新乐府运动作理论先导。所以当嗣业求铭时,元稹欣然从请,不顾多日的疟疾,抱病写下这篇《唐故工部员外郎杜君墓系铭》。这就是铭文所述"予尝欲条析其(杜甫)文,体别相附,与来者为之准。特病懒未就,适子美之孙嗣业,……雅知予爱言其大父之为文,拜予为志,辞不可绝",此文可以看作是元白发起新乐府运动的前奏。

墓志铭的价值

作为我国古代一种重要文体,墓志铭源远流长,其用于丧葬礼仪,为纪念死者而作,于人盖棺定论,垂之不朽,故有着严格的写作规范。刘勰《文心雕龙·诔碑》云:"属碑之体,资乎史才,其序则传,其文则铭。"①曾巩也云:"夫铭志之著于世,义近于史,而亦有与史异者。盖史之于善恶无所不书,而铭者,盖古之人有功德材行志义之美者,惧后世之不知,则必铭而见之,或纳于庙,或存于墓,一也。苟其人之恶,则于铭乎何有?此其所以与史异也。其辞之作,所以使死者无有所憾,生者得致其严。"②以史为据是墓志铭的基本要求,这是因为墓志铭作为记载死者生平的文体,写人记事必须详尽准确,真实具体,惟有此才能取信于人,流传后世,彰显其应用性,这和史传文的要求一致。至于具体内容,明代王行《墓铭举例》总结说:"凡墓志铭,书法有例,其大要十有三事焉:曰讳,曰字,曰姓氏,曰乡邑,曰族出,曰行治,曰履历,曰卒日,曰寿年,曰妻,曰子,曰葬日,曰葬地,其序如此,如韩文《集贤校理石君墓志铭》是也。其曰姓氏,曰乡邑,曰族出,曰讳,曰字,曰行治,曰履历,曰卒日,曰寿年,曰葬日,曰葬地,曰妻,曰子,其序如此,如韩文《故中散大夫河南尹杜君墓志铭》是也,其他虽序次或有先后,要不越此十余事而已,此正例也,其有例所有而不书,例所无而书之者,又其变例,各以其故也。"③魏晋以后,墓志铭写作日趋规范,作者行文,一般均包含名讳、乡邑、族出、履历、葬地等要素。元稹的《唐故工部

---

① 范文澜:《文心雕龙注》,第214页。
② [宋]曾巩:《寄欧阳舍人书》,[宋]曾巩:《曾巩集》卷十九,中华书局,1984年,第253页。
③ [明]王行:《墓铭举例》卷一,[清]纪昀等:《文渊阁四库全书》,第1482册,第381页。

员外郎杜君墓系铭》以散体写就,行文虽至后半部分,才开始书写杜甫,但就内容而言,准确生动,记载详实,行文自其家世写来,写其世系晋当阳成侯,写其家居于巩,明确杜甫之祖杜审言、父亲杜闲,就杜甫的生平娓娓道来,姓氏名讳、仕宦履历、文学成就、家庭状况、寿夭丧葬等等,从生到死巨细皆备,包含王行所言十三要素。特别是就杜甫死后其孙嗣业请铭的前后经过作了说明,用笔简淡而情感蕴藉。元稹此文所载杜甫生平,多源于嗣业所述,而其最终成文,亦当经过嗣业认可。如此来自杜甫亲属的第一手材料,特别是在细节问题上,真实性不容怀疑,如关于杜甫之死,元稹以一句"扁舟下荆、楚间,竟以寓卒",点明杜甫最终病死湘江舟中,考之于杜甫生前《聂耒阳以仆阻水,书致酒肉,疗饥荒江,诗得代怀,兴尽本韵。至县,呈聂令,陆路去方田驿四十里,舟行一日,时属江涨,泊于方田》《过洞庭湖》《风疾舟中伏枕书怀三十六韵奉呈湖南亲友》诸诗所述,元稹之笔合乎事实,故元稹此墓铭载人记事来源可靠、真实详尽,对杜甫的家世生平,首次作了详细记述,具有重要的文学史意义和考据价值,成为后世文史学家研究杜甫的重要资料,正如钱基博所论:"《旧唐书》《新唐书》传杜甫,咸采其说。"①

　　其次,无论是从思想内容还是体例特征上看,元稹的《唐故工部员外郎杜君墓系铭》都一反常规,呈现出和传统碑志文的不同,颇显创新,具有文体改革方面的价值。就写法而言,唐代墓志铭从开始到结束,多以叙述死者生平经历为主,如韩愈《唐故太学博士李君墓志铭》:"太学博士顿丘李于,余兄孙女婿也。年四十八,长庆三年正月五日卒。其月二十六日,穿其妻墓而合葬之,在某县某地。子三人,皆幼。"②白居易《醉吟先生墓志铭》:"先生姓白,名居易,字乐天,其先太原人也,秦将武安君起之后。"③行文都从死者的姓氏名讳写起,叙其家世门第,然后逐次铺叙其生平经历、品性功德等,前后有序,娓娓道来。而元稹此文,以"予读诗至杜子美,而知古人之才有所总萃焉。始尧舜时"开始,汩汩滔滔,论述中国诗歌发展,从先秦汉魏到两晋隋唐,对于诸位诗人诗作,从思想理论到创作实践,无不评价。直至文章后半部分,才引出真正的写作对象杜甫,叙述作铭缘由,末尾再铺陈杜甫的

---

① 钱基博:《中国文学史》,第 383 页。
② 马其昶:《韩昌黎文集校注》,第 553 页。
③ [唐]白居易:《白居易集》卷七十一,第 1503 页。

一生经历,指出丧葬地点等,抒发哀悼之情。就篇幅而言,全文1094个字,而真正用于抒写杜甫本人的文字不到三分之一,与其说是为杜甫写墓志铭,倒不如说是抒发元稹自我的诗学思想。体例结构上本末倒置,将墓主的家世经历放置最后,将论述前代诗人诗作部分放置最前;具体内容也不以叙述墓主本人为主,而重在论述诗歌流变;表达方式更是一反常规,以议论而非叙述为主,突破传统墓志铭以叙为主、夹叙夹议的特色,所以无论是思想内容还是体例特征,元稹此文都体现出和传统墓志铭迥然相异的新变特色,颇似韩愈的碑志文,正如钱基博所论:"元稹之笔,力跻遒古,而出之峻重,韩愈之别子也。碑志文生峭奥衍,不懈而出以矫厉,尤得韩愈之仿佛。如《沂国公魏博德政碑》《故中书令赠太尉沂国公墓志铭》,蹈历发越,足追愈《曹成王》《许国公》诸碑;《故万州刺史刘君墓志铭》,权奇倜傥,颇似愈《张彻》、《王适》诸志;笔力老健,当在韩门弟子皇甫湜之上。而《唐故工部员外郎杜君墓系铭并序》,则尤排荡顿挫而措于章安句适,栗密窈眇而发之以鲸铿春丽;一笔挥洒,精能之至。其体格非韩愈,其气调则韩愈也。"[1]

当然,更重要的是,此文还具有文学价值。元稹作铭,将重点放在回顾诗学发展、评价杜甫之诗上,洋洋洒洒,议论纵横,更多塑造了一个文学意义的杜甫,这就涉及到杜甫诗歌评价的问题。

关于杜甫诗歌评价的几个问题

元稹在墓志铭中,以"予读诗至杜子美,而知古人之才有所总萃焉"起始,历数诗学发展,点评诗人诗作,认为中国诗歌源远流长,而贯穿发展始终的正是其现实主义的创作传统,这就是《诗经》的"风雅"精神。"是后诗人继作,历夏殷周千余年,仲尼缉拾选练,取其干预教化之尤者三百篇,其余无闻焉。骚人作而怨愤之态繁,然犹去风雅日近,尚相比拟",秦汉之诗"词意简远,指事言情,自非有为而为,则文不妄作",建安文学"遒文壮节,抑扬怨哀,悲离之作,尤极于古",至南朝时"教失根本",文章"吟写性灵流连光景",于"意义、格力无取焉",而"淫艳、刻饰、佻巧、小碎之词剧"。接下来元稹指出"唐兴,学官大振,……沈宋之流,研练精切,稳顺声势,谓之为律诗",赞扬沈佺期和宋之问对于律诗发展的贡献,"由是而后,文体之变极

---

① 钱基博:《中国文学史》,第386页。

焉。然而好古者遗近,务华者去实,效齐、梁则不逮于晋、魏,工乐府则力屈于五言,律切则骨格不存,闲暇则纤秾莫备",元稹认为此时诗歌尚未成为反映社会现实呼喊民生疾苦的工具,与时代需求不适应,从而引出对杜诗的评价。主要涉及两个问题,一个是对杜甫诗歌的集大成认识,一个是李杜优劣论,对于前者,元稹这样阐释:

> 至于子美,盖谓上薄风骚,下该沈宋,言夺苏李,气吞曹刘,掩颜谢之孤高,杂徐庾之流丽,尽得古今之体势,而兼昔人之所独专矣。使仲尼考锻其旨要,尚不知贵其多乎哉;苟以为能所不能,无可无不可,则诗人以来,未有如子美者。

接下来,为进一步推崇杜甫,元稹将其与李白比较,探讨两人诗歌的不同,提出李杜优劣问题:

> 时山东人李白,亦以奇文取称,时人谓之"李杜"。予观其壮浪纵恣,摆去拘束,模写物象,及乐府歌诗,诚亦差肩于子美矣。至若铺陈终始,排比声韵,大或千言,次犹数百,词气豪迈,而风调清深,属对律切,而脱弃凡近,则李尚不能历其藩翰,况堂奥乎?

元稹推崇现实主义诗风,认为杜甫继往开来,其诗歌创作具有集大成的作用,这一点无可厚非。当然,"集大成"论也有理论缺陷,原因有二:一是"集大成"只说出杜诗集前人优长,并没有指出杜诗在融汇前人优长的基础上独创一格,自有旁人所不及处;二是"集大成"只说出杜诗集前人艺术之长,并没有道及杜诗本身的内涵特色。杜诗特质要从"沉郁顿挫"来理解,这在后来严羽的《沧浪诗话》中得到阐发。至于元稹以李白来衬托杜甫,认为李白诗歌在"风调清深,属对律切"方面有逊于杜甫,此论一出,争议甚大,可谓李杜优劣论的开端。《旧唐书·杜甫传》全文引录元稹对杜甫的赞誉,并云:"天宝末诗人,甫与李白齐名,而白自负文格放达,讥甫龌龊,而有饭颗山之嘲诮。元和中,词人元稹论李杜之优劣。……自后属文者以稹论为是。"①魏泰《临汉隐居诗话》、王鸣盛《蛾术编》亦持此观点。而元好问则持相反观点,其《论诗三十首》:"排比铺张特一途,藩篱如此亦区区。

---

① ［五代］刘昫:《旧唐书》卷一九○,第 5055—5057 页。

少陵自有连城璧，争奈微之识碔砆。"①清人潘德舆《养一斋诗话》亦承其说。而与元稹同时代的韩愈则主张李杜并称，如韩愈《调张籍》："李杜文章在，光焰万丈长。不知群儿愚，那用故谤伤？蚍蜉撼大树，可笑不自量。"苏轼《次韵张安道读杜诗》、黄庭坚《题李白诗草后》亦持此说。此后李杜优劣与李杜并称争议不断，绵延至有清一代。

知人论世，元稹崇扬杜甫，联系当时社会背景来看，有着深刻的政治文化动因。此前的贞元元和时期，正是中唐社会百废待兴、政治革新呼之欲出之时，像元白等持积极入世态度的士人，自然希望在政治上有所作为，渴望中唐改革弊政、社会振兴，其诗歌理论，是其政治改革思潮的一部分。而杜甫经历"安史之乱"之后，平民化的仁者情怀和感时伤世忧国忧民的精神焦虑，使其诗多涉笔社会动荡、政治黑暗及人民疾苦，这种诗歌创作的时事化，有强烈的政治内涵与政治倾向，从而为元白等人推崇。胡应麟《诗薮》内编卷三云："元和中，李绅作新乐府二十章，元稹取其尤切者十五章和之，如《华原磬》《西凉伎》之类，皆风刺时事，盖仿杜陵为之者，今并载郭氏《乐府》。语句亦多仿工部，如《阴山道》《缚戎人》等，音节时有逼近。第得其沉著，而不得其纵横；得其浑朴，而不得其悲壮。乐天又取演之为五十章，其诗纯用己调，出元下。世所传白氏《讽谏》是也。②"这实际上反映了中唐元和时期诗歌革新的思潮，这就是尚实、尚俗、务尽，具体表现在创作中一改大历以来崇尚高情、丽辞、远韵的思想倾向和追求宁静淡泊的诗境，转而向杜甫学习，追求以时事直接入诗，在写法上追求叙述和议论。这种思潮在白居易元和四年创作的《新乐府》五十首、元和五年的《秦中吟》十首中表现明显，体现出"为君、为臣、为民、为物、为事而作，不为文而作也"③、"欲开壅蔽达人情，先向歌诗求讽刺"④及"惟歌生民病，愿得天子知"⑤的创作思想，其核心就是儒家的重功利思想，强调要像杜甫那样在抒情中反映现实生活，倡导风雅兴寄，追求诗歌的现实主义传统。

而此后的元和十年、元和十二年，元稹在《叙诗寄乐天书》《乐府古题

---

① 闫凤梧：《全辽金诗》，山西古籍出版社，1999 年，第 2641 页。
② ［明］胡应麟：《诗薮》卷三，上海古籍出版社，1979 年，第 53 页。
③ ［唐］白居易：《新乐府并序》，［唐］白居易：《白居易集》卷三，第 52 页。
④ ［唐］白居易：《采诗官》，［唐］白居易：《白居易集》卷四，第 90 页。
⑤ ［唐］白居易：《寄唐生》，［唐］白居易：《白居易集》卷一，第 15 页

序》中，提到杜诗的"兴寄"，进一步推崇其诗歌艺术："自《风》《雅》，至于乐流，莫非讽兴当时之事，以贻后代之人。……近代唯诗人杜甫《悲陈陶》《哀江头》《兵车》《丽人》等，凡所歌行，率皆即事名篇，无复倚傍。予少时与友人乐天、李公垂辈，谓是为当，遂不复拟赋古题。"① 正如罗宗强所论，元稹崇扬杜甫，目的就是在于继承诗经的风雅兴寄精神，提倡诗歌的讽谏功能，改革文风，为中唐社会政治服务，其基本点在于诗教，这个主张的积极意义在于提倡诗歌创作要像杜甫那样，写民生疾苦，只有如此，才能写出反映当时社会真实面貌的优秀诗作来，这种理论，对于当时后世，都有认识和教育的意义② 。所以"《旧唐书》、《新唐书》传杜甫，咸采其说；而继往开来，杜甫集诗家之大成，遂以论定，则自稹之说也"③ 。

　　另外，元稹此论一开，争论不断，这实际上为杜诗经典化奠定基础。众所周知，虽有韩愈、杜牧等赞扬过杜甫的诗风，但综合而言，这只是少数，唐人的几个诗选，如备受后人推重的《河岳英灵集》《中兴间气集》二集不收杜诗，选诗千首的《才调集》也未收录，仅韦庄的《又玄集》收杜诗 7 首，这也间接反映出从盛唐到晚唐，学界对于杜诗尚未给予充分肯定，至少没有给予理论上的认可。时至宋代，元稹关于杜甫的评论才被方家重新认识。宋祁评杜甫"浑涵汪茫，千汇万状，兼古今而有之"④ ，这实际是对元稹关于杜诗"集大成"之说的肯定，此后苏轼宣称"子美之诗，退之之文，鲁公之书，皆集大成者也"⑤ ，秦观《韩愈论》，苏辙《诗病五事》亦持相同观点。直至严羽《沧浪诗话》，除肯定杜诗"集大成"之妙外，更从创作风格与思想内容方面分析杜诗，对李杜诗风进行比较，认为"少陵诗宪章汉魏，而取材于六朝，至其自得之妙，则前辈所谓集大成也"⑥ ，"太白天才豪逸，语多卒然而成者"⑦ ，而李杜各自绝妙："李杜二公，正不当优劣。太白有一二妙处，子美不能道；子美有一二妙处，太白不能作。子美不能为太白之飘逸，太白不能

① ［唐］元稹：《乐府古题序》，［唐］元稹：《元稹集》卷二三，第 255 页。
② 罗宗强：《隋唐五代文学思想史》，第 190 页。
③ 钱基博：《中国文学史》，第 383 页。
④ ［宋］欧阳修、宋祁：《新唐书》卷二〇一，第 5738 页。
⑤ ［宋］陈师道：《后山诗话》，常振国：《历代诗话论作家》，湖南人民出版社，1984 年，第 210 页。
⑥ 张健：《沧浪诗话校笺》，上海古籍出版社，2012 年，第 591 页。
⑦ 张健：《沧浪诗话校笺》，第 593 页。

为子美之沉郁。"①这实际上是对元稹之说的修正和完善。严羽之后，李杜双峰并峙、巨星互映的地位少有怀疑，后人评李杜，如《诗薮》《艺苑卮言》等，也都以比较的方式，在求差异、求特质的基础上确认李杜并驾齐驱的地位，也最终完成了杜诗的经典化过程。

第四节　李翱、皇甫湜、沈亚之、樊宗师的碑志文

中唐贞元元和时期的古文家还有李翱、皇甫湜和樊宗师等，世人多以韩门弟子视之。《钦定四库全书总目·皇甫持正集提要》说皇甫湜与李翱之文"同出韩愈，翱得愈之醇，而湜得愈之奇崛"②。陈衍《石遗室论文》也说："李翱、皇甫湜，皆出韩门，所谓李得其正，皇甫得其奇。"③李翱等韩门弟子虽都不满朝政，愤世嫉俗，在政治上虽未能有大作为，但在复古道、作古文的潮流中，跟随韩愈大力写作古文，其针砭现实、指陈时弊，都较有成就，也以碑志文名重一时。

一、李翱、皇甫湜的碑文

李翱对于文章有系统的看法，除在《答侯高第二书》中主张明"古圣人所由之道"④外，在《答朱载言书》中自云，因为"爱古人之道"，"悦古人之行"，而"学古文"。这与韩愈等人的主张一致，都以倡扬儒道为己任。但李翱对于为文之"创意"和"造言"两方面有着独到的见解，认为六经之文"创意造言，皆不相师"，提出"故义虽深，理虽当，词不工者不成文，宜不能传也。文理义三者兼并，乃能独立于一时，而不泯灭于后代，能必传也"⑤的主张，这些都反映在其古文创作中。

《全唐文》收李翱碑文 14 篇。其碑文义理兼备，颇具文采。如《兵部侍郎赠工部尚书武公墓志铭》赞扬墓主忠直敢言、爱国爱民而"以时安危、生民之病为己务"的优秀品质，再如《故河南府司录参军卢君墓志铭》写墓主：

---

① 张健：《沧浪诗话校笺》，第 575—579 页。
② ［清］纪昀：《钦定四库全书总目》，第 2010 页。
③ 于景祥、李贵银：《中国历代碑志文话》，第 707 页。
④ ［唐］李翱：《答侯高第二书》，［清］董诰：《全唐文》卷六三五，第 6412 页。
⑤ ［唐］李翱：《答朱载言书》，［清］董诰：《全唐文》卷六三五，第 6412 页。

"尝摄职同州,当征官税钱,时民竞出粟易钱以归,官斗至十八九。君白刺史言状,请倍估纳粟,下以泽民,上可以与官取利。刺史诘状,君辩其所以必然。刺史行之,民用得饶。未一月,果被有司牒,和收官粟,斗给六十。后刺史到,欲尽入其羡于官,君既去职,犹止之曰:'圣泽本以利民,民户知之,不可以独享。'刺史乃悬榜晓民,使请余价,因以绢布高给之,民亦欢受,州获羡钱六百万。其为户曹,决断精速,曹不拥事。"歌颂墓主才能卓著、忠正清廉的个性品格,赞扬其以民为本、于民兴利的政绩,就其"能高而位卑"的遭遇进行慨叹。再如《故歙州长史陇西李府君墓志铭》叙写墓主惩治豪强,于民谋利:"既冠,得濠州定远尉。假令他县,令严而行,吏急民宽,富豪并贫民之产而不税者,尽以法治之,贫民用安。"诸如此类,通过对墓主维护王法、勤政爱民等一系列政绩的描写,歌颂清官政治,弘扬儒道思想,振奋士心,讴歌王政,都映射着李翱本人的政治理想和人才观念。

《钦定四库全书总目》说李翱:"才与学虽皆逊愈,不能熔铸百氏皆如己出,而立言具有根柢,大抵温厚和平,俯仰中度,不似李观、刘蜕诸人有矜心作意之态。苏舜钦谓其词不逮韩而理过于柳,诚为笃论。"[1]李翱作碑文,追求平实质朴的史家笔法,行文顺理成章、直接铺叙,语言平白质木,记人写事往往据实写来,不务虚饰,其抑扬评判,皆有理有节,不妄加论断,于叙事之外,虽也附有议论,但议论精当简要,可谓"文、理、义兼并",显得温厚平淡、质朴凝练而含蓄有度。其碑文在思想内容上颇似韩柳倡扬儒道之刚正恢弘,但写法上又不似韩柳之易借题发挥、感慨议论、极尽个性化的抒情色彩。如《唐故福建等州都团练观察处置等使兼御史中丞赠右散骑常侍独孤公墓志铭》结尾议论:"人之有生,莫不皆死。曰长曰短,相望其几。短不足伤,长不足恃。要归于尽,孰有彼此。"精当凝练,不作赘笔。《故河南府司录参军卢君墓志铭》感慨墓主:"性直而用优,约己以利人。宜寿宜贵,以拯时所艰。其缄而不伸,以丧厥神,岂夺惠于东民。悲夫!"再如《故处士侯君墓志》写墓主侯高"少为道士,学黄老练气保形之术","每激发则为文达意,其高处骎骎乎有汉魏之风。性刚劲,怀救物之略,自侪周昌、王陵,所如固不合,视贵善宦者如粪溲",歌颂其傲岸王侯、张扬自我的名士之风,就其怀才不遇、英年早逝的不幸经历进行描述,深婉多情而简洁有余,行文笔法

---

① 　［清］纪昀:《钦定四库全书总目》,第 2011 页。

简练，叙写人物生动传神，颇具温厚和平、精当深婉的文采之美。

《高愍女碑》可谓李翱碑志文的代表作①。文章叙述高愍女忠孝节义、宁死不屈的一段故事，故事本身不算惊险，情节也非曲折，墓主其人是封建社会以死殉节的一个贞女烈妇，其言其行非新奇轰动。就行文来看，碑文写得相当平淡朴实，和韩愈此类体裁的作品相比，几乎谈不上文采可言。但李翱颇为自负者恐怕正在此处，其碑文追求班固、蔡邕为文的史家笔法，先叙后议，史论结合，平铺直叙，不事虚饰而义理昭然，呈现出典奥古雅的整体特色。李翱自己也对此文颇为欣赏，在《答皇甫湜书》中说："仆文采虽不足以希左丘明、司马子长，足下视仆叙高愍女、杨烈妇，岂尽出班孟坚、蔡伯喈之下耶?"②可见其自负程度。

韩愈作碑文，因求创变而呈现出奇崛险怪的一面，此为皇甫湜、樊宗师等承继。皇甫湜对韩愈极为推崇，其撰《韩文公神道碑》《韩文公墓志铭》称韩愈为"先生"。刘禹锡撰《唐故尚书礼部员外郎柳君文集序》云皇甫湜"于文章少所退让"，而于韩愈，竟称"后人无以加之"③，可见其对韩文的推崇程度。皇甫湜为人，孤傲而有怪癖，这从《新唐书》本传载其为裴度撰"福先寺碑文"一事及有购小儿敛蜂、命其子录诗等生活细节中多有反映。对于作文，皇甫湜强调"意新"和"创奇"，其在《答李生三书》中反复申明这一观点。《答李生第一书》云："来书所谓今之工文或先于奇怪者，顾其文工与否耳。夫意新则异于常，异于常则怪矣。词高则出于众，出于众则奇矣。虎豹之文不得不炳于犬羊，鸾凤之音，不得不铿于乌鹊，金玉之光不得不炫于瓦石。非有意于先之也，乃自然也。"④这是说，文章应该"意新"，"意新"便"怪"，文章也要"词高"，"词高"就"奇"。可见，主张"意新"和"词高"，认为"奇怪"出于"自然"，是皇甫湜论文的基本观点。

皇甫湜曾作有福先寺碑文，已佚。《全唐文》收录皇甫湜碑志文 4 篇，就其行文来看，确有崇尚奇怪的一面。如《韩文公神道碑》写韩愈："朝有大狱大疑，文武会同，莫先发言，先生援《经》引决，考合《传》《记》，侃侃正色，伏其所词。执女政而出，又曰:'其贤善耳。'必心跃色扬，钩而游之，内外惸

①　［清］董诰:《全唐文》卷六三八，第 6445—6446 页。

②　［唐］李翱:《答皇甫湜书》，［清］董诰:《全唐文》卷六三五，第 6411 页。

③　［唐］刘禹锡:《唐故尚书礼部员外郎柳君文集序》，［唐］刘禹锡:《刘禹锡集》卷一九，第 237 页。

④　［清］董诰:《全唐文》卷六八五，第 7020 页。

弱悉抚之，一亲以仁，使男有官，女有从，而不啻于己生。交于人，已而我负，终不计，死则庇其家，均食剖赀。与人故，虽微弱，待之如贤戚。人诉笑之愈笃。未尝一食不对客，闺人或昼见其面，退相指语，以为异事。"《韩文公墓志铭》写韩愈文采："及冠，恣为书以传圣人之道，人始未信。既发不掩，声震业光，众方惊爆，而萃排之。乘危将颠，不懈益张，卒大信于天下。先生之作，无圆无方，至是归工。抉经之心，执圣之权，尚友作者，跋邪抵异，以扶孔氏，存皇之极。知与罪，非我计。茹古涵今，无有端涯，浑浑灏灏，不可窥校。及其醋放，豪曲快字，凌纸怪发，鲸铿春丽，惊耀天下。然而栗密窈渺，章妥句适，精能之至，入神出天。"无论用词遣句，还是选材取事，都有险怪新奇的一面，行文可谓"钩章棘句，词奇语重，不离师法，而雕琢艰深，或格格不能自达其意"①。后人对皇甫湜行文尚奇，多有评议，如章学诚《皇甫持正文集书后》云："世称学于韩者，翱得其正，湜得其奇。今观其文，句镵字削，笔力生健，如挽危弓，臂尽力竭，而强不可制。于中唐人文，亦可谓能自拔濯者矣。第细按之，真气不足。于学盖无所得，袭于形貌以为瑰奇，不免外强中干，不及李翱氏文远矣。"②其论虽不免偏颇，但却指出皇甫湜为文尚奇尚怪的本质。

二、沈亚之、樊宗师的碑文

沈亚之为文也师承韩愈，《唐才子传》说沈亚之"尝游韩愈门"③，沈亚之自己在《送韩北渚赴江西序》也说："昔者余尝得诸吏部昌黎公，凡游门下十有余年。"④在《送韩静略序》中谈到"文之病烦"说："文之病烦久矣，闻之韩祭酒之言曰：'善艺树者，必壅以美壤，以时沃濯。'其柯萌之锋，由是而锐也。夫经史百家之学，于心灌沃而已。"⑤可见其为文，是得韩愈亲授的。沈亚之论文强调文章的现实功能，其《与京兆试官书》云："孔子之徒三千，而言升堂者十辈，然皆不能周其德，故各以其所长出人者称之。……今亚之虽不肖，其著之文，亦思有继于言，而得名光裔。裔不灭于后，由是旨《春

①　聂石樵：《唐代文学史》，北京师范大学出版社，2002年，第498页。
②　[清]章学诚：《文史通义》卷八，中华书局，1961年，第249页。
③　傅璇琮：《唐才子传校笺》，第91页。
④　[唐]沈亚之：《送韩北渚赴江西序》，[清]董诰：《全唐文》卷七三五，第7596页。
⑤　[唐]沈亚之：《送韩静略序》，[清]董诰：《全唐文》卷七三五，第7596页。

秋》而法太史。虽未得陈其笔,于君臣废兴之际,如有义烈端节之事,辄书之。善恶无所回,虽日受摧辱,然其志不死。"①《全唐文》收录沈亚之碑志文7篇,多为官宦及其亲属所作,行文简约质实,篇幅短小,固然不乏应酬为文的色彩,但也体现出沈亚之作文力求"旨《春秋》而法太史"的史传笔法,如《唐故银青光禄大夫检校左散骑常侍兼宫苑闲厩使驸马都尉郭公墓志铭》《泾原节度李常侍墓志铭》叙写墓主在平定安史之乱中的军功;《故太平令李寰墓志铭》叙写墓主贫寒的一生;《灵光寺僧灵佑塔铭》叙写墓主终身事佛,都以罗列墓主履历家世及生活纪年而行文,叙写凝练,用语精简,体现出淡定平实的风格。在为其爱妾卢金兰所作的墓志铭中,沈亚之思绪飞扬,情动于中,用词造句不胜凄楚伤感,更体现出其诗才的一面。其文曰:

卢金兰字昭华,本亦良家子。家长安中,无昆弟,有姊四人。其母以昭华父殁而生,私怜之,独得纵所欲。欲学伎,即令从师舍。岁余,为绿腰玉树之舞,故衣制大袂长裙,作新眉愁嚬,顶鬟为娥丛小鬟。自是而归,诸姊不为列矣。因恚泣,谓其母曰:"今不等我,不若从所当耳。"年自十五归于沈。居二年,从沈东南。浮水行吴越之间,从七年,乃还都。又二年,沈复东南,而昭华留止京师,不得随,病且逝。从沈凡十一年,年二十六。生男一人,女一人。葬于城南尹村原之下。作铭,其词曰:"野辽刺兮众草罗生,飕郁蓊兮孰先殒零。绮颜奄忽兮辞金橀,去何止兮归无程。芳霍红荃兮昔所迟,今销亡兮不可再馨。魂魄归来兮复此园茔。"②

从墓主的不幸出身写起,叙其才貌双全,舞技高超,再通过墓主婚后的经历反衬作者自身寄人篱下、沉沦江湖的遭遇,其行文回忆与感慨交织,叙述与抒情结合,深婉雅致,伤悼悲痛,一切真情,全在笔端。

沈亚之在《答冯兄书》中自云:"奉策应对之日,操意张谋,唯恐不远;刻文励语,唯恐不工。思欲不肩于俗,以为世之大宠。"③《钦定四库全书总目》也谓其为文有"务为险崛,在孙樵、刘蜕之间"④的一面,从其碑文来看,

① [唐]沈亚之:《与京兆试官书》,[清]董诰:《全唐文》卷七三五,第7590页。
② [唐]沈亚之:《卢金兰墓志铭》,[清]董诰:《全唐文》卷七三八,第7620—7621页。
③ [唐]沈亚之:《答冯兄书》,[清]董诰:《全唐文》卷七三五,中华书局,1983年,第7591页。
④ [清]纪昀:《钦定四库全书总目》卷一五〇,第2016页。

亦多生涩险怪之笔,如《沈参军故室李氏墓志铭》:"冗叶虽荣,逮霜霰兮。劳飙瞿炎,延而眉兮。韶妖之葩,笄刻暑兮。触烟寤露,条委衰兮。元金苍砾,安静镕兮。红琼海碧,包脆危兮。呜呼夫人! 曷而得支。姑啼夫哀,丛咽呷兮。姊弟酸屑,垂涎洟兮。悽风送魄,樽生漪兮。黄圹圆隆,缄若帷兮。明能之魄,来而安兮,无越违兮。"文中多次出现生涩之字,难懂费解。其刻意求工求奇,便失于自然,其弊与皇甫湜同。

樊宗师也以古文知名,其与韩愈可谓亦师亦友。韩愈在《南阳樊绍述墓志铭》里说樊宗师为文:"多矣哉,古未尝有也,然而必出于己,不袭蹈前人一言一句,又何其难也。"可见樊宗师的文章,在当时不仅有令人惊叹的数量,也有令人师法的艺术水准。樊宗师作文追求生涩,从其仅存的两篇《绛守居园池记》《蜀绵州越王楼诗序》来看,都是艰涩难懂,不堪卒读的。近年樊宗师有一篇碑文被发现,即贞元九年所撰《大唐故朝散大夫太子左赞善大夫南阳樊府君墓志铭并序》[①],就其文来看,骈散结合,语言简朴,文笔流畅,并不艰涩难读,但一篇作品不足代表全部。李肇《唐国史补》云:"元和以后,文笔学奇于韩愈,学涩于樊宗师。"[②]可见樊宗师之文以涩闻名,不仅在当时被人奉为典范,而且在以后的时间里产生过不小的影响。可惜的是,樊宗师的作品遗失太多,其碑文也就新发现一篇,无法就其创作全貌作进一步的考察。但樊文能得到韩愈的高度评价,并多次被韩愈举荐,想必其还是写过一些优秀的作品、对古文运动作出过贡献的。

就创作时间而言,樊宗师的活动结束于古文运动高潮时期的末尾,李翱与皇甫湜则稍晚,沈亚之则最晚。就文法而言,樊宗师与皇甫湜、沈亚之等同为韩门弟子,响应韩愈为文务去陈言、力求创新的主张,作文追求险怪生涩,反对蹈袭模拟前人作品,其渐行渐远,不免矫枉过正,使得古文呈现另一种风貌。《宋史·欧阳修传》说"(欧阳修)知嘉祐二年贡举。时士子尚为险怪奇涩之文,号"太学体",修痛排抑之,凡如是者辄黜。毕事,向之器薄者伺修出,聚噪于马首,街逻不能制;然场屋之习,从是遂变"[③]。苏辙《欧阳文忠公神道碑》也云"嘉祐初,判太常寺。二年,权知贡举。是时进士为文,以诡异相高,文体大坏。公(欧阳修)患之,所取率以词义近古为贵,

---

①　吴钢:《全唐文补遗》第一辑,第 223—224 页。

②　[唐]李肇:《唐国史补》,吴文治:《韩愈资料汇编》,中华书局,1983 年,第 43 页。

③　[元]脱脱:《宋史》卷三一九,中华书局,1999 年,第 8351 页。

凡以险怪知名者,黜去殆尽。榜出,怨谤纷然,久之乃服,然文章自是变而复古"①,由此可见涩体古文的影响。

第五节　常衮、杨炎、李观、穆员的碑志文

这一时期的碑志名家还有常衮、杨炎等人。常衮与杨炎交情深厚,且并以善写制诰文著称。当然,相比之下,常衮更富于文采,《旧唐书》本传载常衮"文章俊拔,当时推重,与杨炎同为舍人,时称为常杨"②。《新唐书》本传则云:"文采赡蔚,长于应用,誉重一时。"③《全唐文》收录常衮碑志文 14 篇,多是其担任翰林学士、知制诰时奉敕所写。行文代行王言,具有明显的应用性行政公文色彩,如其《故四镇北庭行营节度使扶风郡王赠司徒马公神道碑铭》开头:"皇帝使常侍以故征西扶风郡王臣璘功行之录,诏门下侍郎平章事臣衮曰:'古诸侯大夫,计功称伐,书于太常,勒之彝器。德勋高故其文懿,事业实故其言远,有国之大经也。纳忠于王室,岂衰纪之礼阙欤。宜文其颂声,以昭示承休于丰碑焉。'臣谨按司勋之戎籍,史官之年表,而叙之云。"交待这篇碑文的由来。再如其《华州刺史李公墓志铭》:"史臣奉诏,谨而志之。"《故开府仪同三司上柱国赠太傅信王墓志铭》:"微臣惶恐,谨而志之。"其他如《奉天皇帝长子新平郡王墓志铭》《信王第七子赠太常卿郇国公墓志铭》《赠婕妤董氏墓志铭》《凉王妃张氏墓志铭》等,也是此类。

在思想内容上,常衮碑文以颂美铭功为主,如《故四镇北庭行营节度使扶风郡王赠司徒马公神道碑铭》,篇幅宏大,追叙墓主一生的军功政绩,写其"事君也,奉之以实,纳之以忠",歌颂其"国之神将,朝之荩臣"的人格风范。《华州刺史李公墓志铭》写墓主"少以勇闻,重悬弧四方之事,有长剑三军之志","出镇左辅建牙近关,扼天下之枢,走山东之盗。三秦巨防,万里长城,辟屯田于斥卤,强士马于抚弊",进而从墓主的遭遇归结到对时代的赞颂:"云从龙,风从虎,以雄毅之略,遇圣明之主。事与时并,名与功偕,位极文武,权分中外,勋书甲令,象列云台。大丈夫特达,有如此者,不知者寿,谓之何哉?"《咸阳县丞郭君墓志铭》写墓主"好言王霸大略,经术大义,

---

① 　[宋]苏辙:《苏辙集·栾城后集》,中华书局,1990 年,第 1132 页。
② 　[五代]刘昫:《旧唐书》卷一一九,第 3445 页。
③ 　[宋]欧阳修、宋祁:《新唐书》卷一五〇,第 4809 页。

简而无傲,刚近于仁,而能端本静末,仗雅居正",歌颂其军功政事:"公之佐廉问也,……从容以和,大变其俗。公之护戎事也,善用文韬,制其边患,本诗书之义府,资德刑之战器,军吏缓带,兵车税鞅。"《太子宾客卢君墓志铭》写墓主"含精于天性之道,用晦于先物之智,洞于学,炳于文",感叹"大贤济时而不独善,大才当事而不辞难",这实际上是对中唐士吏积极入世精神的肯定与赞扬。《叔父故礼部员外郎墓志铭》赞扬墓主的文学成就:"天德于我叔父,以扶济儒元之道。……极高明而道中庸,儒之博也。包括群有,陶融象外,烛日月之光华,连星汉之昭回,文之雄也。"感叹其"若处之于舜代,则肩八元以论道;升之于孔门,则通四科而邻圣。而位止于上士,教沦于衰俗,岂苍生之不幸耶,元风之殆绝耶",议论抒情,反诘说理,对中唐社会儒教不振、文士沉沦的现状发出深沉的叹息。《御史大夫王公墓志铭》写墓主廉洁奉公、正道直行,而为时不容,以死明志:"时佐辅陈希烈忌公有宰相器,忧在移夺,又杨国忠与公权势相倾,事不两立。会有凶人邢宰,阴娶奸党于长安里舍中,公以京辅都尉之卒,逮捕悉擒,诏公与廷尉杂理,而希烈洎国忠使法吏以牍背喻风旨于凶首,引公爱弟锌连坐。公具表其状,请自拘于司败,上以罪不相及,犹遣使慰原之,而沈猜罔上者密白而下其书。旧制,大臣不对理陈冤,天宝十一年四月十三日,奉鬒缨盘水,北面拜跪而自裁,妻子移隶宅于荒服。"进而感慨议论:"历观忧国爱君之臣,忠信未达,而左右所鞠,按成其无状之罪,岂胜言也?"感情沉郁而苍凉。《剑南节度判官崔君墓志铭》写墓主"志经炳文,义精格峻,敦孝本义,笃近周亲。定交后求,忠告善道,达则兼济,否则艰贞",感叹其怀才不遇、郁郁终生:"始以文显,中以道胜,终以义全,斯亦成名矣,何必乘轩服冕,方谓之达欤? 然以有王霸之略,通质文之变,不得与公卿大夫,高议明庭,郁湮重泉,知者悼惜。"行文颇多苍凉幽怨之气。

杨炎是中唐著名的宰相,其善于理财,以创立两税法而为天子所重。然其也颇有文采,曾与常衮同知制诰,以文章名世。《旧唐书》本传说杨炎"文藻雄丽,……善为德音,自开元以来,言诏制之美者,时称常、杨焉",又载杨炎"尝为李楷洛碑,辞甚工,文士莫不成诵之"①。《新唐书·艺文志》著录其文集、制集各十卷,均已散佚。《全唐文》收录其文章 18 篇,其中碑

---

① ［五代］刘昫:《旧唐书》卷一一八,第 3419 页。

志文 5 篇,多为颂美铭功而作,体现出杨炎强烈的济世致用精神。如《云麾将军李府君神道碑》通过墓主的话语,引出时代对人才的渴望:"是年冬,府君与帐下骑士言曰:'吾乃祖本汉将,辱于单于之庭。而今千年大耻,壮士当建功大国,上驾真龙。曷有遇风雨而泥蟠,无卷舒以蜿变?'由是奋跃辽海,翻飞上京。其来也戎羯生忧,其至也幽燕罢警。"进而歌颂墓主的一系列军功政绩:"吐蕃之寇河源,冲下凭突,矢石交作。府君以精骑一旅,济河之南,万火燎于他山,三军出其闲道。惊寇四溃,重围自解,加灶之奇,孰云多也?"最后写"以炎掌史之官也,奉命为词。徘徊大名,颂耿弇有终有庆;慷慨观德,美张仲为子为臣",表明行文由来及目的。《安州刺史杜公神道碑》写墓主"天修其爵,地富其才;神抱虚廓,智藏蓄蔡。口目河海,仪刑嵩华,学可以掌邦教;词可以宣国风",感叹"洎贞孝公秉哲以辅先朝,今黄门戴天以成大业","人所以伫非常之运,天所以归亿兆之心"。

身为政治家,杨炎作碑文宣教精神突出,注重彰显帝唐的国力威仪、士人的雄姿英发及国家势运的蓬勃向上、兴旺发展,这也使得其行文篇幅丰伟、气势恢宏,呈现出雄健昂扬磅礴大气的体征,政治用意明显,具有盛唐张说式碑文的壮美风采。如《云麾将军郭公神道碑》通过写墓主个人的功绩,展现"皇唐一宇宙之初,数蛮夷之罪"、"中兴之俊,鸿胪闲出"的政治格局。《大唐燕支山神宁济公祠堂碑》通过古今对比,得出"自夏缺壤奠,汉疆土宇,时更百王,莫能配天。其意者将缵禹之业,以俟圣人乎"的结论,进而宣称:"维唐百有十载,赍元化之纪,息金革之虞,茫蠢蒸然,萃于圣泽。……天子登神宫,勒金版,将复义于群岳,告成于昊苍。"歌颂帝唐的文治武功、威加海内。《四镇节度副使右金吾大将军杨公神道碑》写墓主文韬武略,身负奇才:"初开元中,群胡方盛,南寇于阗。公以中军副鼓行而前,云火照于王庭,雷霆起于帐下。故赢师破竹,后骑建瓴,灌夫之勇也。……后五载,有累姓之后来朝京师,金甲善马,织文大贝,告于庙之室,旅于大库之庭。公览传常遗风,乌孙故事,井泉可数,谈笑成功。"其场景描写、人物风范,都颇具豪迈大气、昂扬奋发之美。再写墓主身逢其时、备受重用:"上壮之,赐弓甲一副。"写墓主之子:"有霸王之略,好倜傥之奇。初以右武卫郎将见于行在,天子美其谈说,问以中兴。"凡斯种种,都展现出一幅中唐天子圣明、士人积极入世、努力进取、功成名就的美好图景,可见杨炎为文颂美铭功,注重政治教化,进而振奋士心,推动中唐社会政治发展,实现中兴大业的深层用意。

就文体特征而言,常衮、杨炎的碑文皆以骈俪体写就,四六偶对,藻饰用典,行政公文色彩强烈,有着盛唐张说体碑志文的体征。这在散体碑文盛行的中唐时代,是比较突出的,也说明骈文生命力的强大。当然,在中唐以韩柳元白为代表的文人都顺应文学发展潮流及社会现实政治的需要,纷纷以散体作碑文的时候,常衮杨炎仍以骈俪体作碑文,追求颂美铭功,粉饰时世,这就体现出与时代潮流不一致的地方,也导致其碑志文多虚美浮泛之笔,文采方面自然稍逊一筹。

与常衮、杨炎的应时制景之文相比,李观、穆员的碑文个性更为突出,情思深厚。李观是古文家李华从子,贞元八年(792)与韩愈、李绛、欧阳詹、崔群、王涯、冯宿等同登进士第。李观一生穷愁,英年早逝。韩愈为之撰《李元宾墓铭》,称其"才高于当世,而行出于古人","年二十九客死于京师"。《全唐文》收录李观碑志文5篇,多为咏史怀古、感时不遇之作,以散体写就,文笔清新流畅,叙述议论颇有见地。如《汉受降城铭》通过汉孝武皇帝筑城受降的故事,赞扬其"兵部血锋,筑城而受降"、"壮乎哉"的历史功绩。又从秦朝的暴政说起,感叹"国无困民,民无异心","孝武何哉,复蹈是焉? 重难蓄之民,城无用之夷。脱内不勤,而外安足保之,不其危欤",从民心向背的角度说明维护封建王权政治稳固、江山一统的重要性,议论抒情,自有历史的深度。而《大夫种铭并序》《项籍碑铭》《周苛碑并序》《赵壹碑》则通过感叹历史人物命运的沉浮,抒发其咏史怀古之幽思。《项籍碑铭》高度评价项羽的历史贡献,其云:"所以谋大业拯万灵而争雌雄者,独汉祖与公。"写项羽英勇善战:"公乃仗拨乱之剑,希当世之功。浮江而西,有壮士八千,枹鼓于舟中。"再写其"乃军鸿门,屠咸阳,鼎峙于神州,幅裂于四方,始退与汉祖东西而王天下",认为项羽"量不足,谋不长矣",最终得出"得人者昌,失人者亡"的结论。《大夫种铭并序》感叹文种:"知吴之可以取,知越之可以强,而不知身之进退存亡,沉吟踌蹰,以至于非辜。哀哉!"对文种贪恋富贵、未能急流勇退的行事方式提出批评。《周苛碑并序》歌颂汉臣周苛忠于王朝、临危不惧、宁死不屈的斗争精神,认为"主显节立,独苛有之"。而《赵壹碑》感叹赵壹一生怀才不遇,命运坎坷:"有不世之器,有三公之遇,不能奋振寥廓,腾陵清浮。……怨其运不并。"《故人墓志》写墓主"其节贞,其行敦,始未患时,仁人器之。复无良谋,得谤在缧","予尝衣其寒,食其饥，及明其非，巨源由是相得"，对这位"倍年之交"的逝去深表惋惜和哀悼，行文更体现出李华由人及己、感时伤世、多穷愁抑郁之叹的特色。

《全唐文》收录穆员碑志文 26 篇，穆员长年跟随杜亚留守东都，署佐其府，后授侍御史。《新唐书》说穆员："工为文章。杜亚留守东都，置佐其府，蚤卒。"①旧唐书说穆员："工文辞，尚节义。杜亚为东都留守，辟为从事、检校员外郎。早卒，有文集十卷。"②其碑志文也多在东都留守时所作。就其思想内容看，多为权臣显宦而作，其受请应托、颂美铭功倾向明显。但在写作中能不落窠臼、体例灵活、语言生动而情思尤为醇厚深远，体现出和常衮、杨炎之文不一样的特色。这大概和穆员常年沉沦下僚、刀笔小吏的身份有关，如《鲍防碑》写墓主"公德本于孝，才归于用。从王牧人，即戎临事。大略以忠肃慈惠沈毅庄敏为称"，赞颂墓主忠君爱国的圣贤君子之风。《河南少尹裴公墓志铭》写墓主文采风流："生而颖秀，长而博辩。质如琼枝，文如春林。尤长记诵之学，酷重许与之契。耳目一历，辄在心口。意气相合，坐遗形骸。"《相国崔公墓志铭》写墓主热心王朝建设："以至诚大义，感悟圣主，中兴之业，见于言下。"歌颂其不拘奸佞，仗义执言："大历中，元载颛政，中外附之。公对扬内庭，数其不赦之罪。上颔之未谕，公抗词焉。寺人属垣，漏言于载。未几，有道州之役，逞憾故也。"《相国义阳郡王李公墓志铭》写墓主坚决反对军阀的利诱："代宗之初，仆固怀恩怙兵犯顺，公时再命汾州别驾，随州陷焉。怀恩雅奇公才，而惧公之不同，所以待公与卫公者偕切。公竟以智勇自脱，投身京师。"写其能谋善断、为国举贤："上方以怀恩为忧，不啻于禄山、思明之难，遣公进讨，公曰：'郭子仪领朔方之众，人多思之。怀恩因人之心，以邀其势，给其众曰：'子仪为鱼朝恩所戮。'劫而用之。今若复子仪之位，可不战而克。'上嘉而纳之。其后怀恩父子皆败，朔方有众，洎西北两蕃，望子仪而顿伏，皆如公策。"再写其坚决抗击军阀叛乱的政绩，赞扬其文韬武略、忠君爱国的高尚人格。其余如《福建观察使郑公墓志铭》《刑部郎中李府君墓志铭》《河南少尹裴公墓志铭》《秘书监致仕穆元堂志》《京兆少尹李公墓志铭》《骠骑大将军刘公墓志铭》《冠军大将军检校左卫将军开国男安定梁公墓志铭》及《汝州刺史陈公墓志铭》等，

---

①　[宋]欧阳修、宋祁：《新唐书》卷一六三，第 5016 页。
②　[五代]刘昫：《旧唐书》卷一五五，第 4116 页。

都注重描写墓主在维护王政一统、反对藩镇叛乱方面的贡献，歌颂其节义德操、军功政绩，体现出穆员身为中唐文人作碑文以弘扬孔孟儒道精神为中心，推崇济时用世、渴望王朝中兴的思想。这在其《秘书监致仕穆元堂志》中表现甚为明显。文章感叹墓主一生的才华贡献，肯定墓主以儒学礼乐之道为本的治国理念，通过引用别人对墓主的赞述之语，感慨"大道行，风教厚，人伦正"，彰扬孔孟儒道的重要意义，借以凝聚士心、振奋时政。而在此后描写墓主人品政绩的篇章中，则更凸显墓主身为忠臣烈士的贤儒风采：

> 天宝中，一命景城郡盐山尉。在官五年，凡七宰旁邑，三纪郡政，二介使臣。禄山作乱，以郡有煮海之富，属城之乘，使其党曰刘道元以假守之。公乃纠合同志，首唱大义，枭道元以绝禄山。而郡佐畏懦，多与公驳。史思明统众来寇，郡俾公保东光县拒之。思明骇公之才，使骑将持书通好，公立斩其使，以狥于邑。且封其书于郡，郡佐逾恐，且虑思明之见仇也，趣公罢摄。公尝佐黜陟使分巡列郡，与平原守颜公真卿阴图禄山当乱，所以御之之画，至是密遣家僮以手疏诣颜公。书无他辞，曰："夫子为卫君乎"，六字而已。颜公执书感泣，即日以军师之礼致公。公之许颜公也，以长子属于母弟，曰："唯所往，苟不绝先人之祀，吾无累也。"既而从颜公登陴誓众，以必死与之俱生，援绝孤城，公志愈厉。颜公麾下有非公所制者，伺公请沐，中夜迫颜公跳，比及于河，公方自拔。他日颜公诣行在所自讼，有立者公之力，无成者己之咎。[①]

通篇通过对墓主学问才识、人品政绩等多方面的描述，塑造出一位清白忠贞、节义昭然、为国为民奋斗终生的贤臣名儒形象，体现出穆员行文强烈的崇儒厚学、经世致用思想，此文是穆员为纪念其父穆宁而写，穆宁是中唐开元、大历间名士，以儒学闻世，又教子有方，家学厚朴，为世所赞。因此穆员行文真情流露，笔法生动流畅，非一般应酬之文可比。

基于时代背景和个人身份的原因，穆员的碑文，也多身世之叹、家国之思、命运之悲，伤感倾向明显。《京兆少尹李公墓志铭》写墓主死后："退居无具药之资，没代无护终之直。室有孀姊妹絜孤甥者数房，孀与孤者亡无

---

① ［清］董诰：《全唐文》卷七八四，第8201—8202页。

怙之恤。一女茕然。"由此感叹"为富不仁,为仁不当,信矣!积善余庆,何其不信哉!"《河南兵曹元公墓志铭》写墓主"忠竭于事上,孝终于报亲。许与然诺,著于气类。其莅官也,刚决坚利,致用如金。易人之所难,敢人之所畏",感叹:"何年官偕半,而不知者命迫焉。"《陆浑尉崔君墓志铭》针对墓主的命运,发出"才长命短,古有之矣"的无奈喟叹,这说明中唐社会后期,随着国力势运的不断衰落,文人对王政重振的图景愈加失望,对中兴大业的实现也愈加疑惑,于是转而关注个体命运及现实人生,由此促进其碑文创作中深沉的生命感思和忧患意识的形成。

　　文体革新贯穿了有唐一代,但主要局限于中唐时期,经过韩愈、柳宗元、刘禹锡等人的努力,兼之白居易、元稹等人从不同方面的支持,革新最终取得胜利,完成两重历史任务,一是以散体文反对骈文,一是以儒学反对佛老之学。以历史的观点来看,这一革新的成就是巨大的,当然,在唐代,散体文经历了比诗歌更为漫长曲折的发展道路,才形成繁荣兴旺的发展局面,这在碑志文创作领域都有切实的反映。晚唐以后,社会政治日薄西山,士心不振,文体革新趋于衰落,骈文又重新占据文坛,这些都影响到碑志文的创作。

第六章　大国落日　夕阳晚唱

——晚唐碑志文研究

晚唐大致从宣宗大中元年到唐灭亡(836—907),约七八十年时间。这一时期,唐朝国运衰朽之势明显,中央政权日显孱弱,国家在分裂的道路上愈走越远,广大士人仕进无路,报国无门,即使已在朝为官者,也痛感国事日颓、无力回天,普遍孳生起"运去不逢青海马,力穷难拔蜀山蛇"[①]的失望感和颓废心情。晚唐时期的文学,尽管也出现不少卓然成家的作者和脍炙人口的篇章,但都局限于诗歌、传奇小说领域。就文坛而言,没有出现张说苏颋、韩柳元白那样有号召力的领袖,文体改革之风也愈见低迷,所以古文衰落,骈俪文风又出现回归倾向,特别是因为政治混乱,经济下滑,立碑作志的风气不复兴盛,碑志文的创作也渐入低谷。晚唐碑志作家少,作品更少,无论数量还是质量都难以与前代相比,从杜牧、李商隐、罗隐等人的作品来看,多以骈体写就,内容上从江山之叹、家国之思转向更为细致绵密的个人情怀,感慨深沉,忧思厚重。生逢国破家亡,身处世纪之末,面对时代的巨大变化和人生的命运沉浮,文人倍感孤独无助而又无可奈何,因而忧思感伤、忧郁叹惋成为这个时代碑文创作的主旋律。

第一节　晚唐碑志文的时代特征

一、骈俪回归与体式转变

晚唐时古文不振,骈文重新兴起,这既有政治的原因,也有文学发展自身的原因。从元和后期至长庆、宝历年间,纵有士人立志改革,决心挽狂澜于既倒,以拯救危局,巩固中央政权,但时运不济,统治者又懦弱无能,文人的政治改革接连失败。文宗太和九年的"甘露事变"以后,李唐王朝的固有矛盾更加激化:内则统治者荒淫无道,造成宦官专权、朋党交争的格局;外则藩镇割据,军阀混战,农民起义连年不断。在这种形势下,文士们的心理发生巨大变化,

---

① 李商隐:《咏史》,[清]彭定求等:《全唐诗》卷五三九,第 6213 页。

对朝政王权失去信心,普遍有一种倍感大势已去、朝政无可挽回、国家不可救药的悲观心理。与上辈作家韩柳元白等相比,这一时期的文人即使关心朝政,希望有所作为,但他们中的多数人并不具备干预朝政、改革现实的条件和能力。这个时期的重要作家如杜牧、李商隐等人,都没有进入权力中心,大多游历地方,寄人篱下,在政治生活中处于无足轻重的地位。及至后来,文人们几乎沦为边缘群体,如皮日休、罗隐、司空图等人,常年漂泊流离,饱受颠沛之苦。在这种社会环境下,倡扬儒道、补察时政、泄导人情的现实主义文艺观念逐渐消失,代之而来的是反功利文学思想的兴起,如杜牧《答庄充书》提出"文以意为主"①,以之取代"文以明道"。李商隐《上崔华州书》:"始闻长老言,学道必求古,为文必有师法。常悒悒不快,退自思曰:'夫所谓道,岂古所谓周公、孔子者独能邪?盖愚与周、孔俱身之耳。'以是有行道不系今古,直挥笔为文,不爱攘取经史,讳忌时世。百经万书,异品殊流,又岂能意分出其下哉?"②更否定学道必求古和为文必有师法的思想,提出用写真性情去反对明圣人之道的理论主张,可见李商隐重视文章的艺术性,忽视其政教功能,这种思想在其碑志文创作中也多有反映。

中唐散体古文的兴盛,是朝政改革风潮下"文以明道"的需要。当时文体改革的一个重要内容,就是为了明道,借明道而振兴朝政,实现唐王朝的中兴。也就是说,主要是明道说的重功利文学思想推动着中唐的文体文风改革。但时至晚唐,随着政治改革的失败,文人心理状态发生变化,对朝政失去信心,反功利的文学思想出现了,追求文章形式美、忽视政治功能的唯美主义文风再度兴盛,特别是韩柳那样力倡复古的大师谢世多年,后继者皇甫湜、樊宗师又专事生涩之文,将古文创作引入歧途,引起士人对古体散文的质疑和扬弃,这一切使得骈体文回升成为社会需要,如《新唐书·高锴传》说:"开成元年,(锴)权知贡举,文宗自以题界有司,锴以籍上。帝语侍臣曰:'比年文章卑弱,今所上差胜于前。'郑覃曰:'陛下矫革近制,以正颓俗,而锴乃能为陛下得人。'帝曰:'诸镇表奏太浮华,宜责掌书记,以诚流宕。'李石曰:'古人因事为文,今人以文害事,惩弊抑末,诚如圣训。'"③晚唐前期,杜牧、李商隐、李德裕、李宗闵等人作碑文,虽不乏散体,但多以骈

---

① [唐]杜牧:《樊川文集》卷一三,第194页。
② 刘学锴等:《李商隐文编年校注》,中华书局,2002年,第108页。
③ [宋]欧阳修、宋祁:《新唐书》卷一七七,第5276—5277页。

体为准。晚唐后期,咸通至天祐年间,骈俪文甚为盛行,此时碑文也更多以骈体写就,散体碑文几乎消失殆尽,如吴畦《唐赠左散骑常侍汝南韩公神道碑》,张魏宾《唐故太原郡王处士墓志铭》,颜钦《唐故容管经略押衙银青光禄大夫检校太子宾客上柱国武威安府君墓志》,李频《朱太守祠碑》及至唐末黄滔、司空图等人作碑文,都追求骈俪风格。韩翃《魏博节度使田公神道碑》在铺叙家世勋爵之后,歌颂墓主在镇压军阀叛乱、维护王政一统方面的军功政绩:"时寇陷洛阳,遐迩震骇,大纵虏夺,以弸凶徒。唯公禁戢属兵,托以戒严他盗。时大雪满营,间无径术,逆帅巡行诸部,躬自劳寒,至公之营,疑其无人。公乃介胄辕门,出卒罗拜,阅数伍籍,不缺一人,逆乱之徒,尤加敬惮。"以四字偶句行文,气势雄壮,颇有弘扬国威军力,歌颂猛将、振奋士心之意。再如大和年间王玠作《大唐鄜坊丹延等州节度军前讨击使银青光禄大夫检校太子宾客上柱国北平环公故夫人广平郡程氏墓志铭》:"夫人爰自闺帏,素闻令淑。以秦晋之匹,叶琴瑟之和。聘于环公,二八载矣。公门馆洞开,宾寮日至。长林之下,萧洒清风;曲岸之傍,丰茸细草。或临流而笑语,或对酒以笙歌。饮膳足供,垒樽不燥。兹乃夫人有中馈之德,副君子好士之心。上客翕然,众口谈一,不亦美矣,不亦罕欤!岂图积善无征,忽遭斯疾。狂飙震激,绿树摧芳。於戏!四邻伤恸哭之声,丹旐惨高悬之色。吊宾盈路,孰不叹嗟。实乃夫人之节行也。"①虽藻饰用典,却显清新别致、温婉多情之美。

　　但是,晚唐骈文的回潮,并没有造成类似齐梁及初唐时骈俪碑文写作的绝对优势。晚唐仍有不少作家坚持古文写作,以散体作碑文,因此,从一定角度而言,文体革新的影响还在,这就造成晚唐碑志文坛散体与骈体并行的写作态势。如杜牧、孙樵、刘蜕、萧邺等人,致力于古文写作,不少碑志文就以散体写就,李商隐早年曾学古文,有散体碑志文一篇传世,其后专事骈文,又作骈体碑志文三篇。其他如李宗闵、李肇等均以散体作碑文,而同时代李德裕的碑志文则以骈体书写。大中以后,罗隐、皮日休、陆龟蒙以散体作碑文,其碑文愤激时事,感遇人生,更具有小品文的体征,而司空图则以骈体写碑志文。在思想内容上,这一时期的碑志作家行文也多关注现实、激励士民,不失经世致用之心,如杜牧一方面提出"文以意为主"的反功利文学思想,一方面

---

　　① ［清］董诰:《全唐文》卷七五七,第7861—7862页。

又在《上李中丞书》《注孙子序》《罪言》《战论》及《守论》中表达自己的救世主张。皮日休在《皮子文薮序》宣称自己写文章"其意必欲劝之忠孝,诱以仁惠,急于公直,守其节分,如此,非救时劝俗之所须者欤","其余碑、铭、赞、颂、论、议、书、序,皆上剥远非,下补近失,非空言也"①。这大抵是文须有补于政教得失的观点,是明道说的一种说法②。杜牧、李德裕的碑志文,字里行间流露出论兵言事、改革朝政的热情,刚正弘毅,救世之心热切,读之令人慷慨激昂,神气飞扬。后期罗隐、陆龟蒙等人的碑志文更是感慨历史、愤激时势,忧患民生,其深沉苍凉,抑郁厚重,有着相当的现实针对性和生命意识。

二、日渐衰落的创作趋势

晚唐时期,藩镇割据,军阀混战,党争激烈,使得唐王朝政局不稳,国力不振,民生困苦,而农民起义更是此起彼伏,连绵不断,大中十四年(860),浙东裘甫起义,咸通九年(868),桂林庞勋戍兵暴动,特别是僖宗乾符元年,爆发王仙芝、黄巢领导的大起义,坚持斗争十年之久,这些起义虽然最终都被镇压下去,但唐王朝为之也付出沉重的代价。为剿灭持续多年的农民起义,唐王朝不但耗费大量的物力财力,也被迫赋予藩镇更大的权力,如此使得唐王朝政局日益混乱、经济日渐凋敝。崔郾《唐义成军节度使高公德政碑并序》云:"自元和末岁,东土艰勤,调发征求,曷尝底宁,阴沴继灾,蒸人重困,田亩弃末耕,里门空杼轴,邑有疮痍,路有馁殍。征税徒限于编户,行赏不及于连营。"③在此情况下,无论官方民间,立碑作志的风气伴随着时代政治文化的大背景,自然趋于衰落。盛世之下,厚葬盛行,人们立碑作志,以求颂美铭功、夸饰墓主,自然带动碑志文的创作。而晚唐政局动荡,经济衰败,人心不古,一旦失去雄厚的物质财富作保障,官方民间自然难以遵行厚葬风俗。早在中唐宝应二年,曾担任过羽林中郎将、左卫军、敕封开国公的权贵梁慎初感于时乱多艰难,就告诫儿子要薄葬:"敛以时服,有棺而无椁可也。"④王权没落、江山风雨飘摇之际,人们颠沛流离,生命无常,

---

① ［清］董诰:《全唐文》卷七九六,第8353页。
② 罗宗强:《隋唐五代文学思想史》,第351页。
③ ［清］董诰:《全唐文》卷七二四,第7448页。
④ ［唐］梁肃:《冠军大将军检校左卫将军开国男安定梁公墓志铭》,［清］董诰:《全唐文》卷七八五,第8208页。

礼仪迷失,多无心无力去顾念死者,更谈不上为其立碑作志、铭功彰美,兼之离乱之际,法令不畅,大坟高碑,显扬厚葬,更易引起盗墓者的觊觎,为安全起见,人们于丧葬多便宜从事,碑制从简。陈齐之《故右内率府兵曹郑君墓志铭》感叹:"伯仲叔季,于执丧之礼,皆得顺变。即以其年秋八月……权葬于义行兴县。……从宜也。"①穆员《裴处士墓志铭》描写朋友死后的草葬情况说:"夫人京兆韦氏,挈未童之孤孙是逃锋刃,保朝夕之不遑,而逾月之礼盖阙,乃于其所殡焉。我慈亲念羁魂之靡托者,心不忘痛,永言改葬,与大事俱,世道多故,坎壈未集。"②当时更有丧葬不立碑及至停立碑刻的情况出现,王密《明州刺史河东裴公纪德碣铭》:"郡罹灾愈苦,井邑焚爇,遗骸积而不掩,生民仅有存者。"③皮日休《三羞诗·其三》:"夫妇相顾亡,弃却抱中儿。兄弟各自散,出门如大痴。……荒村墓鸟树,空屋野花篱。儿童啮草根,倚桑空赢赢。斑白死路旁,枕土皆离离。"④令狐绪《请停汝郡人碑颂奏》:"臣先父元和中特承恩顾,弟绚官不因人,出自宸衷。臣伏睹诏书,以臣刺汝州日,粗立政劳,吏民求立碑颂,寻乞追罢。臣任随州日,郡人乞留,得上下考。及转河南少尹,加金紫。此名已闻于日下,不必更立碑颂。乞赐寝停。"⑤如此境况下碑志文的创作自然受到影响。

相较于盛唐、中唐,晚唐碑志文的数量是最少的。初唐虽然也骈俪盛行,文风奢靡,但社会发展百废待兴、立碑作志的风气日趋兴盛,因此其碑志作家作品数量也远远超过晚唐,如杨炯、陈子昂都作有二十多篇碑文,王勃以骈文知名,也作有 10 篇碑文。至盛唐、中唐,因为政治文化风气等因素,文章大家张说、韩愈、柳宗元都作有七十多篇碑志文,其他如张九龄、颜真卿、李邕、元稹、白居易等,都作有相当数量的碑志文。而时至晚唐,因为社会动荡、政坛黑暗,经济不断下滑,民不聊生,如此导致丧葬风俗的从简和碑志礼仪的颓废,特别是由于晚唐文人地位低下,文体革新运动日渐衰落,作家们多各自独立创作,其零零散散,没有形成类似此前那样强有力的文学创作团体(如初唐四杰、文章四友、盛唐的燕许大手笔、中唐的韩柳元

---

① 〔清〕董诰:《全唐文》卷七四四,第 7705 页。
② 〔清〕董诰:《全唐文》卷七八五,第 8213 页。
③ 〔清〕董诰:《全唐文》卷七九一,第 8284 页。
④ 〔清〕彭定求等:《全唐诗》卷六〇八,第 7071 页。
⑤ 〔清〕董诰:《全唐文》卷七五九,第 7884 页。

白等），也没有像前辈作家那样具有借碑志文而推动文学变革、政治振兴的勇气和恒心。典型如杜牧、李商隐等，虽也文采出众，但创作碑志文的数量则远逊于前辈作家，而皮日休、罗隐、陆龟蒙等人，甚至不乏投入黄巢义军，参加了推翻唐王朝的战斗，其以小品文形式作碑志，嬉笑怒骂，刺贪刺虐，体现出对现实政治的彻底否定。和前期相比，晚唐不仅碑志作品少，就是相比于制诰、奏议、论辩等同时代其他应用文体，晚唐作家创作碑志文也是最少的，如李德裕以文知名，其"雄奇骏伟，与陆宣公上下"①，其作有文赋32篇，论说文45篇，序记文13篇，而作碑志文仅3篇。李商隐写有神文22篇，祭文12篇，斋文6篇，而作碑文仅4篇。罗隐以文名世，其为人作列传多达20篇，而作碑文仅3篇，为方便起见，兹以下表予以比较说明：

	作者及生卒年	碑志	制诏	书说	颂赞	辞赋
初唐	虞世南（558—638）	2	0	0	0	4
	于志宁（588—665）	9	0	3	0	0
	王勃（约650—约676）	11	0	15	15	12
	杨炯（约650—约693）	25	0	0	29	8
	陈子昂（659—700）	21	0	16	1	1
盛唐	苏颋（670—727）	17	212	1	11	1
	张九龄（678—740）	19	124	3	6	2
	张说（667—730）	71	0	9	37	0
	李白（701—762）	5	0	6	19	8
	李邕（678—747）	29	0	0	0	5
	王维（699—761）	13	1	3	6	1
	颜真卿（709—784）	39	0	17	3	1
中唐	韩愈（768—824）	76	1	61	5	5
	柳宗元（773—819）	71	0	62	6	12
	刘禹锡（772—842）	16	8	13	1	11
	元稹（779—831）	15	165	9	0	8
	白居易（772—846）	26	367	10	16	17
	穆员（约750—约810）	24	0	0	7	0
晚唐	李德裕（787—850）	6	69	16	3	32
	杜牧（803—约852）	16	101	31	0	3
	李商隐（约813—约858）	5	0	50	0	2
	罗隐（833—909）	2	0	22	0	5
	皮日休（约838—约883）	6	0	4	3	4
	陆龟蒙（？—约881）	1	0	1	1	19

如表所示，唐代碑志文的创作是一脉相承的，自初唐至晚唐，相较于其

① ［清］王士禛：《池北偶谈》卷一七《会昌一品集》，齐鲁书社，2007年版，第340页。

他文体,碑志文的创作盛行不衰,每位作家都有所涉猎。盛唐、中唐是碑志文创作的繁荣阶段,这一时期,碑志作家多,作家更多,像张说、李邕、韩愈、颜真卿、柳宗元、刘禹锡、穆员等,创作碑志文多居其各体文章之首,而自晚唐起,碑志文渐渐退居其次,在作家作品创作中日渐靠后,沦为边缘文体。不但如此,这一时期碑志文的整体风格也难以同前代媲美,其气格卑弱,谈不上盛唐碑文的昂扬奋发刚健清新,甚至也缺少中唐碑文那种力挽狂澜、力图中兴的勇气和精神。晚唐初期三十多年间,杜牧、李德裕的碑文还残存着些许匡救衰世末俗、知其不可为而为之的亮光。迨至唐宣宗大中八年(852),杜牧去世,随后的大中十三年,唐代文坛的最后一颗巨星李商隐也谢世,使得本已寂寞的唐代文坛更为寂寞。此后唐朝政坛也进一步黑暗腐朽,无可挽回地走向彻底崩溃的穷途末路。

从咸通元年到唐哀帝天祐四年(907)这四十八年,晚唐社会各种社会矛盾激增,日益衰朽,直至灭亡。这一时期文学创作也更为衰落,没有出现任何大家。文人如杜光庭、吴融等人,莫不奔走势要,倚依强藩,苟且偷安,创作上可谓"但山川草木,雪风花月,或以古之故实为景题赋,于人物情态为无余地;若夫礼乐刑政、典章文物之体,略未备也"①。就碑志文而言,像皮日休、罗隐、司空图等人,虽也有作品问世,但数量偏少,思想内容上也缺少雄浑博大之气,多怀古伤今,感怀历史,抒发生命的悲情,透露出末世的伤悼情调和愤激意识。至于个别碑文,还有颂美之意,如叔孙矩《大唐扬州六合县灵居寺碑》,描写寺庙的壮美,期间有"我大和皇帝陛下篡玄元,等紫极,炳焕日月,恢拓寰宇"的颂词,但粉饰太平,歌颂末世,属于文人应酬之作,极尽客套虚浮之语,可谓自欺欺人。其他如陈会《彭州九陇县再建龙兴寺碑》、贾防《新修曲阜县文宣王庙记》等,借描写寺庙的重建而应时制景、美饰王政,其意虽在颂美铭功,但更多的是慨叹历史,将政治风云变化、王朝的强盛衰败与寺庙兴废联系起来,感慨深沉,苍凉冷峭。此类建筑碑文无论思想内容还是篇幅形制,已经不复初唐、盛唐和中唐同类碑文的气势。"这一时期,文人们四顾茫然,不知所措,空前浓厚的忧患意识在啃噬他们脆弱的心灵,使得他们不但不能再现初唐的雍容华贵绮艳华靡和盛唐的乐观昂扬刚健奋发,也不能模拟中唐的力图中兴、挽狂澜于既倒的悲壮精神,

---

① 〔清〕陈鸿墀:《全唐文纪事》卷一二一,第1481页。

盛行的只是一些对于衰世末俗的无奈的喟叹与绝望的哀吟了,其怀古伤今,苍凉深邃。这时碑志文坛混乱萧条的景象,正与社会政治经济和文化领域的混乱而萧条的景象一致。在这种情况下,这一时期有限的碑志作品,风格趋向淡泊闲雅,怀古伤今,幽思深邃,用意幽微,情思绵密隐晦,长江大海、高山大河海式的盛唐气象和中唐气派消失了,盛行的多是这些峭拔幽邃、清冷别致的零星式清溪曲涧、流觞曲水式小景。在体裁样式上,这一时期的碑志作家,再也不像张说苏颋、韩愈柳宗元那样操纵自如,大开大合,洋洋洒洒,凌云健笔,恢宏大气,包容丰富,动辄写出两三千字的碑志雄文了,而只能局促地经营摆弄几百字甚至不足百字的即兴小品文式碑文。并非是这些作家缺乏才性和气度,而是现实社会已经失却奋发向上的时代精神,再也引不出作家悲壮宏阔的激情远志,迫使他们转移艺术目光,去低声细吟地为行将灭亡的王朝唱一些短小苍凉的挽歌,或是为茫茫尘世中进退维谷的渺小的自我发几声生不逢时的微弱叹息。这是时代的不幸,也是碑志文发展的不幸。"①

三、苍凉的生命感怀和浓厚的末世咏叹

晚唐碑志文的明显转变,是其思想内容中流露出浓厚的生命感怀和末世咏叹。随着时间推移和社会风气的影响,以文以明道、挽救时弊为目的的文学思想,正逐渐失去其影响,中唐文学的感伤情调至此被进一步深化和加强。晚唐文人的创作倾向于抒写个人情思,视野较为内向,很少着眼于民生疾苦、社会疮痍,而是主要着眼于表现人物矛盾复杂的内心世界,表现个人生活情趣及命运感怀。这一时期的碑志文无论写平民还是写达官显宦,都表现出一种浓厚的伤悼情调和末世情思,如杜牧《自撰墓铭》,文中不叙写个人的才华功绩,而多处写到梦幻,以记梦而行文,如"去岁七月十日,在吴兴梦人告曰:'尔当作小行郎。'复问其次,曰:'礼部考功为小行也。'言其终典耳。今岁九月十九日归,夜困,亥初就枕寝,得被势久醋而不梦,有人朗告曰:'尔改名毕。'十月二日,奴顺来言'炊将熟甑裂',予曰:'皆不祥也。'十一月十日,梦书片纸'皎皎白驹,在彼空谷'。旁有人曰:'空谷,非也,过隙也'"。短短一百多字中,写到三次不同的梦境,三次梦境均涉及

---

① 吴庚舜、董乃斌:《唐代文学史》(下),人民文学出版社,1995 年,第 420—422 页。

到作者的官阶、名讳和寿命,将荒诞不经的梦写入墓志铭,透露出杜牧人生如梦的思想,其生命感思是深厚而苍凉的。在《唐故进士龚轺墓志》里,杜牧通过朋友的回忆,感慨墓主的离奇死亡,对生命的短暂与不可把握表示无尽的伤悼和感慨。再如《唐故岐阳公主墓志铭》,咏史怀古,感叹朝政兴衰,人世变迁,写当初宪宗皇帝将岐阳公主下嫁时,场面宏大,礼遇隆重,"酒食金帛,奉内乐降嫔御送行。赐第堂有四庑,缋椽藻栌,丹白其壁,派龙首水为沼",可谓"隆贵显荣,莫与为比",婚后公主生活逐渐平民化:"卑委怡顺,奉上抚下,终日惕惕,屏息拜起,一同家人,礼度二十余年。"此后朝政日益败坏:"当贞元时,德宗行姑息之政,王武俊、王士真、张孝忠子联为国婿。……以其子配以长女。皆挟恩佩势,聚少侠狗马为事,日截驰道,纵击平人,豪取民物,官不敢问。"墓主虽贵为公主,但病重时,丈夫奉急追诏,无法亲临关怀,导致公主最终"薨于汝州长桥驿",殁于乡野。杜牧通过墓主从皇帝女儿到平民妇人身份的转变,写其从尊贵无比到病死荒野,意在怀古伤今,感慨人生变迁,历史无情,一切繁华荣贵,终将伴随政治风云而消失殆尽,无法长驻。这其中隐含着杜牧对于现实的衰败已经无法挽回的深深感触,也包含着对人生哲理的体认。

　　晚唐碑志文中关于人类生老病死、富贵与贫穷的交替轮回的描写,反映着这时期士人对于唐王朝衰落的理性认识,他们怀着对过去繁华昌盛的眷恋,又带着一种无可奈何花落去的心情,接受挽救时弊、中兴伟业已成梦幻的现实,从中体认到王朝的盛衰兴亡,如同人生的生老病死、富贵与贫穷轮回一样,不可抗拒,不可违背,这是生活的哲理,是历史的必然规律。这种矛盾复杂的心情,在其碑志文中表现得既深沉浓烈而又平静坦然。杜牧有许多这样的碑志文,写得极为精彩,如《唐故范阳卢秀才墓志》虚构了一个西京之国,其国富民强、太平盛世:"万国皆持其土产,出其珍异,时节朝贡,一取约束。无禁限疑忌,广大宽易,嬉游终日。但能为先王儒学之道,可得其公卿之位,显荣富贵,流及子孙,至老不见战争杀戮。"这实际上是对盛唐理想社会的翻版。墓主为之求学奋进,常怀致君尧舜之才略,但可惜壮志未酬、遇盗而死。功名富贵,英雄伟业,人生宏图,一切都化为云烟,消逝在永恒的时间里,也存在于永恒的时间里,其感慨深沉,寄意悠远,行文颇具陶渊明《桃花源记》之风。

　　这一时期的文人,已经不像前朝作家,在碑文中流露出对功名富贵的渴望,对人生建功立业、雄心壮志的歌咏与追求。晚唐碑文作家普遍都有一种生不逢时、大势已去、无可奈何的文化心理,因此,其对功名利禄、荣华富贵的关注自然呈现出消退趋势,代之而起的,不是对人生张扬理想、建功立业的讴歌,而是对仕途经济、富贵轮回的淡漠与彻悟。在晚唐作家心目中,功名富贵、权力荣华等,都如同过眼烟云,转瞬即逝,不能持久,唯有生命是真实的。孙樵《唐故仓部郎中康公墓志铭并序》中对于墓主之死感叹:"天歼正人,诚疲民之不幸,非公之不幸也。"①发出时势轮回、天命难违的悲鸣。除对功名的淡漠外,晚唐作家还更多流露出生命的悲情意识,如李商隐《道士胡君新井碣铭》,通过墓主胡道士的遭遇,抒发人生的感慨。陈齐之《故右内率府兵曹郑君墓志铭》感叹离乱之年的生命无常:"其生也天,其死也天,死生皆天兮,何适非然? 呜呼,苟不达于此,哀何胜焉!"透露出对生死富贵的无奈的彻悟感。其余如李德裕《唐故左神策军护军中尉兼左街功德使知内侍省事刘公神道碑铭》《唐故开府仪同三司行右领军卫上将军致仕上柱国扶风马公神道碑铭》,路岩《义昌军节度使浑公神道碑》,张元孙《唐故仗内教坊第一部供奉赐紫金鱼袋清河张府君墓志铭》,魏则之《唐故正议大夫行内侍省内寺伯上柱国陇西郡开国子食邑五百户李公墓志铭》,许胜《唐故卢龙节度衙前兵马使兼知船坊事银青光禄大夫检校太子宾客兼监察御史上柱国陇西董府君墓志铭并序》,褚颙《任府君墓志铭》,李玄述《唐故汝南周府君墓志铭并序》,卢庠《唐故鄂岳都团练太原王公墓志铭》,焦敏《唐故陇西李公墓志铭》及李都《唐故御史中丞孙公汀州刺史墓志铭并序》等碑文,尽管不少夸饰军功政绩,恢弘志气之语,但字里行间,都弥漫着一种浓烈厚重的伤悼情思。朝政腐败,大势已去,一切不可挽回,纵使英雄万般呕心沥血,壮志凌云,力图振兴,但时不我与,繁华锦绣,竟成往事。英雄的雄心抱负、聪明才干,最终都因朝政的腐败、党争的掣肘、藩镇的混乱、民生的流离等而空梦一场,付诸东流。凡斯种种,都体现着身处末世的文人,在倍感大势已去、朝代将终之前的历史大背景下对自我人生理想与价值的深沉叹惋与感伤。

四、咏史怀古与追求隐逸的情调走向

相较于盛唐中唐,晚唐碑志文坛的显著变化是咏史怀古类碑志文的兴

---

① 〔清〕董诰:《全唐文》卷七九五,第 8340 页。

起,碑志作家多借历史人物的遭遇,诉说岁月变迁,抒发人生感怀,这在题材内容上可谓对碑志文的扩展和创新。按照传统,碑志作家的描写对象,多是和自己有着一定社会关系的人物,多属于同一时代。而晚唐碑志作家突破这一局限,其将碑志文的描写对象扩展到遥远的历史人物,借历史人物的遭遇而抒发自我的叹惋之情,可谓咏史怀古,以古喻今,如殷侔《窦建德碑》,孙樵《刻武侯碑阴》《舜城碑》,皮日休《咎繇碑》《春申君碑》等,都通过叙写前朝英雄人物的性格命运和经历,感慨历史的风云变幻及人生成败的不可把握,缅怀历史,忧伤时世,发出"天下有道,则正人在上。天下无道,则正人在下"①的悲鸣。而皮日休的《文中子碑》《首阳山碑》,罗隐的《梅先生碑》则借抒写前朝名儒名士的才华贡献、身世际遇,引发出唐末乱世之中士人的家国之思、身世之叹,体现出追求遁世消隐的思想倾向。卢肇《宣州新兴寺碑铭》则以时间为序,将寺庙兴废与统治者的政治得失及王朝的历史命运结合起来,借写寺庙建筑的历史来感慨王政更替、人事沧桑,追古怀今,感慨深沉,具有强烈的历史思辨精神。

　　中唐不少作家如韩愈、柳宗元等,在碑文中也不少寒士之叹,感慨岁月无情,人生短暂,为墓主的怀才不遇而鸣不平,但其生命感怀是基于对封建王朝的心存幻想,希望其重视人才、使士人才得其用,以效力国家、成就功业、振兴时政,可以说,韩柳的人才观念与生命感怀是建立在寄意王朝中兴、挽救时弊的基础上,对封建王朝还存有相当的希望与信心。而晚唐文人感慨生命,伤悼人生命运,字里行间体现出对封建王朝的绝望和否定。"夕阳无限好,只是近黄昏",这一时期,文人们普遍认识到在大自然面前,人是多么的渺小,命运又是多么的脆弱和难以把握!唐王朝已经病入膏肓、日薄西山、苟延残喘,其衰亡已成定势,任何人都无力改变现状,所谓起死回生、重振大业的理想已成空梦。文人们在碑志文中伤叹历史、怀念古人、观照自我,不是为了呼唤统治者进行政治改革以重振国威,而是对王政对国势表达出无可奈何与彻底否定,其生命感怀和伤悼情调比中唐文人更为浓厚抑郁、深沉苍凉。

　　此外,晚唐时从官方到民间,礼佛之风盛行,这就使得在晚唐为数不多的碑志文中,有不少篇幅是写给高僧名士的,如裴休3篇碑志文皆为高僧

---

① 　罗隐:《梅先生碑》,[清]董诰:《全唐文》卷八九六,第9356页。

所作。其他如刘轲《智满律师塔铭》《庐山东林寺故临坛大德塔铭》《大唐三藏大遍觉法师塔铭》,皎然《唐湖州佛川寺故大师塔铭》等,都属此类。其中尤以会昌年间苏绛为贾岛所作《贾司仓墓志铭》最为闻名,其文曰:

> 公讳岛,字浪仙,范阳人也。自周康王封少子建侯于贾,因而氏焉。谊则大汉太傅,寅则晋尚书,由是徽音流远。祖宗官爵,顾未研详。中多高蹈不仕。公展其长材间气,超卓挺生。六经百氏,无不该览。妙之尤者,属思五言。孤绝之句,记在人口。穿杨未中,遽罹诽谤。解褐授遂州长江主簿。三年在任,卷不释手。秩满迁普州司仓参军。诸侯待之以宾礼。未尝评人之是非。丰骨自清,冥搜至理。悟浮幻之莫实,信无生之可求。知矣哉!又工笔法,得钟张之奥。所著文篇,不以新句绮靡为意,淡然蹑陶谢之踪。片云独鹤,高步尘表,长沙裁赋,事略同焉。伫望遭时,紫泥必降,优游华省,游泳清涂。噫!修短定期,数岂能越,会昌癸亥岁七月二十八日,终于郡官舍,春秋六十有四。呜呼!未及浃旬,又转授晋州司户参军,荣命虽来,于公何有?痛而无子。夫人刘氏,承公遗旨,粤以明年甲子三月十七日庚子,葬于普南安泉山。虑陵谷变迁,刊石纪时。绛忝公知已,见命为志词,仍为之铭曰:

> 猗欤贾君,天纵奇文。名高天下,鹤不在云。蚤振声光,高步出群。今则已矣,馨若兰薰。①

写贾岛一生文采出众,"六经百氏,无不该览",也曾任职"长江主簿"、"司仓参军",但最终遁入空门,可谓"悟浮幻之莫实,信无生之可求。知矣哉",借贾岛的遭遇描写末世之中士人无奈的人生选择和价值取向,反映出这一时期的文人在倍感世事离乱、生命无常时对避世隐逸生活的肯定和向往。

就篇幅而言,晚唐的碑志文多短小精简,这和盛唐、中唐碑志文动辄上千字的鸿篇巨制形成鲜明对比。杜牧的碑志文大都千字以下,这其中就包括一些为达官显宦写的碑志文,如《唐故处州刺史李君墓志铭》《唐故淮南支使试大理评事兼监察御史杜君墓志铭》等,而其《唐故复州司马杜君墓志铭》《唐故邕府巡官裴君墓志铭》《唐故灞陵骆处士墓志铭》,多者不过六七

---

① 〔清〕董诰:《全唐文》卷七六三,第 7937—7938 页。

百字。白居易一生文名广博,位高权重,李商隐为其作《刑部尚书致仕赠尚书右仆射太原白公墓碑铭》,也不过千把字。其后陆龟蒙、罗隐等人的碑文篇幅更小,类似小品文,如罗隐最长的《吴公约神道碑》也不过五百多字。

第二节　杜牧、李德裕、李商隐的碑志文

一、杜牧的碑文

身为晚唐文学大家,杜牧也以撰写碑志文而知名。《全唐文》收录其碑文 16 篇,就此数量而言,算是这一时期创作碑志文较多的作家。杜牧生活于晚唐敬宗宝历至咸通年间,从年龄上讲,杜牧生于公元 803 年,比韩愈小 35 岁,比元稹小 24 岁。韩愈去世时,杜牧 21 岁,白居易去世时,杜牧已经 43 岁。韩愈死后 28 年,杜牧去世。因此可以说杜牧生活于中唐古文运动的遗风尚持续的时间段,其为文也更多受到韩愈文风的影响,这从杜牧对韩愈的推崇就可以看出。杜牧在《书处州韩吏部孔子庙碑阴》中说:"自古称夫子者多矣,称夫子之德,莫如孟子;称夫子之尊,莫如韩吏部。"[①]可见其学本于儒家,对孔孟韩愈极为推崇。韩愈的文学主张以挽救时弊、振兴政治为核心,具有鲜明的功利性,这在中唐以后受到文人的普遍重视,很多有经世治国抱负的文学家,都把文学看成是表达政治理想的工具。杜牧更不例外,其《上知己文章启》说:"伏以元和功德,凡人尽当歌咏记叙之,故作《燕将录》;往年吊伐之道未甚得所,故作《罪言》;自艰难来始,卒伍佣役辈,多据兵为天子诸侯,故作《原十六卫》;诸侯或恃功不识古道,以至于反侧叛乱,故作《与刘司徒书》;处士之名,即古之巢、由、伊、吕辈,近者往往自名之,故作《送薛处士序》;宝历大起宫室,广声色,故作《阿房宫赋》。"[②]说明自己作文的现实针对性。在《答庄充书》中,杜牧进一步阐述自己的文论主张说:"凡为文以意为主,气为辅,以辞采章句为之兵卫。……苟意不先立,止以文采辞句,绕前捧后,是言愈多而理愈乱,如入阛阓,纷然莫知其谁,暮散而已。是以意全胜者,辞愈朴而文愈高,意不胜者,辞愈华而文愈鄙。是

---

①　[唐]杜牧:《樊川文集》卷六,第 106 页。

②　[唐]杜牧:《樊川文集》卷一六,第 241 页。

意能遣辞,辞不能成意。大抵为文之旨如此。"并借之评价庄充的文章:"实先意气而后辞句,慕古而尚仁义者。"①在《上宣州高大夫书》中,杜牧又提到文章"旨意所尚,皆本仁义而归忠信"②,可见其反对重辞采轻内容的形式主义文风,强调意气的重要性,而意气之本,就在于"仁义"。韩愈倡导:"仁义之人,其言蔼如也","行之乎仁义之途,游之乎《诗》《书》之源,无迷其途,无绝其源,终吾身而已矣","气盛则言之短长与声之高下皆宜"③。而杜牧文论思想与之基本一致,由此可见,杜牧行文,受到中唐古文运动的影响,注重儒家关于文章政教功能的发挥,致用精神强烈,可谓对中唐韩柳"文以明道"说的修正,这在其碑志文创作中也多有反映。

《书处州韩吏部孔子庙碑阴》是杜牧在拜读韩愈《处州孔子庙碑》后专做的一篇碑文,杜牧深为韩愈崇儒扬道的品行感动,行文借弘扬孔子的理论学说而引发对韩愈的赞扬。在碑文开头,杜牧提出"天不生夫子于中国,中国当何如? 曰不夷狄如也"的论点,从秦始皇焚书坑儒写起,写商鞅变法失败,写燕昭王、秦始皇、汉武帝等迷信道家长生不老学说贪食丹药而死,写梁武帝以身事佛身死国灭,历数教训,指斥佛老虚妄学说的危害,赞扬孔子的历史贡献:"倪不生夫子,纷纭冥昧,百家斗起,是已所是,非已所非,天下随其时而宗之,谁敢非之"、"若不生夫子,是知其必不夷狄如也"。对孔子在创立儒学、传承民族文化方面的功德作了高度评价。在碑文最后,杜牧写道:"自古称夫子者多矣,……称夫子之尊,莫如韩吏部,故书其碑阴云。"表明自己对韩愈尊孔崇儒思想的肯定和赞扬,也点明作此文的目的。《唐故江西观察使武阳公韦公遗爱碑》是大中三年杜牧奉旨为曾任江西观察使韦丹写的一篇碑文。碑文追忆韦丹忠贞报国、勤政爱民的一生,叙写其任职容州时于民"教种茶麦,多开屯田"的政绩,赞扬其任官谏议大夫时为剿灭叛军而不畏强暴、忠直敢言的品德。重点通过韦丹任职洪州前后的对比,歌颂其在减免税赋、驱除水患、整修田舍、促进生产等方面的惠民之政。韦丹是中唐元和年间名臣,时论为贤能第一,韩愈曾为之作《江西观察使韦公墓志铭》以颂扬。杜牧作此碑文,意在承韩愈之意,借韦丹之风范而弘扬士风,凝聚人心,以图政治振兴,这不仅是杜牧个人的意愿,也是当时

---

① 〔唐〕杜牧:《樊川文集》卷一三,第195页。
② 〔唐〕杜牧:《樊川文集》卷一二,第182页。
③ 韩愈:《答李翊书》,马其昶:《韩昌黎文集校注》,第169—171页。

唐朝君臣的普遍意见。杜牧在碑文开头写道："大中三年正月二十日,诏书授史臣尚书司勋员外郎杜牧曰:'汝为丹序而铭之,以美大其事。'"又云:"今下明诏,刻丹治效,令得与元和功臣,彰中兴得人之盛,悬于无穷,用古道也。"点明作此碑文的目的和来由。

　　因为时代的原因,杜牧的碑文虽不乏铭功颂美意味,但叙写内容上更多出现衰世景象,其在赞颂墓主种种忠正敢为、惩治邪恶的政绩的同时,也揭示晚唐因时局动荡而王权惟危、士心不振、吏治败坏及朋党风行等黑暗腐朽的社会政治风气,体现出强烈的现实针对性。《唐故太子少师奇章郡开国公赠太尉牛公墓志铭》赞扬墓主一生"忠厚仁恕,庄重敬慎"的高风亮节,堪称国之栋梁。写其勇于直谏,力主惩办腐败官员:"宿州刺史李直臣以赃数万败,穆宗得偏辞于中,称直臣冤,且言有才,宰相言格不用。公以具狱奏,上曰:'直臣有才可惜。'公曰:'彼不才者,无饱食以足妻子,安足虑。本设法令,所以缚束有才者。禄山、朱泚,是才过人而乱天下。'"写其清正廉洁,坚决拒绝权臣的贿赂:"公武赏宏书,献公钱千万,公笑曰:'此何名为? 公亟持去。'"从侧面反映晚唐官场贪污腐败、贿赂盛行的不良风气。另外,杜牧此文还对晚唐政坛朋党林立、明争暗斗的风气进行揭露,如写朝臣内讧:"郑注怨宋丞相申锡,造言挟漳王为大逆,状迹牢密,上怒必杀。公曰:'人臣不过宰相,今申锡已宰相,假使如所谋,岂复欲过宰相有他图乎。臣为中丞,爱申锡忠良,奏为御史,申锡之心,臣敢以死保之。'上意解,由是宋不死。"不但如此,杜牧还将揭露的矛头进一步深入,如写墓主反对道学,直言当朝皇帝的虚妄荒诞:"敬宗即位,与武士畋宴无时,征天下道士言长生事,公亟谏曰:'陛下不读元元皇帝《五千言》,以清静养生,彼道士皆庸人,徒夸欺虚荒,岂足师法。'"以碑志之笔,展现晚唐帝皇昏庸、士心离散、政局腐败、国运衰微的种种迹象,由此可见杜牧行文史笔实录式严肃认真的写作态度。

　　在暴露时代黑暗的同时,杜牧更注重描写乱世英雄的美德懿行、功绩节操,彰显仁义道德的重要性,体现出杜牧的人格理想和价值观念。《唐故东川节度检校右仆射兼御史大夫赠司徒周公墓志铭》写墓主坚决惩办奸邪豪强,保境安民,举措得力:"公既得八州,施展教令,申明约束,发以虔守陈弇赃,坐弇以法死,吏手胶拳,穷乡远井,如公在旁。缚出洞寇刘大朴,大朴徒数百人,劚拔根脉,无有遗失。彭蠡东口,戍五百人,上下千里,无一贼迹。"写墓主不畏权贵、主张实录实证的修史精神:"李太尉德裕会昌中以恩撰元和朝实录四十篇,溢美其父吉甫为相事,公上言曰:'人君惟不改史,人臣可改乎?《元和实录》皆当时名士目书事实,今不信,而信德裕后三十年自名父功众所不知者而书之,此若垂后,谁信史?'竟废新本。"写其忠言直谏、反对官吏邀功请赏及跑官要官的恶行:"并帅王宰铲所部财货,承事贵幸,自请来朝,声言我取平章事镇大梁。公上言曰:'宰破太原取汴梁,不知天下治所凡几,得知太原汴之大者,可饱宰欲?乞宰还镇,自补其残。'后二日,还宰诏下。驸马都尉韦让求为京兆尹,公言曰:'尹坐堂上,阶下拜二赤县令,属官将百人,悉可笞辱。非有德者,京兆不可为,岂止取吏事。'让议竟寝。自此非道求进者,鼠遁自屏。"《唐故宣州观察使御史大夫韦公墓志铭》写墓主韦温不惧时议,独自谏言,反对皇帝更改名号:"事文宗皇帝。时宰相百吏,愿条帝功德,撰号上献,公独再疏曰:'今蜀之东川川溢杀万家,京师雪积五尺,老幼多冻死,岂崇虚名报上帝时耶。'帝乃止。遂讫十五年不答尊号事。"写其维护朝堂大统,但对随意废立太子:"庄恪太子得罪,上召东西省御史中丞郎官于内殿,悉疏庄恪过恶,欲立废之,曰:'是宜为天子乎。'群公低首唯唯,公独进曰:'陛下唯一子,不教,陷之至是,太子岂独过乎。'上意稍平。"通过墓主的作为,展现晚唐朝廷"千夫诺诺,不如一士之谔谔"的政治风气。《唐故处州刺史李君墓志铭》写墓主李方元为民兴利的仁义之政:"凡四年,政之利病,无不为而去之,罢去上道,老民攀哭。"诸如此类爱民政治,杜牧都予以着重书写,以实现其创作探寻"治乱兴亡之迹,财赋兵甲之事,地形之险易远近,古人之长短得失"[1]之目的。杜牧的碑文说明晚唐早期,时人对于王朝振兴还有着一定的期望,主张为文的现实功利性和社会功能,还受到中唐挽救时弊、整顿士风创作思想的影响,在思想内容上有着相当的王权一统意识和政治是非观念,在人物评判上也多以此为要,彰显儒家仁义道德学说的重要性。钱基博评论杜牧的碑志文:"如行云流水,随笔曲注,而情事都尽;盖得韩公之雄直,而力祛涩艰;开宋人之机利,而妙尽顿挫;波有余漳,笔无滞机。……晚唐学韩文而得其雄直者,杜牧也。"[2]

---

① [唐]杜牧:《上李中丞书》,[唐]杜牧:《樊川文集》卷一二,第183页。
② 钱基博:《中国文学史》,第389页。

　　杜牧作碑文,固然继承韩愈的思想传统,在倡扬儒家王道政治、反对佛老虚诞学说、讴歌士吏仁政爱民及反对军阀叛乱的品行政绩方面,都有着鲜明的表现,但在具体写法上,又和韩愈有着区别。韩愈经常打破碑志文的传统结构及写法,行文多有志无铭,体例上也多加创变,通常不从墓主家世履历写起,而从回忆交游乃至死者家属哭诉之语写起,写法上更是以议论抒情为文、以小说化情节为文,以抒发不平之鸣为文,个性化感性色彩十足,体现出更多文学散文的特征。杜牧作碑志文不似韩愈追求奇崛险怪、创新多变的风格。相比之下,杜牧的碑志文规范工整,更多显示出史传文学的特色,其结构上志铭结合,体例完整,一般先从墓主家世写起,逐渐铺叙其生平经历,就其大事做重点描述,情感内敛而深厚,用语精准而质朴,不虚饰不溢美,不妄赞不谀墓,更显平易质朴、谨严练达的文风。杜牧碑文史传风范的形成,和其家学传统有关。杜牧家学厚朴,其祖父是著名史学家杜佑,杜牧在《注孙子序》中说:“某幼读礼,至于四郊多垒。”①又在《冬至日寄小侄阿宜诗》云:“旧第开朱门,长安城中央。第中无一物,万卷书满堂。家集二(一作三)百编,上下驰皇王。”②此所谓家集,即指二百卷《通典》,可见杜牧从小受到良好的家庭教育。其《上池州李使君书》说道:“仆自元和以来,以至今日,其所见闻名公才人之所讨论,典刑制度,征伐叛乱,考其当时,参于前古,能不忘失而思念,亦可以为一家事业矣。”③可见杜牧对于其祖父的推崇。此外,大中二年杜牧担任史馆修撰,五年又任知制诰等职,由此更奠定杜牧深厚的史学功底。

　　杜牧继承其祖杜佑《通典》经世立言、是古非今的儒学观点,认为作碑文需“事必直书,辞无华饰,所冀通衢一建,百姓皆观,事事彰明,人人晓会”④。杜牧的碑志文以史为证,据实写来,对时代政治运动风云多有记录,其不避讳,不隐恶,不虚美,微言大义,引而不发,书写精当而准确,体现出明显的史传特色。除揭示晚唐帝皇昏庸、吏治腐败、贪污横行、政风不畅的社会风气外,还对当时党争的残酷多有展现,如《唐故东川节度检校右仆射兼御史大夫赠司徒周公墓志铭》写唐文宗时甘露事变前后的朝政:“李公

　　①　[唐]杜牧:《樊川文集》卷十,第151页。
　　②　[清]彭定求等:《全唐诗》卷五二〇,第5984页。
　　③　[唐]杜牧:《樊川文集》卷一三,第192页。
　　④　杜牧:《进撰故江西韦大夫遗爱碑文表》,[唐]杜牧:《樊川文集》卷一五,第221页。

宗闵以宰相镇汉中,辟公为殿中侍御史行军司马。后一年,复以殿中书职征归。时大和末,注、训用事。夏六月,始逐丞相宗闵,立朋党语,钩挂名人,凡百日逐朝士三十三辈,天下悼慑,以目受意。"《唐故淮南支使试大理评事兼监察御史杜君墓志铭》则从侧面反映民间对于甘露之变的态度:"李丞相德裕出为镇海军节度使,辟君试协律郎为巡官。……君曰:'训、注必乱,可徐行俟之。'至汴,二凶败。"通过这些描写,记录政治风云变幻,表现杜牧深切的忧国之情和诫世之心。杜牧曾为牛僧孺淮南节度府掌书记,不可避免成为牛党的一员,因此对朝中牛李党争有着深刻体会,其碑志文也多于此记录,如《唐故太子少师奇章郡开国公赠太尉牛公墓志铭》写李德裕对墓主的泄私报复,"李太尉德裕挟维州事,曰修利不至,罢为太子少师","刘祯以上党叛诛死,时李太尉专柄五年。多逐贤士,天下恨怨,以公德全畏之。……此皆公与李公宗闵为宰相时事","李太尉志必杀公,后南谪过汝州"。《唐故东川节度检校右仆射兼御史大夫赠司徒周公墓志铭》:"李太尉德裕伺公纤失,四年不得,知愈治不可盖抑,迁公江西观察使兼御史大夫。"不避讳,不曲笔,直言当时朝廷内部党争的激烈,指斥时政。李慈铭云:"考牧之虽稍见用于大中初,其时职史秉笔,未免于会昌朝事,稍形指斥,此亦君相之意。其微词见义。"[1]钱基博评杜牧碑文:"指陈利病,敢论列大事,务肆以尽,欲以文章经世,厥为宋儒苏轼之先河。"[2]

　　杜牧的碑文笔势纵横,气势雄骏,固然以散体为文,但词采清丽雅洁、古朴平易,这和韩愈作碑文喜用奇字怪句、推陈出新的风格不同。杜牧《唐故复州司马杜君墓志铭(并序)》写墓主躬耕自治、勤俭淡泊的生活:"自罢江夏令,卜居于汉北泗水上,烈日笠首,自督耕夫,而一年食足,二年衣食两余,三年而室屋完新,六畜肥繁,器用皆具。凡十五年,起于垦荒,不假人一毫之助。"《唐故平卢军节度巡官陇西李府君墓志铭》写墓主家贫好学,功成不就,乐于治文:"君幼孤,旁无群从可以附托,年十余岁即好学,寒雪拾薪自炙,夜无燃膏,默念所记。年三十,尽明《六经》书,解决微隐,苏融雪释,郑元至于孔颖达辈,凡所为疏注,皆能短长其得失。"写墓主评论元白诗歌:"尝曰:'诗者可以歌,可以流于竹,鼓于丝,妇人小儿,皆欲讽诵,国俗薄厚,

　　① ［清］李慈铭:《越缦堂读书记·文学》,吴在庆:《杜牧集系年校注》,中华书局,2008 年,第 1517 页。
　　② 钱基博:《中国文学史》,第 389 页。

扇之于诗,如风之疾速。尝痛自元和以来,有元白诗者,纤艳不逞,非庄士雅人,多为其所破坏,流于民间,疏于屏壁,子父女母,交口教授,淫言媟语,冬寒夏热,入人肌骨,不可除去。吾无位,不得用法以治之。'欲使后代知有发愤者,因集国朝以来类于古诗,得若干首,编为三卷,目为唐诗,为序以导其志。"其文笔清新、辞采华茂而不浮靡,特别借墓主之口而贬斥元白诗歌,体现这一时期文人对元白诗歌尚实、尚俗、务尽的创作倾向的不满,其后李商隐为白居易写墓碑铭,也历叙白居易之行止,而为论及其诗文,提到白居易的论著时仅云"集七十五卷,元相为序",而未加详述白居易的诗文成就,以白居易生前诗文之巨大影响来说,李商隐为其做碑铭而无一字评之,大可骇怪,这实际上都体现了小李杜对元白浅俗诗风的反对①。

　　和韩愈相比,杜牧碑文有着更深沉的生命感怀,如《唐故进士龚轺墓志》写墓主的突然离世:

　　会昌五年十二月,某自秋浦守桐庐,路由钱塘。龚轺袖诗以进士名来谒,时刺史赵郡李播曰:"龚秀才诗人,兼善鼓琴。"因令操《流波弄》,清越可听。及饮酒,颇攻章程,谨雅而和。饮罢,某南去,舟中阅其诗,有山水闲淡之思。后四年,守吴兴,因与进士严恽言及鬼神事,严生曰:"有进士龚轺,去岁来此,昼坐客馆中,若有二人召轺者,轺命马(驾)甚速,始跨鞍,马惊堕地,折左胫,旬日卒。"余始了然忆钱塘见轺时,徐徐寻思,如昨日事,因知尚殡于野,乃命军吏徐良改葬于卞山南,去州城西北一十五里。严生与轺善,亦不知其乡里源流,故不得记。呜呼! 胡为而来二鬼,惊马折胫而死哉。大中五年辛未岁五月二日记。

　　其文有志无铭,以旁人叙述等侧面描写的手法,表现墓主的才华性情及离世的突兀,内中以鬼神来召的细节描写墓主的去世,颇具迷幻色彩。其写墓主,不铺叙家世,不罗列生平,通过回忆墓主的短暂一生行文,结构新奇,书写随意。而感慨尤为深沉。前半部分描写墓主的多才多艺,后半部书写墓主之死,一切全在追忆中进行,苍凉凄怆,伤叹惋惜,字里行间,充满着对人世生老病死之命运不可把握的忧患和恐惧感。其他如《自撰墓铭》《唐故宣州观察使御史大夫韦公墓志铭并序》,也通过梦境感慨人生命

---

① 　罗宗强:《隋唐五代文学思想史》,第 323—328 页。

运的不可把握,显现晚唐文人对生老病死及功名富贵的淡定之心。《唐故歙州刺史邢君墓志铭并序》通过与墓主的交游宴饮等行文,针对墓主怀才不遇、贫病而死的遭遇,感慨:"无可奈何,付之以命,曰如命何?"《唐故淮南支使试大理评事兼监察御史杜君墓志铭》中墓主是杜牧的弟弟杜颢,针对其"幼孤多疾,目视昏近"最终英年早逝的人生命运,杜牧由人及己,发出"牧今年五十,假使更生十年为六十人,不夭矣,与君别止三千六百日尔!况早衰多病,敢期六十人乎,忍不抑哀,以铭吾弟"的叹息,又进一步感慨:"古之达人,以生为寄为梦,以死为归为觉,不知生偶然乎,其有裁受乎?偶然即泯为大空,与不生同,其有裁受乎?呜呼!胜之,今既归而觉矣,其自知矣,何为而然乎?呜呼哀哉。"于人生命运的生与死发出沉痛的叩问,思辨深沉,意境博大。

杜牧是晚唐诗文大家,其碑志文研习韩愈而又自成风格,欧阳修《谢氏诗序》云:"杜牧之文,以雄健高逸自喜。"[1]认为杜牧为文"笔力"之"不可及"。纪昀《钦定四库全书总目》评论杜牧的散文:"纵横奥衍,多切经世之务。"[2]全祖望《鲒埼亭集外编选注》也云:"杜牧之才气,其唐长庆以后第一人耶?读其诗、古文、词,感时愤世,殆与汉长沙太傅相上下。"[3]洪亮吉《北江诗话》也说杜牧:"文不同韩、柳,诗不同元、白,复能于四家外,诗文皆别成一家,可云特立独行之士矣。"[4]李慈铭《越缦堂读书记》则进一步指出:"樊川文章风概,卓绝一代,其学问识力,亦复如是,予向推为晚唐第一人也,非虚诬也。"[5]以其碑志作品来看,上述方家之论皆不谬。

二、李德裕的碑文

杜牧为文深受韩愈影响,其碑文俱以散体写就,体现出明显的韩愈散体碑志文范式特色,但此时骈体碑文也有回归的趋势,如李德裕碑文就纯以骈体写就,《全唐文》收录李德裕 3 篇碑文[6],虽追求骈辞俪句,但行文刚

---

① ［宋］欧阳修:《欧阳修全集》,第 1477 页。

② 吴在庆:《杜牧集系年校注》,第 1461 页。

③ 吴在庆:《杜牧集系年校注》,第 1519 页。

④ 吴文治:《韩愈资料汇编》,第 1501 页。

⑤ 吴在庆:《杜牧集系年校注》,第 880 页。

⑥ 《全唐文补遗》又收录李德裕碑志文两篇,即《滑州瑶台观女真徐氏盼墓志铭并序》和《唐故博陵崔君夫人李氏墓志铭》。吴钢:《全唐文补遗》第七辑,第 104—105 页;第四辑,第 182—183 页。

健有力,气势轩昂,有着盛唐碑志文的色彩。这和李德裕生活的时代背景及仕宦经历有关。从年龄上讲,李德裕比杜牧大16岁,其所处年代为中晚唐交接期,唐王朝的衰朽之势还不明显,有着重兴的可能。李德裕少有壮志,才华过人,其为官多年,先后担任宰相等要职,勇于作为,政绩颇著,对王朝中兴、时政改革有着强烈的愿望。其碑文尊崇王道政治,张扬士人名节,政论色彩强烈,文风宏大而刚正,气势凌厉而厚壮,流露出对帝唐江山重振、政权再兴的信心,洋溢着雄健进取、昂扬有为的精神风貌,显示出李德裕作为政治家的行文特点,其《唐故左神策军护军中尉兼左街功德使知内侍省事刘公神道碑铭》,思想纯正,内容充实,叙事极为恢宏大气,以洋洋三千一百多字的宏篇,对墓主一生忠贞爱国的政绩进行颂扬,起伏跌宕,笔力刚健,在论及士风吏治时,提出"道兼文武"、"出忠入孝"的人才观,并由此出发,赞扬墓主的才性政绩,写其"选众而举,惟才是择"的用人之道;写其"一日万机,昼常三接"的勤政作风;写其"内谒谋猷,定指纵之计,外缉机务,当政赋之源,虑不及私,居尝慎独"的政治才能和爱国情怀。全文重点对墓主的军功进行歌颂,写其运筹帷幄,勤于职守:

奉诏巡边,以观军实,北至钩注,东达飞狐,道里曲折,不遗于掌握,兵机奇正,尽在于襟灵。

写其镇压地方叛乱:

护汧陇枭骑之锋,平井络鸱张之虏,始以义击,俄焉凯归,由是有轻车都尉之授。

写其善于用兵,战无不胜:

洎振武失守,主将遁逃,朝廷轸忧,虑为边患,因命尚书张煦节制是邦,诏公领步骑五千为之声援。公内运秘计,外示闲安,诡以巡边,掩其无备,长驱猛锐,深入垒门,乃以宣劳之名,俾其少长皆会,然后擒执魁首,置之典刑,戮三百余人,阖城股栗。

最后写其文采出众,政绩卓著而不居功自傲:

公说《礼》敦《诗》,深知将帅之体,安人和众,实有经武之材,以清净礼缁黄,以慈惠亲戎旅,……权虽侔于卫、霍,主意益亲;宠虽盛于金、张,人心咸悦。

全文体例严谨，结构工整，宣传王道政治、倡扬武功军威，通过对墓主多方面的描写赞颂，突出其"协和将相，安靖邦家"、尽"忠"尽"贞"的精神，以示为官之表率，维护王朝统治，具有较强的政治用意和时代精神。《唐故开府仪同三司行右领军卫上将军致仕上柱国扶风马公神道碑铭》体例也颇似上篇，通过描写墓主"为子为臣，忠孝备矣"的一生，抒发对时代的咏叹，歌颂唐代英才辈出、贤臣济济的社会政治格局。在《幽州纪圣功碑铭》中，李德裕借题发挥，畅谈自己对于国事的见解。碑文以"夫兵者，所以除暴害也，爱人则恶其为害，禁暴则恶其为乱"开始，就中唐以来的内政外交等多方面危机进行议论，提出方方面面的对策，重点描写唐将张仲武等人镇压回鹘叛乱的系列战功，赞颂其忠勇有为、用兵如神、战胜强寇、弘扬大唐国威的英雄气概，行文不乏渲染武力开边、军威显赫、战无不胜、攻无不克的色彩，描写也颇具气势：

公激义气以虹贯，发精诚而石开，奇计兵权，密授髦俊，……建旆而前。介胄雪照，戈矛林植，命以义殉，壮由师直，声隆隆而未泄，欲逐逐而不食，戢以听命，严而有威。……于是据于莽平，环以武刚，首尾蛇伸，左右翼张。轻骑既合，奇锋横骛，如摧枯株，如搏畜兔，摄詟者弗取，陆梁者皆仆，虏王侯贵人，计以千数。然后尽众服听，悉数系累，谷静山空，靡有孑遗，橐驼駃騠，风泽而散，旃墙阓幕，布野毕收，马牛几至于谷量，虏血殆同于川决，径路宝刀，祭天金人，奇货珍器，不可殚论。

虽以骈俪行文，但在描写战争场面的残酷惨烈，特别是唐朝将士不惧艰险、忠贞报国、出奇制胜、张扬国威的战斗场面上颇显传神生动。其铺陈排比，渲染夸饰，丽辞藻句，塑造了以张仲武为代表的一群时代战斗英雄形象，歌颂中晚唐英才辈出、人才济济、有战必胜、国威四振的良好社会风气，其用笔刚健，抒写有力，在激励人心、推崇王权、振奋政风方面有着显著影响。

《池北偶谈》说李德裕文章："骈偶之中，雄奇骏伟，与陆宣公上下。"[1]就其碑文来看，确实有着"雄奇骏伟"的一面，近似于盛唐张说、苏颋之笔力。李德裕在《文章论》中认为"文以气为主"，"然气不可以不贯"，而"鼓气

---

①　［明］王士禛：《池北偶谈》卷一七《会昌一品集》，第340页。

以势壮为美,势不可以不息"①,可见,李德裕论文是崇尚气势的。针对中晚唐碑志商品化写作的不良风气,李德裕在《让张仲武寄信物状》中说:"臣登朝序,垂三十年,未曾为宰相撰碑所悉,盖缘雕虫薄技,已忝荣名,不愿鬻文,更受财货。比见文士,或已居重位,或已是暮年,矻矻为文,只望酬报,臣心鄙耻,所不乐闻。"又云"太和中,幽州刺史李载文撰碑,敛取太过,军乱之际,怨词颇甚"。说明自己"若不守廉隅,坐受厚赂,何以仰裨元化,表率庶僚"②,可见其对碑志文写作的严肃态度。

李德裕的碑文气势宏大,叙事谨严,铺陈排比则壮美流丽,议论说理则深刻透辟,自有政治家气势。身为一代贤相,李德裕终生以戮力国事为己任,其不甘晚唐社会的衰落腐朽,知其不可为而为之,故注重发挥文章的政教功能,在碑志文中张扬气势,尊崇王权,颂美国政,振奋士心,这和晚唐其他文人作碑文落寞闲淡、注重个体生命感怀的心境不同。在《谢恩赐王元逵与臣赞皇县图及三祖碑文状》中,李德裕宣称:"故国山河,因丹青而尽见,祖宗基构,寻碑版而可知。"③给予碑文写作深刻的政治含义,在李德裕的笔下,晚唐社会亦有如盛唐时代一般强盛美好,其将帅如云,战无不胜,贤才辈出,施政有方,国威显赫,士心振奋,充满着乐观向上、昂扬奋发的进取精神和宏大壮丽、繁盛清明的时代风貌。当然,这其中不乏因应时制景而虚夸英雄、粉饰太平的作品,如《幽州纪圣功碑铭》写唐武宗:"仁圣文武章成功神德明道大孝皇帝,熙我文典,焕乎光明,极象外之微,臻于至道,鼓天下之动,致于中和。虑必钩深,退而藏密,故能神机独照,伐未兆之谋,威光远震,制不羁之虏","皇帝以轩后之威神,汉高之大略,光武之雄断,魏祖之机权,合而用之,以定王业,此议臣所以不敢望于清光也"。不免浮夸虚饰,颂扬太过。但综合而言,李德裕的碑文刚健恢弘、博雅雄浑,情绪昂扬,气势宏壮,有别于同期文人作品,更具盛唐碑志文的风格。

三、李商隐的碑文

同为晚唐文人,李商隐虽只晚杜牧十岁,其碑文在思想内容、风格体例上却与杜牧大异。李商隐自幼好骈文,其《樊南甲集序》云:"樊南生十六能

---

① 〔清〕董诰:《全唐文》卷七〇九,第7280页。
② 〔清〕董诰:《全唐文》卷七〇四,第7227页。
③ 〔清〕董诰:《全唐文》卷七〇四,第7228页。

著《才论》《圣论》,以古文出诸公间。后联为郓相国、华太守所怜。居门下时,敕定奏记,始通今体。后又两为秘省房中官,恣展古集,往往咽嚎于任、范、徐、庾之间。有请作文,或时得好对切事,声势物景,哀上浮壮,能感动人。"①《全唐文》收录李商隐 4 篇碑文,其中 3 篇以骈体写就,皆是沉沦下僚时的应制之作,歌颂地方官吏的好道崇佛之举,思想内容上宣传道法无边、佛光普照,其铺陈用典,比喻繁富,骈四俪六,文辞华靡,颂美色彩明显,体现出典型的骈俪文风。《梓州道兴观碑铭》《唐梓州慧义精舍南禅院四证堂碑铭》及《道士胡君新井碣铭》,崇佛扬道,宣传佛道合一,其雕琢字句,藻饰文辞,骈俪之风明显,但描写质实,用笔疏宕,色泽浓丽但文采清丽,构思精工而意境优美,内中气骨凛然。《唐梓州慧义精舍南禅院四证堂碑铭》在抒写地方官吏修建堂院的同时,赞颂其文治武功:"我幕府河东公,天瑞地宝,甘雨卿云,总海内之风流,盛漳滨之模楷。号鸣文苑,陟降朝阶。……公贞能荡蛊,正可辟邪。殷货殖于五都,无劳走马;屏椎埋于三辅,何必问羊。托宿于天官,假道于雒宅。五年夏,以梁山蚁聚,充国鸥张,命马援以南征,委钟繇以西事。大张邻援,寻覆贼巢,既而军垒无喧,郡斋多暇。"《道士胡君新井碣铭》写道士之姿容风度:"青骨绿筋,元邱白志,洞士之须面,处子之肌肤。舌响琼钟,骨摇金锁。霞烘帔薄,择嫩冠欹。开天上之文房,应收笔砚;入人间之武库,未见戈矛。其禀质之秀也如此。"虽以骈俪行文,但锤炼字句,选词精当,动静结合,声色俱备,描写生动妥帖,颇显明丽清美之笔。

《刑部尚书致仕赠尚书右仆射太原白公墓碑铭》的墓主是白居易,这篇碑文以散体写就,就白居易一生的才行政绩作记叙,繁简有度,记叙精当,笔力刚劲,呈现出鲜明的古文风格,是李商隐碑文中的力作,兹专论如下:

《墓碑铭》的成文经过

谁请李商隐作文。

碑志文是我国古代一种重要文体,用于丧葬礼仪,以悼亡安死为主要功能,唐代碑志文的写作颇为盛行,"士大夫之葬必志于墓,有勋庸道德之

---

①　刘学锴等:《李商隐文编年校注》,第 1713 页。

家,兼树碑于道"①。按照唐制,五品以上官员必须立碑,《唐律疏议》:"丧葬令,五品以上听立碑,七品以上立碣。茔域之内,亦有石兽。"②白居易生前多次任职地方和中央,为政清廉,文名广博,最终以正三品的刑部尚书一职致仕,武宗会昌六年(846)于洛阳龙门去世后,被追授从二品的尚书右仆射,符合立碑作志的标准。家属自然对此也不能怠慢,正所谓"铭景钟,称茂伐,彼大夫之事;篆丰石,扬令名,此孝子之志"③。最终在唐宣宗大中三年(849),白居易辞世三年之后,家属请李商隐写成《刑部尚书致仕赠尚书右仆射太原白公墓碑铭》。

按照唐代的传统,碑志文写作一般有三种方式,诏令性书写,请托性书写,主动性书写。白居易死后,皇帝未曾诏令文官为之撰写碑文,家属请李商隐作碑铭,这就形成请托性的《刑部尚书致仕赠尚书右仆射太原白公墓碑铭》。按照惯例,一般都是逝者本人或亲属请托,如元稹生前就托白居易撰碑文:"予早与故元相国微之,定交于生死之间,冥心于因果之际。去年秋,微之将薨,以墓志文见托。"④白居易生前,已为自己写了《醉吟先生墓志铭》,未就墓铭书写请托他人⑤。其死后,到底是哪个亲属请李商隐作碑文,白居易嗣子白景受及遗孀杨氏夫人都是关键人物,李商隐《刑部尚书致仕赠尚书右仆射太原白公墓碑铭》的序言写道:

　　公以致仕刑部尚书,年七十五,会昌六年八月薨东都。赠右仆射,十一月,遂葬龙门。子景受,大中三年自颍阳尉典治集贤御书,侍太夫人宏农郡君杨氏来京师,胖胖兢兢,奉公之遗,畏不克既,乃件右功世,以命其客取文刻碑。⑥

从此文可以看出,大中三年,白景受在调任京师任职集贤御书后,杨氏夫人来至李商隐处,"命其客取文刻碑"。在李商隐写给白景受的《与白秀才状》中,也提到作文的具体情况:

---

① [唐]范传正:《赠左拾遗翰林学士李公新墓碑》,[清]董诰:《全唐文》卷六一四,第6201页。
② [唐]长孙无忌:《唐律疏议》卷二七,第517页。
③ [唐]张说:《唐故瀛州河间县丞崔君神道碑》,熊飞:《张说集校注》卷十九,第925页。
④ [唐]白居易:《修香山寺记》,[唐]白居易:《白居易集》卷六八,第1441页。
⑤ 对于《醉吟先生墓志铭》,是否白居易亲作,学界颇多争议,岑仲勉、陈寅恪等都指为伪作。耿元端、赵从仁及日本学者芳村弘道则认为是白居易亲作,详见芳村弘道、秦岚《白居易〈醉吟先生墓志铭〉之真伪》,《长江学术》2011年,第2期。
⑥ 刘学锴等:《李商隐文编年校注》,第1807页。

　　杜秀才翱至，奉传旨意，以远追先德，思耀来昆，欲俾虚芜，用备刊勒。承命揣己，悲惶莫任。伏思大和之初，便获通刺，升堂辱顾，前席交谈。陈、蔡及门，功称文学；江、黄预会，寻列《春秋》。虽迹有合离，时多迁易，而永怀高唱，尝托余晖，遂积分阴，俄逾一纪。今弟克承堂构，允绍家声。将欲署道表阡，继志述事，必在博求雄笔，鸿生，岂谓爱忘，忽兹谋及！悚怍且久，辛酸不胜，欲遂固辞，虑乖莫逆。表严平于蜀郡，谁不愿为？叙郭泰于介休，亦惟无愧。庶磨铅钝，聊慰松扃，伏纸向风，悲愤交积。①

　　在状中，李商隐回忆和白居易的交往，又以“今弟克承堂构，允绍家声。将欲署道表阡，继志述事，必在博求雄笔鸿生，岂谓爱忘”的句子，说明对白景受请文的理解，这就说明关于白居易的《刑部尚书致仕赠尚书右仆射太原白公墓碑铭并序》，有可能是白景受请李商隐所写。而从《刑部尚书致仕赠尚书右仆射太原白公墓碑铭》所载来看，杨氏夫人作为白居易的遗孀，也有请托为文的可能。如此请托者就有两人，即白景受和杨夫人。

　　但是《唐语林》则提供另外一则信息：

　　大中末，谏官献疏，请赐白居易谥。上曰：“何不读《醉吟先生墓表》？”卒不赐谥。弟敏中在相位，奏立神道碑，使李商隐为之。②

　　这里明确指出，白居易死后，其从弟、时任宰相的白敏中，征得唐宣宗同意，为白居易立神道碑，碑文“使李商隐为之”。

　　此外，关于碑文的具体书写及中转，李商隐在《与白秀才状》中，开头就写到“杜秀才翱至，奉传旨意。……用备刊勒”，杜翱其人，后在《与白秀才第二状》中又提到此人：

　　前状中启述事，比者与杜秀才商量，只谓卜于下邽，克从先次，所以须待相国意绪，方敢远应指挥。今状，闻便龙门，仰遵遗令。事同踊塔，兆异佳城。敢于不朽之文，须演重宣之义，则不敢更稽诚意，俟命强宗。敬惟照亮。③

　　可见，李商隐与白景受关于碑志文的商讨中，杜翱也是一个关键人物。

①　刘学锴等：《李商隐文编年校注》，第1801页。
②　[唐]王谠：《唐语林》卷三，上海古籍出版社，1991年，第76页。
③　刘学锴等：《李商隐文编年校注》，第1805页。

　　碑文具体因何人所请而写？白景受、杨氏夫人，白敏中及杜翱都有可能，但从材料来看，白景受虽是白居易嗣子，请托碑文之事并未直接出面，只是由杜翱代为办理。杜翱其人无考，而杨氏夫人虽与李商隐有过直接会面，但材料中只是点明其"命其客取文刻碑"，看不出其主动请托作文的记载。由此可见，力主作碑文者非白敏中莫属。白居易死后，景受人微言轻，杨夫人老而无依，而白敏中是其从弟，自小幼孤，又深受白居易教育和提携，两人感情深厚。而大中三年，白敏中已为相三年之久，位高权重，年岁又长，成为白氏家族的核心人物。所以无论从亲属关系，还是身份地位、活动能力衡量，白敏中都成为决策白居易后事的不二人选，这在李商隐《刑部尚书致仕赠尚书右仆射太原白公墓碑铭》一文中得到印证："其曾祖弟，今右仆射平章事敏中，果相天子。……仲冬南至，备宰相仪物，擎跪斋栗，给事寡嫂。永宁里中有兄弟家，指向健慕，以信公知人。"白敏中感于兄弟之情，对寡嫂侄子如此照顾，可以肯定的是，在事关墓碑撰写这样的大事上，景受和杨氏夫人自然要征求白敏中的意见，并最终由其定夺。这就出现白敏中奏请为白居易立神道碑，碑文"使李商隐为之"，而写作期间白景受和李商隐具体探讨，杜翱作为中介联络沟通，最终杨氏夫人"命其客取文刻碑"的经过。

　　为何请李商隐写。

　　从年龄上讲，李商隐比白居易小 41 岁，写此文时 36 岁，而杜牧比白居易小 31 岁，白居易去世时杜牧已四十余岁，活跃文坛多年，对前朝社会及白居易的一切比李商隐更为了解。此外，就文学成就而言，杜牧早因擅长写碑志文而声名广博。会昌年间，杜牧以《唐故宣州观察使御史大夫韦公墓志铭》《唐故处州刺史李君墓志铭》等誉满文坛，大中三年，担任史馆修撰，后转吏部员外郎的杜牧奉旨作《唐故江西观察使武阳公韦公遗爱碑》，更是声动天下。所以从身份地位、业绩文名及对白居易的了解而言，杜牧都占有优势，而白居易家属为何最终选定声名有逊于杜牧，且正沉沦下僚的李商隐作文，这耐人寻味。

　　从前所举《与白秀才状》"大和之初，便获通刺，升堂辱顾，前席交谈。……尝托余晖，遂积分阴，俄逾一纪"看，白居易和李商隐曾有过交往。大和三年三月，白居易罢刑部侍郎定居洛阳后，李商隐父丧服除后也曾居洛阳，而当年三月令狐楚出任东都留守，李商隐"以所业文干之"①，十一月令狐楚改任天平军节度，16岁的李商隐被聘为巡官。而白居易与令狐楚交谊深厚，大和三年就作有《令狐尚书许过弊居先赠长句》等诗，可见李商隐和白居易的会面，极有可能经过令狐楚的引见。此后白居易长居洛阳，而李商隐往来京、郑之地，多次经过洛阳，会昌五年又暂居洛阳，都有可能再去拜谒白居易。以白居易关爱后学的性格而言，对李商隐的拜访也当不会回避，故可推测白、李二人生前来往会面，友情不浅。宋人《蔡宽夫诗话》载："白乐天晚极喜李义山诗文，尝谓我死得为尔子足矣。义山生子，遂以白老字之，既长，略无文性。温庭筠尝戏之曰：'以尔为乐天后身，不亦忝乎？'然义山有'衮师我娇儿，美秀乃无匹'之句，其誉之亦不减退之。"②据此说，可见白居易晚年与李商隐交谊深厚，喜爱其诗文。按照惯例，请托性撰文常发生在死者和作者互相了解、友情深厚、信任有加的基础上。而受请者因感于情义，也多欣然命笔，为之作碑文，正如王勃《与契苾将军书》所论"幸托深期，此而不为，谁当为者"③云云。

杜牧尽管文名广博，地位显赫，但是和白居易关系不佳，甚至有过积怨。其原因在于白居易生前曾作《不致仕》诗，有讥讽杜牧祖父杜佑之嫌，陈寅恪据此做过考证，其云：

当日杜岐公（杜佑）年过七十尚不致仕，深为时论所非，乐天秦中吟《不致仕》一首，显为其事而发，宜新乐府中有此一篇也。或有以杜岐公已于元和二年正月请致仕，而为宪宗所不许，且乐天又深有取于其戒边攻防黩武之论，似不应致过分之讥诮为疑者。是又不然。高郢以元和五年九月致仕，时草制者犹以"近代寡廉，罕由斯道"，隐讥杜氏，而乐天所草答高郢请致仕第二表亦以"援礼引年，遗荣致政，人鲜知止，卿独能行。不唯振起古风，亦足激扬时俗"为言，则当日之舆论可知矣。至《新丰折臂翁》一篇，或即取义于杜岐公之疏者，亦不过不以人废言之义耳。④

从白居易和杜牧的文集来看，两人生前未有过唱和之作，关系可见一

---

①　［五代］刘昫：《旧唐书》卷一九〇，第5078页。

②　郭绍虞：《宋诗话辑佚》，中华书局，1980年，第388—389页。

③　于景祥、李贵银：《中国历代碑志文话》，第212页。

④　陈寅恪：《元白诗笺证稿》第五章《司天台》，三联书店，2001年，第186页。

斑。不但如此,杜牧在《唐故平卢军节度巡官陇西李府君墓志铭》一文中,借墓主李戡之口,大发议论:"尝痛自元和已来,有元白诗者,纤艳不逞,非庄士雅人,多为其所破坏,流于民间,疏于屏壁,子父女母,交口教授,淫言媟语,冬寒夏热,入人肌骨,不可除去。吾无位,不得用法以治之。"[①]以指名道姓的方式,对元稹、白居易的文学创作提出批评。此文虽然没有明确写作时间,但据墓主死于开成元年(836)春二月的时间推算,写作时间不会晚于墓主殁后的第五年[②],而白居易是在李戡死后第十年才去世,再至大和三年为白居易作碑文,时间已经过去了十余年。这期间杜牧之文日益流传,而白居易及家属对此,特别是批评的言辞不可能一无所知,如此情况下,请杜牧作碑文已不可行。

此外,就中晚唐复杂的党政关系而言,杜牧属于牛党,而李商隐的党派立场较为暧昧,李商隐与白居易生前在党派斗争中的立场较吻合,也与白敏中摇摆不定的党派立场吻合,故此相比之下,李商隐成为白居易作碑文的不二人选。

关于白居易诗文成就评价的问题

李商隐的《刑部尚书致仕赠尚书右仆射太原白公墓碑铭》记叙白居易的一生,于其家世门第、仕宦经历、特别是才行政绩等都作了重点铺叙,唯独对其文学贡献以一句"集七十五卷,元相为序"简单带过,只字不提其创作成就及作品传播情况,这和白居易生前诗文所受赞誉不相符合,颇显怪异。

白居易作为大文人,其作品流传天下,可谓家喻户晓。白居易自云:"自长安抵江西三四千里,凡乡校、佛寺、逆旅、行舟之中,往往有题仆诗者。士庶、僧徒、孀妇、处女之口,每每有泳(咏)仆诗者。"[③]元稹评价白居易的诗作:"禁省、观寺、邮堠墙壁之上无不书,王公、妾妇、牛童、马走之口无不道,至于缮写模勒,炫卖于市井……又鸡林贾人,求市颇切,自云'本国宰相,每以百(一)金换一篇,其甚伪者,宰相辄能辩(辨)别之。'"[④]唐宣宗李

① 吴在庆:《杜牧集系年校注》,第 744 页。
② 杜牧文中指出,墓主葬埋时,幼子"始五岁",可见其文最晚作于墓主死后五年。
③ [唐]白居易:《与元九书》,[唐]白居易:《白居易集》卷四五,第 963 页。
④ [唐]元稹:《白氏长庆集序》,[唐]白居易:《白氏长庆集》,中华书局,1979 年,第 1—2 页。

忱《吊白居易》诗云："缀玉联珠六十年，谁教冥路作诗仙。浮云不系名居易，造化无为字乐天。童子解吟长恨曲，胡儿能唱琵琶篇。文章已满行人耳，一度思卿一怆然。"①从年龄上讲，白居易去世时，李商隐已33岁，活跃于文坛多年，且和白居易生前有过交往，不可能对其诗文贡献及作品流传情况一无所知，然碑文于之仅一句带过，不作任何评价。碑志文素有"追述君父之功美"的传统，重视对墓主的记功彰美，而李商隐行文就白居易的政绩和文采描写，褒贬不一，形成对比，其原因在于时代文学潮流发展及李商隐的创作心理等。

李肇说："元和以后，文笔学奇于韩愈，学涩于樊宗师，歌行则学流荡于张籍，诗章则学矫激于孟郊，学浅切于白居易，学淫靡于元稹。俱名为"元和体"。大抵天宝之风尚党，大历之风尚浮，贞元之风尚荡，元和之风尚怪也。"②指出元和以后文坛的发展方向，这种崇尚险怪与浅切的文学潮流，逐渐引发时人对元白诗风的批评，士人多轻元白而崇杜韩。如前所举杜牧在《唐故平卢军节度巡官陇西李府君墓志铭》对元白诗文的批评，与其说是家世恩怨，不如说是文风原因更确切。从杜牧所引墓主李戡之语来看，杜牧同意李戡的观点，至少不予反对，因而借李戡之口，对元白诗风提出批评，正如宋祁所云："盖救所失，不得不云。"③元白之诗也的确有浅俗的一面，这从杜牧本人不学元白而学杜甫、韩愈的诗风中就可以看出。

元和以后，文坛轻视元白，而多学习杜甫韩愈，真正原因也并仅非李戡所说的"纤艳不逞"、"淫言媟语"。因为这时候的诗歌创作，并未废弃齐梁的诗风，真正无取于元白并对之批评的，在于对其尚实、尚俗、务尽创作思想的不满和摒弃，因为这个思想与大和至大中年间诗人们的普遍追求是格格不入的。这一时期的诗人们多学习杜甫学习韩孟诗派，比如杜牧，就学习杜诗夹叙夹议的写法，其《感怀诗》及至其后的《杜秋娘诗》《李甘诗》等，都有着杜甫诗作的影子，而李商隐也学杜，其《行次西郊作一百韵》《骄儿诗》《戏题枢言草阁三十二韵》等，夹叙夹议，都有杜甫的影响。李商隐学杜，更多学习杜诗情思的沉郁，这也为后来其诗的绵密深邃打下了基础。

---

① [清]彭定求等：《全唐诗》卷一，第50页。
② [唐]李肇：《唐国史补》，吴文治：《韩愈资料汇编》，第43页。
③ 吴文治：《白居易资料汇编》，第31页。

王安石认为"唐人知学老杜而得其藩篱,惟义山一人而已"①。学杜之外,便是学李学韩,杜牧在《冬至日寄小侄阿宜诗》中,论及李杜韩柳说:"李杜泛浩浩,韩柳摩苍苍。"②其《读韩杜集》也给予韩杜极高的评价。而李商隐也推崇李杜,其《漫成五章》之二:"沈宋裁辞矜变律,王杨落笔得良朋。当时自谓宗师妙,今日惟观对属能。李杜操持事略齐,三才万象共端倪。集仙殿与金銮殿,可是苍蝇惑曙(晓)鸡。"③其中赞赏唐代沈佺期、宋之问、王勃及杨炯,对李杜的诗才给予很高的评价,唯独没有对元白的评价。此外,杜牧、李商隐还学习李贺,如杜牧《李长吉歌诗叙》,对李贺诗歌有着高度评价,而李商隐《无愁果有愁曲北齐歌》《海上谣》《射鱼曲》等,写得色彩斑斓,形象瑰丽,都颇似李贺的风格。当然,杜牧、李商隐学杜、学韩,都不是真正目的,这一时期诗歌思想的主要特色是创新,是追求一种细致幽密的美。而李商隐对于诗歌的探索,追求朦胧情思与朦胧意境的美,追求幽深绵密、细致婉约的写作精神,追求感情表达方式的迂回曲折、细美幽约,追求多层次、凄艳而不轻佻的感情基调,不重诗教,重情感表达,从这些追求来看,都和元白浅切直俗的诗风格格不入,也和元白重视儒教的诗教精神不符。这一时期的其他诗人,如温庭筠、刘德仁,学习杜甫,学习韩愈,学习李贺,甚至学习贾岛,但都没有学元白的,可见这一时期对于元白诗风的不满。

大中元年,也就是白居易去世的第二年,李商隐在《献侍郎钜鹿公启》中论述自己的诗歌理论说:

> 况属词之工,言志为最。自鲁毛兆轨,苏、李扬声,代有遗音,时无绝响。虽古今异制,而律吕同归。我朝以来,此道尤盛。皆陷于偏巧,罕或兼材。枕石漱流,则尚于枯槁寂寥之句;攀鳞附翼,则先于骄奢艳佚之篇。推李、杜则怨刺居多,效沈、宋则绮靡为甚。至于秉无私之刀尺,立莫测之门墙,自非托于降神,安可定夫众制?④

李商隐不满当时的诗坛现状,认为"皆陷于偏巧",不指名批评"推李、

---

① ［宋］魏庆之:《诗人玉屑》卷一七,古典文学出版社,1958年,362页。
② ［清］彭定求等:《全唐诗》卷五二〇,第5985页。
③ ［清］彭定求等:《全唐诗》卷五四〇,第6269页。
④ 刘学锴等:《李商隐文编年校注》,第1188—1189页。

杜则怨刺居多,效沈、宋则绮靡为甚"之人,李商隐对沈宋、李杜本人的诗风是推许的,由前所举《漫成五章》就可看出,但此文中李商隐批评的只是"推""效"者,这只能是指在李商隐之前而李杜之后的中唐诗人。而中唐推李杜者谁? 很明显,白居易的《与元九书》,元稹的《唐故工部员外郎杜君墓系铭》和《乐府古题序》都提供了答案,元白不仅推崇李杜,而且真正将李杜精神(主要是杜甫)归结为"怨刺",李商隐并非否定推崇李杜的一切论调,只是不满于其"陷于偏巧",可见这里的批评对象无疑即是元白,而中唐"绮靡为甚"又是指谁? 答案同样清楚。李肇《唐国史补》论元和体时就已明确将"浅切"、"淫靡"归之于白居易、元稹。元白诗风相近,因此李商隐的两个评语可看作互文(当然元稹"淫靡"的程度更甚),由此可见,李商隐对元白之诗,早有看法。其批评重点,分别对应于元白的乐府讽喻与风情感伤诗两类创作,因而婉讽了其种种不足①。

大中三年,也就是李商隐为白居易作碑志这一年,顾陶编《唐诗类选》,选入与元白同时的韩孟诗派的诗,并大加肯定赞赏,而于元白则无所选取,他为之解释说:"若元相国稹白尚书居易,擅名一时,天下称为元白,学者翕然,号元和诗,其家集浩大,不可雕摘,今共无所取,盖微志存焉。"②所谓"微志存焉",就是心有所非,而不愿明说,由此可见时人对于元白诗风的态度,这些都不能影响到李商隐作碑志文的心理感受,此后司空图在《与王驾评诗书》也表达了这一观念:

国初,主上好文雅,风流特盛。沈宋始兴之后,杰出于江宁(王昌龄),宏肆于李(李白)杜(杜甫),极矣。左(右)丞(王维)苏州(韦应物),趣味澄夐,若清风之出岫。大历十数公,抑又其次焉。元(元稹)白(白居易)力勍而气孱,乃都市豪估耳。刘公梦得、杨公巨源,亦各有胜会。阆仙(贾岛)东野(孟郊)、刘得仁辈,时得佳致,亦足涤烦。厥后所闻,愈褊浅矣。③

这里司空图指名道姓指出元白诗风的"力勍而气孱",此外,司空图在《题柳柳州集后序》中也表达对浅俗诗风的反对:"彼之学者褊浅,片词只句,不能自辨,已侧目相诋訾矣。痛哉! 因题柳集之末,庶俾后之诠评者,

---

① 谢思炜:《白居易与李商隐》,《文学遗产》1996 年第 3 期。
② [唐]顾陶:《唐诗类选后序》,[清]董诰:《全唐文》卷七六五,第 7960 页。
③ [清]董诰:《全唐文》卷八〇七,第 8486 页。

罔惑偏说,以盖其全工。"①

就此来看,晚唐文坛出现反对强烈的尚实、尚俗、务尽的创作倾向,士人多轻元白而崇杜韩,李商隐自然也不例外,所以其为白居易写墓碑铭而无一字提及其诗文建树,可见李商隐对白居易文风的反对,至少说明对其诗文创作没有采取肯定和欣赏的态度,故一笔带过,不予论述②。

除时代的文学风尚外,杜牧作《唐故平卢军节度巡官陇西李府君墓志铭》时,白居易尚在世,此墓志铭流传颇广,李商隐不可能对此一无所知。从私交来讲,李商隐也不能不说受到杜牧的影响。之前牛僧孺下葬时,杜牧和李商隐分别写过墓志和祭文,行文感情基调及对人物的评价都一致,成为一时艳传的文坛佳话。而就在大中三年,即为白居易作碑文的当年,两人同住京城,杜牧任司勋员外郎兼史馆修撰,位高爵显,李商隐任京兆府参军,两人地位悬殊但又有着远亲关系③,李商隐曾亲作两首诗赠杜牧,如其一《杜司勋》:"高楼风雨感斯文,短翼差池不及群。刻意伤春复伤别,人间唯有杜司勋。"④其二《赠司勋杜十三员外》:"杜牧司勋字牧之,清秋一首杜秋诗。前身应是梁江总,名总还曾字总持。心铁已从干镆利,鬓丝休叹雪霜垂。汉江远吊西江水,羊祜(祐)韦丹尽有碑。"⑤诗歌写得热情而诚恳,表达对杜牧的赞颂和仰慕,还提到杜牧碑文的成就。由此可见,此时身居下僚的李商隐,不排除攀交杜牧而跻身仕途的想法。其为白居易作碑文时,不能不想到杜牧《唐故平卢军节度巡官陇西李府君墓志铭》对元白诗风的批评,也不能不顾及杜牧的感受。因此在评价白居易诗文时,采取简笔淡化的写法,这多少和李商隐当时复杂的个性心理有关。其答应白敏中为白居易作碑志文,而具体作文时,又考虑到杜牧的感受,如此折中逢迎,也符合李商隐一贯的为人行事风格,其行文隐约含蓄,深婉幽晦,可谓文同其诗,诗文同风。

---

① [清]董浩:《全唐文》卷八〇七,第8488页。

② 罗宗强:《隋唐五代文学思想史》,第323—328页。

③ 杜牧堂兄杜悰,与李商隐有远房姑表关系,见李商隐《五言述德抒情诗一首四十韵献上杜七兄仆射相公》:"过庭多令子,乞墅有名甥……弱植叨华族,衰门倚外兄。"[清]彭定求等:《全唐诗》卷五四一,第6297页。

④ [清]彭定求等:《全唐诗》卷五三九,第6207页。

⑤ [清]彭定求等:《全唐诗》卷五四一,第6280页。

墓铭的文学和史学价值

李商隐存世 4 篇碑文,唯独《刑部尚书致仕赠尚书右仆射太原白公墓碑铭》以散体写就,记述白居易一生的经历贡献,行文精当凝练、准确生动、语言质朴平易、古雅醇厚,有着明显的史传色彩和文学性,体现出韩愈体碑志文特征。

李商隐《刑部尚书致仕赠尚书右仆射太原白公墓碑铭》开始写到:"公以致仕刑部尚书年七十五会昌六年八月薨东都。赠右仆射,十一月遂葬龙门。"指明白居易的卒日、葬期,随之说明这篇碑志文乃应其家属之请而作,交代写作由来。正文部分,李商隐先叙写白居易的科考经历,然后写忠言直谏,反对皇帝逾越礼制、私受献礼:"时上受襄阳、荆州入疏献物在约束外,公密诋二帅,且曰'非善良'。"写其坚持正义,力主惩凶:"武相遇盗殊绝,贼弃刃天街,日比午,长安中尽知。公以次纸为疏,言元衡死状,不得报,即贬江州,移忠州刺史。"在凸显白居易忠正爱国、敢于直言纳谏的品行外,还展现其清正廉洁、与民兴利的种种仁政,凸显人物的多方面才性。写其不贪钱财、廉洁自守:"受旨起田孝公代恒阳,孝公行,赠钱五百万,拒不内(纳)。"全文对白居易一生的才行政绩,特别是端行大节作了铺叙,繁简有度,记叙精当,行文内容完整,前志后铭,叙述详尽,顺序井然,符合王行所云墓志铭写法的十三要例,是一篇体例严谨的碑志文。就文笔来看,其于人于事不拔高,不虚美,符合碑文扬善隐恶、记功彰美的传统写法,具有相当的史学和文学价值,如写白居易忠言直谏的才性,写其反对奸佞私赎官第的义行,写其任职杭州的政绩,兹以史传与碑文相载比较如下:

元和元年,对制策乙等,调盩厔(周至)尉,为集贤校理。

李师道上私钱六百万,为魏征孙赎故第。居易言:"征任宰相,太宗用殿材成其正寝,后嗣不能守,陛下犹宜以贤者子孙赎而赐之。师道人臣,不宜掠美。"帝从之。

为杭州刺史。始筑堤捍钱塘湖,钟泄其水,溉田千顷;复浚李泌六井,民赖其汲。[1]

——《新唐书》本传

---

① [宋]欧阳修、宋祁:《新唐书》卷一一九,第 4300—4303 页。

元年,对宪宗诏策,语切不得为谏官,补周至尉。

……

李师古袭父事逆,务作项领,以谬侪曹,上钱六百万,赎文贞故第以与魏氏。公又言:"文贞第正堂用太宗殿材,魏氏岁腊铺席,祭其先人。今虽穷,后当有贤。即朝廷覆一瓦,魏氏有分,彼安肯入贼所赎第耶!"

……

既至,筑堤捍江,分杀水孔道,用肥见田。发故邺侯泌五井,渟储甘清,以变饮食。循钱塘上下,民迎祷祠神,伴侣歌舞。

——李商隐《刑部尚书致仕赠尚书右仆射太原白公墓碑铭》

相比之下,李商隐的记述不仅质实有力,而且更为练达周备,以一句"语切",微言大义,隐含着对白居易的赞扬和对宪宗皇帝的批评。再如写白居易反对军阀及遭贬杭州、勤政惠民之举,碑文所记明显具体生动,除思想内容的纯正外,更凸显文笔的优美,这也是史传难以企及的。

此外,在关于白居易的家世,特别是子嗣问题上,李商隐的写作也十分严肃。关于白居易的子嗣,传统说法有三:一为侄孙阿新,白居易自撰《醉吟先生墓志铭》云:"乐天无子,以侄孙阿新为之后。"[①]《旧唐书·白居易传》云:"无子,以其侄孙嗣"[②];二为侄景受,李商隐《刑部尚书右仆射赠尚书右仆射太原白公墓碑铭》:"子景受。"《新唐书·宰相世系表》"白公表"于居易下云:"景受,孟怀观察支使,以从子继"[③];三为侄孙景受,《册府元龟》卷八六二"为人后"条:"白景受,刑部尚书致仕白居易之侄孙。居易卒,无子,以景受为嗣。"[④]以上三说混淆不清,引起后人争论,如宋人陈振孙的《白文公年谱》和清人汪立名的《白香山年谱》均倾向于认为阿新与景受不是同一个人,可能因为乐天立嗣的主张前后有变所致。清人冯浩《樊南文集详注》卷八认为"阿新又殇,乃以景受为后"[⑤]。陈寅恪《白乐天之先祖及后嗣》也认为白居易"其前立之子先死,后立之子为景受耳"[⑥],顾学颉《白

①　[唐]白居易:《白居易集》卷七一,第1504页。
②　[五代]刘昫:《旧唐书》卷一六六,第4358页。
③　[宋]欧阳修、宋祁:《新唐书》卷七五,第2791页。
④　[宋]王钦若:《册府元龟》卷八六三,凤凰出版社,2006年,第10063页。
⑤　[唐]李商隐:《樊南文集》,上海古籍出版社,1988年,第468页。
⑥　陈寅恪:《元白诗笺证稿》,文学古籍刊行社,1955年,第305页。

居易世系、家族考》也论及这一问题①。直至1982年在洛阳发现《乐天后裔白氏家谱》才彻底解决这一学术争论,因为家谱中的《大明嘉靖二年白氏重修谱系序》写明白居易是以其侄景受为嗣的,洛阳白氏为景受之后代,这就证明李商隐的记述是正确的。事实上,李商隐的《刑部尚书致仕赠尚书右仆射太原白公墓碑铭》当年即由白敏中书丹,立碑刻石于洛阳白居易墓前,也说明包括白居易亲属在内的时人对于此文的肯定。此后欧阳修编撰《新唐书》,论及白居易也多参考李商隐所述,可见《刑部尚书致仕赠尚书右仆射太原白公墓碑铭》之价值影响。

第三节　皮日休、罗隐、陆龟蒙的碑文

一、皮日休的碑文

　　皮日休、罗隐生活于晚唐后期,都是“晚唐节士,抱负卓荦”而“遭时不偶”②,广明元年(880)黄巢农民军起义称帝时,两人都已四五十岁,皮日休还加入黄巢军并担任翰林学士,参加攻入长安的战斗,而罗隐直到唐王朝灭亡后的第二年(909)才去世,可以说两人对衰世之际唐王朝的腐朽不堪有着亲身体会,亲眼见证了唐王朝的衰败乃至覆灭。《全唐文》收录皮日休碑文6篇,收录罗隐碑文3篇。其作品虽不多,但感慨深沉,意蕴厚重,特别是说理犀利明澈,体现出浓厚的末世文人思想,与前辈作家作品相比,其个性情怀突出,生命感思强烈,愤激时事,忧患人生,伤叹历史巨变大潮下的人生浮沉,自有一番风致。

　　皮日休尊儒重道,对孔孟之学极为推崇,其《襄州孔子庙学记》中说:“夫子之道,久而弥芳,远而弥光,用之则昌,舍之则亡。”③《请孟子为学科书》又云:“夫孟子之文,粲若经传,天惜其道,不烬于秦。自汉氏得其书,常置博士以专其学。故其文继乎六艺,光乎百氏,真圣人之微旨也。”④对于前辈文士,皮日休推崇屈原、贾谊、陈子昂、李白、杜甫、元结等人,但最为推

---

①　顾学颉:《顾学颉文学论集》,中国社会科学出版社,1987年,第16—53页。

②　《续修四库全书》第1122册(子部·杂家类),上海古籍出版社,2002年,第42页。

③　[清]董诰:《全唐文》卷七九七,第8354页。

④　[清]董诰:《全唐文》卷七九六,第8350页。

崇的是韩愈,其《请韩文公配享太学书》认为"文中之道,旷百世而得室授者,惟昌黎文公焉","公之文,蹴杨墨于不毛之地,蹂释老于无人之境,故得孔道巍然而自正。夫今之文人千百世之作,释其卷,观其词,无不裨造化,补时政,翳公之力也"①,赞赏韩愈对于孔孟儒道的弘扬。其《奉酬崔璐进士见寄次韵》又云:"纵性作古文,所为皆自如。但恐才格劣,敢夸词彩敷。句句考事实,篇篇穷玄虚。"②表明自己对于韩愈文风的欣赏与继承。正基于此,皮日休继承韩愈等人的现实主义文学传统,在《皮子文薮序》中,皮日休具体阐述自己的文论主张说:"文贵穷理,理贵原情。"针对碑志文的创作,又特别指明:"其余碑铭赞颂,论议书序,皆上剥远非,下补近失,非空言也。"③可见其继承儒家关于文学的政教说,强调文章的社会现实功能,反对空言心性的虚浮之文,主张文章的情理结合,倡导有益于政治得失之文,这在其碑志创作中多有体现。

《文中子碑》是皮日休为纪念隋朝大儒王通所写,叙写王通一生:"乱世不仕,退于汾晋。序述六经,敷为《中说》,以行教于门人。"赞扬其在弘扬孔孟儒道、教化后生方面付出的努力。文末通过"后先生二百五十余岁生日休,嗜先生道,业先生文"的描写,表明自己对王通的仰慕及对儒道精神的肯定与传承。《咎繇碑》中赞扬咎繇"德齐于舜禹,道超乎稷启",感叹:"自咎繇之降,空授之主,其暴民黩天者,可忍言也哉!"《首阳山碑》赞颂伯夷叔齐二人的忠义之道:"有守道以介死,秉志以穷生,确然金石,不足为贞,澹然冰玉,不足为洁。"《狄梁公祠碑》针对武则天武周革新的时局感叹:"呜呼!天后革大命,垂二十年,天下晏如,不让贞观之世,是遵何道哉?"也都体现出对孔孟儒道思想的推崇。

《刘枣强碑》在皮日休所作诸碑文中篇幅较长,布局用笔颇具韩愈碑文的变体风格,碑文开始不按惯例写墓主的家世履历,而是以论述诗风流变为先:

> 歌诗之风,荡来久矣,大抵丧于南朝,坏于陈叔宝。然今之业是者,苟不能求古于建安,即江左矣。苟不能求丽于江左,即南朝矣。或过为艳伤

①　[清]董诰:《全唐文》卷七九六,第8349页。
②　[清]彭定求等:《全唐诗》卷六〇九,第7088页。
③　[清]董诰:《全唐文》卷七九六,第8353页。

丽病者,即南朝之罪人也。吾唐来有是业者,言出天地外,思出鬼神表,读之则神驰八极,测之则心怀四溟,磊磊落落,直非世间语者,有李太白。百岁有是业者,雕金篆玉,牢奇笼怪,百锻为字,千练成句,虽不追躅太白,亦后来之佳作也,有与李贺同时,有刘枣强焉。

接下来才具体写到墓主:"先生姓刘氏名言,史不详其乡里。所有歌诗千首,其美丽恢赡,自贺外世莫得比。"写其"歌诗千首,其美丽恢赡,自贺外世莫得比"的文学成就;写其"诏授枣强县令,先生辞疾不就"的淡泊名利作风;写其怀才不遇抑郁终生的命运;感叹其"官卑不称其德"。全文追怀古人,情思深重,语言古朴,抒写流畅,特别是在描写刘枣强写《射鸭歌》时细节传神,记叙生动,描摹人物形象逼真:

王武俊之节制镇冀也,先生造之。武俊性雄健,颇好词艺,一见先生,遂加异敬,将署之宾位,先生辞免。武俊善骑射,载先生以贰乘,逞其艺于野。武俊先骑,惊双鸭起于蒲稗间,武俊控弦不再发,双鸭联毙于地。武俊欢甚,命先生曰:"某之伎如是,先生之词如是,可谓文武之会矣,何不出一言以赞邪?"先生由是马上草《射鸭歌》以示武俊,议者以为祢正平《鹦鹉赋》之类也。①

其文辞优美,语言清新自不论,就是在具体情节上也有着韩愈碑文传奇小说化的写法。特别是碑文开头,皮日休综论诗歌流变,从建安、南朝论至唐代李白、李贺之风,其反对南朝江左的绮丽浮靡文风,认为诗歌"丧于南朝,坏于陈叔宝",倡导质实刚健的建安风骨,尤其对李白、李贺的诗歌进行高度评价,赞颂其雄奇浪漫、磊落浩大,体现出皮日休对晚唐颓靡诗风的不满,此篇碑文因而成为研究皮日休诗歌思想的重要资料。

就思想内容而言,皮日休的碑文怀古伤今,感慨时事,忧患人生,具有浓厚的伤悼情调和悲情色彩,就写法而言,其碑文多以议论抒情为主,借古讽今,设问反诘,文辞犀利,篇幅短小精悍,明显体现出晚唐小品文的特征。《文中子碑》《咎繇碑》《首阳山碑》都是此类写法,此尤以《春申君碑》为典型,其文曰:

士以知己委用于人,报其用者术。苟不王,要在强其国尊其君也。上

---

① ［清］董诰:《全唐文》卷七九九,第8390页。

可以霸略,次可以忠烈。无王术而有霸略者,可以胜人国。无霸略而有忠烈者,亦足以胜人国。春申君之道复何如哉?忧荆不胜,以身市奇计,不曰忠乎?荆太子既去,歇孤在秦,其俟刑待祸,若自屠以当馁虎,不曰烈乎?然徙都于寿春,失邓塞之固,去方城之险,舍江汉之利,其为谋已下矣,犹死以吴为宫室,以鲁为封疆,春申之力哉?当斯时也,苟任荀卿之儒术,广圣深道,用之期月,荆可王矣。然卒以猜去士,以谤免贤。於戏!儒术之道,其奥藏天地,其明烛鬼神。春申且不悟,况李园之阴谋,岂易悟哉?岂易悟哉?[①]

其文借分析春申君成败的经验教训,讥讽晚唐时事政治。晚唐社会藩镇争权,宦官专政,农民起义不断,特别是儒学不振、佛道盛行,使得士心离乱,王政极为衰微。皮日休在文章开头就写到"士以知己委用于人,报其用者术",提倡"强其国尊其君",推崇"霸略"、"忠烈"的精神,显然是针对晚唐社会国势动荡、政风颓废的现实而发。文中论述春申君虽然忠烈救国,但"以猜去士,以谤免贤",指出其最终失败的原因在于用人不当,随之从反面论证儒道精神的重要性,认为若春申君听从荀子的计谋,从善如流、任用贤士,以儒术治国,便有着胜利的可能性。这实际上在借古讽今,隐含着对晚唐王朝任用奸邪、疏远贤士、废弃儒道的愤慨与不满,进而感慨:"於戏!儒术之道,其奥藏天地,其明烛鬼神。春申且不悟,况李园之阴谋",最后以连续的"岂易悟哉?岂易悟哉"句式作结束,呼告反诘,将这种愤慨与不满推向深入,其警醒明显,寓意深刻,忧愤深广,体现出强烈的现实针对性和历史忧患意识。

二、罗隐、陆龟蒙的碑文

与皮日休相比,罗隐的经历更为坎坷,其应进士举,十二年不中第,政治失意,生活艰辛:"十年索米于京都,六举随波而上下"[②],"十年恸哭于秦庭,八举摧风于宋野"[③],"漫把文章矜后代,可知荣贵是他人"[④],现实的不幸,命运的坎坷,兼之恃才傲物的个性,使得其诗文创作体现出愤激时事、讥讽世道

---

①　[清]董诰:《全唐文》卷七九九,第8389页。

②　罗隐:《投秘监韦尚书启》,[清]董诰:《全唐文》卷八九四,第9338页。

③　罗隐:《投湖南王大夫启》,[清]董诰:《全唐文》卷八九四,第9336页。

④　罗隐:《过废江宁县》,[清]彭定求等:《全唐诗》卷六六五,第7673页。

的倾向,辛文房评论罗隐:"诗文凡以讥刺为主,虽荒祠木偶,莫能免者。"①

身为孤寒之士,罗隐的碑文短小精悍,孤峭冷峻,但议论抒情,感情明朗,有着强烈的愤世嫉俗之心,也反映出作者旨在行道的意愿。除《吴公约神道碑》因为纪念当朝名将而作,敷衍行文,多浮华溢美之词外,其《三叔碑》《梅先生碑》皆为怀念古人所作,咏史怀古,愤激时事,忧思深广,显示出晚唐小品文的色彩。《三叔碑》针对三叔的命运,就周公、召公的政治提出质疑:

> 彼三叔者固不知公之志矣,而召公岂亦不知乎?苟不知,则三叔可杀,而召公不可杀乎?是周公之心可疑矣。向非三叔,则成王不得为天子,周公不得为圣人。

这里一反传统,用翻案手法,表达一个含义相当深远的主题,对已成定论的历史人物进行重新审视,颠覆人们脑海中固有的忠奸形象,其立论尖锐透辟、新鲜深刻,也颇为警醒,这种对历史人物内心世界的分析,体现出罗隐对于唐末乱世的忧愤和怨刺,用意厚重。在《梅先生碑》中,这种忧患时事、愤慨政局的倾向就更为明显。其文借古喻今,表面上书写汉成帝时名士梅福的怀才不遇:"余读先生书,未尝不为汉朝公卿恨。"揭露西汉政事的腐朽、时局的败坏,讽刺其埋没人才的黑暗制度,实则在讥讽晚唐社会的纲纪败坏、王政颓废。写"彼公卿大夫,有生杀喜怒之任,有朋党蕃衍之大。至于出一言,作一事,必与妻子谋",饱含着对晚唐社会士吏沉湎于朋党之争、不思进取、昏庸无能的讽刺;写"虽有忧社稷心,亦噤而不吐也。呜乎!宠禄所以劝功,而立〔位〕大者不语朝廷事",其实也是在斥责当权者的自私自利与不学无术,揭露晚唐政坛尸位素餐、滥竽充数的不良政治风气,讽刺达官显宦们贪恋官位、因私害公,只求自我荣华富贵而不以报国救世、救民为要的腐败本质。一句"是知天下有道,则正人在上。天下无道,则正人在下",可谓深刻透辟,感叹封建社会奸佞当道、英才沦落的黑暗社会现实,体现着对自我生不逢时、怀才不遇、壮志难酬的不幸命运的愤慨,也对唐王朝儒道不兴、纲纪败坏、不可挽救的衰朽命运作了暗示,而结尾"吁!何为道之多也",则将这种暗示进一步明朗化,使得讽刺与愤慨的力度更为强烈。通篇以议论行文,情思抑郁,笔力劲健,字里行间,充满着浓厚的讥讽与愤

---

① 　傅璇琮:《唐才子传校笺》,第 123 页。

慨色彩,正如黄贞辅《罗昭谏〈谗书〉题辞》所云:"忿势嫉邪,舒泄胸中不平之蕴。"①

　　《全唐文》收录陆龟蒙碑志文一篇《野庙碑》,其篇幅虽小,但感慨深沉,讽刺明显,具有较高的艺术性,可谓晚唐碑志文名篇。文章开始,以"碑者,悲也"起兴,追溯历史,咏史怀古,分析碑及碑志文的由来,随之描写瓯粤一带好事鬼神、淫祀自惑的陋俗,指出其民奉祈"无名之土木,不当与御灾捍患者为比,是戾于古也明矣",揭露当时社会迷信巫鬼、惑民乱政的愚妄风俗,但这并不是作者真正要讥讽的对象,只是其用以取譬的材料。作者由土埂木偶联想到现实社会中的当权者,以"今之雄毅而硕者有之"开始,就其丑态进行全方位的揭露与讽刺,写其尸位素餐、吃喝玩乐、官气十足;写其怠慢政事、胡作非为、滥施刑罚;写其表里不一、虚伪无耻、贪生怕死。就晚唐政坛奸佞当道、吏治败坏、蝇营狗苟、腐朽不堪的社会风气进行无情的讥笑与嘲讽。通过对比引申的手法,表明晚唐的官僚还不如乡间的土偶木像,不如野鬼邪神,对其贪腐、虚伪、暴虐、荒淫本质的揭露可谓入木三分,穷形尽相。结尾认为野庙中的土木不足责,因为"故曰以今言之,则庶乎神之不足过也",以此作归结,一反文章开端的立意,直接点明并归纳出文章主题,使得文思曲折,出人意料,更加警醒深刻、启人心智。

　　晚唐社会动荡不振,骈文回潮,韩愈领导的古文运动趋于衰落。但另一方面,杂文兴起,小品文创作较为繁荣。皮日休、罗隐、陆龟蒙倡导文章的社会现实功用,以小品文手法写作碑志文,其碑文短小精悍,言简意赅,记人写事往往不求其全,就其一点铺叙议论,大加感慨,抒发不平之鸣,吐辞尖锐,见解分明,显示出其对于世道不公的愤懑,情思浓郁,讽刺力度强烈,有着强烈的现实针对性。鲁迅《南腔北调集·小品文的危机》说:"唐末诗风衰落,而小品文放了光辉。但罗隐的《谗书》,几乎全部是抗争和愤激之谈;皮日休和陆龟蒙自以为是隐士,别人也称之为隐士,而看他们在《皮子文薮》和《笠泽丛书》中的小品文,并没有忘记天下,正是一塌糊涂的泥塘里的光彩和锋芒。"②总之,无论是从文论思想还是创作实践来看,皮罗二人包括碑志文在内的晚唐小品文创作,都有着相当的价值影响,可以说是

---

①　《续修四库全书》第 1122 册(子部·杂家类),第 42 页。

②　鲁迅:《南腔北调集》,人民文学出版社,2006 年,第 174 页。

韩愈文体革新精神的延续。

第四节　司空图、黄滔的碑文

司空图以诗名世，其所著《诗品》，影响尤大，其文章亦自成一格，《旧唐书》本传称其"晚年为文，尤事放达"①。司空图善写碑文，《新唐书》本传有关于其为军阀王重荣所请作碑的记载②。《全唐文》收录其碑志文8篇。从成文方式上讲，多为奉诏而作，如《解县新城碑》《复安南碑》《太尉琅琊王公河中生祠碑》《华帅许国公德政碑》等，是司空图奉皇帝之命而作的一系列碑文，代表帝皇立言，叙事宏大，结构谨严，内容不外乎书写军功大事，宣扬唐朝国威，表彰臣子的德政贡献，勉励告诫，抚慰劝勉，极具颂美铭功之意，形式上骈四俪六，藻饰文辞，体现出鲜明的形式主义文风。《复安南碑》抒写唐之声威："皇上之御宇也，知几作圣，抱道凝神。荡千古而独驾雄图，掩八纮而宏开寿域。"《太尉琅琊王公河中生祠碑》写河中节度使王崇盈，《华帅许国公德政碑》写华州节度使、颍川郡王重荣，《蒲帅燕国太夫人石氏墓志铭》写王重荣之母，都以骈俪行文，夸饰颂美，揄扬权贵。其余如《故盐州防御使王纵追述碑》亦此类。晚唐政局风雨飘摇，王权不振，朝廷对手握军权的地方节度使无可奈何，于其劝勉拉拢，尽礼制之需，因而司空图屡屡奉诏作碑，秉承旨意，以颂美为要，其应时制景而行文，铺陈排比，用典繁富，藻饰文辞，于碑主极尽歌功颂德，不乏阿谀虚美之辞，此类碑文浮艳华靡，虚饰溢美，属于典型的形式主义骈俪之文，艺术价值不高。

司空图早年颇有从政之志，晚年意志消退，随隐而不仕。这种思想在其碑文创作中多有表露，如《故太子太师致仕卢公神道碑》，是司空图为纪念唐末重臣卢渥而作。司空图曾任卢渥幕吏多年，受其知遇之恩，对卢渥有着深厚的感情。在碑文中，司空图全面追述卢渥爱国爱民、仁勇有为的一生，就其才能功绩做重点铺叙，刚健质实，不事浮华，字里行间，体现出司空图对政局的关注和对良臣贤吏的赞赏，如描写墓主的忠正刚毅、惩治奸邪："护军刘重美党类豪侈，傲视廉使，橐奸黩货，得以自专。及公至镇，待

---

① ［五代］刘昫：《旧唐书》卷一九〇，第5083页。
② ［宋］欧阳修、宋祁：《新唐书》卷一九四《司空图传》说司空图隐居山中，"王重荣父子雅重之，数馈遗，弗受。尝为作碑，赠缣数千"。［宋］欧阳修、宋祁：《新唐书》，第5574页。

之有制,重美虽渐敛束,故态未锄。公举其坏政之甚者,面数以挫其锋气,卒俛首受教,权不外夺,教人自苏息矣。"写墓主宅心仁厚、关爱兵士:"遇江岭宿兵,边成乏食,滑州军奋臂标回,开折天侣。及骤至墙下,吏士缩栗,皆请闭关拒守。公曰:'彼冻馁所迫,未闻肆毒。吾因而抚之,冀其返善。若首唱其恶,彼畏彰闻,则怀疑蜂溃矣。廷议力未能制,且当遏其所归。奈何?'反开门具饩劳,召主将亲谕之,果遽感悟而东。逮出境,人无罹其患。"并为之感叹:"噫!古所谓仁勇,难哉!其他惠爱廉平,犹可征诸故老。"全文叙议结合,情思浓郁,写人记事刚健有力,体现着司空图对于恩公卢渥深深的敬仰与怀念之情,也体现着司空图对于晚唐政事的热忱和对人才的渴望。

与皮日休、陆龟蒙等人相同,司空图论学为文以倡扬儒学为务,如在《三贤赞并序》中写"隋大业间,房公、李公、魏公,同师文中子"[1],直接称道隋末大儒王通,赞赏三贤,宣扬"儒风",其碑志文于此也多有崇扬,如《故太子太师致仕卢公神道碑》写墓主:"故公中选甲科,籍则待制。名臣亦以得人为贺,皆为儒风隆替,当系于公。"并由此生发,展开对墓主功绩的叙述。文末总结墓主的一生,也是以儒家道德标准去衡量:"公孝于家,勤于国,宜于人。……则诗所谓施于兄弟,至于家邦。公宜与圣人之徒,亘百代而合契美哉。"而其《文中子碑》,可谓以弘扬"儒学"为中心而行文,其文曰:

道,制治之大器也。儒守其器者耳。故圣哲之生,受任于天,不可斫之以就其时。仲尼不用于战国,致其道于孟荀而传焉,得于汉,成四百之祚。五胡继乱,极于周齐,天其或者生文中子以致圣人之用,得众贤而廓之,以俟我唐,亦天命也。故房、魏数公,皆为其徒,恢文武之道,以济贞观治平之盛。今三百年矣,宜其碑。圣恢之柄,授必有施,臣底之绩,济亦厥时。子惟善守,赋而不私。克辅于我,贞观休明之期。[2]

此文为纪念隋末大儒王通而作,司空图认为,孔孟儒道乃"制治之大器",而王通"致圣人之用,得众贤而廓之",可谓功不可没,特别是培育了房玄龄、魏征等儒士名臣,恢弘孔孟儒道,努力国家建设,达到"贞观治平之盛",于国于民大有裨益。全文通过追述王通的才华贡献,体现出司空图对

① [清]董诰:《全唐文》卷八〇八,第 8496 页。
② [清]董诰:《全唐文》卷八〇九,第 8506 页。

孔孟儒道的推崇,对唐初贞观盛世的向往与怀恋,对末世之下个人出路的思虑。皮日休所作《文中子碑》也表达同样的感受。王通最终不仕而隐,司空图晚年亦以退隐告终,多少都受到王通的影响。

针对唐末的衰朽之世,文人有感而发,有激而言。皮日休等因常年沉沦流落,碑文多愤激忧患之词。而司空图身为朝廷命官,曾任殿中侍御史、吏部员外郎等要职,其碑文虽不能直言忧愤,讽刺时世,但在倡扬儒道方面都与皮日休等相同。即如前所举其奉诏而作的系列碑文,虽不乏夸大墓主的军功政绩,多阿谀之词,如《太尉琅琊王公河中生祠碑》:"我国家之御历也,厚恢周德,宽富殷人。荡千古而独驾雄图,掩八纮而同开寿域。宏材构厦,常扶不拔之基。犷俗倾风,尽仰升平之化。皇帝明融睿作,刚体乾行。深研不测之机,广被无私之照。"抒写晚唐时局未免虚美妄赞,自欺欺人,读之令人反感,但就思想倾向而言,不能不说体现出司空图作为末世文人的复杂心理。其行文怀古伤今、借古喻今,于初盛唐政通人和、国富民强的政治局面充满向往与怀念,于晚唐时局的衰败更充满愤慨与怨恨,这种愤慨与怨恨、绝望与伤痛的情绪借虚美晚唐时事而委婉地表达出来,可谓反其意而用之,对比反讽、意在言外。

黄滔比司空图晚约三十年登进士第,可谓晚唐最后一位碑志名家,《全唐文》收录其 10 篇碑志文,多为弘扬佛法、应请而作,如《泉州开元寺佛殿碑记》《大唐福州报恩定光多宝塔碑记》《灵山塑北方毗沙门天王碑》《丈六金身碑》《莆山灵岩寺碑铭》《龟洋灵感禅院东塔和尚碑》《华严寺开山始祖碑铭》《福州雪峰山故真觉大师碑铭》等,其内容不外乎描写寺庙巍峨、僧侣虔敬,颂扬高僧名士以崇佛弘法为业、精诚终生的功德,显示出黄滔作为末代文人,在藩镇乱政、儒道不振、士心迷离的社会环境下,对佛教遁世退隐之说的肯定与欣赏。但黄滔思想中更有着崇尚儒道的一面,其反对骈俪之辞,推尊韩愈之文,在《与王雄书》中,黄滔说:"滔不业文,诚可俪偶其辞,以赘方寸。既再而思,夫俪偶之辞,文家之戏也,焉可赘其戏于作者乎?是若扬优哕,干谏舌,啼妾态,参妇德,得不为罪人乎?"表达自己对时文的不满,认为骈俪之辞乃文家之戏,指出朋辈"已上十篇书,指陈时病俗弊,叙述饬躬处己,讲论文学兴废,指切知己可否,虽常人俗士闻见之,亦宜感动,况吾曹乎",可以看出,黄滔为文注重"指陈时病俗弊,叙述饬躬处己",强调文章的现实功能,在这封书信的最后,黄滔说:"夫以唐德之盛,而文道之衰。尝聆作者论近日场中，或尚辞而鲜质，多阁下能揭元次山、韩退之之风。"①提到当时文道之衰，认为文坛以骈俪为文，"尚辞而鲜质"，存在华而不实是写作倾向，借对王雄的赞扬引发对元结韩愈文风的推崇。在《颍川陈先生集序》中，黄滔借称赞陈黯的文章，表达了同样的思想，由此可见黄滔的文论主张和韩柳等古文家一致。就写法而言，黄滔诸多为寺庙僧士所作之碑文，宣传佛理禅说，倡扬儒释并存的思想，行文多以散体写就，虽不乏骈俪之句，但不事典故藻饰，古朴质实，颇具清新优美之笔，如《大唐福州报恩定光多宝塔碑记》写山形地势：

谓闽、越之江山奇秀，土风深厚。而府城坐龙之腹，乌石、九仙二山耸龙之角，屹屹岩岩，屒屒颜颜，两排地面，双立空际。怪石如墉，回冈如揖。东衔沧海以镜豁，西走建溪而带萦。气色蒙茸，风云蓬勃。②

再如《莆山灵岩寺碑铭》写书生遇神：

昔梁、陈间，邑儒荥阳郑生家之，生严乎一堂，架以诗书。既而秋，一夕，风月清朗，俄有神人，鹤发麻衣，丈余其状。见于堂曰："诚易兹为佛宇，善莫大焉。"生拜而诺，瞬而失。③

其描写俱以散句行文，清丽自如，不事华靡，写景动静结合，宏阔大气；记事情节传神，文采飞扬，体现出明显的古体散文特征。

而在《绵上碑》中，黄滔更咏史怀古，借重耳介子推之事，阐发儒道君臣之义，以一句"至忠之为人臣，君不之德，怨其为忠乎？至孝之为人子，亲不之德，怨其为孝乎"为起始，感慨议论，辨析说理，通过介子推的人生选择与最终结局，评论重耳、周公、渔父及鲁仲连等一系列历史人物的功过，引发对孔子"立身扬名，以显父母"说法的阐述，其咏叹历史，议论时事，极为深沉。在《司直陈公墓志铭》中，黄滔更盛赞墓主儒士之风，写其恢弘儒教、家学厚朴："有子九人，皆力儒学，公其长也。"写墓主品行："为人谨信，居家纯孝。"写其才学"其所为文，扣孟轲扬雄户牖。凡三百篇，有表奏牍，颇为前辈推工"。在此碑文中，黄滔还通过"大盗移国"、"窃为权官沽诸"、"半生随计，没齿衔冤"的描写，表现自己对于时局的不满及对墓主不幸命运的深深

①　[清]董诰：《全唐文》卷八二三，第 8670 页。
②　[清]董诰：《全唐文》卷八二五，第 8691 页。
③　[清]董诰：《全唐文》卷八二五，第 8699 页。

同情,体现出其强烈的关注现实的热情和忧患士人命运的思想。黄滔的碑文"赡蔚有典则"①,其关注现实人生,忧患时政,用语不乏激切愤激之辞,颇有皮日休、陆龟蒙、罗隐诸人的遗风。

相对于皮日休、罗隐、黄滔等人,司空图长期任职台阁,对晚唐文坛的影响自然不言而喻。就文体而言,司空图的碑文,除《文中子碑》《故太子太师致仕卢公神道碑》以散体写就外,其余多为典型的骈俪文体,堆砌典故、藻饰文辞,行文绮艳华靡,代表着时文的发展方向。这一方面体现出晚唐古文衰落、骈体回归的趋势;一方面也给碑志文体流变造成一定影响。此后的唐末五代时期,江山分崩离析,各地军阀争权夺利,王朝一统的局面完全结束,尊儒重道之风颓废不堪。战乱频仍,政治衰朽,文人仕进尤难,其境遇窘迫,虽有军阀延致名流,以光幕府,"然藩镇皆武夫,恃权任气,又往往凌蔑文人,或至非理戕害"②,在这样的社会中,文化贬值,儒士蒙难,偶有文人之得仕进者,不免随波逐流,委身强权,成为御用词臣,多作时文以干谒求进,应时制景,粉饰太平。于是古文衰落,骈俪之文因而得到进一步发展,像唐五代碑志大家,如徐铉、韩熙载等人,作碑文莫不以骈俪为要,如徐铉作83篇碑志文,皆以骈体写就。如此使得碑志文又重新走回骈俪体的老路子,期间虽偶有黄滔等作家,以散体作碑文,但毕竟大势已去,其努力可谓勉修古文之余绪。此后的碑志文崇尚骈俪、追求华靡,沿着形式主义的道路进一步发展,弥漫了整个唐五代,这一情况直到北宋欧阳修等人执掌文坛才得以改善。欧阳修等学崇孔孟,文承韩愈,在推行儒道的同时又改革文风,其反对骈俪华靡之文,大力写作古体散文,与之相应,曾巩、三苏、王安石等人也从理论与实践上予以配合,反对骈俪文风,倡扬散体古文,在欧阳修等人的努力下,宋代碑志文走上追求雄豪健拔、平淡隽永、质朴厚实的文学道路。伴随着欧阳修领导文坛和后来曾巩、三苏、王安石等人的努力,道统思想下的平易文风也终于从宋初的涓涓细流发展到蔚为大观,成为北宋文坛的普遍创作倾向。宋代诗文创作也开始摆脱形式主义文风,走向良性发展,自唐代以来的文体革新运动也取得最终的胜利。

① ［宋］洪迈:《唐黄御史公集序》,曾枣庄:《全宋文》第222册,上海辞书出版社、安徽教育出版社,2006年,第51页。

② ［清］赵翼:《五代幕僚之祸》,王树民:《廿二史札记校证》卷二二,第476页。

第七章 发挥圣门 佐佑王化 美饰盛世

——张说碑志文研究

第一节 张说碑志文的理论主张与创作实践

张说（667—730），字道济，洛阳人，为唐代名臣，一生历仕武后、中宗、睿宗、玄宗四朝，开元年间累官中书令，封燕国公。张九龄称其"起家太子校书，迄于左丞相，官政四十有一，而人臣之位极矣"，"三登左右丞相，三作中书令，唐兴已来，朝右莫比"①，史载张说死后"上悯恻久之，遂于光顺门举哀，因罢十九年元正朝会"②。张说政绩卓著，文采更出众，其"掌文学之任凡三十年"③，"道合忠孝，文成典礼，当朝师表，一代词宗"④。《新唐书·张说传》云："说敦气节，立然许，喜推藉后进，于君臣朋友大义甚笃。帝在东宫，所与秘谋密计甚众，后卒为宗臣。朝廷大述作多出其手，帝好文辞，有所为必使视草。"⑤《旧唐书·张说传》："深谋密画，竟清内难，遂为开元宗臣。前后三秉大政，掌文学之任凡三十年。为文俊丽，用思精密，朝廷大手笔，皆特承中旨撰述，天下词人，咸讽诵之。"又载"玄宗为说自制神道碑文，御笔赐谥曰'文贞'"⑥，可见其殊荣之至。后世多将其与许国公苏颋合称为"燕许大手笔"，赞许备至，如钱基博《中国文学史》所论："唐代文章，莫盛于开元天宝。而开风气之先，成一王之法，则有燕国公张说，许国公苏颋，以辅相之重，擅述作之才，佐佑王化，粉泽典章，骈称燕许。而张说诗兼

① ［唐］张九龄：《故开府仪同三司行尚书左丞相燕国公赠太师张公墓志铭》，熊飞：《张九龄集校注》卷一八，第952页。
② ［五代］刘昫：《旧唐书》卷九七，第3056页。
③ ［五代］刘昫：《旧唐书》卷九七，第3057页。
④ ［宋］宋敏求：《唐大诏令集》卷四四，商务印书馆，1959年，第219页。
⑤ ［宋］欧阳修、宋祁：《新唐书》卷一二五，第4410页。
⑥ ［五代］刘昫：《旧唐书》卷九七，第3057页。

李杜王孟之长,文开唐代小说之局,雄辞逸气,耸动群听;郁郁之文,于是乎在!"①对张说的文学成就作了高度评价。

身为一代文坛领袖,张说有着系统而深刻的文学思想,其中心便是倡导文学为现实政治服务,强调文章内容的充实质朴、雅正宗圣,借以润色王道,佐佑王化,如其《齐黄门侍郎卢思道碑》:

昔仲尼之后,世载文学,鲁有游、夏,楚有屈、宋,汉兴有贾、马、王、扬,后汉有班、张、崔、蔡,魏有曹、王、徐、陈、应、刘,晋有潘、陆、张、左、孙、郭,宋、齐有颜、谢、江、鲍,梁、陈有任、王、何、刘、沈、谢、徐、庾,而北齐有温、邢、卢、薛:皆应世翰林之秀者也。吟咏性情,纪述事业,润色王道,发挥圣门,天下之人谓之文伯。②

作者不惜笔墨,列举自孔子后的历代文士,从子游、子夏,到屈原、宋玉,到贾谊、司马迁、王褒、扬雄,再到后来的徐陵、庾信等诸多作家,几乎将先唐所有作家涵盖其中。指出这些人之所以能被天下人称为文伯,原因在于其人其文"吟咏性情,纪述事业,润色王道,发挥圣门",由此可见张说对文学价值和功用的认识。《大唐新语》卷八载张说评论诸家之文:"张说、徐坚同为集贤学士十余年,好尚颇同,情契相得。时诸学士凋落者众,唯说、坚二人存焉。说手疏诸人名,与坚同观之,坚谓说曰:'诸公昔年皆擅一时之美,敢问孰为先后?'说曰:'李峤、崔融、薛稷、宋之问,皆如良金美玉,无施不可。富嘉谟之文,如孤峰绝岸,壁立万仞,丛云郁兴,震雷俱发,诚可畏乎! 若施于廊庙,则为骇矣。阎朝隐之文,则如丽色靓妆,衣之绮绣,燕歌赵舞,观者忘忧。然类之风雅,则为俳矣。'坚又曰:'今之后进,文词孰贤?'说曰:'韩休之文,有如太羹玄酒,虽雅有典则,而薄于滋味。许景先之文,有如丰肌腻体,虽秾华可爱,而乏风骨。张九龄之文,有如轻缣素练,虽济时适用,而窘于边幅。王翰之文,有如琼林玉斝,虽烂然可珍,而多有玷缺。若能箴其所阙,济其所长,亦一时之秀也。'"③

张说的上述评论,归纳起来有如下几点:第一,崇典则。认为作品必须合乎一定的规范、法则,要求文章思想和内容充实有力,类似于风雅之作,

①　钱基博:《中国文学史》,第 270 页。
②　熊飞:《张说集校注》卷二五,第 1196 页。
③　[唐]刘肃:《大唐新语》卷八《文章》,第 130 页。

反对"窘于边幅""轻缣素练"之文,提倡"雅有典则";第二,讲实用。要求作品反映广阔的社会政治生活,"济时适用",为现实政治服务;第三,重风骨气势。认为文章思想感情应劲健有力、豪壮雄健,而不能丽藻满篇、柔靡无骨、气势屡弱;第四,推崇文章辞采之美。认为文章要体物言志,便须在文辞上发挥形容,错综润色。其赞扬诸作家之文"丽色靓妆,衣之绮绣"、"丰肌腻体"、"秾华可爱"、"琼林玉斝"及"烂然可珍"等,都是对文章形式美的认可与肯定。

在《唐昭容上官氏文集序》中,张说又说道:"气有壹郁,非巧辞莫之通;形有万变,非工文莫之写。先王以是经天地,究人神,阐寂寞,鉴幽昧,文之辞义大矣哉!"①指出文气和文辞的重要性,认为"文之辞义大矣哉"。这种主张在其《洛州张司马集序》一文表现得更为明白,其云:

> 夫言者,志之所之,文者,物之相杂。然则心不可蕴,故发挥以形容,辞不可陋。故错综以润色,万物鼓舞。入有名之地,五音繁会。出无声之境,非穷神体妙,其孰能与乎?……时复江莺迁谷,陇雁出云,梦上京之台沼,想故山之风月,发言而宫商应,摇笔而绮绣飞。逸势孤标,奇情新拔,灵仙变化,星汉昭回影。感激精微,混《韶》《武》于金奏;天然壮丽,粹云霞于玉楼;当代名流,翕然崇尚。②

行文开始便强调文章言志抒情的重要性,认为文章"辞不可陋,故错综以润色",针对文辞提出具体的美学要求,即要能表现事物的万变之形,达到穷神体妙的效果,具备富赡、典雅、丰美、工巧之美。写张希元"汲冢遗编,无不日览万言,暗识三箧。博学吞九流之要",赞扬其因饱读圣贤之书而刚直贤良的人格,指出读圣贤之书、丰厚学养、积淀文气的重要性,借赞扬张希元为文"摇笔而绮绣飞,逸势标起,奇情新拔"、"天然壮丽",表达对文章清新自然、刚健有为、恢弘壮丽、雄浑博大的美学风格的欣赏与追求。

张说上述文学主张,显然涉及到文章从内容到形式、从创作到鉴赏等一系列问题,构成一个理论体系。这个理论体系,其中心便是强调文学与政治的关系,倡导文学要"记述事业,润色王道",为现实政治服务。在重视文章思想内容"雅正"的同时,又不轻视文学的艺术形式和审美价值,提倡

---

① 熊飞:《张说集校注》卷二八,第 1318 页。
② 熊飞:《张说集校注》卷二八,第 1328—1329 页。

文质并重、辞义相得,主张文章内容充实与形式华美的统一,弘扬雅有典则之文,追求天然壮丽、清新刚健、昂扬雄伟、宏大豪迈的文风。这些主张对当时诗文创作产生积极的指导,杜确《岑嘉州诗序》:"自古文体变易多矣。……圣唐受命,斫雕为朴。开元之际,王纲复举,浅薄之风,兹焉渐革。其时作者,凡十数辈。颇能以雅参丽,以古杂今,彬彬然,粲粲然,近建安之遗范矣。"①道出以燕许为中心的盛唐文学的价值影响。

就创作实践而言,最能体现张说文学主张的,还是其碑志文。在书、序、赋、表等诸多文体中,张说最擅长的也是碑志文。《旧唐书》本传云:"(张说)为文俊丽……尤长于碑文、墓志,当代无能及者。"②《新唐书》本传也云:"为文属思精壮,长于碑志,世所不逮。"③都指出张说碑志文的成就。兹据《全唐文》统计,张说一生创作碑志文71篇,位居其各体文章数量之首,足见其碑文创作之丰。因善写碑文,张说一生受请颇多,就连政敌姚崇临死之前也嘱托子女,求请张说为之做神道碑文,"不数日文成,叙述该详,时为极笔"④,可见张说碑志文在当时的影响。

张说曾经在睿宗景云二年、玄宗先天二年及开元八年连续三次兼修国史,玄宗皇帝曾下诏说:"右羽林将军、检校并州大都督府长史、燕国公张说,多识前志,学于旧史,文成微婉,词润金石,谅可以昭振风雅,光扬轨训。可兼修国史,仍赍史本就并州修撰。"⑤可见对其史学才能的赞赏。自开元八年至开元十八年去世,张说在兼修国史的位置上达十年之久,主持修撰《大唐六典》《今上实录》等史籍,成绩显著。身为史学家,其对碑志文的书写自然有着体会。盛唐碑志文因颂美铭功之需要,其不免于墓主赞扬过度,多溢美虚美之辞,造成碑志所记事实与实际情况的出入。张说看到这一时弊,其《与营州都督弟书》云:"骨肉世疏,居止地阔,宗族名迹,不能备知。读厌次府君状,已具历官,未书性习。夫五常之性,出于五行,禀气所钟,必有偏厚,则仁义礼智信,为品不同;六艺九流,习科各异。若以稷卨之事,赞于巢、由;孙、吴之术,铭于游、夏;必将神人于悒,未以为允。今之撰

---

① 廖立:《岑嘉州诗笺注》,中华书局,2004年,第1页。
② [五代]刘昫:《旧唐书》卷九七,第3057页。
③ [宋]欧阳修、宋祁:《新唐书》卷一二五,第4410页。
④ [清]陈鸿墀:《全唐文纪事》,第402页。
⑤ [宋]王溥:《唐会要》卷六三,第1296页。

录,盖欲推美实行,崇识素心,先德怡神于知我,后生想望于见意。说为他人称述,尚不敢苟,况于族尊行哉?"①表明自己对碑志传状文叙写不实、浮美妄赞的不良写作倾向的反对。其《与魏安州书》又云:"所堪碑纪,比重奉来旨,力为牵缀,亦不敢假称虚善,附丽其迹。虽意简野,文朴陋,不足媚于众眼,然敢实录,除楦酿,亦无愧于达旨。"②再次强调这一看法。可见张说在倡导"润色王道,发挥圣门"、"雅有典则"的同时,更注重碑志文的史笔性实录精神,反对"假称虚善,附丽其迹"的谀墓式写作,这在其创作实践中多有反映。

从写作对象而分,张说碑文中的墓主上至王侯将相、公主贵妇,下有处士、小吏、平民等,包容广阔,身份庞杂,但总体上以王公显宦、达官权贵居多,这和其文名职位有关。张说文采华茂,又多年身居要职,执掌文苑,其位极人臣,学冠盛唐,德隆望尊,名重一时,故常奉诏或应请而作碑文,如《赠太尉益州大都督王公神道碑奉敕撰》:"词臣奉诏,作之铭曰。"《故开府仪同三司上柱国赠扬州刺史大都督梁国公姚文贞公神道碑奉敕撰》:"有诏掌文之官叙事,盛德之老铭功。"《和丽妃神道碑铭奉敕撰》:"有诏史臣,恭铭内职,事出彤管,辞无华饰,写乐池之永伤,寄瑶山之罔极。"此类碑志文可谓代行王言,虽不免四平八稳、铺排罗列,具有明显的颂美铭功、褒扬嘉奖倾向,但行文多能不落窠臼,跳出碑志文铺排郡望、罗列官阶的俗套,以墓主德行、才华及丧葬时月为文,在保持官方应用文风格的同时,尽显人性化的抚慰劝勉,情感浓郁,文采斐然。在涉及墓主的政绩勋功时,张说往往描写谨慎,以史为证,做到颂美铭功的有资有据,避免虚美妄赞之辞。其笔下的姚崇、宋璟、卢思道、葛威德、魏知运、论弓仁、王方翼、裴行俭、冉实、杨执一、王威明、冯昭泰、王仁皎、安忠敬等,与《新唐书》《旧唐书》比较,张说碑志记述其人其事与史传所载无所出入,评述论断也颇为一致,由此可见其行文的史笔手法。

自永昌中期出仕武则天至开元十八年以 63 岁的寿龄去世,张说一生创作了大量的诗文,其人其文都对开元时期的文学产生重要影响。《新唐书·张说传》云:"说于玄宗最有德,及太平用事,纳忠倦倦,又图封禅,发明

---

①　于景祥、李贵银:《中国历代碑志文话》,第 210 页。
②　熊飞:《张说集校注》卷三〇,第 1427—1428 页。

典章，开元文物彬彬，说力居多。"①在包括碑志文在内的文章创作实践上，张说有意识地发挥文学的政教功能，使得文学与现实政治紧密结合起来，佐佑王化，歌唱盛世，激荡后学，发出时代的强音，改变了有唐一代的文风。特别是身为一代文坛领袖，张说好提携后进，为国举贤，《旧唐书·张说传》云："（张说）喜延纳后进，善用己长，引文儒之士，佐佑王化，当承平岁久，志在粉饰盛时。"②以致"开元文物彬彬，说力居多"③，正如张九龄《故开府仪同三司行尚书左丞相燕国公赠太师张公墓志铭》所云："及夫先圣微旨，稽古未传，缺文必补，坠礼咸甄，与经籍为笙簧，于朝廷为粉泽，固不可详而载也。始公之从事，实以懿文，而风雅陵夷，已数百年矣。时多吏议，摈落文人，庸引雕虫，沮我胜气，丘明有耻，子云不为，乃未知宗匠所作，王霸尽在。及公大用，激昂后来，天将以公为木铎矣，斯文岂丧？"代行王言，对张说的文学地位及成就作了高度评价。

张说反对虚浮绮艳、华而不实的不良创作倾向，提倡雄浑刚健、明朗大气、清新自然、刚健有为的文风，强调文学为现实政治服务，使得文学的创作演变与时代发展方向紧密结合起来，促成盛唐气象、盛唐风骨的形成，其成就和影响是深远的。葛晓音将张说定位为盛唐"文儒"④的领袖人物，臧清也认为张说"和张九龄、孙逖等文儒之士，不仅是儒学博通、文词秀逸之人，而且在思想观念、自我意识上将文与儒结合起来，开拓出不同于前人的文学观念，从而对盛唐士人的理想信念、价值取向、精神追求乃至安身立命的方式、文学感知的空间的构建、诗文面貌的塑造都有深远的影响。"⑤

第二节　张说碑志文的思想内容与价值取向

记事铭功是碑志文体的传统功能。如蔡邕《铭论》："物不朽者，莫不朽于金石，故碑在宗庙两阶之间。近世以来，咸铭之于碑。"⑥李充《起居诫》：

---

① ［宋］欧阳修、宋祁：《新唐书》卷一二五，第 4412 页。

② ［五代］刘昫：《旧唐书》卷九七，第 3057 页。

③ ［宋］欧阳修、宋祁：《新唐书》卷一二五，第 4412 页。

④ 葛晓音：《盛唐"文儒"的形成和复古思潮的滥觞》，《文学遗产》1998 年第 6 期，第 30—44 页。

⑤ 臧清：《唐代文儒的文学与历史承担：从张说到孙逖》，《郑州大学学报》2004 年第 4 期，第 115—119 页。

⑥ 于景祥、李贵银：《中国历代碑志文话》，第 198 页。

"古之为碑者,盖以述德记功,归于实录也。"①都对此作了说明。张说在继承前人这一文体认识的同时,又结合具体的时代社会需求,对碑志文体予以创新,这主要表现为思想内容的扩大。张说的碑志文,波澜壮阔,恢宏大气,写人记事往往不拘于平面式铭功彰美的俗套,而是层层深化,提炼升华,通过张扬墓主勇于献身、自强不息的奋斗精神和爱国情怀,推崇忠勇有为、建功立业、显身扬名的人生道德价值取向,弘扬儒家"修身、齐家、治国、平天下"的现实责任感,激发广大士人入世参政、忠君报国、奋斗牺牲的使命意识和进取精神,充满着宏正博雅、雄健昂扬之气。其碑文从皇帝写到臣民,包容丰富,描绘繁富,最终塑造出一幅群体性时代英雄形象,颇具雄伟壮丽之美,在展现英雄人物活动经历的同时,也显示出唐代建国以来各方面的辉煌成就。张说通过碑志文歌颂强国盛世之下社会生活的繁荣兴旺,抒发自我对盛唐国富民强、君臣和睦的大一统政权的拥护和热爱之情,其文气势豪壮,辞采华茂,具体表现如下。

一、重道尊儒 发挥圣门:创作思想与治世理念

张说是盛唐"文儒"的领袖人物,其"在文儒关系上有了重大突破,张说一方面在纵横笔墨、铺陈丽藻的时候坚持儒学原则,以儒者自居,一方面在考虑儒学建设的时候重新设置文学的角色定位,从文人视野入手,将综论经国之大业与孜孜文句之技巧巧妙融合"②,早在武后朝应举的对策中,张说就提出儒家礼乐治国的政治思想,推行王道之风:"因人以立法,乘时以设教,以义制事,以礼制心。"③此后奉命主持、参与编订《唐六典》《唐文府》《三教珠英》《大唐开元礼》《大唐乐》《初学记》等,对朝廷礼乐文治有着深刻的理解。开元九年再度入相后,张说写了诸如《圣德颂》《开元正历握乾符颂》《大唐祀封禅颂》等文,宣传儒教立国、礼乐之治。在《上东宫请讲学启》中,张说又提出"重道尊儒"④的建议,主张弘扬儒家思想,以孔孟儒道精神治理国家,特别强调对文士的选拔重用,这和推崇吏治刑律的姚崇、宋璟等

①　[唐]虞世南:《北堂书钞》卷一〇二,[明]陈禹谟补注:《北堂书钞》四库全书本。

②　周睿:《张说研究》,博士学位论文,四川大学,2007 年,第 35—36 页。

③　[唐]张说:《永昌元年对词标文苑科制策并问(三道)·第一道,熊飞:《张说集校注》卷二九,第 1372 页。

④　[唐]张说:《上东宫请讲学启》,熊飞:《张说集校注》卷二七,第 1307 页,题作《(上东宫)劝学启并答令》。

人的政治主张明显不同。在碑志文中，张说有意识地将这种文儒观念贯穿其中，因而宣传儒学政治，弘扬王道精神，成为其碑志文创作的核心思想，这也是其为大一统政权建设寻找理论依据的反映。

张说碑志文，通过具体的人事描写宣传儒家教义礼乐，推崇王道之治。如其在《齐黄门侍郎卢思道碑》中借描写墓主卢思道的文采，提出自己的文学见解，认为文章要"吟咏性情，纪述事业，润色王道、发挥圣门"，感慨："开皇以来百三十余载，天赞唐德，生此多士。"在《中书令逍遥公墓志铭》里，张说赞颂墓主之"文而不华，实而不滞"，"原夫志在于《易》，行在于礼"。而在《大唐中散大夫行淄州司马郑府君神道碑》一文中，张说更替帝唐的君权神授进行儒学解读："神皇玉册受天，金坛拜洛，顿纲而鹤书下，辟门而群龙至。"宣传大一统政权的神圣性，以巩固士人思想，规范士人言行，在《右羽林大将军王公神道碑奉敕撰》里则直接宣称："夫事君效命之谓忠，杀敌荣亲之谓勇，干星袭月之谓气，逐日拔山之谓力，有一于此，名犹盖代，矧兼其四，人何间焉！"体现出对儒家思想中人生名利观、价值观的推崇与弘扬，从而整饬士人的言行，将其统一到王朝政治建设中来。

在张说的笔下，墓主们都深谙儒家经典，博学好文，温良恭俭，忠孝仁义，具有非凡的学识才华和高尚的人品个性，可谓名儒名士，如《贞节君碑》里写墓主："君子以为急友成哀，高义也；临危抗节，秉礼也；矫寇违祸，明知也；保邑匡勋，近仁也。义以利物，智以周身，礼以和众，仁以安人。"《大周故宣威将军杨君碑》写墓主："乐善而好学，降尊而容众，能辩乐和，思柔酒德。容止可度，温温如也；文章可观，彬彬如也。泉英皎穆，当世硕士，与之游焉，而曰君子。"《唐故广州都督甄公碑》写墓主"博综经史，脱略流俗"，"或用或舍，有以见大君之仁；时止时行，有以观大孝之节"。《赠吏部尚书萧公神道碑》写墓主之父："学穷秘赜，文标宗匠，广博幽深，契神无迹，温良恭俭，与道为徒。"《颍川郡太夫人陈氏碑》："夫人富而好俭，贵而能勤，身却锦绣，手亲纺绩。公每昏定晨省，夫人必诫之忠孝，劝学文武。"《唐赠丹州刺史先府君碑》写墓主："过四十始阅六籍：观《诗》得之厚，观《书》得之恒，观《乐》得之和，观《礼》得之别，观《春秋》得之正，观《易》得之元。"在此基础上，张说更注意弘扬墓主的实干精神，展示其治国以礼、事君尽忠、佐佑王化、经世致用的才能，赞颂其为实现王道之治而不懈努力的精神，对墓主的政绩多加颂扬。《唐西台舍人赠泗州刺史徐府君碑》写墓主"远祖偃王，基仁义于上代；严考孝德,济宏美于近世。公始以宏文生通五经大义","初,公幼而殊异,八岁工文,太宗闻其聪明,召试词赋,锡以佩刀金鞘,称曰神童。及中年,高宗嘉其道优,悉命皇子受业,訏谟帝采,许以国钧,故公备更潞、沛、豫诸王侍读,上之在周邸也,公尝来诲诗焉",赞颂墓主的文学才华和侍读皇子的功德。《常州刺史平君神道碑》写墓主"出入四朝,历官二十。其进也,皆择能录勤,惟德是与；其退也,必含垢受屈,在涅不淄。子文之量,从可知矣",感叹："夫为子则颂德以尊祖,饰终以荣亲,孝之大也；为臣则不枉毫发以顾私,不避豺狼以挠法,忠之至也；洁志则利不涉口,欲不萌心,清之源也；履道则不俯眉以悦势,不屈色以苟容,正之方也。"通过赞扬墓主的文学成就和施政之功,倡明为官之表率。《唐故赠齐州司马陆公神道碑》写墓主："公诞灵冲和,禀识高朗,简而中礼,易而达节,笃学励行,著实飞声,文史者宗其渊府,德行者仰其墙仞。"赞述其学问品格和施政之道,歌颂其文质彬彬的儒士风范和贤吏本色。

尤以写名相姚崇、宋璟的碑文最具有代表性,《故开府仪同三司上柱国赠扬州刺史大都督梁国公姚文贞公神道碑奉敕撰》写姚崇之好学上进："公纨绮而孤,克广前业,激昂成学,荣问日流,武库则矛戟森然,文房则礼乐尽在。弱冠补孝敬挽郎,又制举高第,历佐濮、郑,并有声华。"写姚崇之执政有方,功绩巍巍："故所莅必眂庶风偃,鸷狼化从,言不厉而教成,政不威而事理。……谋事兼于百揆,论道总于三台。公执国之钧,金玉王度,大浑顺序,休征来臻,懋德格天,名遂身逊。"写其品行才德："忠不忘亲,仁也；哀不违事,义也；让功辞邑,礼也；济代全名,智也。仁以长人,义以和下,礼以安上,智以周身。"《广州都督岭南按察五府经略使宋公遗爱碑颂》写宋璟忠贞为民,行仁义之政,以致辖地路不拾遗,夜不闭户："其率人版筑,教人陶瓦,室皆甃堲,昼游则华风可观；家撤茅茨,夜作而灾火不发：栋宇之利也自今始。祖国之舶车,海琛云萃,物无二价,路有遗金,殊裔胥易其回途,远人咸内我边郡：交易之坦也有如此。"描绘出一片政通人和、百姓安乐、臻于至治的太平盛世景象,这和《孟子·梁惠王上》所描绘的王道之治是何等的相似。碑文在赞颂姚崇、宋璟以民为本、努力王政的同时,对其品行功德等作了全方位的铺叙,将其奉为士吏之表率、学子之楷模,为盛唐社会的人才培养与发展提供标榜,也为时代政治方向指明道路。

不但为权臣显宦作碑文时,倡扬儒家思想,推行王道之治,就是为平民寒士作碑志,张说也着重宣传儒学精神,推行王道之政,彰显其以儒学作为立国之本的执政思想。《四门助教尹先生墓志铭》写墓主立志好学、学有所成:"十五诵三《礼》,能明君臣父子之道,定郊庙吉凶之制。二十诵《春秋》《尚书》,能精五行九畴之数,断褒贬会盟之节。二十五诵《诗》及《易》,能辨政教雅颂之始,极变化生生之至;又能诵古史百家之书,善文章草隶之则。"赞颂其对儒家经典的笃学精神。《文昌左丞陆公墓志》写墓主:"公执其衡镜,而野无遗贤。三载考绩,惟王旧典,公秩其幽明,而庶官咸事,斯并宪章台阁,籍甚人伦。"颂美其执政有方,使得"野无遗贤""籍甚人伦",几近于"大同"之治。《唐故瀛州河间县丞崔君神道碑》写墓主学崇孔孟:"承百代之隆庆,总五德之清淳,孝友忠肃,宣慈恭俭,好古博雅,邻几亚圣,盈而若虚,漠而无象,非夫入周公之庙,升孔子之堂,则宪章礼乐,鲜得其门而睹矣。"写其政绩卓著:"临事以简,御人以宽:虽为小政,必有可观,故八使巡风,再荐清白。河上遗老,江滨旧吏,吟咏余声,祖述前事,人到于今称之。"《贞节君碑》写县令阳鸿忠于皇朝,面对军阀叛乱而守节勇斗、以身殉国:"及在曲阿,敬业作难,润州籍鸿得人,历旬坚守,城既陷而犹斗,力虽屈而蹈节。寇义而脱之,因伪加朝散大夫,即署曲阿令。鸿贞而不谅,诡应求伸,既入邑,则焚服阖门而设拒矣,故得殿邦奋旅,一境赖存。"歌颂其忠君爱国、坚决维护王权一统的牺牲精神。

就深层次而言,张说碑志文宣传儒道精神,强调文儒治国,重视墓主的学问才性及文学成就的抒写,是唐玄宗开元前期朝中吏治与文治派的斗争的反映。早在 20 世纪 60 年代,汪篯先生就提出这一观点,认为唐玄宗开元时期朝廷存在着以姚崇为代表的吏治派和以张说为代表的文治派之间的政治冲突,吏治派注重官吏的实干能力,而文治派则以文学创作才能作为考量官吏之标准[①],张说是文治派的代表,其评判、选拔官员注重文学才能,以学识才气、礼乐之道作为衡量人才的标准。从其执政时举荐官吏来看,如孙逖、王翰、张九龄等,也多是这类文儒式人物,所以张说在碑志中抒写墓主的文采学问,赞赏其学士才气以及在弘扬礼乐政治方面的贡献,也是其"右职以精学为先,大臣以无文为耻"[②]的文学观、人才观的反映。

---

① 汪篯:《唐玄宗时期吏治与文学之争》,《汪篯隋唐史论稿》,中国社会科学出版社,1981 年,第 196—208 页。

② [唐]张说:《中宗上官昭容集序》,熊飞:《张说集校注》卷二八,第 1318 页。

二、唐虽旧邦 其命维新:盛世感知与时代豪情

　　碑志文以记述死者生平经历为主,属于应用公文,其写法和史传有着相承性,写人记事需客观叙述,不能主观论断,在文中抒发作者的个人感情。但事实上,自南朝以来,碑志文已经由传统的应用文向文学美文方向发展,如徐陵碑文以绮艳见长,庾信碑文多家国之思,初唐王勃、杨炯及陈子昂的碑文,在情感上仍多个人怀才不遇、忧愤时事之叹。时至张说,通过谋篇运笔和章法组合,写法上"只是形容事实,不加赞美,而揄扬之意已溢于事实之表,赞美与事实融合无间"①,这就使得碑志文的情感气势豁然一变,由逼仄抑郁走向浑厚博大,完全是豪壮乐观、光朗雄健、昂扬奋发的新风貌,没有丝毫的个人哀戚悲怀之情,其自信傲岸、磅礴大气、气势充沛、情感张扬,展现千年一遇的盛世感知,充满着激荡人心、鼓舞士气的力量,饱含着昂扬奋发、豪壮乐观、积极向上、蓬勃进取的时代豪情,和前辈作家文风形成鲜明对比,这也是盛唐文学的总体特征。

　　在《唐陈州龙兴寺碑》中,张说通过描写重修龙兴寺抒发豪情:"圣皇在上,於昭于天。唐虽旧邦,其命维新。"饱含着对新时代到来的欣喜与豪迈之情。《右羽林大将军王公神道碑奉敕撰》中更是大发感慨:"至矣! 盖圣主推仁恕于天下,悬大信于后人,爱欲其生,……谋臣饮恩于望表,猛将感德于事外,然后任人之固,众可知也。"抒发盛唐君臣一心、明君忠臣、奋力国家建设的豪情。《大唐开元十三年陇右监牧颂德碑》则将这种感怀盛世、张扬理想、激荡士心的豪情进一步阐发:"皇帝东巡狩,封岱岳,辇辂既陈,羽卫咸备,大驾百里,烟尘一色。其外又有闲人万夫,散马千队,骨必殊貌,毛不离群,行如动地,止若屯云,百蛮震詟,四方抃跃,威怀纷纭,壮观挥霍。……秦汧渺渺,尚想非子之风;鲁野区区,犹传史克之颂。试从此而观彼,夫何足以言哉?"字里行间洋溢着臣子对时代的热爱,对国家的忠诚,对未来的美好憧憬与感叹,行文颇显伟岸明朗、浩博大气、豪迈刚健之美。

　　张说常常在碑文开头,通过反问排比的修辞手法,以大段的议论抒情,奠定全文的感情基调,为表现墓主的丰功伟绩,抒发作者的豪迈情怀埋下伏笔。《唐故高内侍碑》起始写道:"孝足动天,义堪变地。河中见三州之

---

　　①　刘师培:《中古文学论著三种》,第 132 页。

姓,炳彼精诚;南亭闻再逢之母,彰兹奇事:不有隐德,旷代谁邻?"开门见山,高屋建瓴,情感张扬而大气,为后文颂扬墓主的孝义精神作铺垫。《故开府仪同三司上柱国赠扬州刺史大都督梁国公姚文贞公神道碑奉敕撰》:"八柱承天,高明之位定;四时成岁,亭育之功存。画为九州禹也,尧享鸿名;播时百谷弃也,舜称至德。由此言之,知人则哲,非贤罔乂,致君尧舜,何代无人?"《故括州刺史赠工部尚书冯公神道碑》:"金之为宝,百炼而惟精;玉之称德,久幽而不昧:圣人美焉,君子比焉。可铄也,不可夺其刚;可毁也,不可污其洁。伟哉冯公,秉斯操矣。"《赠太尉裴公神道碑》:"星辰悬象,所以殷时布气,然而行不言之道者,天也;文武用才,所以勤官定国,然而致无为之理者,帝也。当高宗之休运,任名世之良臣,清九流而辟四海,代天工而张帝德,历选前哲,岂多乎哉!"诸如此类,往往在文章开头,通过一番叙说议论,张扬情感,铺陈气势,描写盛唐群英荟萃,人才辈出的社会风貌,激发士人好学上进、昂扬奋发的人生理想,字里行间洋溢着明朗豪迈、慷慨激昂、雄健磅礴的时代豪情,具有震撼人心、锐不可当的力量。

　　张说还善于通过典型环境、典型细节的描写,张扬情感气势,激荡人心士风,凸显行文气势的充沛刚健、豪壮雄伟,这在诸如《右羽林大将军王公神道碑奉敕撰》《赠凉州都督上柱国太原郡开国公郭君碑奉敕撰》《拨川郡王碑奉敕撰》《唐故夏州都督太原王公神道碑》《广州都督岭南按察五府经略使宋公遗爱碑颂》《赠太尉裴公神道碑》《河州刺史冉府君神道碑》《赠户部尚书河东公杨君神道碑》《赠吏部尚书萧公神道碑》《唐故左庶子赠幽州都督元府君墓志铭》及《唐故凉州长史元君石柱铭并序》等碑文中表现明显。无论是写墓主的军功还是政绩,都以细节取胜,选取典型场景、典型事件来刻画人物形象,映衬对比,传神生动,以环境的恶劣艰险凸显墓主于国于民的忠贞之心;以战况的惨烈困苦凸显墓主高明的军事指挥艺术和乐观的斗争精神;以墓主的蓬勃进取、努力上进而最终立身扬名、人生得志的奋斗历程,激发天下士民的进取精神和致力于国家建设的时代热情。这方面表现最为突出的是《拨川郡王碑奉敕撰》,行文用大段的篇幅描写墓主论弓仁的从军生涯,重点叙述其在抵抗侵略、镇压叛乱方面的一系列战功。在张说的笔下,墓主大义凛然,英武神勇,忠贞刚烈,面对强敌舍生忘死,慷慨迎战,为维护帝唐之江山社稷、国威政体而奋不顾身。文中写唐军将士齐心协力、同仇敌忾、奋勇杀敌、大获全胜的战争场面,可谓波澜壮阔、慷慨悲歌：

公洗兵诺真之水，刷马草心之山，以为外斥，而版徒安堵。郑卿之和默
啜也，公授馆李陵之台，致饔光禄之塞，以为内侯，而宾至如归。九姓之乱
单于也，公四月度碛，过白柽林，收火拔部帐，纳多真种落，弥川满野，怀惠
忘亡，漠南诸军，趫其计也；降户之叛河曲也，公千骑奋击，万房奔走，戡翦
略定，师旅方旋，而延、陆、跌、跌复相啸聚，上军败于青刚岭，元帅没于赤柳
涧，公越自新堡，奔命寇场，赢粮之徒，不满五百，凶丑四合，众寡万倍，公杀
牛为垒，啖寇为饷，决命再宿，冲溃重围，连兵踯躅，千里转战，合薛讷于河
外，反知运于寇手。朔方诸军，壮其战矣。①

　　其描写精工细致，抒情明快壮美，充满着雄浑有力、昂扬明朗、意气风
发的内在张力。在记叙墓主雄才大略、指挥若定、险中取胜等丰功伟绩的
同时，凸显盛唐国力强大、将士勇敢善战。行文歌颂时代的伟大，王朝的强
盛，体现着张说对现实政治的热爱之情，而写墓主一生奋斗不息、历尽艰
辛，终能成就英雄伟业，获取功名富贵，其激荡士心、张扬理想，推崇昂扬进
取、积极有为的人生道路，用意更为深远。

　　张说开拓了碑志文的题材领域，也壮大了碑志文的情感气势，使得碑
志文逐渐脱离徐庾宫体写法，从表现个人的身世之遇、家国之思走向更宏
伟博大的现实世界和理想人生，可谓对传统碑志文体进行变革，原因在于
张说本人文儒的职能定位和盛唐的时代需要。身为文坛领袖和朝中重臣，
张说深知文学和政治的关系，其行文以雄健的笔力和昂扬的情感气势来展
示时代的空前功绩、强盛局面与王道气象，既发挥文学"润色鸿业，发挥圣
门"的传统功能，又满足唐王朝现实的政治需要。除碑志文外，张说在颂文
中也有意张扬这种情感气势，如《圣德颂》："皇唐之兴也，道积四圣，(时)将
百年，泽浸生人，自根流叶，孝和晏驾，嗣子幼冲，凶臣嬖女，蠮弱王室，人甚
崩角之危，朝深缀旒之叹。赖天奖忠勇，大戮鲸鲵，尊文庙而安神，清帝宫
而待圣。"②《大唐封祀坛颂》："高祖创业，四宗重光，有德格天漏泉，蒸云濡
露，菌蠢滋育，氤氲涵煦，若天地之覆载，日月之照临，溥有形而归景，罄无
外而宅心，百有八年于兹矣。皇帝攘内难而启新命，戴睿宗而缵旧服，宇宙

----

① 熊飞：《张说集校注》卷一七，第 851 页。
② 熊飞：《张说集校注》卷十一，第 563 页。

更辟,朝廷始位。盖羲、轩氏之造皇图也,九族敦序,百姓昭明,万邦咸和,黎人于变。立土圭以步历,革铜浑以正天。"①均将这种情感气势张扬到极致。所以行文气势豪壮乐观、昂扬奋发,抒情刚健有力、激荡人心是张说碑志文的显著风格,这种风格促使着时人对所处时代的觉醒与热爱,这种觉醒与热爱反过来又激发着时人强烈的个人奋斗精神和投身国家王朝建设的豪情壮志,最终成为推动时代发展的巨大动力。

三、威怀纷纭　壮观挥霍:颂美描写与现实吁求

张说碑文写景记事注重场面的描写,通过场景的华美壮丽、博大伟岸,表现唐王朝的繁荣富强、兴旺发达,颂美精神突出。《大唐开元十三年陇右监牧颂德碑》,为玄宗宠臣王毛仲而作。行文在歌颂王毛仲的品行、勋绩,特别是牧马之功外,更进一步歌颂大唐时代的强盛,歌颂玄宗皇帝的英明政治。碑文以《周礼》开篇,历述秦、汉至唐国家所掌厩马的情况:

> 大唐接周、隋乱离之后,承天下征战之弊,……而奕代载德,纂修其绪,肇自贞观,成于麟德,四十年间,马至七十万六千匹,置八使以董之,设四十八监以掌之。跨陇西、金城、平凉、天水四郡之地,幅员千里,犹为隘狭,更析八监,布于河曲丰旷之野,乃能容之。于斯之时,天下以一缣易一马,秦汉之盛,未始闻也。②

先从历代马匹之盛写起,以前朝的养马伟业层层烘托,在比较中,诉说唐王朝自开国以来的文治武功,"秦汉之盛,未始闻也",借马政之繁荣,展现大唐的赫赫国威。随后又颂美开元皇帝之伟业,其中不惜浓墨重彩,铺陈排比,渲染夸饰,描写玄宗朝马匹的繁盛:

> 若夫春祭马祖,夏祭先牧,秋祭马社,冬祭马步:敬其本也。日中而出,日中而入,禁原燎牧,除蓐衅厩:时其事也。洁泉美荐,庤凉栈湿,翘足而陆,交颈相靡:宣其性也。攻驹教駣,讲驭臧仆,刻之剔之,羁之策之:就其才也。不反其性,故亲人乐艺,节乐如舞之心自生;不穷其才,故阒扼鸷曼,窃辔诡衔之态不作。尔乃举其神异,则有駉骉骁袅,乘黄兹白,来仪外厩,呈伎内枥,朝刷阊风,夕洗天泉,圣皇一驭,长寿万年。别其种类,则有妍蹄

---

① 熊飞:《张说集校注》卷一二;第 608 页,题作《大唐祀封禅颂》。

② 熊飞:《张说集校注》卷一二,第 622 页。

繁鬣，小领远志。曰龙曰骃，曰戎曰骥。差其毛物，则有苍白骊黄，骍紫骝皇，骓驳骔骆，骊騢骝騅，鸨驳骴骀，骗騏骝騀，豪骭异足，狼尾鱼目。宗庙齐豪，戎事齐力，田猎齐足，罔不毕有。元年牧马二十四万匹，十三年乃四十三万匹；初有牛三万五千头，是年亦五万头；初有羊十一万二千口，是年乃亦二十八万六千口。

进而以东封途中景象为例，极力褒美："皇帝东巡狩，封岱岳，辇辂既陈，羽卫咸备。大驾百里，烟尘一色。其外又有闲人万夫，散马千队，骨必殊貌，毛不离群。行如动地，止若屯云。百蛮震耸，四方抃跃，威怀纷纭，壮观挥霍。"①结尾的颂词则将歌颂美政之情推向高潮。

整篇行文气势豪壮，感情昂扬，综合采用比喻排比、拟人引证、数字列举及综合对比等多种手法，其排山倒海，铺陈罗列，夸饰渲染，展示马畜数量繁多、种类丰富，使人有应接不暇之感，特别是写皇帝巡狩的场面，跌宕起伏，纵横捭阖，借助场景的壮观盛大、威加四海，尽显唐王朝繁荣昌盛的政治格局和富强壮美的生活图景。通篇如同一幅壮丽辽阔、伟岸华美的历史画卷，描绘精工，摹写丰富，以典型的场面烘托主题，声色绚烂，动感十足。其浩博雄奇，宽广丰富，昂扬大气，色彩斑斓，深具瑰丽炫目之美，充满着盛世之下物质财富与精神生活双重丰富的时代豪情，可谓"局阵开张，笔情踔厉，尤为卓荦入奇"②。

《唐陈州龙兴寺碑》，借叙写庙宇修建，就其形制结构、外观装饰等进行工笔描绘，歌颂其盛大华丽之美，如写龙兴寺："夫其带四郭五衢之陌，踞重塘阛阓之端，福地砥平，长垣云蠹，高门有阅，大厦斯飞，连廊曲阁，交轩对霤。……甘露饱而满盈，天香醉而围绕。"以大段篇幅描写庙宇的建筑精美、装饰壮丽，具体到雕梁画栋、亭台楼阁、华屋美室，其铺陈排比，藻饰繁富，宛如锦绣成匹，光彩不断。而《西岳太华山碑铭》则以四字句行文，赞颂华山之美："巉巉太华，柱天直上。青崖白谷，仰见灵掌。雄峰峻削，菡萏森爽。是曰灵岳，众山之长。白帝西下，黄河北来。阴阳孕育，精气徘徊。偶圣呈瑞，逢昏降灾。玉池神挹，石室仙开。海绝瀛洲，天遥元圃。伟哉此镇，峥嵘中土。"点面结合，时空交错，场景描写多宏大壮丽之笔。

---

①　熊飞：《张说集校注》卷一二，第 624 页。

②　钱基博：《中国文学史》，第 274 页。

　　张说碑文还喜好书写浪漫雄奇、瑰异祥瑞之景，如《赠太尉裴公神道碑》："公之送波斯也，入莫贺延碛中，遇风沙大起，天地瞑晦，引导皆迷，因命息徒，至诚虔祷，狗于众曰：'井泉不远。'须臾，风止氛开，有香泉丰草，宛在营侧，后来之人，莫知其处。"再如《右羽林大将军王公神道碑奉敕撰》，叙写大将军王威明战死沙场的场面："亭孤兵尽，流矢横及，所谓仆而余威，折而不挠矣。"《唐故夏州都督太原王公神道碑》写王仲翔远征热海，其临危不惧的英雄本色："剿叛徒三千于麾下，走乌鹊十万于域外：皆以少覆众，以诚动天。葛水暴涨，祭彻而三军涉渡；叶河无舟，兵叩而七月冰合：由是士卒益勇，戎狄益惧"，"尝独行入夜，有怪人长丈，直来趣逼，射而仆焉，乃朽木也"。《赠陈州刺史义阳王神道碑》写义阳王为酷吏所害，卒于荒远之地，多年后，棺骸失其所在，"岁月茫茫，尽为野草"，其季子休行远赴桂林寻之，作者即用亡者连续托梦、法师卜蓍指引等情节渲染行休寻亲之苦及以诚动天之孝。《唐玉泉寺大通禅师碑铭》写高僧神秀圆寂："白雾积晦于禅山，素莲寄生于坐树，则双林变色，泗水逆流，至人违代，同符异感。"以自然界的灵异之象烘托高僧法力无边、修行感天之场景，都带有传奇浪漫之色彩。《赠户部尚书河东公杨君神道碑》《唐故瀛州河间县丞崔君神道碑》则引诗笔入文，前者写墓主之德："桃李灼灼，不自言于蹊迳；松柏青青，不受令于霜雪。穷独善而无挠，达兼善而无矜。"情景优美；后者描叙河间丞崔漪的政绩："临事以简，御人以宽：虽为小政，必有可观，故八使巡风，再荐清白。河上遗老，江滨旧吏，吟咏余声，祖述前事，人到于今称之。若夫碧树烟霭于江潭，红荷藻耀于泽畔，宝贝炯光于空浦，美玉明润于断岸：不为珍舆瑶辇之饰，前殿后池之玩，诚自得焉，必将有赏心之所叹也。"以景记事，跌宕多姿，连用四个意象瑰丽的比喻，凸显人物的品行节操及政绩功德，在塑造意境方面，颇具浪漫梦幻之美，可谓诗意盎然。当然，无论塑造场景怎样的浪漫雄奇，其目的还是在于歌颂唐王朝的君权神授、政通人和、臻于至治。封建社会的人们，普遍对天地自然有着敬畏感，也往往将自然界的各种神秘现象与人事政治联系在一起。张说的碑文通过各类祥瑞再现、扑朔迷离、神奇浪漫之情景描写，展现唐王朝天人感应式繁荣兴旺、强盛发达，这实质是为大一统政权的合理出现与稳定统治寻找有力的文化渊源和自然支撑。

　　张说碑文通过上述种种关于时代美好、国家强盛的场面描写，展现帝唐的政治清明、经济发达及社会生活的繁复多样，这种对王朝盛世的赞美，对人事政治的歌颂,充分发挥文学的教化功能,具有很强的现实吁求精神,根本目的在于激发广大士人的参政意识和入世情怀,强化其现实责任感和使命认识。儒家一贯主张士人的"内圣外王"、积极入世,而张说作为盛唐文儒的领袖,倡扬儒学思想是其作文的中心,其碑文借颂美时代而鼓励和启迪士人奋发进取,投身时政,致力于王朝建设大业,这就更进一步发挥儒家"修身齐家治国平天下"的人生道德价值取向,张扬其现实意义和时代精神,体现出张说为文"发挥圣门、佐佑王化"之经世致用思想。

四、环玮博达　磊落标奇:英雄赞歌与三不朽的人生价值

张说的碑志文在写人记事方面有着严格的取舍,其评判人物,记功颂美,扬善隐恶,无不以孔孟思想为中心,弘扬经世致用、入世参政的儒道精神。在碑志文中,张说重视叙写墓主的才学成就,往往通过墓主的成长经历和不凡政绩来宣扬盛唐文治教化的政策,赞扬其笃志好学、积极入世、奋发有为、忠勇报国、敢于奉献牺牲的英雄主义精神,歌颂唐王朝诗文取士、以礼治国、政通人和,社会生活昌明发达,士人热心王朝建设的宏伟气象。在张说的笔下,无论写文官写武将,写寒士写权贵,墓主们都具有文韬武略、忠君报国、忠勇有为、积极入世的性格特征,都深怀经世致用的豪情壮志和强烈的个人奋斗精神,都渴望建功立业、报效君国、成就自我、显亲扬名,可以说,张说借助碑志文完成盛唐时代群体性英雄形象的塑造,展示出一幅幅波澜壮阔、浩大宏富的士人报国创业、开拓进取的壮丽画卷,其中英雄辈出,人心思齐,国势如虹,可谓时代之幸、社会之幸、历史之幸。

《右羽林大将军王公神道碑奉敕撰》歌颂墓主忠义仁孝的家国意识,写其才艺高强、威猛过人、勤于职守:"公威声发于雷泉,武毅标于峒岭,小头锐上,猿臂虬须,龙剑摧百胜之锋,蛇矛得万人之敌。拔自行阵,果有吕蒙之才;拜于坛场,不爽韩信之用。"写其忠勇报国、临危不惧:"当数百之强虏,然犹虒唊击射,杀伤略半,亭孤兵尽,流矢横及,所谓仆而余威,折而不挠矣。"通过多方面的描绘,塑造出一个英武忠贞、刚健有为、功绩赫赫、堪称时代楷模的英雄形象。《贞节君碑》写墓主:"倜傥奇杰,环玮博达,贯涉六籍百家之书,其要在霸王大略,奇正大旨,君亲大义,忠孝大节而已,章句之徒,不之视也。"赞扬其"历旬坚守,城既陷而犹斗,力虽屈而蹈节"的爱国精神。《齐黄门侍郎卢思道碑》写墓主:"禀天灵杰,承家令轨,清明虚受,磊

落标奇,言不诡随,行不苟合,游必英俊,门无尘杂。至于求已励学,探道睹奥,思若泉涌,文若春华,精微入虚无,变化合飞动。"《周故通道馆学士张府君墓志铭》写墓主文武双全:"性倜傥,尚气节,能引弓六钧,命中百步,车服出入,拟于封君,州里颇患之。君乃励操强学,不出门者十余年。探道睹奥,郁为渊薮。周武帝闻之,征为通道馆学士。"《赠凉州都督上柱国太原郡开国公郭君碑奉敕撰》则塑造出一个传奇英雄的形象:"公太白之精,雷泉之灵,膺家之祯,为国而生。身长七尺,力能扛鼎,猿臂虎口,虬鬓鹗瞵,射穿七札,剑敌万人。"《拨川郡王碑奉敕撰》更塑造出一个国之重器、人间俊杰的英雄将帅形象,如写其治兵严谨:"公之理兵也,坚三革,利五刃,偶拳勇,齐足力。信赏罚,分甘苦,六辔如手,千夫一心。接獯猃犹蚊蚋,卧沙塞如衽席;荐居露食,垂二十年。雨毕而成师,冰泮而休卒。寒风入于肌骨,夜霜出于须鬓。人不堪其勤,公不改其节。"以环境的艰辛凶险,折射出墓主不畏艰险、精诚报国的英雄本色,感人至深。

值得一提的是,在张说的笔下,墓主往往不是简单的文儒或武将,大多智勇双全、诗剑风流,具有文学、军事及治国理政等多方面的才能,由此也体现出盛世之下人才的学以致用、全面发展。如《唐故夏州都督太原王公神道碑》写墓主:"公雄姿沈毅,凛难犯之色;虚怀信厚,坦招纳之量;识略精断,达应变之权;神守密静,坚不夺之节。孝友内兆于免怀,忠敬外灼于既冠。加以思参造化,诚合鬼神,文其诗书,武其韬略:推此才也,以从政焉,求无匮矣。"《唐故广州都督甄公碑》写墓主:"志怀慷慨,雅多大略,援枹作气,有七纵之能,孤剑无前,当万人之敌。"而《赠太尉裴公神道碑》在描写墓主文武双全、英雄风范的同时,更不忘抒写墓主裴行俭在处理对外关系上坚决果断、以人为本、宽厚仁慈的风范:"公在礼闱,敕赐善马及宝鞍,令史奔驰,马倒鞍破,惧而逃罪。公使召之日:'知汝误耳。'又平都支遮匐,大获珍异,酋长将吏,请遍观焉。有马〔玛〕瑙大盘,希代之宝也,随军王休烈捧盘跌倒,应时而碎,叩头流血,惶怖请死。公笑曰:'事有不意,何至重玉而害人乎?'"写墓主不因宝物被毁而恼怒怪罪,反而当机立断、重人轻物、宽慰僚属,与之解围,体现出大国之臣为人处事的泱泱风度,突显其雅量慷慨的英雄气概。而《广州都督岭南按察五府经略使宋公遗爱碑颂》《故开府仪同三司上柱国赠扬州刺史大都督梁国公姚文贞公神道碑奉敕撰》,分别写玄宗朝名臣宋璟、姚崇,其谨严工整,述事确凿,重点描写墓主强烈的个人奋斗精神和济世报国的才能政绩，展现一代贤相的人生历程，歌颂其多方面的才性品格和丰功伟绩。其他如《常州刺史平君神道碑》《赠太州刺史杨公神道碑》《河西节度副大使鄯州都督安公神道碑铭并序》《故括州刺史赠工部尚书冯公神道碑》《唐故凉州长史元君石柱铭并序》《唐故左庶子赠幽州都督元府君墓志铭》《四门助教尹先生墓志铭》等，墓主虽官职大小不同、地位高低不一，但都学识渊博、才华横溢，具有奋发有为、积极上进、忠勇家国的英雄本色。

张说的碑志文写皇帝也是勤政爱民、贤良仁厚的，充满圣明英武的大英雄风范，如《唐故夏州都督太原王公神道碑》写皇帝体恤墓主之伤痛："帝顾而问之，视疮欷歔曰：'为国致身，乃吾亲也。'"写墓主因收葬骸骨"为金吾奏劾，高宗义之，释而不罪。"《右羽林大将军王公神道碑奉敕撰》写玄宗皇帝"黯然兴叹：人言以命许国，夫岂忘其言哉？苟收必死之忠。焉问不虞之过"，进而感叹"至矣！盖圣主推仁恕于天下，悬大信于后人"。《元城府左果毅赠郎将葛公碑》写墓主："一见圣主，再纽乾纲，重位冠乎北军，茂功茂乎南史：故象服临祭，鱼轩以朝。"《赠太尉益州大都督王公神道碑奉敕撰》写玄宗"明明天子，择贤共理"。其他如《大唐开元十三年陇右监牧颂德碑》《唐陈州龙兴寺碑》《元城府左果毅赠郎将葛公碑》等，写皇帝也以"圣主"的英雄形象出现。

凡斯种种，张说碑志文中的人物，从皇帝到平民，都清明正直、刚健贤良、忠勇有为，堪称英雄。这种英雄形象的塑造符合时代政治需要和社会诉求，具有深远的意义。墓主们文韬武略，才华出众，饱怀强烈的忠君爱民、经世致用之心，深感盛世之下时光宝贵、机遇难得。其勤奋好学，忠勇报国，渴望展示自我，成就自我，或走科举仕途经济，或从军以崛起行伍，都具有坚强的个人奋斗精神和建功立业的人生理想，这实际上是对儒家"三不朽"价值观念的发扬。身为盛唐文儒的领袖，张说在碑志文中，大力弘扬"三不朽"的价值观念，讴歌英雄，推崇奋发有为的入世精神。在张说的笔下，墓主们雄才大略，蓬勃进取，自信坚强、刚正弘毅、积极上进，最终都建功立业，理想成真，人生得意。张说碑文中展现出士人这种豪迈乐观、昂扬奋发、才性过人、屡立功绩的奋斗历程；虚怀若谷、宽厚仁爱、坚贞刚强、忠勇有为的行事方式；积极入世、以人为本、施政有方的品格才性，尽显盛世强国之下大国之臣大国之民的风度。张说碑文通过描写开元盛世下人才的全面发展,显示出一幅君臣关系和谐、社会政治清明、人民生活安乐、国势蒸蒸日上的太平盛世景象,而写墓主们奋发有为、努力政权构建、蓬勃进取、精诚报国、终成大器、功成名就的英雄历程,更加激励着后世士人积极投身大一统的王朝建设,蓬勃奋发,锐意进取,向着经世致用、仕途经济的人生发展方向不懈努力,最终成就"三不朽"的价值追求。其影响不言而喻。

五、皇威所加　武臣之力:尚武精神与爱国情怀

有唐一代,自太宗开始,至武则天、唐玄宗等,都喜欢武力开边,拓展疆域,由此也引起一系列的对外战争,这就影响到碑志文的创作。在唐代诸多的碑志作家中,最善于描写战争的当属张说,综合其碑志作品来看,其描写战争场面的碑文不仅篇目繁多,而且刻画精彩,记述生动形象,具有高超的艺术水准。《唐故夏州都督太原王公神道碑》写当时边境叛乱形势危急,"朝廷始以镇不宁蕃,故授公代宝;又以求不失镇,复命宝代公。夫然,有以见诸蕃之心摇矣。于是车薄啜首唱寇兵,群蕃响应,猬毛而竖。"而墓主慷慨从命,领兵出征,其治军有方,作战得力,最终剿灭叛军、大获全胜。《右羽林大将军王公神道碑奉敕撰》写墓主针对吐蕃、回纥的侵犯,积极应战、勇猛杀敌,赞扬其忠勇仁孝、大智大勇的爱国情怀和临危不惧、百折不挠的战斗精神:"是年秋八月,吐蕃犯边,瓜州失守,盗憎我将,执致其亲。公以为背父立威,非孝也;顿兵从敌,非忠也:大义逼而忘家,方寸乱而供国。其定计也。成列而出讨贼,尽狄而退杀身。忠在孝先,将之道也。"其他如《赠户部尚书河东公杨君神道碑》《赠太尉裴公神道碑》《河西节度副大使鄯州都督安公神道碑铭并序》《中书令逍遥公墓志铭》等,也展示唐王朝的赫赫武力,描写其对外战争的胜利,展现将士近乎神化的英武顽强、骁勇善战,歌颂唐王朝逢战必胜、不战而屈人之兵的国威军势,展现大一统政权在对外关系上的雄风威仪。《赠凉州都督上柱国太原郡开国公郭君碑奉敕撰》中,墓主是盛唐名将郭知运,其军功卓著,威震边疆,兹将史传所载与张说碑文之所撰相比较如下:

郭知运字逢时,瓜州常乐人。壮勇善射,颇有胆略。初为秦州三度府果毅,以战功累除左骁卫中郎将、瀚海军经略使,又转检校伊州刺史,兼伊吾军使。开元二年春,副郭虔瓘破突厥于北庭,以功封介休县公,加云麾将

军,擢拜右武卫将军。其秋,吐蕃入寇陇右,掠监牧马而去,诏知运率众击之。知运与薛讷、王晙等掎角击败之,拜知运鄯州都督、陇右诸军节度大使。四年冬,突厥降户阿悉烂跌跌思太等率众反叛,单于副都护张知运为贼所执,诏薛讷领兵讨之。叛贼至绥州界,诏知运领朔方兵募横击之,大破贼众于黑山呼延谷,贼舍甲仗并弃张知运走。六年,知运又率兵入讨吐蕃,贼徒无备,遂掩至九曲,获锁甲及马羜牛等数万计。知运献捷,遂分赐京文武五品已上清官及朝集使,拜知运为兼鸿胪卿、摄御史中丞,加封太原郡公。八年,六州胡康待宾等反,诏知运与王晙讨平之,拜左武卫大将军,授一子官,赐金银器百事、杂彩千段。九年,卒于军,赠凉州都督,锡米粟五百斛、绢帛五百段,仍令中书令张说为其碑文。知运自居西陲,甚为蕃夷所惮,其后王君㚟亦号勇将,时人称王、郭焉。

子英杰、英乂。英杰官至左卫将军。开元二十一年,幽州长史薛楚玉遣英杰及裨将吴克勤、乌知义、罗守忠等率精骑万人及降奚之众以讨契丹,屯兵于榆关之外;契丹首领可突干引突厥之众拒战于都山之下。官军不利,知义、守忠率麾下便道遁归。英杰与克勤逢贼力战,皆没于阵。其下精锐六千余人仍与贼苦战,贼以英杰之首示之,竟不降,尽为贼所杀。英乂,剑南西川节度使,自有传[1]。

——《旧唐书·郭知运传》

四序平分,清秋之气劲;五方异俗,崆峒之人武:故陇上多豪,山西出将。其有云龙感召,星象特生,金鼓登坛,隐如敌国,麾幢指塞,自比长城:得之于太原公矣。公讳知运,字逢时,其先太原著姓,今则晋昌人也。本乎文王之弟,是为虢叔,虢或云郭,因而氏焉。自燕昭尊隗以筑宫,汉祖封亭以列国,其侯于阳曲,宅彼太原旧矣。亭之元孙友,从太原徙陇西,昭帝分陇西置西平,郭氏又为郡之右族。友之昆孙武威太守宪,宪之犹子散骑常侍芝,俱有名迹,见于魏晋,则晋昌诸宗,散骑之后也。尔乃一门连誉,时人号曰三儒;四海齐名,天下谓之八顾。光禄派分于冯翊,廷尉世茂于颍川。孝则天锡釜金,忠则帝章冕服,仁则猛兽不害,信则童儿不欺:岂直介休见有道之碑,洛阳闻立德之传而已!曾祖钦,瓜州大黄府统军上柱国。祖才,

① ［五代］刘昫:《旧唐书》卷一〇三,第 3189—3191 页。

朝议郎瓜州常乐县令上柱国。父师，朝散大夫上柱国，赠伊州刺史。碛卤之地，戎马生郊，业战斗而宏勋，仕州县而为达。启莫京之㦱，福不在于其身；积无声之善，应必流于后嗣。

公太白之精，雷泉之灵，膺家之祯，为国而生。身长七尺，力能扛鼎，猿臂虎口，虬鬓鹑瞳，射穿七札，剑敌万人。子卿路逢，遥识将军之相；唐举一见，足辨封侯之骨。解褐，以善战授昭武校尉、秦州三度府左果毅。以败敌北庭，加游击将军、沙州龙勒府折冲、兼右金吾郎将、瀚海军副使，寻改朝散大夫、伊州长史、伊吾副使。以军累破虏，即授其州刺史，进当军经略使。朝廷以未惬前除，且有后命，迁本卫中郎将，仍旧为州军使。默啜之寇北庭也，公奔命解围，军声大振，加云麾将军、右武卫将军，封介休县开国公，食邑二千户。开元二年，吐蕃入陇右，掠峒牧，公兵以奇胜，寇不复踪，积甲山齐而有余，收马谷量而未尽。归功庙算，朝议多之。拜右羽林将军，持节陇右诸州节度大使，兼鄯州都督、河源军使。镇西陲信国之藩屏，坐北落亦王之爪牙，故入奉期门，而出分闲寄。于是料敌无备，闲（间）其师老，潜军一举，大俘九曲。锁甲文剑，樊马犗牛，既献戎捷，遂颁朝赐。乃兼鸿胪卿，摄御史中丞，改封太原郡开国公，加前食邑三千户。执宪总军，典属乘障，增爵益邑，遇厚恩深。俄而六州群胡，相率大叛，命公统陇右之骑，济河曲之师，锋镝争先，玉石俱碎。拜左武卫大将军，授一子官，赐金银器百事，杂彩千段。班师临洮，遘兹虐疾，嗟乎！匈奴未灭，宿志不申，生也有涯，死而犹视。开元九年十月二十二日，薨于军舍，春秋五十有五。蕃夷边镇，血面椎心，悲惨风云，号动山谷，岂非良将视人如子，人亦视犹父乎？皇帝闵焉，诏赠凉州都督，米粟五百石，锦帛五百段，命都水使者张景佚备物护葬，遵朝典也。

惟公气猛而性和，量宽而精锐，沈谋可以掩菹蔡，雄断可以夺鬼神：故常糟粕韬钤，刍狗风角。然其树恩结信，立威用武，炬赫如风涛，荡震如雷雨，战必克，攻必取。每有奏谒，上特称叹："孝文之得魏尚，朔不足忧；太祖之见郭嘉，知成吾事。"前后锡锦衣宝带，文马素女，烂其盈门，长鸣在厩，感知己之主，陈必死之力。皇情西顾，则九羌衅鼓；诏书北伐，则六夷焚旗。上成圣君之元鉴，下效武臣之素节，其竟也如此！夫为人子，立庙致敬，祖考来格，不亦孝乎！为人臣，恢疆御侮，以劳定国，不亦忠乎！若然者，归义方于先人，扬令名于后代可也。嗣子英杰，起复定远将军、左领军卫翊府中郎将,假紫服金章河西节度副大使;英奇朝散大夫,前尚辇奉御;英协游击将军,前京兆励行府右果毅都尉;英彦朝议郎,前左卫胄曹参军等;咸善居丧而过哀,或从王事而夺礼。则知辛贤父子,继位将军。祭肜兄弟,并参师律。去本不恋,达也;而新是谋,权也。嘉此武功,创其宅兆,以十年七月,葬我公太原,夫人燉(敦)煌索氏祔焉,礼也。皇上念功以惜逝,厚终以遇存,有诏词人,为其碑志。介士送葬,即封征虏之坟;单于入朝,当祭度辽之墓。铭曰:

洗洗将军,雄略冠群。平西征北,震戎慑獯。亭障卧鼓,屯田馈军。仗此白刃,致彼青云。郭侯宴喜,既多受祉。玄牡戴衣,清庙躅祀。鼎食金奏,炮鳖脍鲤。既来不庭,有严天子。流沙博望,羽林飞骑。河曲回兵,临洮旧防。手握金节,魂沉玉帐。千里送丧,三军凄怆。诏葬礼崇,恩碑义丰。生为神将,死为鬼雄。身世一灭,荣华万空。祁连之墓,长旌武功。

——《赠凉州都督上柱国太原郡开国公郭君碑奉敕撰》

此文是张说奉诏所写,较之于史传的简单化程式化记载,张说之作在内容篇幅上都更为丰富详尽。其记叙抒情,议论说理,气势倍显刚健,又综合运用排比、比喻、夸张等手法,对于典型环境和细节予以放大,文笔优美,记述生动形象,使得人物形象栩栩如生,在张说的笔下郭知运成为传奇英雄。写其文韬武略、勇猛善战:"烜赫如风涛,荡震如雷雨,战必克,攻必取。"继而写其"以败敌北庭,""以军累破虏","默啜之寇北庭也,公奔命解围,军声大振"的战绩,重点凸显其智勇双全、善于用兵、克敌制胜的高超军事指挥艺术,展现其在历次对外战争中指挥若定、用兵如神的描写,最终赞扬郭知运力克顽敌、保境安民的英雄壮举,歌颂唐王朝对外战争的胜利,彰显大一统王朝万邦来贺、四夷咸服的威仪。

唐代武将中,除郭知运等成长于本土外,也有不少是自异邦投奔而来,如论弓仁等来自吐蕃,后归唐,好勇善战,屡立战功。相较之于郭知运等唐代本土将军,张说对论弓仁这一人物的经历更为赞赏,在写给论弓仁的《拨川郡王碑奉敕撰》一文中,以议论开始,情感激越,张扬爱国情怀,抒发英雄人物建功立业的豪情,引出墓主的家世:

珠玉无远,而登辇辂之饰,宝也;松栝无幽,而入殿堂之构,才也;物贵其用,人亦如之。拨川王论弓仁者,源出于匹未城,吐蕃赞普之王族也。曾祖赞,祖尊,父陵,代相蕃国,号为东赞,戎言谓宰曰论,因而氏焉。

接下来赞颂墓主东归投奔帝唐,赞颂其弃暗投明、识时务者为俊杰的作为:

公有由余之深识,日磾之先见,陋偏荒之韦毳,慕上国之衣冠。圣历二年,以所统吐浑七千帐归于我。是岁,吐蕃大下,公勒兵境上,纵谍招之。其吐浑以论家世恩,又曰仁人东矣,从之者七千人。朝嘉大勋,授左玉钤卫将军,封酒泉郡开国公,食邑二千户。《周语》曰:"犬戎树敦,守终纯固。"今其俗犷而轻死,其法折而不挠,故前代无降人,中土无僮仆。自公拔身向化,首变华风,泽潞之间,始见戎州矣。若夫河南胡苑,坰牧所利,每岁冰合,虏骑是虞,中军必谋于元老,亚将因选于时杰。

行文用大段篇幅描写墓主论弓仁的从军生涯,重点叙述其在抵抗侵略、镇压叛乱方面的一系列战功。在张说的笔下,墓主大义凛然,英武神勇,忠贞刚烈,面对强敌舍生忘死,慷慨迎战,为维护帝唐之江山社稷、国威政体而奋不顾身。文中写唐军将士齐心协力、同仇敌忾、奋勇杀敌、大获全胜的战争场面,可谓波澜壮阔、慷慨悲歌:

神龙三年以为朔方军前锋游奕使,景龙二年换右骁(骑)将军,开元五年兼归德州都督,使皆如故。八年迁本卫大将军,朔方节度副大使。公之理兵也,坚三革,利五刃,偶奉勇,齐足力,信赏罚,分甘苦,六辔如手,千夫一心。接獯猃犹蚊蚋,卧沙塞如衽席,荐居露食,垂二十年。雨毕而成师,冰泮而休卒,寒风入于肌骨,夜霜出于须鬓,人不堪其勤,公不改其节。

韩公之建三城也,公洗兵诺真之水,刷马草心之山,以为外斥,而版徒安堵;郑卿之和默啜也,公授馆李陵之台,致饩光禄之塞,以为内侯,而宾至如归。九姓之乱单于也,公四月度碛,过白柽林,收火拔部帐,纳多真种落,弥川满野,怀惠忘亡,漠南诸军,韪其计也;降户之叛河曲也,公千骑奋击,万虏奔走,截翦略定,师旅方旋,而延、陁、跌、跌复相啸聚,上军败于青刚岭,元帅没于赤柳涧,公越自新堡,奔命冠场,赢粮之徒,不满五百,凶丑四合,众寡万倍,公杀牛为垒,啖寇为饷,决命再宿,冲溃重围,连兵蹀踸,千里转战,合薛讷于河外,反知运于寇手;朔方诸军,壮其战矣!斫摩之奔也,邀于黑山口,覆其精锐;布思之背也,追至红桃帐,掩其辎重。乳泊之会,剌兰池之狂胡;木盘之役,缲方渠之逋寇。凡前后大战数十,小战数百,算无遗策,兵有全胜。是以六狄逃遁,三垂乂宁,声暴露于天下,业光华于代载:信皇威之所加,亦武臣之力也。

随之交待墓主葬礼的哀荣备至,以铭词作结束,对墓主的一生高度评价:

故锦衣宝玉,允答戎功;甲第良田,丕承锡命。语其智效,未甚优宠,黄头黑齿,比价齐名。积战多疮,累劳生疹,恩命尚药,驰往诊之,晋竖已深,秦医无及。十一年四月五日,薨于位,享年六十。制赠为拨川王,称故国,志其本也;太常议谥曰忠,由旧典,昭其行也。长子卢,袭官封,继事业;次子旧久,特拜郎将。十二年四月,诏葬于京城之南,怀远人也。大路鼓吹,介士龙旂,虎帐貔裘,封鬃殉马,吉凶之仪,举夷夏之物备。长安令总徒以护事,鸿胪卿序宾以观礼,哀荣之道极矣,君臣之义厚矣。有命国史,立碑表墓,吾尝同僚,敢昧遗烈。铭曰:

黄河接天,青海殊壤。举世安裕,拔俗谁放? 倬哉论侯,利有攸往。奋飞横绝,搏空直上。以众款塞,因敌立勋。吐蕃万户,吟啸成群。精感天地,气合风云。既封酒泉,乃位将军。朔方阴塞,直彼獯虏。帝命先锋,阚如虓虎。山北加灶,漠南击鼓。十数年间,耀国威武。我有师旅,将军鞠之。我有边甿,将军育之。柳涧亡师,一剑复之;兰池叛胡,三战覆之。武节方壮,朝露不待,王爵送终,宿恩未改。时来世去,人物如在,铭勋谥忠,以告四海。①

行文感情张扬,气势宏大。在张说笔下,墓主虽来自外域,但投奔帝唐,报效国家,屡立战功。碑文铺陈排比,情感昂扬,描写丰富,对墓主的经历和作为大加赞赏,颂扬其投奔帝唐、献身盛世、功勋卓著的精神,充斥着英雄不问出处的思想,最终将墓主树立为典型人物,大书特书,重彩渲染,塑造了一个文学意义上的武将形象。而对于墓主,史传真实记载只有寥寥几句:

论弓仁,本吐蕃族也。父钦陵,世相其国。圣历二年,弓仁以所统吐浑七千帐自归,授左玉钤卫将军,封酒泉郡公。神龙三年,为朔方军前锋游弈使。时张仁愿筑三受降城,弓仁以兵出诺真水、草心山为逻卫。开元初,突

---

① 熊飞:《张说集校注》卷一七,第851—852页。

厥九姓乱，弓仁引军度漠，逾白柽林，收火拔部喻多真种落，降之。跌跌思太叛，战赤柳涧，弓仁骑才五百，自新堡进，时贼四环之，众不敌，弓仁椎牛誓士自若，再宿溃围出，人服其壮。凡阅大小战数百，未尝负。赐宝玉、甲第、良田，等列莫与比。累迁左骁卫大将军、朔方副大使。会病，玄宗遣上医驰视。卒，年六十六，赠拨川郡王，谥曰忠。①

较之于史传的简单叙述，张说碑文中的墓主，用笔繁富，感情激荡，洋溢着勇猛善战、忠勇奋进、报效帝唐的英雄主义精神和豪迈情怀，在具体写法上，则详略得当，取舍分明，又综合运用铺陈、排列、对比等多种手法，使得写人记事饱满生动，活灵活现，血肉具备，更富于传奇英雄色彩，这就突破史传的平面化记人叙事，笔法跌宕，文采飞扬，更显深刻和精细，显然更胜一筹。

张说的碑文崇尚武力，喜言用兵，弘扬爱国主义精神，歌颂唐王朝在军事斗争中的胜利，展现盛世强国的赫赫天威，彰显乐观向上、傲岸豪壮的情怀。其描写战争是慷慨壮美、磅礴大气的，充满着正义的力量。行文以典型的细节刻画与环境映衬，凸显墓主身为朝廷武将而神武智勇、指挥若定的英雄本色，歌颂其逢战必胜、遇敌必克的高超军事斗争艺术，又借此生发，将墓主个人的功绩与皇朝的国势联系在一起，对其在维护王权统一、彰显帝唐大国之威方面的贡献作高度评价，从对英雄个人的赞颂深化至对整个时代社会的赞颂。其中写到将士们出征塞外，边关鏖战，虽长年远离家园奔波厮杀，但无丝毫愁苦忧戚之感，无身世迷离羁旅之叹，深怀保家卫国的豪情壮志，深怀建功立业的奋斗精神，不畏艰险、不怕牺牲、豪迈乐观、自信刚强，充满着尚武好战、为国尽忠的斗争精神，感情基调是昂扬乐观的。张说往往借环境的艰苦卓绝、危急险峻，凸显战斗场面的悲壮惨烈、慷慨激昂，通过相互映衬，细节描写的叙述方法，凸显将士以苦为乐、视死如归、奋不顾身、勇猛杀敌的雄姿，歌颂其大无畏的牺牲精神和高尚的爱国情怀。在其笔下，战争场面充满着壮丽博大、雄浑辽阔、慷慨激昂之美，战争进程则险象环生、悲壮惨烈、扣人心弦，尽管如此，但将士们团结一心、同仇敌忾、顽强刚健，终能战胜一切艰难险阻，打退强敌的进攻，取得战斗的胜利。纵观张说的碑文，写军事斗争，写战争进程，都充满着乐观刚强、豪迈自信、

① ［宋］欧阳修、宋祁：《新唐书》卷一一〇，第4126页。

胜利在望的正能量,凡写到我方将士,都勇猛善战、忠勇报国,坚决维护国家统一和王朝尊严,尽显大国之师的威仪风采,而来犯之强敌最终要么大败而归、逃亡求和,要么束手就擒、停战投降,都拜倒在盛唐的麾下,这其实是帝唐泱泱大国攻无不克、战无不胜的强盛景象的折射,由此也可见张说碑文的政治寓意。

第三节　张说与盛唐碑志文范式的建立

　　张说在促使时代文风的转变、促进盛唐文学的发展繁荣方面功不可没,可谓"温柔之教,渐于生人,风雅之声,流于来业"①。就碑志文领域而言,其革除陈隋及初唐绮艳浮丽、纤巧靡弱的骈俪文风,倡导文质并重、雅正壮丽的创作精神,追求宏大壮美、刚健有为的气势和昂扬进取、明快深厚的感情,在思想内容及风格特征上为碑志文注入新的活力,改变传统碑志文的面貌,最终确立一种合乎时代发展潮流及社会政治需要的新体碑志文。《周书·王褒庾信传论》:"原夫文章之作,本乎情性。……莫若以气为主,以文传意。……和而能壮,丽而能典,焕乎若五色之成章,纷乎犹八音之繁会。"②可以说,张说的文章达到这样的标准。玄宗曾下诏说张说之文:"精义探系表之微,英辞鼓天下之动。"③足见其在当时的影响。碑志文是张说最为擅长、写作数量也最为繁多的文体,是其文章创作的代表。凭借着大手笔的地位与才能,张说将应用公文体的碑志文文学化,将政治艺术化,其碑志文体现出以颂美为中心,以骈俪为体,宏大壮丽、天然浑成、高华博雅的风格,是盛唐时代文学的体现。相较于前代作家,张说确立和发展完善了以颂美铭功、激荡时事为功能的碑志文文体范式,这种范式的特征在于行文的清新刚健、质实厚朴、雄浑有力、昂扬丰富、浩博大气,充满着积极进取的精神和豪迈乐观的气势,这和传统碑文浮艳绮靡的风貌完全区分开来。张说确立的这种以雄浑刚健、华茂壮丽、宏正典雅为特征的新体式碑文,成为时代碑志文创作的典范,影响深远。当士人将碑志文创作与时代政治紧密结合起来,或讴歌王政一统、颂美时事,或渴望王朝振兴,抒

---

① [唐]张说:《中宗上官昭容集序》,熊飞:《张说集校注》卷二八,第1319页。
② [唐]令狐德棻:《周书》卷四一,第506页。
③ [五代]刘昫:《旧唐书》卷九七,第3056页。

发豪情壮志时,往往都以张说的碑志文作为参考。不仅有唐一代的作家,如歌唱盛世的李白、颜真卿、李邕以及渴望王朝中兴、力图重振雄风的中晚唐韩愈、柳宗元、元稹、白居易、杜牧、李德裕等碑志作家,都学习借鉴张说的碑志文,就是后来的欧阳修、王安石等人创作碑志文,也多学习张说的写法。张说以其卓越的才华成就,为盛唐碑志文创作提供了范式,其间原因是多方面的。

一、张说碑志文的台阁气象与意识形态构建功能

张说碑志文以宣传儒家教义为思想内容,宣传李唐王朝政权的应天合命、君权神授,歌颂唐玄宗开元统治的丰功伟绩,实质是为大一统政权的繁荣稳定寻找理论依据和现实话语。开元之前,整个李唐王朝政权的建立与发展都与兵戈政变联系在一起。从高祖的兵变晋阳,到太宗玄武门之变的兄弟残杀,到武后、韦氏、太平公主乃至玄宗,无一不是通过政变的方式来实现其执政的目的。可以说,唐初的皇室政治、权力更替,基本上都是由阴谋、斗争、倾轧及暴力血拼等非正义因素组成的,不具有传统文化思想所强调的光明正大、名正言顺的政治背景。自然,一个充满着阴谋变数、权力之争的政权也难以获得人民的真心拥护。所以随着开元盛世的到来,李唐皇室日益巩固发展,自然要对自身政权的正统性与合法性加强建设,做舆论上的宣传弘扬,以消弭那些政权更替中的不光明因素,这就涉及到文化宣传领域的建设。因为任何理想的盛世不仅需要政治经济的高度发达繁荣,也需要文化生活、思想道德及社会秩序上的文明和谐。只有经济和军事力量的强大而没有高尚、发达的时代精神和文化底蕴来对这种强大做出理性的展示解释解读,就不能成为真正的王者之业和盛世之治,唐朝统治者对此也深有体会。《大唐新语》载开元二十三年,裴耀卿入库观书后,大为赞叹:"圣上好文,书籍之盛事,自古未有,朝宰充使,学徒云集,观象设教,尽在是矣。"①从侧面反映出帝皇对文治教化的重视。

张说才华横溢,积极入世,投身于盛唐的文化建设,特别是通过大量颂美体碑志文的撰写,铭功纪德,宣传儒家教义,提倡仁义之政,张扬各类英雄人物的丰功伟绩及帝唐统治的强盛稳固。其顺应历史发展潮流和王朝

①　何正平:《大唐新语译注》,广西师范大学出版社,1998年,第32页。

政治需要,为李唐王朝的正统地位及皇权建设寻求理论上的依据和道义上的基础,为开元盛世的政治、经济及军事等各项建设进行润色赞颂,促使时代向着繁荣稳定、文质彬彬的方向发展。张说的碑志文气势恢宏辽阔,反映生活场景浩大,铺排生活场景富强盛大、广阔壮丽,渲染王朝物质与精神生活的双重富足,写时代人物多忠勇有为、文治武功、韬略胆识、政绩赫赫,这就凸显王朝统治的富裕强盛、四夷咸服、深得民心,整体波澜壮阔的盛唐历史画卷,内中明君良臣们奉天承运,万众一心,从奋发有为到臻于至治,最终创造出一幅赫赫大唐富丽强盛、威加海内、万方来贺的壮美图景和强盛气象。这种美饰时势、佐佑王化的台阁体写法合乎当时大一统政权的统治需要,为李唐皇朝寻找到有力的文化支撑和现实依据,当然这在张说其他文章中也多有表露,如《大唐祀封禅颂》(《大唐封祀坛颂》):"皇帝攘内难而启新命……未始闻记"①,为唐玄宗政权的建立寻找自然力量和人文传统,借此统一士人思想,加强帝唐文化建设,其用意是明显的。如此张说之文必然要为统治者喜好并提倡,成为占主流话语的时代通行文风,所以张说备受重用,其"掌文学之任凡三十年"②,被皇帝封为"当朝师表。一代词宗"③,号召天下士人都学习张说的为人为文。

在描述帝唐政权时,张说多从中国历史文化中寻找依据,附会以儒学的天人感应等,歌颂帝唐政权的君权神授、有序继承,借以宣传"圣皇在上,於昭于天。唐虽旧邦,其命维新"④的思想,张扬"神皇玉册受天,金坛拜洛,顿纲而鹤书下,辟门而群龙至"⑤的思想。而《故开府仪同三司上柱国赠扬州刺史大都督梁国文贞公(姚崇神道)碑(铭并序)》中公开宣称:"画为九州,禹也,尧享鸿名;播时百谷,弃也,舜称至德。由此言之,知人则哲,非贤罔乂,致君尧舜,何代无人?"⑥《大唐开元十三年陇右监牧颂德碑》诉说唐王朝开国以来的文治武功:"大唐接周、隋乱离之后,承天下征战之

————————

　　① 熊飞:《张说集校注》卷一二,第608页。

　　② [五代]刘昫:《旧唐书》卷九七,第3057页。

　　③ [宋]宋敏求:《唐大诏令集》卷四四,第219页。

　　④ [唐]张说:《唐陈州龙兴寺碑》,熊飞:《张说集校注》卷十九,第950页。

　　⑤ [唐]张说:《大唐中散大夫行淄州司马郑府君神道碑》,熊飞:《张说集校注》卷十八,第908页。

　　⑥ 熊飞:《张说集校注》卷十四,第742页。

弊，……而奕世载德，纂修其绪。"①以马政之繁荣，颂美开元之伟业，"秦汉之盛，未始闻也"②，这就进一步确立儒家文德政治的主流意识形态。通过碑志作品传播这种意识形态，是非常有效的形式之一，因为碑志载体坚固、流传不朽、受众面广，特别是著名文人的碑志作品，传播更广，影响更大。以张说为代表的文馆学士是当时的精英文学群体，利用其文学才华和政治感怀，使之构建和传播意识形态，正是开元朝推行文治国策的精髓所在。张说的碑志文辞采华美，情感强烈，但在这些藻饰精美的字眼之下，都隐含着一个基本逻辑，即通过歌咏帝王的丰功伟业来显示其法统政治的合法性，宣扬儒家思想，激发广大士人的现实责任感和使命认识，具有明显的意识形态构建功能，台阁色彩突出。所以张说碑志文中，帝皇雄才大略、政治清明，士人欣逢盛世，胸怀大志，志在必得，最终人尽其才、才尽其用。其写文臣则忠正为民、施政有方；写武将则智勇双全、热血报国，可谓明君圣主，良臣名将，济济一朝；君臣齐心协力，励精图治，共同努力国家建设和王朝政治，其碑志行文充满着昂扬奋发、蓬勃进取、豪迈乐观、刚健有为的精神力量。

　　通过碑志文，张说写唐王朝国泰民安、君臣和谐；写内修圣明、外崇军功；写大国外交，四夷咸服，万邦来贺；写盛世伟业、国富民强、光华万代；通过多方位的描绘，塑造出一个奋发有为、英雄辈出、伟业频现、国势人心相融一体的蒸蒸日上、如日中天的伟大时代，饱含着对历史英雄人物和美好社会生活的歌颂。这种君临天下、德泽万物、修文偃武、海晏河清、威加海内、四夷臣服的政治景象是何等的辉煌壮丽，与儒家理想的王道之治又是多么的相似。张说这种以雄健的笔法全面展示开元王朝的丰功伟绩和盛世局面的写作，最终促进时人对自身所处时代的觉醒与认识。同时，张说的碑志文情感张扬，气势凌厉，字里行间，流露出盛世文人的豪壮心态和蓬勃进取精神，其写人记事恢弘壮丽，感情浓烈强劲，内容繁富厚实，气势雄浑博大，风格明快昂扬、激越豪迈，都旨在弘扬积极入世、奋发有为的思想，彰显作者心中豪迈乐观、自信自强、积极用世、称颂明主、渴望国家富强昌盛的真实情感。这种情感气势更促进着士人对自我价值的更多认识与发

----

① 　熊飞：《张说集校注》卷十二，第622页。
② 　熊飞：《张说集校注》卷十二，第623页。

现。在张说的笔下,帝唐大一统政权稳固繁荣,兴旺发达,可谓千年一遇圣明朝,臻于至治。具体体现为皇帝英明圣贤,王朝建设蒸蒸日上,时代呼唤人才,渴望人才,而墓主们生逢其时,其文韬武略,努力奋发,蓬勃进取,人尽其能,能尽其极,最终都建功立业,实现儒家"三不朽"的人生价值观和"修身、齐家、治国、平天下"的终极理想。张说碑志文宣扬的这种人生范式更容易为儒士们喜欢和欣赏,不仅在思想行为上激励着士人积极入世、投身现实,在名节观念上也规范统一着士人文章的创作准则及评判尺度,成为朝野都能接受的台阁体文风,由此自然成为士人碑志文创作的范式。

　　无论从王朝统治的需要,还是从士人的文化心理而言,张说的碑志文都合乎时代发展潮流,自然成为当时碑志文创作的典范。正如周睿所论,张说对时代潮流采取更具历史性的导引方式,在时代的风气中把握现实政治和社会态势的走向,立足当代解决问题,其在天人关系的理性基础上使礼乐观念更深入人心,在天人交感的礼乐体系中找到文学与儒学的契合点,为传统的诗教文学观注入同步并相容于时代的新内涵。张说一方面使自己在政治上的举措占据主动,在文学倾向上的取舍得到认同,另一方面也成为时代话语的构造者和时代观念的积极推动者,使整个社会涌现以文儒自命、推尊文儒的士人群体和社会氛围,张说以明确的文儒自我意识,凭借自身作为文儒典范的核心地位和号召力,将文儒及其观念,转化为一代乃至几代士人的集体追求和自我意识,这就使得其包括碑志文在内的诗文创作成为时代范式①。

二、时代文学发展潮流与张说碑志文的改革之功

　　张说曾经和主张文体改革的杨炯、陈子昂有所交往。大约长寿元年,杨炯迁盈川县令,张说作《赠别杨盈川炯箴》相呈。在万岁通天元年,张说从武攸宜讨契丹,为军中管记,与陈子昂成为同僚,来往密切②。王勃、杨炯、陈子昂对盛世到来有着敏锐的感知,其疾呼文体改革,主张文学与政治紧密结合,呼唤文学向着刚健质朴的方向发展,倡议虽好但终因其寿祚短暂而难以践行。这一任务,最终由张说完成。

---

① 周睿:《张说研究》,博士学位论文,四川大学,2007年,第35—36页。
② 陈祖言:《张说年谱》,香港中文大学出版社,1984年,第9—10页。

身为开元宗臣，张说承上启下，以其大手笔的地位才能，推动文体改革①，指引当时的碑志文创作将壮大的声貌气势与繁富兴旺的社会生活及政治格局结合起来，向着刚健清新、风骨遒劲、雄浑博大、昂扬奋发的方向发展，最终确立了盛唐碑志文的范式，确立的关键在于碑志文创作情感力度的壮大、精神气势的昂扬奋发、章法结构的纵横捭阖和思想内容的浩博雄健。这种创作趋势顺应初唐以来的碑志文革新主张，合乎历史发展潮流及文坛发展方向，成为当时碑志文创作发展的总特征，其影响是深远的。

刘勰《文心雕龙·附会》云："夫才量学文，宜正体制，必以情志为神明，事义为骨髓，辞采为肌肤，宫商为声气。"②就文体特征而言，张说的碑志文还不出骈俪范畴，但在情感力度、思想内容及文体功能上，已突破传统骈俪文体所限，有了大的改进。钱基博《中国文学史》评论张说云："文则仍是徐庾俪体，而血脉动宕，意度春容，亦健笔有凌云意。尤工为诏表碑颂。"③颂美铭功固然是碑志文的传统功能，但徐庾体及至初唐四杰碑文，因为拘于六朝骈俪文风，其遣词造句、丽藻用典，过多追求文章形式的唯美，更显绮艳奢靡，淫丽浮华。其写人记事，因时势所限，思想内容狭窄逼仄，行文多宫体式虚浮空泛之描写，使得颂美铭功流于形式，倍显华而不实、丽而不壮、虚美妄赞，情感上也因个人的家国之思、身世之叹而多缠绵悱恻、忧愁抑郁，缺少光朗大气的力度，这都影响到碑志文体功能的发挥。伴随着时代发展，唐王朝步入强盛期，各方面呈现繁荣兴旺的景象，这给文学发展提供了新的环境，作为一种应用性很强的文体，碑志文也只有不断演进革新，追求实用，才能满足社会现实的需要。

张说针对初唐碑志文创作中的不良倾向，发起文体改革。其成功之处在于将文体改革与文学发展潮流、现实政治需要结合起来，在思想内容和章法结构上，扩大碑志文的题材领域，强化其政教功能，使得碑志文由狭窄的宫廷视野转向博大壮阔的整个现实世界，由抒发个人遭遇的哀愁悲叹之情走向歌唱豪迈乐观、昂扬奋发的人生理想和时代政治生活，由虚浮淫丽

---

① 关于张说的文体改革之功，相关研究资料见多，如林大志：《苏颋张说研究》，齐鲁书社，2007 年；周睿：《张说研究》，博士学位论文，四川大学，2007 年；曾智安《张说与盛唐文学的关系》，硕士学位论文，首都师范大学，2003 年。不赘。
② 周振甫：《文心雕龙注释》，人民文学出版社，1981 年，第 462 页。
③ 钱基博：《中国文学史》，第 274 页。

的应时制景式写作转向佐佑王化、激荡时势、振奋士心的自我抒情言志式写作。其碑志文叙人记事,写景抒情,从皇帝权贵到乡野高士,从文臣武将到寒儒平民,从大漠风雪到江南花雨,从边关战场的惨烈残酷到内地和平生活的怡乐安宁,东西南北,覆盖广博,纵横捭阖,描写纵深。张说下笔雄浑大气,描写壮丽浩博,时间、地点、人物、场景等不断变幻,包罗万象,视野开阔,囊括整个大一统政权的社会政治现实状况和士人精神风貌,将个人的成才与王朝的前进结合在一起,这就使得其碑文具有更为深刻的思想力度和时代精神。在张说的笔下,唐王朝泱泱大国,其王道之治,富足繁荣,国力强大,发展迅猛,可谓如日中天、势不可挡,而臣民们也都欣逢盛世、才华横溢,才尽其用,充满着对时代对社会的热爱,没有忧愁痛苦,没有颓废沉沦,只有昂扬奋发、蓬勃进取、刚健有为的精神风貌和实干才能。可以说张说将高华流丽、壮阔昂扬两美兼具的风貌气势重新唤回到盛唐文坛中来,这种通达的文学观引领着初唐文人审美意识的转变和文风发展方向,最终确立以壮丽雄伟、刚健有为、光朗大气、质实厚朴为标准的颂美体碑志文的范式。孙梅在《四六丛话》中说:“燕公笔力沉雄,直追东汉。非独魏、晋以下而无堪相匹,即合唐宋诸家,自柳州而外,未有能劘其垒者。”①近人高步瀛《唐宋文举要》云:“唐初文体,沿六朝之习,虽以太宗之雄才,亦学庾子山为文,此一时风气使然,殊不关政治污隆。欧阳永叔讥其不能革五代之余习,郑毅夫讥其文纤浮靡丽,不与其功业相称,皆书生之见,实亦囿于风气而为此言耳。当时最著者为四杰,其小品犹存齐、梁韵味,而鸿篇巨制,则务恢而张之。虽闳博瑰丽,震铄一时,其弊也或流于重腿,或溺于泛滥,亦学者所当择也。安成同其风,巨山继其武,及燕、许以气格为主,而风气一变。于是渐厌齐、梁,而崇汉、魏矣。”②也特别强调张说在文章气势方面的变化。

　　就语言形式而言,张说以其大手笔的文采,丰富骈俪体碑志文的语言形式,在遣词用语、环境描写、细节刻画及人物塑造方面都使得传统应用公文体碑志文具有更多的文学美文色彩。骈文追求形式的华美与声律的和谐,具体包括对句、丽藻和用典三方面的要求:对句以平衡对称为基准,导

---

① ［清］孙梅:《四六丛话》卷三二,第 640 页。
② 高步瀛:《唐宋文举要》卷一,第 1133 页。

致文章的句意气势回旋往复，不能一泻千里，放纵恣肆；辞藻的华丽绮艳，则不能使文章于质朴之中具有劲健之态；用典过度则使文章含蓄迂回，绵密婉曲，更显精工流丽。正是因此，骈文在本质上呈现出一种雍容华靡、高贵富丽的风格。所以六朝乃至唐前期的诏令章表、书序铭赞，特别是碑志文，均以骈俪写就，所写内容虽不外乎军国大事、文治武功等，但并无波澜壮阔、刚健厚重的宏大气象，反多阴柔、华靡、祥静的风格①。而张说作碑文，虽也以骈体为基准，但能改革创新，其行文追求情感气势的博大刚健，语言质朴清新，少事乃至不事丽藻用典和偶对声律，更多呈现出有别于传统骈俪碑文的特征。可以说，张说创立了一种适合时代需要的新型骈体碑志文，其丽而不浮，美而不虚，质实壮美，体征鲜明。值得一提的是，张说的部分碑志文语言上由骈入散，骈散结合，已具备散文特征，如《拨川郡王碑奉敕撰》《齐黄门侍郎卢思道碑》《广州都督岭南按察五府经略使宋公遗爱碑颂》《大唐开元十三年陇右监牧颂德碑》《唐故夏州都督太原王公神道碑》及《周故通道馆学士张府君墓志铭》等，个别篇章更已近乎全用散体为之，如《赠太尉裴公神道碑》。《贞节君碑》则多用三字句，杂以兮字，倍显简明精短、明白自然、流畅自由，和传统骈四俪六的繁缛句式截然不同，就此而言，"张说是运散体之气于骈体之中的，是由骈复散的过渡期的大家"②。

三、张说"大手笔"地位与盛唐碑志文写作范式的确立

张说被称为大手笔，此大手笔一方面指代朝廷的各类重要应用公文，如诏令文书、制诰碑铭等，这在张说之前已有先例。《陈书·徐陵传》说徐陵："国家有大手笔，皆陵草之。"③《陈书·陆琼传》："琼素有令名，深为世祖所赏，及讨周迪、陈宝应等，都官符及诸大手笔，并中敕付琼。"④《旧唐书·李峤传》："则天深加接待，朝廷每有大手笔，皆特令峤为之。"⑤《旧唐书·崔融传》："融为文典丽，当时罕有其比，朝廷所须《洛出宝图颂》《则天

---

①　钟涛：《六朝骈文形式及其文化意蕴》，东方出版社，1997 年，第 35—39 页。

②　姜书阁：《骈文史论》，人民文学出版社，1986 年，第 461 页；王太阁：《论张说散文创作的"新变"》，《郑州大学学报》（哲学社会科学版），2004 年第 4 期。

③　［唐］姚思廉：《陈书》卷二六，第 335 页。

④　［唐］姚思廉：《陈书》卷三〇，第 396 页。

⑤　［五代］刘昫：《旧唐书》卷九四，第 2993 页。

哀册文》及诸大手笔,并手敕付融。"①此外如刘禹锡《唐故相国赠司空令狐公集序》,李商隐《上李太尉状》《太尉卫公会昌一品集序》等文所云"大手笔",也是这方面的内容。另一方面指代人物的官阶职务及其文学成就。如《新唐书·苏颋传》说苏颋:"自景龙后,与张说以文章显,称望略等,故时号'燕许大手笔',帝爱其文。……后遂为故事。"②徐铉《舒州新建文宣王庙碑文》:"敬教劝学,非大君子不能行;计功称伐,非大手笔不能任。"③而《大唐新语》载张说:"为文思精,老而益壮,尤工大手笔。"④《旧唐书》本传则云:"(张说)为文俊丽,用思精密,朝廷大手笔,皆特承中旨撰述,天下词人,咸讽诵之。"⑤其大手笔所指,就具有这两方面的含义,既指张说擅长撰写朝廷需要的各类重要文章,又说明张说才华突出,勋爵巍巍,具有非凡的文学创作成就。

就个人地位而言,张说历经四朝皇帝,期间三秉大政,位极人臣,死后玄宗又素服举哀,废朝三日,罢十九年元正朝会,诏赠太师,并亲自为其撰神道碑文,赐谥"文贞"⑥,可见其在官场上享有崇高的声誉。就文采而言,张说"掌文学之任凡三十年"⑦,"道合忠孝,文成典礼,当朝师表,一代词宗"⑧,是唐玄宗开元前期的文坛领袖。其文采风流、著述丰富。时人皇甫湜在《谕业》中云:"燕公之文,如楩木楠枝,缔构大厦,上栋下宇,孕育气象,可以变阴阳而阅寒暑,坐天子而朝群后。"⑨指出张说文章辞雄气逸、堂庑阔大的特色,对其文学成就进行高度评价。苏辙认为皇甫湜《谕业》"所誉燕、许文极当"⑩。《新唐书》本传也云:"(张说)为文属思精壮,长于碑志,

① [五代]刘昫:《旧唐书》卷九四,第 3000 页。
② [宋]欧阳修、宋祁:《新唐书》卷一二五,第 4402—4403 页。
③ [清]董诰:《全唐文》卷八八三,第 9234 页。
④ [唐]刘肃:《大唐新语》卷一《匡赞》,第 10 页。
⑤ [五代]刘昫:《旧唐书》卷九七,第 3057 页。
⑥ [五代]刘昫:《旧唐书》卷九七,第 3056 页。
⑦ [五代]刘昫:《旧唐书》卷九七,第 3057 页。
⑧ [唐]李隆基:《命张说兼中书令制》,[宋]宋敏求:《唐大诏令集》卷四四,第 219—220 页。
⑨ [清]董诰:《全唐文》卷六八七,第 7035 页。
⑩ [宋]王正德:《余师录》卷三:"公论唐人开元燕、许云:文气不振,偓强其间。自韩退之一变复古,追还西汉之旧。然在许昌,观《唐文粹》,称其碑颂往往爱张、苏之作。"又览唐皇甫湜持正《谕业》云:'所誉燕、许文极当,文奇则涉怪,施之朝廷,不须怪也。'盖亦取燕、许矣。"[宋]王正德:《余师录》,中华书局,1985 年,第 39 页。

世所不逮"①,"开元文物彬彬,说力居多"②,都指出张说在盛唐文学创作及文化建设方面的成就。

由此可见,无论从文坛地位还是从文学成就上讲,张说的大手笔之称都当之无愧。这自然使得张说其人其文举世瞩目,特别是其最擅长的碑志文,连政敌姚崇死前都委托子女求请张说为之撰写碑文,碑文写好后"时为极笔"③,所以张说的碑志文成为当时士人学习创作的榜样,以致"天下词人,咸讽诵之"④。

身为一代文坛领袖,张说好提携后进,《新唐书》本传载:"(张)说敦气节,立然许,喜推藉后进,于君臣朋友大义甚笃。……善用人之长,多引天下知名士,以佐佑王化,粉泽典章,成一王法。天子尊尚经术,开馆置学士,修太宗之政,皆说倡之。"⑤《旧唐书·张说传》也云:"喜延纳后进,善用己长,引文儒之士,佐佑王化,当承平岁久,志在粉饰盛时。"⑥这就使得其弟子众多,如贺知章、张九龄、孙逖、王翰、王湾、徐坚、李泌、房琯、韦述、赵冬曦、刘晏、孟浩然、许景先、裴潅、徐浩、常敬忠、王丘、齐澣等人都出自其门下。这些人围绕在张说的周围,崇其人,师其文,逐渐形成一支强大的创作队伍,以共同的写作准则和理念进行文学创作,进而改革文体,推动文坛风气的转变,最终迎来团体文学的兴盛繁荣和文体改革的胜利,这是比初唐文人更为先进的地方。从开元十年起,张说被诏任丽正殿修书使,随后奏请徐坚、贺知章、赵冬曦等入书院共修文化大典。开元十三年因奏封禅仪注,诸学士被赐宴集仙殿,集仙殿丽正书院诏改为集贤殿书院,这就标志着集贤学士集团的形成。这个团体的中心是张说,张说其人其文都成为士人学习的榜样,特别是其在碑志文方面的成就,这最终促进盛唐碑志文范式的确立,所谓"开元文物彬彬,说力居多"⑦。

张说对盛唐文体改革,功不可没。可以说以碑志文为中心的文体改革,是张说扭转了时代文风发展、促进了盛唐文学繁荣。梁肃在《补阙李君

---

① ［宋］欧阳修、宋祁:《新唐书》卷一二五,第 4410 页。
② ［宋］欧阳修、宋祁:《新唐书》卷一二五,第 4412 页。
③ ［清］陈鸿墀:《全唐文纪事》,第 402 页。
④ ［五代］刘昫:《旧唐书》卷九七,第 3057 页。
⑤ ［宋］欧阳修、宋祁:《新唐书》卷一二五,第 4410 页。
⑥ ［五代］刘昫:《旧唐书》卷九七,第 3057 页。
⑦ ［宋］欧阳修、宋祁:《新唐书》卷一二五,第 4412 页。

前集序》中说："唐有天下几二百载,而文章三变:初则广汉陈子昂以风雅革浮侈;次则燕国张公说以宏茂广波澜;天宝已还,则李员外、萧功曹、贾常侍、独孤常州比肩而出,故其道益炽。"①肯定张说在唐文发展史上的功绩。欧阳修《新唐书·文艺传》也云:"玄宗好经术,群臣稍厌雕琢,索理致,崇雅黜浮,气益雄浑,则燕、许擅其宗。"②南宋魏了翁更进一步论述张说的文体改革之功云:"史臣以唐文为一王法而归之,韩愈之倡是法也,惟韩愈足以当之。……有唐之兴,稀章绘句尚存。……天下之习,沉涵浸渍之久,则其弊非一朝之可革。……虽太宗高宗主之,而斯文之弊且不能尽革,使文章之变非燕、许诸人为之先,则一韩愈岂能以一发挽千钧哉!"又云:"有昌黎韩愈者出,刊落陈言,执六经之义,以绳削天下之不吾合者。"③其后韩愈沿着张说的文体改革道路走下去,最终确立散体在碑志文创作领域的主导地位。

① [清]董诰:《全唐文》卷五一八,中华书局,1983 年,第 5261 页。
② [宋]欧阳修、宋祁:《新唐书》卷二〇一,第 5725 页。
③ [宋]魏了翁:《唐文为一王法论》,[宋]魏了翁:《重校鹤山先生大全文集》卷一百一,宋集珍本丛刊第 77 册,第 656 页。

第八章　修辞明道　抑邪与正

——韩愈碑志文研究

第一节　韩愈的碑志文创作与文体革新

　　唐代古文的发展是一个漫长的渐进的过程，从初唐四杰、陈子昂的倡导文体变革起，中间经过诸多作家的努力，也历经改进，最终到中唐，才彻底冲破骈俪文风的影响，恢复秦汉古文的传统，由复古走向创新，成为一种和时代政治相适应的、具有强大生命力的新文体，在文坛上确立了自己的地位。这期间，韩愈无疑起着举足轻重的作用。苏轼《潮州韩文公庙碑》："匹夫而为百世师，一言而为天下法，是皆有以参天地之化，关盛衰之运。其生也有自来，其逝也有所为。……自东汉以来，道丧文弊，异端并起。历唐贞观、开元之盛，辅以房、杜、姚、宋而不能救。独韩文公起布衣，谈笑而麾之，天下靡然从公，复归于正，盖三百年于此矣。文起八代之衰，道济天下之溺。忠犯人主之怒，而勇夺三军之帅。此岂非参天地，关盛衰，浩然而独存者乎？"①钱基博《中国文学史》云："唐代文学之所以异军突起，而陵驾魏晋，继述周秦者，以诗有李杜，继往开来以尽其变；而文有韩柳，错偶用奇以复于古。……及韩愈宏中肆外，务反近体，经诰之指归，迁雄之气格，抒意立言，自成一家。柳宗元翼之，茹古涵今，齐梁绮艳，毫发都捐，而后古文之体以立。"②都对韩愈的文学贡献作了高度评价。

　　碑志文作为一种实用文体，其发展变化也伴随着唐代文学发展的大势。身为文章大家，韩愈一生著述颇丰，其中创作碑志文达76篇，约占韩愈文章总数的四分之一，就篇目数量而言，位居全唐作家之首。韩愈的碑志文不仅量丰而且质优，于当时后世都影响深远。刘禹锡《祭韩吏部文》说

---

　　①　［宋］苏轼：《潮州韩文公庙碑》，［宋］苏轼：《苏东坡全集》卷一五，中国书店，1986 年，第627 页。

　　②　钱基博：《中国文学史》，第 320 页。

韩愈"公鼎侯碑,志隧表阡,一字之价,辇金如山"①,可见其碑文在当时广受欢迎。杜浚《杜氏文谱》云:"碑铭惟韩文公最高。每碑行文,如人之殊头面首尾,决不可再用蹈袭。"②韩愈的碑志文,承前启后,继往开来,其远承初唐王勃、杨炯、陈子昂等人倡导的文风变革,近师陆贽、梁肃等古文家,以文体改革精神为主导,将碑志文创作与时代政治结合起来,充分发挥文学的政教功能,使得其碑文呈现出刚正弘毅、经世致用的精神风貌;在文体规范上,则挑战传统、求新求变,冲破盛唐张说等颂美式台阁体碑志文的程式,最终使得平易实用的散体碑志文取代张说式骈俪颂美体碑文,成为当时及后世碑志文坛通行的书写规范。欧阳修、王安石、苏轼、曾巩等写作碑志文,就多取法韩愈。欧阳修自小读韩文后喟叹:"学者当至于是而止尔!"认为韩愈的文章"盖其久而愈明,不可磨灭,虽蔽于暂而终耀于无穷者,其道当然也",并且赞扬"韩氏之文、道,万世所共尊,天下所共传而有也"③。其在具体碑志创作中多学习韩愈笔法。元代潘昂霄作《金石例》就"详考六卷至八卷,述唐韩愈所撰碑志,以为括例","皆取韩文类辑以为例"④,明代王行撰《墓铭举例》也"取韩文所载墓志铭,录其目而举其例于各题之下。神道碑铭亦举之,又于李文公、柳河东二家之文拔其尤,以附于后,用广韩文之例焉"⑤。

　　韩愈是唐代古文运动的领袖,又以善写碑志文而闻名。韩愈写作碑志文,首先有着深厚的家学渊源。韩愈的二叔韩云卿是中唐大历时期著名的碑文家,倡导文体改革,《全唐文》收录其5篇碑志文。李白《武昌宰韩君去思颂碑》言其"文章盖冠世,拜监察御史,朝廷呼为子房",韩愈自己就说:"愈叔父当大历世,文辞独行中朝,天下之欲铭述其先人功行,取信来世者,咸归韩氏。"⑥其次从现实政治而言,韩愈生活的时代,王权衰落,朝政腐败,佛道盛行,儒学不振,藩镇割据此起彼伏,整个唐代社会处于颓废混乱状态。以韩愈为代表的一批有识之士,发起文体革新,决意以文学变革推动政治改革,借以挽救时弊、推动世风士风的改进,振兴朝政。再之,从文

---

① 　[唐]刘禹锡:《祭韩吏部文》,[唐]刘禹锡:《刘禹锡集》卷四〇,第604页。
② 　于景祥、李贵银:《中国历代碑志文话》,第414页。
③ 　《记旧本韩文后》,[宋]欧阳修:《欧阳修全集》,第1056页。
④ 　《金石例提要》,[清]纪昀等:《文渊阁四库全书》,第1482册,第289页。
⑤ 　[明]王行:《墓铭举例》卷一,[清]纪昀等:《文渊阁四库全书》,第1482册,第381页。
⑥ 　[唐]韩愈:《科斗书后记》,马其昶:《韩昌黎文集校注》,第94页。

体角度而言,相比于赠序、论说等文体,碑志文于人盖棺论定,涉及到对人物的政治评判和是非衡量,特别是对作为世范师表的名士显宦们,碑文于之微言大义,往往一字褒贬就会影响到其他士宦的思想行为和整个社会道德价值观。在重视丧葬文化的中国,碑志文的应用也很广泛,有着充分的受传对象和传播空间。韩愈在《与凤翔邢尚书书》中自云:"愈也布衣之士也。生七岁而读书,十三而能文,二十五而擢第于春官,以文名于四方。"①韩愈文名广博,一生受请作碑志文甚多。《唐才子传》云:"时韩碑铭独唱,润笔之货盈缶。"②所以韩愈的碑志文创作,有着家学传承精神和现实政治的需求,而碑志文因为有着传播广泛的文体优势,自然成为韩愈宣扬其文艺理论和政治主张,发动古文运动的有力工具。韩愈在《重答张籍书》《上宰相书》《争臣论》等文章中,反复申明他撰写古文的宗旨是"修辞明道"和"抑邪与正"③,从此宗旨出发,他并不以别人乞铭为负担,而把借写碑志文当作自己修辞明道、抑邪与正、发动古文运动的好机会。碑志文因而成为韩愈发动古文运动的重要阵地,考察韩愈整个碑志文创作,也的确如此。

盛唐张说,基于时代政治的原因,改革文体,创作出一种有别于徐庾文风的骈俪体新式碑志作品,其刚健昂扬、光朗大气、夸饰时世、颂美君国,最终确立盛唐颂美体碑志文的文体规范,使得碑志文成为佐佑王化、美饰时世的工具。迨至中唐,盛世不再,家国多舛,人心摇摇,就时代政治来说,几无美可饰、无功可颂。面对安史之乱后纷繁复杂、衰朽腐败的政局,渴望盛世回归,呼唤王朝中兴成为时代社会的普遍要求,唐人的文学思想也随之转变。李华、萧颖士、梁肃等人开始倡导文学的现实意义,体现出强烈的功利倾向。到了韩愈、柳宗元,其发动古文运动,力图通过古文创作来解决现实中存在的种种实际问题,如韩愈《答崔立之书》所论:"方今天下风俗尚有未及于古者,边境尚有被甲执兵者,主上不得怡,而宰相以为忧。仆虽不贤,亦且潜究其得失,致之乎吾相,荐之乎吾君,上希卿大夫之位,下犹取一障而乘之。若都不可得,犹将耕于宽闲之野,钓于寂寞之滨,求国家之遗事,考贤人哲士之终始,作唐之一经,垂之于无穷,诛奸谀于既死,发潜德之

---

① 马其昶:《韩昌黎文集校注》,第 203 页。
② 傅璇琮:《唐才子传校笺》,第 280 页。
③ [唐]韩愈:《重答张籍书》,马其昶:《韩昌黎文集校注》,第 133 页。

幽光,二者将必有一可。"①可见其对文学的政教功能有着充分认识,文学思想也更为实用化、功利化。罗宗强先生总结韩愈、柳宗元等人说:"他们的处世态度,首先是求经世之用,是一种鲜明的求实思想,这正是他们在文体文风改革中主张功利文学观的共同的思想基础。正是这种共同的思想基础,才使哲学思想不同、政治立场不同的一群人,在文体文风改革中结成一体,使文体文风改革形成一个文学革新运动。"②

　　韩愈一生"性本好文学,因困厄悲愁无所告语,遂得究穷于经传史记百家之说,沉潜乎训义,反复乎句读,砻磨乎事业,而奋发乎文章"③,其发动古文运动,目的在于弘扬文以明道的"道统"思想,借以恢复孔孟儒学,挽救时弊,振兴中唐社会政治风气。碑志文作为韩愈发动古文运动、实现政治理想的重要工具,自然也有着鲜明的古文体性和时代特色。韩愈"所志于古者,不惟其辞之好,好其道焉尔"④,所以"其业则读书著文,歌颂尧舜之道,鸡鸣而起,孜孜焉亦不为利;其所读皆圣人之书,杨墨释老之学无所入于其心;其所著皆约六经之旨而成文"⑤。纵观韩愈的整个碑志文创作,都为"抑邪与正,辨时俗之所惑"⑥,都为"广圣人之道"⑦。其碑志文在思想内容上反对藩镇割据,反对佛老虚诞学说对士人的危害,宣传儒道精神,渴望王道一统、政治中兴,有着强烈的文体革新精神,可谓"前古之兴亡,未尝不经于心也,当世之得失,未尝不留于意也。常以天下之安危在边"⑧,"用儒雅文字、章句之业,取先天下武夫,关其口而夺之气"⑨。韩愈的整个碑志文创作都体现出其对孔孟儒学的传扬,是其因深感"天下靡靡,日入于衰坏,恐不复振起"而作文以"以争救之耳"⑩的文体革新思想的体现。《新唐书》本传说韩愈"成就后进士,往往知名,经愈指授,皆称韩门弟子",又说其

---

① 　马其昶:《韩昌黎文集校注》,第 168 页。
② 　罗宗强:《隋唐五代文学思想史》,中华书局,2003 年,第 156 页。
③ 　[唐]韩愈:《上兵部李侍郎书》,马其昶:《韩昌黎文集校注》,第 143 页。
④ 　[唐]韩愈:《答李秀才书》,马其昶《韩昌黎文集校注》,第 176 页。
⑤ 　[唐]韩愈:《上宰相书》,马其昶:《韩昌黎文集校注》,第 155 页。
⑥ 　[唐]韩愈:《上宰相书》,马其昶:《韩昌黎文集校注》,第 155 页。
⑦ 　[唐]韩愈:《重答翊书》,马其昶:《韩昌黎文集校注》,第 172 页。
⑧ 　[唐]韩愈:《与凤翔邢尚书书》,马其昶:《韩昌黎文集校注》,第 203 页。
⑨ 　[唐]韩愈:《与鄂州柳中丞书·又一首》,马其昶:《韩昌黎文集校注》,第 224—225 页。
⑩ 　[唐]韩愈:《答吕医山人书》,马其昶:《韩昌黎文集校注》,第 217 页。

为文"深探本元,卓然树立,成一家言"①,碑志文是韩愈"思修其辞以明其道"②,推广儒学、"成就后进士"、"成一家言"的重要途径。可以说,文体革新和碑志文创作贯穿了韩愈的一生,是其改革文风、实现政治中兴的有力工具。

第二节　韩愈碑志文的"明道"思想与淑世情怀

韩愈以前的碑文名家,如蔡邕和张说,于墓主评价多注重表层体征。蔡邕的诸多碑文,以清廉、温厚、宽仁等为道德标尺,衡量墓主的操行及学问修养等,至于政治上的具体表现,则不作具体衡量,采取铺排官阶、罗列勋功的写法,虚笔带过。典型如写权奸胡广,只赞其学问,不论为政是非。如此作碑志文,没有建立起明确而深刻的评价体系,只做表象阐述,缺乏深度把握,使人看不到墓主真正的品行节操,难以评判论断。蔡邕碑文的这一写法,引发其碑志文的谀墓之说③。此后被称作大手笔的张说等虽对碑志文进行一定改革,但在事件描述上,因为以颂美铭功为要,其记述人物多铺排勋爵、陈设履历、夸饰军功,以美饰时世,彰显盛世之文富丽堂皇、壮丽豪壮的色彩,在具体的人物评价上,仍显笼统。

韩愈发动古文运动,其核心是"明道",这和前辈作家如李华、萧颖士、独孤及、梁肃等一致。但前辈作家虽也主张为文的倡扬孔孟之道,但多停留在简单的口号上,在具体的践行上,无明确统一的标准。而韩愈之道,因为和现实政治紧密相连,有着更为具体深刻的内容,淑世精神强烈。韩愈说:"夫所谓先王之教者,何也?博爱之谓仁,行而宜之之谓义,由是而之焉之谓道。足乎己无待于外之谓德。……曰:'斯道也,何道也?'曰:'斯吾所谓道也,非向所谓老与佛之道也。尧以是传之舜,舜以是传之禹,禹以是传之汤,汤以是传之文、武、周公,文、武、周公传之孔子,孔子传之孟轲,轲之死,不得其传焉。'"④又说:"不塞不流,不止不行。人其人,火其书,庐其居。明先王之道以道之。"⑤由此可见,韩愈所言之道,就是能够挽救中唐

---

①　[宋]欧阳修、宋祁:《新唐书》卷一七六,第 5265 页。

②　[唐]韩愈:《争臣论》,马其昶:《韩昌黎文集校注》,第 112 页。

③　详见拙文《论蔡邕碑文的谀墓》,《西安文理学院学报》(社会科学版)2009 年第 3 期。

④　[唐]韩愈:《原道》,马其昶:《韩昌黎文集校注》,第 18 页。

⑤　[唐]韩愈:《原道》,马其昶:《韩昌黎文集校注》,第 19 页。

政治危机、整顿社会秩序、具有强烈政教功能的孔孟之儒道。其以礼义仁爱为具体内容,首先表现为王政建设方面的民本仁爱精神,如其赞扬圣贤君师的为民兴利之道:"有圣人者立,然后教之以相生养之道。为之君,为之师。"①其次表现为强调君臣关系的和谐有序、上令下从,反对藩镇割据、军阀乱政,以确保帝令畅行,彰显君臣之义,维护封建大一统政权的统治。韩愈说:"是故君者,出令者也;臣者,行君之令而致之民者也;民者,出粟米麻丝,作器皿、通货财,以事其上者也。君不出令,则失其所以为君;臣不行君之令而致之民,则失其所以为臣。"②再之表现为思想文化方面的反对佛老虚诞学说的危害,韩愈认为"周道衰,孔子没,火于秦,黄老于汉,佛于晋、魏、梁、隋之间。其言道德仁义者,不入于杨,则入于墨;不入于老,则入于佛"③,"古之为民者四,今之为民者六。古之教者处其一,今之教者处其三。农之家一,而食粟之家六。工之家一,而用器之家六。贾之家一,而资焉之家六。奈之何民不穷且盗也"④。此外,韩愈在《答张籍书》《上宰相书》《答李翊书》《与孟尚书书》《争臣论》等文中,也表达类似思想,都体现出对孔孟儒道的现实解读,有着强烈的时代特征和实用精神,淑世功能突出,受到广大士人的响应,最终推动以明道为中心的文体革新运动的发展。正如石介云:"韩吏部愈应期会而生。学独去常俗,直以古道在己,乃空《桑》《云》,和千数百年希阔泯灭已亡之曲,独唱于万千人间。……爱而喜,前而听,随而和者,唯柳宗元、皇甫湜、李翱、李观、李汉、孟郊、张籍、元稹、白乐天辈数十子而已。吏部志复古道,奋不顾死,虽摈斥摧毁日百千端,曾不少改所守,数十子亦皆协赞附会,能穷精毕力,效吏部之所为。故以一吏部、数十子力,能胜万百千人之众,能起三数百年之弊,唐之文章所以坦然明白,揭于日月,浑浑灏灏,浸如江海,同于三代,驾于两汉者,吏部与数十子之力也。"⑤

碑志文作为韩愈发动文体革新的重要阵地,在思想内容上自然以"明道"为核心,其记人写事,均以能否坚守和实行"孔孟之道"为标尺,评判人

---

① [唐]韩愈:《原道》,马其昶:《韩昌黎文集校注》,第 15 页。
② [唐]韩愈:《原道》,[清]董浩:《全唐文》卷五五八,中华书局,1983,第 5649 页。
③ [唐]韩愈:《原道》,马其昶:《韩昌黎文集校注》,第 14 页。
④ [唐]韩愈:《原道》,马其昶:《韩昌黎文集校注》,第 15 页。
⑤ [宋]石介:《上赵先生书》,[宋]石介:《徂徕石先生文集》卷十二,第 136 页。

物功过是非,论断事件的曲直错对。可以说"道统"精神是韩愈碑志文创作的灵魂,正如上文所论,韩愈赋予"道"更多的时代政治内涵和经世致用精神,故相比于前代作家,韩愈的碑志文在叙人论事上有着更深度的道德评价体系和鲜明的务实色彩,体现出对孔孟儒道的进一步发挥和传扬,淑世色彩明显,具体表现如下。

一、弘扬民本与仁政的政治理念

《衢州徐偃王庙碑》堪称韩愈民本仁政学说的总纲,借赞扬墓主以民为本施行仁爱之政的功绩,提出"文德为治"及"除去刑争末事,凡所以君国、子民、待四方,一出于仁义"的理政学说,进而写徐偃王宁肯"北走彭城武原山下"以失国弃君权,也"不忍斗其民"而至死的一系列仁德义政。韩愈赞之为"以国易仁"的典范,对之推崇备至。《河南少尹裴君墓志铭》写裴复"历十一官,而无宅于都,无田于野,无遗资以为葬",赞扬其清正廉洁的政风。《兴元少尹房君墓志铭》中写勤政爱民的房武"历十二官,处事无纤毫过差",以致"民至今思之"。《曹成王碑》写李皋大灾之年以民为贵,果断开仓放粮,救民于水火,"江东新剡于兵,郡旱,饥民交走死无吊。王及州,不解衣下令,掊锁扩门,悉弃仓实与民,活数十万人"。《江西观察使韦公墓志铭》写韦丹一生"为民去害兴利若嗜欲。居三年,于江西八州无遗便",写其通过裁减冗员以"聚其财",资助百姓"为瓦屋",使"民无火忧",而"人不病饥",又兴修水利,固堤防涝,以致其离任后的第二年,"江水平堤。老幼泣而思曰:'无此堤,吾尸其流入海矣!'"《银青光禄大夫守左散骑常侍致仕上柱国襄阳郡王平阳路公神道碑铭》中的路应,任观察使时"至则出仓米,下其估半,以廪饿人","逢水旱,喜贱出与人;岁熟以其得收,常得赢利。故在所人不病饥"。《唐故江南西道观察使中大夫洪州刺史兼御史中丞上柱国赐紫金鱼袋赠左散骑常侍太原王公神道碑铭》写墓主王仲舒灾荒之年果断减免赋税,又对百姓实行仁政,以致"钱余于库,粟余于廪,人享于田庐,讴谣于道途"。其余《国子司业窦公墓志铭》《正议大夫尚书左丞孔公墓志铭》《河南令张君墓志铭》《凤翔陇州节度使李公墓志铭》《河南少尹李公墓志铭》等文中,对于墓主推行仁政、为民谋利的事迹,韩愈都予以着重抒写,以示赞扬。这方面最突出的是《柳州罗池庙碑》一文,柳宗元任柳州刺史以前,柳州之民贫困到"以男女相质,久不得赎,尽没为隶"的地步。柳宗元至此"不鄙夷其民,动以礼法","按国之故,以佣除本,悉夺归之"。三年后,柳州"民业有经,公无负租。流通四归,乐生兴事。宅有新屋,步有新船,池园洁修。猪牛鸭鸡,肥大蕃息。子严父诏,妇顺夫指。嫁娶葬送,各有条法"①。而柳宗元又"大修孔子庙,城郭巷道,皆治使端正,树以名木,柳民既皆悦喜",通过赞扬柳宗元的种种政绩,描绘出一幅儒家理想政治的蓝图。正是从关心民生疾苦这一立场出发,韩愈一改碑志文的扬善隐恶为扬善惩恶,对那些贪赃枉法、专横跋扈的官吏加以揭露和谴责。《朝散大夫越州刺史薛公墓志铭》揭露柳冕为巴结宦官权贵而不择手段迫害下属。《处士卢君墓志铭》写河南某尹与人有仇,滥用权势,诬陷仇家通贼,将其关进牢房,迫害致死,墓主之父卢贻是其幕僚,因秉公执法、抵制此冤狱也被押入大牢。对此类腐败蛮横的官僚,韩愈在歌颂正面的人和事时,将其特意写入,通过相互对比,显示出强烈的爱憎之情,表明其鲜明的政治立场和人才观念。

　　韩愈是儒家学说的忠实信仰者、推行者,也是政治上有过突出贡献的人物,一生为仁政理想的实现不遗余力。在碑志文中歌颂贤能清廉的官吏,表彰其德行美政,树立为其他官吏效法的榜样,这寄托着作家本人的理想,有着深刻的社会原因。封建大一统政权最大的威胁莫过于因贪官污吏、腐败暴政导致的官民矛盾的激化。韩愈所生活的中唐时期社会矛盾极为突出,农民起义此起彼伏。在推行人治的封建社会里,仁政措施清官政治从一定程度上能缓和这些矛盾,起到稳固政权的作用,因此韩愈在碑志文中大力宣扬其惠民学说,根本上是为解决当时社会各方面的矛盾。

二、排斥佛老学说,维护儒学的主导地位

　　在封建中国,佛老是儒家的大敌,从根本上威胁着儒家思想的主导地位,佛老荒诞迷信、消极无为的思想和儒家积极入世的思想激烈冲突,其对社会人心的危害在中唐时代表现极为突出,已经影响到士子民心向背和王权政治的稳固性。而身为孔孟儒道的传承人,韩愈一生以兴儒学、辟佛老为己任,在《处州孔子庙碑》一文中,韩愈开门见山就宣称:"自天子至郡邑守长通得祀而遍天下者,唯社稷与孔子焉。"将尊孔提高到维护江山社稷与王政稳固的地位,正如杜牧《书处州韩吏部孔子庙碑阴》所评:"自古称夫子

---

① ［唐］韩愈:《柳州罗池庙碑》,马其昶:《韩昌黎文集校注》,第 492 页。

者多矣,称夫子之德,莫如孟子,称夫子之尊,莫如韩吏部。"韩愈认为"周道衰,孔子没,火于秦"①之后,佛道黄老大盛,其间儒学之危,"如一发引千钧,绵绵延延,浸以微灭"②。在《论佛骨表》中韩愈又提出对佛老应该"投诸水火,永绝根本"③。陈寅恪先生认为"宗教徒之中佛教徒最占多数,其有害国家财政、社会经济之处在诸宗教中尤为特著,退之排斥之亦最力,要非无因也",又说:"退之排斥道教之论点除与其排斥佛教相同者外,尚有二端,所应注意:一为老子乃唐皇室所攀认之祖宗,退之以臣民之资格,痛斥力诋,不稍避讳,其胆识已自超其侪辈矣。二为道教乃退之稍前或同时之君主宰相所特提倡者,蠹政伤俗,实是当时切要问题。……则知退之当时君相沉迷于妖妄之宗教,民间受害,不言可知。退之之力诋道教,其隐痛或有更甚于诋佛教者,特未昌言之耳。"④指出韩愈反对佛老的深刻社会背景和坚决态度。韩愈文集中,有些许写给僧道的书序之文,但目的都是抑其邪使之归正,而在其诸多的碑志文中,尽管人物种类繁多,角色纷杂,惟独没有一篇是为僧道树碑立传的(这和柳宗元为诸多僧道作碑志文形成鲜明对比),不但如此,韩愈还借写碑志文之机,表达自己对佛老的强烈反对,痛斥其"杀人不可计"⑤的危害,借之澄清士人思想,端正社会风气,维护儒学的主导地位。

韩愈认为"释老之害过于杨墨"⑥,其碑志文往往通过直叙迷信神仙方术者的可悲下场,来斥责佛老学说愚弄士民、伤害生灵的罪行。《唐故太学博士李君墓志铭》可以说是专为揭露佛老危害而作,其文一反碑志文记叙墓主功德事迹的通例,接连写下八个"不信常道而务鬼神,临死乃悔"的士大夫,揭露他们梦想长生、因迷信炼丹最终服药而死的可悲结局,借描写道教丹药的制作方法和服用后痛苦难忍的惨状,以"抑邪与正,辨时俗之所惑"⑦。韩愈在此文开始就明确指出:"余不知服食说自何世起,杀人不可计,而世慕尚之益至,此其惑也",因此"今直取目见亲与之游而以药败者六

① [唐]韩愈:《原道》,马其昶:《韩昌黎文集校注》,第12页。
② [唐]韩愈:《与孟尚书书》,马其昶:《韩昌黎文集校注》,第211页。
③ 马其昶:《韩昌黎文集校注》,第616页。
④ 陈寅恪:《金明馆丛稿初编·论韩愈》,三联书店,2001年,第325—328页。
⑤ [唐]韩愈:《唐故太学博士李君墓志铭》,马其昶:《韩昌黎文集校注》,第553页。
⑥ [唐]韩愈:《与孟尚书书》,马其昶:《韩昌黎文集校注》,第215页。
⑦ [唐]韩愈:《上宰相书》,马其昶:《韩昌黎文集校注》,第155页。

七公，以为世诫”，表明写作这篇变体墓志铭的根本目的。然后逐一举例，从墓主写至归登、卢坦等八人，展示其因乱食丹药而“死时，溺出血肉，痛不可忍，乞死乃死”的可悲下场，更深刻的是韩愈还直刺这些人自以为是、执迷不悟的愚昧程度。写孟简服药病重，不迷途知返，反而说“前所服药误，方且下之，下则平矣”，最后又强调他们“不信常道而务鬼怪，临死乃悔。及且死，又悔”，揭露其虚伪的本质。其余如《殿中侍御史李君墓志铭》写墓主之弟：“其一人尝为郑之荥泽尉，信道士长生不死之说，既去官，绝不营人事，故四门之寡妻孤孩，与荥泽之妻子，衣食百须，皆由君出。”再写墓主本人因“好道士说，于蜀得秘方，能以水银为黄金，服之，冀果不死”，结果因乱食丹药而惨死，其病发“裂而流赤黄，疽象也”。《唐故监察御史卫府君墓志铭》写墓主“家世习儒，学词章，昆弟三人，俱传父祖业，从进士举”，本可为国效力，结果因迷信佛老长生之说，其炼药失败、求长生不得而“未几竟死”，都直斥佛老虚诞学说对社会人生的危害，体现出韩愈反对佛老学说的坚决态度和过人胆识。

　　此外，韩愈还肯定官吏们在排除佛老方面的表现，在碑文中着重书写墓主此类政绩，赞颂传扬，借之表现自己对佛老学说的反对。如《河南少尹李公墓志铭》赞扬墓主李素以行政手段迫使道教徒还俗的行为：“有一吕氏子炅，弃其妻，著道士衣冠，谢母曰：‘当学仙王屋山。’去数月复出，间诣公，公立之府门外，使吏卒脱道士冠，给冠带，送付其母。”《唐故江南西道观察使中大夫洪州刺史兼御史中丞上柱国赐紫金鱼袋赠左散骑常侍太原王公神道碑铭》写墓主王仲舒：“禁浮屠诳诱，坏其舍以葺公宇。”《江南西道观察使赠左散骑常侍太原王公墓志铭》再写墓主王仲舒：“禁浮屠及老子为僧道士，不得于吾界内因山野立浮屠、老子象，以其诳丐渔利，夺编人之产。”李素与王仲舒在排斥佛老方面，与韩愈志同道合，其所作所为快意人心，所以韩愈着重书写这些，以资褒扬，凸显其反对佛老、倡扬儒学的用意。

三、反对藩镇割据，拥护王道政治

　　韩愈注重士人在维护国家统一、反对藩镇割据方面的表现。安史之乱后，中唐社会朝纲不振，军阀叛乱日趋严重，大一统的封建秩序受到严重威胁。以复兴儒学为己任的韩愈于此深感忧急，他不仅亲身参加中央政府的平叛战争，还以笔为枪，在碑志作品中歌颂朝廷对割据势力的正义战争，赞扬在剿灭藩镇叛乱中立功的英雄,揭露藩镇割据的罪行,贬斥朝廷内部同军阀势力勾结的主和派。韩愈撰写关于藩镇斗争的碑志文近20篇,占其碑志文总数的四分之一强。大体可分为两类:一类记述平藩战争功臣的事迹;一类记述坚决不与藩镇为伍的"忠贞之士"的事迹。

元和十二年(817),韩愈跟随朝廷大军出征,以行军司马的身份参加讨伐蔡州军阀吴元济,战争胜利后,其奉旨撰写《平淮西碑》,全文歌颂宪宗即位以来平夏、平蜀、平江东、平泽潞、平易定等一系列反藩镇割据战争的胜利,歌颂皇帝的中兴伟绩,特别是赞扬主帅裴度、韩弘、李愬、李光颜诸将的战功。后来因为李愬妻子为夫争功,诉之宪宗,于是诏令抹去碑文,再令翰林学士段文昌重撰《平淮西碑》[1],为方便比较,兹引两文如下:

天以唐克肖其德,圣子神孙,继继承承,于千万年,敬戒不怠,全付所覆,四海九州,罔有内外,悉主悉臣。高祖太宗,既除既治。高宗中睿,休养生息。至于元宗,受报收功,极炽而丰。物众地大,蘖芽其间。肃宗代宗,德祖顺考,以勤以容。大惩适去,粮菂不薅,相臣将臣,文恬武嬉,习熟见闻,以为当然。睿圣文武皇帝既受群臣朝,乃考图数贡曰:"呜呼!天既全付予有家,今传次在予。予不能事事,其何以见于郊庙?"群臣震慑,奔走率职。明年平夏,又明年平蜀,又明年平江东,又明年平泽潞,遂定易定,致魏博贝卫澶相,无不从志。皇帝曰:"不可究武,予其少息。"九年,蔡将死,蔡人立其子元济以请。不许,遂烧舞阳、犯叶、襄城,以动东都,放兵四劫。皇帝历问于朝,一二臣外皆曰:"蔡帅之不庭授,于今五十年,传三姓四将,其树本坚,兵利卒顽,不与他等。因抚而有,顺且无事。"大官臆决唱声,万口和附,并为一谈,牢不可破。皇帝曰:"惟天惟祖宗所以付任予者,庶其在此。予何敢不力?况一二臣同,不为无助。"曰:"光颜!汝为陈许帅,维是河东、魏博、郃阳三军之在行者,汝皆将之。"曰:"重允!汝故有河阳、怀,今益以汝。维是朔方、义成、陕、益、凤翔、延庆七军之在行者,汝皆将之。"曰:"宏!汝以卒万二千,属而子公武往讨之。"曰:"文通!汝守寿,维是宣武、淮南、宣歙、浙西四军之行于寿者,汝皆将之。"曰:"道古!汝其观察鄂岳。"曰:"愬!汝帅唐、邓、随,各以其兵进战。"曰:"度!汝长御史,其往视师。"

---

① 《旧唐书·韩愈传》:"愬妻出入禁中,因诉碑辞不实,诏令磨愈文。宪宗命翰林学士段文昌重撰文勒石。"[五代]刘昫:《旧唐书》卷一六〇,第4198页。

曰："度！惟汝予同，汝遂相矛，以赏罚用命不用命！"曰："宏！汝其以节都统诸军。"曰："守谦！汝出入左右，汝惟近臣，其往抚师。"曰："度！汝其往，衣服饮食予士。无寒无饥，以既厥事。遂生蔡人，赐汝节斧，通天御带，卫卒三百。凡兹廷臣，汝择自从。惟其贤能，无惮大吏。庚申，予其临门送汝。"曰："御史！予悯士大夫战甚苦，自今以往，非郊庙祠祀，其无用乐。"

颜、允、武合攻其北，大战十六，得栅城县二十三，降人卒四万。道古攻其东南，八战，降万三千。再入申，破其外城。文通战其东，十余遇，降万二千。愬入其西，得贼将，辄释不杀。用其策，战比有功。十二年八月，丞相度至师，都统宏责战益急，颜、允、武合战益用命。元济尽并其众洄曲以备。十月壬申，愬用所得贼将，自文城因天大雪，疾驰百二十里，用夜半到蔡，破其门，取元济以献。尽得其属人卒。辛巳，丞相度入蔡，以皇帝命赦其人，淮西平，大飨赉功。师还之日，因以其食赐蔡人。凡蔡卒三万五千，其不乐为兵，愿归为农者十九，悉纵之。斩元济京师。册功，宏加侍中，愬为左仆射，帅山南东道。颜、允皆加司空，公武以散骑常侍帅鄜坊、丹、延，道古进大夫，文通加散骑常侍，丞相度朝京师，道封晋国公，进阶金紫光禄大夫，以旧官相，而以其副总为工部尚书，领蔡任。既还奏，群臣请纪圣功，被之金石。皇帝以命臣愈。臣愈再拜稽首而献文曰：

唐承天命，遂臣万邦；孰居近土，袭盗以狂。往在元宗，崇极而圮，河北悍骄，河南附起。四圣不宥，屡兴师征，有不能克，益戍以兵。夫耕不食，妇织不裳，输之以车，为卒赐粮。外多失朝，旷不岳狩，百隶怠官，事忘其旧。帝时继位，顾瞻咨嗟；惟汝文武，孰恤予家。既斩吴蜀，旋取山东，魏将首义，六州降从。

淮蔡不顺，自以为强，提兵叫欢（唤），欲事故常。始命讨之，遂连奸邻，阴遣刺客，来贼相臣。方战未利，内惊京师；群公上言，莫若惠来。帝为不闻，与神为谋，乃相同德，以讫天诛。

乃敕颜、允、愬、武、古、通，咸统于宏，各奏汝功。三方分攻，五万其师，大军北乘，厥数倍之。常兵时曲，军士蠢蠢，既翦陵云，蔡卒大窘。胜之邵陵，郾城来降，自夏入秋，复屯相望。兵顿不励，告功不时，帝哀征夫，命相往厘。士饱而歌，马腾于槽，试之新城，贼遇败逃。尽抽其有，聚以防我，西师跃入，道无留者。额额蔡城，其疆千里，既入而有，莫不顺俟。

帝有恩言，相度来宣："诛止其魁，释其下人。"蔡之卒夫，投甲呼舞，蔡之妇女，迎门笑语。蔡人告饥，船粟往哺；蔡人告寒，赐以缯布。始时蔡人，禁不往来；今相从戏，里门夜开。始时蔡人，进战退戮，今旰而起，左飧右粥。为之择人，以收余盭，选吏赐牛，教而不税。蔡人有言：始迷不知；今乃大觉。羞前之为。蔡人有言：天子明圣，不顺族诛，顺保性命。汝不吾信，视此蔡方；孰为不顺，往斧其吭。凡叛有数，声势相倚，吾强不支，汝弱奚恃？其告而长，而父而兄，奔走偕来，同我太平。淮蔡为乱，天子伐之，既伐而饥，天子活之。始议伐蔡，卿士莫随，既伐四年，小大并疑。不赦不疑，由天子明。凡此蔡功，惟断乃成。既定淮蔡，四夷毕来；遂开明堂，坐以治之。

——韩愈《平淮西碑》

　　夫五兵之设，本以助文德而成教化，故圣人不专任之。其有桀骜暴邪，干纪作蘖，道德不服，则兵以威之；文诰不谕，则兵以静之，在禁暴除害而已。自黄帝尧舜，不能无诛；至汤武受命，武功浸盛。其本之以仁义，行之以吊伐，惟帝与王，率由兹道。於戏！创业之君，劳而后定；守文之主，安而忘战。故三代之衰，功在五伯，未有中叶之后，再安生灵，前古所无，归于圣代。我唐运之兴也，高祖、太宗以仁义之兵，除暴隋之乱，戎功祖武，百代丕承。元宗尝亦内翦奸邪，外清夷狄。所以继文之代，协帝之明，既而祸起于微，乱生于理，由是髋髀之众。结固于两河，斤斧不用，绵历于五纪。肃宗、代宗，亲翦大憝。且务生育。德宗、顺宗，观于天象，察于人事，以理运未至，沴气犹凝，运启升平。以俟后圣。

　　惟我后握枢出震，端扆向明，考上元之心，思祖宗之意，扫涤区宇，光启帝图。不以万乘为尊，四海为富，遵大禹栉风之志，有光武乙夜之勤。以为景擒七国而汉民安，成翦三监而周化洽，焉有患难未去，而德教可兴！日者李琦恃近狄之固，刘辟凭坤维之险，李锜保长江之冲，从史资太行之阻，四凶相挺，继为乱常。三数年间，尽膏鈇锧。太尉茂昭以中山之地，尽室来朝；司空宏正以全魏之邦，举宗向阙。义风所激，莫不归心。况彭城从折简之召，横海展执珪之觐，向之谈虞虢之存亡，议辅车之形势，莫不刳心断臂，继踵为忠。既而麟见于巴宾之间，河清于廊卫之际，固本根之贶，昭圣祚之符。廓清寰海，兆于此矣。而长淮右地，连山四起，控扼吴楚，密迩辇辕，有上帝濯龙之池，同冀方多马之国，戈铤雪照，驵骏云屯。二姓三凶，凭阻作蘖。岁在甲午，吴少诚积祸而毙，余殃聚于逆嗣，氛祲淮濆。我后方吊人省冤，垦灾除秽，犹命使者持节，往申宠赙，以昭柔服之义，示含宏之仁。元济劫众拒境，滔天肆逆，剽叶县，烧舞阳，侵襄城、伊洛之间，骚然震恐。乃询廷议，咸愿假以墨缞，授以兵符。天子渊默以思，霆驰以断，独发宸虑，不询众谋。汉宣从屯田之议，晋武决平吴之计。至圣不惑，群疑自消。于是会兔罝之师，得鹰扬之帅。以忠武军帅李光颜。往者平朔边，静庸蜀。双矛电激，孤剑飙驰，亦犹冯异之总军锋，子颜之将突骑，才气雄武，可扫挽枪。总魏博河阳邠阳凡三军，自临颖而前。以河阳军帅乌重允，当从史内诛邪谋，外阻兵势，精诚奋发，密应王师，故得虏魏豹于军中，缚吕布于麾下，识虑中正，可革枭音。益以汝海之地，总朔方义成陕虢剑南西川凤翔延州宁庆凡七军，由襄阳而进。宣武帅韩宏，请以子公武领精卒一万二千，时集洄曲，栾书作帅，针为戎右，充国讨虏。印统支军，是能从帅之命，成父之志。又以寿春守李文通，凤精戎韬，累习军旅，明于守备，可保金汤，总宣武淮南宣歙浙西徐泗凡五军，扼固始之险。以鄂岳都团练使李道古，以先曹王皋有任城之武，昔征凶渠，尝取安陆，授以戎柄，嗣其家声，乘五关之隘。以唐邓随帅李愬，温敏能断，静深有谋。昔赵孟慕成季之勋，复能霸晋，亚夫绍绛侯之武，亦克擒吴。想其英徽，必有以似。山南东道荆南凡两军，自文成而东。乃命御史中丞裴度，布挟纩之恩，奉如丝之命，以谕群帅。以抚舆师，且以古之会兵，必谋元帅，令归于一，势不欲分。命宣武军帅韩宏为诸道行营都统，假陆逊之钺，拜韩信之坛，指踪画奇正之机，发号申严凝之令，然后有司马之法，成节制之师。而寒暑再雁，贼巢未下。又命内掌枢密之臣梁守谦，肃将天威，尽护诸将，悬白日于千里，推赤心于万人。由是甘宁奋升城之勇，君文励击郾之志，焚上蔡以翦其翼，拔郾城以扼其吭。以轩后攻蚩尤之乱，殷宗伐鬼方之罪，周公诛淮夷之叛，虽以圣讨逆，皆三年后定。百辟之议，且谓久劳。将决其机，以安海内，复命丞相裴度，拥淮蔡之节，抚将帅之臣，分邓禹之麾旆，盛窦宪之幕府，四牡业业，于藩于宣。先是光颜、重允、公武，戎旅同心，垒垣齐列，常蛇之势，首尾相从。胡骑之雄，纷纭纵击，逐余蕚如鸟雀，猎残寇似狐狸。干矛如林，行次于洄曲，丞相之来也。群帅之志气逾励，统制之号令益明，势如雷霆，功在漏刻。贼乃悉其精骑，以备洄曲之师。唐随帅李愬，新总伤痍之军，稍励奔北之气，城孤援绝，地逼势危，而能养貔虎之威，未尝瞿视，屈鸷鸟之势，不使露形。是以收文城栅而降吴秀琳，下兴桥而擒李祐。祐果敢多略，众以留之，或谓蓄憝，不利吾军,愬诚明在躬,秉信不挠,爰命释缚,授之亲兵。祐感慨之心,出于九死。纵横之计,果效六奇。粤十月既望,阴凝雪飞,天地尽闭。愬乃遣其将史旻、仇良辅留镇文城,备其侵轶,命李祐领突骑三千以为乡导,自领中权三千,与监军使李诚义继进,又遣其将田进诚领马步三千以殿其后。郊云晦冥,寒可堕指,一夕卷斾,凌晨破关,铺敦淮濆,仍执丑虏。虽魏军得田畴为导,潜出卢龙,邓艾得田章先登,长驱绵竹,用奇制胜,与古为俦。

四纪遗诛,一朝荡定。摅宗庙之宿愤,致黎庶之大安,周汉以还,莫斯为盛。帝命策勋,进宏为侍中,光颜、重允并为司空,愬为左仆射,帅山南东道,公武加散骑常侍,节制廊坊丹延,道古进御史大夫,文通加散骑常侍,王师获金爵之赏,环境蒙优复之恩,掩骼埋胔,除瑕宥罪,跻群生于寿域,还比户于可封。东西南北,无思不服。丞相旋请来朝,后加金紫光禄大夫,封晋国公。乃眷淮濆,烝人生殖,俾择循吏,抚其疾伤。以宣慰副使刑部侍郎马总领淮蔡之任,天子议功云台,追美将帅,俾刻金石,以扬休勋。而百辟佥谋,群帅克让,推义士之志,敢贪天功,征贤臣之言,实在君德。于是缙绅之士,暨侯服之臣,上献鸿名,式昭徽册,然后光辉千古,声名百蛮。诏命掌文之臣文昌勒铭淮浦,庶乎阅周雅者,美宣王之中兴,观剑铭者,戒蜀川之恃险。铭曰:

天有肃杀,万物以成。雷风为令,霜霰为刑。君有武节,四海以宁。陈之原野,阻以甲兵。在昔圣主,格宁邦国。武以禁暴,刑以助德。牧除害马,农去蟊贼。苟非戎功,孰静群慝。明明我后,神算精微。九重独运,千里不违。宵衣旰食,再安中宇。始翦朔漠,旋枭蜀虏。丹徒钑濞,白门缚布。服兹四罪,岂劳一旅。淮夷怙乱,四十余年。长蛇未翦,寰宇骚然。逮于孽童,逆志滔天。怀柔匪及,告谕罔悛。帝念生人,乃申薄伐。飞将鹰扬,前锋电发。斋坛命信,灵旗指越。我武惟扬,祅氛未灭。集于洄曲,决战摧凶。豹略临晋,维留沓中。浮罃暗渡,束马潜攻。合以长围,绝其飞走。布德灭妖,升城获丑。商不易肆,农安其亩。洄曲残兵,投戈束手。帝嘉群帅,赏不逾时。画社启封,珪组陆离。洎于蛮貊,服我英威。刻之金石,作戒淮夷。①

——段文昌《平淮西碑》

---

① [清]董诰:《全唐文》卷六一七,第6234—6237页。

相比之下,韩愈的碑文宣传王政一统,反对藩镇割据,思想强烈纯正,特别是言辞古雅大气,叙事生动,结构严整,体现出时文的特色,在艺术成就上,较之于段文的骈俪藻饰,显然更胜一筹。随着时间的流逝,韩文终大放光彩。北宋初,蔡州地方官陈垧下令再磨去段碑,仍刊韩文,正如《韵语阳秋》引苏轼《记临江驿诗》所赞:"淮西功业冠吾唐,吏部文章日月光。千古断碑人脍炙,世间谁数段文昌。"①清人张裕钊也赞韩愈《平淮西碑》:"此文自秦后,殆无能为之者,……殆欲度越盛汉,与周人并席矣。"②

韩愈的墓碑文中,反藩镇割据的内容更多。《银青光禄大夫守左散骑常侍致仕上柱国襄阳郡王平阳路公神道碑铭》赞扬节度使路应,坐镇江东而不拥权自重,李琦将反,他不仅将消息及时报告给朝廷,还亲自"置乡兵万二千人",严阵以待。李琦反后,他"命将期以卒救湖州常州",其正确的战略部署,稳定江东局势,使李琦终究"无助败缚"。权贵杨燕奇虽有其他不足,但从安史之乱时就"结发从军,四十余年。敌攻无坚,城守必完。临危蹈难,歔欷感发",韩愈写了《清边郡王杨燕奇碑文》,赞扬这位战功赫赫的武将。在《曹成王碑》中,韩愈讴歌贵为王侯的李皋,多次出生入死,参加指挥平叛战争。特别是在平定李希烈的战争中,"大小之战三十有二,取五州十九县,民老幼妇女不惊,市买不变,田之果谷下无一迹",赞扬其高超的战术和爱国爱民的思想。宣武节度使韩弘,坐镇汴梁时,北有叛镇李师古,南有叛镇吴少诚,处于"盗连为群,雄唱雌和,首尾一身"的危险境况,但他始终不为小利所诱,危急时刻以国事为重,摒弃个人恩怨,严词拒绝奸人的挑拨离间,以致于妄想内乱的军阀"惧,不敢动",从而稳定了河南政局。朝廷兴兵讨伐吴元济,他派独子参战,自己率兵固守汴梁以震慑牵制李师古,其功不可没,韩愈写《唐故司徒兼侍中中书令赠太尉许国公神道碑铭》予以赞扬。再如《试大理评事王君墓志铭》中的王适,本是一个仕进无门的寒士,但当图谋叛乱的卢从史以官诱其合伙时,王适"立谢客",坚决不与其为伍。《唐故虞部员外郎张府君墓志铭》里的张孝权,尽管被公开背叛朝廷的徐州节度使"拜章请为判官,授协律郎",他不为利诱所惑,"即诈称疾,三年不

①　[宋]葛立方:《韵语阳秋》卷三,于景祥、李贵银:《中国历代碑志文话》,第243页。按:葛氏所引苏轼此诗,又题作《沿流馆中得二绝句》(其一),其中后两句为:"千载断碑人脍炙,不知世有段文昌。"见《苏轼诗集》卷四八,中华书局,1982年,第2631页。

②　黄华表:《韩文导读》,香港大道书局,1964年,第22页。

言"，装哑以固名节。《幽州节度判官赠给事中清河张君墓志铭》中的张彻，临危不惧，怒斥叛军，被押走时，"行且骂，众畏恶其言，不忍闻。且虞生变，即击君以死。君抵死口不绝骂"，以致连叛军也感叹曰："义士，义士！"其余如《唐朝散大夫赠司勋员外郎孔君墓志铭》里的孔戡、《凤翔陇州节度使李公墓志铭》里的李惟简、《河南少尹李公墓志铭》里的李素、《国子司业窦公墓志铭》里的窦牟等，都是此类人物。无论官职大小，皆能在是非面前激昂大义，或临乱不苟为维护国家统一而宁死不屈；或坚守节操不与叛贼奸党同流合污，言行举止都符合儒家忠孝节义的观念。韩愈歌颂他们的正确立场，赞扬他们的忠烈节操，特意为之撰写墓志，以作激励标榜，使其流芳后世。相反，对于分裂割据者，韩愈在《唐故河南府王屋县尉毕君墓志铭》《魏博节度观察使沂国公先庙碑铭》《唐故司徒兼侍中中书令许国公赠太尉韩公神道碑铭》等文中直接斥之为"贼"、"狂"、"盗"、"枭狼"等，例如对于在幽州叛乱中贪生怕死、拥兵不动、坐视藩镇叛乱、置国家利益于不顾的节度使张弘靖，韩愈在《幽州节度判官赠给事中清河张君墓志铭》直言其"噎暗以为生"，表示极大的鄙弃。

通过这些碑志，韩愈表明自我拥护王权、反对地方藩镇叛乱、主张天下大同的鲜明立场。陈寅恪在《论韩愈》中肯定和赞赏了韩愈的这种政治思想，指出其实质是"尊王攘夷"："唐代古文运动一事，实由安史之乱及藩镇割据之局所引起。安史为西胡杂种，藩镇又是胡族或胡化之汉人，故当时特出之文士自觉或不自觉，其意识中无不具有远则周之四夷交侵，近则晋之五胡乱华之印象，'尊王攘夷'，所以为古文运动中心之思想也。与退之稍先之古文家如萧颖士、李华、独孤及、梁肃等，与退之同辈之古文家如柳宗元、刘禹锡、元稹、白居易等，虽同有此种潜意识，然均不免认识未清晰，主张不彻底，是以不敢亦不能因释迦为夷狄之人，佛教为夷狄之法，抉其本根，力排痛斥，若退之之所言所行也。退之之所以得为唐代古文运动领袖者，其原因即在于是。"[①]陈先生还说："盖古文运动之初起，由于萧颖士、李华、独孤及之倡导与梁肃之发扬。此诸公者，皆身经天宝之乱离，而流寓于南土，其发思古之情，怀拨乱之旨，乃安史变叛刺激之反应也。唐代当时之人既视安史之变叛，为戎狄之乱华，不仅同于地方藩镇之抗拒中央政府，

---

① 　陈寅恪：《金明馆丛稿初编》，三联书店，2001年，第329页。

宜乎尊王必先攘夷之理论,成为古文运动之一要点矣。昌黎于此认识最确,故主张一贯。其他古文运动之健者,若元白二公,则于不自觉之中,间接直接受此潮流之震荡,而具有潜伏意识,遂藏于心者发于言耳。古文运动为唐代政治社会上一大事,不独有关于文学。"①对以韩愈为代表的中唐文人发动古文运动作了高度评价,认为其要点即在于反对因安史之乱而起的藩镇叛乱。

四、注重人物品节描写,弘扬清正廉明的士风

中唐儒学不振、朝纲衰败,导致社会风气混乱,士人的思想行为也经受着多方面的考验,不少士吏在为官理政方面发生了变化,其道德败坏、品行不端、结党营私、贪污腐化。为官不仁导致中唐整个士风涣散、吏治腐朽,直接威胁着王朝的统治。有鉴于此,韩愈在碑志文中大力倡扬士人的名节观念,注重描写墓主正道直行、清廉贤达的高风亮节。《考功员外卢君墓铭》写墓主以儒家经典为基准,加强自身修养的提高:"君时始任戴冠,通《诗》《书》,与其群日讲说周公孔子,以相磨砻浸灌",赞扬墓主"讲说周公孔子,乐其道,不乐从事于俗;得所从,不择内外,奋而起,其进退不既合于义乎"的高贵品质。《唐故中散大夫少府监胡良公墓神道碑》写墓主好学上进,特别是其为人正直,不附逆权贵,"自刻削,不干人,以矫时弊","以刚直龃龉不阿,忤权贵,除献陵令","数以事犯尚书李巽,巽时主盐铁事,富骄恃势,以语丞相,由是退公为凤翔少尹"。《唐故相权公墓碑》写墓主权德舆突出其为官"章奏不绝,讥排奸幸"的良好作风。而《朝散大夫赠司勋员外郎孔君墓志铭》通篇写墓主为人正直,其不事权奸、据理以争,最终遭受陷害:"从史为不法,君阴争不从,则于会肆言以折之,从史羞,面颈发赤,抑首伏气,不敢出一语以对。立为君更令改章辞者,前后累数十。坐则与从史说古今君臣父子道,顺则受成福,逆辄危辱诛死。曰:'公当为彼,不得为此。'从史常耸听喘汗。居五六岁,益骄,有悖语,君争,无改悔色,则悉引从事,空一府往争之。从史虽羞,退益甚。"《唐故河东节度观察使荥阳郑公神道碑文》写墓主郑儋任司马时"用宽廉平正,得吏士心;及升大帅,持是道不变",赞扬其为官"宽廉平正"的一贯作风。《唐故江南西道观察使中大夫洪

---

① 陈寅恪:《元白诗笺证稿》,三联书店,2001年,第149—150页。

州刺史兼御史中丞上柱国赐紫金鱼袋赠左散骑常侍太原王公神道碑铭》写墓主王仲舒"在礼部,奏议详雅,省中伏其能。在考功,吏部提约明,故吏无以欺。同列有恃恩自得者,众皆媚承,公疾其为人,不直视,由此贬连州司户","友人得罪斥逐后,其家亲知过门缩颈不敢视",而墓主"独省问,为计度论议,直其冤",展现其正直仁义、济人危难的古君子之风。

再如《朝散大夫越州刺史薛公墓志铭》写墓主清正贤明,其面对权奸柳冕的陷害,正道直行,临危不惧:"在冕府累迁殿中侍御史。冕使公摄泉州,冕文书所条下有不可者,公辄正之。冕恶其异于己,怀之未发也。遇马总以郑滑府佐忤中贵人,贬为泉州别驾,冕意欲除总,附上意为事,使公案置其罪。公叹曰:'公乃以是待我,我始不愿仕者,正为此耳。'不许。冕遂大怒,囚公于浮屠寺,而致总狱,事闻远近。"《清河郡公房公墓碣铭》写墓主"削衣贬食,不立资遗,以班亲旧朋友为义"。《正议大夫尚书左丞孔公墓志铭》写墓主"为人守节清苦,论议正平,年才七十,筋力耳目,未尝衰老,忧国忘家,用意至到","事有害于正者,无所不言"。《江南西道观察使赠左散骑常侍太原王公墓志铭》写墓主:"在制诰,尽力直友人之屈,不以权臣为意,又被谗而出。元和初,婺州大旱,人饿死,户口亡十七八,公居五年,完富如初。案劾群吏,奏其赃罪,州部清整,加赐金紫。其在苏州,治称第一。"《河南少尹李公墓志铭》赞扬墓主为官清正,写其不阿附权贵:"公主夺驿田,京兆尹符县割界之;公不与,改度支郎中。使侍郎介恃,不礼其属大夫士,擅喜怒赏罚,公独入让,不受。"写其义责叛军:"锜反。公将左右与贼战州门,不胜,贼呼入。公端立责以义,皆敛兵立,不逼。锜命械致公军,将斩以徇;及境,锜适败缚,公脱械还走州。贼急卒不暇走死,民抱扶迎尽出。"而《朝散大夫尚书库部郎中郑君墓志铭》则写墓主乐施好义、为官宽仁:"君天性和乐,居家事人,与待交游,初持一心,未尝变节,有所缓急曲直薄厚疏数也。不为翕翕热,亦不为崖岸斩绝之行。俸禄入门,与其所过逢吹笙弹筝,饮酒舞歌,诙调醉呼,连日夜不厌,费尽不复顾问,或分挈以去,一无所爱惜,不为后日毫发计留也。"以致"去官而人民思之,身死而亲故无所怨议,哭之皆哀,又可尚也"。

韩愈在《答吕医山人书》说:"方今天下入仕,惟以进士、明经及卿大夫之世耳。其人率皆习熟时俗，工于语言，识形势，善候人主意。"①直言中唐时代官风士心不思进取、得过且过、攀援附逆、明哲保身的种种弊端。正因深感"故天下靡靡，日入于衰坏。恐不复振起。务欲进足下趋死不顾利害去就之人于朝，以争救之耳"②，所以对于墓主清正廉明、忠善节义的诸多行为事迹，韩愈在碑志文中都予以着重描写，凸显墓主忧国爱民而不计个人得失的高贵品质，借之弘扬儒家"修身齐家治国平天下"的人生价值观道德观，以净化中唐官场风气，激荡士心，振兴儒学，弘扬道统精神，进而为王朝中兴服务。正如《新唐书》本传所论，韩愈"矫拂媮末，皇皇于仁义，可谓笃道君子矣"③。

第三节　韩愈碑志文的文体特征和文学性

以"明道"为核心的韩愈碑文，有着明显的古文特色，这不仅反映在其行文的思想内容上，也反映在文章的体征形式上。为弘扬"道统"精神，韩愈作碑文往往突破传统写法，体例形式不拘一格，常因行文需要而改变，让形式为内容服务，以"修其辞而明其道"④，因此其碑志文有着鲜明的文体特征和文学性。无论是在语言，情节，还是在体例格式方面，韩愈碑志文处处都贯穿着新奇的独创精神，体现出和前人大不相同的特点，茅坤就常以"澹宕多奇"⑤、"奇崛"⑥、"变调"⑦、"变体"⑧、"别是一调"⑨评价之。韩愈在继承前辈作家文体改革的基础上，以政治中兴为切入点，倡导实用文风，借古文运动发起对碑志文体的改革。其作碑文极尽变化，力求创新，将古文写法引入碑志文的创作，记叙抒情，议论说理，其感情浓郁、气势刚健，体例格式上多不拘一格，求新求变，特别是在句式上从骈散结合走向纯以散体为文，使得写人记事更为灵活方便，最终变模式化的碑志旧体为生动形象

①　[唐]韩愈：《答吕医山人书》，马其昶：《韩昌黎文集校注》，第217页。
②　[唐]韩愈：《答吕医山人书》，马其昶：《韩昌黎文集校注》，第217页。
③　[宋]欧阳修、宋祁：《新唐书》卷一七六，第5269页。
④　[唐]韩愈：《争臣论》，马其昶：《韩昌黎文集校注》，第112页。
⑤　高海夫：《唐宋八大家文钞校注集评·昌黎文钞》，三秦出版社，1998年，第802页。
⑥　高海夫：《唐宋八大家文钞校注集评·昌黎文钞》，第851页。
⑦　高海夫：《唐宋八大家文钞校注集评·昌黎文钞》，第824页。
⑧　高海夫：《唐宋八大家文钞校注集评·昌黎文钞》，第797页。
⑨　高海夫：《唐宋八大家文钞校注集评·昌黎文钞》，第613页。

的人物传记、感激愤切的抒情文字和理正辞严的说理文章,增强碑志文的文学性和政治实用功能,也开拓了碑志文的内容形式,使之另成一体,在文坛上占据主导地位。正如钱基博所言:"碑志文有两体:一蔡邕体,语多虚赞,而纬以事历,《文选》《文苑英华》诸碑多属此宗;其一韩愈体,事尚实叙而裁如史传,唐宋八大家以下多属此宗。"①韩愈碑志文的文体特征和文学性具体表现在:

一、语言句式的流畅自然、清新优美

韩愈以前,碑志文坛盛行骈体。蔡邕的碑志就采用汉赋的写法,所存世碑志皆如此,追求对偶用典,堆砌辞藻,讲究声律韵脚,句式整齐划一,平稳之余,日显机械死板而缺乏变化。林纾批评说:"以铭辞作碑文体,盖一味求古,是中郎一病也。"②其后碑文家孔融、孙绰步蔡邕后尘,莫不如此,可以说汉魏六朝的碑志文都是以骈赋文形式写作,内容上"铺排郡望,藻饰官阶。殆于以人为赋,更无质实之意"③,唐初文坛延续陈隋遗风,徐陵、庾信式碑文一统天下,以虞世南、上官仪为代表的初唐作家,作碑文莫不追求骈辞俪句、藻饰用典。至盛唐时被誉为大手笔的张说虽对碑志文作过相关改革,但在文体形态上仍推崇骈俪之体,其碑志行文骈四俪六,雕琢字句,充斥着奢华虚美之风。特别是过于追求颂美铭功,使得碑志文未免浮泛空洞,流于冠冕堂皇华而不实,不乏公式化、概念化倾向④。其后古文家李华、梁肃等,虽以秦汉古文体式写作碑志,句式上骈散结合,语言也追求散化,但整体变化不大,特别是行文推崇尚书体的语言格式,以四字句为主,四平八稳,质实古板,显得严谨有余,灵活不足,在文采上更逊一筹。此间碑志文极少有名作传世,就是明证。

韩愈发动古文运动,在碑志文领域,冲破骈文专事雕琢、竞其浮华的影响,其以新体散文的语句代替四六骈俪之句行文,比前辈作家的骈散结合、偶有散句等更进一步,其语句清新流畅,灵活自如,做到言文一致,从而使

---

① 钱基博:《韩愈志》,中国书店,1988年,第122页。

② [清]刘大櫆、吴德旋、林纾:《论文偶记·初月楼古文绪论·春觉斋论文》,人民文学出版社,1959年,第53页。

③ [清]章学诚:《文史通义》卷八,辽宁教育出版社,1998年,第29页。

④ 周敏:《韩愈碑志的创革之功》,《南京师范大学学报》(哲学社会科学版)2000年第5期,第119—120页。

属于应用文体的碑志文成为通顺流畅的新散文,增强了文学审美性。可以说经过韩愈的努力,自初唐王勃、陈子昂起发动的文体改革,终于发展成熟。散体碑志文取代传统骈俪体碑志文,居于主导地位,成为当时文坛的流行文体。《旧唐书·韩愈传》评述韩愈文体改革之功说:"常以为自魏、晋以还,为文者多拘偶对,而经诰之指归,迁、雄之气格,不复振起矣。故愈所为文,务反近体,抒意立言,自成一家新语。后学之士,取为师法。当时作者甚众,无以过之,故世称'韩文'焉。"①

韩愈在《南阳樊绍述墓志铭》里赞美樊绍述的文章不仅"然而必出于己,不袭蹈前人一言一句",而且"必出入仁义,其富若生蓄,万物必具,海含地负,放恣横纵,无所统纪,然而不烦于绳削而自合也"。铭词又说:"惟古于词必己出,……文从字顺各识职。"这里与其说是赞美樊绍述,倒不如说是韩愈"夫子自道",借此表明自己碑志文体改革的基本思想。语言形式上,韩愈再三强调"词必己出""文从字顺",追求语句的清新生动流畅自然,力求独创,而不是寻章摘句袭蹈前人的文字。刘大魁《论文偶记》云:"文贵去陈言,昌黎论文,以去陈言为第一义。"②韩愈自己的碑志文可以说做到了"陈言务去"、"闳中肆外"。

《平淮西碑》风格雍容和雅,因为歌功颂德,采用整齐划一的句式,追求对仗铺陈,但语言仍不失推陈出新、灵活变化。序的部分模拟《尚书》语调,铭的部分采用《诗经》风格,可谓"引物连类,穷情尽变,宫商相宣,金石谐和"③。李商隐《韩碑》诗评价说:"点窜《尧典》《舜典》字,涂改《清庙》《生民》诗。……公之斯文若元气,先时已入人肝脾。……愿书万本诵万过,口角流沫右手胝。"④茅坤则赞述道"通篇次第战功模仿《史》《汉》,而其辞旨特自出机轴。其最好处在得臣下颂美天子之体。"而对于韩愈《黄陵庙碑》一文,茅坤认为"用《尔雅》《说文》体,别是一调"⑤。在墓碑文的书写中,韩愈更彻底抛弃骈文的动辄对仗声律,大多采用更为流畅自然的叙述性散体语言,句式灵活多变,语言晓畅平白,使得叙写人事更为具体形象,如《殿中

①　[五代]刘昫:《旧唐书》卷一六〇,第4203—4204页。
②　吴文治:《韩愈资料汇编》,第1202页。
③　[唐]韩愈:《送权秀才序》,马其昶:《韩昌黎文集校注》,第276页。
④　于景祥、李贵银:《中国历代碑志文话》,第214页。
⑤　[明]茅坤:《唐宋八大家文钞》卷十一,上海古籍出版社,1993年,第138页。

少监马君墓志铭》：

> 君讳继祖，司徒赠太师北平庄武王（马燧公）之孙，少府监赠太子少傅讳畅之子。生四岁，以门功拜太子舍人。积三十四年，五转而至殿中少监，年三十七以卒。有男八人，女二人。始予初冠，应进士贡在京师，穷不自存。以故人稚弟，拜北平王于马前。王问而怜之，因得见于安邑里第。王轸其寒饥，赐食与衣，召二子使为之主.其季遇我特厚，少府监赠太子少傅者也。姆抱幼子立侧，眉眼如画，发漆黑，肌肉玉雪可念，殿中君也。当是时，见王于北亭，犹高山深林巨谷，龙虎变化不测，杰魁人也。退见少傅，翠竹碧梧，鸾鹄停峙，能守其业者也。幼子娟好静秀，瑶环瑜珥，兰苕其牙，称其家儿也。后四五年，吾成进士，去而东游，哭北平王于客舍。后十五六年，吾为尚书都官郎，分司东都，而分府少傅卒，哭之。又十余年至今，哭少监焉。呜呼！吾未耄老，自始至今未四十年，而哭其祖子孙三世，于人世何也！人欲久不死而观居此世者，何也？

全文以散体写就，重在抒发哀情别绪，其语言流畅生动，特别是其中描写恩人马氏祖孙三代人的容貌，文笔清新优美，描写逼真生动，取得骈文难以表达的效果。而史书中，对于墓主的全部记载只有短短几句：

> 继祖，生四岁以门功为太子舍人，五迁至殿中少监。[1]
>
> ——《新唐书·马燧传》
>
> 继祖，以祖荫，四岁为太子舍人，累迁至殿中少监，年三十七卒。[2]
>
> ——《旧唐书·马燧传》

相对之下，韩愈的碑志文无论从文辞抒写还是情感气势的表达上，都比史传所记丰富生动，也更具文采之美。其他如《银青光禄大夫守左散骑常侍致仕上柱国襄阳郡王平阳路公神道碑铭》《唐故江南西道观察使中大夫洪州刺史兼御史中丞上柱国赐紫金鱼袋赠左散骑常侍太原王公神道碑铭》《正议大夫尚书左丞孔公墓志铭》《考功员外卢君墓铭》《江西观察使韦公墓志铭》等诸多碑文，都有这方面的语言特点。茅坤赞《正议大夫尚书左丞孔

---

① ［宋］欧阳修、宋祁：《新唐书》卷一五五，第4891页。

② ［五代］刘昫：《旧唐书》卷一三四，第3702页。

公墓志铭》"语多跌宕"①,赞《朝散大夫尚书库部郎中郑君墓志铭》"隽才逸兴"②,沈德潜赞《幽州节度判官赠给事中清河张君墓志铭》"凛凛有生气,铭词古奥,亦韩公独创此格"③。钱基博评论韩愈碑文的语言特点说:"韩愈答李翊书'唯陈言之务去',铭樊绍述曰:'惟古于词必己出',观其《平淮西碑》《南海神庙碑》《乌氏庙碑铭》《魏博节度使沂国公先庙碑铭》《袁氏先庙碑》,模范《诰》《颂》,故为朴茂典重,而无一字一句袭《诗》《书》。《施先生墓铭》、《唐故秘书少监赠绛州刺史独孤府君墓志铭》、《唐故相权公墓碑》、《故贝州司法参军李君墓志铭》,仿佛崔、蔡,出以矜慎简练,而无一字一句袭班、范,只是融其气格,而不袭其字句,含英咀华,所以不可及。"④

　　韩愈碑志文语言多变的基础是韩愈"融六经之旨"的丰厚学识、好学上进的人格精神和坚定的政治理想,林纾赞扬说:"以纵横之才气入碑版文字,终患少温纯古穆之气。昌黎步步凝全文,不患此弊耳,至于表忠观碑则别为一体,亦为古今杰作。"⑤韩愈碑志文语言虽重视新奇独创,但少艰涩生硬之笔,正所谓"其气浑灝以转,其辞铸炼以巇;气载其辞,辞凝其气;奇字奥句,不见滞笔;豪曲怪字,不见佻意;骨重气驶,章妥句适"⑥,茅坤也评论韩愈碑志文"造语怪伟"⑦。

二、传奇小说化的笔法

　　韩愈的碑志文多呈现小说色彩,这固然是时代文学发展的影响,与作者本人的兴趣爱好更有着莫大联系。陈寅恪《元白诗笺证稿》:"中国文学史中别有一可注意之点焉,即今日所谓唐代小说者,亦起于贞元元和之世,与古文运动实同一时,而其时小说之作者,实亦即古文运动之中间人物是也。"⑧很明显所称"中间人物"即是韩柳。

　　韩愈喜欢传奇小说,其《答张籍书》云:"仆自得圣人之道而诵之,排前

---

①　高海夫:《唐宋八大家文钞校注集评·昌黎文钞》,三秦出版社,1998年,第767页。
②　高海夫:《唐宋八大家文钞校注集评·昌黎文钞》,第775页。
③　高海夫:《唐宋八大家文钞校注集评·昌黎文钞》,第782页。
④　钱基博:《韩愈志》,上海古籍出版社,2012年,第102页。
⑤　[清]刘大櫆、吴德旋、林纾:《论文偶记·初月楼古文绪论·春觉斋论文》,第56页。
⑥　钱基博:《韩愈志》,中国书店,1988年,第123页。
⑦　高海夫:《唐宋八大家文钞校注集评·昌黎文钞》,第621页。
⑧　陈寅恪:《元白诗笺证稿》,三联书店,2001年,第2页。

二家有年矣。不知者以仆为好辩也；然从而化者亦有矣，闻而疑者又有倍焉。顽然不入者，亲以言谕之不入，则其观吾书也固将无得矣。……吾子又讥吾与人人为无实驳杂之说，此吾所以为戏耳。"《重答张籍书》又云："然观古人，得其时行其道，则无所为书。书者，皆所为不行乎今而行乎后世者也。今吾之得吾志、失吾志未可知，俟五六十为之未失也。天不欲使兹人有知乎，则吾之命不可期；如使兹人有知乎，非我其谁哉？其行道，其为书，其化今，其传后，必有在矣。吾子其何遽戚戚于吾所为哉！……夫子之言曰：'吾与回言终日，不违如愚。'则其与众人辩也有矣。驳杂之讥，前书尽之，吾子其复。昔者夫子犹有所戏，《诗》不云乎：'善戏谑兮，不为虐兮。'《记》曰：'张而不弛，文武不能也。'恶害于道哉？"在与张籍的书信往来中，韩愈反复解释并引用儒家经典著作为自己辩护，足见其对传奇小说的喜欢程度。其碑志作品大胆运用传奇小说写法，选取典型事例描写墓主，绘声绘色，情节描写传神逼真，人物形象生动鲜活，与其说是碑志散文，倒不如说是引人入胜的传奇小说。韩愈笔下的墓主性格突出，栩栩如生，如《河南少尹李君墓志铭》中耿直刚强的李素，《江西观察使韦公墓志铭》中爱民如子的韦丹，《唐朝散大夫赠司勋员外郎孔君墓志铭》中忠勇敢谏的孔戣，《唐故河东节度观察使荥阳郑公神道碑文》中飘逸脱俗的郑儋，《幽州节度判官赠给事中清河张君墓志铭》中刚烈忠勇的张彻，《国子助教河东薛君墓志铭》中骨气奇高的薛公达等。此尤以《试大理评事王君墓志铭》为突出，兹引全文如下：

君讳适，姓王氏。好读书，怀奇负气，不肯随人后举选。见功业有道路可指取，有名节可以庪契致，困于无资地，不能自出，乃以干诸公贵人，借助声势。诸公贵人既志得，皆乐熟软媚耳目者，不喜闻生语，一见，辄戒门以绝。上初即位，以四科募天下士。君笑曰："此非吾时邪！"即提所作书，缘道歌吟，趋直言试。既至，对语惊人。不中第，益困。

久之，闻金吾李将军年少喜事（一作士），可撼。乃踏门告曰："天下奇男子王适，愿见将军白事。"一见语合意，往来门下。卢从史既节度昭义军，张甚，奴视法度士，欲闻无顾忌大语；有以君生平告者，即遣客钩致。君曰："狂子不足以共事。"立谢客。李将军由是待益厚，奏为其卫胄曹参军，充引驾仗判官，尽用其言。将军迁帅凤翔，君随往。改试大理评事，摄监察御史观察判官。栉垢爬痒，民获苏醒。

居岁余，如有所不乐。一旦载妻子，入阌乡南山不顾。中书舍人王涯、独孤郁，吏部郎中张惟素，比部郎中韩愈，日发书问讯，顾不可强起，不即荐。明年九月，疾病，舆医京师，某月某日卒，年四十四。十一月某日，即葬京城西南长安县界中。曾祖爽，洪州武宁令；祖微，右卫骑曹参军；父嵩，苏州昆山丞。妻上谷侯氏，处士高女。

高固奇士，自方阿衡、太师，世莫能用吾言，再试吏，再怒去，发狂投江水。初，处士将嫁其女，惩曰："吾以龃龉穷，一女怜之，必嫁官人；不以与凡子。"君曰："吾求妇氏久矣，惟此翁可人意；且闻其女贤，不可以失。"即谩谓媒妪："吾明经及第，且选，即官人。侯翁女幸嫁，若能令翁许我，请进百金为妪谢。"诺许，白翁。翁曰："诚官人邪？取文书来！"君计穷吐实。妪曰："无苦，翁大人，不疑人欺。我得一卷书，粗若告身者，我袖以往，翁见，未必取视，幸而听我。"行其谋。翁望见文书衔袖，果信不疑，曰："足矣！以女与王氏。"生三子，一男二女。男三岁夭死，长女嫁亳州永城尉姚挺，其季始十岁。铭曰：

鼎也不可以柱车，马也不可使守闾。佩玉长裾，不利走趋。只系其逢，不系巧愚。不谐其须，有衔不祛。钻石埋辞，以列幽墟。

行文通过笑傲科举、怒斥奸邪等情节描写，塑造出一个怀奇负气、贫贱不移的奇男形象，特别是写其伪造文书、冒充命官，向处士侯高骗婚，富于传奇色彩。这段描写，和传统碑志文相比，的确不伦不类，颇显怪异。然此处典型细节，幽默风趣，从结构上看，恰如锦上添花，使得王适的形象更加饱满，性格更加鲜明突出。因此这篇碑志更像是一篇精彩的传奇小说。而其他几个人物的形象，相互映衬，也活灵活现跃然纸上。王适的奇谲，媒婆的狡黠，侯翁的迂直，文章风格的"奇"，描写对象的"奇"，和谐一致，写法新颖独特。韩愈的碑志文记人写事多采取传奇小说的手法，突出典型环境典型细节的描写，借以塑造人物形象，凸显人物个性，使得作品具有出奇制胜的效果。可以说，将碑志文传奇小说化，是韩愈的一大创造和贡献①。正如季镇淮所云："韩愈《国子助教河东薛君墓志铭》是一个例子，它表现了一个能文能武的平凡幕僚而有非凡涵养的人物，更著名的是《试大理评事王君墓志铭》文中既叙述了'天下奇男子'的生平事迹，末了还叙述了另一奇士侯高嫁女给王适的滑稽故事。这个故事在墓志上，好像有伤碑志文的严正，但却使天下奇男子王适的形象更突出了，这其实是用传奇文笔法来写

①　何法周：《韩愈新论》，河南大学出版社，1988年，第36—56页。

碑志文的，属于小说化的碑志文，从而与六朝以来那种'铺排郡望，藻饰官阶'的公式化概念化的碑志文相区别。这种碑志文，无异于人物传记，是史汉经传文的影响，也是当世传奇文的影响。"①

再如写薛公达，先看史传所载：

> 公达，擢进士第。佐凤翔军。会帅不文，尝集射，设的高数十尺，令曰："中者酬锦与金。"一军莫能中。公达执弓矢揖曰："请为公欢。"射三发连中，众大呼笑。帅不喜，乃自免去。复佐河阳军。以国子助教居东都，卒。②
>
> ——《新唐书》卷一五九《薛播列传》

韩愈的《国子助教河东薛君墓志铭》这样写道：

> 君讳公达，字大顺，薛姓。曾祖曰希庄，抚州刺史，赠大理卿。祖曰元晖，果州流溪县丞，赠左散骑常侍。父曰播，尚书礼部侍郎。侍郎命君后兄据，据为尚书水部郎中，赠给事中。
>
> 君少气高，为文有气力，务出于奇，以不同俗为主。始举进士，不与先辈揖，作《胡马》及《圜丘》诗，京师人未见其书，皆口相传以熟。及擢第，补家令主簿，佐凤翔军。军帅武人，君为作书奏，读不识句，传一幕以为笑，不为变。后九月九日大会射，设标的高出百数十尺，令曰："中，酬锦与金若干。"一军尽射，莫能中。君执弓，腰二矢，指一矢以兴，揖其帅曰："请以为公欢。"遂适射所，一座皆起，随之。射三发，连三中，的坏不可复射。中辄一军大呼以笑，连三大呼笑，帅益不喜，即自免去。后佐河阳军，任事去害兴利，功为多。拜协律郎，益弃奇，与人为同。今天子修太学官，有公卿言，诏拜国子助教，分教东都生。元和四年，年三十七，二月十四日，疾暴卒。
>
> 君再娶，初娶琅邪王氏，后娶京兆韦氏。凡产四男五女。男生辄即死。自给事至君后再绝，皆有名。遗言曰："以公仪之子巳巳后我。"其年闰三月廿一日，弟试太子通事舍人公仪，京兆府司录公干，以君之丧归，以五月十五日葬于京兆府万年县少陵原，合祔王夫人茔。铭曰：
>
> 宜不遂，归讥于时。身不得年，又将尤谁。世再绝而绍，祭以不隳。

较之于史传，韩愈墓志铭所写薛公达，更为传神生动，其一反传统碑志

---

① 季镇淮：《韩愈诗文评注前言》，张清华：《韩愈诗文评注》，中州古籍出版社，1991年，第1页。

② ［宋］欧阳修、宋祁：《新唐书》卷一五九，第4952页。

文罗列世系功德的机械化惯例,不作赘笔,而是通过文学创作中小说选材、剪裁与典型化的手法,将薛公达一生中既能代表他的性格特点而又能反映其终生遭遇的几件事集中起来,以生动的文笔,塑造出一个由文武全才、气高务奇、不同流俗到终究为俗所同,官不遂、疾暴卒的悲剧性典型形象,其叙写详细,记述精确,可以弥补史传之不足。

韩愈碑志文好用传奇小说化手法塑造人物,文笔新颖灵动,可谓对传统碑志文的创变,这固然和文体革新有关,更和当时小说文体的发展成熟有关。陈寅恪云:"夫当时叙写人生之文衰弊至极,欲事改进,一应革去不适描写人生之已腐化之骈文,二当改用便于创造之非公式化之古文,则其初必须尝试为之。然碑志传记为叙述真实人事之文,其体尊严,实不合于尝试之条件。而小说则可为驳杂无实之说,既能以俳谐出之,又可资雅俗共赏,实深合尝试且兼备宣传之条件。此韩愈之所以为爱好小说之人。"①就当时诸文体之间的互动借鉴关系,指出唐传奇对于韩愈碑志文创作的影响。

三、充沛的气势与强烈的议论抒情

韩愈碑志文一改前辈作家重记述铺叙的传统写法,张扬气势,在碑文中大加议论抒情,甚至以议论抒情为文,《襄阳卢丞墓志铭》《唐故太学博士李君墓志铭》《李元宾墓志铭》《柳子厚墓志铭》等便如此。典型如《柳子厚墓志铭》,其全文如下:

子厚,讳宗元。七世祖庆,为拓跋魏侍中,封济阴公。曾伯祖奭,为唐宰相,与褚遂良、韩瑗,俱得罪武后,死高宗朝。皇考讳镇,以事母,弃太常博士,求为县令江南;其后以不能媚权贵,失御史。权贵人死,乃复拜侍御史,号为刚直。所与游,皆当世名人。

子厚少精敏,无不通达。逮其父时,虽少年,已自成人,能取进士第,崭然见头角,众谓:"柳氏有子矣。"其后以博学宏词,授集贤殿正字。俊杰廉悍,议论证据今古,出入经史百子。踔厉风发,率常屈其座人,名声大振,一时皆慕与之交。诸公要人,争欲令出我门下,交口荐誉之。

贞元十九年,由蓝田尉拜监察御史。顺宗即位,拜礼部员外郎。遇用事者得罪,例出为刺史。未至,又例贬州司马。居闲,益自刻苦,务记览,为

---

①　陈寅恪:《元白诗笺证稿》,古典文学出版社,1958年,第3—4页。

词章,泛滥停蓄,为深博无涯涘,一自肆于山水间。元和中,尝例召至京师。又偕出为刺史,而子厚得柳州。既至,叹曰:"是岂不足为政耶?"因其土俗,为设教禁,州人顺赖。其俗以男女质钱,约不时赎,子本相侔,则没为奴婢。子厚与设方计,悉令赎归。其尤贫力不能者,令书其佣,足相当,则使归其质。观察使下其法于他州,比一岁,免而归者且千人。衡湘以南,为进士者,皆以子厚为师。其经承子厚口讲指画,为文词者,悉有法度可观。

其召至京师,而复为刺史也,中山刘梦得禹锡,亦在遣中,当诣播州。子厚泣曰:"播州非人所居,而梦得亲在堂,吾不忍梦得之穷,无辞以白其大人。且万无母子俱往理。"请于朝,将拜疏,愿以柳易播,虽重得罪,死不恨。遇有以梦得事白上者,梦得于是改刺连州。呜呼!士穷乃见节义。今夫平居里巷相慕悦,酒食游戏相征逐,诩诩强笑语,以相取下,握手出于肺肝相示,指天日涕泣,誓生死不相背负,真若可信。一旦临小利害,仅如毛发比,反眼若不相识。落陷阱不一引手救,反挤之,又下石焉者,皆是也。此宜禽兽夷狄所不忍为,而其人自视以为得计。闻子厚之风,亦可以少愧矣!

子厚前时少年,勇于为人,不自贵重顾藉,谓功业可立就,故坐废退。既退,又无相知有气力得位者推挽,故卒死于穷裔。材不为世用,道不行于时也。使子厚在台省时,自持其身,已能如司马刺史时,亦自不斥;斥时有人力能举之,且必复用不穷。然子厚斥不久,穷不极,虽有出于人,其文学辞章,必不能自力以致,必传于后如今,无疑也。虽使子厚得所愿,为将相于一时。以彼易此,孰得孰失,必有能辨之者。

子厚以元和十四年十一月八日卒,年四十七。以十五年七月十日,归葬万年先人墓侧。子厚有子男二人:长曰周六,始四岁;季曰周七,子厚卒乃生。女子二人,皆幼。其得归葬也,费皆出观察使河东裴君行立。行立有节概,重然诺,与子厚结交,子厚亦为之尽,竟赖其力。葬子厚于万年之墓者,舅弟卢遵。遵,涿人,性谨慎,学问不厌。自子厚之斥,遵从而家焉,逮其死不去。既往葬子厚。又将经纪其家,庶几有始终者。铭曰:

是惟子厚之室,既固既安,以利其嗣人。

再看史传所载柳宗元:

柳宗元,字子厚,其先盖河东人。从曾祖奭为中书令,得罪武后,死高宗时。父镇,天宝末遇乱,奉母引王屋山,常间行求养,后徙于吴。肃宗平贼,镇上书言事,擢左卫率府兵曹参军。佐郭子仪朔方府,三迁殿中侍御史。以事触窦参,贬夔州司马。还,终侍御史。

宗元少精敏绝伦,为文章卓伟精致,一时辈行推仰。第进士、博学宏辞科,授校书郎,调蓝田尉。贞元十九年,为监察御史里行。善王叔文、韦执谊,二人者奇其才。及得政,引内禁近,与计事,擢礼部员外郎,欲大进用。俄而叔文败,贬邵州刺史,不半道,贬永州司马,既窜斥,地又荒疠,因自放山泽间,其堙厄感郁,一寓诸文。仿《离骚》数十篇,读者咸悲恻。

……

元和十年,徙柳州刺史。时刘禹锡得播州,宗元曰:"播非人所居,而禹锡亲在堂,吾不忍其穷,无辞以白其大人,如不往,便为母子永诀。"即具奏欲以柳州授禹锡而自往播。会大臣亦为禹锡请,因改连州。

柳人以男女质钱,过期不赎,子本均,则没为奴婢。宗元设方计,悉赎归之。尤贫者,令书庸,视直足相当,还其质。已没者,出己钱助赎。南方为进士者,走数千里从宗元游,经指授者,为文辞皆有法。世号"柳柳州"。十四年卒,年四十七。①

——《新唐书·柳宗元传》

宗元,字子厚,河东人。贞元九年苑论榜第进士。又试博学宏辞,授校书郎,调蓝田县尉,累迁监察御史里行。与王叔文、韦执谊善,二人引之谋事,擢礼部员外郎,欲大用,值叔文败,贬邵州刺史,半道,有诏贬永州司马。遍贻朝士书言情,众忌其才,无为用心者。元和十年,徙柳州刺史。时刘禹锡同谪,得播州,宗元以播非人所居,且禹锡母老,具奏以柳州让禹锡,而自往播,会大臣亦有为请者,遂改连州。宗元在柳多惠政,及卒,百姓追慕,至祠享祀,血食至今。公天才绝伦,文章卓伟,一时辈行,咸推仰之。工诗,语意深切,发纤秾于简古,寄至味于淡泊,非余子所及也。司空图论之曰:"梅止于酸,盐止于咸,饮食不可无,而其美常在酸咸之外,可以一唱而三叹也。子厚诗在陶渊明下,韦应物上,退之豪放奇险则过之,而温厉靖深不及也。"今诗赋杂文等三十卷,传于世。②

——《唐才子传·柳宗元》

---

① [宋]欧阳修、宋祁:《新唐书》卷一六八,第5132—5141页。
② [元]辛文房:《唐才子传》卷五,第85—86页。

　　两相比较,韩愈的碑文情感更为张扬,气势充沛,行文前半部分叙写柳宗元的为官有方,对其在柳州的政绩诸如革除陋俗、兴办教育等,重笔书写;而后半部分写至柳宗元的交友之风时,韩愈议论抒情,对柳宗元的品行德操倍加赞赏。元和十年,因参与政变,八司马被远贬,时柳宗元贬柳州,刘禹锡贬播州。柳宗元舍己救人,表现出高尚的君子风范,为刘禹锡奉养老母起见,甘愿雪中送炭,成全友人,愿以柳易播。韩愈认为柳宗元此种关键时刻舍己为人的品格极难得,于是一反碑志文重记叙少评论的体例,进一步借题发挥,大加抒发:"呜呼!时穷乃见节义。……闻子厚之风,亦可以少愧矣!"紧接着韩愈又指出当时的世态人心,"既退,又无相知有气力得位者推挽,故卒死于穷裔,材不为世用。使子厚在台省时,自持其身",通过正反对比论证,点明柳宗元不幸遭遇的根本原因。通篇文章竭力为柳宗元鸣不平,借柳的道德人品和他在外十四年贬死穷荒的悲惨遭遇,来批评当朝统治者的刻薄寡恩贻误人才;借以柳易播之事,摹写当时官场中人人避祸自保乃至自相陷害落井下石的黑暗腐朽,其势力凶恶的情况,可以说穷形尽相,不是无的放矢,暗中定有所指①。由于韩愈本身对人情世故世态人心深有体会,和柳宗元又交情深厚,故此篇文章气势充沛,感情外露,叙事议论抒情结合,而议论抒情尤为慷慨奔放,突出柳宗元的高尚品德和不幸遭遇。其酣畅淋漓,充满着义愤,已经超出简单的个人友情,而是借写好友柳宗元,议论抒情,为天下寒士叫屈,大发不平之鸣。

　　《殿中少监马君墓志铭》,虽名墓志铭,其实是一篇怀旧寄哀、悲痛深切的抒情散文,正如钱基博所言:"抚今追昔,感慨存亡,旨在抒情。"②韩愈为人极重感情,对于马燧这位曾经对自己雪中送炭的大恩人自然不能忘怀,久而弥笃。然而韩愈并未因为墓主是自己的恩人,又是地位显赫的王侯,就大加颂扬,尽管自古谀墓成风,何况对于权贵王侯而言。以此推理,无论如何地颂扬感谢马燧也并不为过,虽然事实上马燧是个平庸的王公,并无功德可记。可是韩愈写恩公马燧,既没有写成谀墓式的应制文,也没有写成简单的报恩文字。而是通过巧妙地以追叙马家善良待人之事来行文,在叙旧怀古、感叹世道人生中表露自己对墓主的思念之情。一晃几十年,当

---

　　①　童第德:《韩愈文选》,人民文学出版社,1980年,第187页。
　　②　钱基博:《韩愈志》,中国书店,1988年,第124页。

年这家待韩愈亲如家人、济韩愈于穷困之际的恩主祖、子、孙三代,都已相继故去。回忆流浪京城时"日求于人以度时月"的乞讨时光,马家人的厚重礼遇,几十年来宦海沉浮的辛酸,人事的沧桑变迁,一切恍如昨日,令人百感交集。韩愈遂通过追忆与马家三代人的见面来抒发感慨之情,凄楚伤感,悲哀苍凉,感情之复杂,扣人心弦,文章后半部分写道:

> 后四五年,吾成进士,去而东游,哭北平王于客舍。后十五六年,吾为尚书都官郎,分司东都,而分府少傅(马畅)卒,哭之。又十余年至今,哭少监焉。呜呼! 吾未耄老,自始至今未四十年,而哭其祖子孙三世,于人世何如也! 人欲久不死而观居此世者,何也?①

借写墓主全家的种种不幸,抒发深沉浓郁的感情,堪称优美动人的散文。对于王侯,不载其官阶、郡望、家世、族谱,而唯独以离合死生之迹取胜,不落窠臼,避免俗套,也是一种创新写法,虽不是碑志正体,却取得正体难以取得的效果。

再如《贞曜先生墓志铭》:

> 唐元和九年,岁在甲午,八月己亥,贞曜先生孟氏卒。无子,其配郑氏以告,愈走位哭,且召张籍会哭。明日,使以钱如东都,供丧事。诸尝与往来者,咸来哭吊,韩氏遂以书告兴元尹故相余庆。闰月,樊宗师使来吊,告葬期,征铭。愈哭曰:"呜呼! 吾尚忍铭吾友也夫!"兴元人以币如孟氏赙,且来商家事。樊子使来速铭,曰:"不则无以掩诸幽。"乃序而铭之。
>
> 先生讳郊,字东野。父庭玢,娶裴氏女,而选为昆山尉,生先生及二季郿、郹而卒。先生生六七年,端序则见,长而愈骞,涵而揉之,内外完好,色夷气清,可畏而亲。及其为诗,刿目鉥心,刃迎缕解,钩章棘句,掐擢胃肾,神施鬼设,间见层出。惟其大玩于词,而与世抹杀,人皆劫劫,我独有余。有以后时开先生者,曰:"吾既挤而与之矣,其犹足存耶!"年几五十,始以尊夫人之命,来集京师,从进士试,既得,即去。间四年,又命来,选为溧阳尉,迎侍溧上。去尉二年,而故相郑公尹河南,奏为水陆运从事,试协律郎,亲拜其母于门内。母卒五年,而郑公以节领兴元军,奏为其军参谋,试大理评事,挈其妻行之兴元,次于阌乡,暴疾卒,年六十四。买棺以敛,以二人与

---

① 马其昶:《韩昌黎文集校注》,第 538 页。

归，鄮、郢皆在江南。十月庚申，樊子合凡赠赙而葬之洛阳东其先人墓左，以余财附其家而供祀。将葬，张籍曰："先生揭德振华，于古有光，贤者故事有易名，况士哉！如曰'贞曜先生'，则姓名字行有载，不待讲说而明。"皆曰："然"。遂用之。初先生所与俱学同姓简，于世次为叔父，由给事中观察浙东，曰："生吾不能举，死吾知恤其家。"

铭曰：呜呼贞曜，维执不猗。维出不訾，维卒不施。以昌其诗。

关于孟郊，史传如此记载：

孟郊者，少隐于嵩山，称处士。李翱分司洛中，与之游。荐于留守郑余庆，辟为宾佐。性孤僻寡合，韩愈一见以为忘形之契，常称其字曰东野，与之唱和于文酒之间。郑余庆镇兴元，又奏为从事，辟书下而卒。余庆给钱数万葬送，赡给其妻子者累年①。

——《旧唐书·孟郊传》

孟郊者，字东野，湖州武康人。少隐嵩山，性介，少谐合。愈一见为忘形交。年五十，得进士第，调溧阳尉。县有投金濑、平陵城，林薄蒙翳，下有积水。郊闲往坐水旁，裴回赋诗，而曹务多废。令白府，以假尉代之，分其半奉。郑余庆为东都留守，署水陆转运判官。余庆镇兴元，奏为参谋。卒，年六十四。张籍谥曰贞曜先生。郊为诗有理致，最为愈所称，然思苦奇涩。李观亦论其诗曰："高处在古无上，平处下顾二谢"云②。

——《新唐书·孟郊传》

郊，字东野，洛阳人。初隐嵩少，称处士。性介，不谐合。韩愈一见为忘形交，与唱和于诗酒间。贞元十二年李程榜进士，时年五十矣。调溧阳尉。县有投金濑、平陵城，林薄蓊翳，下有积水。郊间往坐水傍，命酒挥琴，裴回赋诗终日，而曹务多废。县令白府，以假尉代之，分其半俸。辞官家居。李翱分司洛中，日与谈宴，荐于兴元节度使郑余庆，遂奏为参谋，试大理平〔评〕事，卒。余庆给钱数万营葬，仍赡其妻子者累年。张籍谥为贞曜先生，门人远赴心丧。郊拙于生事，一贫彻骨，裘褐悬结，未尝俯眉为可怜

---

① ［五代］刘昫：《旧唐书》卷一六〇，第4204—4205页。

② ［宋］欧阳修、宋祁：《新唐书》卷一七六，第5265页。

之色。然好义者更遗之。工诗,大有理致,韩吏部极称之。多伤不遇,年迈家空,思苦奇涩,读之每令人不欢,如"借车载家具,家具少于车"。如《谢炭》云"吹霞弄日光不定,暖得曲身成直身",如"愁人独有夜烛见,一纸乡书泪滴穿",如《下第》云"弃置复弃置,情如刀剑伤"之类,皆哀怨清切,穷入冥搜。其初登第,吟曰:"昔日龌龊不足嗟,今朝旷荡思无涯。春风得意马蹄疾,一日看尽长安花。"当时议者,亦见其气度窘促,卒漂沦薄宦,诗谶信有之矣。天实为之,谓之何哉!李观论其诗,曰"高处在古无上,平处下顾二谢"云。时陆长源工诗,相与来往,篇什稍多,亦佳作也。有《咸池集》十卷,行于世①。

——《唐才子传·孟郊》

同是写孟郊,新旧《唐书》侧重孟郊的才性经历,平白简约,而辛文房的《唐才子传》则侧重其文采,用笔淡雅。相比之下,韩愈的《贞曜先生墓志铭》碑志文写孟郊,结构新奇,以先交代作文缘由,再记叙孟郊一生遭遇经历,写其贫苦的出身,写其清寒的生活,写其好学上进、孜孜不倦的个性,写其坎坷不幸的命运,更显丰富详细。行文情感真挚而言辞优美,深厚沉痛,取得史传文难以媲美的效果。其他如《女挐圹铭》《乳母墓铭》等,都是抒情意味浓厚的文字,茅坤评述说"昌黎摹写其情,悲惋可涕"②,特别是《唐河中府法曹张君墓碣铭》,墓主张园满腹才华,"有能名","能闻朝廷",不幸被盗杀于汴城,留下孤儿寡母。韩愈曾与其为同僚,于其冤屈不幸,深为了解。所以文章一开始,就用占全文一半的篇幅,写张园遗孀的乞铭词:"有女奴抱婴儿来,……愈既哭吊辞,遂叙次其族世、名字、事始终而铭。'"沉痛抑郁,悲伤之情尽情流露。韩愈不惜用大段篇幅引述哀辞,实质就是借张妻之口抒发自我之悲,为墓主怀才不遇、英年早逝而惋惜,为其终生坎坷死后凄凉的命运鸣不平。韩愈碑志文好议论抒情,固然与其文人化的性格经历有关,但更多地还是感于现实生活的诸多不满。统治者的腐败,朝政的衰朽,社会分配的诸多不公,下层文人的悲惨遭遇。理想与现实的巨大差距,大大激发了韩愈的不平之鸣,形成其碑志文议论富于气势、抒情幽愤凄切的特点。

---

① [元]辛文房:《唐才子传》卷五,第88页。
② [明]茅坤:《唐宋八大家文钞》卷十五,上海古籍出版社,1993年,第190页。

四、勇于创新、灵活多变的体例格式

碑志文自东汉起,就形成固定的写作程式,其体例完整,格式规范,通常先从墓主的家世背景写起,逐一铺叙其才华品行、生平履历等,结构上前志后铭,两相结合,遂成定制。韩愈以前的碑志作家如蔡邕、张说等自不论,就是李华、梁肃、独孤及、权德舆等古文家写碑文也均循此例。而韩愈的碑志文在体例格式上则突破传统,力求创变。其既有常规的写法,即志铭结合的作品,如章学诚所论"以史传叙事之法志于前,简括其辞以为韵语缀于后"①,也有非常规的写法,即有志无铭或有铭无志的作品。但无论常规写法还是非常规写法,其内容体式上都充满着革新变化,力避行文死板呆滞之弊。

韩愈碑志文的常规写法,往往表现在为达官贵人所作的碑志文上,一般都是无法推辞不得不写的,如《平淮西碑》,歌颂中唐君臣的丰功伟绩,其平稳工整,厚重有力,体例极为谨严雅正,林云铭评之"庄重有体,古雅绝伦"②。《魏博节度观察使沂国公先庙碑铭》,是韩愈奉诏为权臣田宏正所写先庙碑铭,写得四平八稳、庄重规范,前半部分以散体文形式追述田氏家族事迹,后半部分以铭文进行总结,四字一句,模仿《尚书》写法。曾国藩评曰:"序文疏简,著意在铭诗,而终不称其先世功德一字,可谓有体。"③其他如《清边郡王杨燕奇碑文》《监察御史元君妻京兆韦氏夫人墓志铭》《衢州徐偃王庙碑》《曹成王碑》《秘书少监赠绛州刺史独孤府君墓志铭》《唐故相权公墓碑》都是此类志铭结合的正体式传统写法。

韩愈虽为达官贵人写碑志,但能在具体写法上做到灵活处理,对于达官显宦,有功勋的就据实写之,对于有功有过的也只着重记其一二功勋,其余罪过则回避,对于平庸或人品不佳的权贵,则或罗列其官位、勋爵、家世、祖考、生卒概况,或只谈交往琐事等成文。《殿中少监马君墓志》就是记叙交谊,以感情成文,力避无中生有、妄加褒美和颂扬,如此行文符合碑志文"扬善隐恶"的惯例,无可厚非。有的甚至隐含着对墓主的贬斥,和蔡邕的

---

① ［清］章学诚:《墓铭辨例》,［清］章学诚:《文史通义》外篇二,古籍出版社,1956年,第275页。

② ［清］林云铭:《古文析义》初编卷五,高海夫:《唐宋八大家文钞校注集评·昌黎文钞》,三秦出版社,1998年,第660页。

③ 马其昶:《韩昌黎文集校注》,第402页。

谀墓完全不同,如《凤翔陇州节度使李公墓志铭》《唐故昭武校尉守左金吾卫将军李公墓志铭》就是采用直叙墓主生平的写法。《中散大夫河南尹杜君墓志铭》中的杜兼,《新唐书》本传谓其"性浮险,尚豪侈","所至大杀戮,衰艺财赀,极奢欲","僚官韦赏、陆楚皆闻家子,有美誉,论事忤兼,诬劾以罪。帝遣中人至,兼廷劳毕,出诏执赏等杀之,二人无罪死,众莫不冤。又妄系令狐运而陷李藩,欲杀之,不克"①。《资治通鉴》也言其"性狡险强忍"②,因此韩愈在这篇铭文里,只是简单叙其家世、历官、卒年、妻子儿女等,尽管此时杜兼身居高位,又是作者朝中同僚,但通篇无一句敷衍式赞美之词,只以铺排家世、条陈履历行文,全篇合乎碑志体例,无懈可击。但明眼人一看就会明白,墓主生平苍白,无功无德所以无可记述,这实质上是一种以不褒为贬的隐含式写法,韩愈不满杜兼的为人,十分明显,故方苞评此墓志为"志无美词,铭亦虚词"③。权倾一时的李道古,《新唐书》本传说其"巧于宦,便佞倾下"④。《旧唐书》本传载"道古便佞,奸以事君"⑤。韩愈在《唐故昭武校尉守左金吾卫将军李公墓志铭》里,也是凭记载李道古的历官及父、妻、子、女简况而成文,通篇无一句奉承溢美之词,与写杜兼大同小异,甚至还有贬斥之笔。茅坤认为"直叙,然中有讽刺与称美处,不爽尺寸"⑥。由此可见韩愈写碑志信史求实,即使压力之下仍不失秉笔直书,不愿阿谀逢迎的严肃的写作态度,也可见其酌情酌理成文、力避谀墓、圆滑变通的写法。

韩愈碑志虽然灵活多变,不少应酬敷衍之作,但所叙所记大都经得住推敲,并没有歪曲事实,妄加虚赞。韩愈前半生穷困潦倒,写碑志不能不收取润笔,后半生文名渐起,"以文常铭贤公卿,今不可以辞"⑦,无论一般文朋诗友,还是王公贵族,或远路而来,或奉送千金,或以诏令相压,都来求铭,特别是后者,更给韩愈增添无法推却的压力。"谀墓"本身对碑志文来

① [宋]欧阳修、宋祁:《新唐书》卷一七二,第5204—5205页。
② [宋]司马光:《资治通鉴》卷二三五《唐纪五一》,第7590页。
③ [唐]韩愈:《故中散大夫河南尹杜君墓志铭》,马其昶:《韩昌黎文集校注》卷六,第389页。
④ [宋]欧阳修、宋祁:《新唐书》卷八〇,第3584页。
⑤ [五代]刘昫:《旧唐书》卷一三一,第3643页。
⑥ [明]茅坤:《唐宋八大家文钞》卷十二,于景祥、李贵银:《中国历代碑志文话》,第371页。
⑦ [唐]韩愈:《银青光禄大夫检校左散骑常侍兼右金吾卫大将军赠工部尚书太原郡公王公神道碑》,马其昶:《韩昌黎文集校注》,第422页。

说,已有先例,蔡邕且不论,就是韩愈以前的碑志名家张说李邕等人,都有粉饰太平阿谀墓主的记载。唐代碑志文谀墓成风,不谀墓反而不合潮流。但即使如此,韩愈也能坚持史家精神,对墓主或以不褒为贬,或秉笔直书,就事论事,贵在不谀墓。正如黄宗羲《金石要例·铭法例》所云:

> 祭统铭之样,称美而不称恶,此孝子孝孙之心也。故昌黎云应铭法,若不应铭法,则不铭之矣。以此寓褒贬于其间,然昌黎之于子厚,言少年勇于为人,不自贵重,志李于单书其服秘药一事,以为世戒,志李虚中亦书其以水银为黄金,服之冀不死,志王适书其谩候高事,志李道古,言其荐妄人柳泌,皆不掩所短。非截然谀墓者也。①

所以开启不悖情理,力避谀墓的灵活写法,也是韩愈对传统碑志文的创革之功②。

韩愈有的碑志有志无铭,有的有铭无志,还有的碑志以散体文字为铭词或以韵文为志,可谓非常规写法。就是从各篇的具体内容结构上看,也不是按照传统写法千篇一律地从墓主家世生平一直写至卒葬,而是因人因事而异。有的先记家世生平,后再补叙事迹功勋;有的先写其事迹,再追记世系生平;也有的基本上不写家世生平,只写其主要事迹。仅以开头而言,也常常不以传统的"公讳某字某某地人"句式开始,而是根据需要灵活安排。《正议大夫尚书左丞孔公墓志铭》一文"语多跌宕"③,从墓主主动上书辞官写起,突出表现他"忧国忘家"、不贪高位、主动让贤的品质,正如郭预衡先生所评:"全叙一人家世仕履的,但也不同于一般写法,《唐正议大夫尚书左丞孔公墓志铭》就是一例。此文叙述孔公事迹,不是先叙家世,而是先从其辞官写起,其次讲做官经过,最后追述祖系。其所以先叙孔公辞官一事,同韩愈思想倾向有关,韩愈不但极力主张选拔人才,而且主张才尽其用。对于天子批准孔公辞官,韩愈不以为然,因为在他看来,像孔公此类人物,可以继续发挥作用,为国效力。"④而《凤翔陇州节度使李公墓志铭》,则"历官行迹,撮其

①　[清]黄宗羲:《金石要例(及其他二种)》,中华书局,1985年,第11页。

②　韩愈是否谀墓,古今都有争论,详看仇永明《韩愈"谀墓"辩》,《华东师范大学学报》(哲学社会科学版),1982年第3期;何法周《韩愈新论》,第36—60页。笔者对此亦有专论,后文将作详叙。

③　高海夫:《唐宋八大家文钞校注集评·昌黎文钞》,三秦出版社,1998年,第767页。

④　郭预衡:《中国散文史》(中册),第187—188页。

大者于前,而递详于后,此法易使人爽目。而欧阳、王宗之,变态百出矣"①,王文濡《评校音注古文辞类纂》也认为"此文已开王荆公志铭文法"②。

《襄阳卢丞墓志铭》开头写"范阳卢行简将葬父母,乞铭于职方员外郎韩愈",下面都是卢生的乞铭之词,结尾才提到墓主卢怀仁的姓名,然后以"今年实元和六年"一语结束。《河南少尹裴君墓志铭》《集贤院校理石君墓志铭》《太原府参军苗君墓志铭》《唐故河东节度观察使荥阳郑公神道碑文》《崔评事墓铭》等都是先世系而后其能,且后三篇铭词都以散文写成。《施先生墓铭》是先突出其"明毛郑诗,通春秋左氏传,善讲说"的才能而后叙世系,《考功员外卢君墓铭》《唐朝散大夫赠司勋员外郎孔君墓志铭》《乌氏庙碑铭》也都属此例。《河中府法曹张君墓碣铭》《唐故虞部员外郎张府君墓志铭》有志无铭。《试大理评事胡君墓铭》通篇有铭无志,且铭文三字一句,隔句换韵,好似三字经文。《曾国藩文集·求阙斋读书录》云:"或先叙世系,而后铭功德,或先表其能,而后及世系;或有志无诗,或有诗无志;皆韩公创法。后来文家踵之,遂援为金石定例,究之深于文者,乃可与言例;精于例者,仍未必知文也。"③指出韩愈碑文体例格式方面因行文需要而不拘常规、灵活多变的特点。

韩愈碑志文每篇都有各自的风貌,往往因人而异,随事而变,很少有固定的写作程式。《试大理评事王君墓志铭》,其墓主怪诞奇崛,叙写也一反常例,以小说家言写墓志,看起来更像传奇小说,"以奇人著为奇文,文以人奇,人以文而益奇矣"④。文章风格与墓主性格吻合,奇人奇文,倒更像是墓主本人所写。正如储欣所称:"非天下奇男子,不足以发公之文;非公之文,亦无以传天下奇男子,交相得者也。"⑤《检校尚书左仆射右龙武军统军刘公墓志铭》一文跌宕自如,好似墓主刘昌裔的为人行事风格。茅坤说:"刘昌裔为人,多倜傥儋宕,而公之文亦称。"⑥《南阳樊绍述墓志铭》墓主是古文家樊宗师,樊文以艰涩险怪著称,这篇墓志就模仿樊氏行文,语句多生

① 高海夫:《唐宋八大家文钞校注集评·昌黎文钞》,三秦出版社,1998 年,第 737 页。
② 高海夫:《唐宋八大家文钞校注集评·昌黎文钞》,第 737 页。
③ [清]曾国藩:《曾国藩文集·求阙斋读书录》,九州图书出版社,1997 年,第 466 页。
④ [宋]黄震:《黄氏日抄》卷五九,高海夫:《唐宋八大家文钞校注集评·昌黎文钞》,三秦出版社,1998 年,第 802 页。
⑤ 高海夫:《唐宋八大家文钞校注集评·昌黎文钞》,第 802 页。
⑥ 高海夫:《唐宋八大家文钞校注集评·昌黎文钞》,第 727 页。

涩古奥。至于《唐故相权公墓碑》,储欣《唐宋十大家文集录·昌黎先生文集录》云:"权公和平长厚,故墓碑一出以和平之词。"①而《柳子厚墓志铭》,其"不平之鸣"的痛切感情贯穿全文首尾,大加议论抒情,此文是韩愈碑志文中较长的一篇,通篇痛诉,更像柳宗元的孤愤之词。故李涂赞扬"退之志樊绍述,其文似绍述,志柳子厚,其文似子厚,春蚕作茧,见物即成性,极巧"②,"退之诸墓志,一人一样绝妙"③,"退之墓志,篇篇不同,盖相题而施设也"④。近人钱基博也以"随事赋形,各肖其人"⑤之说,指出韩愈碑志文力求创新,灵活多变的写法。

第四节　韩愈与中唐散体碑志文范式的确立

一、韩愈对碑志文体的改革

以韩愈为代表的中唐作家,借发动文体革新之机,对碑志文发起改革,最终确立一种新型的碑志文范式。韩愈之前,张说、苏颋确立了以润色鸿业、美饰时政为要的盛唐骈俪体碑志文范式,安史之乱后,唐王朝由盛转衰,时局动荡,此种碑文愈见空洞虚浮,已经不适合社会发展需要,这就为切合现实需要的新型范式碑志文的出现提供契机。韩愈在继承前辈作家如李华、梁肃等人文体不变的基础上,根据时代变化和文学发展潮流,推行文体革新,同时也在为新体碑志文范式的形成和确立而努力。韩愈最终凭借自己的创作实践,寻找和确立了一种新型的有别于盛唐张说骈俪体范式的新型散体碑志文,成为当时碑志文创作的普遍范式。这种碑文在价值取向上以倡扬孔孟儒道精神为核心,针砭时弊,推崇仁政,反藩镇割据、反佛老之言,拥护王道一统,其疾呼中兴、振奋士心,气势充沛、意蕴深厚,思想端正、内容充实,具有强烈的现实针对性;在体式上则突破形式主义骈俪文风的流弊,以更为灵活自如的散体笔法写作碑志文,不事俪辞用典,不尚浮

---

① 高海夫:《唐宋八大家文钞校注集评·昌黎文钞》,三秦出版社,1998年,第691页。
② [宋]陈骙、李涂:《文则·文章精义》,第69页。
③ [宋]陈骙、李涂:《文则·文章精义》,第68页。
④ [宋]陈骙、李涂:《文则·文章精义》,第71页。
⑤ 钱基博:《韩愈志》,中国书店,1988年,第123页。

夸虚饰,语言句式自由变化,抒情说理浓烈有力,特别是引入史家笔法、传奇手法,丰富行文的思想内容和表现手法,使得写人记事形象生动,具有明显的艺术感染力和审美效果。经过韩愈的努力,自初唐王勃、陈子昂起发动的文体改革,终于发展成熟。就碑志文而言,其抛弃美饰时世、妆点太平的传统骈俪体流弊,以散体为范式,从思想内容到语句修辞上都焕然一新,切合时代政治需要和文体发展潮流,向着更为经世致用的方向发展,成为维护大一统政权的有力工具。随着时间推移,韩愈的这种散体碑志文,最终取代骈体,成为当时乃至后世碑志文坛的通行范式,影响深远,如刘禹锡、白居易、元稹等作碑文俱以散体为本。宋代欧阳修等人,对韩愈的碑志文也多加推崇。从其具体作品来看,也以散体碑文为范式①。所以《旧唐书·韩愈传》评述韩愈文体改革之功说:"常以为自魏、晋以还,为文者多拘偶对,而经诰之指归,迁、雄之气格,不复振起矣。故愈所为文,务反近体,抒意立言,自成一家新语,后学之士,取为师法。当时作者甚众,无以过之,故时称"韩文"焉。"②

二、韩愈的"道济天下之溺"

韩愈改革碑志文,是和中唐文体革新之风相辅相成的。韩愈在继承前辈作家张说、梁肃等人的文体改革精神的基础上,发起文体革新,特别是围绕着明道的思想,对传统碑志文进行革新,创造出一种适合社会政治需要及文学发展潮流的新式散体碑志文,并最终使得这种散体碑志文取代骈俪体碑文,成为时代碑志文创作的通行范式。关于韩愈碑志文的革新之功,学界论述颇多,自不赘。然而,考察唐代古文运动的整体流程可以发现,唐代古文不始于韩愈而成于韩愈,唐代碑志文的改革不始于韩愈而成于韩愈,其中原因固然除了学术界多所论及的韩愈"文起八代之衰",行文好议论抒情,句式上改骈为散,追求语言文字之奇崛险怪、求新求变的原因外,在"道济天下之溺"方面也值得探讨。正如葛晓音先生所云:"如果联系古文运动发生的背景以及'载道'说形成的过程再作探索,就会发现:文体的革新取决于'道'的内涵的更新。唐代古文之所以至韩、柳始成,主要是因

---

① 详见拙文:《论欧阳修碑志作品的史传特色》,《东莞理工学院学报》(社科版),2006 年第 2 期。

② [五代]刘昫:《旧唐书》卷一六〇,第 4203—4204 页。

为韩、柳从现实的需要出发,在批判继承古文运动先驱之文说的基础上,对儒道进行全面的清理,提出许多反传统观念的新解,以文章内容的变革带动形式的变革,才使'文以载道'说产生实践意义,并在理论上臻于完善。"①

　　唐代散体碑志文不始于韩、柳,在韩、柳之前一直未能成功的主要原因在于,文章复古的倡导者对文体改革的认识局限于以古体散文反对骈文,没有意识到古文自身的革新才是成功的关键,而要实现古文革新,首先需对"道"的基本内容,即儒家传统的政治观和文学观进行重大的变革。韩愈以前的王勃、杨炯、陈子昂等人,也倡导文学改革,其碑志文已经有着散化倾向。联系王勃所作的《梓州飞乌县白鹤寺碑》《唐故度支员外郎达奚公墓志》《归仁县主墓志》等作品来看,就是以视野广阔、辞藻宏丽、气象博大的新型骈体碑文取代绮靡、虚浮、浅薄的徐庾体程式化碑文,这既是出于唐初夸示帝国的盛大气象、歌颂帝王丰功伟业的需要,也与贞观以来普遍推重才兼藻翰、长于纪颂的风气有关。可见王勃等人对文体的改革,实际上只是推动骈体碑志文自身由"绮碎"到"宏博"的变革。他们虽然也继承前辈作家如刘勰、王通、李谔等人的观点,提倡宗经贯道、明道之说,却因为其道的内涵以讴歌时政、颂美王道为主,而骈文长于夸饰、排偶、藻绘的特点正适于这种内容,所以其改革无益于古文的复兴,只促使碑文向着奢华壮丽、繁富博大的骈俪方向发展。至盛唐开元时苏颋、张说更是倡导"润色王道,发挥圣门"②、"作颂音传雅,观文色动台"③的文学观,比王勃之道更进一步,其写作碑志文以佐佑王化、美饰时世为思想内容,最终确立颂美体碑志文的规范。其文虽运散入骈,但总体而言,其"辞不脱于俪偶"④,"文则仍是徐庾俪体"⑤。可见由于王勃、张说等人文论思想的核心是以礼乐为源,以经典为本,以雅颂为正,与之相适应的文体便只能是华美奢靡、壮丽豪大的新型骈体文,这说明以述德颂圣为雅正的明道观恰恰就是促进初、盛唐骈体碑文膨胀的重要原因。

　　开元以后,天宝中到贞元年间,经安史之乱,政局发生由治而乱再到求

---

　　①　葛晓音:《论唐代的古文革新与儒道演变的关系》,《汉唐文学的嬗变》,北京大学出版社,1990年,第156页,本节对葛先生之文多有参考,恕不赘注。

　　②　[唐]张说:《齐黄门侍郎卢思道碑》,熊飞:《张说集校注》卷二五,第1196页。

　　③　[唐]苏颋:《奉和圣制答张说出雀鼠谷》,[清]彭定求等:《全唐诗》卷七四,第807页。

　　④　钱基博:《中国文学史》,第271页。

　　⑤　钱基博:《中国文学史》,第274页。

治的剧变,文人们被迫面对社会现实,关于复兴古道的思考便也会发生变化。这一时期,作家论文以崇儒复古为本,创作上也以此为要,所以"二十年间,学者稍厌《折杨》《皇荂》,而窥《咸池》之音者什五六,识者谓之文章中兴"①。然而李华、梁肃等人反对骈俪文风,提倡雅颂之文,呼吁文体改革,以颂圣述德为美文之盛的固有观念又使他们仍需大量写作虚美夸饰的骈体赋颂碑铭。这样倡导"绍三代之文章,播六学之典训"②的结果,至多只能产生机械拟古的典诰体散文,而这种陈旧僵化的文体是无法取代当时流行的"俪偶章句"的。李华、萧颖士、独孤及、梁肃、权德舆人唯"典谟"、"雅颂"为上的传统意识,正是他们不可能创造新文体的基本原因,这也是当时散体碑文无法进一步发展而取代传统骈俪碑文的原因。从唐代天宝至贞元年间复古思潮兴起的背景及其特征可以看出:古文运动在它的早期,就不只是以散文反对骈文的一场文体革新,而是儒道自身由礼乐转向道德、由雅颂转向讽谕、由章句转向义理的一场革新。由于这一时期"道"还处于重大转变前夕的准备阶段,虽已在多方面启示韩柳对儒道内容的重要革新,但仍未脱出倡雅颂、美教化、兴王道的传统观念。反对骈俪也不是单从文体的实用性质考虑,而是视骈文诗赋为足以亡国乱政的淫丽之文,笼统要求以经术大义取而代之。对道与文的关系,除元结、柳冕外,大多数人仍无视于文的独立价值,仍是要使文归于道,以道代文。复古的目标是拟古而不是创新。因此,虽然提出文本于道,却并未解决文体变革的问题。可见韩、柳之前古文一直未能成功,其原因,不仅在于古文先驱者文才的欠缺,更重要的是由于不能突破"道"的传统观念,就难以产生对古文自身进行革新的自觉意识。此外,古文运动先驱者反对骈文之所以功效甚微,一方面是因为他们提倡的雅颂正声还需要赋颂等骈文体裁,另一方面则因为他们企图以道代文,将枯燥艰奥的典谟誓诰作为古文的最高标准,不可能创造出适应语言发展并在艺术形式上能与骈文争胜的新古文③。

　　韩愈(当然还有柳宗元,但柳宗元在碑志文上的成就远不如韩愈,兹不论)在继承前辈作家论道的基础上,系统阐述儒道的内容,而且从现实需要

　　①　[唐]独孤及:《检校尚书吏部员外郎赵郡李公中集序》,[清]董诰:《全唐文》卷三八八,第3946页。

　　②　[唐]崔元翰:《与常州独孤使君书》,[清]董诰:《全唐文》卷五二三,第5321页。

　　③　葛晓音:《论唐代的古文革新与儒道演变的关系》,《汉唐文学的嬗变》,第177页。

出发,对先秦经史中的杂说加以廓清,特别是借用孔孟的名义,在一些重大问题上提出与传统观念相悖的新见解,受到士人的推重。正所谓:"韩吏部超卓群流,独高遂古,以二帝三王为根本,以六经四教为宗师,凭凌轹轹,首倡古文。遏横流于昏垫,辟正道于夷坦。于是柳子厚、李元宾、李翱、皇甫湜又从而和之,则我先圣孔子之道,炳焉悬诸日月。"①韩愈标举道统学说,强调其道为尧舜禹汤文武周公孔孟之道,既剔除佛老杨朱之"道",也排除在两汉经学以后发展起来的儒术。这在《原道》《鄂人对》《师说》及诸多的书信序文中多有体现,正如《新唐书》本传所论韩愈之文"皆奥衍闳深,与孟轲、扬雄相表里而佐佑《六经》云。"②就碑志文而言,韩愈也倡扬孔孟之道,其在继承天宝至贞元时期复古理论的基础上,总结儒家从汉、晋以来逐渐形成的许多传统观念,推崇"尊王攘夷"的道统思想,促使唐人的政治观和文学观发生转折性的变化。韩愈的碑志文弘扬民本仁政,反对藩镇割据,反对佛老之学,注重宣扬士人正直贤良的名节观念,如此赋予孔孟儒道具体而深刻的现实意义,特别是其在碑志文中将治国平天下的关键归结于修身正心、得人进贤,并提出不论贵贱、唯问贤愚的取士原则。视制礼作乐为移风俗、美教化的根本,以雅颂怨刺作为验明天下理乱的标准,可说是汉、晋至盛唐儒家思想的核心。统治者崇儒,往往把大建明堂、铺排雅乐当作粉饰太平的要务。尽管中唐以来宪宗中兴,其大兴土木、礼佛修庙等不少,但韩愈的碑志文从不写这方面的内容。综观韩愈的全部碑志文,不难发现它们集中表述了一个鲜明的主导思想,这就是反复强调国家的用人标准应是道德才学而不是门第出身,要求消除统治阶级内部的贵贱之别,建立以贤役愚的社会秩序。主张朝廷大力提拔寒俊,将"纯信之士,骨鲠之臣,忧国如家,忘身奉上者,超其爵位,置在左右"③,使正人君子均能得其位而行其道。这在其碑志文中多有体现,如《试大理评事王君墓志铭》《唐故虞部员外郎张府君墓志铭》《唐朝散大夫赠司勋员外郎孔君墓志铭》《凤翔陇州节度使李公墓志铭》《河南少尹李公墓志铭》《国子司业窦公墓志铭》《国子助教河东薛君墓志铭》《唐故中散大夫少府监胡良公墓神道碑》《崔评事墓

　　①　[宋]姚铉:《唐文粹·序》,吴文治:《柳宗元资料汇编》,第23页。
　　②　[宋]欧阳修、宋祁:《新唐书》卷一七六,第5265页。
　　③　[唐]韩愈:《论今年权停举选状》,刘真伦:《韩愈文集汇校笺注》卷二七,中华书局,2010年,第2806—2807页。

铭》等。所有这些，都充分证明韩愈之道的中心内容即"智能谋力能任者"，"汲汲于富贵，以救世为事者，皆圣贤之事业"①。这就使出身贫贱的道德才学之士要求跻身卿相之列的政治愿望罩上"道"的圣光，而变得理直气壮、天经地义。韩愈变历代文人奉行的"达则兼济"、"穷则独善"的立身准则为"达则行道"、"穷则传道"，并肯定穷苦怨刺之言在文学上的正统地位，扭转了以颂美为雅正的传统文学观。韩愈在碑志文中，对贫贱之士的文风大加赞扬，写了大量碑志文替那些"举进士，连不得志于有司"②的寒士们发不平之鸣，如《柳子厚墓志铭》《河中府法曹张君墓碣铭》《南阳樊绍述墓志铭》《河南令张君墓志铭》《河南少尹裴君墓志铭》《河南少尹李公墓志铭》《太原府参军苗君墓志铭》《施先生墓铭》《贞曜先生墓志铭》等，赞扬墓主以儒家经典为基准，传道授业："通《诗》《书》，与其群日讲说周公孔子，以相磨砻浸灌"，赞扬其"讲说周公孔子，乐其道，不乐从事于俗；得所从，不择外内，奋而起，其进退不既合于义乎"③。晚清文人陈衍戏作《饮酒和陶》诗，就韩愈引荐寒士与其明道的关系作了清楚的说明："昌黎称大儒，道德亦弥缝。赏识偏寒畯，大名日隆隆。贾岛弃浮屠，孟郊为云龙。攫金任刘叉，家祭助卢仝。高轩过李贺，赠言及张童。唐衢侯喜辈，遽数不能终。岂独皇甫李，奇正师宗工。所以张文昌，哭祭悲无穷。"正因为替道德才学之士谋取功名富贵就是韩愈的"圣贤事业"，他才会把为落魄寒士所作的碑志文都视为明道之文。韩愈的"文道"说之所以能大显于时，并具有如此深远的影响，皆因"此非特用文章学问有以当众心也。乃在恢廓器度，以推贤进材为孜孜，故人心乐其道行，行必及物故耳"④。也就是说，韩愈以推贤进材、尊王攘夷作为道的基本内容的碑志文创作，反映了大多数寒门士人才子的政治利益，使人心乐其道而习其文，文体革新才因其广泛的社会基础而获得成功，其散体碑志文范式才得以确立，最终在文坛上占据主导性的统治地位。正所谓没有"道济天下之溺"的前提，也就没有"文起八代之衰"的成功。

---

① ［唐］韩愈：《与卫中行书》，马其昶：《韩昌黎文集校注》，第 193 页。
② ［唐］韩愈：《送董邵南序》，马其昶：《韩昌黎文集校注》，第 247 页。
③ ［唐］韩愈：《考功员外卢君墓铭》，马其昶：《韩昌黎文集校注》，第 354—355 页。
④ ［唐］刘禹锡：《与刑部韩侍郎书》，［唐］刘禹锡：《刘禹锡集》卷十，第 130—131 页。

三、韩愈的"文起八代之衰"

由于韩愈对道的基本内容作了符合时代发展趋势的解释,使得"儒道"适应当时政治改革的需要,其文体革新的理论和实践才得以完成。韩愈在强调"学古道则欲兼通其辞,通其辞者,本志乎古道者也"①的同时,又指出师古圣贤人应是"师其意,不师其辞","若圣人之道不用文则已,用则必尚其能者,能者非他,能自树立,不因循者是也"②。亦即道不能兼文,学古道并非仿古辞,只有在文辞上敢于创新,才能立一家之言,这就纠正了古文运动先驱以拟古为美的倾向。韩愈在文章形式上也追求创新求变,其抒情议论,以诗化的语言和传奇小说化手法写作碑文,变呆滞枯木的古体碑志文为瑰伟奇崛、灵动鲜活的新散文,追求文辞之清新优美,最终促进古文文体的成熟发展。韩愈视道德才学之士的不平之鸣为"道"的重要内容,推崇发自真性情的穷苦愁思之文,这就将诗赋缘情述怀的功能移入向来专职铭功颂美的碑志文,使碑志文从礼乐仪制的应用性转向文学性,并得以在抒情言志的领域内与诗赋等文体并立,最终取骈文而代之。南朝以来,骈文兼有二者功能,既能用于著论记事,又能涉足文学领域抒情述怀,而散文则被排挤到议、记、经、史等少数应用文章中去。盛唐时,各类文体虽有由骈转散的趋势,但始终囿于实用性质,未能在文学范畴内得到发展。所以在韩、柳之前,散文一直因缺乏文学性而未能取得对骈文的优势。韩愈以前的古文家如李华、梁肃等人,虽大力写作古体碑文,但因碑文过于拟古,其文辞缺少创新变化,导致碑文的文学性不足,故难以取得文体改革的成功。韩愈以碑志为主要内容的散文多是为自己和同道者大发不平之鸣而作,怨愤愁恨溢于言表,表现不甘穷厄、向命运和社会奋力抗争的精神,渗透着作者鲜明的个性特征和强烈的感情色彩,特别是文辞上创新变化,其优美生动、清新流畅,具有浓厚的文学意味。韩愈的这些碑志散文,不但能和诗赋一样言志、缘情、赋象,而且感情的深沉饱满,形式的简炼精致、语言的新颖生动、构思的丰富多变,均为外侈内竭的骈文所远不能及③。时人评论韩愈之文:"子之言,以愈所为不违孔子,不以琢雕为工,将相从于此,愈敢自爱

---

① ［唐］韩愈:《题欧阳生哀辞后》,马其昶:《韩昌黎文集校注》,第305页。
② ［唐］韩愈:《答刘正夫书》,马其昶:《韩昌黎文集校注》,第207页。
③ 葛晓音:《论唐代的古文革新与儒道演变的关系》,《汉唐文学的嬗变》,第177页。

其道,而以辞让为事乎? 然愈之所志于古者,不惟其辞之好,好其道焉尔。读吾子之辞而得其所用心,将复有深于是者与吾子乐之,况其外之文乎?"①以及《新唐书》本传说韩愈"至它文,造端置辞,要为不袭蹈前人者。然惟愈为之,沛然若有余"②,都肯定韩愈在创新包括碑志文在内的文体方面的贡献。可见古文至韩、柳始成,关键在于他们对道的内涵所作的变革,使载道的古文从敷显仁义、彰明功德的典谟誓诰之文,变而为讽世刺时、言志述怀的感激怨怼之作,从而促成散文体裁和语言艺术的全面革新,形成既宜于实用,又便于进行艺术创作的新文体,解决了在文学领域内与骈文争优势的根本问题,这也是韩愈的散体碑文最终取代骈体碑文,成为当时通行碑文范式的原因。《新唐书》本传赞扬韩愈:"唐兴,承五代剖分,王政不纲,文弊质穷,蝇俚混并。天下已定,治荒剔蠹,讨究儒术,以兴典宪,薰浓涵浸,殆百余年,其后文章稍稍可述。至贞元、元和间,愈遂以《六经》之文为诸儒倡,障隄末流,反刜以朴,划伪以真。然愈之才,自视司马迁、杨雄,至班固以下不论也。当其所得,粹然一出于正,刊落陈言,横骛别驱,汪洋大肆,要之无抵捂圣人者。其道盖自比孟轲,以荀况、杨雄为未淳,宁不信然? 至进谏陈谋,排难恤孤,矫拂媮末,皇皇于仁义,可谓笃道君子矣。自晋汔隋,老佛显行,圣道不断如带。诸儒倚天下正议,助为怪神。愈独喟然引圣,争四海之惑,虽蒙讪笑,跲而复奋,始若未之信,卒大显于时。昔孟轲拒杨、墨,去孔子才二百年。愈排二家,乃去千余岁,拨衰反正,功与齐而力倍之,所以过况、雄为不少矣。自愈没,其言大行,学者仰之如泰山、北斗云。"③苏轼称韩愈"文起八代之衰,道济天下之溺",又说韩愈"匹夫而为百世师,一言而为天下法,是皆有以参天地之化,关盛衰之运"④。这一见解得到陈寅恪的发挥,其《论韩愈》云:"唐代之史可分前后两期,前期结束南北朝相承之旧局面,后期开启赵宋以降之新局面,关于政治社会经济者如此,关于文化学术者亦莫不如此。退之者,唐代文化学术史上承先启后转旧为新关折点之人物也。"又云:"唐代古文家多为才学卓越之士,其作品如《唐文粹》所选者足为例证,退之一

① [唐]韩愈:《答李秀才书》,马其昶:《韩昌黎文集校注》,第176页。
② [宋]欧阳修、宋祁:《新唐书》卷一七六,第5265页。
③ [宋]欧阳修、宋祁:《新唐书》卷一七六,第5269页。
④ [宋]苏轼:《潮州韩文公庙碑》,[宋]苏轼:《苏东坡全集》卷一五,第627页。

人独名高后世,远出余子之上者,必非偶然。……退之在当时古文运动诸健者中,特具承先启后作一大运动领袖之气魄与人格,为其他文士所不能及。退之同辈胜流如元微之、白乐天,其著作传播之广,在当日尚过于退之。退之官又低于元,寿复短于白,而身殁之后,继续其文其学者不绝于世,元白之遗风虽或尚流传,不至断绝,若与退之相较,诚不可同年而语矣。"①对韩愈发动以碑志文改革为重要组成的文体革新作了高度评价,其论甚当。

第五节　韩愈"谀墓"问题研究

"谀墓"是韩愈研究中的核心问题之一,涉及到对韩愈古文,特别是碑志文的整体评价,受到学术界的普遍关注。李商隐在《齐鲁二生·刘叉》一文中,借刘叉之口,首次提出韩愈"谀墓"之说,其后欧阳修、宋祁撰《新唐书·刘义传》②,也引述李商隐关于刘叉的记载,其中不乏韩愈"谀墓"之说,在内容编排上,又将《刘义传》与孟郊、张籍、皇甫湜、卢仝、贾岛的传记一起,附于《韩愈传》之后,韩愈"谀墓"由此进入学术视野并引发旷日持久的争论。

一、韩愈"谀墓"说法之由来及争论焦点

何谓"谀墓",韩愈谀了谁的墓,怎样"谀墓"的,又为什么"谀墓"? 这是研究韩愈"谀墓"首先要解决的问题。

"谀墓"按照《辞源》的解释,就是"阿谀死人"③,即为人作墓志而称誉不实,虚美妄赞。关于韩愈"谀墓"的说法,始作俑者为刘叉。事见李商隐《李义山文集》卷四《齐鲁二生·刘叉》,因后世述叉及论韩愈"谀墓"者多据此,为便于分析,兹全文录之:

右一人字叉,不知其所来。在魏,与焦濛、间冰、田滂善。任气重义,大躯,有声力,常出入市井,杀牛击犬豕,网罗鸟雀,亦或时因酒杀人,变姓名

---

① 陈寅恪:《金明馆丛稿初编》,第330—331页。

② 刘叉,又作刘义、刘乂,史书、辞书、笔记及《刘乂诗集》所记不一,因字形相近,恐古人笔误也。至于《齐鲁二生》是否李商隐亲作,仍待研究。

③ 《辞源》(修订本),商务印书馆,1983年,第2906页。

遁去。会赦得出。后流入齐、鲁，始读书，能为歌诗。然恃其故时所为，辄不能俯仰贵人。穿屦破衣，从寻常人乞丐酒食为活。闻韩愈善接天下士，步行归之。既至，赋《冰柱》《雪车》二诗，一旦居卢仝、孟郊之上。樊宗师以文自任，见叉拜之。后以争语不能下诸公，因持愈金数斤去，曰："此谀墓中人所得耳，不若与刘君为寿。"愈不能止，复归齐、鲁。叉之行固不在圣贤中庸之列，然其能面道人短长，不畏卒祸，及得其服义，则又弥缝劝谏，有若骨肉，此其过人无限。①

　　刘叉是诗人，又曾是韩愈的门客和弟子。李商隐一生崇拜韩愈，所记其言行当不虚妄，从其记载可以看出，无论刘叉人品如何，事实证明，在韩愈生前已有其作文"谀墓"之说。

　　封建社会文人作碑文"谀墓"者多矣，典型如蔡邕、李邕等，但惟独韩愈的"谀墓"声名广，也最引人关注。其中原因，除了史传所载刘叉的明言嘲讽外，也与韩愈因作《平淮西碑》引起的纠纷有关，此碑被认为是过度颂扬裴度而淡化李愬，导致李愬妻及部将的不满，上诉朝廷，最终宪宗命段文昌重撰碑文才算了断②。纵观整个封建社会，由秦汉至明清，文人虽多，但因作一篇碑文而导致政治纠葛、最终迫使皇帝亲自裁决的事情，仅韩愈一人享此"殊荣"。此事轰动一时，影响深远，对韩愈碑文"谀墓"之说的流传有着一定促进作用。

　　除《平淮西碑》引起的风波外，韩愈一生所作76篇碑志文中，有不少写权贵显宦的作品也引人质疑，典型如写韩弘的《唐故司徒兼侍中中书令赠太尉许国公神道碑铭》（以下简称《许国公神道碑铭》），经比较与史传所载褒贬不一、差距较大，招致后学批驳。因此，刘叉夺金之说和作韩弘碑文是否属实，成为韩愈"谀墓"研究中两个关键问题，认同者与反对者就此互相辨析，争论激烈，成为至今未解决的一桩学案。

二、新中国成立前的韩愈"谀墓"研究

　　作文收受润笔成为后学非议韩愈"谀墓"的焦点。时人刘禹锡说韩愈

---

① 吴文治：《韩愈资料汇编》，第47页。
② 关于韩愈撰《平淮西碑》一事，历史已有定论，如李商隐写《韩碑》诗"公之斯文若元气，先时已入人肝脾"的论述，苏轼《录临江驿小诗》："淮西功业冠吾唐，吏部文章日月光。千载断碑人脍炙，不知世有段文昌。"均对韩愈的碑文作了高度评价，今学界多不认为此碑文阿谀裴度。

"公鼎侯碑,志隧表阡,一字之价,辇金如山"①。宋人刘克庄《后村诗话》
云:"刘叉嘲退之'谀墓',岂惟退之哉?"②以韩愈为例,列举蔡邕、李邕因收
受高额润笔而作碑文的事例,对文人"谀墓"陋习进行批评。明代顾炎武在
《亭林文集》卷四《与人书十八》中云:"韩文公文起八代之衰,若但作《原道》
《原毁》《争臣论》《平淮西碑》《张中丞传后叙》诸篇,而一切铭状概为谢绝,
则诚近代之泰山北斗矣,今犹未敢许也。此非仆之言,当日刘叉讥之。"③
其在《日知录》卷十九《艺文·作文润笔》中,论述蔡邕的"谀墓"后,又引用
刘禹锡《祭韩吏部文》"公鼎侯碑,志隧表阡,一字之价,辇金如山"的描述,
认为韩愈"谀墓"可谓"发露真赃者矣"④。顾炎武主张作文得有益于天下,
反对作无补于世之文,其认为韩愈的碑志铭状之文乃收受润笔所为,阿谀
死者,无补于世,故多批评,然因刘叉一言以蔽之,颇显偏执。此后李日华
《六研斋笔记》云:"唐人极重润笔,韩昌黎以谀墓,辇人金帛无算。"⑤也
如此。

　　相对于刘叉、刘克庄、顾炎武等人认为韩愈因作文润笔而"谀墓"的简
单推断,清人姚范《援鹑堂笔记》从具体材料入手,认定韩愈在描写韩弘的
《许国公神道碑铭》一文中"谀墓",其云"弘挟贼自重,饰女以挠李光颜,听
李师道输监于蔡,阴为逗挠,以危国邀功,诸将告捷,辄累日不怡。公于弘
碑文,乃书其忠勤不异纯臣,何耶?"⑥卢轩《韩笔酌蠡》也赞同此说,认为韩
愈在美饰韩弘。姚鼐更以史传记载韩弘品行和碑文所述相比较,推断韩愈
"谀墓",其《古文辞类纂》云:"观弘本传及《李光颜传》,载弘以女子间挠光
颜事,与志正相反,退之'谀墓'亦已甚矣。"⑦林纾《韩柳文研究法》也以《新
唐书·韩弘传》与韩碑核对,认为《许国公神道碑铭》"是昌黎'谀墓'之曲
笔"⑧。章学诚《文史通义》外篇卷三《答某友请碑志书》亦云:"昌黎文起八

---

① 〔唐〕刘禹锡:《祭韩吏部文》,〔唐〕刘禹锡:《刘禹锡集》卷四〇,第604页。

② 吴文治:《宋诗话全编》,江苏古籍出版社,1998年,第8390—8391页。

③ 于景祥、李贵银:《中国历代碑志文话》,第433页。

④ 于景祥、李贵银:《中国历代碑志文话》,第432页。

⑤ 于景祥、李贵银:《中国历代碑志文话》,第399页。

⑥ 于景祥、李贵银:《中国历代碑志文话》,第843页。

⑦ 吴孟复:《古文辞类纂评注》,第1352页。

⑧ 〔清〕林纾:《韩柳文研究法》,商务印书馆,1933年,第49页。

代之衰,大书深刻,群推韩碑。然'谀墓'之讥,当时不免。"①

　　韩愈是历史上颇存争议的人物,对于其碑志文的"谀墓"之说,自唐宋起,肯定者有之,但反对者的声音也从未断绝。如刘禹锡尽管在《祭韩吏部文》中,对韩愈的润笔收入有不乏夸大的描述,但对其是否"谀墓"之事,只字未提,可见刘禹锡本人对刘叉的话语不屑一顾。迨至宋代,针对刘克庄等人对韩愈"谀墓"的评论,吴子良在《荆溪林下偶谈》卷一专门论及,其云:"曾子固云:'铭志义近于史,而亦有与史异者。盖史于善恶无不书,而铭特古之人有功绩材行志义之美者。惧后世不知,则必铭而见之。或存于庙,或置于墓,一也。'吾观退之作《王适墓铭》,载侯高女一事,几二百言,此岂足示后耶? 然退之作铭数十,时亦有讽有劝,谅非特虚美而已。《题欧阳詹哀辞》谓:'古之道,不苟毁誉于人,则吾之为斯文,皆有实也。'"从文体功能和具体作品上对韩愈的碑志文进行充分肯定,针对刘叉之事,吴子良认为:"以退之刚直,不肯谀生人以取富贵,乃能谀墓中人而得金耶? 独其于王用作神道碑,所得鞍马白玉带,盖表而后受,退之于此固未能免俗,然他无所见也。义,小人,欲夺金而设辞耳。"②吴子良驳斥韩愈"谀墓"之说,较为透彻,其不因一言而障目,联系到韩愈的人格品性,认为一个有过杀人前科的逃犯刘叉所谓韩愈"谀墓",乃"小人,欲夺金而设辞耳"。吴氏之辨析,颇具见地。葛立方《韵语阳秋》卷三也以"刘叉爱金使酒,不拘细行,士类鄙之"起,对刘叉之为人作评述,认为其云韩愈谀墓,"是爱金者",而因酒杀人亡命,"是使酒者",间接论证刘叉言行之劣,葛立方还认为"裴度平淮西,绝世之功也。韩愈《平淮西碑》,绝世之文也。非度之功不足以当愈之文,非愈之文不足以发度之功",最后又引李商隐、苏轼之诗为据,对韩愈《平淮西碑》作了高度评价③,这实际上也否定了韩愈的"谀墓"问题。

　　清末吴汝纶针对姚鼐关于韩愈韩弘碑文"谀墓"的说法的记载,云:"《唐书》多采小说,殆即飞谋钩谤之词,当以碑为正。碑云首变两河事,亦公之所恶,则弘本末自见,不为'谀墓'也。"④其后高步瀛《唐宋文举要》中,针对韩愈"谀墓"中争议较大的《唐故司徒兼侍中中书令赠太尉许国公神道

①　于景祥、李贵银:《中国历代碑志文话》,第585页。
②　王水照:《历代文话》,第533—534页。
③　[清]何文焕:《历代诗话》,中华书局,1981年,第506—507页。
④　高步瀛:《唐宋文举要》卷三,第333页。

碑铭》《平淮西碑》两文,从具体事实入手,核对考察,以司马光《资治通鉴考异》卷二十对韩弘的分析论断为证,反驳史书中"弘闻捷不怡"的不实记载和刘叉、姚鼐对韩愈碑文的谬评,高氏认为"大抵韩弘为人,颇有权术,虽不必为纯臣,然平时坐镇宣武,既不与淄青、淮蔡连结,及伐淮蔡,又使其子公武帅师敌王所忾,实未尝稍失臣节"。所以"退之既为撰其碑文,自当称述其美,择其事之共见者载之,安得斥为'谀墓'?且刘义谰言,亦何足据?而姚氏以此讥之,非也"[①]。对《平淮西碑》,高氏在历数方家的言论后,认为"此碑叙入蔡,并未没愬之功,安得谓有意抑之邪"?不存在压抑李愬阿谀裴度的问题,至于王安石所谓类俳者,"恐亦误解其意"[②]。

三、新中国成立后的韩愈"谀墓"研究

新中国成立后对于韩愈"谀墓"的研究,是以专著和论文两种形式出现的。1957 年出版的黄云眉著《韩愈柳宗元文学评价》一书中,谈到韩愈的"谀墓"问题,黄氏认为韩愈择人恭维,在《平淮西碑》中,夸大裴度的功绩,"确实比段文昌的改作,不公允得多","把雪夜入蔡州擒吴元济的李愬,和碌碌的诸将一样,而独归功于裴度,怕见而恚之者,不止一个石孝忠吧","总之韩愈对王公大人的恭维,大部分是韩愈向上爬的急躁情绪的反映"。该书照例引用刘叉之言,断定"这一事,我们固然不能证明韩愈所有志墓的文,都是谀辞。……但大部分则不免如此。因为谀死者,除了物质报酬外,还可以借此谀生者,或者谀死者就是谀生者,或者借此和生者在政治上建立一定的关系"[③],黄文是从阶级斗争的角度看待韩愈其人其文的,带有明显的时代烙印。

钱基博在 1958 年增订重印的《韩愈志·韩门弟子记》中,引用李商隐关于刘叉讽刺韩愈的记录,认为韩愈"碑铭独唱,润笔之货盈缶",而刘叉夺金去,"其旷达至此",这实际上间接肯定了韩愈的"谀墓"[④]。1962 年钱冬父在《唐宋古文运动》一书中,认为韩愈为权贵韩弘和杨燕奇所作碑文,是

---

①　高步瀛:《唐宋文举要》卷三,第 334 页。
②　高步瀛:《唐宋文举要》卷二,第 271 页。
③　黄云眉:《韩愈柳宗元文学评价》,山东人民出版社,1957 年,第 46—51 页。
④　钱基博:《韩愈志》,商务印书馆,1958 年,第 108 页。

"虚伪的赞誉和曲意的粉饰"①。钱冬父在1980年出版的《韩愈》一书中,又云:"在韩愈所写七十多篇碑志中间,有一小部分确实应称'谀墓之文'。"②此后刘耕路在《韩愈及其作品》一书中,直言韩愈"谀墓"是"拍死人的马屁"③。1983年,商务印书馆出版的《辞源》中对于"谀墓"的解释,也以韩愈为例:"唐李商隐《李义山文集》四《刘叉》:'后以争语不能下诸公,因持(韩)愈金数斤去,曰:"此'谀墓'中人得耳,不若与刘君为寿!"此言韩愈为人作碑铭,多谀辞得厚酬。后谓阿谀死人为'谀墓'。"④

1998年南京大学出版社出版卞孝萱、张清华、阎琦所著《韩愈评传》(以下简称《评传》),分专门章节谈到韩愈的"谀墓"问题,论证周详。其以李邕撰碑文润笔丰厚的记载及杜甫《闻斛斯六官未归》和白居易的《立碑》诗为据,认为中唐时文人撰碑为贪得润笔,下笔往往充满"愧词",也就是"谀墓"。具体到韩愈,卞孝萱征引李商隐关于刘叉的记载,认为"李是崇拜韩愈的人,不至于造谣中伤。"在提及顾炎武对刘禹锡《祭韩吏部文》所载韩愈润笔费的评论时,认为"刘只说韩撰碑收入多,未说'谀墓',而顾理解为'谀墓',可见关于韩愈'谀墓'说法的深入人心。"在谈到姚鼐《古文辞类纂》关于韩愈撰韩弘碑文的评语时,《评传》认为"姚鼐也是韩愈的崇拜者,批评韩愈'谀墓',不会是恶意,而是出于惋惜。"在谈及碑志的写作时,又认为"碑、志是应死者家属或门生故吏请求而作,势必隐恶扬善,甚至无中生有地进行歌颂,一般作者如此,韩愈亦所难免,不必为之辩解。"随之引用陈寅恪《元白诗笺证稿》"是昌黎《河东集》中碑志传记之文所以多创造之杰作,而'谀墓'之金为应得之报酬也"之言,认为陈先生此语:"只能说明韩愈碑文的艺术性,而不能说明'谀墓'是值得效法的。"《评传》最终得出"韩愈不仅'谀墓',对活人的歌颂,也有虚假不实之处"⑤的结论。此书为国内研究韩愈的三位权威专家联袂撰写,影响不言而喻。

此后郭预衡《中国散文史》论及韩愈碑志文时,作了较高评价,但就其"谀墓"问题,仍持肯定态度,说韩愈碑志"其中虽然确有少数'谀墓'之作,

①　钱冬父:《唐宋古文运动》,中华书局,1962年,第46页。
②　钱冬父:《韩愈》,中华书局,1980年,第80页。
③　刘耕路:《韩愈及其作品》,吉林人民出版社,1984年,第80页。
④　《辞源》(修订本),商务印书馆,1983年,第2906页。
⑤　卞孝萱、张清华、阎琦著:《韩愈评传》,南京大学出版社,1998年,第383—385页。

但就全部作品而论,不可概以'谀墓'视之"①。袁行霈主编《中国文学史》也云:"韩愈所写 75 篇碑志中也有一小部分是'谀墓之文',被人诟病。"②张清华主编《韩愈大传》,在书末所附《刘叉传》中,也提到韩愈的"谀墓"问题,认为刘叉所云"虽解嘲戏语,亦揭愈墓碑瑜中之瑕",又评论说:"长庆时,愈晚年官高名重,碑铭独唱,润笔之资颇丰。其中却有王公大臣求碑铭者,难免'谀墓',如皇帝之舅《王用碑》,然从韩公所撰七十多篇碑志看,'谀墓'者不多,后世因叉几句解嘲戏语而多指斥韩公,未免因小失大矣。"③对韩愈的"谀墓"表示肯定和惋惜。

　　论文方面,1960 年邓潭州《试论韩愈散文的思想性》认为"韩愈写'谀墓中人'的文章","是贪图润笔的可耻行为"④。1963 年王芸生在《新建设》杂志发表《韩愈和柳宗元》一文,说韩愈是"狂热的君权论者","出身于中小地主阶层,头脑里装满了大地主阶级的思想意识,因此在政治上表现为世族大地主阶级的帮手","韩愈善写'谀墓'文,这种文章,不仅谀死者,也谀死者亲友的生者,同时往往收到很丰厚的润笔"。王文引用李商隐所载刘叉之事,以《平淮西碑》为例,认为韩愈"归功于裴度,不免有门户之见。另外他也可能收有厚礼",又征引刘禹锡《祭韩吏部文》关于韩愈润笔费的描述,认为刘禹锡"明是夸赞韩文高贵,实际是揭发韩的这类捧生谀死的文章是高价出卖的"⑤。因为时代的原因,这一时期的学者多尊柳抑韩,政治色彩浓重,其论断公允与否自不待言。

　　1979 年郭预衡在《杰出的散文家韩愈》一文中,也云韩愈"确实有些'谀墓'之作"⑥。1996 年程章灿在《谁得了便宜——碑志文润笔及其他》一文中,从碑志文润笔说起,由汉及唐,历数蔡邕、李邕等名士因财贿而作碑文的陋习。在谈及韩愈时,引用李商隐关于刘叉的记载,认为"韩愈不去制止刘叉所为,固然是因为刘叉那种'少放肆为侠行'的亡命徒的个性,也是

---

① 　郭预衡:《中国散文史》(中册),第 188 页。
② 　袁行霈:《中国文学史》,第 311 页。
③ 　张清华:《韩愈大传》,中州古籍出版社,2003 年,第 566 页。
④ 　邓潭州:《试论韩愈散文的思想性》,《山西师范学院学报》(哲学社会科学版),1960 年第 1 期。
⑤ 　王芸生:《韩愈和柳宗元》,《新建设》1963 年第 2 期。
⑥ 　郭预衡:《杰出的散文家韩愈》,《文学评论丛刊》1979 年第 2 期。

因为刘叉所言正是事实,既然这种钱财得之容易,何必与之计较"①,肯定
了韩愈的"谀墓"。1999 年《文史知识》发表卞孝萱《实录与"谀墓"——韩
愈研究中的一个具体问题》一文,谈到韩愈的"谀墓"。卞孝萱引用刘叉的
话语及顾炎武的论述,又特以韩愈撰《清河郡公房公墓碣铭》为个案分析,
将碑志中的房启与《顺宗实录》中的房启作文本对照,认为韩愈为求仕进而
在《顺宗实录》中诋毁王叔文集团(包括丑化房启与王叔文的关系);为得润
笔又在《清河郡公房公墓碣铭》中洗刷(至少是淡化)房启与王叔文的关系,
也肯定了韩愈的"谀墓"②。

　　此外,还有诸如《论韩文的谄谀不实倾向》③、《"谀墓"是是非非》④、《韩
愈碑志文的写作特色——兼谈韩愈的"谀墓"》⑤等文,都谈到韩愈的"谀
墓"问题。

　　陈寅恪在 1958 年出版的《元白诗笺证稿》云:"是昌黎《河东集》中碑志
传记之文所以多创造之杰作,而谀墓之金为应得之报酬也。"⑥又云:"碑志
之文自古至今多是虚美之词,不独乐天当时为然。"认为韩昌黎志在春秋,
欲"作唐一经,诛奸谀(佞)于既死,发潜德之幽光",而其撰韩弘碑,则"殊非
实录"⑦,虽肯定韩愈的谀墓,但也为之辩解。上世纪 70 年代末,关于韩愈
"谀墓"的反对之说,一度沉寂。此状况直到 1982 年仇永明发表《韩愈"谀
墓"辨》一文,才得以改变。仇文针对多年来韩愈"谀墓"研究中的焦点问
题,先从中唐文人作碑志文受金说起,经过考证分析,认为刘叉所言是"与
诸公争语不能下"时给自己找的台阶而已,不能作为褒贬韩愈的凭据。至
于李商隐所记"其意并非实指韩愈'谀墓',只是用以描述刘叉的强辞和任
气而已",随之通过与新、旧《唐书》等史籍的文献对比,分析韩愈碑志中杜
兼、李道古、王用、李皋、杨燕奇、韩弘、马继祖等争议较大的人物,认为韩愈
于这些人据实写作、寓褒于贬,并非一味虚美阿谀,故其"并不'谀墓'"。文

　　①　程章灿:《谁得了便宜——碑志文润笔及其他》,《中国典籍与文化》1996 年第 3 期。
　　②　卞孝萱:《实录与"谀墓"——韩愈研究中的一个具体问题》,《文史知识》1999 年第 5 期。
　　③　陈冠明:《论韩文的谄谀不实倾向》,《学术月刊》1996 年第 6 期。
　　④　孙玉祥:《"谀墓"是是非非》,《文史天地》2005 年第 12 期。
　　⑤　杨文森:《韩愈碑志文的写作特色——兼谈韩愈的"谀墓"》,《焦作师范高等专科学校学
报》2006 年第 1 期。
　　⑥　陈寅恪:《元白诗笺证稿》,三联书店,2001 年,第 3 页。
　　⑦　陈寅恪:《元白诗笺证稿》,三联书店,2001 年,第 228 页。

章指出"说韩愈志墓不谀，当然不是说韩愈对那些墓主的评述都是正确的，也不是说所有与韩碑不符的记载都是错误的，韩愈对有些墓主的评述即使有不妥之处，那也往往只是政见或看法不同，并非是曲意奉承、故意'谀墓'。说韩愈志墓不谀，更不是说韩愈的碑志价值都很高，其中确有一些作品思想性和艺术性都是不高的。"①仇文论证周详，考据丰富，知人论世，采用文献比较与人物排查的方法，逐条分析，澄清是非，对多年来韩愈"谀墓"的说法进行系统性的总结与回顾，行文逻辑清晰，论断缜密，可谓研究韩愈"谀墓"之说的宏篇。

1988年何法周出版《韩愈新论》一书，其中《论韩愈的碑志散文》一章，从分析韩愈的政治思想和文道精神入手，探讨其大量创作碑志文的动机和目的，最终得出韩愈没有"谀墓"的结论，并认为持韩愈"谀墓"之说者之所以失误，一是由于忽视了碑志体裁必须遵守的"隐恶扬善"的撰写通例；二是由于没有全面考察韩愈七十多篇碑志散文的内容实际，忽视了韩愈还有一些揭露批判死者的文章，更重要的是因为韩愈"谀墓"论者没有把韩愈撰写的七十多篇碑志，看作是他古文运动创作的一个组成部分，并从韩愈提倡古文运动与古文创作的宗旨上来考察他撰写诸多碑铭墓志的意图②。何氏能从文体学和古文运动本身来辩驳韩愈碑志的"谀墓"之说，理论创新上更进一步。

1989年李光富发表《论韩愈并不谀墓》一文，再对韩愈"谀墓"之说进行辩驳。论文针对刘叉、刘禹锡、顾炎武的评论，结合唐代的社会风气，认为韩愈接受润笔费多少，与作文"谀墓"并无必然联系，因此刘叉之言不足为据；针对韩愈碑志文对墓主的赞誉之词，李文认为，按照碑志文的写作体例，称扬墓主实有之美也并非"谀墓"，对于历史上有非议的韩弘等人，韩愈只是据实写其反对藩镇割据、拥护王道的政治大节，扬善隐恶，合乎碑志文写作要求，并非"谀墓"。至于其他碑文，如《唐故虞部员外郎张府君墓志铭》《虢州司户韩府君墓志铭》《殿中少监马君墓志铭》等，或为韩愈人情应酬之作，采取"顾左右而言他"的方式敷衍成文，绝不虚美；或对墓主善恶直书，或在碑志中抨击社会弊端，更谈不上"谀墓"③。

---

① 仇永明：《韩愈"谀墓"辨》，《华东师范大学学报》（哲学社会科学版）1982年第3期。
② 何法周：《韩愈新论》，第36—40页。
③ 李光富：《论韩愈并不谀墓》，《四川大学学报》（哲学社会科学版）1989年第1期。

　　迨至 21 世纪,阎琦、周敏著《韩昌黎文学传论》一书中,分章节论述韩愈的碑志文,认为韩愈"所撰墓志中确有隐恶之例。……但他从不为谋私利而美化死者,写出以恶为善、无美称美、弄虚作假、小德大颂、微功过褒、溢美不实之词。即使是有所隐讳的《杜兼墓志铭》,也只是铺叙家世、历官、卒葬及妻子儿女,使'志无美词,铭亦虚词'。他更多的是据实撰碑,有时甚至破除了碑志褒扬赞誉的惯例,直曝墓主之过"。对于顾炎武等历代方家于韩愈润笔问题的批评,作者只字未提,不予置评,这实际上间接地否定了其"谀墓"之说。该书对韩愈的碑志作了较高评价,认为韩愈完成前代作家没有完成的任务,把碑志文发展为具有真实性的传记文学,可谓一大创举①。其于韩愈碑文的论述,自有其识见。

　　2004 年周楚汉发表《韩愈谀墓文化辨析》一文,在分析韩愈碑志中关于权德舆、杜兼、杨燕奇、韩弘、李皋、李道古、刘昌裔、王用、房启、董溪、徐偃王等人的描述后,断定"韩愈没有'谀墓',而且他用褒贬的笔法写墓志,是对墓志的贡献,具有重要的理论和实践价值,应该肯定他的这一历史贡献"②。

四、关于韩愈"谀墓"研究的思考

　　韩愈文名广博,其碑志文更是被誉为天下第一,如茅坤在《唐宋八大家文钞论例》中说:"世之论韩文者,共首称碑志。"③吴讷《文章辨体序说》也云碑文"古今作者,惟昌黎最高"④。自唐代起,学界对于韩愈"谀墓"问题的不断提出,扩深了碑志文研究的学术视野,对整体观照唐代古文有着不可低估的理论价值。韩愈被誉为"文起八代之衰,道济天下之溺"⑤,唐代文体革新又是中国文学发展的重要历程,因此,对于韩愈碑志文"谀墓"的研究,无论观点如何,争论如何激烈,着眼点都应该是文学本身和历史事实。纵观千年来的韩愈"谀墓"研究,尽管已取得不少成果,特别是近年来,随着研究的深入,反对韩愈"谀墓"之说日益突出,其论断也更见说服力,但

---

① 阎琦、周敏:《韩昌黎文学传论》,三秦出版社,2003 年,第 379—385 页。
② 周楚汉:《韩愈谀墓文化辨析》,《泰山学院学报》2004 年第 4 期。
③ 于景祥、李贵银:《中国历代碑志文话》,第 368 页。
④ [明]吴讷、徐师曾:《文章辨体序说·文体明辨序说》,第 52 页。
⑤ [宋]苏轼:《韩文公庙碑》,吴文治:《韩愈资料汇编》,第 146 页。

总体而言,仍难尽如人意,归纳起来,主要有几点:

(一)宏观把握不足。就韩愈"谀墓"问题支持者往往囿于成见,论其一点,不及其余,缺少对作家作品的系统阐释和整体评价。迄今为止,对于韩愈"谀墓"之说,学者多以片言只语点评之,浅尝辄止,几笔带过,显得宏观把握不足。例如顾炎武,仅从文人作文收取润笔,就断定韩愈"谀墓",否定韩愈的一切碑志铭状之文,可谓偏激简单。而姚鼐仅仅因为一篇韩弘碑文,就认为"退之'谀墓'亦已甚矣",这种以个别代替整体的论断同样不可取,后者亦多人云亦云,乃至以讹传讹。至于新中国成立后的50到70年代,从阶级分析角度,将韩愈看作大地主阶级的代言人,由此出发评论韩愈的碑志文,更不足取。而为韩愈"谀墓"作辨析的学者,行文也多是从考证相关史实入手,拘泥于争论所在,就事论事,缺乏宏观思考。例如对于韩愈碑志文与古文运动的关系,碑志文体内在的演进轨迹和文体特征、碑志文创作与外部文化环境的作用等这些深层次的问题,尚未有人专门研究。

(二)研究观念与方法陈旧落后。相当多的研究者抱着固有材料去研究,盲从方家,率性为文。提及韩愈"谀墓",论者往往都举李商隐所记刘叉之言和顾炎武论断为据,而缺乏对材料真实性与客观性的把握,不加辨析,任意论断,甚至以政治态度判断,如对于韩愈碑文,凡是写给权贵或反对永贞革新的,就一概斥之为"谀墓",在研究方法方面还局限于传统的文献考证法等。事实上,虽身背"谀墓"之名,但韩愈的碑志文能在当时广泛流传,深受欢迎,本身就是一个值得关注的问题,如果在研究中能运用文体学、社会学、传播学、接受美学等新方法,定会有不少新收获。

(三)研究视野尚需拓宽。"谀墓"是碑志文研究中不容回避的一个问题,但多年来对这一问题的研究,局限于历史的考证和文本的核对,以史求证,忽视了碑志文本身的文体要求和文学性。事实上,如果能拓宽研究范围,从文学作品鉴赏的角度,从碑志文内在的文体要求和审美风格方面入手,结合作家的个体精神和感性情怀,特别是从对碑志文的研究延伸至其他同类文体,如哀祭文、行状、诔文等,比较分析,综合论证,深入探讨韩愈的"谀墓"问题,相信会有新的进展。

碑志文作为我国古代的重要文体之一,覆盖广阔,流传久远,其研究价值自不待言。而对韩愈这一古文大家、碑志大家进行个案研究,更具有重要的意义。学界围绕韩愈碑志文"谀墓"的研究,是是非非上千年,虽至今尚无定论，但方家们就此各抒己见，成果迭出，使得多年来尚属冷门的碑志文研究领域，如今也取得不少学术进展。相信随着文体研究观念的变更和学术视野的扩深，碑志文的研究必将成为学界新的关注热点，有关韩愈和其他作家的"谀墓"问题也能得出更令人信服的科学结论。

第九章　唐代碑志文体嬗变及相关问题研究

——兼论唐人碑志文的谀墓

唐代碑刻制度严谨,碑文撰写方式有着系统性,伴随着时代政治的不断演进,文人创作心理也多有变化。煌煌大唐三百年,整个社会环境复杂多变,文化思潮此起彼伏,使得碑志文在创作体征和文化内涵上也多有改进,导致其最终形成鲜明的文体特征和审美追求。因为种种原因,"谀墓"也给唐代碑志文的创作带来一定影响。

第一节　唐代碑志文的正体与变体

中国自古就有辨别文体的意识,碑志文是我国古代一种重要文体,源远流长,正如刘勰所云:"碑者,埤也。上古帝皇,纪号封禅,树石埤岳,故曰碑也。"[①]而文各有体,碑志自秦汉以来,便形成独特的文体特性和审美追求。学界论述碑志之体,多以正、变区分,如吴讷说碑志:"其为文则有正、变二体,正体唯叙事实,变体则因叙事而加议论焉。"[②]徐师曾云:"碑之……主于叙事者曰正体,主于议论者曰变体,叙事而参之以议论者曰变而不失其正,至于托物寓意之文,则又以别体列焉。"[③]今人罗宗强、曾枣庄等于此亦多说明[④]。诚如所论,碑志文产生和碑志文体观念形成是两个不同问题,对前者的研究应聚焦文体客观存在之发生发展,对后者的研究应注重思想观念层面的追根溯源。碑志研究中涉及文体学的内容,是人们文体认知外显的一种现象,是研究文体观念发生的有力视角[⑤]。故对碑志文

---

① 刘勰:《文心雕龙》卷一二《诔碑》,范文澜:《文心雕龙注》,第214页
② [明]吴讷、徐师曾:《文章辨体序说·文体明辨序说》,第149页。
③ [明]吴讷、徐师曾:《文章辨体序说·文体明辨序说》,第144页。
④ 罗宗强:《我国古代文体定名的若干问题》,《中山大学学报》(社会科学版)2009年第3期;曾枣庄:《中国古典文学的尊体与破体》,《清华大学学报》(哲学社会科学版)2009年第1期。
⑤ 吴承学、李冠兰:《文辞称引与文体观念的发生——中国早期文体观念发生研究》,《北京大学学报》(社会科学版)2016年第3期。

之体,有深入钻研的必要。

一、碑志形态与文体意识的形成

　　文体观念的发生是人的思维、语言形式与社会需求发展到一定程度的必然结果,是中国文体学研究的重点。碑志文刻于碑上,碑是碑志文的书写载体,故论及碑志文之源,需论及碑制演变史。《说文解字》云:"碑,竖石也。"①《仪礼·公食大夫礼》云:"士举鼎,去幂于外次入,陈鼎于碑南,面西上。……庶羞陈于碑内,庭实陈于碑外。"②《礼记·杂记》云:"宰夫北面于碑南,东上。"③可见先秦就有碑制。《礼记·丧大记》:"君葬用辁,四绰,二碑,御棺用羽葆。大夫葬用辁,二绰,二碑,御棺用茅。"④此后"自周衰,及战国秦汉皆以碑悬棺,或以木,或以石。既葬,碑留圹中,不复出矣。其(后)稍稍书姓名爵里其上。(至)后汉遂作文字"⑤。早期"碑"多用于殡葬,其后遂刻录文字,成为碑志文的滥觞,但这种文体形态主要由殡葬活动的功能决定,而非出于制文者自觉的文体意识。在文章尚未独立的时期,对于文体的命名,多采用载体的说法。碑是碑志文的有力载体和传播工具,早期人们所言"碑",既指作为实物存在的碑,又指铭刻于碑上的文字,具有双重含义。汉代刘熙《释名》最先于此阐释,以概括上古时期先民的碑志观念,其云:"碑,被也。此本葬时所设也。于鹿卢,以绳被其上,引以下棺也。臣子追述君父之功美,以书其上,后人因焉。无故建于道陌之头,显见之处,名其文就,谓之碑也。"⑥此说广为后人接受,如唐代陆龟蒙《野庙碑》:

　　碑者,悲也。古者悬而窆,用木。后人书之以表其功德,因留之不忍去,碑之名由是而得。⑦

　　伴随碑刻的进一步发展,碑志意识也趋于自觉和成熟。秦汉碑志文

---

①　[汉]许慎:《说文解字》,第194页。
②　[清]阮元:《十三经注疏·仪礼注疏》,中华书局,2009年,第1080页。
③　[清]孙希旦:《礼记集解》,第1120页。
④　[清]孙希旦:《礼记集解》,第1187页。
⑤　[明]陶宗仪:《说郛》卷四〇,[清]纪昀等:《文渊阁四库全书》,第878册,第214—215页。
⑥　[清]毕沅等:《释名疏证补》卷六,中华书局,2008年,第218—219页。
⑦　[清]董诰:《全唐文》卷八〇一,第8418页。

中,篇章已经直接出现某某碑的文体之名,部分碑刻会在碑额刻写"某某碑"的标题,如"武斑碑",其额题"故敦煌长史武君之碑";"鲜于璜碑",其额题"汉故雁门太守鲜于君"①碑等。此处之碑未必即指文体,可能仅指书写载体及刻写媒介,但对后世碑志的文体认定有较大影响。"后汉以来,碑碣云起"②,碑刻题额愈加普遍,这就导致但凡碑志谋篇行文必有标题。从偶尔到普遍,碑志题名的出现经过了一个相当的过程,这不仅体现书写者对碑文独立性和结构完整性的认识,也反映其对碑志文内容、性质乃至文体的认定,故对碑文篇章的题名及定型,是文章学和文体学发展的重要标志。这在秦汉以来的碑志文中表现尤为突出,这一时期的碑志形态及意识,亦多限于两类:(一)纯仪式性与制度性的行为;(二)诉诸特定载体的文字记录。

　　范文澜说:"秦始皇巡行各地,命李斯写颂文,刻石纪功,开立碑碣的风气。"③碑志形态的独立以及随之而来的碑志文体意识,是秦汉文体学的重要基础。由于大一统王朝的建立,政治、经济与文化都需要体制化和规范化,"书同文,车同轨",这种统一与规范的风气在文体学上也有反映。秦代碑志文便显示出严谨与规范之势。秦刻石现存 7 篇,为李斯所作,皆有标题,内容以铭功颂德为主,如《琅琊台刻石》:"维二十六年,皇帝作始。端平法度,万物之纪。……乃抚东土,至于琅琊。"④这篇碑文在体制上已具备"序"的形式,尽管序文居铭辞之后,但对碑文形成前序后铭的体制特点,有创始意义,姚鼐《古文辞类纂·序目》曰:"周之时有石鼓刻文,秦刻石于巡狩所经过,汉人作碑文,又加以序。序之体,盖秦刻琅琊具之矣。"⑤可见以刻石为代表的秦代碑志文在标题制作和内容书写方面已具程式,与先秦碑志的简单镌刻相比,更具系统性和完整性。鲁迅云:"二十八年,始皇始东巡郡县,群臣乃相与诵其功德,刻于金石,以垂后世。其辞亦李斯所为,今尚有流传,质而能壮,实汉晋碑铭所从出也。"⑥刻石文不仅为碑志文体制的确立作出贡献,其"质而能壮"的风格也奠定了碑文写作的文学特点,对碑志文体规范的形成产生重要影响。

---

① 高文:《汉碑集释》,第 293 页。
② 刘勰:《文心雕龙》卷一二《诔碑》,范文澜:《文心雕龙注》,第 214 页。
③ 范文澜:《中国通史简编》,第 258 页。
④ 吴孟复:《古文辞类纂评注》,第 288 页。
⑤ [清]姚鼐:《古文辞类纂》,第 1 页。
⑥ 鲁迅:《汉文学史纲要》,人民文学出版社,1987 年,第 382 页。

　　汉代承秦而来,随着社会发展,碑志形态及文体规范有了较大进步。祝嘉《书学史》云:"光武中兴,武功既盛,文章亦隆,书家辈出,百世宗仰,摩崖碑碣几遍天下。"①汉代统治者推行孝悌治国之道,于官于民多立碑旌表。当时墓祀习俗繁盛,树碑作志、表现悲祭之礼,利于展现抒发亲孝之情。碑志文体例的独立与完备,也成于此际。这时碑文已形成一些共同的创作倾向,对于文章结构、内容也有细致要求,具体表现在行文继承秦代碑文创作序铭结合、先后有致的体制特色,在序文中先介绍碑主的名讳、世系、祖业,再逐级叙写碑主的才华贡献、官阶履历、生平政绩贡献等,铭文于之总结,交代立碑表墓情况,如《汉故卫尉卿衡府君之碑》《汉玄儒先生娄寿碑》已具序铭两部分内容。《河间相张平子碑》序文开头即介绍碑主张衡的名讳、门第、世系,再对其进行整体评价,就其天资才华、道德文章、术数制作、辞赋技艺等详述,最后彰明立碑表墓之因,铭词以四言韵语作总评,赞赏张衡一生。班固《封燕然山铭》也是前序后铭,在体制上进一步发展秦刻石的碑文体例,行文称功颂德遵守"天子令德,诸侯言时计功,大夫称伐"②的等级规范,叙写详尽,文辞优美。此写法建立在对碑志体式与风格准确把握的基础上,这不仅是一种创作方式,还反映出作者本人强烈而自觉的文体意识,具有文体学的意义。由秦至汉,碑志文前有序后有铭的写作体制及规范就此渐成,这种写作规范颇具强烈的实用性和仪式性。碑志的写作形态一旦被固定化,其文体意识也愈成熟,正如桓范《世要论》云:"刊石纪功,称述勋德,高邈伊周,下陵管晏,远追豹产,近逾黄邵,势重者称美,财富者文丽。后人相踵,称以为义,外若赞善,内为己发,上下相效,竞以为荣。"③

二、碑志正体之定型及体现

　　文体风格,指不同体裁、不同式样的作品具有某种相对稳定的独特风貌和规范,古人一般称文体艺术特征为"体""体制""大体""大要""势"等。如刘勰《文心雕龙·定势》:"夫情致异区,文变殊术,莫不因情立体,即体成势也。势者,乘利而为制也。……箴铭碑诔,则体制于宏深……此循体而

成势,随变而立功者也。"①宋人倪思亦云:"文章以体制为先,精工次之。"②
文体风格的形成绝非一蹴而就,往往要经过较长时期,通过无数作家的创
作实践,才能建立一种广为流传的模式,其中个别作家的突出成就通常使
这种创作模式得以确定,并被后世作家不断效仿,从而稳固成一种文体创
作规范,正如钱钟书所云:"名家名篇,往往破体,而文体亦因以恢弘焉。"③
碑志文更如此,从先秦古碑到东汉碑志文创作的繁盛及碑志文体规范的确
立,离不开文体演进的内在规律,更离不开诸多碑文作家的努力,而李斯、
蔡邕无疑为其代表。

　　李斯刻石文已具"序"的形式,尽管序文居于铭辞之后,但对碑文前序
后铭的形成体制,影响深远。而碑文创作"后汉以来,作者渐盛",刘师培也
云:"文章各体,至东汉而大备。"④当时文人如崔瑗、胡广、桓麟、孔融、马
融、卢植、服虔、边韶、张升、张超、皇甫规、刘珍、潘勖、繁钦等,都投身于碑
文写作,但其作品虽多或失考,或不存。从现存碑文看,已表现出明显的文
体规范,尤以蔡邕为甚。王应麟《困学纪闻》:"蔡邕文今存九十篇,而铭墓
居其半,曰碑,曰铭,曰神诰,曰哀赞,其实一也。"⑤身为文坛领袖,蔡邕常
奉诏应制,书写各类碑志文,利用自身的才华和地位,最终明确碑志文体
性、内容及形制方面的基准和程式。

　　蔡邕首先在碑文书写内容上,倡导史笔实录、记功彰美的写作准则,其
《铭论》云:"天子令德,诸侯言时计功,大夫称伐。……钟鼎礼乐之器,昭德
纪功,以示子孙,物不朽者,莫不朽于金石,故碑在宗庙两阶之间。近世以
来,咸铭之于碑。"⑥在具体的碑志作品中,蔡邕于此也多有阐释,如《太尉
杨秉碑》:"刊石树碑,表勒鸿勋,赞懿德,传亿年。"⑦《陈寔碑》:"俾后生之
歌咏德音者,知丘封之存斯也。……树碑镌石,垂世宠光。"⑧都指出碑志
文体职能在于宣扬死者声名、恢弘功德、垂芳后世,而在《太尉乔玄碑阴》

---

① 范文澜:《文心雕龙注》,第 529—530 页。
② [明]吴讷、徐师曾:《文章辨体序说·文体明辨序说》,第 14 页。
③ 钱钟书:《管锥编》,三联书店,2001 年,第 66 页。
④ 刘师培:《中国中古文学史讲义》,第 20 页。
⑤ [清]纪昀等:《文渊阁四库全书》,第 858 册,第 828 页。
⑥ [清]严可均:《全后汉文》,第 751 页。
⑦ [清]严可均:《全后汉文》,第 762 页。
⑧ [清]严可均:《全后汉文》,第 782 页。

《太尉杨赐碑》中，蔡邕对碑志文的具体写法提出要求："事之实录，书于碑阴。"①这就是要合乎礼制，具备史家实录精神；其次在创作格局上，蔡邕明确了碑文志铭结合、前序后铭的文体规范，如《太尉李咸碑》《琅琊王傅蔡朗碑》《陈寔碑》《郭泰碑》《太傅胡广碑》等，从墓主名讳家世写起，历叙其官阶功德，直至丧葬，铭词予之总结赞誉，均前志后铭，记事颂功，体例谨严；再之蔡邕碑文在语言形式上继承《尚书》的书写特点，四字一句，齐整划一，追求典雅纯正、古朴工稳，如《汝南周勰碑》写墓主"玄懿清朗，贞厉精粹，体仁足以长人，嘉德足以合礼"②，《处士圈典碑》写墓主"清理条畅，精微周密。包括道要，致思无形"③，文辞古朴雅正，承前启后。

　　碑志文体的成熟，一方面体现在具有稳定的写作准则和体例格式，另一方面体现在句式的典正古雅。蔡邕从理论和实践上对碑志文发展贡献甚大，其三十六篇碑文在思想内容、结构体例及语句修辞等方面都表现出色，赋予碑志文固定的风格特性和审美体征，确立其创作典范，从而带动时代碑志文的创作，范文澜《墓志铭考》曰："东汉则大行碑文，蔡邕为作者之首，后汉文苑诸人，率皆撰碑"④，足见其影响。

　　此后对碑志文给予独立文体定位，且能从体裁、风格、创作准则等对其进行系统理论论述的是刘勰，其《文心雕龙》专列《诔碑》一节，论述碑志文和诔文两类文体。刘勰首先对碑志文的起源、流变及功能做了阐释："夫属碑之体，资乎史才，其序则传，其文则铭"，指出其结构前序后铭，序铭结合，以史为据的特点，又从思想内容及体制格式对碑志文作出界定："标序盛德，必见清风之华；昭纪鸿懿，必见峻伟之烈"，"此碑之制也"，指出碑志文记人写事铭功颂美、悼亡述悲的特点，刘勰还对汉魏以来的碑志作家作了评点，其云：

　　自后汉以来，碑碣云起。才锋所断，莫高蔡邕。……其叙事也该而要，其缀采也雅而泽；清词转而不穷，巧义出而卓立；察其为才，自然而至。孔融所创，有慕伯喈；张陈两文，辨给足采，亦其亚也。⑤

---

① ［清］严可均：《全后汉文》，第 775 页。
② ［清］严可均：《全后汉文》，第 761 页。
③ ［清］严可均：《全后汉文》，第 766 页。
④ 范文澜：《文心雕龙注》，第 214 页。
⑤ 范文澜：《文心雕龙注》，第 214 页。

刘勰最推崇蔡邕碑文,就思想内容、语言形式及体例结构都给予其高度评价,认为此后孔融、孙绰等虽都学习蔡邕而成就不及。自蔡邕和刘勰之后,后世的碑文创作和理论蔚然成风。元人潘昂霄《金石例》:"凡碑碣之制,始作之,本铭志之式,辞义之要,莫不仿古以为准。"①徐师曾《文体明辨序说》:"碑实铭器,铭实碑文,其序则传,其文则铭,此碑之体也。"②姚鼐《古文辞类纂·序目》:"碑志类者,其体本于《诗》,歌颂功德,其用施于金石。……志者,识也,或立石墓上,或埋之圹中,古人皆曰志。为之铭者,所以识之辞也。然恐人观之不详,故又为序。"③综上所述,再结合具体的碑志文创作,可推断其体例范式:从内容题材上看,以记叙死者的生平履历为主,具体包括门阀出身、仕宦经历、功德品性、丧葬时地及家庭状况等,慎终追远,记功彰美,抒发哀思;从体制形式来看,分作志铭两部分,前志后铭,志部写人叙事,铭部总结概括,赞誉伤悼;从写法上看,坚持史家笔法,以叙事为主,虽为死者讳,扬善隐恶,但如实道来,不虚美,不妄赞,求不朽;从语言形式来看,追求骈偶对仗,隶事用典,藻饰辞藻,古朴典雅,宏正富丽。碑志文体式的确立标志着碑志文体的稳定成熟,而蔡邕宏正典雅的碑志文更被誉为模范,李兆洛《骈体文钞》云:"表墓之文,中郎为正宗,凡可为规范者,皆在所录。"④后世文人作碑文,多以蔡邕为宗,这就使碑志文正体模式得以确定。

三、从正体到变体、别体

文体风格的形成和文章本身所特有的写作对象、应用场合及文章形式等都相关。同一文体在不同的时代必然发生变化,这就出现文体的嬗变问题。沈约云:"自汉至魏,四百余年,辞人才子,文体三变。"⑤提到文体风格之变。张融《门律自序》:"夫文岂有常体? 但以有体为常,政当使常有其体。……且中代之文,道体阙变,尺寸相资,弥缝旧物。吾之文,体亦何异,何尝颠温凉而错寒暑,综哀乐而横歌哭哉? 政以属辞多出,比事不羁,

---

① ［元］潘昂霄:《金石例》,台北商务印书馆,1986 年,第 294 页。
② ［明］吴讷、徐师曾:《文章辨体序说·文体明辨序说》,第 150 页。
③ 吴孟复:《古文辞类纂评注》,第 17 页。
④ ［清］李兆洛:《骈体文钞》,上海古籍出版社,2001 年,第 448 页。
⑤ 《谢灵运传论》,［南朝］沈约:《宋书》,第 1778 页。

不阡不陌,非途非路耳。然其传音振逸,鸣节竦韵,或当未极,亦已极其所矣。汝若复别得体者,吾不拘也。"①可见张融写文章已有意突破常体,追求新变。任何一种文体的成熟和稳定,都是相对而言的。刘孝绰《昭明太子集序》:"孟坚之颂,尚有似赞之讥;士衡之碑,犹闻类赋之贬。"②徐师曾《文体明辨序说》:"盖自秦汉而下文愈盛,文愈盛,故类愈增;类愈增,故体愈众;体愈众,故辨当愈严。"③时代演进,文体自身也不断变化,以适应新的社会历史文化的需求。

蔡邕体碑文被誉为正宗,其古朴典雅、平稳工整、谨严庄重,影响后世碑志文风,无论体例格式还是思想内容,都确立了碑志趋向高雅的文体品位。这一特征在魏晋六朝经孙绰、沈约、徐陵、庾信等人的努力,踵事增华,最终形成对偶精工、用事繁富、音律谐美、辞藻华丽的骈俪体碑文。但任何事物都具有两面性,一种文体极度完备的同时,也是其僵化呆板的开始。蔡邕式碑志文一方面在内容体制上高度规范,一方面弊端也日益明显,诚如方家所论:"铺排郡望,藻饰官阶,殆于以人为赋,更无质实之意,加以为文者竞相文饰,使文章之道,多见虚浮华靡,气格不振。"④"数篇之后,落调多同,用事多复,习见不鲜,遂成窠臼。"⑤其呆板质木、华而不实,充满程式化倾向。在此情况下,追求碑志文新变成为需要。刘勰《文心雕龙·通变》云:"夫设文之体有常,变文之数无方。何以明其然耶?凡诗赋书记,名理相因,此有常之体也;文辞气力,通变则久,此无方之数也。名理有常,体必资于故实;通变无方,数必酌于新声。"⑥文体有常是讲正体,变文无方是讲变体。这就涉及到文章正体、变体的问题。

变体碑文诞生于中唐,这归因于绵延有唐一代的文风改革,其中时代政局及文化思潮的变化无疑起着决定性作用。初唐四杰、陈子昂等就主张诗文创作的变革。此后盛唐文人如张说、苏颋等也努力改进文风。安史之乱后,家国多舛,人心摇摇,造成儒学不振、藩镇割据、民贫政乱、吏治日坏及士风浮薄等社会危机。传统文学观念使得文人认为诗文应用于美刺讽

① 《张融传》卷四一,[南朝]萧子显:《南齐书》,第729页。
② [清]严可均:《全梁文》,中华书局,1958年,第3313页。
③ [明]吴讷、徐师曾:《文章辨体序说·文体明辨序说》,第78页。
④ [清]章学诚:《文史通义》卷二,辽宁教育出版社,1998年,第29页。
⑤ 钱基博:《中国文学史》,第214页。
⑥ 范文澜:《文心雕龙注》,第519页。

谏，用于揭露时弊、陈述政见、教化人民。中唐世乱多故，文章更需陈述匡时救弊的良方。时人治学论文都主张明道、宗经、致用，体现出强烈的事功倾向。顾况《衢州开元观碑》感慨"夫道可不遇，文复何昌"[①]，李华、萧颖士、梁肃等也倡导文学的现实意义。韩柳更发起文体革新，主张以儒家"道统"精神统摄士吏的思想行为，《旧唐书》韩愈本传说韩愈"锐意钻仰，欲自振于一代"[②]。由通经致用到改革现实，是当时文学发展的潮流和文人的普遍诉求，而碑志文因为载体坚固，标志明显，易于诵读，方便传播和宣教，自然成为文人张扬思想、推动文学及政治革新的首选。在此背景下，碑志文体进入剧烈的变革期，传统正体碑文因记人载事的美饰时事、铭功彰美，日显虚浮华靡之弊，已不适合时代需要，变体碑文也应运而生。

相对于传统正体碑文，变体碑文呈现出系列新特征：

体例格式的不拘一格

吴讷说碑志文："其为文则有正、变二体，正体唯叙事实，变体则因叙事而加议论焉。"[③]中唐文人借助碑文倡扬儒道、表达自我反藩镇割据、反佛老学说、反奸佞的思想，倡扬仁政、呼吁政治中兴。这就使碑文走出殡葬礼仪的传统，更多和现实政治诉求结合。所谓文变染乎世情，变体碑文往往根据实际需要安排结构内容，在体例格式上打破常规，不仅写作秩序追求变革，在具体的章法上，也常一人一文，一文一样，体现出文体形态的创新，钱基博以"肆而不制，近于草野，则所以求辞体之解放，而为文学之革新者尔"[④]评价之。韩愈作碑文往往突破传统写法，体例形式不拘一格，常因行文需要而改变，让形式为内容服务，以"修其辞而明其道"[⑤]，其《唐故太学博士李君墓志铭》一反碑志文记叙墓主一人功德事迹的惯例，接连写了八个"不信常通，而务鬼神，临死乃悔"的士大夫，揭露他们梦想长生、因迷信炼丹最终服药而死的可悲结局，以"抑邪与正，辨时俗之所惑"[⑥]。墓主若一生平平，无功可彰，韩愈碑志行文则篇幅和格式都从简，或有志无铭，或

---

① ［清］董诰：《全唐文》卷五三〇，第5377页。
② ［五代］刘昫：《旧唐书》卷一六〇，第4195页。
③ ［明］吴讷、徐师曾：《文章辨体序说·文体明辨序说》，第149页。
④ 钱基博：《中国文学史》，第240页。
⑤ ［唐］韩愈：《争臣论》，马其昶：《韩昌黎文集校注》，第112页。
⑥ ［唐］韩愈：《上宰相书》，马其昶：《韩昌黎文集校注》，第155页。

有铭无志,甚至在写作秩序上,也不按传统写法从墓主门阀家世写至卒葬,而是因人因事而异,或先记家世生平,再叙事迹功勋;或先写其事迹,再写世系;或不写家世生平,只写主要事迹。仅以开头而言,常不以传统的"公讳某字某某地人"开始,而根据需要灵活多变,如《襄阳卢丞墓志铭》,结尾才提到墓主卢怀仁之名。《正议大夫尚书左丞孔公墓志铭》也先写墓主上书辞官,后叙其门第政绩。《凤翔陇州节度使李公墓志铭》则"历官行迹,撮其大者于前,而递详于后,此法易使人爽目。而欧阳、王宗之,变态百出矣"①。再如元稹《唐故工部员外郎杜君墓系铭》,历数中国诗歌发展,直至文章后半部分,才记述墓主杜甫的生平经历,交代作铭缘由,在思想内容和体例格式上与蔡邕式正体碑文相距甚远。

叙述手法的求新求变

碑文写作以记人载事为本,传统正体碑文重在于人于事的罗列铺排,如蔡邕《太尉杨赐碑》:

> 公祗服弘业,克丕堂构,小乃不敢不慎,大亦不敢不戒,用罔有择言失行,在于其躬。泊在辟举,先志载言,罔不攸该。乃自宰臣,以从王事,立功不有,用辞其禄。逮作御史,允执国宪。纳于侍中,在帝左右。爰董武事,王师孔闲。②

可以看出,这种写法的好处是事无巨细,一一叙之,其平稳和正,工整规范,具有明显的《尚书》文叙事特点,但弊端也是明显的,于事件的记载往往追求多而不细、点到为止的仪式性写作,在详略及主次上区分不清,这就使得写人记事流于肤浅,难以深刻体现事件全貌及人物性格,这种程式化的写作导致碑文"铺排郡望,藻饰官阶,殆于以人为赋,更无质实之意","加以为文者竞相文饰,使文章之道,多见虚浮华靡,气格不振"③。

和传统碑文以哀悼为主、叙事平稳的风格形成对比,变体碑文突破千篇一律的模式化风貌,求新求变,常突破传统碑文以记叙为主的写法,注重

---

① [明]茅坤:《昌黎文钞》卷一五,[明]茅坤:《唐宋八大家文钞》,三秦出版社,1998年,第737页。

② [清]严可均:《全后汉文》卷七八,第785页。

③ [清]章学诚:《文史通义》卷八,辽宁教育出版社,1998年,第29页。

情感抒发,多记叙、抒情、论理三位一体,行文通过典型事例描写墓主,引入传奇小说和诗化笔法,这就改变了以铺叙罗列为主的传统碑志体式,使得人物形象生动鲜活,针砭时弊,善善恶恶,记人论事有着深度评价。如柳宗元《唐故特进赠开府仪同三司扬州大都督南府君睢阳庙碑》:

> 诸侯环顾而莫救,国命阻绝而无归。以有尽之疲人,敌无已之强寇。公乃跃马溃围,驰出万众,抵贺兰进明乞师。进明乃张乐侑食,以好聘待之。公曰:"敝邑父子相食,而君辱以燕礼,独何心欤?"乃自噬其指曰:"啖此足矣!"遂恸哭而返,即死孤城。首碎秦庭,终懵《无衣》之赋;身离楚野,徒伤带剑之辞。至德二年十月,城陷遇害。①

再如韩愈《试大理评事王君墓志铭》写墓主王适骗婚的情节,活灵活现,生动形象。《柳子厚墓志铭》中针对刘柳易播一事,感慨"士穷乃见节义",指斥市侩落井下石:"此宜禽兽夷狄所不忍为,而其人自视以为得计。闻子厚之风,亦可以少愧矣!"②其《殿中少监马君墓志铭》"抚今追昔,感慨存亡,旨在抒情"③。这种以诗笔入文、重在抒情的变体写法多为时人所推崇,李涂以"春蚕作茧,见物即成性,极巧"④之论,指出韩愈碑文章法多变、清新生动的特征,茅坤也以"变调"⑤、"变体"⑥论之。

语言形式的灵活自如

正体碑志以骈辞俪句为准,林纾云:"以铭辞作碑文体……盖一味求古,是中郎一病也。"⑦其后孔融、孙绰步蔡邕后尘,伴随南朝骈俪文的兴盛,碑志文对形式美的追求也达到高峰,骈四俪六,雕琢字句,"树理者多以诡妄为本,饰辞者务以淫丽为宗"⑧,"华而失实,过莫大焉!"⑨

---

①　[唐]柳宗元:《柳宗元集》,第 141 页。

②　马其昶:《韩昌黎文集校注》,第 513 页。

③　钱基博:《韩愈志》,中国书店,1988 年,第 124 页。

④　[明]陈骙、李涂:《文则·文章精义》,第 69 页。

⑤　[明]茅坤:《昌黎文钞》卷一四,高海夫:《唐宋八大家文钞校注集评》,三秦出版社,1998年,第 824 页。

⑥　[明]茅坤:《昌黎文钞》卷一四,高海夫:《唐宋八大家文钞校注集评》,第 797 页。

⑦　[清]刘大櫆、吴德旋、林纾:《论文偶记·初月楼古文绪论·春觉斋论文》,第 53 页。

⑧　[唐]刘知几:《史通》内篇《载文》,第 90 页。

⑨　[唐]刘知几:《史通》内篇《言语》,第 109 页。

变体碑文追求语言形式的新变,改骈为散。陈子昂、王维、李白都探索以散体作碑文,这和传统正体碑文的用语形成鲜明对比,如蔡邕《太尉杨秉碑》:

公事绌位,浃辰之间,俾位河南,愤疾豪强,见遘奸党,用婴疾废。起家复拜太常,遂涉三司,沙汰虚冗,料简贞实,抽援表达,与之同兰芳,任鼎重。从驾南巡,为朝硕德。然知权过于宠,私富侔国,太臣苛察,望变复还,条表以闻,启导上怒,其时所免州牧郡守五十余人。饕戾是绌,英才是列,善否有章,京夏清肃。①

徐陵《司空章昭达墓志铭》:

公倾其产业,募是骁雄,思报皇储,累歼鲸寇,属幽风有象,代邸方隆,搜荆楚之英才,资班输之妙略,百楼忽起,登云霄而俯临,万弩俱张,随雷霆而并震,扬兵于九天之上,决胜于千里之中,殪彼群凶,皆无旋踵。②

再看徐浩《唐尚书右丞相中书令张公神道碑》:

公直气鲠词,有死无贰;彰善瘅恶,见义不回。范阳节度颍王浲奏前太子索甲二千领,上乃震怒,谓其不臣,顾问于公。公曰:"子弄父兵,罪当笞,况元良国本,岂可动?"上因涕泣,遂寝其奏。武贵妃离间储君,将立其子,使中谒者私于公曰:"若有废也,必将兴焉。"公遂叱之曰:"宫闱之言,何得辄出。"御史大夫李公尚隐、太府卿裴伷先不礼中官,皆忤上旨,必在殊谴,公全度焉。……边将盖嘉运等上策,密发将士,袭平西戎。公以为不可妄举,结后代雠,非皇王之化也。上又不纳。及羯胡乱常,犬戎逆命,元宗追叹曰:"自公殁后,不复闻忠谠言。"

裴度《刘府君神道碑铭》:

公十有五而志于学,弱冠以行义修洁,词藻瑰异,名声藉甚于诸公间。当时文士兰陵肃茂挺,才高意广,诱接甚寡,一见公,便延之座右,以孔门高第,不在兹乎。天宝中,与伯氏太冲迭升太常第,议者荣之。……河内副元帅太尉李公弼闻风加礼,致望参赞,除大理评事,……乃飞咫尺之书,布方寸之心,而理归棹。李公初甚迟之,迨用嗟悼。谏议府君尝被热,疾而为

①　[清]严可均:《全后汉文》卷七五,第 763 页。
②　许逸民:《徐陵集校笺》,中华书局,2008 年,第 1334 页。

疽，医者之言，手不可触，公乃自吮，至于良已。

相比之下，变体散句碑文因语句流畅自由更显文笔清新优美，描写逼真生动，在记人写事方面充实有力，取得骈体难以表达的效果，影响深远。韩愈更大胆摒弃传统正体碑志的骈辞俪句、藻饰文辞，以散体行文，追求语句的清新流畅，更显别致之美，如《殿中少监马君墓志铭》：

姆抱幼子立侧，眉眼如画，发漆黑，肌肉玉雪可念，殿中君也。当是时，见王于北亭，犹高山深林巨谷，龙虎变化不测，杰魁人也。退见少傅，翠竹碧梧，鸾鹄停峙。能守其业者也。幼子娟好静秀，瑶环瑜珥，兰茁其牙，称其家儿也。①

相比于蔡邕式正体碑文，韩愈式变体碑文在语言方面更具优势，其余如穆员、沈亚之、杜牧、李商隐、皮日休等人作碑志文，也都体现出此类特点。以韩愈为代表的中唐文人，身体力行，倡导包括碑志文在内的文章之变，改进中国叙事文学的职能和功用，推动文学创作对审美性的追求，意义深远。欧阳修《新唐书》所云"唐有天下三百年，文章无虑三变"，其中最重要一变，即韩愈倡导的文体变革，其"排逐百家，法度森严，抵轹晋、魏，上轧汉、周，唐之文完然为一王法，此其极也"②。这种变体碑文影响颇巨，如王安石《翰林侍读学士知许州军州事梅公神道碑》序文仅 149 字，铭文却长达八百多字，墓主家世、名字、里贯、仕履等，均置于铭文中。茅坤认为："通篇以铭序始，终亦变调也。"③方苞《古文约选》评王安石《泰州海陵县主簿许君墓志铭》云："墓志之有议论，必于叙事缨带而出之。此篇及王深甫志则全用议论，以绝无仕迹可纪，家庭庸行又不足列也。然终属变体，后人不可仿效。"④

除蔡邕、韩愈体碑文外，唐末小品文兴起，碑志文也多创变，如罗隐、皮日休等人以小品文笔法作碑志，往往不叙或少叙墓主官阶家世及性习，多议论抒情，借古喻今，感慨时事。其短小精悍，记人写事往往不求其全，就其一点大加感慨，发不平之鸣，吐辞尖锐，情思浓郁，讽刺辛辣，在内容体式

---

① 马其昶：《韩昌黎文集校注》，第 538 页。
② ［宋］欧阳修、宋祁：《文艺传》，［宋］欧阳修、宋祁：《新唐书》卷二〇一，第 5725 页。
③ 高海夫：《唐宋八大家文钞校注集评》，第 3292 页。
④ 高海夫：《唐宋八大家文钞校注集评》，第 2031 页。

上迥异于蔡邕、韩愈体碑文。可谓碑志文正变之外的"别体"。

四、正体、变体与碑志作为独立文体的历史辩证

辨别文体是碑志文发展的必然结果,从文学史的实际情况看,文体自身常常处于变化不定的状态,而变化往往是文体发展的途径。中国古典文体学认为文体演变遵循天地间普遍的体用规律。刘勰《文心雕龙·风骨》:"洞晓情变,曲昭文体,然后能孚甲新意,雕昼奇辞。昭体,故意新而不乱,晓变,故辞奇而不黩。"①把昭体与晓变结合起来,这是文体通与变的关系。清人姚鼐《海愚诗钞序》云:

　　吾尝以谓文章之原,本乎天地。天地之道,阴阳刚柔而已。苟有得乎阴阳刚柔之精,皆可以为文章之美。阴阳刚柔并行而不容偏废,有其一端而绝亡其一,刚者至于偾强而拂戾,柔者至于颓废而阉幽,则必无与于文者矣。然古君子称为文章之至,虽兼具二者之用,亦不能偏优于其间,其何故哉? 天地之道,协和以为体,而时发奇出以为用者,理固然也。②

姚鼐认为,文体生成遵循着"协和以为体,奇出以为用"的自然规律。其中前者是文体生成的本体根据,后者是文体生成的现实机制,而"体用不二"是文体存在的现实状态。任何文体总是体与用的统一,也是正与变的统一。正体和变体这一古老的命题,既对立又互联,彼此都有创作上和美学上的意义。处理此论显然困难,故文学批评家提出许多通达之论,这对文学批评和文学创作都有裨益。王若虚《滹南遗老集》:"或问文章有体乎? 曰:'无。'又问无体乎? 曰:'有。'然则果何如? 曰:'定体则无,大体须有。'答:不违反。"③这是一种辩证的观点,大(正)体须有,故应辨体,定体则无,故可变体。如果没有大体,也就取消了各种文体的个性;文体之间没有区别,也就无文体可言。然而又没有绝对的一成不变的文体,故不可过分拘泥,不知通变。因此,承认文之大体,同样也应该允许别体与变体,允许在大体基础上的风格多样化。徐师曾《文体明辨序说》:"文有体,亦有用。体欲其辨,师心而匠意,则逸辔之御也。用欲其神,拘挛而执泥,则胶柱之瑟

---

① 范文澜:《文心雕龙注》,第514页。
② [清]姚鼐:《惜抱轩全集》,世界书局,1936年,第110页。
③ [金]王若虚:《文辨》卷三七《滹南遗老集》,辽海出版社,2006年,第235页。

也。易曰:'拟议以成其变化。'得其变化,将神而明之,会而通之,体不诡用,用不离体,"①徐师曾借用中国哲学"体用"的范畴,辩证看待文体的体制和实际运用,认为对文体的体制,要详细辨明,不然就会失去文之大体,但具体运用不妨灵活,融合贯通,不必拘泥。这样体制不过分束缚创作,创作也不离开体制。袁宗道主张"修古人之体,而务自发其精神,勿离勿合,亦近亦远"②。故从心所欲而不逾矩,才是创作的高妙境地。

在文体史上,各种文体的产生、发展及演变都互相影响。不同文体的关联互动,时时给文体带来新的生命力。唐代是中国文学发展史上的很重要阶段,唐人创作上的变体为文,无疑对文体风格的形成起着重大作用。宋人范温《潜溪诗眼》云:"盖变体如行云流水,初无定质,出于精微,夺乎天造,不可以形器求矣。然要之以正体为本,自然法度行乎其间。譬如用兵,奇正相生,初若不知正而径出于奇,则纷然无复纲纪,终于败乱而已矣。"③主张作文以正体为本,讲求法度而不拘于法度,要"奇正相生",这就提出了文体创变的重要性。相对于正体,不破不立,因破而变,由变成体,变体是一种创新,而创新往往正是对正体最好的继承,正可谓通则变,变则久。变体为文,开拓了文体的表现对象和表现方法,带来"陌生化"的美学效果,为文体注入新活力④。唐人常常以破体、变体、别体来改造旧文体,把一种文体的艺术特征移植到另一文体之上,给传统文体带来新风格。

刘勰《文心雕龙·通变》云:"斯斟酌乎质文之间,而櫽括乎雅俗之际,可与言通变矣。"⑤而在《文心雕龙·定势》中,又谈到各种文体之间可以互相融合,互相吸收。刘勰承认文体的互相渗透,又强调文体的本色,辩证论述文体风格的多样化与统一性,实际上也提出文体主导风格的问题。从哲学意义而言,每种事物都有保持自己质的稳定性的数量界限——度,文之大体就相当于文体的"度",在这个度内,作家可以"契会相参,节文互杂"⑥,充分发挥自己的创造力,而一旦超过度,失去了本采,也就破坏了文

---

①　[明]吴讷、徐师曾:《文章辨体序说·文体明辨序说》,第 76 页。

②　[明]袁宗道:《刻文章辨体序》,《白苏斋类集》卷七,上海古籍出版社,1989 年,第 80 页。

③　吴文治:《宋诗话全编》,第 1251 页。

④　姚爱斌:《协和以为体,奇出以为用——中国古代文体论的方法论》,《文艺理论研究》2005 年第 6 期。

⑤　范文澜:《文心雕龙注》,第 520 页。

⑥　范文澜:《文心雕龙注》,第 530 页

体的固有之美。由汉至唐，碑志形成正、变两体，各执一端，矫枉过正，渐行渐远，这对碑志文的发展极为不利。宋以后，以欧阳修为代表的文人，承前启后，规范文章写作，欧阳修《论尹师鲁墓志》提出"简而有法"的碑文创作思想，其《代人上王枢密求先集序书》又倡导"言以载事，而文以饰言。事信言文，乃能表见于后世"①。欧阳修从理论和实践上纠正蔡邕式正体碑志文的浮泛华靡，也纠正了韩愈式变体碑文的险怪奇崛，将正体和变体有机统一起来，这就进一步完善了碑志文的创作，可谓变而不失其正。自此后，变而不失其正、平淡蕴藉遂成为碑志文的普遍创作倾向，而碑志文体的独立地位也得以明确，这在姚鼐《古文辞类纂》中得到很好体现，不赘。

第二节　变中求进的唐代碑志文体征特色

欧阳修《新唐书·文艺传》阐述了唐文三变，这一说法实际也源自唐人言论的启发，如梁肃《补阙李君前集序》所云："唐有天下几二百载，而文章三变。初则广汉陈子昂以风雅革浮侈，次则燕国张公说以宏茂广波澜。天宝以还，则李员外、萧功曹、贾常侍、独孤常州比肩而出，故其道益炽。"②皇甫湜《谕业》云："自燕公已降，试为子论之。燕公之文，如梗木柟枝，缔构大厦；上栋下宇，孕育气象。可以燮阴阳而阅寒暑，坐天子而朝群后。许公之文，如应钟鼗鼓，笙簧镈磬。崇牙树羽，考以宫县，可以奉神明，享宗庙。"③郑亚《会昌一品集原序》也云："我高祖革隋，文物大备。在贞观中，则颜公师古、岑公文本兴焉。在天后时，则李公峤、崔公融出焉。燕、许角立于玄宗之朝；常、杨继美于代宗之代。"④

关于唐文之变的说法，宋以后论者更多，如苏辙《欧阳文忠公神道碑》："自汉以来，更魏晋，历南北，文弊极矣。虽唐正〔贞〕观、开元之盛而文气衰弱，燕许之流倔强其间卒不能振，惟韩退之一变复古。"⑤宋祁《陕府祖择之学士》诗："谩夸燕许文章手，未得严徐侍从臣。"姚铉《唐文粹·序》："有唐

① ［宋］欧阳修：《欧阳修全集》卷六八，第 984 页。
② ［清］董诰：《全唐文》卷五一八，第 5261 页。
③ ［清］董诰：《全唐文》卷六八七，第 7035 页。
④ ［清］董诰：《全唐文》卷七三〇，第 7531 页。
⑤ ［宋］苏辙：《苏辙集》，第 1136 页。

三百年，用文治天下。陈子昂起于唐蜀，始振风雅，繇是沈、宋嗣兴，李、杜杰出，六义四始，一变至道。洎张燕公以辅相之才，专撰述之任，雄辞逸气，耸动群听。苏许公继以宏丽，丕变习俗。而后萧李以二雅之辞本述作，常杨以三盘之体演丝纶，郁郁之文，于是乎在。惟韩吏部超卓群流，独高邃古，以二帝、三王为根本，以六经、四教为宗师，凭凌辅轹，首倡古文。遏横流于昏垫，辟正道于夷坦。于是柳子厚、李元宾、李翱、皇甫湜，又从而和之，则我先圣孔子之道，炳然悬诸日月。故论者以退之之文可继扬、孟，斯得之矣。"①元人吴莱《春秋纂例辨疑后题》："自唐世言文者，一变而王、杨、卢、骆，再变而燕、许，三变而韩、柳。"②近人钱基博对此有着更详细的论述：

> 唐有天下三百年，文章无虑三变，高祖太宗大难始夷，沿江左余风，缔句绘章，揣合低昂，而王勃、杨炯为之俊。玄宗好经术，群臣稍厌雕琢，索理政，崇雅黜浮；苏颋、张说，波澜渐畅，而骈俪犹存。笃意真古，则元结、独孤及开其端。是时唐兴已百年，诸儒争自名家。大历贞元间，才美辈出，撰啐道真，涵泳圣涯；于是韩愈以古文为天下倡；柳宗元、李翱、皇甫湜和之；经诰之指归，迁雄之体格，自以为文起八代之衰，非三代两汉之书不敢观，抵轹晋魏，上轧汉周。然惟愈为之沛然若有余。而裴度与李翱书，遽诋愈"以文为戏"。度则与段文昌、白居易、令狐楚之伦，好整以暇，依然排偶。而楚才思俊丽，尤工为章奏；遂以其道传李商隐，始有四六之名，为俪文之极靡矣，此实唐文之正统。而如愈之肆而不制，近于草野，则所以求辞体之解放，而为文学之革新者尔。③

诸方家所论，虽在具体的人物、时间上有所差别，但都指出唐代文章在传承流变中不断演化而最终定型的本质。有唐一代，文体改革的风潮盛行不衰，自初唐四杰、陈子昂到张说苏颋，韩愈柳宗元的古文运动，再到晚唐杜牧、罗隐、皮日休等碑志名家，无不参与其中。作为一种重要的应用文体，碑志文伴随着时代文体改革大潮，也历经流变发展，在文体特征上形成自己的特色，可谓有正体，有变体，正变互动，具体表现如下：

①　吴文治：《韩愈资料汇编》，第 84—85 页。

②　李修生：《全元文》卷一三六八，凤凰出版社，2004 年，第 91 页。

③　钱基博：《中国文学史》，第 240 页。

一、骈散并行,应用功能突出

就创作形态而言,唐人碑志文骈、散并行,贯穿唐代的整个碑志文创作
历程。其中盛唐流行以张说为代表的骈俪式碑志文,而中唐因为文体革新
的原因,盛行以韩愈为代表的散体碑志文,唐人作碑志文也基本以此两位
大家为典范。文体流变有着自身的规律,源自秦汉辞赋的骈文,历经魏晋
南北朝的演进,在南北朝时发展成熟,在文坛上占据着主导性统治地位,故
当时碑文莫不以骈俪为本,自初唐四杰起,到晚唐的李商隐、李德裕、司空
图等人,都以骈体作碑文,这其中尤以盛唐张说、苏颋为代表,其碑志文铺
陈排比,罗列丰富,美饰时世,佐佑王化,歌颂明君贤臣的伟大时代,特别是
思想内容刚健有力、博雅稳厚,呈现出盛世之文雄浑大气、昂扬奋发的风
貌,语言形式上虽不免骈四俪六,隶事用典而对仗精工,但文辞流畅华美,
描写质实得力,写人记事真实生动,避免徐庾碑文浮艳华靡的流弊,体现出
新型骈俪体碑文的特征。

作为一种成熟文体,骈文固然在唐代长盛不衰,但古文的兴起也锐不
可当。伴随着社会需要和文体流变,处于上升阶段的古文越来越受到文人
的重视,像四杰、陈子昂等都尝试将散体古文引入碑志文的创作,张说、苏
颋的碑文固然以骈俪为体征,但在语言句式上也开始追求骈散结合,行文
也显示出由骈入散的趋势。迨至中唐,独孤及、梁肃、李华、权德舆等古文
家都以古体散文作碑文,特别是韩愈、柳宗元发动古文运动,将碑志文创作
视为文体革新的一部分,对传统骈俪碑志文进行变革,推崇文以明道、补救
时政,其弟子李翱、皇甫湜、樊宗师等人紧随其后,兼之时人白居易、元稹、
刘禹锡等也从不同角度予以响应。使得作为礼制应用的碑志文充分发挥
政教功能,与时代政治紧密结合,内容充实,思想刚健,行文若行云流水,抒
写流畅,论说明澈,语言句式更显灵动自由,变化多姿,可谓彻底抛弃骈俪
文风的繁文缛节、华靡不实之弊,在体例格式与思想内容上都呈现出新的
风貌。韩柳等人以灵活自如的散体文法创作碑志文,其记述生动,立意深
刻,表现丰富,在保持碑文传统应用性的同时,更加强其文学性,受到当时
文人的广泛欢迎和学习,这就从根本上动摇了传统碑志文以骈俪为宗的文
体地位,确立新式散体碑志文范式,并在文坛上取得支配性的统治地位。
所以在有唐一代乃至整个中国古代碑志文体的流变过程中,韩愈功不可

没,可谓蔡邕、庾信、张说之后促成碑志文体变革的重要人物,其开辟碑志文创作的新体征,影响深远。韩愈之前,碑志文以蔡邕、徐庾为宗;而韩愈之后,碑文莫不以韩愈为法。韩愈死后,文体改革虽趋向衰落,骈俪体碑志文有回归倾向,但杜牧、罗隐、皮日休等人仍以韩愈为宗,创作散体碑志文。迨至宋代,伴随着诗文革新大潮的到来,以欧阳修为核心的文人大力尊韩学韩,在碑志文创作上,更以韩愈为宗,大力写作散体碑志文,如欧阳修作110篇,曾巩作65篇,王安石作127篇,皆以散体写就,叙事畅达,思虑深沉,语言句式长短不一,灵活自如,无骈俪体繁缛藻饰之风。刘师培《论文杂记》云:"宋代之初,有柳开者,文以昌黎为宗。厥后苏舜钦、穆伯长,尹师鲁诸人,善治古文,效法昌黎,与欧阳修相唱和。而曾、王、三苏咸出欧阳之门,故每作一文,莫不法欧而宗韩。古文之体,至此大成。即两宋文人,亦以韩欧为圭臬。试推其故,约有三端:一以六朝以来,文体益卑。以声色词华相矜尚,欲矫其弊,不得不用韩文;一以两宋鸿儒,喜言道学,而昌黎所言,适与相符,遂目为文能载道,既宗其道,复法其文;一以宋代以降,学者习于空疏,枵腹之徒,以韩欧之文便于蹈虚也,遂群相效法。有此三因,而韩欧之文,遂为后世古文正宗矣。"[①]此后碑志文也大多以散体书写,如明代前后七子、唐宋派文人,清代袁枚等诸名家的碑志作品,都表现出明显的散体文特征。

　　唐代碑文固然骈散两体并行,中唐以后散体碑文影响虽更为深远,但碑志文首先是一种应用文体,具有强烈的应用性。这首先表现在要能用于显扬坟墓、起着标识作用,其次表现为能用于抒发哀悼缅怀之情,尽礼仪民俗之需,再之要能用于流传后世,以资永垂不朽。所以唐人无论以骈体还是散体创作碑志文,都要具备鲜明的应用性体征。明代王行《墓铭举例》说:"凡墓志铭,书法有例,其大要十有三事焉:曰讳,曰字,曰姓氏,曰乡邑,曰族出,曰行治,曰履历,曰卒日,曰寿年,曰妻,曰子,曰葬日,曰葬地,其序如此,如韩文《集贤校理石君墓志铭》是也,其曰姓氏,曰乡邑,曰族出,曰讳,曰字,曰行治,曰履历,曰卒日,曰寿年,曰葬日,曰葬地,曰妻,曰子,其序如此,如韩文《故中散大夫河南尹杜君墓志铭》是也。其他虽序次或有先后,要不越此十余事而已,此正例也,其有例所有而不书例,所无而书之者,

---

　　①　刘师培:《中国中古文学史》,中华书局,1959年,第121页。

又其变例，各以其故也。"①就结构而言，唐人碑志体大虑周，特征明显。其有志有铭，志的部分罗列记叙，记述丰富，列举详细周全，于上述王行所列举碑志的诸要素无所不包，铭的部分对人作总结概括，颂扬感叹。兹举例如下：

如张说《赠太州刺史杨君神道碑（铭并序）》：

公讳志诚，字某，宏农华阴人也。厥初生人，为姬伯之祖；因邑命氏，有杨侯之胤。其后东陵奋而开国，西汉盛而移关。门庐隐隐，亘连桃塞之上；碑阙岩岩，蔽满华山之下。明德之后，世有人焉。大王父隋直阁将军、岷、蔚、抚、豪、道五州刺史、邢国公讳贵，大父故右卫副率，慈、汾二州刺史静公讳誉，考故常州刺史、工部侍郎、鸿胪卿、金紫光禄大夫、散骑常侍、太子少师、赠仪同三司、上柱国、郑国懿公讳崇敬。若夫家声代业，累德积仁，故以克隆前统，光启来叶矣。

公禀纯嘏之粹灵，渐轨物之名教，端操以正己，崇让以与人，励精以探道，善问以毓德，学无不达，艺无不周。成童有倾瞩之望，既冠为宗匠之表。年十三，调太常挽郎，寻补潞王典签。大夫门子，执绋桥山；王国词人，曳裾睢苑；皆一时之选也。显庆中，诏郡国举贤良，公对策天朝，无能出其右者，迁太子通事舍人。再举高第，徙国子监丞，坊监清流，才地兼择；东朝束带，银榜增华。西序漂缨，环林益润。高宗接千岁之统，嗣百王之业，封岱岳，禅云亭，稽于旧章，俟兹通博。乃除公礼部员外郎。祀事克明，大典攸序。建邦分职，得人者昌。吏曹居六官之首，求郎尽一台之妙，又转公吏部员外郎。准的文昌，羽仪丹地。丁太夫人忧去职，公至行纯笃，几于灭性，虽杖经外除，而柴瘠加等，门人记其丧礼，天子忧其死孝。服阕，授幽州三水令。曳尚方之舄，鸣单父之琴，志道不矜其大才，勤政无陋其小邑，美声流于齿籥，惠化匝于周原。又应文擅词场举，策试天下第一，敷陈圣谟，启沃明主，究天人之际，建皇道之极，如有用我者，其为东周乎。朝廷纳贾生之言，排汲直于外，拜公陇州司马。未及赴官，遘疾卒于长安之私第，春秋若干。王祥未施于邦政，陈寔近终于邑长，位不充德，其如命何。神龙初，中宗克复丕业，格于文祖，乃眷从臣，缅怀先正，以公二子在章绶之列，追赠公使持节太州诸军事、太州刺史。非夫立言不朽，阴德阳报，安有菀诸孤而隆家，既

①　［明］王行：《墓铭举例》卷一，［清］纪昀等：《文渊阁四库全书》，第1482册，第381页。

没世而荣号哉。

夫人天水赵氏，殿中监、武强公某之女也。受训公宫，作合君子，言容贲于国史，德行循于法度，六姻之内宗焉。始有辅佐之力，卒延门户之寄。初，公之捐馆也，九子呱呱，哀衰丧位，赖夫人是顾是复，日就月将，徙宅依仁，闺门成训。三十年内，八子登朝，廷交虎绶之华，门接鱼轩之轸。某年月日，封梁国太夫人。景龙二年五月七日，终于长安之延寿里。间者，遭家迁播，几筵靡托，而今蒙国昭洗，情礼获中。以先天元年十月二十五日，合葬于少陵原，礼也。第二、第三子夫人在堂而没，长子、第八子（夫人）在殡而亡。今并列于茔兆，用嘉魂魄。长子故兵部郎中澄，中子前武卫将军泚，永怀徽烈，思勒铭颂。郎中昔尝绪言，意感延州之许；将军今复哀托，情深旧馆之悲。高迹难名，短词莫逮，采诸故老，恭存梗概。其词曰：

昂昂杨君，秉心泉懿。大河灵岳，含光毓粹。学妙研精，文道逸思。行为时范，言为故事。存蕴令德，没扬虚位。善庆克家，哀荣乃备。嗣姑称姒，敬妻曰冀。复有母仪，千载一致。贞坟土陇，同封此地。芳烈攸哉，金生碑字。[1]

再如韩愈《银青禄大夫守左散骑常致仕上柱国襄阳郡王平阳路公神道碑铭》：

惟路氏远有代序，自隋尚书兵部侍郎讳衮，四代而至冀公。冀公讳嗣恭，以小邑萧关令发闻，开元受赐更名，书于太史。治行灵州，终功南邦，享有丕祉，绍开厥家。官至兵部尚书，封冀国公，薨赠尚书右仆射司空。

公讳应，字从众，冀公之嫡子。用大臣子谨饬擢至侍御史、著作郎。选刺虔州，割余雩都，作县安远，以利人属。凿败滩石，以平赣梗。陶覽而城，罢人屡筑。诏嗣冀封，又加尚书屯田郎中，进服色，遂临于温，筑堤岳城横阳界中，二邑得上田，除水害。拜尚书兵部郎中兼御史中丞、淮南军司马，改刺庐州，又覽其城，人不岁苦。入为尚书职方郎中，兼御史中丞，佐盐铁使。使江东有功，用半岁历常州，迁至宣、歙、池观察使，进封襄阳郡王。至则出仓米，下其估半，以廪饿人。蜀、辟诛，行军千五百人于蜀。李锜将反，以闻，置乡兵万二千人。锜反，命将期以卒救湖、常，坐牢江东心。锜以无助败缚。作

---

①　熊飞：《张说集校注》卷一六，第807—809页。

响山亭,营军于左右,权丞相善之,镵其说响山石。居宣五年,以疾去位,校其仓,得石者五十万余,府得钱千者八十万。公之为州,逢水旱,喜贱出与人。岁熟,以其得收,常有赢利。故在所人不病饥,而官府蓄积。

元和六年,天子悯公疾,不可烦以职,即其处拜左散骑常侍,以其禄居。其岁九月望,薨于东都正平里第,年六十七。明年,葬京兆万年少陵原。夫人荥阳郑氏祔。既,其子临汉县男贯与其弟赏员谋曰:"宜有刻也。"告于叔父御史大夫鄜坊丹延观察使恕,因其族弟进士群以来请铭,遂以其事铭曰:

冀公之封,维艰就功。襄阳继大,启庆自躬。于虔洎温,厥绪既作。以及职方,遂都邦伯。朝夕人事,下完上实。师于其乡,邻寇逼屈。营军响山,墙屋修施。襃功刻表,丞相之辞。受代而家,叙疏及途。病不能廷,食禄卒齿。凡代大家,维难其保。既显既愿,戒于终咎。伊我襄阳,克慎以有。延昪后承,莫不率守。有墓于原,维树在经。以告无期,博士是铭。①

两篇碑文虽一骈一散,但都从墓主的名讳家世写起,逐层铺叙,写其乡邑籍贯,写其门第出身,从个人的官阶履历到生卒之年、葬日葬地,再到其家庭婚姻、妻子儿女的状况等,资料完备,记载周详,可谓无所不包,使得人们对墓主本人能有较为详细的了解。行文具有相当的现实针对性和历史价值,既可用于标示坟茔葬地,又可用于仪礼之需,抒发祭悼之情,也可用于记叙墓主生平活动,类似于档案史传等,满足多方面的需要,在内容形式上体现出唐代碑志文体明显的应用性特征。

二、因人而异,相题设施,体无定法

初唐碑志文,开头都有一段较长的序文,议论抒情,就时事人生作出慨叹,然后引出正文,在记叙墓主的个人资料时,于家世背景、祖业勋爵等,罗列极为详细,铺陈排比,藻饰丰富,如魏征《唐故邢国公李密墓志铭》开头:"观乎天造草昧之初,有圣经纶之始,原鹿逐而犹走,瞻乌飞而未定,必有异人间出,命世挺生,负问鼎之雄图,郁拔山之壮气,控御英杰,鞭挞区宇,志逸风飙,势倾海岳,或一丸请封函谷,或八千以割鸿沟,夏殷资以兴亡,楚汉由其轻重,懋功隳乎既立,奇策败于垂成,仰龙门以摧鳞,望天池而坠翼,求之前载,岂代有其人者哉?"然后才切入正题:"公讳密,字元邃,陇西成纪

---

① 马其昶:《韩昌黎文集校注》,第 392—395 页。

人。自种德降祉，宏道垂风，导碧海之长澜，竦阆峰之遥构，家传余庆，明哲继轨，论文德则弼谐舜禹，语武功则经纶秦汉，其余令闻令望，且公且侯，……盖亦耆旧未得尽传，良史莫能详载矣。曾祖弼，周太师上柱国卫公。祖曜，周太保魏公。父宽，隋上柱国大将军凉州总管蒲山郡公。"逐层铺叙李密的家世背景，祖功勋业，个人履历政绩等。杨炯《唐同州长史宇文公神道碑》也如此行文，仅开头叙述墓主祖业门第就达六百多字，罗列繁富，描写周详，体现出骈俪文体的显著特色。这说明自魏晋起形成的门阀观念和士族意识还很盛行，对唐初士人还有着重要影响，其行文因此也有着更多骈俪文风的形式主义倾向。

迨至盛唐以后，以张说、苏颋为代表的碑志作家，简化甚至取消开头的引文，直接以叙写墓主名讳经历开始，可谓开门见山切入正题，一般文末再抒情议论。正文部分在涉及墓主的家世背景，祖宗勋业时，也不再如初唐碑志作详细繁富的排比铺陈，而是简笔带过，将行文重点放在对墓主个人才性品格、人生建功立业经历的叙述上，彰显个人奋斗精神，如张说《故开府仪同三司上柱国赠扬州刺史大都督梁国公姚文贞公神道碑奉敕撰》写姚崇："叙曰：八柱承天，高明之位定；四时成岁，亭育之功存。画为九州，禹也，尧享鸿名；播时百谷，弃也，舜称至德。由此言之，知人则哲，非贤罔乂，致君尧舜，何代无人？有唐元宰曰梁文贞公者，位为帝之四辅，才为国之六翮，言为代之轨物，行为人之师表：盖维岳降神，应时间出者也。公讳崇，字元之，姚姓。有虞之后，远自吴兴，近徙于陕，今家洛阳焉。烈考长沙文献公，树勋王室，建旟旧府。公纨绮而孤，克广前业，激昂成学，荣问日流，武库则矛戟森然，文房则礼乐尽在。弱冠补孝敬挽郎。"开头序文字数不足百字。《齐黄门侍郎卢思道碑》开头则省去序文，直接从墓主本人写起："有齐黄门侍郎范阳卢公，讳思道，字子行，涿州人也。……禀天灵杰，承家令轨，清明虚受，磊落标奇，言不诡随，行不苟合，游必英俊，门无尘杂。至于求己励学，探道睹奥，思若泉涌，文若春华，精微入虚无，变化合飞动，斯固非学徒竭才仰钻之所逮也。"其余苏颋《御史大夫赠右丞相程行谋神道碑》《扬州大都督长史王公神道碑》《刑部尚书韦抗神道碑》等，亦如此。典型如李白《武昌宰韩君去思颂碑》，尽管墓主韩仲卿的祖业显赫，其高祖、曾祖等先后都担任过朝廷要职，显贵一时，但李白只是列叙其职而不作伸展："七代祖茂，后魏尚书令安定王。五代祖钧，金部尚书。曾祖晙，银青光禄大夫雅州刺史。祖泰,曹州司马。"寥寥数句,就对其祖勋一笔带过,写其家庭生活,也是简单勾勒,而对于墓主的人格魅力,政治才能,则浓墨书之。《虞城县令李公去思颂碑并序》写墓主祖勋也是简单带过,然后总结道:"皆纳忠王庭,名镂钟鼎,侯伯继迹,故可略而言焉。"表明简叙墓主家世祖勋的原因。这说明盛唐以后,科举取士制度已趋定型,自魏晋以来形成的九品中正制用人传统走向没落,时人的士族意识、门阀观念正逐渐淡化。广大寒门才子踊跃奋起,积极参政,焕发出前所未有的人生豪情,故其文风清新明快,精简凝练,如此淡化墓主的门第族谱,重视其性习特征,突出其才能贡献、个人奋斗精神的写法,导致唐人碑文显著的文体特征。

张说《与营州都督弟书》云:"骨肉世疏,居止地阔,宗族名迹,不能备知。……夫五常之性,出于五行,禀气所钟,必有偏厚,则仁义礼智信,为品不同;六艺九流,习科各异。若以稷契之事,赞于巢由;孙吴之术,铭于游夏;必将神人于愊,未以为允。"①其认为每个人的禀气有偏,为品不同,习科各异,作为行状和碑志,就要写出各自的特点,注意人物不同的品性特征,而不可滥加铺叙铭赞。张说还对碑志文和史传文有着不同的文体认识,其《中书令逍遥公墓志铭》在描写墓主的才华个性、德行品节外,又写道:"至于历官次序,平居事业,当见郡府遗爱之碑、国史名臣之传,故不存焉。"②这些都是唐人对于碑志文的新见解,其创作也都体现了这一文体特征,如张说、苏颋的作品《郇国长公主神道碑铭》《唐故豫州刺史魏君碑》《拨川郡王碑奉敕撰》《唐处士张府君墓志铭》等,当繁就繁,当简便简,因人物的具体不同而行文,写贵妇似贵妇,写将军似将军,写士吏便似士吏,这其中最有成就者当推韩愈。

李涂《文章精义》云:"退之诸墓志,一人一样,绝妙。"③"退之墓志,篇篇不同,盖相题而设施也。"④所谓一人一样,篇篇不同,是指韩愈碑文不仅在于篇章结构安排之异,而且在于表现人物性习之殊的高明写法,赞扬韩愈作碑文能从实际出发,结合墓主们才华贡献、身份地位及人品性格的具体不同而行文,避免千篇一律、把每个人都写成一个模样的程式化写法。

---

① 于景祥、李贵银:《中国历代碑志文话》,第 210 页。
② 熊飞:《张说集校注》卷二二,第 1056—1057 页。
③ [宋]陈骙、李涂:《文则·文章精义》,第 68 页。
④ [宋]陈骙、李涂:《文则·文章精义》,第 71 页。

如韩愈写给权德舆的《唐故相权公墓碑》，其完整周全，书写顺序前后有别，有条不紊，极为工整平稳，严正庄重，如此行文符合墓主作为一代贤相的身份、地位及品性，而《南阳樊绍述墓志铭》体例安排则不拘一格，行文结构次序完全打乱，不乏怪异之风，如此颇似樊绍述的为人。再如其《柳子厚墓志铭》议论抒情，文多抑郁不平之气，颇似柳宗元为人忧愤深广的性格特点，而《试大理评事王君墓志铭》更以传奇小说手法行文，颇似墓主好奇任性的品性。《贞曜先生墓志铭》大发不平之鸣，苍凉凄清，颇似孟郊怀才不遇、苦寒终生的文风。正所谓："退之志樊绍述，其文似樊绍述，志子厚，其文似子厚。"[1]而《平淮西碑》则雍容和雅，质实刚劲，"浑噩似诰铭，高古如《雅》《颂》。体裁宏巨，断为唐文第一。"[2]吴讷所论"古今作者，惟昌黎最高。行文叙事，面目首尾，不再蹈袭。"[3]可谓对以韩愈作品为代表的唐代碑志文这一特征的高度赞扬。

三、正体与变体，变而不失其正

有唐三百年，碑志文包容丰富，体式不断演进，最终呈现出正体、变体兼容并行的特色，文体变革精神强烈，为进一步区别正体与变体，兹以韩愈四篇碑志为例，分析如下：

唐故相权公墓碑

上之元和五年，其相曰权公，讳德舆，字载之。其本出自殷帝武丁，武丁之子降封于权。权，江汉间国也。周衰，入楚为权氏。楚灭徙秦，而居天水略阳。符秦之王中国，其臣有安邱公翼者，有大臣之言。后六世至平凉公文诞，为唐上庸太守、荆州大都督长史，焯有声烈。平凉曾孙讳倕，赠尚书礼部郎中，以艺学与苏源明相善，卒官羽林军录事参军，于公为王父。郎中生赠太子太保讳皋，以忠孝致大名，去官，累以官征，不起，追谥贞孝，是实生公。

公在相位三年，其后以吏部尚书授节镇山南，年六十以薨。赠尚书左仆射，谥文公。公生三岁，知变四声，四岁能为诗，七岁而贞孝公卒，来吊哭者见其颜色声容，皆相谓"权氏世有其人"。及长，好学，孝敬祥顺。贞元八

<hr>

① ［宋］陈骙、李涂：《文则·文章精义》，第69页。
② ［清］弘历：《唐宋文醇》评语卷八，于景祥、李贵银：《中国历代碑志文话》，第527页。
③ ［明］吴讷、徐师曾：《文章辨体序说·文体明辨序说》，第53页

年,以前江西府监察御史征拜博士,朝士以得人相庆。改左补阙,章奏不绝,讥排奸倖,与阳城为助。转起居舍人,遂知制诰,凡撰命词九年,以类集为五十卷,天下称其能。十八年,以中书舍人典贡士,拜尚书礼部侍郎。荐士于公者:其言可信,不以其人布衣不用;即不可信,虽大官势人交言,一不以缀意。奏广岁所取进士明经,在得人,不以员拘。转户兵吏三曹侍郎、太子宾客。复为兵部,迁太常卿,天下愈推为巨人长德。

时天子以为宰相宜参用道德人,因拜礼部尚书,同中书门下平章事。公既谢辞,不许。其所设张举措,必本于宽大,以几教化,多所助与。维匡调娱,不失其正。中于和节,不为声章。因善与贤,不矜主己。以吏部尚书留守东都,东方诸帅有利病不能自请者,公尝与疏陈,不以露布。复拜太常,转刑部尚书,考定新旧令式为三十编,举可长用。其在山南河南,勤于选付,治以和简,人以宁便。以疾求还,十三年某月甲子,道薨于洋之白草。奏至,天子恫伤,为之不御朝,郎官致赠锡。官居野处,上下吊哭,皆曰:"善人死矣!"其年某月日,葬河南北山,在贞孝东五里。

公由陪属升列,年除岁迁,以至公宰,人皆喜闻,若己与有,无忌嫉者。于顿坐子杀人,失位自囚,亲戚莫敢过门省顾,朝莫敢言者。公将留守东都,为上言曰:"顿之罪既贳不竟,宜因赐宽诏。"上曰:"然,公为吾行谕之。"顿以不忧死。前后考第进士及廷所策试士踵相蹑为宰相达官,与公相先后,其余布处台阁外府凡百余人。自始学至疾未病,未尝一日去书不观。公既以能为文辞擅声于朝,多铭卿大夫功德,然其为家不视簿书,未尝问有亡,费不俟余。公娶清河崔氏女,其父造,尝相德宗,号为名臣。既葬,其子监察御史璩累然服丧来有请。乃作铭文曰:

权在商周,世无不存。灭楚徒秦,嬴刘之间。甘泉始侯,以及安丘。诋诃浮屠,皇极之扶。贞孝之生,凤鸟不至。爵位岂多,半涂以税。寿考岂多,四十而逝。惟其不有,以惠厥后。是生相君,为朝德首。行世祖之,文世师之。流连六官,出入屏毗。无党无仇,举世莫疵。人所惮为,公勇为之。其所竞驰,公绝不窥。孰克知之,德将在斯。刻诗墓碑,以永厥垂。①

此可谓韩愈碑志之正体,重在叙述一代名相权德舆的一生,碑文分志和铭两部分,志的部分直接从权德舆的姓氏名讳写起,逐步交代其籍贯及

---

① 马其昶:《韩昌黎文集校注》,第469—474页。

家族,在叙述其才性政绩的同时展开对其个人成长的叙述,列举其官阶履历,最后对其具体丧葬日期、地点及个人家庭状况做叙述,结尾铭词部分对墓主进行综合概论,议论抒情,赞扬墓主的文采政绩,品格贡献。行文内容完整,叙述详尽,前后有别,顺序井然,可谓墓主小传,符合王行所言碑志基本要素的"大要十有三事"①,内容体例都严谨规范、庄重得体,合乎权德舆作为朝廷重臣的身份地位,可谓文如其人。

南阳樊绍述墓志铭

樊绍述既卒,且葬,愈将铭之,从其家求书,得书号《魁纪公》者三十卷,曰《樊子》者又三十卷,《春秋集传》十五卷,表、笺、状、策、书、序、传、记、纪、志、说、论、今文、赞、铭,凡二百九十一篇,道路所遇及器物门里杂铭二百二十、赋十,诗七百一十九。曰:多矣哉! 古未尝有也。然而必出于己,不袭蹈前人一言一句,又何其难也! 必出入仁义,其富若生蓄万物,必具海含地负,放恣横从,无所统纪。然而不烦于绳削而自合也。呜呼! 绍述于斯术,其可谓至于斯极者矣。

生而其家贵富,长而不有其藏一钱。妻子告不足,顾且笑曰:"我道盖是也。"皆应曰:"然。"无不意满。尝以金部郎中告哀南方,还言某师不治,罢之,以此出为绵州刺史。一年,征拜左司郎中,又出刺绛州。绵绛之人,至今皆曰:"于我有德。"以为谏议大夫,命且下,遂病以卒,年若干。

绍述讳宗师。父讳泽,尝帅襄阳、江陵,官至右仆射,赠某官。祖某官,讳泳。自祖及绍述三世,皆以军谋堪将帅策上第以进。绍述无所不学,于辞于声天得也,在众若无能者。尝与观乐,问曰:"何如?"曰:"后当然。"已而果然。铭曰:

惟古于词必己出,降而不能乃剽贼。后皆指前公相袭,从汉迄今用一律。寥寥久哉莫觉属,神徂圣伏道绝塞。既极乃通发绍述,文从字顺各识职。有欲求之此其躅。②

襄阳卢丞墓志铭

范阳卢行简将葬其父母,乞铭于职方员外郎韩愈,曰:"吾先世世载族姓书:吾胄于跖跋氏之宏农守;守后四代吾祖也,为沂录事参军。五世而吾父也，为襄阳丞。始吾父自曹之南华尉，历万年县尉，至襄阳丞，以材任烦，能持廉名。去襄阳则署盐铁府，出入十年，常最其列。贞元十三年，终其家，年六十七，殡河南河阴。吾母漖（敦）煌张氏也。王父瓘，为兖之金乡令，先君殁而十三年夫人终，年七十三，从殡河阴。生子男三人：居简，金吾兵曹；行简则吾，其次也，大理主簿佐江西军；其幼可久。女子嫁浮梁尉崔叔宝。将以今年十月，自河阴启葬汝之临汝之汝原。"吾曰："阴阳星历，近世儒莫学，独行简以其力余学，能名一世。舍而从事于人，以材称；葬其父母，乞铭以图长存。是真能子矣，可铭也。"遂以铭。宏农讳怀仁，沂讳璬，襄阳讳某。今年实元和六年。[1]

唐故太学博士李君墓志铭

太学博士顿丘李于，余兄孙女婿也。年四十八，长庆三年正月五日卒。其月二十六日，穿其妻墓而合葬之，在某县某地。子三人，皆幼。

初，于以进士为鄂岳从事，遇方士柳泌，从受药法，服之往往下血，比四年，病益急，乃死。其法以铅满一鼎，按中为空，实以水银，盖封四际，烧为丹沙云。余不知服食说自何世起，杀人不可计，而世慕尚之益至，此其惑也！在文书所记及耳闻相传者不说，今直取目见亲与之游而以药败者六七公，以为世诫。工部尚书归登、殿中御史李虚中、刑部尚书李逊、逊弟刑部侍郎建、襄阳节度使工部尚书孟简、东川节度御史大夫卢坦、金吾将军李道古：此其人皆有名位，世所共识。工部既食水银得病，自说若有烧铁杖自颠贯其下者，摧而为火，射窍节以出，狂痛号呼乞绝；其茵席常得水银，发且止，唾血数十年以毙。殿中疽发其背死。刑部且死谓余曰："我为药误。"其季建，一旦无病死。襄阳黜为吉州司马，余自袁州还京师，襄阳乘舸邀我于萧洲，屏人曰："我得秘药，不可独不死，今遗子一器，可用枣肉为丸服之。"别一年而病，其家人至，讯之，曰："前所服药误，方且下之，下则平矣。"病二岁竟卒。卢大夫死时，溺出血肉，痛不可忍，乞死，乃死。金吾以柳泌得罪，食泌药，五十死海上。此可以为诫者也。蕲不死，乃速得死，谓之智，可不可也？

五谷三牲、盐醯果蔬，人所常御。人相厚勉，必曰强食。今惑者皆曰："五谷令人夭，不能无食，当务减节。"盐醯以济百味，豚、鱼、鸡三者，古以养

---

① 马其昶：《韩昌黎文集校注》，第381—383页。

老。反曰："是皆杀人，不可食。"一筵之馔，禁忌十常不食二三。不信常道而务鬼怪，临死乃悔。后之好者又曰："彼死者皆不得其道也，我则不然。"始病，曰："药动故病，病去药行，乃不死矣。"及且死，又悔。呜呼！可哀也已，可哀也已！①

如此都可谓韩愈碑志文的变体，结构上一反常规，或志铭结合，或有志无铭，行文也不遵循传统从墓主的名讳姓氏、乡邑族出等写起，而是直接从叙写墓主的文学成就和亲属的乞铭之辞入手，夹叙夹议，感慨伤情，然后叙述墓主的官阶履历，一直到行文的最后，才对墓主的个人基本资料如家世祖功等叙述完毕，变中又正。特别是后篇《唐故太学博士李君墓志铭》，虽为墓志铭，但通篇都描写墓主等人因乱食丹药而死的悲剧，于其家世门第、官阶履历、才华贡献、品行功德等都只字不提，此种变体碑文，在文体特征上更大异于正体。

"文体是指一定的话语秩序所形成的文本体式，它折射出作家、批评家独特的精神结构、体验方式、思维方式和其他社会历史、文化精神。"②韩愈等人发起文体革新运动，在碑志文中弘扬道统思想，维护儒学正统地位，维护王政一统，追求行文思想内容的质实刚健及叙人论事的深度评价体系，而为此进行的文章形式上的变革，如打破骈俪定势，以散句行文，结构秩序的自由调整及议论抒情成分的加重等，这就滋生了更多的变体碑志文。唐末碑志文在衰落中，也有所变化，其中杜牧、李商隐、李德裕虽作有不少正体式碑志文，但伴随着小品文的兴起，碑志文也多创变，作家作碑文不叙官阶家世，不写性习，而多议论抒情，借古喻今，感慨时事，如罗隐、皮日休等人的碑文，多不叙墓主的官阶家世，而重视墓主的才华贡献及品性，写其怀才不遇，隐居而终的人生，怀古伤今，忧患自我，如此也多变体、别体之风。

此外，因为科举制度的原因，唐人碑志文还具有好策论时事的特征。科举制度以明经取士，注重策论，一定程度上，造成唐代碑志文关注现实、好策论国事的特点，这在中晚唐表现尤为突出，比如韩愈、柳宗元、白居易、杜牧、李德裕等人的碑文，于此都多有表现。而宋代欧阳修又对碑文之"变"进行理论阐释，提出"简而有法"③、"言以载事，而文以饰言。事信言文，乃能表见

---

① 马其昶：《韩昌黎文集校注》，第553—555页。
② 童庆炳：《文体与文体的创造》，第1页。
③ 《论尹师鲁墓志》，[宋]欧阳修：《欧阳修全集》卷七二，第1045页。

于后世"①的新思想。此后伴随着欧阳修在文坛领导地位的确立,曾巩、三苏、王安石等著名文人从不同方面与之配合,文体革新运动不断展开,道统思想下的新变之文成为文坛的普遍创作现象,此方面业界研究颇多,不赘②。

前面从形式体例上分析碑志文"正"、"变"之别,碑志文是一种古老的应用文体,伴随着文学演进的大潮,总是在稳定中变革,在变革中前进,因此,所谓"正体"与"变体"都是相对而言的,两者之间既有异性又有共性。在古人的观念中,文体有正变、雅俗、高下之分。古人往往推崇正宗的、古典的、高雅的、朴素的、自然的文体,相对轻视时俗的、流变的、华丽的、拘泥过多的文体。这就导致变体为文中出现了一种现象,即以雅正、品位高的文体去改造流变的、品位卑下的文体,以提高其格调和品位,相反情况却罕见。韩愈发动古文运动即此例,欧阳修对韩愈碑志文的改造亦此例。清代桐城派在理论和创作上也都表现了"以古文为时文"的兴趣。这种变体为文的习惯,就深层意义而言,反映了中国古代崇尚古典朴素与风华的审美价值取向③。当然,中国古典文体学家认为无论文章外在形式如何变化,但内在的体用"未尝变"。范应宾《文章缘起注·题辞》云:"由两汉而还,文之体未尝变,而文渐以靡,诗则三百篇变而《骚》,《骚》变而赋,赋变而乐府,而歌行,而律,而绝,日新月盛,互为用而各不相袭,此何以故? 则安在斤斤沿体为,体者法也,所以法非体也,离法非法,合法亦非法,若离若合,政其妙处不传,而实未尝不传。……不有体,何以拟议? 不知体之所从出,何以为体? 而极之无所不变。"④此所云"文之体"指文章的本体,即文章的内质,姚鼐也强调体用不二。作为中国古代重要应用文体,碑志文无论如何流变,同样遵循此规律,具体表现如下:

(一)应用性是碑志文的基本功能。碑志文因殡葬礼仪而产生,悼亡安死,慎终追远,尽民俗礼制之需,所以其首先是一种应用文,具有强烈的实用性。无论以何种体式创作碑志文,都要具备鲜明的应用体征,可谓万变不离其宗。明人王行云:"凡墓志铭,书法有例,其大要十有三事焉:曰讳,

---

① [宋]欧阳修:《代人上王枢密求先集序书》,《欧阳修全集》卷六八,第984页。

② 参看崔际银:《始于笃学终乎变新——略论欧阳修对韩愈的继承与发展》,《河北师范大学学报》1996年第4期;熊礼汇:《欧阳修对韩愈古文艺术传统的接受与超越》,《江西师范大学学报》2008年第4期。

③ 吴承学:《辨体与破体》,《文学评论》1991年第4期。

④ [明]陈懋仁:《文章缘起注》,丛书集成初编本,中华书局,1985年。

曰字,曰姓氏,曰乡邑,曰族出,曰行治,曰履历,曰卒日,曰寿年,曰妻,曰子,曰葬日,曰葬地,其序如此。……其他虽序次或有先后,要不越此十余事而已,此正例也,其有例所有而不书,例所无而书者,又其变例,各以其故也。"①就碑志文写作必备要素作了说明,这是正体、变体碑文都应遵行的。

(二)追求应用性与文学性的结合,是碑志文的发展方向。就文体形态而言,蔡邕式正体碑文以叙事为本,层层铺叙,平稳质木、工整规范,更适合传统礼俗需要。这在初唐时期碑文创作中表现明显,而盛唐以张说、苏颋为代表的文儒群体更将其发扬光大,虽不脱骈俪体式,但在思想内容上创作一种合乎时代需求的清新刚健、恢弘壮丽的文风,代表着盛世气象。中唐以来,韩愈式变体碑文倡扬儒道思想,推崇名节观念,在叙事中议论抒情,兼以小说化、诗化写法,使得碑志文成为与诗赋一样可抒情达意、展现文人个性才思的工具,集应用性与审美性为一体,无论是从经世致用还是从尽善尽美的标准衡量,都提高了叙事文体的地位,打破了以罗列铺陈为主的传统文学创作格局,开拓了其抒情言志的功能,这在碑志文发展史上是一大进步。所谓质盛文则史,文胜质则野,文质彬彬,追求内容与形式的统一,是碑志文的必然趋势。正如吴讷、茅坤等方家所论,韩愈体碑文多为后世所法。

(三)碑志文以人为中心,是与人的生命结合最为紧密的一种文体。无论正体、变体,碑志文写人都追求扬善隐恶、记功彰美,但人无完人,对于人物功德的记载及颂扬,从来没有具体的量化标准,这就易导致碑志文谀墓。从蔡邕到韩愈,虽都倡导碑文书写的真实性,但碍于多种因素,均有谀墓嫌疑。《后汉书》:"蔡邕谓卢植曰:'吾为碑铭多矣,皆有惭德,唯郭有道无愧色耳。'"②顾炎武《日知录》据此认为蔡邕谀墓③。而韩愈碑文,围绕着谀墓与否,更引起学界长期的争议,这是我们研究碑志文体时应特别注意的。

吴讷在论述碑志文的内容体例时说:"凡碑碣表于外者,文则稍详;志铭埋于圹者,文则严谨。其书法,则惟书其学行大节;小善寸长,则皆弗录。近世弗知者,至将墓志亦刻墓前,斯失之矣。大抵碑铭所以论列德善功烈,

---

① ［明］王行:《墓铭举例》,［清］纪昀等:《文渊阁四库全书》第878册,第427页。
② ［南朝］范晔:《后汉书》卷六八,第2227页。
③ ［清］黄汝成集释:《日知录集释》卷十九,第1108页。

虽铭之义称美弗称恶,以尽其孝子慈孙之心。"①唐代礼制天下,三百年间因为时代政治变化,碑文内容各有侧重,体例也有不同,导致出现正体与变体并行的现象,但正体和变体是互动的,正中有变,变而不失其正。初唐以虞世南为代表的馆阁群臣继承南朝徐陵、庾信的骈俪旧体文风,但同时王勃、陈子昂也在追求碑文创作的变革之风。殆至盛唐,碑志文创作骈俪风行,体式上不出蔡邕徐陵式体格,但张说、苏颋等人也根据时代需要,推行改革,其碑文思想内容昂扬向上、清新刚健、光朗大气、恢弘壮丽,而体式上也突破骈俪樊笼,开始趋向于骈散结合,可谓正中有变。此后李华、梁肃等人都开始了对碑文体式的探索。中唐时期,因为政治形势及文体改革的需要,韩愈作碑志文追求弘扬道统思想,发挥碑志文的政教功能,扬善惩恶,其碑志文不仅内容刚健有力,更注重对墓主个性特征的描写,以富有个性化的情节描写及体例结构安排,凸显人物特征,言简意赅、思想鲜明,体例周备而不失变化。往往作碑文因人而异,篇篇不同,文如其人。从韩愈的碑志文来看,无论正体、变体,都精简练达,直接从墓主本人写起,甚至取消序文,于其家世门第、祖宗功业,要么简略书之,要么不予书写,整体行文以墓主个人经历事迹为主,着重写其品性气格、才能贡献,所以中唐碑志文多不似初唐、盛唐碑志文之篇幅浩大、列举繁富,更显文思之美。

初唐、盛唐碑志文因为颂美所需,多包容广阔、铺叙详尽,罗列完备,骈辞俪句,藻饰丰富,更具有正统的碑文特征。而中唐时代,碑志作家行文追求实用,写人记事以简明为要,内容上称美不称恶,重在突出墓主的端行大节,体现人物的主要性格特征及才德贡献,故行文在正统写法上又追求变革,篇幅多精短,内容上裁剪得当,有取有舍,详略分明,这就体现出其取材史传,而又和史传明显不同的变体式特征。明人朱荃宰《文通》卷十七云:"金石之撰,体异汗青。史法则褒贬两存,碑志则揄扬独运,故纂文乐石,表镇玄途。"②史传文于传主善恶必书,务求详细周全、资料齐备。而中唐碑志文于材料更多取舍,其繁简得当,主次清楚,且思想内容上已不似初唐、盛唐具备强烈的颂美倾向,故其描写多客观理性,精短凝练,微言大义,避免初唐、盛唐碑志文冗繁浩大、夸饰铺排之弊。因此,中唐碑志文正中有

---

① ［明］吴讷、徐师曾:《文章辨体序说·文体明辨序说》,第52页。
② 于景祥、李贵银:《中国历代碑志文话》,第407页。

变,体式灵活,更多为后世取法,代表着有唐一代碑志文的体例特征。

第三节　唐代碑志文的审美追求

——兼论唐代碑志文的传奇化

碑志文首先是一种应用文体,谈不上文学性,但由于众多文人的参与写作,就有了审美追求,追求文采情思,追求思辨说理,特别是有唐一代,碑志文与振兴时政、弘扬儒学的风潮紧密相连,不少文人都参与写作,其作品内容充实,现实针对性强,且情采飞扬,文笔优美,使得唐代碑志文体现出鲜明的文学审美性,这是文体流变自身的结果,也是时代文化风气的需要。事实上,自蔡邕起,作家们书写碑文,在保持传统应用性的同时,也开始追求其文学性。南朝徐庾,以骈俪体作碑文,藻饰文词,用典繁富,追求辞采语句之美,即是文学性的一种表现。迨至唐代,因为时代思潮和文体流变的原因,诸多文人更以散体写作碑志文,特别将传奇小说、诗歌手法引入碑文创作中,使得碑志文写人记事细节生动,情感浓郁,而场景描写多富于诗情画意之美,这就更增强了碑志文的文学性。

一、唐代传奇小说对碑志的文体渗透

洪迈《容斋随笔》云:"唐人小说,不可不熟,小小情事,凄惋欲绝,洵有神遇而不自知者,与诗律可称一代之奇。"[①]唐代传奇小说发展成熟,其情节曲折,人物生动,风靡一时,在笔法格调上对碑志文创作产生重要影响,尤以中唐以后韩愈等人的碑志作品表现突出,成为文体革新运动的重要一环。

传奇和碑志文分属于两种不同的文体,其中传奇源于先秦以来的小说,"以叙事为主,文体近于野史,中间常穿插诗歌韵语,结尾缀以小段议论,即所谓'文备众体'"[②],在思想内容上虚构曲折情节,富于文采与意想,"源盖出于志怪,然施之藻绘,扩其波澜,故所成就乃特异。其间虽亦或托讽喻以纾牢愁,谈祸福以寓惩劝,而大归则究在文采与意想,与昔之传鬼神

---

① 程国赋:《隋唐五代小说研究资料》,上海古籍出版社,2005 年,第 13—14 页。
② 陈寅恪:《元白诗笺证稿》,上海古籍出版社,1978 年,第 4—5 页。

明因果而外无他意者,甚异其趣矣。①"碑志文则用于殡葬习俗,记述死者的功德,所谓"碑,被也。此本葬时所设也"②。刘勰《文心雕龙·诔碑》也云:"夫属碑之体,资乎史才,其序则传,其文则铭。……此碑之制也"③,可见传奇和碑志一个注重虚构情节,一个注重史传性的实录精神,在思想内容及写法上多有不同,但何以互动渗透,这要从唐代文学的大背景说起。

文体渗透的时代背景:革新与嬗变

唐代建立大一统政权,民族交融,南北文学合流,伴随着大一统政权的日益发展,文学必然要出现新的面貌,以与日益强盛的时代发展相适宜。但"唐之初,承陈、隋剥乱之后,余人薄俗,尚染齐、梁流风,文体卑弱,气质丛脞,尤未足以鼓舞万物,声明六合"④,于是,从初唐时候起,四杰、陈子昂等人就呼吁改革文风。中唐以后,因为时代政治的变化,文体改革运动在理论和实践上蓬勃发展,此尤以韩柳元白为中坚,弘扬儒学的经义道统,强调文章的政教功能,而诸多文人都参与其中。姚铉《唐文粹·序》所论:"韩吏部超卓群流,独高邃古,以二帝三王为根本,以六经四教为宗师,凭凌轹轹,首倡古文。遏横流于昏垫,辟正道于夷坦。于是柳子厚、李元宾、李翱、皇甫湜,又从而和之。……至于贾常侍至、李补阙翰、元容州结、独孤常州,及吕衡州温、梁补阙肃、权文公德舆、刘宾客禹锡、白尚书居易、元江夏稹、皆文之雄杰者欤!"⑤在如此文学改革的背景下,碑志和传奇两种文体的革新发展是大势所趋。而碑志文作为一种古老的应用文体,在唐代创作虽兴盛,但是从初唐起,碑志文的写作因为沿袭传统骈俪体,不断流变发展,终至崇尚淫丽绮艳,走上形式化、唯美化的道路。《旧唐书·文苑中》载"先是文士撰碑颂,皆以徐、庾为宗,气调渐劣"⑥。如此情况下,碑志文亟需改进和嬗变,以适应新的时代需要和文化大潮。而传奇在唐代蓬勃兴起,思想内容丰富多样,艺术形式上篇幅加长,"叙述宛转,文辞华艳,与六朝之粗陈

---

① 鲁迅:《中国小说史略》,上海古籍出版社,2006年,第45页。
② [清]毕沅等:《释名疏证补》卷六,中华书局,2008年,第218页。
③ 范文澜:《文心雕龙注》,第214页。
④ [宋]石介:《上赵先生书》[宋]石介:《徂徕石先生文集》卷十二,第136页。
⑤ [宋]姚铉:《唐文粹·序》,吴文治:《柳宗元资料汇编》,第23页。
⑥ [五代]刘昫:《旧唐书》卷一九〇,第5013页。

梗概者较,演进之迹甚明"①,特别是在中唐时期,传奇创作繁盛,名家名作蔚起,在文体形态及功能形式上发展成熟,其流传甚广,颇受欢迎,具有良好的文学价值和社会效应,必然会对其他叙事文体产生影响,而碑志文也正有这种学习借鉴的需要,以嬗变演进,这就更促进传奇对碑志的渗透和影响。

作家创作观念的变化与文体渗透的形成

文学的发展,包括某种文体形式,不是孤立自足的现象,而是与外在时常发生关系的过程,这不仅体现在文学本体历时性的丰富与充实,也表现在共时性的异体借鉴与吸收②,在唐代文学发展及文体革新的大背景下,传奇对碑志的文体渗透成为必然趋势并最终得以实现,促成这一文学现象的原因很多,包括时代文化思潮、社会需求及文体自身的嬗变规律等,但其中文人自身因素无疑起着重要作用。

传奇本以历史叙事为宗,人们以"自成一家,而能与正史参行"③、"杂以虚诞怪妄之说。推其本源,盖亦史官之末事也"④为其文体定位,而碑志行文也"资乎史才",以求流传不朽,这就使得两者之间有了关联点。而唐代很多碑志作家喜欢传奇小说,甚至本身就是优秀的传奇作家,其常以传奇之笔法撰写碑志文,更有力地推动着两者之间的文体渗透。早在初盛唐时期,文人就对传奇产生浓厚的兴趣,亲身参与写作,并将这种写法带入到碑文创作中,如被誉为大手笔的张说,其位高权重,是一代文坛领袖,尤擅长碑志文的创作,《新唐书》本传称其"为文属思精壮,长于碑志,世所不逮"⑤。值得一提的是,张说本人非常喜欢传奇小说,也是一位传奇作家。王仁裕《开元天宝遗事》卷上《鹦鹉告事》条载:

> 长安城中有豪民杨崇义者,家富数世,服玩之属,僭于王公。崇义妻刘氏有国色,与邻舍儿李弇私通,情甚于夫,遂有意欲害崇义。忽一日醉归,寝于室中,刘氏与李弇同谋而害之,埋于枯井中。其时,仆妾辈并无所觉,

---

① 鲁迅:《中国小说史略》,人民文学出版社,1973年,第54页。
② 崔际银:《唐诗与唐人小说用诗流程之互观》,《陕西师范大学学报》2008年第2期。
③ [唐]刘知几:《史通》内篇《杂述》,第293页。
④ [唐]魏征:《隋书》卷三十三,第982页。
⑤ [宋]欧阳修、宋祁:《新唐书》卷一二五,第4410页。

惟有鹦鹉一只在堂前架上。洎杀崇义之后,其妻却令童仆四散寻觅其夫,遂经府陈词,言其夫不归,窃虑为人所害。府县官吏日夜捕贼,涉疑之人及童仆辈经拷捶者数百人,莫究其弊。后来县官再诣崇义家检校,其架上鹦鹉忽然声"屈"。县官遂取于臂上,因问其故。鹦鹉曰:"杀家主者刘氏、李弇也。"官吏等遂执缚刘氏,及捕李弇下狱,备招情款。府尹具事案奏闻,明皇叹讶久之。其刘氏、李弇依刑处死,封鹦鹉为"绿衣使者",付后宫养喂。张说后为《绿衣使者传》,好事者传之。①

再看同书卷下《传书燕》条:

长安豪民郭行先,有女子绍兰,适巨商任宗,为贾于湘中。数年不归,复音信不达。绍兰目睹堂中有双燕戏于梁间,兰长吁而语于燕曰:"我闻燕子自海东来,往复必经由于湘中。我婿离家不归,数岁蔑有音耗,生死存亡弗可知也。欲凭尔附书,投于我婿。"言讫泪下。燕子飞鸣上下,似有所诺。兰复问曰:"尔若相允,当泊我怀中。"燕遂飞于膝上。兰遂吟诗一首云:我婿去重湖,临窗泣血书。殷勤凭燕翼,寄与薄情夫。兰遂小书其字,系于足上,燕遂飞鸣而去。任宗时在荆州,忽见一燕飞鸣头上,宗讶视之,燕遂泊于肩上。见有一小缄系足上,宗解而示之,乃妻所寄之诗,宗感而泣下。燕复飞鸣而去。宗次年归,首出诗示兰。后文士张说传其事,而好事者写之。②

张说的这两篇传奇原文已轶,但从史料所载来看,早在初盛唐时期,文人已经对传奇产生浓厚的兴趣,而当时传奇文体正处于发展阶段,尚未成熟,但其勃兴之势引起张说等人的注意,并最终将市井之事以传奇的方式记录下来。

钱基博《中国文学史》云:"唐代文章,莫盛于开元天宝。而开风气之先,成一王之法,则有燕国公张说,许国公苏颋,以辅相之重,擅述作之才……而张说诗兼李杜王孟之长,文开唐代小说之局,雄辞逸气,耸动群听;郁郁之文,于是乎在!"③指出张说对于后世文学创作的影响。张说身体力行,将对传奇小说的喜欢付诸创作实践,这就开拓出不同于前人的文

---

① 《唐五代笔记小说大观》,上海古籍出版社,2000 年,第 1720 页。
② 《唐五代笔记小说大观》,第 1737 页。
③ 钱基博:《中国文学史》,第 270 页。

学观念,对后世文学的构建产生深远影响。殆至中唐,文人们多参与传奇小说的写作,涌现出一批传奇作家,正如鲁迅所云:"惟自大历以至大中中,作者云蒸,郁术文苑,沈既济、许尧佐擢秀于前,蒋防、元稹振采于后,而李公佐、白行简、陈鸿、沈亚之辈,则其卓异也。"①而传奇作家的碑文,自然也容易沾上传奇小说的色彩,考察元稹、蒋防的碑志作品,也确实说明了这一点。

　　中唐以后,文人更为喜欢传奇小说,其雅集活动,便多以谈论传奇为主。元稹《酬翰林白学士代书一百韵》"翰墨题名尽,光阴听话移"下自注:"乐天每与予游从,无不书名屋壁,又尝于新昌宅,说《一枝花》话,自寅至巳,犹未毕词也。"②《一枝花》话即白行简之《李娃传》,元稹和白居易历四个时辰尚未讲完,可见其对传奇的喜爱和熟稔程度。当时文人常常"因话奇志,持以相示"③,以致"昼宴夜话,各征其异说"④、"宵话征异,各尽见闻"⑤等。当然,唐代文人们喜欢传奇小说,并非简单的搜奇猎艳,归根结底和文学自身发展规律有关。传奇小说的成熟体态、传播优势,特别是其"托讽喻以纾牢愁,谈祸福以寓惩劝"的思想内容深深影响着文人的创作心态。《甘泽谣》中的《红线》和《传奇》中的《聂隐娘》,专写侠女反抗藩镇叛乱、刺贪刺虐的故事,这合乎中唐政治状况及改革需求,陈寅恪《元白诗笺证稿》所论中唐小说作者即古文运动中心人物,"夫当时叙写人生之文衰弊至极,欲事改进,一应革去不适描写人生之已腐化之骈文,二当改用便于创造之非公式化之古文,则其初必须尝试为之。然碑志传记为叙述真实人事之文,其体尊严,实不合于尝试之条件。而小说则可为驳杂无实之说,既能以俳谐出之,又可资雅俗共赏,实深合尝试且兼备宣传之条件。此韩愈之所以为爱好小说之人。"⑥以韩愈为代表的唐代文人之所以喜欢传奇小说,有着深层次政治需求及文体革新方面的考虑,故创作主体的思想认识决定其书写行为,而这最终也加剧了传奇小说对碑志的文体渗透。

---

① 鲁迅:《唐宋传奇集叙例》,《鲁迅全集》,人民文学出版社,1981年,第141页。
② [唐]元稹:《元稹集》,第116—117页。
③ [唐]牛僧孺:《玄怪录·尼妙寂》,《唐五代笔记小说大观》,第361页。
④ [唐]沈既济:《任氏传》,鲁迅:《唐宋传奇集》,齐鲁书社,1997年,第21页。
⑤ [唐]李公佐:《庐江冯媪传》,鲁迅:《唐宋传奇集》,第59页。
⑥ 陈寅恪:《元白诗笺证稿》,第3—4页。

文体渗透的表现：碑志书写传奇化

　　伴随着文学发展规律，特别是文人自身兴趣爱好的原因，其"著文章之美，传要妙之情"①，这就使得传奇对碑志的渗透日益加深。唐传奇的兴起受到诗歌的影响，传奇也因多诗化描写而备受欢迎，成为其艺术特色，这也影响到碑志作家的创作，自盛唐起，碑志文创作出现明显的传奇色彩，在细节描写及情景塑造方面都有出色表现，兹比较如下：

　　睹一女子，露涵琼英，春融雪彩，脸欺腻玉，鬓若浓云，娇而掩面蔽身，虽红兰之隐幽谷，不足比其芳丽也。②

——裴铏《传奇·裴航》

　　小玉自堂东阁子中而出。生即拜迎。但觉一室之中，若琼林玉树，互相照曜，转盼精彩射人③。

——蒋防《霍小玉传》

　　忽有一人，中形，赤须而虬，乘蹇驴而来。投革囊于炉前，取枕欹卧，看张梳头。④

——杜光庭《虬髯客传》

　　语未毕，而大声忽发，天拆地裂。宫殿摆簸，云烟沸涌。俄有赤龙长千余尺，电目血舌，朱鳞火鬣，项掣金锁，锁牵玉柱。千雷万霆，激绕其身，霰雪雨雹，一时皆下。乃擘青天而飞去。毅恐蹶仆地。君亲起持之曰："无惧，固无害。"毅良久稍安，乃获自定。因告辞曰："愿得生归，以避复来。"君曰："必不如此。其去则然，其来则不然，幸为少尽缱绻。"因命酌互举，以款人事。

　　俄而祥风庆云，融融怡怡，幢节玲珑，箫韶以随。红妆千万，笑语熙熙。后有一人，自然蛾眉，明珰满身，绡縠参差。迫而视之，乃前寄辞者。然若喜若悲，零泪如丝。须臾，红烟蔽其左，紫气舒其右，香气环旋，入于宫中。

---

①　[唐]沈既济：《任氏传》，鲁迅：《唐宋传奇集》，第21页。
②　《唐五代笔记小说大观》，第1101页
③　鲁迅：《唐宋传奇集》，第42页。
④　汪聚应：《唐人豪侠小说集》，中华书局，2011年，第209页。

君笑谓毅曰:"泾水之囚人至矣。"君乃辞归宫中。须臾,又闻怨苦,久而不已。有顷,君复出,与毅饮食。又有一人,披紫裳,执青玉,貌耸神溢,立于君左右。[①]

——李朝威《柳毅传》

清扬神洁,妙指心闲,犹白雪之词,冥通则应,类青溪之曲。[②]

——苏颋《凉国长公主神道碑》

府君幼而好仁,长有全德,身长八尺二寸。行中絜矩,声如洪钟,河目电照,虬须猬磔。进退闲雅,望之若神,以仲由之政事,兼翁归之文武。

——颜真卿《有唐故中大夫使持节寿州诸军事
寿州刺史上柱国赠太保郭公庙碑铭并序》

公之送波斯也,入莫贺延碛中,遇风沙大起,天地暝晦,引导皆迷,因命息徒,至诚虔祷,狗于众曰:"井泉不远。"须臾,风止氛开,有香泉丰草,宛在营侧,后来之人,莫知其处。

——张说《赠太尉裴公神道碑》

中晚唐以后,传奇与碑志互动渗透的趋势更加鲜明,韩愈的诸多碑文充满传奇小说色彩。杜牧的记梦系列碑文,如《唐故进士龚辀墓志》《自撰墓铭》《唐故范阳卢秀才墓志》,透露出人生如梦的思想,这和沈既济《枕中记》、李公佐《南柯太守传》及白行简《三梦记》在内容结构上多相似之处。中唐大历至大中年间传奇创作兴盛,其中不少传奇作家更是碑文名家。由此使得传奇对碑志的文体渗透成功进行。在诸多文人的努力下,唐代传奇小说、诗歌与碑志创作渗透互动,由此使得碑文的出现明显文学审美精神。

二、唐代碑志的文学审美精神

唐以前盛行骈俪体碑文,追求行文的用典、藻饰、声韵之美,然形式的华靡虚浮,使得其内容空洞,也影响着其文学性的发挥。初唐碑志文虽沿袭徐庾旧体,但文体改革也随之展开,至盛唐张说、苏颋等虽仍以骈俪体为

---

① 　汪聚应:《唐人豪侠小说集》,第 43 页。
② 　［清］董诰:《全唐文》卷二五八,第 2614 页。

文,但抒写质实雄浑,刚健大气,追求天然壮丽的行文风格,其碑志作品有着强烈的文学性。兹比较如下:

先生讳寔,字仲弓,颍川许人也。含元精之和,应期运之数。兼资九德,总脩百行。于乡党则恂恂焉,彬彬焉,善诱善导,仁而爱人,使夫少长咸安怀之。其为道也,用行舍藏,进退可度,不徼讦以干时,不迁贰以临下。①

——蔡邕《陈寔碑》

乃授司空公南徐州刺史。于是镇之以清静,安之以惠和,望杏敦耕,瞻蒲劝穑。室歌千耦,家喜万钟,陌上成阴,桑中可咏。……京坻岁积,非劳楚堰之泉。仓廪年丰,无用秦渠之水。②

——徐陵《司空徐州刺史侯安都德政碑》

公资忠履孝,蕴义怀仁,直干百寻,澄波千顷,留心职事,爱玩图籍,官曹案牍,未尝烦委,戎马交驰,不妨余裕,兄弟公侯,国朝亲戚,宜春有汤沐之盛,濯龙无流水之讥,渭南千亩之竹,尚惧盈满,池〔咸〕阳二顷之田,常思止足。③

——庾信《周陇右总管长史赠太子少保豆卢公神道碑》

再看唐人作品:

公体质贞明,机神警悟,五行一览,半面十年,雅善书剑,尤精文史,轻一夫之勇,学万人之敌。至于三令五申之法,七纵七擒之功,出天入地之奇,拔帜拥沙之策,莫不动如神化,应变无穷。负纵横之才,遇风云之会,望紫气以骧首,凌扶摇而振翮,总不召之众,问独夫之罪,从我如流,三分将二,遂有囊括四海之志,并吞六合之心。④

——魏征《唐故邢国公李密墓志铭》

公威声发于雷泉,武毅标于峒岭,小头锐上,猿臂虬须,龙剑摧百胜之锋,蛇矛得万人历敌。拔自行阵,果有吕蒙之才。拜于坛场,不无(爽)韩信

---

① 〔清〕严可均:《全后汉文》卷七八,第780页。
② 〔清〕严可均:《全齐文·全陈文》,第385—386页。
③ 〔清〕倪璠:《庾子山集注》,中华书局,1980年,第931页。
④ 〔清〕董诰:《全唐文》卷一四一,第1436页。

之用。始仕镇戍，历班外府及郎将、中郎，至军副率，虽骤移官守，而恒在疆场。郭知运推毂河源，握符陇右，公未登一命，事主将之旌麾；不出十年，代总戎之节钺。慷慨之士，以为美谈。①

——张说《右羽林大将军王公神道碑奉敕撰》

公神灵特应，金火殊发，含照灼而更幽，蓄坚刚而转锐。常谓处山者猛，不采蓫藑；成蹊者芳，不言桃李。静安独行，泛览群书，以管、晏之谋，迪训贻典。用申、韩之法，征奇撮要。高深广大，尽在是矣。志大好学，首中甲科，初补潞城尉，转赵之平棘，换虞乡主簿。任非待贤。居是适用，婴酷而罢，居丧几灭，率由于至性，每不胜哀。②

——苏颋《御史大夫赠右丞相程行谋神道碑》

公酌以钧（钩）道，和之琴心。于是安四人，敷五教，处必粝食，行惟单车。观其约而吏俭，仰其敬而俗让，激直士之素节，扬廉夫之清波。三月政成，邻境取则。因行春见枯骸于路隅，恻然疚怀，出俸而葬。由是百里掩骼，四封归仁，有居丧行号城市者，习以成俗。公勖之亲邻，厄以凶事，而鳏寡茕独，众所赖焉。可谓变其颓风，永锡尔类。③

——李白《虞城县令李公去思颂碑并序》

迨至中唐，碑志文的语言更趋散化，其文辞流畅自如，特别是韩愈等人的作品，抛弃骈俪文的华靡浮艳之笔，通篇行文以灵活自由的散句写就，文笔清新，文辞优美，且综合运用比喻、反诘、排比等修辞手法，使得写人记事繁简有度，取舍得当，更为生动传神，如此使得传统应用体碑志文更具有文学散文的特征，其文学性极为突出，在文采上更进一步。如韩愈《殿中少监马君墓志》写墓主相貌：

姆抱幼子立侧，眉眼如画，发漆黑，肌肉玉雪可念，殿中君也。当是时，见王于北亭，犹高山深林巨谷，龙虎变化不测，杰魁人也。退见少傅，翠竹碧梧，鸾鹄停峙。能守其业者也。幼子娟好静秀，瑶环瑜珥，兰茁其牙，称其家儿也。

---

①　熊飞：《张说集校注》卷一七，第 840 页，题作《右羽林大将军王氏神道碑（铭并序）》。
②　［清］董诰：《全唐文》卷二五八，第 2614 页。
③　李白：《李太白全集》卷二九，第 1386—1387 页。

其雅致生动、清新优美,可谓文采斐然,其余如柳宗元《唐故特进赠开府仪同三司扬州大都督南府君睢阳庙碑》,刘禹锡《高陵令刘君遗爱碑》,白居易《故滁州刺史赠刑部尚书荥阳郑公墓志铭并序》《唐故武昌军节度处置等使正议大夫检校户部尚书鄂州刺史兼御史大夫赐紫金鱼袋赠尚书右仆射河南元公墓志铭(并序)》,元稹《唐故工部员外郎杜君墓系铭》等,也多语句修辞之美。

像韩柳元白,文名广博,作碑志文学性之鲜明自不论,当时就连一般文人作碑文,无论散体骈体,在追求文采方面都是殊途同归,如王玠《大唐鄜坊丹延等州节度军前讨击使银青光禄大夫检校太子宾客上柱国北平环公故夫人广平郡程氏墓志铭》:"长林之下,萧洒清风;曲岸之傍,丰茸细草。或临流而笑语,或对酒以笙歌。饮膳足供,垒樽不燥。兹乃夫人有中馈之德,副君子好士之心。上客翕然,众口谈一。不亦美矣,不亦罕欤! 岂图积善无征,忽遘斯疾。狂飙震激,绿树摧芳。于戏! 四邻伤恸哭之声,丹旐惨高悬之色。吊宾盈路,孰不叹嗟。实乃夫人之节行也。"欧阳詹《大唐故辅国大将军兼左骁卫将军御史中丞马公墓志铭》写墓主:"公……长八尺有羡,雕姿鹗灵,霜严壁峻。乐而后笑,时而后言。孝弟忠信,分义节概,睹容可见。好史学,历代英豪,得失皆核,其有不正不直,辩论慷慨,若加诸己。明《阴符》,善《司马法》。起家为范阳军要籍,本军疑政,画多自出。"再如李观《项籍碑铭》写项羽的英勇善战:"其余揭竿而呼,争先刺秦者,如林如薮。于时乱浩浩,兵憧憧;风从虎,云从龙;三灵昏而四海空。公乃仗拨乱之剑,希当世之功。浮江而西,有壮士八千,枹鼓于舟中。"精工传神,生动形象,而文辞语句尤为出色,或温婉含蓄,或凝练雅致,或明朗刚健,其清新质朴、平白如话、流畅自如,极具风情神韵之美,在情感气势方面也自胜一筹。

唐代碑志文的文学审美性还体现在场景、细节描写的精工传神上。此尤以盛唐、中唐的碑志文为最,文人们展现社会生活、塑造人物形象,都注重场景和细节的选择。如张说《大唐开元十三年陇右监牧颂德碑》,铺排王朝马匹之繁盛,特别是描写皇帝巡狩的情形,场景描写浩博雄奇、壮丽辽阔,充满着盛世之下物质财富与精神生活双重丰富的时代豪情。其余如《唐故夏州都督太原王公神道碑》《赠凉州都督上柱国太原郡开国公郭君碑奉敕撰》《河州刺史冉府君神道碑》《赠户部尚书河东公杨君神道碑》《河西节度副大使鄯州都督安公神道碑铭并序》《中书令逍遥公墓志铭》等,写政事写战争,都通过典型场景、细节的塑造凸显墓主的英雄形象。《右羽林大将军王公神道碑奉敕撰》写墓主的忠勇报国、临危不惧:"当数百之强虏,然犹虓唉击射,杀伤略半,亭狐兵尽,流矢横及,所谓仆而余威,折而不挠矣。"《赠太尉裴公神道碑》写墓主身为大国之臣的雅量慷慨、宽厚仁慈:"公在礼闱,敕赐善马及宝鞍,令史奔驰,马倒鞍破,惧而逃罪。公使召之曰:'知汝误耳。'又平都支遮匐,大获珍异,酋长将吏,请遍观焉。有马瑙大盘,希代之宝也,随军王休烈捧盘跌倒,应时而碎,叩头流血,惶怖请死。公笑曰:'事有不意,何至重玉而害人乎?'"场景逼真,细节生动,塑造人物形象栩栩如生,其文学性之强,可见一斑。其余如苏颋、王维、李白、颜真卿等,作碑志文也追求场景细节的选择。即使在宫体的骈俪碑文中,也追求细节描写,如写给上官婉儿的《大唐故昭容上官氏铭》(又作《大唐故婕妤上官氏墓志铭并序》):

> 婕妤懿淑天资,贤明神助。诗书为苑囿,捃拾得其菁华;翰墨为机杼,组织成其锦绣。年十三为才人,该通备于龙蛇,应卒逾于星火。先皇拨乱反正,除旧布新,救人疾苦,绍天明命。神龙元年,册为昭容。以韦氏侮弄国权,摇动皇极。贼臣递构,欲立爱女为储,爱女潜谋,欲以贼臣为党。昭容泣血极谏,扣心竭诚,乞降纶言,将除蔓草。先帝自存宽厚,为掩瑕疵,昭容觉事不行,计无所出。上之,请摛伏而理,言且莫从;中之,请辞位而退,制未之许;次之,请落发而出,卒刀挫衄;下之,请饮鸩而死,几至颠坠。①

再看高参《唐故汾阳郡王尚父郭公庙碑铭并序》:

> 在玄宗时,破墨姓处木,讨沙陀处密城,横塞而锁地络,开陉关以走天骄,雷行朔陲,夷落如蛰。无何幽陵难作,天下骚然,上以渔阳劫虏,非雄才不足捍畴,咨董戎公为师锡。既而剿贼西下扰我河曲,俘我振武。公命将出奇,因机荡定,奋便地毓离渠云中马邑。颐指而复俘之,举献珌面缚。嘉山之役,思明瓦解。先是寇难已深,二京远陷,蛇虺纵毒,翠华西游。关中诸将懦者溃而勇者叛。公独以长毂(疑缺字)王。乘精卒五万,扈跸灵武,

---

① 2013年8月,陕西省考古研究院在西咸新区空港新城的考古勘探中,发现一座单室砖券墓,甬道内放置墓志一合,盖题"大唐故昭容上官氏铭",铭文即此,经考证墓主为上官婉儿。李明、耿庆刚:《〈唐昭容上官氏墓志〉笺释——兼谈唐昭容上官氏墓相关问题》,《考古与文物》2013年第6期。

首安行舆。然后奉辞徂征，扬斾万里，群虏顿颡，赢粮请从，遂拔绿绛略河漳。据永丰之粟，断羯胡之臂，良筹妙算，临敌有力。郊西之战，师杂百众，郏鄏之陈，蓟兵四合，皆冰泮燎灭，如攘朽摧枯，绵地千里，扫清六合。①

中唐时碑志文多以散体书写，语言句式的灵活自由，使得行文记事在场景细节描写上更为精工传神、生动形象，颇具文学性之美。如裴度写给名将李晟的《唐故太尉兼中书令西平郡王赠太师李公神道碑铭》：

公幼好学，学不为人。及读吕、张、孙、吴之书，慨然有经邦济物之志。未弱冠，游秦凉间元侯宿将，见者咸器异之。乾元初，尝客武都，值酋豪以缺守遘乱，杀掠平人，公与所从十数骑，驰而射之，殪其为魁者，余党遂循。寇所虏获，积如邱山，公一无所取，惟椎牛酾酒，享士而去。

而柳宗元《唐故特进赠开府仪同三司扬州大都督南府君睢阳庙碑》则通过"自噬其指曰：'唉此足矣！'遂恸哭而返，即死孤城"的细节，表现墓主乞师失败、悲愤交加、战斗而死的性格。再如李翱《高愍女碑》写墓主之死：

愍女姓高，妹妹名也。生七岁，当建中二年。父彦昭，以濮阳归天子。前此逆贼质妹妹与其母兄，而使彦昭守濮阳，及彦昭以城归，妹妹与其母兄皆死。其母李氏也，将死，怜妹妹之幼无辜，请独免其死，而以为婢于官，众皆许之。妹妹不欲，曰："生而受辱，不如死，母兄且皆不免，何独生为！"其母与兄将被刑，咸拜于四方，妹妹独曰："我家为忠，宗党诛夷，四方神祇尚何知？"问其父所在之方，西向哭，再拜，遂就死。②

其余如白居易、元稹、刘禹锡等，碑文也都以细节取胜，特别是韩愈，以传奇小说、史传文手法作碑文，综合运用比喻、反诘、对比、排比等修辞手法，使得写人记事繁简有度，取舍得当，特别是行文场景逼真、细节突出，塑造人物形象更为鲜明生动，如《河南少尹李君墓志铭》《江西观察使韦公墓志铭》《唐朝散大夫赠司勋员外郎孔君墓志铭》《唐故河东节度观察使荥阳郑公神道碑文》《幽州节度判官赠给事中清河张君墓志铭》等，此尤以《国子助教河东薛君墓志铭》中写薛公达射艺高强，《试大理评事王君墓志铭》中写王适骗婚成功最为突出，文学性也更突出，不赘。而晚唐碑志文虽多小

---

① 高宇彤：《长乐市志》，福建人民出版社，2001年，第1203页。
② ［清］董诰：《全唐文》卷六三八，第6445页。

品文之体征，但杜牧、李德裕、皮日休等人的碑志文，其场景、细节描写也颇为突出，如皮日休《刘枣强碑》写刘枣强作《射鸭歌》，细节乍现，记叙生动，颇具传奇之笔。在唐人笔下，时代风云变幻，社会场景繁富壮丽，碑主们栩栩如生，活灵活现，成为一个个具体可感的生命，其性格突出、形象饱满，有一种从平面走向立体的纵深感和灵动性，这就使得碑志的文学性大为增强。

唐以前碑文以叙述为体，而唐代碑志文则在叙述的基础上议论抒情，忧患人生，感慨时事，或赞扬，或讽刺，其气势充沛、感情浓郁，有着更多的个性思考空间和生命感怀。在思辨说理和感情色彩上更为深厚广博，真挚感人，因而也更具有文学审美性。唐人碑志文情感之丰富，气势之充沛，思辨精神之强烈，贯穿了整个有唐一代，这和唐人豪放张扬的性格品行有关，也和大一统政权下的社会政治风气有关。相对而言，宋人的文化心理趋于内敛和自省，其碑文多凝练洗净、冷峻深婉之风，情感尤为蕴藉含蓄。而唐人则趋于外放和激情，其自信乐观，豪迈洒脱，宽广大气，这种对于大一统王朝江山稳固、万邦来贺的时代豪情，对于煌煌帝国繁荣兴旺、蒸蒸日上的盛世感受，对于美好时代中个人建功立业、胜利在望的生活期许，促进唐人碑志文创作中情感、气势的迸发和强化，如王勃《益州夫子庙碑》、张说《故括州刺史赠工部尚书冯公神道碑》《延州豆卢使君万泉县主薛氏神道碑》，及苏颋、李白、张九龄、李华、王维等人的碑志文，或颂美时政、豪气凌云；或诗情翩翩，壮思雄飞，都关注国政、感怀时事，激荡理想抱负，推崇奋斗精神，歌唱英雄人物，其情感浓郁、气势张扬，在抒发人生道德价值取向方面具有相当的哲理思辨精神，呈现出昂扬奋发、清新刚健、雄浑壮丽、磅礴大气的美学风格，代表着盛唐气象、盛唐风骨。

中唐时期，散体取代骈体，成为碑志文通行范式，这就使得文人有了更大的发挥空间，其作文遣词造句如行云流水，自由灵活、开合自如，特别是因为社会政治环境的变化，世风日下，佛老盛行，儒学衰朽，文人心灵受到刺激，不平则鸣，这就使得碑文论辩说理的精神更为强烈，其感情气势也愈加突出，李华《扬州司马李公墓志铭》针对墓主"公有文有武，简而能肃，不伐其劳，推其美于人"的一生发出"呜呼！位不尊，寿不遐，时耶？命耶？"的喟叹，探究人生沉浮与时事政治的关系。梁肃《恒州真定县尉独孤君墓志铭》感叹墓主对于生死的达观态度：

呜呼！予尝窥天人，而考性命夭寿之数。福极之源，盖昏默而不可究已。以独孤君蕴纯粹之质，蹈渊骞之行，而生不跻艾服，庆不植后嗣。彼造物者以三寿百福与何人哉？[①]

其探究生死之理，更透露出从容镇定，淡泊睿智的思想意识。柳宗元碑文善于抒发孤愤之情，刘禹锡碑文具有深厚的哲学思辨精神。柳宗元《故御史周君碣》写墓主之死："公之死，而佞者始畏公议。於虖！古之不得其死者众矣。若公之死，志匡王国，气震奸佞，动获其所，斯盖得其死者欤！"激昂大义，论刺时政，体现出其对人生价值命运的思考。刘禹锡《绝编生墓表》感叹："噫！国有大学，学有馆，以延颛门。若生者，苦形役志，如是其颛也。茹经于腹，湮灭粪壤，壁水汤汤，不闻其声，摧藏朴遫，与山木同朽，岂地远然耶？"更具有哲学的思辨深度和人生命运体认。韩愈碑志文更以善于论辩时事和抒发不平之鸣著称，其感慨人生，关注时政，呼吁中兴，行文风格豪迈、笔锋犀利、具有雄奇恣肆、刚健深厚、浩大奔放的风格，而情感气势尤为浓烈刚强，如其《柳子厚墓志铭》："呜呼！时穷乃见节义。"以大段议论抒情之辞表达他对柳宗元与刘禹锡在危难中互相扶持的义烈之风的由衷敬慕，其余如《贞曜先生墓志铭》《太原府参军苗君墓志铭》则抒发其对封建黑暗社会埋没人才的由衷愤慨；《集贤院校理石君墓志铭》《殿中侍御史李君墓志铭》《唐故监察御史卫府君墓志铭》等对那些沉迷佛老学说、乱食丹药"祈不死"者进行讽刺，叹息伤感，情思浓郁而文笔辛辣，思辨精神极为深厚。

社会动荡，人心不古，中唐作家作碑文逐渐退却了颂美时代、讴歌现实的热情，而转向关注国计民生及自我命运，其感慨说理、议论抒情，思理愈加深沉苍凉，文笔亦现雅致隽永之美，如李哲《吴郡孝子张常洧庐墓记》：

人与天地同有，孝与父子偕生。道德失而称仁，哀慕结而灭性。于是先王立中，制三年通丧，人伦以达。然孝子之心。感逐时并，感随身尽。句容张常洧，哀亲之不返，将已以为殉。乡间惧法，孝子违心。长号天高，侍宿坟侧。岁移六次，人无二行。柴骨杖起，蓬头毡垂。非礼教之所知，非名实之相与，诚至孝之所致而至于斯也。余执事之日，耆老赵某等共举之，怆

然感怀,因自俯慰。申州上请,以表门闾。州司虑其矫情异众,饬哀求显,事留精详,时多永叹。国体不以殊行立法,故旌善以激俗,史馆编集传记,颁令搜扬。今年八月,观察使御史中丞王公录上尚书省,明诏未及,幽魂已庆。惟此孝子,行之实难。余替人乔公,体包仁和,志存感激,异斯事举,请余记之。①

迨至晚唐,杜牧、皮日休、罗隐等人的碑志文更多咏史怀古之作,在深沉的历史感怀中抒发对人生价值、个体命运的思考,如杜牧《唐故淮南支使试大理评事兼监察御史杜君墓志铭》感慨:"古之达人,以生为寄为梦,以死为归为觉,不知生偶然乎,其有裁受乎? 偶然即泯为大空,与不生同,其有裁受乎? 呜呼胜之,今既归而觉矣,其自知矣,何为而然乎?"其余如《唐故岐阳公主墓志铭》《唐故范阳卢秀才墓志》通过王政变迁、繁华殆尽、贫富轮回的历史场景展现人物的地位转换及身世经历,怀古伤今,充满着浓厚的历史伤悼情调和深沉的人生命运沉浮感怀。皮日休《文中子碑》《咎繇碑》《首阳山碑》《春申君碑》,罗隐《梅先生碑》等,都通过历史人物的性格命运,感怀历史,借古伤今,抒发唐末乱世之中士人的家国之思和生命价值情怀,其论辩深沉,情感浓郁,更显文学性之强烈。

此外,唐人碑志文还好写祥瑞灵异之事,如此使得行文颇具神秘浪漫之色彩,也增添了文学性。初盛唐碑文因颂美之需,多写祥瑞乍现、神奇瑰异之事,如王勃、张说、李邕、王维、李白、颜真卿等人的碑文,就多此类描写。迨至中晚唐,碑文虽不以颂美为要,但仍不乏神异迷幻之描写,如白居易《淮南节度使检校尚书右仆射赵郡李公家庙碑铭》写墓主之孝:"至诚感神,有灵乌瑞芝之应,事动乡里,名闻公卿。"《唐故虢州刺史赠礼部尚书崔公墓志铭》写墓主:"在湖三岁,岁修三元道斋,辄有彩云灵鹤,回翔坛上,久之而去。"将灵异浪漫之事写入碑志,更显瑰异绮丽之美。晚唐杜牧《唐故进士龚轺墓志》《自撰墓铭》等也多写神鬼托梦之事,元稹、裴铏、黄滔等人的碑文也多此类描写。特别是有唐一代,佛道二教流行,文人如杨炯、王维、柳宗元、李商隐等,在为寺庙宫观及高僧名士所作碑文,更多摹写佛道神奇灵异之事,借之宣传佛法无边、神仙道化。此外,唐代碑志作家如张说、韩愈、刘禹锡、王维、李白等,往往诗文兼长,在写碑志文时,通常以诗笔

①　[清]董诰:《全唐文》卷七四七,第7736页。

入文,以情为文,写景记事,情景交融,诗意浓郁,这些都使得唐代碑文想象丰富,瑰丽神奇,迷幻浪漫,祥瑞灵异之描写颇具诗情画意之美,文学性更为突出。此前章节已有详细论述,不赘。

值得一提的是,碑志文体的发展固然有着文体流变的因素,但也有更多时代政治原因,在唐代,当文臣奉诏撰写碑文时,往往要考虑到代行王言、发挥碑志政治礼仪的需要,故多采用骈俪体为文,其隶事用典,语尚骈俪,追求工整平稳的文风,这时的碑志文则体现出严肃正统的应用文色彩。当文人受托或是主观自我性撰写碑文时,因为没有过多的王政礼制之需,就常常采用自由灵动的散文体作文,其句式长短变化,文辞通俗雅致,议论说理,气势凌厉,感情色彩浓厚,如此碑志文的文学性就更为明显。

唐代碑志文从初唐的文风初变、呼唤清新刚健之作;到盛唐的倾向于抒发人生理想,情采飞扬,高歌颂美,铺陈罗列,篇幅浩繁;到安史之乱后中唐的展现战乱生活与民生疾苦,振奋士心,呼唤中兴,文笔洋洋洒洒,极尽情理;再到晚唐的怀古伤今,苍凉深沉,篇幅短小,旨意幽远,其变化是巨大的。而这些变化,无不和各个时期士人的精神风貌和社会认知有关。

第四节　唐代碑志文写作的谀墓问题

范文澜说:“秦始皇巡行各地,命李斯写颂文,刻石纪功,开立碑碣的风气。”[①]碑志之志者,即记也。徐师曾云:“按志者,记也;铭者,名也。古之人有德善功烈可名于世,殁则后人为之铸器以铭,而俾传于无穷。”[②]碑志的出现,是基于对于人事的纪念。刘熙《释名》也强调碑源于墓葬。在此背景下的碑志成为殡葬习俗中一项重要而且常用的活动。正是基于对人事活动的重视和显扬观念,碑志在给书写者带来荣耀的同时,也造成一种巨大的压力,其中最明显的,就是颂美铭功的要求,也正因此,促成碑志文谀墓的兴起。

一、碑志文创作的颂美基准与谀墓倾向

碑志文追求颂美铭功,是社会发展到一定阶段的产物。刘勰《文心雕

---

① 范文澜:《中国通史简编》,第 258 页。
② [明]吴讷、徐师曾:《文章辨体序说·文体明辨序说》,第 148—149 页。

龙·诔碑》在回顾碑志文起源发展的同时,强调其"标序盛德"、"昭纪鸿懿"的写作准则,这实际上确定了碑文颂美铭功的内质。在极重殡葬礼仪的古代中国,人们之所以追求对死者的颂美铭功,是基于悼亡安死、抒发哀情、抚慰亲属、备极哀荣的礼俗需要。颂美铭功是人们展现孝道、体现亲情、维持社会关系的最好方式,成为一种现实需要、心理期待和社会风尚,这就决定了碑志文的文体特征和发展方向,当然其缺陷也是显而易见的。出于世俗需要,碑志追述"君父之功美",于逝者采用扬善隐恶、慎终追远的写法(后世的悼词也类似于此),这有利于对墓主的颂美铭功。既然歌功颂德的目的是为流芳百世,其产生前提是被颂者必须有美可颂,有功可歌。如果在无功无德的情况下,通过一些方式使撰文者强行颂扬,虚饰为文,小美大赞,无美称美,甚至混淆黑白,肆意以恶为德,以丑为美,对墓主恭维吹捧、粉饰虚赞,充满违背事实的阿谀奉承之辞,这就是谀墓。既然谀墓是基于颂美的社会需要,有着一定的文体基础,是在一种无美可颂的基础上强行颂美以传不朽的写法,这就决定了碑志文体内部存在着难以调和的矛盾和不可克服的缺陷。尽管碑志记述人物生平,和史传具有同质性,但史传于人无所不书,善恶必备。而碑志因为适用于丧葬场合,需顾忌多方面感受,故扬善隐恶,有所取舍,正如曾巩《寄欧阳舍人书》所云:"铭者,盖古之人有功德材行志义之美者。惧后世之不知,则必铭而见之。或纳于庙,或存于墓,一也。苟其人之恶,则于铭乎何有?"①范文澜《文心雕龙注·墓志铭考》所论:"自文章与学术分道,缀文之徒,起似牛毛,贵室富贾之死,其子孙必求名士献谀为快,即乡里庸流,亦好牵率文人,冀依附文集传世。文人则亦有所利而轻应之。"②揭示出谀墓产生的社会背景和客观基础,而谀墓作为一种书写模式体现出的复杂的文化意蕴也根于此。

　　唐代经济发达,礼俗隆重,厚葬盛行,墓碑的制作也随之日趋奢华。高坟丰碑,倍显荣光,而刻录于其上的文字,也因碑形制的加大而书写丰富,内容博大,这就为谀墓的兴起提供了契机,所谓"丰碑乃立,盛业其铺"③。

---

① 　[宋]曾巩:《曾巩集》卷十六,第253页。
② 　范文澜:《文心雕龙注》,第232页。
③ 　[唐]张说:《故开府仪同三司上柱国赠扬州刺史大都督梁国文贞公(姚崇神道)碑(铭并序)奉敕撰》,熊飞:《张说集校注》卷一四,第745页。

自高祖、太宗时期起,"大难始夷,沿江左余风,缔句绘章,揣合低卬"①,其"虽以武功定天下,终当以文德绥海内"②,追求"以尧舜之风,荡秦汉之蔽;用咸英之曲,变烂漫之音"③,"自则天久视之后,中宗景龙之际,十数年间,六合清谧,内峻图书之府,外辟修文之馆,搜英猎俊,野无遗才。右职以精学为先,大臣以无文为耻。每豫游宫观,行幸河山,白云起而帝歌,翠华飞而臣赋。雅颂之盛,与三代同风。岂惟圣后之好文,亦云奥主之协赞者也"④。所以说帝王与文人士大夫在文化性格方面有着相似性,其行为往往导致或促进一个时期内社会风尚和文学潮流的形成。史载唐太宗这样一个英明的君主也"牵于多爱,复立浮屠,好大喜功,勤兵于远,此中材庸主之所常为"⑤。此后"国家自显庆以来,高宗圣躬多不康,而武太后任事,参决大政,与天子并。太后颇涉文史,好雕虫之艺,永隆中始以文章选士。及永淳之后,太后君临天下二十余年,当时公卿百辟,无不以文章达,因循遝久,寖以成风"⑥。在此大背景下,文人,特别是宫廷文人,自然将润色鸿业的意识投入包括碑文在内的文章创作,铺陈排比,颂美溢美,并和时代政治联系起来,歌功颂德、粉饰太平,追求行文辞章的华丽,这就很容易导致谀墓。考察这一时期的碑文,都充满此类粉饰帝政、颂美墓主而恭维阿谀的描写,如魏征《唐故邢国公李密墓志铭》写墓主:"家传余庆,明哲继轨,论文德则弼谐舜禹,语武功则经纶秦汉",写墓主之父:"并匡周之美,吕望愧其嘉谋;平吴之功,杜预惭其远略。"李百药《唐故都督徐州五州诸军事徐州刺史临淄定公房公碑》赞扬墓主:"光辅帝唐,叶赞璇玑,参调玉烛。"于志宁《南安懿公碑》写墓主:"预官渡之勋,参崤陵之捷,校功追赏,超绝等伦。"《太子少师中书令开府仪同三司并州都督上柱国固安昭公崔敦礼碑》写墓主:"文极词条,才高吞鸟;学该繁露,思逸梦蛟。论道宰化之方,体国经野之术,齐晖稷契,比美萧张。"《唐故太子少保上柱国颍川定公碑》更将赞扬墓主与帝唐时政结合起来,宣称:"我高祖乘时抚运,出震握图,膺五运之宝符,定九牧之神鼎。

---

① [宋]欧阳修、宋祁:《新唐书》卷二〇一,第5725页。
② [五代]刘昫:《旧唐书》卷二八,第1045页。
③ [唐]李世民:《帝京篇十首并序》,[清]彭定求等:《全唐诗》卷一,第1页。
④ [唐]张说:《唐昭容上官氏文集序》,熊飞:《张说集校注》卷二八,第1318页,题作《中宗上官昭容集序》。
⑤ [宋]欧阳修、宋祁:《新唐书》卷二,第48页。
⑥ [唐]杜佑:《通典》卷一五,第357页。

元冠紫绶，贲帛嘉于琳琅；裂土剖符，宠命属于翘楚。"文士们对墓主的赞美往往不乏与古圣比肩，将之与舜禹萧张等同论，甚至出现"吕望愧其嘉谋"、"杜预惭其远略"等明显夸张浮华性词语，这和整个时代追求"绮句绘章"、润色鸿业、好大喜功的风气有关。魏征等人作品如此，其余如颜师古、褚亮、褚遂良、岑文本、许敬宗等碑文亦多此类夸饰揄扬性写法。

　　礼乐文化是一种集政治体制、伦理观念、艺术形式为一体的政治文化系统。周礼即是官制与礼仪的综合体，其本质是严格的贵族等级制，这就决定对于谀墓的追求，越是贵族阶层，越注重对墓碑文的书写，越促生谀墓的发展。如此情况下，文人作为墓碑文书写的主体，就须服从世俗体制的需要，行文自主性大受影响。纵观历史，帝王多好大喜功、点染江山，而文士们应时制景，奉诏为文，自然也充满此类铭功溢美色彩，不乏谀墓之辞。自汉至唐，尤为突出。虞世南、于志宁、上官仪、李峤、崔融等，都投身于此类碑志的写作，张说"掌文学之任凡三十年"①，《旧唐书》说其"为文俊丽，……尤长于碑文、墓志，当代无能及者。喜延纳后进，善用己长，引文儒之士，佐佑王化，当承平岁久，志在粉饰盛时"②。比如提及君主，不论贤能与否，而多以神武、英明、圣主等词形容。在这些藻饰精美、充满阿谀媚时的字眼之下，都隐含着一个基本逻辑，即通过歌咏乃至吹捧帝王的丰功伟业来显示其法统政治的合法性，政治宣教色彩明显。张说等人将属于应用文的碑志文学化、政治化、艺术化，给予谀墓以时政说教的关联。叶昌炽《语石》云："案唐人尚豪奢，重富贵，往往形诸言语文字，不以为非，其风俗使然也。此志仍为夸饰。"③在此情景下，碑文中出现些许阿谀之辞就不足为奇了。

二、世俗体制下的碑志写作与谀墓风气

　　谀墓虽然谀的是死者，但却是给予生者，特别是死者亲朋看的，有着一定的社会效应。而什么情况下去谀墓，又如何去谀？也是有区别的。在时代变化的大背景下，文人主体精神多受影响，常借碑志文表达对墓主的认识、评价以及其他政治意图，给予谀墓更多的文化内涵。

---

①　［五代］刘昫：《旧唐书》卷九七，第 3057 页。
②　［五代］刘昫：《旧唐书》卷九七，第 3057 页。
③　叶昌炽、柯昌泗：《语石·语石异同评》卷六，第 395 页。

　　按照历史规律,帝王在夺取政权后,都会进行文化建设、借以展现自身政权的合法性,具体包括王朝建立的顺时性、权力继承的合法性和意识形态的先进性,从贞观之治到开元盛世,李唐皇室日益巩固发展,自然要对自身政权的正统性与合法性加强建设,追求"雅颂之盛,与三代同风"①,这必须依靠文士来完成,文士是帝王的喉舌,是统治集团的重要成员,其有义务、责任和能力协助君主构建国家意识形态、发展文教政治,借以维护长治久安,而碑志受众广泛,传播迅速,就是一种重要的建设方式。"唐制,乘舆所在,必有文词、经学之士,……文书诏令,则中书舍人掌之。……玄宗初,置'翰林待诏',以张说、陆坚、张九龄等为之,掌四方表疏批答、应和文章;既而又以中书务剧,文书多壅滞,乃选文学之士,号'翰林供奉',与集贤院学士分掌制诏书敕"②。唐代重用文士,有意加强文化建设,这也在士大夫阶层中激发起一种拯救天下的历史使命感与政治责任感,成为碑志迅猛产生的现实条件与强大动力。文儒的群体意识不断增强,其政治热情高涨。如此历史语境下,树碑立铭已经不仅仅是追述父子君臣之美的润色鸿业,也不仅仅是对于亡者的追悼,而是政治态度和人生理想的表露。碑志遂成为彼时有使命感和现实责任意识的士人思想精神的话语表征,成为宣扬大统、展现自我才华、服务王权建设的有力阵地。凡品德高尚、正直贤良、忠于君主、为帝唐建设贡献突出、大有作为的士吏总是被记功彰美,大书特书,借助碑志文的传播优势而广为推崇。如于志宁《唐太傅盖公墓碑》"今上韬光藩服,历试艰难,虚左用伫奇才,……遂得文预题鞭,恩参置醴,圣人嗣应宝历,君临区宇,业盛配天,功齐造化。循韶夏之旧规。"许敬宗《大唐故尚书右仆射特进开府仪同三司上柱国赠司徒并州都督卫景武公碑》写墓主:"年十有六,长安令调为功曹,盖以望表黄图,光膺礼贡,英标赤县,不谢弓招。"娄师德《镇军大将军行左鹰扬卫大将军兼贺兰州都督上柱国凉国公契苾府君碑铭》写墓主:"尤资栋榦之材,式隆王道。若乃杰出文武,挺生才俊,道符忠孝,性与清白。高视于寇贾之前,独步于韩彭之上。盼蔼名教,蝉联簪组。许、史焉可侔?金、张莫能匹。四海慕其风范,千里仰其谈柄。玉质金相,探赜索隐,没而不朽。"其余如苗神客《大唐故右虞候副率检校左

　　①　[唐]张说:《中宗上官昭容集序》,熊飞:《张说集校注》卷二八,第1318页。
　　②　[宋]欧阳修、宋祁:《新唐书》卷四六,第778页。

领军卫将军上柱国乙速孤府君碑铭》、杨炯《唐昭武校尉曹君神道碑》、卢藏用《太子少傅苏瑰神道碑》等均此类，凡斯种种，赞颂墓主投身帝唐建设，为盛世的到来作舆论准备，这其中不乏感性化的夸大性描述，奉承吹嘘之意明显，而行文虚美浮华之弊流露。欧阳修云："唐初承陈、隋文章衰敝之时，作者务以浮巧为工，故多失其事实，不若史传为详。惟其官封颇备。"①

对于文馆学士而言，颂美王政和帝德是其职责，结合政治考量看，学士碑文的颂美并不仅仅是对于帝王个人的赞颂，更重要的是通过颂美来传播意识形态，发起舆论造势，强化国家对社会的整合度，提升全社会对帝唐国家政治的认同感与参与度，具有强烈的意识形态构建功能和政治宣教精神，当然这也容易导致御用性的应时制景、粉饰太平，以及由此产生的阿谀媚时等倾向。这一时期，不仅供职朝堂的学士如此写作，就是流落乡野的文士之文，也多此类书写。陈子昂《唐故朝议大夫梓州长史杨府君碑铭》："太宗文武圣皇帝初临天下，物色幽人，焚山榜道，纲罗遗逸。君子若曰：'天下有道，可以见矣。'于是始以角巾应命，褐衣诣阙，陈大道之宏谟，论至言之阃奥。……公始厌承明，初临外郡。探丸垔面，犯禁崇奸，欲尝朱博之能，以观龚遂之政。"杨炯《唐恒州刺史建昌公王公神道碑》："公台阶茂绪，昂宿精灵。五百岁之贤才，一千年之王佐。忠规武节，学府词林。"《泸川都督王湛神道碑》："高祖乃操斗极，拜图书，再驾临于孟津，五星合于东井。公解衣而济，策杖而行。郦食其之长者，逢汉祖而长揖；袁曜卿之茂才，见曹公而不拜。……定其封邑，誓以河山。萧相立功于万代，留侯决策于千里。愿持一郡，洛阳之任耿纯；兼摄八州，江都之拜陶侃。"李迥秀《唐齐州长史裴府君神道碑》："地兼崇禄，门擅清华，迈杨氏之五公，冠张侯之七叶；森森栋干，闻谢树之生庭，落落环奇，见韦珠之照乘：其于裴府君具之矣。……有若颛顼，导昌源于长流；有若大费，启洪基于敷土。后子保河汾之邑，非子据汧渭之封，千乘由其克昌，三牢所以能霸。"尽管墓主一生平庸无奇，但碑志均充满夸大其词的描写，多以历史圣贤比拟墓主，铺陈排比，不乏吹捧阿谀之辞。最终从歌颂墓主到歌颂帝皇，都归结于王政建设，这和杨炯等人对时代的认识，对墓主功成名就的羡慕、对自我的期许有关。

玄宗开元年间，唐代进入强盛时期，察看此时的碑志文可知，都通过歌咏

---

① ［宋］欧阳修：《欧阳修全集》卷一三八，第 2197 页。

帝王的丰功伟业来显示法统政治的合法性,张扬儒家思想,激发广大士人的现实责任感和使命认识,具有明显的政治宣教精神,张说认为帝唐"圣主推仁恕于天下,悬大信于后人,爱欲其生,……谋臣饮恩于望表,猛将感德于事外,然后任人之固,众可知也"①,又公开宣称:"夫事君效命之谓忠,杀敌荣亲之谓勇,干星袭月之谓气,逐日拔山之谓力,有一于此,名犹盖世,矧兼其四,人何间焉。"②李邕《左羽林大将军臧公神道碑》也云:"问家以广孝,形国以尽忠,朋执义之,昆弟友之。"正是在此思想鼓舞下,凡是效命帝唐、忠勇有为的墓主总是被隆重推出,彰美显扬,不惜浓墨重彩、小美大赞,上扬拔高,借以树立典范,激励士人投身仕途经济、致力于时代建设,迎接盛世的到来,如薛稷《唐故洛州洛阳县令郑府君碑》:"惟公履仁居德,韫风怀雅,宏达不器,包容无方。……故能参神明以长人,顺日月以曜物。刚直以断,金之精也;温润以洁,玉之符也。方弼承帝则,运平天机,致君唐、虞之上,书美荆、越之竹,岂徒校才班伯,愿试定襄之烦。"史巀《晋山阴侯史府君神道碑》:"天遗以文,月悬其字,故贤哉令闻,是称百代之宗;卓彼英姿,独冠千人之表。……吉甫降神,咸颂国桢之美;茂先为赋,即推王佐之才。"这种颂美帝皇、动辄明君圣主比拟尧舜,颂美臣子、动辄贤良方正媲美寇恂王佐,歌颂时代、动辄千年盛世比拟唐尧虞舜的写法,和帝唐盛世建设背景下士人的创作心态有关。

自汉魏以来,中国历史经历了三国鼎立和两晋轮回,长期的分裂持续千年,战乱频仍,民不聊生,这就迫切需要一个强有力的大一统政权,恢复秦汉以来的盛世之治,实现国泰民安,这是历史的呼唤,也是人民的期待。隋唐结束南北朝以来的分裂局面,建立了大一统政权,成为盛世的前提,因隋朝运祚较短,盛世建设的责任最终落在有唐一代。早在唐代建国之初,君臣就开始考虑王朝兴废的问题,考虑恢复大一统政权的权威性和皇权政治的基本体制,自秦汉以来的盛世理想逐渐进入唐代君臣的视野。支持和维护唐代大一统政权的繁荣前进,迎接太平盛世的到来,成为时代需求和历史期待。如:

君外资刚健,内育文明。合千载圣贤之间,钟五行金木之秀。王恭濯

---

① [唐]张说:《右羽林大将军王氏神道碑(铭并序)奉敕撰》,熊飞:《张说集校注》卷一七,第840页。

② [唐]张说:《右羽林大将军王氏神道碑(铭并序)奉敕撰》,熊飞:《张说集校注》卷一七,第840页。

濯,春柳怀风;和峤森森,寒松列景。有曾参之孝,有史鱼之直,有子夏之文,有冉求之艺。先王德行,固名言而在兹;大圣温良,亦颠沛而于是。当朝一见,许其王佐之才;行路相逢,加以美人之赠。

——杨炯《益州温江县令任君神道碑》

义广而私谒之途阻,名扬而兼济之道宣:亦叔敖之贤,国侨之懿也。几深通志,精晤默识,文以踣实,靡绚其华,学以辨微,固信于己。故始终机揆,举无遗策,斯又子房之知,孔明之能也。……盖叔子之仁,孔光之慎也。

——卢藏用《太子少傅苏环神道碑》

奋明哲之姿,当高宗之盛,天保大定,俊乂用彰,而光耀天台,云飞纶阁。文敏以畅机务,稽古以析嫌疑,礼乐政刑,择三代之令典,典谟训诰,有唐虞之遗风。

——张说《唐西台舍人赠泗州刺史徐府君碑》

公受乾灵之英姿,禀坤祇之正气,峻兮若太岳之壮势,淡兮若大江之澄静。雄材杰出,俊德挺生,诚千仞不足议其高,实万顷不足畴其量,风神颖悟,器识宏深。其少也,计深虑远,急国家之难,而乐尽人臣之力。乃率宾边土,辞弃乡间,图东南而归圣朝。明君亲与话言,懿其忠信,授冠军大将军行左豹韬卫中郎将。爰从自尔,参委诸军,建非常之功,怀赤心而冒白刃,深践戎马之地,远托烛龙之乡。俄叙七擒,辟乎四镇,浩荡天地之间,心无怵惕之惊者,其惟公乎!……敦信明义,元览知微,位列于九有,恩霑于四人,浩浩焉,汪汪焉,奥乎不可测也。

——徐坚《唐故右骁卫大将军上柱国金河郡开国公裴公墓志铭》

公淳辉秉灵,鸿芬锡祉,合英秀发,扬光炯曜。其少也,则珪璋自然,克有成器;其长也,则礼乐攸在,光其大名。式是古训,洽于前烈,怀利器而待割,含虚明而独照。学无不综,窥先王之书府;言必有则,得夫子之文章。把其道则虚往而实归,论其德则敬容而贵允:所谓乐只君子,邦家之晖者也。……惟公含宏光大,洵秀冲雅,澹然而静,缪乎以清,神崖自高,海量孰测?韫随和以增美。

——韩休《赠邠州刺史韦公神道碑》

事实上,这些墓主的贡献都有限,如《唐西台舍人赠泗州刺史徐府君碑》墓主徐齐聃,是唐太宗徐贤妃之弟、唐高宗嫔妃徐婕妤之兄及重臣徐坚之父,虽为贵胄,但《新唐书》云徐齐聃,仅以一句"齐聃善文诰,帝爱之"带过。《太子少傅苏环神道碑》墓主苏环,就史传所载而言,算不上名相。其余如任晃、裴索、韦钧等也多一生平平,新旧《唐书》甚至未予立传。但墓主们政治立场端正,一生忠于皇朝建设,勤恳敬业,为历史盛世的到来不遗余力,故张说、徐坚等与之小德大赞、在情绪化理想化的描述之下,出现诸多膨胀性的美誉,不乏言过其实的拔高之辞,将之与尧舜孔孟等媲美,谀扬意味浓厚。重在对墓主进行道义宣扬和支持,将之奉为士吏楷模,以激励士风,张扬积极向上、奋发有为的入世精神,引导舆论,加强话语体系的构建,为盛世的到来而讴歌。可见在唯美的诗歌兴盛的唐代,碑志就担当其弘扬儒道、激励士风、促进国家文化建设的责任。这种责任需求反过来加剧碑志创作的兴盛,也带动了谀墓。唐代文人对此有着清醒的认识,面对盛世的到来,杨炯公开宣称:"粤以皇家辟统之五十年,今上开基之十七载,登封告禅,玉牒金绳。建显号而施尊名,扬英声而腾茂实。华夷辑睦,皆承万岁之恩;朝野欢娱,咸奉千年之庆。"[①]在此情景下,唐代碑志文体观念的成熟与谀墓不断发展的过程,可以理解为文士阶层参与政治、不断寻找新的言说方式,表达人生理想、价值追寻等精神世界的过程。这在诸如杨炯《唐上骑都尉高君神道碑》《原州百泉县令李君神道碑》《隰州县令李公墓志铭》,唐瑾《特进户部尚书赠开府上柱国莒公碑》,申屠泚《大唐故云麾将军左龙武军将军上柱国渭源县开国男李君墓志铭》等文中,表现突出。

三、唐代政治文化风潮与碑志谀墓

刘勰强调碑志"资乎史才,其序则传,其文则铭",可见无论如何扬善隐恶,歌功颂德,只有以事实为依据,准确书写,碑文才能流传不朽。但在实际创作过程中,碑志文对于铭功颂美的尺度把握,历来无明确的参照体系与具体的量化标准。从人们心理而言,对死者的赞颂越多,家属得到的心理补偿及礼仪抚慰亦越多。但于人于事颂扬过度,充斥虚浮阿谀之辞,这就违背了史笔实录精神,长此以往,碑志将失去流传不朽的功能。因此,对

---

① ［唐］杨炯:《唐右将军魏哲神道碑》,［唐］卢照邻、杨炯:《卢照邻集·杨炯卷》卷八,第123页。

于碑志文的写作,文人总是谨慎的,不轻易下笔。但尽管如此,碑文的颂扬乃至谀墓现象层出不穷,其原因,还在于碑志写作过程中主体诉求与外部环境的制约。作为一种古老的应用文体,碑志文源远流长,受到诸多文体的影响,这就使得其歌功颂德有着深厚的历史积累和文化内涵。姚鼐《古文辞类纂·序目》云:"碑志类者,其体本于诗,歌颂功德,其用施于金石。"①作为中国文学的源头,《诗经》中的颂诗感怀先祖,铭功颂美,这对同样用于祭告悼念的碑志文有着相当影响。当然,歌颂的最终目的是求得先祖的保佑和庇护,《诗经·烈文》:"烈文辟公!锡兹祉福,惠我无疆,子孙保之。"②《诗经·时迈》:"我求懿德,肆于时夏。允王保之。"③《诗经·丰年》"烝畀祖妣,以洽百礼,降福孔皆。"④《诗经·载见》:"永言保之,思皇多祜。"⑤这种心理加重了唐人的生命感怀和价值认识。"无父何怙,无母何恃",出于对自然的敬畏,对于生命的恐惧,碑文中生者对死者的缅怀和极尽颂美,更多具有渴求护佑关爱的意味。如陈子昂《率府录事孙君墓志铭》:"呜呼苍天!吾欲诉夫幽明。"⑥李义府《大唐故兰陵长公主碑》:"信可以流芳鼎室,垂训台庭,茂麟趾于黄图,敞龙门于赤县。"张说《府君墓志铭》:"于戏哀哉!靡瞻靡依,何怙何恃?"武三思《大周无上孝明高皇后碑铭(并序)》:"思所以匡国庇人,济时揆物。"不独碑志,唐代其他祭悼类文章,都注重对死者的颂扬,诚如《礼记·祭统》云:"铭者,自名也。自名以称扬其先祖之美,而明著之后世者也,为先祖者,莫不有美焉,莫不有恶焉,铭之义,称美不称恶,此孝子孝孙之心也,唯贤者能之。铭者,论撰其先祖之有德善、功烈、勋劳、庆赏、声名,列于天下。"⑦

　　唐代以儒立国、儒道释三教合流,儒家追求三不朽。房玄龄《立碑议》认为"勒石纪号,垂裔后昆,美盛德之形容,阐后王之休烈,其义远矣",所以"并请刻颂立碑,显扬功业"⑧。张九龄《大唐金紫光禄大夫行侍中兼吏部

---

①　吴孟复:《古文辞类纂评注》,第 17 页。

②　聂石樵:《诗经新注》,齐鲁书社,2000 年,第 593 页。

③　聂石樵:《诗经新注》,第 599 页。

④　聂石樵:《诗经新注》,第 607 页。

⑤　聂石樵:《诗经新注》,第 613 页。

⑥　[清]董诰:《全唐文》卷二一六,第 2181 页。

⑦　[清]阮元:《十三经注疏》,中华书局,1980 年,第 1606 页。

⑧　[清]董诰:《全唐文》卷一三七,第 1387 页。

尚书宏(弘)文馆学士赠太师正平忠献(宪)公裴公碑铭》云:"丕承后命,纡天鉴而增华;敢迹前修,琢丰碑而不朽。"①杜甫《唐故德仪赠淑妃皇甫氏神道碑》也云:"维山有麓,与碑不朽。维水有源,与词永久。"②至此,我们可以看到碑志文体的根本功能,也就懂得文史学家使用碑志"以传不朽"的方法。只有具备完备的知识体系才能带来合法性的话语资源和历史传承,而合法的话语资源又导致固定的文体模式,在极度重视丧葬孝悌的唐代社会,使用碑志这种具有颂美功能的特定文体写作,就意味着掌握了崇高的话语权,从而为生命本身和历史事件赢得至高的言说和传播地位,这就促使唐代官方、民间对于碑志写作的重视,也促进歌颂"君父之功美"的谀墓之风。王勃《梓州通泉县惠普寺碑》:"咸以为弦歌小政,犹篆德而垂芳;钟鼎微荣,尚铭勋而作鉴。况乎神威自在,方传宰匠之功;岂可栋宇常存,不勒山河之赞?"崔融《唐故密亳二州刺史赠安州都督郑公碑》:"广祈时彦,奉赞徽音,乃建丰碑,式扬清德。"于志宁《唐故太子少保上柱国颍川定公碑》:"勒徽烈于丰碑,树华表于神道。"③在此背景下,碑志作品虽多歌功颂德甚至谄媚谀墓之辞,但也能表现其文化意味。

唐代还有一个文化现象,就是奢靡之风日甚。早在贞观时期,唐太宗尝问王珪:"近世为国者益不及前古,何也?"对曰:"汉世尚儒术,宰相多用经术士,故风俗淳厚。近世重文轻儒,参以法律,此治化之所以益衰也。"④而"高宗嗣位,政教渐衰,薄于儒术,尤重文吏。于是醇醲日去,华竞日彰"⑤。此后武后诏张昌宗撰《三教珠英》,文士李峤、阎朝隐、徐彦伯、张说、宋之问、崔湜、富嘉谟等多受重用,使得当时尚文之风日盛,尚实之意日衰。可见重艺文,习奢靡,相辅相成。"国家自天宝已后。风俗奢靡。宴席以喧哗沉湎为乐。而居重位、秉大权者。优杂倡肆于公吏之间。曾无愧耻。公私相效,渐以成俗。由是物务多废。"⑥李肇《唐国史补》也云:"长安风俗,自贞元侈于游宴。其后或侈于书法图画,或侈于博弈,或侈于卜祝,

---

① 〔清〕董诰:《全唐文》卷二九一,第 2958 页。
② 〔清〕董诰:《全唐文》卷三六〇,第 3659 页。
③ 〔清〕董诰:《全唐文》卷一四四,第 1460 页。
④ 〔宋〕司马光:《资治通鉴》卷一九三《唐纪九》,第 6058 页。
⑤ 〔五代〕刘昫:《旧唐书》卷一八九,第 4942 页。
⑥ 〔宋〕王溥:《唐会要》卷五四,古典文学出版社,1991 年,第 940 页。

或侈于服食。各有所蔽也。"①在奢靡之风的影响下，文章创作出现铺排夸饰之倾向，而碑志颂美铭功的职能，更激发起富豪之家膨胀性虚荣性欲望，成为攀比祖勋、炫耀功业、粉饰门阀的平台，为求得名士作碑文，死者家属往往多发奔走，"大凡孝子慈孙欲彰显其先世名德，故卑礼厚币，以求名公巨卿之。"②

当然，墓主的身份地位以及同撰碑者之间的关系，特别是政治变化、权力之争等，都影响着碑文谀墓的尺度，是撰碑者考量墓主的有力因素。如《唐并州都督鄂国公尉迟恭碑》，墓主行伍之人，但写其"行吟梁父，希管晏以思齐，屈迹淮阴，俟萧张而佐命。皇家补倾，极振颓纲，提剑风驱，援旗电扫。刘武周不稽天气。实暗人谋，怒穷辙以抗威，临焦原而自逸"，原因在于墓主尉迟恭死后高宗下诏，赞之为"忠义之节，历夷险而不渝；仁勇之风，虽造次而必践。款诚申于伯府，茂绩展于行阵。西汉元勋，韩彭非重，东京名将，吴邓为轻。……阐雄林而兼济，植高操而孤往。道映千古，举光百辟"，又"赐司徒使持节都督并蔚岚代等四州诸军事并州刺史，余官封并如故。所司备礼册命，给班剑四十人，及羽葆鼓吹，赠绢一千五百段，米粟一千五百石，陪葬昭陵。葬事所须，并宜官给。并赐东园秘器，仪仗鼓吹，送至墓所，仍送还宅。并为立碑，……务从优厚，称朕意焉"，又下谥诏说墓主"襟宇宏邵，机神秘远，气茂英果，情驰义烈。阐雄图而赞业，标峻节以凝功。道叶宗臣，望隆时宰，爰升九命之宠，宜享三尊之位。福谦从说，悼往增酸。奉上危身，诚许国之贞操；安人和众，亦经邦之懿范"③，诏书美誉在先，葬礼如此隆重，其碑文自然也需与之匹配的溢美揄扬之作。

如果说于志宁、杨炯、韩休等人出于褒扬有为之士、加强帝唐舆论造势之目的，其无美称美，小美大颂，谀墓尚有情可原。但若一味虑及墓主身份及社会关系，媚于权势，流于私情，书写罔顾事实，随意编造虚设，以吹嘘阿谀为能，则令人不屑。李峤《攀龙台碑》写武则天："家纂迎日之符，门传配天之业。环三辰于斗极，不足比其崇高；灌四渎于沧溟，未能俦其深远。"④吹捧逢迎武氏，虚美妄赞明显。张说《赠潘州刺史冯君墓志铭》墓主是高力

---

① ［唐］李肇：《唐国史补》，古典文学出版社，1957年，第60页。

② ［清］钱咏：《履园丛话》卷三，第82页。

③ 许敬宗：《唐并州都督鄂国公尉迟恭碑》，［清］董诰：《全唐文》卷一五二，第1556页。

④ ［清］董诰：《全唐文》卷二四九，第2515页。

士之父冯君衡，虽平常无奇，但碑志颂其"量包山海，气逸风云。阴德以济物，力行以游道。……缙绅美谈，簪绂倾慕"。此因高力士当时权势熏天，又曾经照顾过张说，故行文多虚浮溢美的阿谀之辞。孙翌《大唐故中大夫守内侍上柱国渤海高府君墓志铭》，墓主是高力士之养父高延福，身为小宦官，一生庸碌，新旧《唐书》无传，但墓志赞其"幼而晦明，长而藏用，体敬仲之慎，兼伯楚之忠。……恭而能和，简而且肃，德著于宫掖，名成乎寮友"，阿谀奉承，原因在于墓志本身所言"父因子贵。府君之宠嗣曰力士，我大君之信臣也"。再如新出土《苑咸墓志》，墓主苑咸虽有文才，但投靠奸相李林甫，为其心腹爪牙，谄事日久，品节可见一般，两唐书为之无传，而墓志称苑咸"道直，不容于朝"、"以盛德盛才，加之以政事，论琐劣不逮，郯子之言，敢以类举"、"右相李林甫在台座廿余年，百工称职，四海会同。公尝左右，实有补焉，则政事可知也"①，出现明显以恶为美、违背事实的谀墓之辞，原因在于墓志撰写者为苑咸之孙苑论，忠恕宽宥、孝悌之致也。唐代碑志忠奸不分，善恶混淆，谀墓之辞多多者，尤以高力士和仇士良之碑铭为最。

　　高力士一代宦官，唯以奉迎讨好帝皇为能，《新唐书》云："武后以其强悟，敕给事左右。坐累逐出之，中人高延福养为子，故冒其姓。"后来高力士"倾心附结"玄宗，以致官场"然皆厚结力士，故能踵至将相，自余承风附会不可计，皆得所欲"，而"力士善揣时事势候相上下，虽亲昵，至当覆败，不肯为救力，故生平无显显大过。议者颇恨宇文融以来权利相贼，阶天下之祸，虽有补益，弗相除云"②，可见高力士一生贡献平平，无所政绩功德称道。潘炎《大唐故开府仪同三司兼内侍监上柱国齐国公赠扬州大都督高公墓志铭并序》给予高力士高度评价，写其"本姓冯，讳元一，则天圣后赐姓高，改名力士"，"武后期壮而将之，别令女徒鞠育，将复公侯之庆，俾加扩羽之深，令受教于内翰林。学业日就，文武不坠，必也射乎，五善既闲，百发皆中"，写其"左右明主垂五十年，布四海之宏纲，承九重之密旨，造膝之议，削藁之书，不可得而知也。其宽厚之量，艺业之尤，宣抚之才施舍之迹，存于长者之论，良有古人之风"，在《唐故开府仪同三司兼内侍监赠扬州大都督葬泰陵高公神道碑》中，潘炎再写高力士"本姓冯，讳元一。则天圣后赐姓

---

① 胡可先：《新出土〈苑咸墓志〉及相关问题研究》，《清华大学学报》（社科版）2009 年第 4 期。
② ［宋］欧阳修、宋祁：《新唐书》卷二七〇，第 5860 页。

高,改名力士,……年在童龀,入侍玉阶,则天矜其覆巢,知必成器,选内官而母之,命近侍以□之,赐之以嘉名,教之以美艺",写"韦氏窥大宝,不利王室,已成祸梯。玄宗赫然提剑而起,公(高力士)实勇进□□,□龙上天,扶皇运之中兴,佐大人之利见。自是之后,恩遇特崇,公卿宰臣,因以决事。公中立而不倚,得君而不骄,顺而不谀,谏而不犯。□王言而有度,持国柄而无权。近无闲言,远无横议"。这些和史传记载出入较大,拔高溢美、夸饰妄赞见多,出现和事实不符的谀墓之辞。

《大唐故开府仪同三司兼内侍监上柱国齐国公赠扬州大都督高公墓志铭并序》及《唐故开府仪同三司兼内侍监扬州大都督葬泰陵高公神道碑》为曾任翰林学士、时任兵部员外郎知制诰潘炎奉诏而写,作于代宗大历十二年(777)。此时高力士"赦还,见二帝遗诏,北向哭呕血,曰:'大行升遐,不得攀梓宫,死有余恨。'恸而卒,年七十九",此举深为感动朝野,代宗为此"以(高力士)护卫先帝劳,还其官,赠扬州大都督,陪葬泰陵"①。代宗善待高力士的原因复杂,这其中时代变化、政权斗争是一个重要因素,《杜阳杂编》云:"李辅国恣横无君,代宗渐恶之。因寝,梦登楼,见高力士领数百铁骑,以戟刺辅国,流血洒地,前后歌呼,自北而去。遣谒者问其故,力士曰:'明皇之命也。'"②可见代宗一方面愤恨李辅国专权乱政,一方面感念高力士忠于玄宗至死不渝。历史与现实的诸多因素,导致唐代宗因思成梦,并诏令赐官树碑,借美誉高力士而暗讽李辅国,善善恶恶,以正视听,这就使得潘炎两文出现对高力士美誉揄扬以致谀墓的表述。

再看郑薰《内侍省监楚国公仇士良神道碑》:

> 公弱冠以辨智取位,强仕以干蛊居官。及莅大政,以机略致勋劳;臻于贵寿,以恬退保终始。事在简册,爵极天人。出入七朝,显扬三纪。秩以功艺进,道由忠直彰。击鞠广场,则驰先百马。弯弧迥野,则飞落双雕。故得侍娱游则三领五坊,承顾问则八加供奉。
>
> ……
>
> 举策画若应神明,阅簿书无逃心目。而又精鉴,冠绝当时。门馆宾僚,荐延功行,必求明德,用辅圣朝。则有秉忠正之心,荷匡赞之任,才表正佐,

---

① ［宋］欧阳修、宋祁:《新唐书》卷二七〇,第5860页。
② ［宋］李昉:《太平广记》卷二七七,中华书局,1995年,第2192页。

出为国桢,康济群生,辉华四海者矣。然后知卫将军七击匈奴,封侯九国。崔骠骑六征绝塞,列将八人。特美高勋,岂膺贤弼。以今方古,我德为优。①

仇士良是唐代臭名昭著的大宦官,一生飞扬跋扈,作恶多端,《新唐书》载其"所至邀吏供饷,暴甚寇盗,……士良杀二王、一妃、四宰相,贪酷二十余年,亦有术自将,恩礼不衰云"②。唐武宗虽为其所立,亦不甘受其操控,会昌四年(844)六月,即仇士良死后第二年,唐武宗终削其官爵,籍没其家,诸仇势力受到沉重打击。但此后的大中五年(851),是时仇士良长子仇从广为宣徽使,次子仇亢宗曹州刺史,三子仇从源内府局丞,四子仇从渭邠宁监军使。仇士良嫡系假子俨然已经恢复昔日的权势,宣宗遂公然为仇士良平反,诏令翰林学士郑薰作此碑文以彰"美",用三千多字的宏篇颂扬仇士良。宣宗一生英明,多次整顿包括宦官在内的吏治,史有"大中之治"之称,但从墓志所反映的情况看,宣宗当时非但不继续执行武宗打击仇氏势力的政策,反而为双手沾满朝臣和皇室鲜血的阉宦树碑纪功,荫其亲族。郑薰此文迎合时政风潮,罔顾事实,以恶为美,以丑为德,以害为功,黑白不分,文过饰非,实令人不齿,若非仇氏余党在皇位争夺中对宣宗立有大功,仇士良断不会有如此礼遇,这也反映出碑志撰写的复杂背景。

四、润笔传统与碑志文写作的商品化和功利化

自汉代起,碑志文的写作就和润笔联系在一起,蔡邕因碑文名重当时,但多半因润笔等而行文,连蔡邕自己都承认写作难免"愧色"。其后历经魏晋,碑志文体不断演进,但润笔习俗却一直保留。殆至唐代,这一传统被进一步发展。元稹《唐故开府仪同三司检校兵部尚书兼左骁卫上将军充大内皇城留守御史大夫上柱国南阳郡王赠某官碑文铭》:"南阳王姓张氏,讳奉国,本名子良,以某年月日薨于家。其子岌哭于其党曰:'唐制三品以上,殁既葬,碑于墓以文其行。我父当得碑。家且贫,无以买其文,卿大夫谁我肯哀者?'由是因其舅捧南阳王所受制诏凡八通,历抵卿大夫之为文者,予与焉。"③说明当时碑志文写作商品化的风气。

---

① [清]董诰:《全唐文》卷七九〇,中华书局,1983 年,第 8273 页。
② [宋]欧阳修、宋祁:《新唐书》卷二二〇,第 5874 页。
③ [唐]元稹:《元稹集》卷五二,第 566—567 页。

洪迈认为"作文受谢,自晋宋以来有之,至唐始盛"①,唐代因为社会经济文化的发达,丧葬风俗隆重,时人于碑志文的写作尤为重视,正如范文澜《文心雕龙注·墓志铭考》云:"贵室富贾之死,其子孙必求名士献诔为快。……文人则亦有所利而轻应之。"②为请人特别是请名人做碑志文,死者家属往往不惜重金,以巨额润笔求取之,这就给文人带来巨大的诱惑。

有唐一代,因润笔所请而作碑志文的作家众多,三百年连绵不绝。初唐的王勃,因善写碑志文,求者盈门,获利丰裕。《唐才子传》云:"请(王勃)者甚多,金帛盈积,心织而衣,笔耕而食。"③李邕更是因撰写碑志文而发财,《旧唐书》本传云:"邕早擅长才名,尤长碑颂。虽贬职在外,中朝衣冠及天下寺观,多赍持金帛,往求其文。前后所制,凡数百首,受纳馈遗,亦至巨万。时议以为自古鬻文获财,未有如邕者。"④王维之弟王缙也写了不少碑文,"有送润笔者,误致王右丞(王维)院",引起王维的嘲讽⑤。清代钱咏云:"润笔之说,昉于晋、宋,而尤盛于唐之元和、长庆间。"⑥如张说,仅作一篇《郑国夫人神道碑》就得到"彩罗二十匹、绢一千匹者"⑦的润笔,其后更因贪图钱财而作碑志文,为政敌姚崇所算计⑧。《新唐书·李华传》云:"李华不甚著书,惟天下士大夫家传、墓版及州县碑颂,时时赍金帛往请,乃强为应。"⑨韩愈一生更是颇得润笔之利,仅凭其《谢许受王用男人事物状》和《谢许受韩弘物状》的自述,知其作《平淮西碑》,韩宏寄绢五百匹酬谢,为王用做碑文,得鞍马并白玉带之酬,所以"时韩碑铭独唱,润笔之货盈缶"⑩,

① [宋]洪迈:《容斋随笔》,第286页。
② 范文澜:《文心雕龙注》,第232页。
③ 傅璇琮:《唐才子传校笺》,第32页。
④ [五代]刘昫:《旧唐书》卷一九○,第5043页。
⑤ [宋]王谠:《唐语林》卷一,中华书局,2007年,第177页。
⑥ [清]钱咏:《履园丛话》卷三,第73页。
⑦ [唐]张说:《谢赐撰郑国夫人碑罗绢状》,[清]董诰:《全唐文》卷二二四,第2259页。
⑧ [唐]郑处海:《明皇杂录》:"姚元崇与张说同为宰辅,颇怀疑阻,屡以事相侵,张衔之颇切。姚既病,诫诸子曰:'张丞相与我不叶,衅隙甚深。然其人少怀奢侈,尤好服玩。吾身殁之后,以吾尝同僚,当来吊。汝其盛陈吾平生服玩,宝带重器,罗列于帐前。……便当录其玩用,致于张公,仍以神道碑为请。……'讫姚既殁,张果至,目其玩服三四。姚氏诸孤悉如教诫。不数日文成,叙述该详,时为极笔。……(张说)悔恨拊膺曰:'死姚崇犹能算生张说。吾今日方知才之不及也远矣。'"[清]陈鸿墀:《全唐文纪事》,第402页。
⑨ [宋]欧阳修、宋祁:《新唐书》卷二三○,第5776页。
⑩ 傅璇琮:《唐才子传校笺》,第280页。

最终引发谀墓之讥，如明人李日华《六研斋笔记》所云："唐人极重润笔，韩昌黎以谀墓，辇人金帛无算。"①白居易为元稹撰写墓志铭，"元氏之老，状其臧获舆马绫帛银鞍玉带之物，价当六七十万，为谢文之贽"②。杜牧撰《韦丹遗爱碑文》，也曾收受彩绢三百匹的酬谢③。再如大中十三年（859）太常寺协律郎宋玕撰《故忠武军节度兵马使朝请郎试左金吾卫兵曹参军上柱国朱公墓志》云："将期永岁，斯以志之。固命（余以厚赠）。"④又建中三年（782）易州录事参军刘常撰《唐故赠户部郎中太原王君墓志铭》云："旁求三斗碎金之文，命琢一片他山之石，常愿受哀托，力疾而为之，实媿情见乎辞。"⑤"三斗碎金"虽是比喻说法，然可见润笔之价。所以有称墓志为"千金石"者，会昌三年（843）《贾政墓志铭》云："古今既殁毕，编录平生之行，刻千金石。"⑥此外，诸如陆贽、李商隐、李德裕、司空图等人，都有作碑文收取润笔的记录，皇甫湜更是因润笔而做碑文的典型。

较之王勃、李邕、韩愈等人，唐代还有一类文人专以创作、出卖碑志文为生，《贞观政要·纳谏第五》载凌敬"为人作碑文，教人读《汉书》，因兹附托，回易求利"⑦，《旧唐书》载柳公权"志耽书学，不能治生，为勋戚家碑板，问遗岁时巨万"⑧，下层文人尤多如此，如杜甫《闻斛斯六官未归》："故人南郡去，去索作碑钱。本卖文为活，翻令室倒悬。"又《侯鲭录》："唐王仲舒为郎中，与马逢友善，每责逢曰：'贫不可堪，何不寻碑志相救？'逢笑曰：'适见人家走马呼医，立可待也。'"⑨古代文人的出路可谓多矣，就是鬻文也并非仅碑文可鬻，但较之于其他，碑文能使文人治生乃至发财，可见当时碑志文市场的发达程度。在此之下，文人的商品意识也空前高涨，王谠《唐语林》："长安中争为碑志，若市贾然。大官薨，其门若市，至有喧竞构致，不由

---

① 于景祥、李贵银：《中国历代碑志文话》，第399页。
② ［唐］白居易：《修香山寺记》，［唐］白居易《白居易集》卷六八，第1441页。
③ ［唐］杜牧：《谢许受江西送撰韦丹碑彩绢等状》，［唐］杜牧《樊川文集》卷一五，第228页，题作《谢许受江西送彩绢等状》）。
④ 周绍良、赵超：《唐代墓志汇编续集》，第1025页。
⑤ 周绍良、赵超：《唐代墓志汇编》，第1831页。
⑥ 周绍良、赵超：《唐代墓志汇编》，第2226页。
⑦ ［唐］吴兢：《贞观政要》卷二，第74页。
⑧ ［五代］刘昫：《旧唐书》卷一六五，第4312页。
⑨ ［宋］赵令畤：《侯鲭录》卷六，中华书局，1985年，第54页。

丧家者。"①唐人碑志文创作的商品化、市场化,已是不争的事实。

碑志文追述死者生平,写人记事,就其一生总结概括,因为涉及到对人的评判论定,行文多采用微言大义的史家笔法,客观真实,言之有据,以便能流传后世,追求不朽,故其写作较为严谨,按照习惯,碑志文总是由对死者较为了解的人去书写,一般人自然不好下笔。王勃《与契苾将军书》自云:"夫抚今怀昔,理寄斯文,旌德叙功,事属知己。"②赵翼《陔余丛考》云:"又古人于碑志之文不轻作,东坡答李方叔云:'但缘子孙欲追述其祖考而作者,某未尝措手。'其慎重如此。"③但在唐代,这一习俗被打破了,无论与之何等疏离,只要有利可图,文人都可以为素不相识的人写出一篇碑志文来。这就出现王勃、李邕等为钱财所请而多作碑文和普通文士"争为碑志,若市贾然。大官薨,其门如市,至有喧竞构致,不由丧家者"④的市场化情景。无论是受人所请还是专为治生而作的碑文,两者都涉及到润笔,普通文士自不论,诸如王勃、李邕、韩愈等名士能为诸多权贵亲作碑文,关键还在于经济效益,故润笔愈是丰厚,愈是请得动名人作文。

润笔能使文人治生乃至致富,这在唐代成为普遍的社会现象。而文人贪图润笔,除了唐代商业发达、文化普及等社会因素外,唐朝文士俸禄的低微也是一个重要原因。《新唐书·食货五》云:"武德元年,文武官给禄,颇减隋制,一品七百石,从一品六百石,二品五百石,从二品四百六十石……从九品为三十石,皆以岁给之,外官则否。"⑤至于按品级所授的受职分田和永业田。实际上只是政府的一种限田措施,并不能实授其地。所以《新唐书·食货五》云:"(开元)二十四年,令百官防合、庶仆俸食杂用以月给之,总称月俸。"⑥实际上,唐代官员的俸料法定额数与收入往往差别很大,这在地方官中尤甚,而文士即使科举得中,也多任职文官,难为权臣,收入更为有限。特别是安史之乱后,生产破坏,经济凋敝,使得唐朝廷府库衰竭,《资治通鉴》云:"安史之乱,数年间,天下户口什亡八九,州县多为藩镇

---

①　[宋]王谠:《唐语林》卷一,中华书局,2007年,第17页。

②　于景祥、李贵银:《中国历代碑志文话》,第209页。

③　[清]赵翼《陔余丛考》,第685页。

④　[宋]王谠:《唐语林》卷一,中华书局,2007年,第17页。

⑤　[宋]欧阳修、宋祁:《新唐书》卷五五,第1393页。

⑥　[宋]欧阳修、宋祁:《新唐书》卷五五,第1399页。

所据,贡赋不入,朝廷府库耗竭。"①这就影响到官吏的俸禄发放,《新唐书·食货五》载:"至德初,以用物不足,内外官不给料钱,郡府县官给半禄及白直、品子课。乾元元年,亦给外官半料及职田,京官给手力课而已。……建中三年,复减百官料钱以助军。"②可见当时官俸的低微,如此导致文人基本生活困难,以韩愈为例,自 25 岁中进士后虽担任过四门博士、监察御史、阳山县令、江陵府法曹参军、国子博士等职,但仕途沉浮,俸禄低微,生活窘困。其自叙:"仆在京城八九年,无所取资,日求于人,以度时月。"③"余初冠,应进士贡在京师,穷不能自存,以故人稚弟,拜北平王于马前。王问而怜之。……轸其寒饥,赐食与衣。"④在连州为阳山令是"酸寒何足道"⑤,在江陵府为法曹参军时是"掾俸之酸寒"⑥。若言韩愈哭穷,与其同时的县丞崔斯立则是"秩卑俸薄食口众,岂有酒食开容颜"⑦,国子助教薛公达"禄又不足以活身"⑧,县尉毕坰贫至"既卒,家无一钱"⑨,太原府参军苗藩,死时"遗资无十金,无田无宫以为归"⑩,如此等等,官俸低微,生活艰辛。故洪迈云:"唐世朝士俸钱至微,除一项之外,更无所谓料券、添给之类者。"⑪

俸禄的低微,促使文人另寻收入以养家,而碑志文市场的发达又提供了这种机会,这在安史之乱后表现尤为突出。如元和十四年,韩愈任潮州刺史时,据《唐会要》卷九一《内外官料钱上》所载推算,月俸当在一百贯左右,但相比之下,写作碑志文的润笔收入更高,从《谢许受王用男人事物状》和《谢许受韩弘物状》中可知韩愈因写碑文分别得到"马一匹并鞍衔及白玉腰带一条"和"绢五百匹"的润笔。当时物价,"盐价每斤四十文""绢一匹直

---

①　[宋]司马光:《资治通鉴》卷二二六《唐纪四二》,第 7284 页。

②　[宋]欧阳修、宋祁:《新唐书》卷五五,第 1400 页。

③　[唐]韩愈:《与李翱书》,马其昶:《韩昌黎文集校注》,第 178 页。

④　[唐]韩愈:《殿中少监马君墓志》,马其昶:《韩昌黎文集校注》,第 538 页。

⑤　[唐]韩愈:《赴江陵途中寄赠王二十补阙李十一拾遗李二十六员外翰林三学士》,屈守元、常思春:《韩昌黎全集校注》,四川大学出版社,1996 年,第 221 页。

⑥　[唐]韩愈:《祭郴州李使君文》,马其昶:《韩昌黎文集校注》,第 308 页。

⑦　[唐]韩愈:《雪后寄崔二十六丞公》,屈守元、常思春:《韩昌黎全集校注》,第 627 页。

⑧　[唐]韩愈:《祭薛助教文》,马其昶:《韩昌黎文集校注》,第 310 页。

⑨　[唐]《唐故河南府王屋县尉毕君墓志铭》,马其昶:《韩昌黎文集校注》,第 380 页。

⑩　[唐]韩愈:《太原府参军苗君墓志铭》,马其昶:《韩昌黎文集校注》,第 385 页。

⑪　[宋]洪迈:《容斋随笔》,第 412 页。

钱八百"①,"米一斗不过五十"②,则五百匹绢就是四百贯钱,是刺史月俸的四倍,可买一万斤盐、八百石米,据严郢《奏五城旧屯兵募仓储等数疏》云,当时"一丁岁当钱九百六十,米七斛二斗"③。白居易为元稹作碑志文,"元氏之老状其臧获與马绫帛银鞍玉带之物,价当六七十万,为谢文之赞。"④杜甫《八哀诗·赠秘书监江夏李公邕》描述李邕因作碑志文而豪富的情景说:"干谒走其门,碑版照四裔。各满深望还,森然起凡例。……丰屋珊瑚钩,骐骥织成罽。紫骝随剑几,义取无虚岁。"碑志文润笔如此之高,吸引诸多文人投身其写作,所以当时有"争为碑志"⑤的社会风气和"贫不可堪,何不求碑志相救"⑥的说教。至于王勃、李邕等人因碑志润笔而豪富,自不待言。

唐代文化繁荣,经济发达,士商关系出现新变化,唐代文人以创作诗歌、书画等换取钱物已经成为时尚,如"李益,肃宗朝宰相揆之族子,登进士第,长为歌诗,贞元末,与宗人李贺齐名,每作一篇,为教坊乐人以赂求取,唱为供奉歌词"⑦。张彦远《历代名画记》载士人"必也手揣卷轴,口定贵贱,不惜泉货,要藏箧笥,则董伯仁、展子虔、郑法士、杨子华、孔尚子、阎立本、吴道玄,屏风一片,值金二万,次者售一万五千。自隋以前多画屏风,未知有画障,故以屏风为准也。其杨契丹、田僧亮、郑法轮、乙僧、阎立德一扇,值金一万"⑧。文人商业意识的萌动,兼之社会风潮的影响,特别是作文固有的润笔传统,都为唐人碑志文创作的商品化倾向提供了土壤,文人们于此也表现出良好的商业意识和行为,典型如皇甫湜,因作文而讨价还价。《新唐书·皇甫湜传》云:

　　裴度辟为判官,度修福先寺,将立碑,求文于白居易。湜怒曰:"近舍湜而远取居易,请从此辞。"度谢之。湜即请斗酒,饮酣,援笔立就。度赠以车

　　① ［唐］韩愈:《论变盐法事宜状》,马其昶:《韩昌黎文集校注》,第646页。
　　② ［唐］李翱:《疏改税法》,［唐］李翱:《李文公集》卷九,《文津阁四库全书》,商务印书馆,2005年,第360册278页。
　　③ ［清］董诰:《全唐文》卷三七二,第3781页。
　　④ ［唐］白居易:《修香山寺记》,［唐］白居易:《白居易集》卷六八,第1441页。
　　⑤ ［宋］王谠:《唐语林》卷一,中华书局,2007年,第17页。
　　⑥ ［宋］赵令畤:《侯鲭录》卷六,第54页。
　　⑦ ［五代］刘昫:《旧唐书》卷一三七,第3771页。
　　⑧ 俞慰刚:《历代名画记译注》,上海古籍出版社,2002年,第119页。

马缯彩甚厚。湜大怒曰："自吾为《顾况集序》,未常许人,今碑字三千,字三缣,何遇我薄邪?"度笑曰:"不羁之才也",从而酬之。①

低微的俸禄,商业意识的张扬,使得唐人发扬光大碑志文的润笔传统,导致其创作的商品化、有偿化、功利化。当然,文人自身性格因素也是一个原因。唐代固然有王勃、张说、李邕、韩愈、皇甫湜等人为润笔而写碑志文,但也有文人不屑为此。所以收取润笔和谀墓本身并无必然联系,谀与不谀,重在文人的才性品节和文化思维。陆贽为权贵田绪之父田承嗣作碑文,田绪奉送马绢等作为报酬,陆贽不受,作《请还田绪所寄撰碑文马绢状》予以退却。白居易《修香山寺记》曰:"予与微之定交于生死之间,微之将薨,以墓志见托。既而元氏之老状其臧获舆马绫帛银鞍玉带之物,价当六七十万,为谢文之贽。予念平生分,贽不当纳,往返再三,讫不能得。不得已,回施此寺。凡此利益功德,应归微之。"②李德裕《让张仲武寄信物状》云:"臣登朝序,垂三十年,未曾为宰相撰碑所悉,盖缘雕虫薄技,已忝荣名,不愿鬻文,更受财货。比见文士,或已居重位,或已是暮年,矻矻为文,只望酬报,臣心鄙耻,所不乐闻。"③指责幽州刺史李载文撰碑文敛取太过,怨词颇甚。《新唐书》说司空图隐居山中,"王重荣父子雅重之,数馈遗,弗受。尝为作碑,赠绢数千。图置虞乡市,人得取之,一日尽"④。赵翼《陔余丛考》云:"其有不肯卖文,及虽受馈而仍他施者。韦均之子持万缣诣韦贯之求铭其父,贯之曰:'吾宁饿死,岂忍为此哉!'……又柳比善书,顾彦晖请书德政碑。比曰:'若以润笔为赠,即不敢从命。'"⑤文人作碑文图财与否,品行如何,可见一斑。

不仅唐代碑志文写作趋于商品化功利化,就是其他文体的写作,也有这种倾向。《旧唐书·张鷟传》写张鷟:"新罗、日本东夷诸蕃,尤重其文,每遣使入朝,必重出金贝以购其文,其才名远播如此。"⑥李白的不少诗歌也是为财物而写作的,在其诗集里有不少诸如《酬张司马赠墨》《酬宇文少府

①　[宋]欧阳修、宋祁:《新唐书》卷一七六,第5267页。
②　[唐]白居易:《修香山寺记》,[唐]白居易:《白居易集》卷六八,第1441页。
③　[清]董诰:《全唐文》卷七〇四,第7227页。
④　[宋]欧阳修、宋祁:《新唐书》卷一九四,第5574页。
⑤　[清]赵翼:《陔余丛考》卷三一,第665页。
⑥　[五代]刘昫:《旧唐书》卷一四九,第4024页。

见赠桃竹书筒》《酬中都小吏携斗酒双鱼于逆旅见赠》《酬殷明佐见赠五云裘歌》之类酬谢之诗,在《赠黄山胡公求白鹇》一诗的序中,李白写道:"闻黄山胡公有双白鹇。……予平生酷好,竟莫能致,而胡公辍赠于我,唯求一诗,闻之欣然,适会宿意,因援笔三叫,文不加点赠之。"①作文润笔传统延至宋代,久盛不衰。《梦溪笔谈》云:"内外制凡草制除官,自给谏、待制以上,皆有润笔物。太宗时,立润笔钱数,降诏刻石于舍人院。每除官,则移文督之。在院官下至吏人院驺,皆分沾。"②《玉壶清话》云:"李瀚及第于和凝相榜下,后与座主同任学士。会凝作相,瀚为承旨。适当批诏,次日于玉堂辄开和相旧阁,悉取图书器玩,留一诗于榻,携之尽去,云:'座主登庸归凤阁,门生批诏立鳌头。玉堂旧阁多珍玩,可作西斋润笔不?'"③赵翼《陔余丛考》云:"欧阳公请蔡端明书《集古录序》,以鼠须栗尾笔、铜丝笔格、大小龙团茶、惠泉等物为赠。君谟笑其清而不俗。后闻欧得清泉香饼,惜其来迟:'使我润笔少此种物!'王禹玉作《庞颖公神道碑》,其家送金帛外,参以古法书名画三十种,杜荀鹤及第试卷其一也。张孝祥书多景楼扁,公库送银三百星,孝祥却之,但需红罗百匹。于是合诸妓宴会,以红罗遍赏之。张端义《贵耳录》:'席大光葬母,乞吴传朋书,预供六千缗为润笔。人言传朋之贫可脱矣,一夕而光死。'此又可见宋时士大夫风尚。盖作文受谢,宋时并著为令甲。"④宋人碑文润笔,不仅要送金帛绫罗,还要送名画等,酬谢之重,更甚于唐。

章学诚《文史通义·答某友请碑志书》云:"今以其先人大事撰具状述,将求显贵头衔,鸿文名笔,以光泉壤,其于所求之文宜如何也!"⑤唐代商业发达,碑志文写作走向市场化、商品化,这一方面刺激文人的写作积极性,促进碑志文创作的繁荣;另一方面,在收取润笔的情况下,文章创作失去行文自主性,很容易媚俗媚世媚人,这就使得碑志文只攻一点不及其余的铭功颂美写法得到强化。文人们大量写作商品化酬谢化的碑志文,为迎合求者,对墓主一味颂美,未免赞誉过度,造成碑文所写和真实情况的出入,乃

---

①　[唐]《李太白全集》卷十二,第634页。
②　[宋]沈括:《梦溪笔谈》,中华书局,1985年,第10页。
③　[宋]文莹:《玉壶清话》,中华书局,1984年,第19页。
④　[清]赵翼:《陔余丛考》卷三一,第664页。
⑤　于景祥、李贵银:《中国历代碑志文话》,585页。

至粉饰虚美,如此很容易谀人谀墓。唐封演《封氏闻见记》云:"近代碑碣稍众,有力之家,多辇金帛以祈作者之谀,虽人子罔极之心,顺情虚饰,遂成风俗。"①范文澜《文心雕龙注·墓志铭考》云:"唐宋以下,凡称文人,多业谀墓,退之明道自任,犹或不免,其他更何足数。"②唐人碑志多谀墓,自初唐起便有之,如针对王勃的碑志文,明人王志坚《四六法海》云:"汰王勃,为文坛惩无耻也。"③针对王勃撰写的唐将军《张阿难碑》,赵崡《石墨镌华》批评道:"其人盖宦官,而曰勇冠三军,得无溢美乎? 唐初开国,宦寺为公侯,鱼李之祸兆矣。"④李邕因多受贿谢,于求碑文者迎合所需,其《左羽林大将军臧公神道碑》《叶有道碑》《唐赠歙州刺史叶慧明碑》等文多有谀墓之辞。其余如陈子昂、张说等,其作也多被人讥,这方面最突出的是韩愈,因李商隐在《齐鲁二生·刘叉》一文引发"谀墓"之说,由此成为一桩历史公案。

五、谀墓与碑志文体的嬗变

文体演变折射出人类文化心理的发展进化。碑志文蕴含着丰富的社会历史和文化信息,其衍生与演进反映人们对于人物事件的关注和重视。正是面临时间的淘汰,才需要流传后世的纪念,才有了碑志,所以说实录精神是碑志文体的根本职能和生存之本。事之不存,言之何信? 碑志的初衷是为死者作传,为了流芳后世,但现实约束着人们,过于据实的书写未必能满足社会世俗需要,碑志书写人倍受压力,于是通过谀墓扩大碑志的功能和作用,这就违背了碑志以史为据、事信言文、流传不朽的传统,反映出文与道在人类历史发展中的内在矛盾性。在极重亲情孝情的古代中国,谀墓带来的社会效应不言而喻,桓范《世要论》记载汉代碑文创作情况说:

> 门生故吏,合集财货,刊石纪功,称述勋德,高邈伊周,下陵管晏,远追豹产,近逾黄邵,势重者称美,财富者文丽。后人相踵,称以为义,外若赞善,内为己发,上下相效,竞以为荣,其流之弊,乃至于此。欺曜当时,疑误后世,罪莫大焉。⑤

---

① ［唐］封演:《封氏闻见记》卷六,中华书局,1985 年,第 81 页。
② 范文澜:《文心雕龙注》,第 231 页。
③ ［清］陈鸿樨:《全唐文纪事》,第 817 页。
④ ［清］陈鸿樨:《全唐文纪事》,第 817 页。
⑤ 于景祥、李贵银:《中国历代碑志文话》,第 200—201 页。

谀墓,在很多情况下,其实是迫不得已的结果。复杂的社会关系和创作环境使得文人在撰写碑志文时难以保持独立的批判和思考,虽都不愿意写谀墓之文,但从理智上来说又不能不写,而且不能不那样写。《履园丛话》载自汉代后:"谀墓之文日起,至隋唐间乃大盛,则不重所葬之人,而重撰文之人矣。"①可见撰碑文者压力之巨。历代文论家都强调碑文书写的实录,追求史家精神,但实际很难做到。蔡邕虽自云"郭有道碑颂无愧",但通过史传与碑志比较,在写郭有道时,仍多过度谀扬之辞,其原因在于郭泰的清流名士身份。司空图一生旷达野逸,但其《华帅许国公德政碑》《太尉琅琊王公河中生祠碑》等阿谀河中节度使王重荣及其亲属,是因为晚唐藩镇割据,文人生存维艰,其慑于地方军阀之淫威,不得已而为之。正基于此,司空图对于王重荣的润笔:"置虞乡市,人得取之,一日尽。"②

谀墓是文人的创造,这在汉唐,特别是唐代以来得到发扬,表现在三个方面:一、因为谀墓,文人往往避实就虚,于人于事选择性缩小,乃至舍弃其劣,选择性放大其优,扬善隐恶,铺陈罗列,排比夸饰,追求情采神思,这就增强了碑志的文学美和抒情性,为后世文人借碑志而进行私人化的言说提供可资利用的文学体裁。我们看杨炯、张说、李邕等人的碑志,都充满着此类描写,对墓主功德的颂扬,多少都有谀墓的色彩。二、文人借助谀墓丰富了碑志文的写作方式、艺术技巧与词语的表现性,在情感倾诉、思想表达、题材体裁及表现技巧等方面都发生了重要变化,呈现越来越丰富化、多元化的形式。为后世文人创作提供了经验。三、谀墓毕竟是一种强制行为,文人一旦沦为谀墓的工具,便成为社会殡葬世俗的承担者、应制为文的书写者,其对文人趣味生成的影响也就是社会的影响。正是文人开创谀墓这种直觉性与体验性结合的审美方式,成为后世碑志文写作的先例。无论死者的品德如何,在死亡面前,人都是命运共同体。面对复杂的社会环境,悲悯叹惋成为碑志文的主题,其求真求实的一面反被忽视,求善求美成为碑文的创作潮流,于是谀墓代代盛行,以悲悯生命的文化关怀、人性关怀代替道德评判,代替是非论证,借颂扬墓主而悲叹人生无常,感慨岁月变迁,这也最易引起人的共鸣,因此历来有哭墓、悼墓乃至谀墓,但无刺墓。谀墓最

---

①　[清]钱咏:《履园丛话》卷三,第82页。
②　[宋]欧阳修、宋祁:《新唐书》卷一九四,第5574页。

终成为一种社会需要和文化传统,促进碑志文功利性和文学性的发挥,而碑志文也因谀墓产生一种特殊的美学,在文辞和体征方面变化明显,兹比较如下:

公门承将相,地积英灵。望之俨然,横断山而郁起;听其言也,注悬河而不竭。玉则秦王所见,天照白虹;剑则殷帝所传,星浮紫气。假使蔡中郎之博学,郭有道之人伦,何尝不迎王粲而倒屣,为茅容而下拜。

　　　　　　　　　　　　——杨炯《隰州县令李公墓志铭》

府君稚节一成,立年博达,典学为海,懿文为林,镇重为山,幽静为谷,清淡事约。言遣理深,谦常后身,俭不逼下。至若仪形硕伟,风神散逸,立若尸祭,坐若肃宾。认金不争,阙马引罪,公庭绝于私议,虚室造于元门,远遗之观物则名,颜子之问一知十,无以过也。尝以为权略多置噉察不祥,和令乃私,静胜而言,立莫神怨,行莫人诛,固能陈无兵,火无爇,变夺物性,延集福根,然后至精启纯,全德居厚,崇化务俗,树德垂声可也。识者以为张华茂才,荀彧远略,虽曰王佐,则无天年:今府君二者兼之,一言得矣。

　　　　　　　　　　　——李邕《唐赠太子少保刘知柔神道碑》

事君之难,请言其状,尽礼者,或以为谄! 纳忠者,时有不容。直必见非,谓之劀上。严又被惮,不得居中。古所谓为臣不易者以此。至有排金门,上玉堂,出入五纪近天子之光,周旋无违,献纳必可;言大小而皆入,事曲折而合符;恭而不劳亲而不黩,谏而不忤,久而不厌。美畅于中,声闻于外,开元之后,见之于高公矣! 公本姓冯,初讳元一。则天圣后赐姓高,改名力士。冯之先,北燕人也。衣冠屡迁,不常厥所,章甫适越,遂为强家。曾祖盎,皇唐初高州都督、耿国公、广韶等十八州总管,赠荆州大都督,干旄特建,岭峤为雄,颐指万家,手据千里。有三子:曰智戣,智戴,智玟。耿公知而内举,请以分忧,朝庭许之。戣为高州刺史,戴为恩州刺史,玟为潘州刺史,圣历中,潘州府君捐官舍,子君衡袭其位焉。父没子继,南州故事,且持馑载方侯。丝纶按察使,摧折高标,替抉瑕璺,祸心潜(构),飞语上闻。帝阍难叩,家逐籍没。及公之鼎贵,恩赠广州大都督。公即广州之少子也。年未十岁,入于宫闱,武后期壮而将之,别令女徒鞠育,将复公侯之庆,俾加扩羽之深。令受教于内翰林。学业日就,文武不坠。必也射乎,五善既闲。

百发皆中，因是有力士之称，自文林郎宫教博士转内府丞。至尊以公凤遭闵凶，弱丧何怙。倍年存父事之礼，三州有天属之恩。帝曰："俞以汝为内侍。"高延福男，由是，遂为高氏。君命天也，天所授焉！子楚大不韦之门，齐姜育有妫之后，兆自真宰，成于主恩。孝和忽其升遐，韦氏纷从以干命。玄宗至道大圣皇帝，中夜堤剑，迟明登天，升杓未移，沴气如扫。攀龙附凤，公实亲焉。录其翼戴之勋，遂有骤迁之命。特加朝散大夫，内给事充内弓箭库使，寻，迁内常侍兼三宫使，又加云麾将军，右监门卫大将军。恭以桥梓之心，惧过车马之赐，乞迥所授，进父之班。圣心嘉之，用奖名教，父子并授内侍。公仍加银青光禄大夫，又属。万乘东巡。柴于岱岳，更授云麾大将军，左监门卫大将军，申前命也。兼充内飞龙厩大使。公艰疚之岁，太夫人在堂，夫人麦氏，宿国猛公之曾孙也。覆巢之下陟岵无从，寒泉切莫慰之心，永初无随子之赋。德均圣善，孝感神明。瘴海炎山，不为疵疠。板与万里，来就高堂，欢甚如初，和乐且孺。兄元琔、元珪等雁行而至。当代荣之，庆吊相随，风树增叹！无何，丁太夫人忧。绝浆之日，恩制起夺，先夫人有越国之赠，崇赐类也，累迁冠军、镇军、辅国、骠骑等大将军，特拜内侍监，内侍有监，自公始也。王铣之乱，辇毂震惊，禁军一举，玉石同碎。公亲执桴鼓，令于颜行曰："斩级者无战功，擒生者受上赏。"傲扰之际，人无横酷者，由公一言也！属胡羯潜逆，天王居于成都，跃涉艰难，扶护警跸。蜀有南营之叛，公讨而平之。加开府仪同三司，封齐国公，食邑三千户。文明武德皇帝再造区夏，奉迎皇舆。太上高居复归于镐，赏从行者，加食实封三百户。公左右明主垂五十年，布四海之宏纲，承九重之密旨，造膝之议，削藁之书，不可得而知也。其宽厚之量，艺业之尤，宣抚之才，施舍之迹，存于长者之论，良有古人之风。上元初遭谤，迁摘安置巫州，知与不知，皆为叹息。宝应元年，有制追赴上都，中路闻天崩地坼二圣下席。长号泣血，勺饮不入口，惜举胾而无极。俄易箦而长辞，其八月八日，终于朗州龙兴寺，享年七十三。舆梓至京，恩制赠开府议同三司、扬州大都督，仍陪葬泰陵，书王命褒之也。公以宝应二年四月十二日安厝。夫人吕氏道备公宫，天宝中封齐国夫人方贵而逝，封树已久，安而不迁。嗣子正议大夫、前将作少监、上柱国、渤海郡开国公承悦，犹子为继，克家有光，时称雅才。丧善执礼，以先父出远，表请黜官。皇鉴至明，俾复旧职。封章屡上，改恒王府长史。时议多之。养子内给事承信等，永言孝思，敬奉先训。炎今之述者，天所命焉，用刊青垄之铭，长记黄陵之侧。词曰："五岭之南歌大冯，桂林湘水神降公。君门九重阊阖通，开元神武英复雄。云天雨露恩渥崇，惟宸筹谋心膂同。五十年间佐圣躬，无瑕遇擿迁巴东。来归未达鼎湖空，抚膺一绝如有穷。魂随仙驾游苍穹，托茔山足茂陵中，君臣义重天地终！"①

——潘炎《大唐故开府仪同三司兼内侍监上柱
国齐国公赠扬州大都督高公墓志铭并序》

像李嘉、刘知柔、高力士，尽管生前平平，甚至颇多非议，不乏劣迹，但人无完人，任何人并非一无是处，生可荣，死可悲。碑文本身也追求称美不称恶，杨炯、李邕和潘炎不约而同在书写中揄扬功德，舍弃不足，以伤情悲悼为主题，最终悲悯超过怨刺，谅解代替指斥，感怀叹惋胜于理性评判，对墓主们进行净化美化，小美大赞，乃至无美称美，虚饰浮夸，所以说诔墓体现出中国文化浓厚的实用化、道德化思维。就行文来看，从杨炯《唐上骑都尉高君神道碑》的夸饰炫耀、张扬气势到李邕《唐赠太子少保刘知柔神道碑》的骈辞俪句，藻饰典故，再到《大唐故开府仪同三司兼内侍监上柱国齐国公赠扬州大都督高公墓志铭并序》的铺排罗列、比拟渲染，叹惋伤感，伴随着诔墓的兴起，碑志创作逐步借鉴诗歌和文赋的手法，向着文胜于质的方向发展。其铺陈排比，偶对用典，藻饰丽辞，夸饰诔扬，追求形式之美，在辞采方面愈加考究，而行文越华丽，便越远离质实，造成碑志事实与文辞逐渐背离。杨炯、张说、李邕、司空图等名家因世俗体制不免有诔墓之作，而二三流文人，或因生活所迫，或因时势所趋，诔墓之作更多。所以诔墓从一定程度上反映出对碑志文的破坏，这就引起一些有识之士的反感和担忧。"时穆宗诏撰故成德军节度使王士真神道碑。（萧俛）对曰：'臣器偏狭，此不能强。王承宗先朝阻命，事无可观。如臣秉笔，不能溢美。或撰进之后，例行赙遗。臣若公然阻绝，则违陛下抚纳之宜。黾勉受之，则非微臣平生之志，臣不愿为之秉笔。'帝嘉而免之。"②白居易借《立碑》一诗，也表达唐代立碑的盛行及对碑志文写作虚浮阿诔之风的不齿："勋德既下衰，文章亦陵夷。但见山中石，立作路旁碑。铭勋悉太公，叙德皆仲尼。复以多为贵，千言直万赀。为文彼何人，想见下笔时。但欲愚者悦，不思贤者嗤。岂独

---

① 陕西省考古研究所：《唐高力士墓发掘简报》，《考古与文物》2002年第6期。
② ［清］陈鸿墀：《全唐文纪事》，第344页。

贤者嗤,乃传后代疑。古石苍苔字,安知是愧词!"在《青石》诗中,也表达了同样感受。而在《策林》六十八《议文章、碑碣、词赋》中,白居易更对当时碑文谀墓之弊提出明确批评:"歌咏、诗赋、碑碣、赞咏之制,往往有虚美者矣,有愧辞者矣。若行于时,则诬善恶而惑当代;若传于后,则混真伪而疑将来。……碑诔有虚美愧辞者,虽华虽丽,禁而绝之。"①陈寅恪认为白居易此两诗"盖皆讽刺时人之滥立石碣,与文士之虚为谀词者也"②,"知乐天志在移风匡俗,此诗自非偶然无的之作也"③。

　　文学的书写总是服务于现实政治经济等多重需要,谀墓的出现,正是社会复杂、文体流变、"忠信之薄"的产物。如果纯粹从历史考证角度看待谀墓,肯定会大失所望,《旧唐书·文苑传》云:"先是文士撰碑颂,皆以徐、庾为宗,气调渐劣"④,以致发展成章学诚所论"铺排郡望,藻饰官阶,殆于以人为赋,更无质实之意","加以为文者竞相文饰,使文章之道,多见虚浮华靡,气格不振"⑤。从本质上说,是复杂多变的社会现实促使碑文书写的多样化。谀墓的产生,意味着文学逐渐从朴素、单纯、真诚而走向现实和世俗,沦为时代政治和功利的附庸,意味着文学传之不朽的作用已经让位于政治考量和经济需求。但是既然还需要碑志,也就意味着传之不朽的意味还没有完全消退,还具有相当的力量。作为一种应用文体,碑志创作理应以墓主为中心来展开铺陈叙述。然而,在谀墓的背景下,这类文体有时逸出常格,以一种异乎寻常的方式,向世人披露某种特殊的信息,从而展示出文体与礼仪世俗之间的特殊关系。故谀墓对碑志创作的影响,反映在一个焦点问题上,即碑志中曲笔与真实的冲突。碑志创作既要考虑到殡葬这一特殊的礼仪场合,照顾到孝子贤孙的悲痛心情和褒扬逝者功德的世俗需求,尽量称美墓主而讳言其弊,同时也不能侈言溢词,虚饰夸美,使人们无足取信。这种"曲笔"和"真实"的冲突,一直凸现在碑志的发展历程中。钱钟书批评庾信"集中铭幽谀墓,居其太半,情文无自,应接未遑,造语谋篇,自相蹈袭,虽按其题,各人自具姓名,而观其文,通套莫分彼此。……固六

①　[唐]白居易:《白居易集》卷六五,第1369页。
②　陈寅恪:《元白诗笺证稿》,第227页。
③　陈寅恪:《元白诗笺证稿》,第229页。
④　[五代]刘昫:《旧唐书》卷一九〇,第5013页。
⑤　[清]章学诚:《文史通义》卷八,辽宁教育出版社,1998年,第29页。

朝及初唐碑志通患"①,其实反映出谀墓对于碑文的破坏,反映出人们对于碑文实录性的怀疑和对谀墓的不满。

虽然谀墓是碑志难以避免的常规性流弊,但手法的差异却给人不同的审美感受,比如郑薰《内侍省监楚国公仇士良神道碑》脱离事实,以丑为美,以恶为德,极尽吹捧奉迎之能,不仅有失客观,而且给人留下谄媚谀颂的印象,自然也就失去行文的思想艺术性。潘炎《大唐故开府仪同三司兼内侍监上柱国齐国公赠扬州大都督高公墓志铭并序》尽管不少虚浮妄赞之笔,但悲天悯人,抚今追昔,哀婉痛切,由历史上高力士的忠贞对比现实的李辅国专权,切合时人的政治吁求,文风温柔敦厚、冠冕雅正。而李峤《攀龙台碑》歌颂武则天,皮日休《文中子碑》拔高王通,固然不乏个人目的,但仍不失行文的艺术性,至于司空图《华帅许国公德政碑》《太尉琅琊王公河中生祠碑》等,颂扬阿谀碑主,是因为晚唐藩镇割据,慑于地方军阀之淫威,文人处境维危,不得已而为之,此类文已经很难用敦厚雅正去衡量。

文体具有特定的文化指向,与特定时段的文化精神是一致的。碑志谀墓的绵延不绝,和人类文明与人性发展有着密切关系,反映了现实社会中人们关于历史与未来、感性与理性、诚信与虚伪的意识。碑志文是中国古老而文化内涵丰富的文体之一,自唐以后,欧阳修等发起文体革新,对包括碑志文在内的各类文体进行改革,以适合时代需要,但谀墓仍时有发生。所以,碑志文在文化上的意蕴要比文学意味更为丰富,这也是中国古代诸多应用文体,如盟誓、铭诔、祭悼等文章的共性。

---

① 钱钟书:《管锥编》,中华书局,1986 年,第 1527 页。

结　语

　　碑志文首先是一种应用文,伴随着中华民族丧葬风俗的兴起而发展。唐代之所以出现碑志文写作空前旺盛的局面,这和唐代国力强大,经济繁荣,丧葬风俗尤为发达的社会现实有关。同时,伴随着唐代文学的发展大潮,碑志文在唐代又形成很强的文学性,成为一种有着相当艺术审美需要的文章。有唐一代三百年,碑志文的文体变化始终局限在骈体和散体之间,初唐的承袭骈俪绮艳文风到盛唐的逐步改进,再到中唐的散体文取代骈俪文,占据文坛主导地位,再到最后晚唐五代又重新回归骈俪绮艳文风,可谓走了一个大的回旋。在这个回旋过程中,各种力量、各种因素都对碑志文的发展起着重要影响,如王朝的政治兴衰、社会文化风气的变化、文人的心理状态及文学思想等。

一

　　从唐朝建立之初,以李世民、魏征等为代表的君臣就对南朝绮艳文风表示强烈的反对,其反复陈述前朝君主的腐败、政权的灭亡,将之作为反对绮艳文风的依据。但事实上,尽管君臣们已经认识到骈俪绮艳文风的危害,初唐文坛仍盛行骈俪文风。从虞世南、李百药到上官仪、崔融、李峤等,当时的碑志名家俱以骈俪行文,颂美铭功,华靡绮艳,藻饰绚丽。比南朝文风有过之而无不及。这种状况持续一百年之久,其原因耐人寻味。

　　历史是复杂的,文学的演进也是复杂的。尽管初唐君臣充分认识到绮艳骈俪文风对于前朝政权覆亡、江山易主的危害,对初唐文坛的徐庾体骈俪文风提出尖锐的批评,但是真正改变这种风气却非简单的个人力量可以解决,需假以时日。文学的发展有其自身的规律和潮流,骈俪文自秦汉时兴起,历经魏晋南北朝发展成熟,其丰富的形式技巧、审美的艺术体现,必然要同绮艳文风结合在一起。显然,在早已进入文学自觉时代的唐朝,面对已经发展成熟、具有文体独立地位的骈俪文,任何简单的行政命令都无法阻止及改变其以形式美需求为旨的绮艳特征,也无法再让骈文退而求其次，回归以前的文笔一体化时代中去。所以唐太宗及其群臣，不得不面对这样一个事实，既要反对骈俪绮艳文风，又要承认并接受骈俪文发展成熟的客观事实，汲取其艺术上的成就。初唐君臣一方面反对骈俪绮艳文风，一方面又受到这种文风的影响，自觉地以骈俪体行文，虞世南、朱子奢等南朝旧臣自不论，就是唐太宗、魏征等人，其碑志文丽辞藻饰、四六隔对，隶事用典，呈现出明显的华靡绮艳之骈俪文风。其后至高宗、武则天、中宗、睿宗执政时期，碑志文坛创作也莫不如此。当然，这一时期，文风改变缓慢的另一个原因，还在于无论是理论还是创作上，新文学该是什么样子，君臣们对此茫然无知。像魏征、令狐德棻等提出的合南北文学之长，追求以气为主，调远、旨深、辞巧等理想文学的标准，还只是一个笼统的抽象的概念。对于行将到来的盛世文学，其都无法进一步的设想和规划。此后王勃、杨炯，特别是陈子昂，敏锐地感觉到盛世到来之前的气息。其碑志文出现高昂的情调，出现浓烈的感情，出现壮大的气势，特别是在文体特征上出现散化的倾向。唐代碑志文从华靡绮艳走向骨气端翔、音情顿挫、光英朗练，可以说，经历了一个较长的实践过程，在实践中逐渐明确了盛世文学的标准。这就是突破狭窄虚浮、纤巧细致的宫体视野，突破绮丽浮艳、颓废庸俗的形式主义文风，彻底摒弃华靡雕饰、虚饰太平之流弊，转而追求清水芙蓉、自然明丽、壮阔博雅之美，以宽广雄厚、磅礴大气、豪迈乐观的心怀去表现社会现实；以充沛浓郁、昂扬壮大、蓬勃进取的感情去歌唱人生理想；以清新刚健、质朴生动、优美流畅的文笔去描写时代生活图景。这一过程发展虽然缓慢，但却是健康而稳妥的，为后来盛唐、中唐文学的繁荣兴旺奠定坚实的基础。

盛唐碑志文以张说、苏颋的大手笔为代表，其余如颜真卿、李邕及张九龄、李白、王维等人，更以诗情才艺入文，展现时代之臻于至治：明君圣主、贤臣良将，君臣一心，国家建设蒸蒸日上、日上日妍。写帝皇文韬武略，任人唯贤，政治清明；写士吏文武双全、忠勇有为，功绩赫赫；写人民生活富裕安康、和谐欢乐；写对外战争攻无不克、战无不胜，四夷咸服、万邦来贺；写时代社会之兴旺发达、繁荣壮美、昌明开放、伟岸瑰丽。其碑志文中表现出浓烈壮大、昂扬奋发的情感气势，雄浑刚健、豪迈乐观的精神风貌及清新自然、厚实浩雅的审美追求，在"气象""风骨"上有着盛世文学的典型体征：宏博浩大、富丽堂皇、雍容华贵。而后中唐韩愈、柳宗元、元稹、白居易等，借发动诗文运动之机,实现对碑志文体的改革,以振奋士心、促成中兴,再现盛世之治。其碑志文弘扬儒道精神,写士吏清正爱民,奉行仁义之政;写武将忠勇爱国、奋力抗击藩镇叛乱;写时代生活之由乱而治、呼之欲出。其思想内容之弘正刚健、激昂大义,其感情气势之浓郁热烈、充沛有力,其文采词句之优美生动、流变多姿,这实际上也是盛唐文学"风骨""气象"的延续。所以时至盛唐、中唐,才最能代表唐代文学的整体风貌,对碑志文而言,尤为如此。

二

　　我国古代文学思想的发展基本上是一个重功利的文学思想与非功利、重文学特征、重抒情的文学思想不断交替的过程,这也导致唐代碑志文发展虽然骈散两体并行,但基本上是一个互相肯定又否定、互相争夺文坛主导地位的过程。

　　文章发展最初阶段,散体文占很大优势。究其原因,盖出于实用之功利需要。诸子百家争鸣之际,论辩要求说理严密,叙述需生动有力。骈体显然难以适应这个要求而散体则可大显身手。因此,骈句虽很早出现,而骈体文却难以发展。骈体自西汉后能进一步兴起,是因为其伴随着文学自觉大潮的到来,逐渐脱离重功利之目的,转向于对艺术审美的追求。由魏晋至南北朝,骈体文最终发展成熟,已成纯粹之形式主义美文。这就与追求实用、重视功利的传统文学思想背道而驰,其弊病遂暴露无遗。于是又有重功利的文学思想出现,魏征、王勃、陈子昂等,呼唤文体改革,推动文学为现实政治服务,及至盛唐张说、苏颋,主张文章要发挥圣门、佐佑王化、美饰时政、颂音传雅、文色动台,反对重文轻质的写作倾向,追求质文合一,如此就使得盛唐碑志文和现实政治密切相关,以张扬博大的气势、抒发浓郁的感情为主,在体格上呈现出一种不同于徐庾的新型骈俪文风,具体表现为清新自然、壮丽博雅、质实刚健的审美追求。中唐韩愈、柳宗元发动古文运动,推崇文以明道。以更为流畅清新的散体写作碑志文,讴歌中兴,激励士心,呼唤王道一统,遂使散体碑志文风靡一时并最终取代骈体,成为当时碑志文坛的通用文体。及至晚唐,政局变化,以杜牧、李商隐为代表反对文以明道的重抒情重艺术技巧的文学思想的出现,导致骈体文再度兴起,散体古文趋于衰落,碑志文的创作又回归骈俪文风。

　　唐代碑志文骈散两体并行又互相否定、互相压制的过程,其实也是一个复杂的文体改革过程。骈体最初出现时和散体一样,也带有功利目的,后来才逐渐走向纯艺术技巧纯艺术形式的追求,而散体再起又取代骈体,是因为汲取了骈体艺术表现上的成就才取得成功。纯粹意义的复古,复兴秦汉散体古文,而不考虑骈文已经发展成熟的客观现实,是不可能取得以散代骈的成功。韩柳之前的李华、梁肃、独孤及等人改革失败就是例证。而韩柳之所以取得成功,除了其文体文风改革带有强烈的政治实用色彩、满足士人心理和社会文化所需外,还在于他们很好地吸收了已经发展完善的、包括骈文在内的所有文体的艺术技巧(如诗歌、史传及传奇小说等),在于他们对文章既倡明道,也主抒情,而且在创作实践中把两者很好结合起来,其文学主张有着强烈的经世致用精神,重视功利目的,但又不废缘情言志,不忽视文章在艺术审美上的追求。其碑志文虽倡扬儒道,说教意识、政治精神强烈,但议论抒情,气势凌厉,在文风上更是创变求新,以诗化手法、传奇小说笔法行文,锤炼字句,文笔清新优美,写人记事更是栩栩如生,这就使得散体碑文在保持思想内容刚正弘毅的同时,也具有突出的审美艺术效果。这是其文体改革成功的关键之处。

三

　　唐代碑志文体改革的另一个问题,便是理论主张与创作实践的关系问题。碑志文是中国文学的一个分支,从初唐到晚唐,作家们都有着鲜明的诗文理论主张,但最终能否在创作实践中取得成就,能否实现文体改革及推动文学发展繁荣,除了作家个人的因素,还要看这种理论主张本身的时代精神和实践指导效果。

　　唐朝建立后,从贞观之治到开元盛世,帝王们莫不雄才大略,文治武功,使得国富民强,威加天下。在拔剑倚天观沧海、斜插芙蓉醉瑶台的同时,帝王们也开始好大喜功、张扬盛世。盛唐张说、苏颋等身为朝廷大手笔,提倡文章的尊崇儒学、讴歌王道,美饰时世、雅音传颂,追求清新刚健、宏大壮丽、质实刚健的审美风格,明显满足帝唐润色鸿业、励精图治的政权建设需要,也符合时代文学发展的潮流。其文论主张有着强烈的时代精神和现实可行性,反映在创作实践上,也就取得了成功。张说、苏颋的碑志文从思想内容到文体形式都满足政治文化需求,适应文学发展方向,引得时人纷纷效法,由此成为盛唐碑志文的标志。而中唐社会,尽管文以明道的主张在韩柳之前就已经提出,但何以韩柳之散体碑志文能取得巨大的成功,而李华、梁肃等人却反之？最根本的原因,就是梁肃等前辈作家的"文道"说缺乏现实针对性和可行性,带有空言明道的性质。梁肃等本身都不是政治改革家,其文学主张缺乏政治改革的思想基础和现实需要。其虽一再提倡明道,但所明之道,与现实政治并无密切关系。其提出明道说时,正是唐王朝由盛而衰的转折期,而他们对于朝政兴衰,对于士心离散,并无韩柳等人的强烈的危机意识和社会责任感,也无具体的鲜明的改革弊政的主张。李华、梁肃等甚至好佛信道,在碑文中宣扬出世隐逸思想。其虽口言明道,而于行事处世上却是一种超脱闲淡的态度,这就给他们的文道说一个致命的缺点:现实应用性、操作性不强。所以李华、梁肃等人的碑志文虽有两汉古风且消尽骈俪文的痕迹,但终因缺乏现实政治的具体内容而影响甚微,故其碑志文创作无名篇传世,也未能推动碑志文体改革取得更大成就。其后韩柳元白都有着强烈的改革现实、推进政权建设的热情与信心,其人又都在政治上普遍有作为,有才干。他们也提倡文以明道,但其所言之道,有着鲜明而具体的现实内容,如其弘扬儒学,反对佛老之教的危害,推崇仁政民本政治,维护国家一统,反对藩镇叛乱、军阀割据等,都切合实用,经世济世。韩柳等人借推动文坛改革而进行政治改革,真正目的在于实现中唐中兴大业,再现清明与辉煌的政治图景,改变安史之乱后唐代社会衰败腐朽、混乱不堪的政治局面。这就迎合时代政治需要和文学发展潮流,也得到广大士人的衷心拥护,其碑志文崇扬儒道,辅时及物,振奋士心,激荡时势,创作成就突出,实现由骈到散的文体革新,最终取得巨大的成功。

　　当然,一种文体改革能否成功,还在于其是否符合文学发展趋势。陈子昂提倡风骨,其碑志文多散化倾向的变革,并引起文坛的反响,最根本的原因,在于这一变革适应行将到来的盛唐文学的风貌。张说、苏颋等对传统骈俪碑文予以改进,追求富丽堂皇、宏大壮美、清新刚健的文风,迎合盛世文学的发展潮流。而韩愈等崇尚奇崛险怪、求新求变的文风,是因为这种审美思想与元和年间的社会风尚相适应,其碑志文求新求变,以散文手法、传奇小说手法写碑文,和当时文坛的革新思潮相适应,自然也取得成功。晚唐文人罗隐、皮日休、黄滔等,虽都继承并推崇前辈作家的文道说,但也带有空言明道的性质。这时的政局已经一塌糊涂,不可救药,"明道"已无任何实际意义。这时的文学发展趋势,也非明道所能挽回。罗隐等人作碑文,咏史怀古,嬉笑怒骂,讥讽斥责,其不是借讽喻以匡救弊政,而是付之愤激抗争,对朝政表示无限的失望乃至绝望,可见其在文章上的明道未能付诸实践,这也就是其碑志文以冷峭忧愤的小品文面貌出现的原因。

四

碑志文适用于丧葬风俗,和哀祭文一样,是连接人类生死两极最为紧密的文体。碑志文写的是死者,却又是写给生者看的。在碑志作家笔下,如何使远去的逝去的生命重新鲜活起来,生动起来,如何使这类充满感伤与哀悼的文章变得更为适合现实政治和文化生活需要,这就涉及到文人创作思想和心理状态的问题。唐代碑志文的繁荣有两个阶段,盛唐和中唐。第一个阶段,以张说苏颋为代表;第二个阶段,以韩柳元白为代表,导致这两个阶段碑志文创作繁盛兴旺的原因,关键还是社会政治大背景下的文人心态。

初唐一百年间,虽然有短暂的韦后乱政等,但基本处于休养生息。从唐太宗到武则天,都在为稳固统治、加强王权作着准备。而理想的社会政治到底是何模样,君臣们对此也是在摸索中寻找答案,这就形成初唐碑文沿袭徐庾之风、不出骈俪旧体的创作模式,在情感气势上自然不免虚饰浮泛。盛唐时王朝臻于至治,中国千百年来的理想社会已经出现。文人们身逢盛世、感怀不已,其作碑志文,展现社会的繁荣富强、文明昌盛,展现帝唐君临天下、威加海内的大国雄风,特别是展现墓主辉煌光荣的个人奋斗历程,彰显英雄成才之路。这和士人渴望建功立业、光宗耀祖、人生得意的理想是分不开的,体现出其自信乐观、豪迈大气、昂扬奋发、蓬勃进取的入世心态。所以此时的碑志文呈现出一种清新刚健、恢弘壮丽、厚朴有力的美学风格,其写山河、写时世、写功业、写英雄,一切都带着明朗基调和乐观情绪,英雄主义情结突出。当时不仅碑志文,就是诗歌及其他文体创作也是如此,都充分体现出士人的豪杰气概和热衷功名的愿望。

其后随着安史之乱的到来,唐王朝由盛转衰,政局的变化在士人心中引起巨大的反响。其心态由倾向于理想主义转变为针对现实。特别是贞元元和时期。文人从对盛世的回忆与留恋中走出,产生一种渴望挽救王朝衰落、力图中兴的普遍愿望，提出各种改革主张，永贞革新自不待言，像韩愈的反佛老，裴度的平淮西，杨炎的两税法，以及白居易、元稹的种种见解，都是这种改革愿望的反映。尽管彼此政见不同，但在希望王朝尽快强大起来，实现中兴伟业的政改目的上都是一致的。正是文人们的这种改革热情和干劲，给中唐碑志文带来创作的旺盛，促进唐代碑志文创作的第二次繁荣。中唐碑志文崇扬"儒道"精神，呼唤政治中兴，充满着改革现实、凝集士心、重振王政、再现盛世的希望。后来随着改革的失败，大国日落，中兴成梦，文人心理又起了变化，虽惦念王朝盛衰，时存希望，但也明知衰败之无法挽回，繁华已成陈迹。这种矛盾的思想状态，使文人的表现视野由对现实政治的热切关注与期盼，退而转向对历史的回顾与思索，转向探究更为细腻纤微的个人情怀，这就形成晚唐碑志文多小品文体裁的特点，在思想内容上也以咏史怀古为主，幽思深沉、婉讽强烈。

　　文学是人学，是时代政治和社会生活的镜子。中国古代的文人普遍要走入世参政的道路，其命运沉浮和政局变化、社会生活、时代风气及师道交游等至为密切，这自然也影响到其创作。文人有时候在碑志文中应时制景、应酬为文，甚至言不由衷，说些溢美虚美之辞，以致谀墓，也在所难免，但其行文的整体创作倾向和创作风貌是掩盖不住的。在中国古代所有文体中，碑志文与人的生命结合最为密切，其应用与传播也最为广泛久远。煌煌大唐三百年，碑志文的流变犹如一个窗口，其中映射出来的泪与笑、血与火、生存与死亡、辉煌荣耀与凄惨苍凉，都体现着文人深厚的生活积累、社会认识和历史感思，也体现着时代文学的演进方向。

参考文献

一、古代作品

［汉］司马迁：《史记》，北京：中华书局，2005年。

［汉］班固：《汉书》，北京：中华书局，2007年。

［汉］许慎：《说文解字》，北京：中华书局，1963年。

［南朝］范晔：《后汉书》，北京：中华书局，1965年。

［南朝］沈约：《宋书》，北京：中华书局，1974年。

［唐］姚思廉：《陈书》，北京：中华书局，1972年。

［唐］房玄龄：《晋书》，北京：中华书局，1999年。

［唐］魏征：《隋书》，北京：中华书局，1973年。

［唐］令狐德棻：《周书》，北京：中华书局，2000年。

［唐］长孙无忌：《唐律疏议》，北京：中华书局，1983年。

［唐］李世民：《唐太宗全集》，天津：天津古籍出版社，2004年。

［唐］卢照邻、杨炯：《卢照邻集·杨炯集》，北京：中华书局，1980年。

［唐］贾公彦：《仪礼注疏》，上海：上海古籍出版社，1997年。

［唐］刘知几：《史通》，上海：上海古籍出版社，2008年。

［唐］张说：《张燕公集》，丛书集成初编本，上海：商务印书馆，1936年。

［唐］吴兢：《贞观政要》，上海：上海古籍出版社，1978年。

［唐］李白：《李太白全集》，北京：中华书局，1977年。

［唐］刘餗：《隋唐嘉话》，北京：中华书局，1997年。

［唐］李林甫等：《唐六典》，北京：中华书局，1992年。

［唐］杜佑：《通典》北京：中华书局，1988年。

［唐］白居易：《白居易集》，北京：中华书局，1979年。

［唐］刘禹锡：《刘禹锡集》，北京：中华书局，1990年。

［唐］柳宗元：《柳宗元集》，北京：中华书局，1979年。

［唐］元稹：《元稹集》，北京：中华书局，1982年。

[唐]杜牧:《樊川文集》,上海:上海古籍出版社,2007 年。

[五代]刘昫:《旧唐书》,北京:中华书局,1975 年。

[五代]王仁裕等:《开元天宝遗事十种》,上海:上海古籍出版社,1985 年。

[宋]石介:《徂徕石先生文集》,北京:中华书局,1984 年。

[宋]欧阳修:《欧阳修全集》,北京:中华书局,2001 年。

[宋]欧阳修、宋祁:《新唐书》,北京:中华书局,1975 年。

[宋]王谠:《唐语林》,北京:中华书局,2007 年。

[宋]王溥:《唐会要》,北京:中华书局,1955 年版。

[宋]李昉:《太平广记》,北京:中华书局,1961 年。

[宋]司马光:《资治通鉴》,北京:中华书局,1956 年。

[宋]宋敏求:《唐大诏令集》:北京:中华书局,2008 年。

[宋]程颢、程颐:《二程集》,北京:中华书局,1981 年。

[宋]苏辙:《苏辙集》,北京:中华书局,1990 年。

[宋]郑樵:《通志》,杭州:浙江古籍出版社,1988 年。

[宋]陈骙、李涂:《文则·文章精义》,北京:人民文学出版社,1960 年。

[宋]洪迈:《容斋随笔》,北京:中华书局,2005 年。

[宋]费衮:《梁溪漫志》,上海:上海书店,1990 年。

[宋]魏了翁:《重校鹤山先生大全文集》,宋集珍本丛刊第 77 册,北京:线装
    书局,2004 年。

[元]脱脱:《宋史》,北京:中华书局,1999 年。

[明]吴讷、徐师曾:《文章辨体序说·文体明辨序说》,北京:人民文学出版
    社,1962 年。

[明]王世贞:《艺苑卮言》,南京:凤凰出版社,2009 年。

[明]王士禛:《池北偶谈》,济南:齐鲁书社,2007 年。

[清]仇兆鳌:《杜诗详注》,北京:中华书局,1979 年。

[清]彭定求等:《全唐诗》,北京:中华书局,1999 年。

[清]赵殿成:《王右丞集笺注》,上海:上海古籍出版社,1961 年。

[清]倪璠:《庾子山集注》,北京:中华书局,1980 年。

[清]纪昀等:《文渊阁四库全书》,台北:商务印书馆,1986 年。

[清]纪昀等:《钦定四库全书总目》,北京:中华书局,1997 年。

[清]赵翼:《陔余丛考》,北京:中华书局,2006 年。

[清]段玉裁:《说文解字注》,上海:上海古籍出版社,1981年。

[清]姚鼐:《古文辞类纂》,上海:上海古籍出版社,1998年。

[清]孙希旦:《礼记集解》,北京:中华书局,1989年。

[清]章学诚:《文史通义》,沈阳:辽宁教育出版社,1998年。

[清]董诰:《全唐文》,北京:中华书局,1983年。

[清]钱泳:《履园丛话》,台北:文海出版社,1981年。

[清]严可均:《全上古三代秦汉三国六朝文》,北京:中华书局,1958年。

[清]严可均:《全汉文》,北京:商务印书馆,1999年。

[清]严可均:《全后汉文》,北京:商务印书馆,1999年。

[清]严可均:《全三国文》,北京:商务印书馆,1999年。

[清]严可均:《全晋文》,北京:中华书局,1987—1995年。

[清]严可均:《全齐文·全陈文》,北京:商务印书馆,1999年。

[清]严可均:《全隋文·先唐文》,北京:商务印书馆,1999年。

[清]何文焕:《历代诗话》,北京:中华书局,1981年。

[清]陈鸿墀:《全唐文纪事》,北京:中华书局,1959年。

[清]龚自珍:《龚自珍全集》,上海:上海人民出版社,1975年。

[清]曾国藩:《曾国藩文集》,北京:九州图书出版社,1997年。

[清]刘熙载:《艺概》,上海:上海古籍出版社,1978年。

[清]蒋清翊:《王子安集注》,上海:上海古籍出版社,1995年。

[清]刘大櫆、吴德旋、林纾:《论文偶记·初月楼古文绪论·春觉斋论文》,
　　北京:人民文学出版社,1959年。

[清]叶昌炽、柯昌泗:《语石·语石异同评》,北京:中华书局,1994年。

[清]林纾:《韩柳文研究法》,北京:商务印书馆,1933年。

二、现当代著作

北京图书馆金石组:《北京图书馆藏中国历代石刻拓本汇编》,郑州:中州古
　　籍出版社,1989年。

卞孝萱、张清华、阎琦:《韩愈评传》,南京:南京大学出版社,1998年。

岑仲勉:《隋唐史》,北京:高等教育出版社,1957年。

陈尚君:《全唐文补编》,北京:中华书局,2005年。

陈寅恪:《金明馆丛稿二编》,上海:上海古籍出版社,1980年。

陈寅恪:《隋唐制度渊源略论稿》,北京:中华书局,1977 年。

陈寅恪:《元白诗笺证稿》,北京:生活·读书·新知三联书店,2001 年。

陈祖言:《张说年谱》,香港:香港中文大学出版社,1984 年。

丁福保:《历代诗话续编》,北京:中华书局,1983 年。

范文澜:《文心雕龙注》,北京:人民文学出版社,1958 年。

范文澜:《中国通史》,北京:人民出版社,2004 年。

傅璇琮:《唐才子传校笺》,北京:中华书局,1987—1995 年。

高步瀛:《唐宋文举要》,上海:上海古籍出版社,1982 年。

高海夫:《唐宋八大家文钞校注集评·昌黎文钞》,西安:三秦出版社,1998 年。

高文:《汉碑集释》,开封:河南大学出版社,1997 年。

葛晓音:《汉唐文学的嬗变》,北京:北京大学出版社,1990 年。

郭英德:《中国古代文体学论稿》,北京:北京大学出版社,2005 年。

郭预衡:《中国散文史》,上海:上海古籍出版社,2000 年。

郭预衡:《郭预衡自选集》,济南:山东文艺出版社,2007 年。

韩格平:《魏晋全书》,长春:吉林文史出版社,2006 年。

何如月:《汉碑文学研究》,北京:商务印书馆,2010 年。

何松山:《碑石探幽》,南京:东南大学出版社,1995 年。

和文军:《人文地理与中华伟人》,天津:天津人民出版社,1997 年。

胡可先:《唐代重大历史事件与文学研究》,杭州,浙江大学出版社,2007 年。

胡受奚、胡石青:《中国历代石刻艺术》,北京:文物出版社,2009 年。

霍然:《唐代美学思潮》,长春:长春出版社,1997 年。

黄晖:《论衡校释》,北京:中华书局,1990 年。

黄金明:《汉魏晋南北朝诔碑文研究》,北京:人民文学出版社,2005 年。

黄侃:《文心雕龙札记》,上海:上海古籍出版社,2000 年。

黄云眉:《韩愈柳宗元文学评价》,济南:山东人民出版社,1957 年。

姜书阁:《骈文史论》,北京:人民文学出版社,1986 年。

金其桢:《中国碑文化》,重庆:重庆出版社,2002 年。

金文明:《金石录校证》,桂林:广西师范大学出版社,2005 年。

李浩:《唐代关中士族与文学》,北京:中国社会科学出版社,2003 年。

李浩:《唐代三大地域文学士族研究》,北京:中华书局,2008 年。

李俊:《初盛唐时期的盛世理想与文学》,北京:中国社会科学出版社,2008 年。

李希泌:《唐大诏令集补编》,上海:上海古籍出版社,2003 年。

李学勤:《春秋公羊传注疏》,北京:北京大学出版社,1999 年。

李云逸:《卢照邻集校注》,北京:中华书局,1998 年。

廖立:《岑嘉州诗笺注》,北京:中华书局,2004 年。

林大志:《苏颋张说研究》,济南:齐鲁书社,2007 年。

林庚:《唐诗综论》,北京:人民文学出版社,1987 年。

刘耕路:《韩愈及其作品》,长春:吉林人民出版社,1984 年。

刘国盈:《唐代古文运动论稿》,西安:陕西人民出版社,1984 年。

刘俊文:《唐律疏议笺解》,北京:中华书局,1996 年。

刘麟生:《中国骈文史》,上海:东方出版社,1996 年。

刘师培:《刘师培中古文学论集》,北京:中国社会科学出版社,1997 年。

刘师培:《中国中古文学史讲义》,上海:上海古籍出版社,2000 年。

刘永济:《十四朝文学要略》,哈尔滨:黑龙江人民出版社,1984 年。

鲁迅:《鲁迅全集》,北京:人民文学出版社,1981 年。

罗根泽:《中国文学批评史》,上海:上海古籍出版社,1984 年。

罗宗强:《隋唐五代文学思想史》,北京:中华书局,1999 年。

马衡:《凡将斋金石丛稿》,北京:中华书局,1977 年。

马其昶:《韩昌黎文集校注》,上海:上海古籍出版社,1987 年。

马子云:《碑帖鉴定浅说》,北京:紫禁城出版社,1986 年。

聂石樵:《唐代文学史》,北京:北京师范大学出版社,2002 年。

彭庆生:《陈子昂诗注》,成都:四川人民出版社,1981 年。

钱冬父:《韩愈》,北京:中华书局,1980 年。

钱冬父:《唐宋古文运动》,北京:中华书局,1962 年。

钱基博:《中国文学史》,上海:上海古籍出版社,2011 年。

钱锺书:《管锥编》,北京:中华书局,1986 年。

乔象钟、陈铁民:《唐代文学史》,北京:人民文学出版社,1995 年。

屈守元、常思春:《韩愈全集校注》,成都:四川大学出版社,1996 年。

汤用彤:《隋唐佛教史稿》,北京:中华书局,1982 年。

陶东风:《文体演变及其文化意味》,昆明:云南人民出版社,1994 年。

陶思炎:《风俗探幽》,南京:东南大学出版社,1995 年。

童庆炳:《文体与文体的创造》,昆明:云南人民出版社,1995 年。

王树民:《廿二史札记校证》,北京:中华书局,1984年。

王水照:《历代文话》,上海:复旦大学出版社,2007年。

汪篯:《汪篯隋唐史论稿》,北京:中国社会科学出版社,1981年。

闻一多:《唐诗杂论》,上海:上海古籍出版社,1998年。

吴承学:《中国古代文体形态研究》,广州:中山大学出版社,2000年。

吴钢:《全唐文补遗》,西安:三秦出版社,1994—2007年。

吴庚舜、董乃斌:《唐代文学史》,北京:人民文学出版社,1995年。

吴孟复:《古文辞类纂评注》,合肥:安徽教育出版社,2004年。

吴文治:《韩愈资料汇编》,北京:中华书局,1983年。

吴文治:《柳宗元资料汇编》,北京:中华书局,1964年。

吴文治:《宋诗话全编》,南京:江苏古籍出版社,1998年。

吴在庆:《杜牧集系年校注》,北京:中华书局,2008年。

谢无量:《中国大文学史》,郑州:中州古籍出版社,1992年。

熊飞:《张九龄集校注》,北京:中华书局,2008年。

熊飞:《张说集校注》,北京:中华书局,2013年。

徐自强、吴梦麟:《古代石刻通论》,北京:紫禁城出版社,2003年。

许总:《唐诗史》,南京:江苏教育出版社,1995年。

阎琦、周敏:《韩昌黎文学传论》,西安:三秦出版社,2003年。

杨伯峻:《春秋左传注》,北京:中华书局,1990年。

杨天宇、赵超:《仪礼译注》,上海:上海古籍出版社,2004年。

袁行霈:《中国文学史》,北京:高等教育出版社,1999年。

余嘉锡:《世说新语笺疏》,北京:中华书局,1983年。

于景祥、李贵银:《中国历代碑志文话》,沈阳:辽海出版社,2009年。

俞慰刚:《历代名画记译注》,上海:上海古籍出版社,2002年。

张清华:《韩愈大传》,郑州:中州古籍出版社,2003年。

章太炎:《国学讲演录》,上海:华东师范大学出版社,1995年。

赵超:《古代墓志通论》,北京:紫禁城出版社,2003年。

赵超:《中国古代石刻概论》,北京:文物出版社,1997年。

赵幼文:《曹植集校注》,北京:人民文学出版社,1984年。

钟涛:《六朝骈文形式及其文化意蕴》,北京:东方出版社,1997年。

周绍良、赵超:《唐代墓志汇编》,上海:上海古籍出版社,1992年。

周绍良、赵超：《唐代墓志汇编续集》，上海：上海古籍出版社，2001年。

祝嘉：《书学史》，成都：成都古籍书店，1984年。

朱剑心：《金石学》，北京：文物出版社，1981年。

钱基博：《韩愈志》，北京：中国书店，1988年。

何法周：《韩愈新论》，开封：河南大学出版社，1988年。

《陈子昂研究论集》，北京：中国文联出版公司，1989年。

三、论文

卞孝萱：《实录与"谀墓"——韩愈研究中的一个具体问题》，《文史知识》1999年第5期。

陈冠明：《论韩文的谄谀不实倾向》，《学术月刊》1996年第6期。

程章灿：《谁得了便宜——碑刻润笔及其他》，《中国典籍与文化》1996年第3期。

程章灿：《墓志文体起源新论》，《学术研究》2005年第6期。

仇永明：《韩愈"谀墓"辨》，《华东师范大学学报》（哲学社会科学版）1982年第3期。

戴伟华：《出土墓志与唐代文学研究》，《传统文化与现代化》1998年第4期。

范道济：《试论韩愈的碑志作品》，《上海师范大学学报》1986年第3期。

葛晓音：《盛唐"文儒"的形成和复古思潮的滥觞》，《文学遗产》1998年第6期。

江波：《唐代墓志撰书人及相关文化问题研究》，博士学位论文，吉林大学历史系，2010年。

李光富：《论韩愈并不谀墓》，《四川大学学报》（哲学社会科学版）1989年第1期。

林甸甸：《先秦月令文体研究》，《北京师范大学学报》（哲社会科学版）2014年第4期。

罗维明：《论唐代墓志撰作特色及其研究价值》，《学术研究》1998年第7期。

罗宗强：《唐代古文运动的得与失》，《文史知识》1988年第4期。

钱穆：《杂论唐代古文运动》，香港《新亚学报》1957年第3卷第1期。

孙玉祥：《"谀墓"是是非非》，《文史天地》2005年第12期。

熊基权：《墓志起源新说》，《文物春秋》1994年第1期。

王太阁:《论张说散文创作的"新变"》,《郑州大学学报》(哲学社会科学版)2004 年第 4 期。

王芸生:《韩愈和柳宗元》,《新建设》1963 年第 2 期。

王运熙:《从〈文选〉所选碑传文看骈文的叙事方式》,《上海大学学报》(哲学社会科学版)2007 年第 3 期。

吴炜:《墓志铭起源初探》,《东南文化》1999 年第 3 期。

臧清:《唐代文儒的文学历史承担:从张说到孙逖》,《郑州大学学报》(哲学社会科学版)2004 年第 4 期。

周敏:《韩愈碑志的创革之功》,《南京师范大学学报》(哲学社会科学版)2000 年第 5 期。

周睿:《张说研究》,博士学位论文,四川大学,2007 年。

后　记

　　《唐代碑志文研究》是社科基金后期资助项目(15FZW010)的结项成果,它是在同名博士论文的基础上写成的,六年前,论文完稿之际,我写下如此文字:

　　我从小学到中学,都是在农村度过的,其中小学教育就是在一所绿树参天的古庙里完成的,走出古庙,周围就是大大小小的池塘,就是绵延流淌的壕沟,就是宁静而苍凉的村落。荒烟漫草,斜阳巷道,蒲柳人家,当时散落乡间的诸多拴马桩、古碑、瓦当、石雕等,都成为我和伙伴们嬉戏游乐的好玩具。村子里有口古井,每天早晨,跟随哥哥去井边汲水时,幼小的我都会蹂在井边的石碑上,面对碑上各种稀奇古怪的文字摸看个不停。现在想来,那种懵懂的感觉,大概就是我对中华文明最基本的认识。后来接受高中教育,也是在一所乡村中学进行的,校外就是一望无垠的芦苇荡,就是广袤的田地。每当间隙,我和同学就从校园围墙的破洞爬出,穿过碧绿的麦田,去果园里欣赏杏花、桃花,去和乡民一起谈天说地、论古论今。春播秋收,稼穑历历,多年的农村生活,虽然培养了我们质实友善、热忱厚道、淳朴敦信的心性品行,铸就了我们宽仁慈爱、礼义恭俭、温良自省的处世方式,激励了我们吃苦耐劳、好学上进、忠勇有为的奋斗精神,但在一定程度上,农村孩子的读书生涯也受到客观环境的诸多制约。1996 年参加高考的前一个月,我还在和母亲、姐姐一起挥汗如雨地割麦子。当时高考还没有扩招,对于我们这些身处乡村中学、教育条件较为落后的学生来说,竞争的激烈可想而知。记得当年我们所在的班级,六十多个学生参加高考,真正考中的只有七八个人,其中专科生就占了相当比例。所以十六年前,当我告别父老乡亲,沿着那条青灰色的乡村大道南下求学的时候,我对未来世界充满幸福的憧憬和希望,那时的我还不到 20 岁,朴素、憨厚、灿烂、纯净,芳华初度、春潮在望,如同北方原野里一棵向阳的红高粱、一棵迎风的青玉米正开花吐穗、茁壮成长,如同青青绿地中一头刚刚跳出山涧的小鹿,如同一匹刚刚过河的黑骏马,正仰天嘶鸣,跃跃欲试,浑身上下都透着新鲜的泥土清香，焕发着动人的生命光彩。

岁月如梭，长歌当啸。从琼崖到南粤，我上下求索，桃李春风、江湖夜雨，青纱帐，甘蔗林，三千里家关，五千里河山，期间每每古道西风瘦马，小桥流水人家，书剑飘零，远游苍茫，虽经历不少坎坷，但爱好学习、珍重学业、努力提升自我人生平台的心志从未改变。2008年我去南京，看见江南贡院门楣上清人李渔撰写的对联：十载辛勤变化鱼龙地，一生期许飞翔鸾凤天。真是心潮澎湃、百感交集。当然，多年来我在辞亲去国、御风漫游的同时，也倍感人情的温暖、生活的美好。老师同学的诸多关爱自不论，就是一些社会最底层者，对我也多有关心照顾，他们和我的父老乡亲一样，都是那么贫穷善良，都是那么充满人性之美。当初我负笈天涯的时候，经常在日出之际去海边跑步，遇见来自吉林长春的两位阿姨，姐妹俩都下岗了，在海口街边摆摊卖小吃度日，一看见我总是感叹："我儿子也像你这么大了，现在当保安。"阿姨煮面时把肉菜都捞给了我，自己却吃简单的干面条。几年后我从广州中山大学毕业去单位报到的时候，一位四川绵阳籍的清洁工阿姨用自行车帮我驮运行李到车站，临上车前还塞给我50块钱，非要我拿着路上买水果吃，我再三推辞，但不接就是不行。望着阿姨黝黑的面庞、粗糙的大手，想起她平时在校园里清扫道路、捡拾垃圾挣钱的艰苦情景，我顿时眼前发热，心潮激荡，仿佛看到了雪夜中的亮光，看到了深山里的清泉。这光晕温馨芬芳、暖人心肺，这泉水温润洁净、沁人心脾。一切都是那么清清亮亮，自自然然，没有尘滓、没有泡沫，一汪汪，一道道，潺潺流淌着奔涌着，洗涤着我的心胸，冲击着我的灵魂。我感到胸口憋闷，气涌魂震，神驰思游，刹那间苦辣酸甜，各种复杂的感情奔泻而来，几有眩晕之感。天悠悠，地悠悠，我想起了韩信的漂母之炊，想起了《白毛女》中的红头绳！后来我回中大多次找过该阿姨，特别是在汶川地震发生后，但阿姨已难觅踪影。2009年我在暨大求学时，晨练中认识了来自东北沈阳的下岗女工杨阿姨。后来几乎一个学期，每天清晨我都往返于天河暨大与汽车东站军体院之间，跟随杨阿姨学习武当太极剑，一招一式，飞翻劈刺，年过六旬的、曾担任过工厂党小组长的杨阿姨教得十分用心，我也拿云把剑，闻鸡起舞，几多倚天屠龙，满脑子翩翩侠客风采，如今虽武艺平庸得羞于示人，但一想起阿姨们对我的关怀帮助，总是馨香在心。时光荏苒，岁月缤纷，因为心中芳华常驻，好梦不断，我深深感受到，生活在和谐、温情、朴实的平民社会中是多么的美好与幸福，所以这么多年来，对生活的无限热爱、对理想的不懈追求、对现实的努力适应，是我顽强拼搏、务实奋进的不竭源泉和伟大动力，正可谓：人活一口气，树活一身皮。

感谢敬爱的王琛老师、许云和老师，是他们引领我走上了学术研究的道路；感谢敬爱的张海鸥老师，他是我硕士时期的导师，我虽已从中大毕业多年，但师恩殷殷，这位著名的燕赵慷慨悲歌之士，多年来一直关怀我、帮助我、督导我，没有他，我难以进入暨南大学深造；感谢敬爱的邓乔彬、魏中林、史小军、程国赋等老师，他们都是我博士求学阶段的授课老师，以各自渊博的学识、高尚的人品，在做人和做学问方面对我多有帮助，其教育感化、殷殷切切，可谓高山仰止，景行行止。感谢敬爱的赵维江老师，赵老师为人睿智机敏，处事多事半功倍，没有他，我难以成就博士学业。作为我博士阶段的导师，赵老师认真敬业、关爱学生，从论文的选题写作及至最后的修改，都给予我认真的指导、中肯的建议。往往我才思枯竭、文笔艰涩之时，赵老师总能高屋建瓴，统管全局，在论文的整体思路及章法结构上，甚至在标题拟定、字句改动这样的细节上，及时给予我以启迪和方法。其仙人指路、点拨教诲，对我多有拨云见日、柳暗花明、点石成金之效，使我能够顺利投入并完成论文的写作。老师们的深情厚爱，我在长记心间的同时，也深感自己多年来学诗谩有惊人句，立雪难得文锦绣，惶恐愧疚，暗里自知。

亲爱的师妹池晓洁、张艳芳以及我亲爱的学生邓毅青、李晟萱等，在论文的文字校对方面付出了诸多努力，其反反复复、不厌其烦，对她们的辛苦劳动，一并致谢。感谢亲爱的廖华、王清溪及杨毅鸿诸同学，三年来我们一起走过，当我困惑时，他们多次给予我安慰、劝导，使我能排除焦虑，安心进行论文写作。

从论文的选题到写作，我得到了很大的教育和提高。在写作过程中，我深深感到中华民族历史的久远，中华文明的伟大。汉唐雄风，两宋雅韵，旷代风流，万世碑志，我们的祖先在民族历史长河中，在世界文化宝库中，书写了多少浓墨重彩、光辉灿烂的篇章。其每一页，每一篇，都记录着我们这个古老民族的前进历程和岁月风情，其慷慨悲壮、沧桑厚重，实在难以诉说，而碑志文无疑是其中极为宝贵的华彩乐章。五千年沧海桑田，伴随着中华古碑的发展，我们的民族跨过命运的废墟，凤凰涅槃，不息自强；我们的先民拼搏努力、死死生生,迎来一个又一个东方黎明。碑志如海,其文悠悠,漫漫神州大地,苍苍炎黄子民,在五千年风云激荡的征程中,都充满着厚生爱民、高歌猛进的歌唱,都张扬着不屈不挠、奋发进取、九死未悔的心志。碑刻如林,其书巍巍,先民前进的每一步,都经历艰难险阻,都浸透牺牲的血雨、奋斗的泪泉。江山风雨,家国变幻;岁月无情,历史轮回。一段又一段路程越过了,一个又一个生命湮没了,而碑刻却永远地保留了下来,作为民族前进的路标,作为时代事件、人生沧桑的见证,默默诉说着以往的风云岁月,传播着一个个从鲜活灵动到归于平寂的生命故事,展示着中华民族纷繁复杂的心路历程和历史生活影像。面对这浩如烟海的中华古碑,面对这记录着先民血与泪、诗与火、奋斗牺牲、抗争前进的珍贵活化石,我感到自己的渺小和孤独。中国碑文化是祖先留给我们的一笔光耀千古、受用不尽的宝贵财富!其中包含的文学、历史学、哲学、艺术精神,包含的审美追求与生命价值情怀,屡屡使我感慨不已、叹惋不已、振奋不已。伴随着这部论文的写作,我对历史有了新的深刻认识,文物保护意识也逐步加强。可惜的是,当我再回到家乡时,美丽的古庙小学已经被拆建成一所赛狗场,那刻着"万善同归"的漂亮柳体楷书的苍苍古碑已经随着池塘的被填、老井的湮没而长眠地下,难寻踪影,要想拓本何其难也?其他精美的石雕塑像、瓦当、古砖及拴马桩等也已消亡殆尽、不知去向,就连我念念不忘的、干娘家里挂着的巨幅清代中堂也烟消云散、踪影全无了。

岂有文章惊海内,更携书剑客天涯。回首当年这些充满感情的文字,我自己都感到好笑。当然,岁月蹉跎,这样的文字,我如今已很难再写出。应该指出的是,在随后的论文答辩中,以钟振振老师为主席,包括孙立、刘晓明、陈建森、史小军诸位老师在内的答辩委员会成员都严肃指出我论文的不足之处,鼓励我好好修改,在此一并感谢。感谢老师们犀利而严明的意见,使我能明鉴谬误,匡正缺失。

此后我又北上进修,在此获得了项目资助。借此机会,我漫游祖国名山大川,考察诸多碑志实物。征尘仆仆马蹄疾,远游无处不销魂,如此近距离触及历史,感受极为深切。这些虽静默久远仍宛如初见、美似初恋的古碑,带给我深深的震撼。2016年我到西安碑林博物馆,浩浩碑海中,看见展出的昭陵六骏石雕,回想起沧桑的历史、屈辱的岁月。一眼千年,待谁而来;众里百度,何处应答?伫立怅望,天地茫茫。我禁不住悲愤交加,泪如泉涌。几年来书内书外，在感性理性认识不断积累的基础上，我又按照项目评审专家们的宝贵意见，对书稿加大修改力度。寒来暑往，水深火热，写作中我数易其稿，现在的这部《唐代碑志文研究》固然是在同名博士论文的基础上写成的，但从思想内容及章法结构上，已和博士论文呈现出很大程度的不同。值此书稿付梓之际，我长歌一曲，感谢中国唐代文学学会会长、复旦大学教授陈尚君，感谢暨南大学教授赵维江，他们都在百忙中为拙著赐序，关爱之心，情深意长。感谢中华书局的罗华彤和齐浣心老师，正是因为他们的辛苦努力，这部书稿才得以最大程度减少谬误，顺利出版面世。

当年我博士论文选题时，碑志文研究尚属冷门。短短几年过去，伴随着民族复兴、国家强盛、文化昌明的大势，碑志文如今已经成为学界研究的热点，方家成果迭出。在此，我佩服张海鸥、赵维江老师的高远眼光。老师们春风化雨，屡加鼓励，鼓励我通古今之说，究天人之际，最终穷学理之致，成一家之言。师恩隐隐，岂容抗命？后生感愧，能不弘毅！当然，碑志文研究是一个宏大的论题。古往今来，许多名儒大师，终其一生才写出一两本论著。像我等驽钝愚昧之徒，不明就里，投石问路，写出几十万字的《唐代碑志文研究》，虽千淘万漉，每每水深火热，不敢自言辛苦，但书中肤浅粗糙、疏漏错谬，当归不敏。这其中固然有着人生积淀不够、认识有待深化的原因，但作者自身学术水平的有限无疑是主要问题。在这里，我要说的是，资质平平的我，写作中不可能妙笔生花，下笔千言，一挥而就。短翼差池不及群，我采取的是龟兔赛跑中乌龟的方法，即不懈怠不放弃，每天坚持写一点是一点，哪怕就是写一个字，也算有作为，从不停停歇歇。如此积少成多，滴水穿石，在不断的坚持中，我克服了自己的惶恐、迷茫、畏难、懒散等劣性，最终完成了书稿。扪心而论，在写作过程中，有许多地方我也感到力不从心，难以深入论述，所以文中不当之处，肯请方家同仁多多教正，如蒙关爱，不胜感激。知耻后勇，任重道远，让我们一起为繁荣祖国文化遗产而努力。

徐海容

戊戌孟春于岭南不足斋